한마음 요전

표지글씨 : 대행 스님

주인공 하나를 쥐고
일념으로
들어가다 보면
비로소 활연히
참나가 드러난다.

― 대행 스님 법어

한마음 요전

― 대행 스님 행장·법어집 ―

"문자에 얽매인다면
이 책을 달달 외워도
국 맛을 모를 것이다."

행 장
• 수혜편 • 법연편 • 심인편

법 어
• 원리편 • 수행편 • 생활편
• 활용편 • 게송·선시편 • 예화편

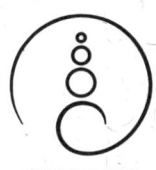

대한불교조계종
한마음선원

발 간 사

　　일찍이 석가모니 부처님께서는 한마디도 설한 바 없노라 하시며 선문을 밝히셨지만 문자나 말로 가르치는 방편이 또한 부득이한 일이고 보면 가르치는 이나 배우는 이나 모두 교문을 넘나들지 않을 수 없다. 그러나 배우는 이에겐 두 가지 어려움이 따른다. 하나는 장경의 숲을 헤쳐 나가기가 쉽지 않은 것이고, 다른 하나는 각고의 노력과는 달리 자칫하면 알음알이의 곳집을 짓기 십상이라는 점이다. 본래 중생의 면목이 뚜렷하고 밝아서 새삼스레 가르치고 배울 것이 없다 하겠으나 중생에게 지혜의 눈이 없으매 흔히들 그런 어려움을 호소해 온다.

　　가르치는 입장에서 어찌 이를 안타까워하지 않을 수 있으랴. 이에 한마음선원에서는 오래 전부터 부처님 가르침의 정수를 뽑아 여러 형태의 문서를 발간해 온 바 있다. 하지만 한편으로 늘 미진하게 여겨오던 터라 다시금 원을 세워 요전이라 이름할 수 있는 책자를 발간하기에 이르렀다. 감히 권하건대 이 책이야말로 불법 공부에 매우 요긴롭다 할 것이다. 그 까닭을 말한다면 첫째, 이 요전은 大行 스님께서 몸소 증험하신 불법의 진미만을 담고 있음이요 둘째, 난해한 장경의 숲을 곧바로 가로질러 가는 생활 속의 불법을 설하고 있음이다.

　　진리란 본래 난해하거나 복잡한 것이 아니다. 학식 없고 학위 없어도 누구나 맛을 볼 수 있으니 다만 믿음이 약한 것을 스스로 탓할 일이다. 그러기에 이 요전을 길잡이 삼아 목숨 떼어 놓고 한번 뚫어 보기를 권한다. 한 가지 수학이 풀어져 만 가지 수학이 절로 풀리고 마침내 문 없는 문을 넘게 되리라 확신한다.

불기 2537년 1월
서 혜 원 합장

차 례

발간사	7
일러두기	10

제 1 부

수혜편 ... 15
1. 고난의 세월 ... 17
2. 출가 수행 ... 42
3. 깨달음의 증장 ... 59
4. 자유인의 길 ... 96
5. 내심 자증의 길 ... 122

법연편 ... 135
1. 회향과 서원 ... 137
2. 자비의 회상 ... 161
3. 진리가 그러하니라 ... 214
4. 감읍하옵니다 ... 245

심인편 ... 255
1. 제자와의 대화 ... 257
2. 학승과의 대화 ... 314

제 2 부

원리편 ... 329
제1장 위대한 가르침 ... 331
제2장 한마음 주인공 ... 346
제3장 나의 실상 ... 366
제4장 둘 아닌 도리 ... 388
제5장 공의 나툼 ... 394
제6장 마음의 도리 ... 410
제7장 인연과 업보 ... 433
제8장 윤회와 진화 ... 449
제9장 과학과 우주 ... 465

수행편 ... 481
제1장 불법 공부 ... 483
제2장 믿음이 근본 ... 499
제3장 물러서지 않는 마음 ... 511
제4장 놓고 가는 삶 ... 535
제5장 관념의 타파 ... 561
제6장 의정 ... 581
제7장 관하는 도리 ... 588
제8장 안에서 찾자 ... 596
제9장 무애의 발걸음 ... 610
제10장 참선 ... 626
제11장 깨달음 ... 635

생활편 ... 665
제1장 행 속의 지혜 ... 667
제2장 경계와 고 ... 680
제3장 예경과 기복 ... 695
제4장 생활 불법 ... 709

활용편 ... 733
제1장 한생각 ... 735
제2장 용 ... 746
제3장 치병과 천도 ... 755

제 3 부

게송·선시편 ... 767
- 게송·선시 ... 769
- 선법가 ... 849
- 뜻으로 푼 경전 ... 875

예화편 ... 901

부 록

- 내용으로 본 차례 ... 1045
- 관련 항목 색인 ... 1083
- 비유 색인 ... 1096

일러두기

1. 편찬의 기본 원칙
   가) 요전: 대행 스님께서 20년간 설해 놓으신 방대한 법어와 평생의 행장을 단 한 권의 책으로 집대성하는 일은 기술적으로 불가능하다. 그 일은 장차 전집 형태로 정리되어야 할 것이다. 따라서 이 책은 법어와 행장의 핵심을 간추린 요전이 된다.
   나) 신행 중심: 불자들이 대행 스님의 설법을 육성으로 듣게 될 때는 언외의 선미를 함께 느낄 수 있지만 문자로 접하게 될 때는 자칫 표현에 얽매이기 쉽다. 따라서 원리편을 포함한 각 편 모두 가능한 한 구어체의 맛을 살리고 생활 속의 수행에 역점을 둔 법어를 중심으로 엮었다.

2. 읽기 전에 유의할 점
   가) 체제: 전 권이 하나의 체제를 갖추고 있으나 동시에 각 편, 각 장별로 독립해서 읽어도 가르침의 요체를 맛볼 수 있게 하였다. 따라서 처음부터 순서를 따라 읽지 않아도 무방하다. 굳이 체제를 말한다면 전체를 하나의 그물에 비유할 수 있다.
   나) 중복: 편·장별로 거듭되는 부분이 나타난다. 그러나 중복을 완벽하게 피하기란 사실상 불가능한 일이고 구태여 그래야 할 필요를 느끼지 않았다. 진정코 법반의 맛을 알고자 한다면 거듭 씹기를 어찌 번거롭다 하겠는가. 뜻이 통할 때까지 천 번이라도 곱씹어야 할 것이므로 하루 두세 줄이라도 되풀이해서 음미하면 오히려 맛을 느끼게 되리라 믿는다.

3. 주석과 부록
   가) 주석: 말로써 전하는 의미가 서로 이웃한 것들을 각 항 옆에 註로 표시하였다. 관련 문항을 함께 읽으면 더욱 참고가 될 것이다.
   나) 부록: 각 항의 내용을 보여 주는 세부 목차와 용어별 관련 문항을 표기하여 이해를 돕고자 하였다.

4. 범례
   수: 수혜편   법: 법연편   심: 심인편   원: 원리편
   행: 수행편   생: 생활편   활: 활용편   예: 예화편
   을 나타낸다. 약자 다음의 숫자는 장 · 절 · 항을 표시한다.
   (예: 행-2-5-10은 수행편 2장 5절 10항을 나타냄.)

한마음 요전

대행 스님 행장·법어집

1.

大行 스님

수혜(修慧)편

1. 고난의 세월
탄생/가세의 몰락/가중되는 시련
숲 속의 일과와 상상 보시
모친의 눈물과 격려/첫 의정/내면의 소리
남의집살이/부평초/한암 스님과의 조우

2. 출가 수행
자성을 보리라/보시행/삭발 행자
계정혜의 체험/사미니계

3. 깨달음의 증장
이젠 죽어서 보리라/목숨을 떼어 놓고
삼매의 발걸음/호법 신장/의단을 태우며
관문을 뚫다/길 아닌 길/인연을 끊고
하늘 문이 열리다

4. 자유인의 길
발 없는 발로/첫 원력/자재한 권능
중창 불사/또 죽기가 어려워라

5. 내심 자증의 길

1. 고난의 세월

탄생

1. 스님께서는 1927년 음력 1월 2일에 태어나셨다. 당시는 일본 제국주의자들의 한민족 말살 작업이 극에 달하였던 시기라서 민족 전체가 압제와 질곡, 가난과 질병에 시달리고 있었다.

2. 스님의 부친께서는 대한제국 군대가 일제에 의해 강제 해산당할 당시에 한 영문의 훈련대장(訓鍊隊將)을 지내셨고 조부께서는 구한말 무관이셨으며 증조부께서는 통훈대부를 지내셨다.

수-1-7 (2)
수-1-8
수-1-10
수-1-15
수-1-16
수-1-17
수-1-18

3. 스님의 부친께서는 전형적인 무골풍이셨다. 신장은 보통 키였어도 골격이 굵고 남을 이끄는 힘이 있었으며 책임 의식이 투철하셨다. 특히 남을 돕는 일에는 매우 적극적이셨다.

4. 반면 모친께서는 전통적인 유교 가풍 속에서 외동딸로 곱게 자라신 분이었다. 부친과의 연령 차이가 많았던 관계로 더욱이나 지아비 섬김에 거의 무조건적이셨다.

수-1-27 (4)
수-1-28
수-1-29
수-1-41
수-1-49
수-1-56
수-1-63
수-3-74

5. 스님께서는 부친 노백천(盧伯天) 공과 모친 백씨 사이의

삼남 이녀 중 장녀로 태어나셨다. 스님의 속명은 노점순(盧點順)이다. 태어나셨을 때에 오른쪽 발목 부위에 크기 한 치 가량의 붉은 반점이 찍어 놓은 듯 선명하여 점순이라는 이름을 얻게 되었는데 그 반점의 모양이 흡사 한반도 지도를 그려 놓은 것 같았다.

6. 스님께서 태어나셨을 때만 해도 가세는 비교적 넉넉한 편이었다. 지금의 서울 용산구 이태원에서 한남동 쪽으로 넘어가는 산마루와 들녘 일대가 한때 모두 부친의 소유지였었다. 부친께서는 당시 물감 만드는 회사도 경영하셨다.

가세의 몰락

7. 그러나 스님의 부친께서는 망국의 퇴역 무관으로서 일제의 폭거에 감연히 항거하셨다. 그 일로 부친께서는 늘 쫓기는 몸이 되었고 몇 차례 투옥당하기까지 하셨다.

8. 부친께서는 일제에 의해 요시찰 인물(불령선인)로 지목되더니 스님께서 일곱 살이 되시던 해에 이르러 급기야는 토지 전답은 물론 살던 집에서조차 맨몸으로 쫓겨나는 처지가 되었다.

9. 그때 스님 일가 일곱 식구에게 남은 재산이라고는 일곱 벌의 옷과 일곱 켤레의 신발뿐이었다. 이태원 저택에서 거리로 내쫓긴 스님 일가는 그로부터 지금의 서울 동작구 흑석동 산마루턱에 움집을 짓고 살게 되었다.

10. 스님께서는 그때의 일을 이렇게 회고하셨다. "부친께서

는 구한말에 한 영문의 훈련대장을 지내셨고 할아버님께서도
그러하셨는데 일본 사람들에게 모든 걸 빼앗기고 거리로 내쫓
겼다. 그때까지만 해도 지금 이태원에서 한남동 고개에 이르
는 일대의 땅이 모두 부친의 소유였지만 숟가락 하나 없이 빼
앗겼다. 그로부터 겪게 된 삶의 고초란 이루 다 말할 수 없을
정도였다. 먹을 게 없어서 시래기를 삶아 먹는 날이 많았고 추
수가 끝난 고구마 밭을 뒤져 밤톨만 한 찌끄러기를 주워 모아
다 끼니를 때우곤 했다. 그러나 그때 그 고생이 아니었더라면
내가 공부할 생각조차 못했을 것이다."

11. 일순간에 거리로 나앉게 된 스님 일가는 오라는 곳도
없고 갈 곳도 없는 처지에서 한 끼의 식량에 온 가족이 목숨을
거는 처참한 굶주림의 생활을 감내하지 않을 수 없게 되었다.

12. 스님 일가는 초근목피로 연명하는 나날들이 계속되는
중에 하루 한 끼의 식사나마 거르는 날이 적지 않았다. 시래기
나 호박잎, 고구마 줄기가 주식이 되는 때도 많았다. 그나마
부황을 면키 위해 몇 알의 콩을 섞을 수 있으면 다행이라고 여
길 정도였다.

13. 당시 스님의 하루 일과는 밭걷이가 끝난 곳을 찾아다니
며 캐다 남은 구근을 주워 모으거나 숲 속을 뒤져 나물, 열매
따위를 얻고 산에 가서 솔방울을 주워 오는 일이 전부였다. 일
곱 살이었던 그 해 겨울에 스님은 지독한 굶주림과 추위를 함
께 이겨 내야만 하셨다.

14. 스님께서 회고하셨다. "움막을 짓고 사는데 비가 오면

이건 한데였다. 더욱이 밤에 폭우가 쏟아질 때면 아예 사생결
단을 내야만 했다. 그러니 한겨울의 고생이야 더 말할 게 있었
겠는가. 어린 마음에도 '이게 무슨 조화인가? 삽시간에 이렇게
알거지가 되는 일도 있는가.' 하는 생각에 골몰하곤 했다."

가중되는 시련

(15) 수-1-10
수-1-42
수-1-54
수-3-2
법-2-23
법-2-24
법-2-63
법-2-64
법-2-74
법-2-100
원-3-1-6
원-3-3-1
원-5-1-23
원-7-2-8
원-7-2-12
원-7-2-13
원-7-3-7
원-7-3-12
원-7-3-21
행-1-2-12
행-2-4-6
생-2-1-4
생-2-2
생-2-2-1

15. 스님의 어린 영혼은 그 당시 또 다른 시련을 감당해야 했으니 그것은 부친의 학대였다. 뼈아픈 좌절 속에서 심신을 추스리기 어려웠던 스님의 부친께서는 마치 어린 스님을 한풀이의 대상으로 작정이나 하신 듯이 무척이나 심하게 다루셨다. 그리고 그 일은 감당하기 어려운 공포가 되어 스님을 엄습하게 되었다.

16. 스님께서 회고하셨다. "부친께서는 다른 사람의 어려운 사정을 잘 살피셨고 이웃을 위해서도 노고를 아끼지 않는 분이셨다. 그런데 유독 내게만은 혹독하셨다. 나의 행동거지 하나하나를 못마땅해하셨다. 예를 들어 걸레질하는 걸 보면 무릎으로 긴다고 야단을 치셨다. 나로서는 어떻게 해 볼 도리가 없었는데 어머님께서 나를 두둔할라치면 더욱 심하게 다루셨다. 그러는 중에도 밤중에 담배 심부름을 시키시는 게 정말 고역이었다."

17. 그 당시 스님께서 가장 견뎌 내기 어려워하셨던 일 중의 하나는 부친의 담배 심부름이었다. 스님의 부친께서는 별

이 총총히 빛날 때쯤이면 으레 스님께 담배를 사 오도록 명하셨는데 움막이 있는 산 중턱에서 가게가 있는 아랫마을까지는 인가 하나 없는 십 리 가까운 거리였다. 어린 스님에겐 그 밤길이 더할 수 없는 공포를 자아냈다. 특히 달빛조차 잠든 그믐밤이면 더욱 그러했다.

18. 스님께서 이렇게 회고하셨다. "다만 나 때문에 두 분께서 다투시는 게 무섭고 싫었다. 그래서 정히 겁이 날 때면 그냥 나가서 밤을 새웠는데 그러다가 한생각이 떠올랐던 것이다. 무섭기는 마찬가지이고 이러나저러나 짐승에게 먹히기는 매일반이니 어머님을 위해 심부름을 하기로 한 것이다. 나를 두둔하시느라 아버님에 맞서는 어머님이 너무나 애처롭고 불쌍하게 느껴졌던 것이다. 어린 마음에도 차라리 내가 아버님 눈에 띄지 않는 게 어머님을 돕는 일이다 싶어서 점차로 밖에서 새는 날이 늘어 갔다. 그때 나는 밖에서 그냥 쓰러져 잠들곤 했는데 어느 때는 그런 내가 너무 불쌍하다고 여겨졌던지 인근의 할머니 한 분이 가끔 나를 안아다가 재워 주곤 하셨다. 아무튼 한 달이면 20일쯤은 내쫓기다시피 하여 밖에서 보내야 했었다."

수-1-10 (18)
수-2-30
수-2-32
수-3-2
수-3-14
수-3-15
수-3-43
수-3-51
수-4-7
수-4-8
법-2-20
법-2-63
법-2-64
법-2-74
심-1-10
심-1-54
원-2-3-6
원-5-1-26
원-6-5-7
원-7-2-13
원-7-2-14
원-7-3-15
행-3-4-18
행-4-4-2
행-4-5-2
행-4-5-4
행-4-5-8
행-4-6-1
행-9-1-7
행-11-1-1
생-1-3-9
생-2-1
생-2-1-7
생-2-1-17
생-2-2-7

숲 속의 일과와 상상 보시

19. 숲 속에서의 밤샘이 계속될수록 스님의 어린 영혼은 삶의 차디찬 밑바닥에서 올라오는 한기와 대자연의 부드러움 사

22 수혜편

이에서 어렴풋이 생의 의미를 깨달아 가고 있었다. 낮 동안의 생활이 가혹하면 할수록 스님께서는 점차 밤의 포근한 위안에 젖어 들며 자연의 밀어에 귀를 기울이셨다. 그러는 동안 자연히 숲 속의 이름 모를 풀벌레들, 나무와 돌과 풀포기들 그리고 바람 소리는 어린 스님의 대화 친구가 되어 갔다. 숲 속의 밤샘은 어느새 스님의 가장 소중한 일과로 자리잡게 되었다.

(20) 수-1-34
수-1-35
수-1-36
수-1-37
수-3-32
수-3-39
수-3-56
수-3-58
수-3-59
수-4-31
수-5-4
수-5-8

20. 스님께서 회고하셨다. "처음엔 무섭고 의지할 곳조차 없었으니까 이름 모를 산새나 풀벌레, 짐승이나 초목을 친구로 삼게 되었는데 특히 묘지의 망두석과는 늘 많은 대화를 나누곤 했다. '너도 나처럼 외롭고 의지할 데 없는가.' 하고 대화를 하다 보니 점차로 하룻밤 가는 줄 몰랐고 그대로 그냥 좋았다. 비록 집에서 자지 못하고 그 추운 나무 숲에 앉아 하늘을 쳐다보며 밤을 지새워야 했으나 거기엔 언제나 같이 이야기할 수 있는 친구들이 앞에 좍 있었으니 그대로 좋았던 것이다. 또 어쩌다 여우 같은 산짐승들을 만나는 때도 있었는데 그게 무서운 짐승이라는 생각도 없이 그냥 바위에 기대 앉은 채 혼잣말로 한다는 소리가 '너도 아빠가 없니? 나도 아빠가 없다.' 하고 말을 걸었다."

(21) 수-3-59
수-3-60
수-4-33
수-4-51
수-5-12
수-5-30
수-5-31
법-2-14
법-2-23

21. 스님께서 회고하셨다. "너무 야단을 맞고 내쫓기니까 모든 게 다 귀찮아져서 밤이나 낮이나 아무 데고 기대 앉아 무심코 바라보는 게 일과였다. 그러노라면 구름이 뭉게뭉게 흐르는 걸 보아도 눈물이 주르르 흘렀고, 벌레 한 마리 죽은 걸 보아도 눈물지었다. 또 어느 때는 짐승 한 마리가 죽은 걸 보

앉는데 자세히 보니까 살을 뜯어 먹는 놈 따로 있고 창자 먹는 게 따로 있고 죄다 따로따로인 것을 보고는 또 슬퍼서 눈물을 주르르 흘렸다. 그렇게 산에 가서도 무심히 앉아 있고 들에 가서도 앉아 있기 일쑤였는데 그러다 보면 날이 저물어 퍼뜩 놀라서 솔방울 줍고 삭정이 꺾어 가지고 들어가면 종일토록 겨우 그거 해 오느냐고 야단맞고는 또 내쫓겼다. 그러니 어떻게 하는가. 가랑잎 주워 모아다가 포대 자루 같은 데 넣고는 비집고 들어가 목만 내놓고 또 바깥 잠을 자는 수밖에 없었다. 그런데 그렇게 하다 보니까 가랑잎만 넣을 때보다 풀을 섞어 넣으면 좀 더 뜨뜻한 기운이 감도는 걸 알게 되었고 그래서 감사함을 느낀 일도 있었다."

22. 이틀이 멀다 하고 바깥 잠을 자게 된 스님께서는 그러나 자신에게 가해지는 운명의 채찍을 맞으면서도 누구를 원망하거나 탓하지는 않으셨다. 처음엔 밤의 공포를 이겨 내야 했고, 점차 그것에 익숙해지면서는 악천후와 싸워 이겨야 했지만 그런 일들이 누구 때문이라거나 혹은 자신의 비운 탓이라거나 하는 생각을 하지 않으셨다. 스님께서는 그런 일들에 묵연히 대응하실 뿐이었다.

수-1-43 (22)
수-5-10
수-5-12
수-5-17
행-8-1-12
생-2-1-1
생-2-1-16

23. 그렇더라도 그 익숙함이란 외부 조건과의 호흡 조절에 그치는 그런 일상적인 것이 아니었다. 주머니 속의 송곳이 절로 삐져나오듯이 스님께선 점차로 앞을 가로막아 서는 가난, 공포, 슬픔, 고독의 의미를 응시하는 가운데 자신만의 삶의 길을 걷기 시작하셨던 것이다.

24. 스님께서는 그 당시 숲 속 바위에 올라앉아 불빛 반짝이는 민가를 내려다보며 도깨비감투를 즐겨 상상하셨다.

스님께서 회고하셨다. "내게 도깨비감투 하나만 있다면 저 가난한 집집마다에 양식을 나눠 줄 수 있다는 생각에 날이 새는 줄도 몰랐다."

25. 투명 인간이 되어 자재권을 얻는 즐거운 상상 속에서도 스님의 시야에 떠오른 대상은 자신이나 가족이기에 앞서 불쌍하고 가난한 이웃이었다. 도깨비감투를 쓰고 의적이 되어, 아무리 꺼내도 줄지 않는 창고에 가서 무한으로 꺼내다가 두루두루 도와주는 상상 속의 보시를 한 것이었다. 스님께서는 훗날 상상 보시를 무척이나 즐거워했다고 회고하셨다.

26. 스님께서 또 회고하셨다. "내가 도깨비감투를 쓰고 남을 돕는 상상에 골몰하게 된 데는 어머님의 영향도 컸던 것 같다. 어머님께서는 우거지 죽을 먹는 형편 중에도 거지가 찾아오면 당신 몫을 내어 주고는 아예 굶으셨는가 하면, 자주 말씀하시기를 '사람이 나서 한 번 죽는 것인데 남한테 못되게 굴고 남의 것을 가로챌 생각을 해서는 안 된다.' 하셨다. 어머님께서는 내내 그렇게 하신 분이셨다. 나중에 삯바느질로 살림을 꾸리실 때도 없는 사람을 만나면 도와주기를 좋아하셨다."

모친의 눈물과 격려

27. 스님의 모친께서는 번번이 부친의 화풀이 대상이 되곤

하는 스님에 대해서는 더욱이나 눈물겨운 애정을 내보이셨다. 특히 어린 스님에게 가해지는 시련을 보시면서 가혹한 부정에 피눈물을 흘리시곤 하셨다. 그런 모친의 눈물은 곧 스님의 눈물이 되었다.

수-1-41 (27)
수-1-49
수-1-56
수-1-63

28. 스님께서는 "내가 그때 가슴속으로 얼마나 통곡을 했었는지 모른다." 하고 훗날 여러 차례 말씀하셨다. "물레방아 돌듯이 얼마나 울고 돌았는지 헤아릴 수가 없다." 하셨다. 모친의 자애로운 눈물과 격려를 결코 잊을 수 없노라는 말씀도 자주 들려주시곤 했다.

29. 스님께서 회고하셨다. "어머님께서는 그런 나를 위로하시느라고 가끔 옛이야기를 들려주셨는데 대체로 어려운 환경에도 굴하지 않고 꿋꿋이 자라서 남을 돕는 일을 한 사람들에 관한 것이었다. 어머님께서는 속으로 피눈물을 흘리셨겠지만 바깥 잠을 자면서도 내가 잘 견뎌 내고 있는 까닭에 일면 체념하시는 것 같았다. 내게 가끔 태몽 이야기를 하셨던 걸로 보아 내게 주어진 환경을 나름대로 수용하신 모양이었다."

30. 모친께서 스님께 들려주셨다는 태몽은 이러하였다. '모친께서 나막신을 신고 하늘로 들리워 오르던 중에 한쪽 신발을 떨어뜨리고 천상에 오르게 되셨는데 구름 사이로 내려다보니 지상은 가마득하고 집들은 성냥갑 같아 보였다. 그때 홀연히 찬란한 금궤 하나가 나타나면서 굉음을 내며 열리는지라 안을 들여다보니 칼날이 둥그렇게 원으로 말린 칼 하나가 있었다. 모친께서 그것을 집어 드는 순간 날이 쭉 펴지며 눈부신

빛을 발하였다.'라는 것이다. 스님의 모친께서는 이 꿈을 꾸신 뒤 장차 크게 될 아들이 태어나는 줄로 아셨다고 한다. 스님께서는 태어나신 직후부터 전혀 울지도 않고 내내 잠만 자는지라 모친께서 일부러 꼬집어 깨워 젖을 물리곤 하셨는데 모친께서는 이런 일들을 예사롭지 않다 여기시어 어린 스님을 대하심이 매우 조심스럽고 각별하셨다고 한다.

(31) 수-2-23
수-2-25
수-3-6
수-3-7
수-3-8
수-5-2
심-1-61
행-11-4-1
행-11-4-3

31. 한번은 이런 일도 있었노라고 스님께서 회고하셨다. "내가 어렸을 적에 부친과 인연이 있어 가끔 내왕하시던 한 스님이 어느 날 모친께 이르기를 '이 집 식구 중에 한 사람이 죽음으로써 전부를 살리게 된다.'라고 하였다. 모친께서 무척 놀라워하시자 그 스님 말씀이 '그렇게 죽는 게 아니다.' 하였는데 더 이상의 말씀은 없으셨다. 어린 마음에도 참으로 묘한 말씀이라고 생각했었다."

첫 의정

32. 배고픔과 추위로 뒤범벅이 된 나날들이 그렇게 2년쯤 흘렀을 즈음에 이르러 스님께서는 비록 아홉 살밖에 안 된 나이였음에도 불구하고 어느덧 생명의 실상, 자연의 섭리에 한 발짝 다가서시게 되었다. 무엇보다도 스님께는 남다른 느낌이 찾아왔다. 밤은 점차 안온하고 아름다워지기 시작했으며 부드럽고 미묘한 향기를 내뿜고 있었다. 숲 속에는 빈부의 격차도, 힘의 우열도 없고 오직 생명만이 있을 뿐이었다. 그러나 스님

의 눈에 비친 숲 밖의 일상은 여전히 불평등과 고난으로 가득
찬 모습 그대로였다.

33. 스님께서 회고하셨다. "처음에 내가 가장 의아하게 생각했던 문제는 '세상에는 왜 부자가 있고 가난한 사람이 있으며 왜 부자보다도 헐벗고 굶주리고 병든 사람들이 더 많은가.' 하는 점이었다. 내 신세도 처량했지만 나와 비슷한 사람들이 많다는 사실을 알게 되고부터는 내내 그 생각에 몰두했었다. 그러다가 모든 사람들이 세상에 태어나서 돈 때문에 울고 웃고, 육신이 병들어 아파하다가 때가 되면 죽어 가는데 도대체 그렇게 살아서 무엇하느냐 하는 생각이 들면서 도무지 살 의욕이 나질 않았다. 그로부터 생각하기를 '누가 나를 이렇게 만들었는가. 누가 나를 형성시켜 놓고 어느 날 갑자기 알거지로 만들었는가. 차라리 태어나지 말게 할 것이지 나를 만들어 놓고는 왜 이렇게 굶기고 고달프게 만드는 것인가.' 하는 의정을 품게 되었다. 그러다가 더 나아가서는 점차로 '다른 사람들도 나와 같이 그렇게 형성되었을 텐데, 내 어머님은 어머님대로 그렇고, 또 남들은 남들대로 굶고 병들고 하느냐.' 하는 생각을 하게 되었다. 그런 생각에 골몰하다 보니 또 나무는 나무대로 형형색색이고 심지어 비가 쏟아져도 굵은 장대비, 이슬비가 다르니 참으로 이상하다, 모든 게 공평치 못하다는 생각에 밤새도록 잠을 설치기도 했던 것이다. 어린것이 그렇게 바위 틈에 기대서 종일 궁리하다 보니 점차로 '나를 만든 네가 있다면 나와 보아라. 모습을 보고 싶다.' 하는 궁금증에 견디질 못

수-2-27 (33)
수-5-26
심-1-9
심-1-74
심-1-80
원-2-5-4
원-3-1-3
원-3-1-4
원-3-1-6
원-3-1-12
원-3-2-4
원-3-2-6
행-3-2-5
행-6-2-5
행-6-2-6
행-6-2-7
행-6-2-9
행-8-4
행-8-4-1
행-8-4-8
행-8-4-11

했고, 그래서 나중에 더 나이가 들어서는 '나를 형성시킨 네가 없다면 나는 이대로는 살 수 없다. 차라리 혀를 물고 죽어야지 살지 못한다.' 하고 실랑이를 하게 된 것이다. 그러나 숲 속은 내게 더할 수 없는 위안처였고 거기서 나는 평화를 느끼고 있었다. 마음속으로는 실랑이를 하고 있었지만 숲 속이 아니면 그런 실랑이조차도 가능하지 않았던 것이니, 나는 어느덧 숲 속을 사랑했던 것 같다."

내면의 소리

(34) 수-1-35
수-1-36
수-1-37
수-1-38
수-1-39
수-1-43
수-1-46
수-1-58
수-1-59
수-1-60
수-2-2
수-2-4
수-2-6
수-2-12
수-2-13
수-2-20
수-3-5
수-3-8
원-3-2
원-6-5-1
행-8

34. 그러던 어느 날 스님께서는 불현듯 마음의 심연으로부터 뜨거운 눈물과 함께 '아빠'라는 소리가 울려 나옴을 느끼셨다. '아빠! 아빠!…….' 스님께서는 그때 수없이 '아빠'를 부르며 하염없이 눈물을 흘렸다고 회고하셨다.

35. 그로부터 스님께서는 그 내면의 소리가 무엇인지도 모른 채 거기에 무한한 애정을 쏟으며 '아빠' 하고 부르는 그 이름을 커다란 위안처로 삼으셨다.

스님께서 회고하셨다. "'아빠!' 하고 나직이 부를라치면 묘지의 망두석, 나무 등걸, 바위 또는 이름 모를 뭇 생명까지도 나 자신과 친한 친구가 되어 숨결을 나누는 것처럼 여겨졌다."

36. 스님께서 회고하셨다. "그 당시 특출한 생각이 있었던 것은 아니다. 무엇을 해 달라거나, 무서움증을 없애 달라거나 잘되게 해 달라는 따위로 기대는 마음도 없었다. 거기서 이미

다 알고 있다는 생각에 '아빠' 하고선 눈물만 흘렸을 뿐이었다. 무엇을 배웠거나 알아서 그렇게 한 것은 아니었지만 시간이 흘러가다 보니까 그렇게 되었다. 한 번도 밖으로 마음을 낸 적은 없었다."

37. 스님께서 회고하셨다. "그러니까 '아빠'가 등장하고부터는 점차로 모든 것이, 심지어 하찮은 풀뿌리나 돌까지도 내 면의 아빠처럼 느껴졌다. 나는 모든 것을 아빠라는 그곳에다 밀어 넣었다. 그때 내가 워낙 고독하기도 했지만 그러다 보니 나무를 봐도 돌을 보아도 모두가 내 생명같이 여겨져서 함부로 할 수가 없었다. 나무 한 가지 꺾지를 못했다. 배가 고파도 '내가 살기 위해 너를 꺾으면 금방 피가 배어 나올 테지.' 하는 생각이 들었다."

수-3-81 (37)
수-5-7
수-5-16
수-5-22
법-2-8
법-2-32
법-2-75
법-2-89
법-3-78
심-1-8
심-1-9
심-1-53
심-1-113
원-7-3-20
행-4

38. 스님께서는 담선 하는 자리에서 그때의 그 일을 가끔 화제로 삼으셨다. "아버님이 너무 완고하시고 못살게 구시니까 배겨 낼 수가 없었다. 그래서 '차라리 저 아버지를 아버지라고 그러느니보다 내 속에 있다고 느낀 이 아버지를 아버지라고 그래야지.' 하는 생각을 굳히게 되었다. 그때만 해도 이 큰 내면의 세계는 모르고 그냥 속으로만 '아빠'를 부르곤 했던 것이다. 어린 심정에 얼마나 울면서 돌았던지……. 나는 가난했고, 한 버림받은 소녀에 불과했었다. 그런데 이 얼마나 비밀스럽고 놀라운 일이었겠는가. 나처럼 내세울 것 하나도 없는 소녀를 이끌어 그 무한한 법의 맛을 보게 했으니……."

39. 스님께서 말씀하셨다. "내가 만약에 부모로부터 사랑 수-1-58 (39)

을 받고 동기간끼리 즐겁게 지냈더라면 나는 다른 것을 붙잡았을 것이다. 의지할 데가 없으니까 붙잡은 것이 '아빠'였다. 죽어도 같이 죽고 살아도 같이 산다 하면서 붙들고 돌아갔다. 그러다 보니까 차츰 '아빠'와 내가 둘이 아니라 공존하고 있다는 것을 느끼게 되었던 것이다."

남의집살이

40. 스님께서 내면으로의 귀로에 접어든 즈음에도 가세는 여전히 삶의 벼랑 끝을 헤매고 있었다. 어린 스님께서 종일 숲속을 떠돌며 아빠와의 대화로, 또는 상상 보시로 훌쩍 날을 새 울라치면 그나마 한 입을 더는 격이 될 정도였다. 그러던 차에 스님께서는 외할머니의 소개로 먼 친척 집에 심부름하는 아이로 가게 되었다. 어린 나이에 남의집살이란 지옥 같은 일로 여겨졌지만 스님께서는 그렇게 해서라도 어머님을 도울 수 있다는 생각에 아무런 내색도 하지 않으셨다.

41. 스님께서 회고하셨다. "어머님께서는 내가 밖에서 어떻게 지내는지를 모르셨기에 열심히 심부름하면 바깥 잠 안 자고 끼니라도 굶지 않을 게 아니겠느냐 하는 생각에 나를 내보내셨던 것이다."

42. 스님의 남의집살이는 1년간 계속되었다. 스님께 맡겨진 일은 아이를 업어 키우는 일과 하루 열 번씩 물지게를 져 나르는 일이었다. 보수라고는 한 푼도 없었고 다만 하루 세 끼를

먹여 주고 재워 주는 것뿐이었다. 어린 스님에게는 허기를 면하고 바깥 잠을 자지 않아도 되는 게 그나마 다행이라면 다행이었다. 그러나 아무리 가난과 공포를 이겨 낸 스님이라 할지라도 아홉 살의 어린 육체로는 맡겨진 일이 너무도 힘겹고 고통스러웠다. 특히 물지게를 져 나르는 일은 상상 이상의 고통과 인내를 요구하는 고된 시련이었다.

43. 스님께서 회고하셨다. "그것은 내게 가차 없는 채찍이 되었다. 처음에는 물지게를 지고 일어서지도 못했다. 주위의 도움을 받아 그럭저럭 일어선다 해도 이건 도대체 걸음을 떼어 놓기가 여간 힘겹지 않았다. 지금처럼 신발이라도 좋았다면 또 모르겠으나 일본 게다를 신고 있었으니 오죽했겠는가. 걸으면 걷는 대로 엎질러져서 길에다 반쯤 쏟고 말았는데 그런 채찍질도 없었다. 그렇다고 누굴 원망한다거나 그러지는 않았다. 그저 이 물지게를 보이지 않는 손으로 들고 운반할 수 있다면 얼마나 좋을까 싶어 그냥 속으로 '아빠!' 하고 목이 메어서 불러 놓고는 울 수밖에 없었다. 어린 나이였으니까."

44. 그러한 나날 속에서 스님의 물지게 일과도 조금은 익숙해져 갔다. 그러나 아무리 숙달이 되었다 하더라도 한겨울이 되었을 때 그 일은 뼈를 깎는 고통의 연속이었다. 어깨를 짓누르는 지게의 무게만큼이나 스님의 육신은 짓눌리고 있었다. 반면에 그러는 동안 스님의 정신력은 더욱 강해져 갔다.

45. 스님께서 회고하셨다. "하루 열 번씩 져 나르던 물지게 일이 좀 견딜 만해졌을 때 하루는 물을 한 짐 길어다 붓고 빈

법-2-24 (42)
법-2-63
법-2-64
법-2-74
법-2-100
원-3-1-6
원-3-3-1
원-5-1-23
원-7-2-8
원-7-2-12
원-7-2-13
원-7-3-7
원-7-3-12
원-7-3-21
행-1-2-12
행-2-4-6
생-2-1-4
생-2-2
생-2-2-1

통을 지고 다시 가는데 문득 '아직 물을 담지 않았으니 빈 통이고, 이미 쏟아부었으니 또 빈 통이구나. 지고 갈 때는 어떠했고 엎어지고 엎질렀을 때는 어떠했나.' 하는 생각이 들었다. 그때는 그것을 알 듯하면서도 부지런히 져 날라야 하니까 그대로 통과했지만 은연중에 그런 생각이 나는 경우가 생활 가운데 적지 않았다."

(46) 수-1-24
수-1-25
수-1-26
수-2-10
수-2-14
수-2-16
수-4-40
수-5-30
법-1-5
심-1-16
원-6-4-9
생-4-6-2

46. 한편 흑석동 숲 속에서 시작되었던 스님의 상상 보시는 이때도 계속되었고 날이 갈수록 더욱 상상의 나래를 펼쳐 갔다.

스님께서 회고하셨다. "흑석동 숲 속에서 하던 도깨비감투 생각에 밤을 새울 때가 많았다. 거의 매일 밤새도록 그런 상상을 했다. 도깨비감투를 쓰고 투명 인간이 되어서는 있는 집에 몰래 들어가 잔뜩 쓸어다가 없는 집에 골고루 나눠 주는 상상의 일을 했다. 얼마나 자재로운 활보였겠는가. 속이 시원한 즐거움의 하나였다. 그러다가 어느 때는 또 '아빠'에게 도깨비감투를 갖게 해 달라고 밤새도록 조르기도 했다. 도깨비감투를 주지 못하겠으면 차라리 죽게 해 달라고 한 적도 있었다."

부평초

47. 스님께서는 남의집살이가 1년여 만에 다시 집으로 돌아오셨다. 그러나 그리던 모정과의 해후도 잠시에 그쳤다. 집안을 뒤덮고 있던 가난의 먹구름은 스님을 다시 밖으로 내몰았다. 남의 집을 전전하는 악전 고투의 세월은 그칠 줄을 몰랐다.

48. 세월이 흘러갔어도 스님을 둘러싸고 있는 열악한 환경은 조금도 개선될 줄 몰랐다. 부친께서는 종적을 알 길 없는 바깥 생활로 일관하셨고 형제들도 스님과 마찬가지로 객지로 떠돌았다. 모친께서는 삯바느질 등으로 근근이 가계를 꾸려 가셨다. 스님께서는 한동안 남의 가게 일을 거드는 급사로 전전하셨다. 남들처럼 글공부를 할 기회는 아예 엄두도 낼 형편이 아니었다. 모친에게서 한글을 배우셨을 뿐이었다. 스님의 글공부 경력은 그 당시 우연한 기회에 야학당에 가서 셈본 공부를 두어 시간 받아 본 것이 전부였다.

수-1-2 (48)
수-1-7
수-1-8
수-1-9
수-1-10

49. 이런 일도 있었다. 스님께서 하루는 사무치는 그리움을 달래기 어려워 어머님을 뵈려고 수십 리 길을 걸어서 흑석동 집을 찾으셨다가 한 끼의 식사조차 마다하고 되돌아서신 적이 있었는데 돌아가는 해거름에 그만 허기를 이기지 못해 길거리에 쓰러지시고 말았다. 마침 한 일본인 여자가 창백하게 바랜 스님을 동정해서 구완을 자청했다. 그녀는 약간의 돈을 마련하여 스님 손에 쥐어 주려고 했다. 스님께서 말씀하시기를 "나는 거지가 아닙니다. 그저 간장을 탄 물 한 바가지만 주시면 고맙겠습니다."라고 하셨다.

수-1-54 (49)
수-3-2
수-3-12
수-3-15
수-3-79
수-4-3
수-4-5

50. 어느 때는 스님께서 허기진 몸을 끌고 성당으로 숨어 들어 잠을 자다가 들키게 되었는데 자초지종을 듣게 된 어느 분이 잔심부름을 맡겨서 그곳에 한동안 머무르신 일이 있었다. 그 일로 스님께서는 가톨릭에 잠시 입문하셨고, 그때 수녀가 될 생각을 하신 적이 있었다. 그러나 어느 날 고해 성사를

하시고는 홀연히 한생각이 떠올라 이후 성당 다니기를 그만두시고 그 집을 나오셨다.

(51) 법-3-26
심-1-36
심-1-47
행-3-3-11
행-8-3-3

51. 스님께서 그 일을 두고 어느 때 말씀하셨다. "신부님께 고해 성사를 했는데 하루는 이런 생각이 들었다. '내가 잘못해 놓고 왜 저분한테 고해함으로써 죄가 사해지는 것일까.' 그것이 위안이 될 수는 있을지언정 자기가 잘못한 것이 없어지지는 않는다는 생각이었다. '아니, 자기가 잘못을 해 놓고는 누구한테 구원을 해 달라고 하느냐. 내가 잘못하지 않았으면 고해할 일도 없을 것이고 잘못했다면 내 마음속에다 고해야지 남한테 고하면 없어지는가.'라는 생각을 했다. 그래서 거기서 되돌아서고 말았다."

(52) 수-3-22
수-3-23
수-4-43
법-1-27
법-1-28
법-1-29
법-1-31

52. 스님께서 그 당시 절과 인연을 맺으신 것은 모친을 따라 인근 화장사에 다녀 보신 것이 전부였다.

스님께서 회고하셨다. "내가 절에 가 본 것은 아주 어렸을 적에 어머님께서 국립묘지 뒷산에 있는 화장사엘 데리고 가셨을 때가 처음이었다. 일 년에 한두 번 따라다닌 것 같은데 그때 느낌으로는 울긋불긋하게 치장해 놓고 뭔가 주렁주렁 매달아 놓은 게 싫었다. 한번은 어머님께서 그런 나의 기분을 알아채시고는 말씀하시기를 '저런 치장에 마음을 써서는 안 된다. 밥 한 그릇이라도 많은 사람들의 정성이 담긴 것이니 바른 마음으로 고마워할 줄 알아야 한다.' 하고 일러 주셨다."

53. 시련은 스님 곁을 떠날 줄 몰랐고 그럴수록 스님께서는 인생의 궁극을 파고드셨다. 이때 스님께서는 양재 일도 조금

배우셨고 여기저기를 떠돌아다니셨다. 모내기 철이면 이 집 가서 한 이틀, 저 집 가서 한 사흘, 그렇게 농사일도 가끔씩 거드셨다.

54. 스님께서 회고하셨다. "그 당시는 먹을 게 워낙 곤궁하던 시절이기도 했지만 집안 형편이 그래서 끼니마다 채소와 밀기울로 죽을 끓여 먹었는데 모친께서는 그나마도 거르기 일쑤였다. 늘 하시는 말씀이 당신은 배가 고파 먼저 드셨다고 했다. 그럴 때면 눈물을 삼키느라 그 풀죽이나마 넘어가질 않았다. 그래서 청계산 쪽 산골 마을로 다니며 농사일 좀 거들어 주고 간간이 무 한 다발, 감자 몇 알을 얻어 오기도 했는데 허기가 져도 날감자 한 알을 마음 놓고 먹어 보질 못했다."

수-1-12 (54)
수-1-13

55. 스님께서 그때 어느 아낙이 하는 것을 보시고는 양잿물을 팔러 다니신 적이 있었다. 어느 부농의 일을 며칠간 거들어 주시고는 품삯을 받은 돈으로 양잿물을 사서 깡통에 넣어 가지고 형편이 좀 나은 집을 찾아다니며 파셨다. 그때 스님의 발걸음은 과천 근방, 청계산 산자락 마을로 이어졌는데 더 나이가 드셔서는 내친걸음에 강원도 월정사로 한암 스님을 뵈러 가는 길이 되기도 했다.

56. 스님께서 어느 때 이렇게 회고하셨다. "되돌아보면 눈물나는 일이라 기억하고 싶지 않지만 어머님께서는 어린 내가 고생하는 게 안쓰러우셔서 나다니질 못하게 하셨다. 그럴 때면 나는 으레 그런 일이라도 하면 배부르고 좋다고 하면서 돌아다녔는데, 어쩌다 한 차례씩 품삯으로 받은 채소나 과일을

수-1-27 (56)
수-1-28
수-1-29
수-1-41
수-1-49
수-1-63
수-3-74
수-3-75
수-3-76
수-3-77

지고 돌아오면 어머님께서는 하염없이 눈물을 흘리시곤 했다. 내 딴에는 나대로 한 일이지만 어머님의 가슴을 너무나 아프게 한 셈이 되었다."

57. 스님께서는 해방이 되기 전까지 그렇게 부평초처럼 떠도는 생활을 계속하셨다. 조금 더 나이가 들어 십칠, 십팔 세가 되셨을 때는 일제의 처녀 공출(정신대)이 극성을 부리는 바람에 스님의 모친께서는 아예 집을 떠나 있도록 권하셨다. 스님께서는 해방이 되기까지 집으로 들어가지도 못하시고 산중으로 도시며 노숙을 거듭하셨다. 가끔은 빈 암자에 들어가 새우잠을 자기도 하셨다. 그때 스님께서는 한암 스님을 찾아뵙고 설법에 귀를 기울이시기도 했다.

(58) 수-5-2
수-5-10

58. 스님께서 10대 소녀 시절을 회고하여 이렇게 말씀하신 적이 있었다. "밤마다 그냥 누울 수가 없는 날이 많았다. 세상이 각박하다 보니까 여전히 먹을 것, 입을 것이 제대로 없었고 신을 것도 마땅치 않았다. 그래도 부모 밑에서 사는 사람들이야 좀 나은 편이었겠지만 나야 부평초처럼 이리저리 떠도는 신세였으니까 밤마다 눈물이 없을 수 없었다. 얼마나 많은 눈물을 흘렸는지……. 그래도 이 인생 한 번 죽는 것인데 죽게 되면 죽고 살게 되면 산다는 생각에서 모든 것을 '아빠'에게 맡긴 채 그냥 걸어갔을 뿐이었다."

(59) 수-1-34
수-1-35
수-1-36
수-1-37
수-1-38

59. 스님께서 또 회고하셨다. "내가 진작에 '아빠'라고 그렇게 해 놓았지만 내게는 그 '아빠'가 얼마나 자비하던지, 추울 때는 나를 끌고 덜 추운 데로 가고 먹을 것이 필요하면 또 먹

을 게 있는 데로 데려다 주었으니 얼마나 눈물겹고 좋았겠는가. 실은 가자는 놈도 나이고 가는 놈도 나이지만 사랑적인 내가 모르니까 아는 내가 내 몸을 끌고 다닌 것이다. 내 육신의 고통은 말도 못했지만 이리 굴리고 저리 굴려서 조금씩 알게 하는 데야 자비롭고 달가울 뿐이었다."

수-1-39 (59)
수-2-5
수-2-20
수-3-48
수-3-49
수-5-2
수-5-10

60. 스님께서 어느 때 또 이렇게 회고하셨다. "그때 내가 타의에 의지하려 했다면 여지없이 병신이나 노예가 됐을 것이다. 그런데 나는 내 마음대로 나를 떼어 놓고, 그 나와 말을 주고받으며 점검을 했다. 떼어 놓았다, 붙여 놓았다 그렇게 자유로이 했다. 그래서 견뎌 냈던 것이다."

수-3-30 (60)
수-5-10
수-5-20
수-5-22

한암 스님과의 조우

61. 스님께서는 열네 살 되시던 해에 어머님을 따라 오대산 상원사 인근 진부라는 마을에 사시던 외삼촌 댁에서 몇 달을 머무르신 적이 있었다. 그때 마침 상원사에서 큰 재가 열렸고 스님께서는 어머님의 인연으로 한암 스님을 친견할 기회를 갖게 되었다. 스님의 모친께서는 한암 스님의 법복 짓는 일을 도우시는 등 상원사로 자주 발걸음을 하셨다.

수-1-67 (61)
수-1-68
수-1-69
수-2-21
수-2-22
수-2-23
수-2-24
수-2-25
수-2-44
수-2-45
수-2-46

62. 스님의 모친께서는 한동안 그곳에 머무르셨는데 절에 가실 일이 있을 때는 반드시 스님을 대동하셨고 한암 스님께 격의 없이 다가서시는 스님을 보시고는 무척 대견해하셨다.

63. 한암 스님 문하에는 수행승들이 몰려 있었다. 어린 스

님께서는 그 점을 궁금해하셨다. 도대체 가사 장삼을 걸치고 머리를 깎는다는 의미가 무엇인가? 불법은 무엇이며 공부는 또 무엇인가? 스님께서 한암 스님께 여쭈었다. "불법이 무엇이옵니까?" 한암 스님께서 대답하셨다. "네가 사는 게 부처님 법이다." "……?" "어린 것이 대견하구나. 내게 배우려 하기보다 어머님을 잘 모셔라. 네 어머님은 여느 승려가 따라가기 어려운 분이니라."

(64) 수-2-47
수-2-48
수-2-49
수-2-50

64. 스님께서는 어느 때인가 한암 스님을 찾아뵙고 청을 넣으셨다. "저도 공부를 해 보겠습니다." 그러자 한암 스님께서 스님께 곶감 한 개를 집어 주시며 말씀하셨다. "공부가 뭔지나 알고서 그러느냐? 곶감 꼭지가 떨어져야 공부라 할 수 있느니라."

스님께서 회고하셨다. "그때는 그 소리가 무슨 소리인지 몰랐다. '네가 모르니까 나도 모르지. 그러니 어떻게 공부를 가르쳐 줄 수 있겠느냐.' 하는 말씀이었는데 그걸 몰랐다." 스님께서는 한암 스님의 말씀을 두고두고 간직하시면서 공부의 재료로 삼으셨다고 하셨다.

(65) 수-3-16
수-3-40
수-3-41
행-2-3-4

65. 스님께서 또 회고하셨다. "그때 어느 스님이 나를 골려 줄 양이었는지 나보고 '부처님 공부 해서 부처가 되려면 한 가지 방법이 있다. 불을 끄고 캄캄한 방에서 보꾹을 쳐다보고 밤새 앉아 있으면 거기서 부처가 내려오신다.' 했다. 나는 그 말을 듣고 밤새 보꾹을 쳐다보고 있었다. 아침 도량석 도는 소리도 듣지 못하고 밤을 밝혔는데 그러고 나니까 목과 다리가 굳어 버려 무척 애를 먹었다. 어리석었지만 믿음만은 진실했었다."

1. 고난의 세월 39

66. 한번은 이런 일도 있었다. 어느 날 월정사 스님들이 출   수-3-47 (66)
타했다가 돌아와 고무신들을 죽 벗어 놓았는데 온통 진흙투성   심-1-70
이었다. 마침 스님께서 그것을 보시고는 개천 물로 뽀득뽀득   원-6-5-3
소리나게 깨끗이 닦아서 가지런히 올려놓으셨다. 잠시 후 방
에서 나온 스님 한 분이 "누가 신발을 닦아 놓았느냐?" 하고
물었다. 스님께서는 칭찬을 들을까 싶어 웃음 띤 얼굴로 선뜻
스님 앞에 나서며 대답하셨다. "제가 닦았어요, 스님." 그런데
칭찬은커녕 "누가 이렇게 깨끗하게 닦아 놓으랬어?" 하는 호
통 소리와 함께 눈에 불이 날 만큼 매가 날아왔다. 며칠 후 스
님들이 다시 출타했다가 돌아왔는데 이번에는 신발들이 그전
처럼 더럽지는 않았다. 스님께서는 그 신발을 갖고 나가 진흙
을 잔뜩 묻혀서 제자리에 갖다 놓고는 동정을 살피셨다. 그런
데 잠시 후 방에서 나온 스님이 그 꼴을 보고 노발대발하더니
또 따귀를 내리쳤다. 닦아도 매를 맞고 더럽혀도 매를 맞은 스
님께서는 곰곰이 생각에 잠겼으나 그 문제를 풀 길이 없었다.
며칠 후 다시 더럽혀진 스님들의 고무신을 발견하자 이번에는
맹물에다 흙을 터는 정도로 닦는 둥 마는 둥 해서 제자리에 갖
다 놓으셨다. 그러자 이번에는 왜 닦다 말았느냐며 또 호통을
쳤다.

스님께서 회고하셨다. "깨끗하게 닦아도 스님이 매를 들었
고 더럽혀도 매를 든 것은, 청정이 청정이 아니고 더러운 게
더러운 것이 아님을 가르쳐 주기 위해서였다. 닦는 둥 마는 둥
해서 제자리에 갖다 놓았으나 또 호통을 친 것은 더 닦아도 안

되고 덜 닦아도 아니 되는 중용을 가르쳐 주기 위함이었다."

67. 스님께서 회고하셨다. "한암 스님께서 너그럽게 날 받아 주시고 불쌍히 여겨 나를 거두어 주셨다. 나 같은 무지렁이를 뭘 보고 그러셨던지 남몰래 누룽지 한 쪽이라도 챙겨 주셨다. 세상에 아무리 위대하고 잘났다 해도 그런 마음을 나누기는 어려울 것이다. 그 일로 해서 나는 이 마음이라는 게 얼마나 귀중한 것인지 뼈저리게 느꼈다."

상원사 대중 스님들 가운데는 한암 스님의 처사를 보고는 "저 노장 스님은 도대체 저 하찮은 아이가 뭐기에 감싸고 저러느냐." 하고 투덜대는 이도 있었다.

68. 방한암(方漢巖) 스님은 조계종의 초대 종정을 지내신 분이었지만 스님께서는 한암 스님의 자애로운 향기와 청징한 선미에 끌려 마치 인자한 할아버지의 체취에서 편안함을 맛보는 손녀처럼 그렇게 느끼셨다.

69. 한암 스님의 대중 제접은 종정의 자리를 의식하지 않는 파격적인 데가 있었다. 스님께서는 격의 없이 한암 스님께 매달렸고 한암 스님은 그럴 때마다 자애롭게 대해 주셨다. 스님께서는 한암 스님에게서 '아빠'의 현실 모습을 보고 계셨다.

스님께서 회고하셨다. "어린 나에게 훈훈한 자비를 베풀어 주시던 한암 스님을 생각하면 고승이다, 선사다, 대덕이다 하는 말이 그분에게서는 거의 연상되지 않았다. 그분은 가난하고 어려운 신도에게는 가난하고 어렵기 때문에, 눈에서 불이 뚝뚝 떨어지는 수행 납자에게는 그 패기와 구도심 때문에 더욱 사랑을 보이셨던 게 아닌가 여겨졌다. 누구든지 그분을 가까이서 뵐 수 있었고, 그분의 대화는 얼핏 평범해 보이면서도 늘 깊은 맛을 지니고 있었다. 크게 깨치신 분이기에 '아빠'처럼 아늑하고 따스하셨다."

2. 출가 수행

자성을 보리라

1. 스님께서 열여덟이 되시던 해에 해방이 찾아왔다. 스님께서는 그때 집으로 돌아와 계셨는데 어머님께서 결혼을 종용하셨다. 그러나 스님께서는 세속의 일 따위엔 관심이 없으셨다. 다시 찾은 흑석동 숲 속에서 오로지 내면으로의 귀로를 더듬으며 삶의 의미를 찾는 일에 몰두하고 계셨다. 하지만 인생의 참뜻을 목마르게 구해 온 10년 세월에도 불구하고 여전히 스님의 갈증은 해소되지 않고 있었다.

(2) 수-1-34
심-1-85
행-1-3-2
행-11-5-19
활-2-1-9

2. 스님께서는 아빠와의 대면을 갈망하셨다. 스님께서 그때의 갈구에 대해 이렇게 말씀하셨다. "아빠의 모습이 보고 싶다고 졸라 대니까 어느 날인가는 조그마한 동자 하나가 허공 중에 키를 든 채로 나타났다. 처음에는 그게 무얼 뜻하는지 몰랐다. '아빠의 모습을 보여 달라니까 대신 키 하나를 들려 동자를 내보내다니…….' 하는 생각뿐이었다. 그러다가 홀연히 그 키가 키가 아니라는 걸 알게 됐다. 그건 키가 아니라 열쇠

였다. 벼는 찧어 놓았지만 까불 줄 모르니까 키를 들려 내보일 수밖에 없었던 것이다. 얼마나 감사했던지……. 그럴수록 나는 더욱 모습이 그립다고 졸라 댔다. 당신이야말로 이 세상을 주고도 바꿀 수 없으니 당신을 보고 싶다고 떼를 쓰다시피 했다. 그랬더니 '거울을 봐라! 거기에 있느니라.' 하는 것이었다."

3. 스님께서 말씀하셨다. "아무리 거울을 들여다보아도 거기 못생긴 내 얼굴만 보였지 도대체 무엇이 보였겠는가. 그때만 해도 부와 자는 상봉을 못했고 게다가 내가 경을 제대로 본 일도, 설법을 제대로 들은 일도 없었으니 몰랐던 것이다. 그래서 더욱 졸라 댔다. '당신이 얼마나 자비로운데 모습은 왜 안 보이시는 겁니까.' 하고. 스무살 안팎일 때인데 그렇게 어리석었다."

4. 스님께서 아빠와의 대면을 거듭 갈구하시던 중에 한번은 모습을 보일 수 없으면 이름이라도 알려 달라고 하셨다. 한참 뒤에 내면의 소리가 들려왔다. "나는 서산 대사다." 그러고는 다시 "나는 원효 대사다. 나는 무학 대사다. 육조다. 유마힐이다."라는 소리가 연거푸 뒤를 이었다. 스님께서는 고개를 가로 저으셨다.

5. 스님께서 회고하셨다. "어떤 때는 이런 소리도 있었다. '삼국을 통일할 무렵에도 내가 있었느니라.' 그래 그냥 미친 소리이겠거니 했더니 이번엔 '신라가 고려가 되고 고려가 조선이 되도록 나는 항상 없어 본 예가 없느니라.' 하는 것이었다.

그러니 그 도리를 알아야 했지만 또 캄캄하니 얼마나 답답했던지……. 역대 부처님이 한 번도 없어 본 예가 없다는 것을 알게 된 것은 나중의 일이었다."

6. 스님께서 거듭 원하시자 이번에는 "거울을 보아라. 네가 손을 쳐들면 아빠도 손을 쳐들고 네가 찌푸리면 아빠도 찌푸릴 것이고 네가 울면 아빠도 눈물을 흘리느니라."라는 대답이 있었다. "네가 크면 나도 크고 네 그릇이 작다면 내 그릇도 작을 것이요, 네 마음이 언짢고 괴로우면 나도 언짢고 괴로울 것이며 네가 울면 나도 따라 우니 너와 내가 따로 있다고 생각하지 말라." 그 말을 듣고 스님께서는 하염없이 울면서 하루를 지내고 이틀을 지내고 그렇게 몇 날 며칠을 울었는지 모른다고 술회하셨다.

(7) 수-3-27
　　수-3-57
　　원-2-5-10
　　원-3-2-4
　　원-3-2-6
　　행-7-1
　　행-7-2
　　생-2-2-15

7. 그 당시 이런 일도 있었노라고 어느 때 스님께서 회고하셨다. "나는 학식이 없어서 글을 쓸 줄 몰랐다. 한번은 남들이 그림을 그리는 걸 보고는 커다란 숯을 집어 들었다. 그러고는 생각하기를 '이건 글자를 알아서 할 수 있는 것도 아니니 아빠가 있거든 아빠가 해 봐라.' 하고 한나절을 그렇게 하고 있었다. 그것은 내 손이 하는 게 아니라 아빠가 어떡하나 그것을 지켜본 것이었다. 한 시간도 좋고 두 시간도 좋고 그렇게 앉아 있었는데 어느 순간 저절로 뭔가 써지기 시작했다. 내용을 알 수 없는 글이었다."

8. 그 당시 스님의 발길은 흑석동 숲 속을 넘어 동작동 국립묘지 뒷산으로 이어지고 있었다. 스님께서는 가끔 묘지 인근

의 화장사 법당에서 철야 정진을 하셨는데 모친께서는 그런 생활이 계속되는 것을 보시고는 서둘러 결혼을 추진하셨다. 스님께서 이를 완강히 거절하셨으나 그럴수록 모친의 성화는 날이 갈수록 강도를 더해 갔다.

9. 그러던 어느 날 스님께서는 홀연히 자리를 털고 일어서셨다. 가출을 결심하신 것이다. 스님께서는 갈 곳이나 작정한 바가 있었던 게 아니었으므로 아무런 준비 없이 입은 옷 그대로 집을 나가 남쪽으로 길을 잡으셨다. 스님의 무연한 발걸음은 남으로 이어져 어느덧 부산에 닿아 있었다.

보시행

10. 스님의 부산 생활은 기나긴 구도 행장의 한 반환점이 되었다. 거기서 1년 남짓 지내는 동안 스님께서는 군복 수선과 식당 경영에 손을 대 약간의 물질적인 성공을 거두셨다. 몇 년 전에 잠시 익혀 두셨던 양재 기술을 밑천으로 군복을 수선해 주고 돈을 모은 다음 허술한 식당 하나를 인수하게 되셨던 것이다. 그러나 스님을 이끌어 주던 내면의 소리는 스님을 그곳에 오래 붙잡아 두질 않았다.

11. 부산에서 군복 수선을 하실 때의 일이다. 하루는 맨발에 걸레쪽처럼 해진 옷을 걸친 한 문둥병 환자가 찾아들었다. 그 사내는 피고름에 찌든 자신의 옷을 내밀며 다시 누벼 주기를 부탁했다. 스님께서는 그에게 새 옷을 내주어 갈아입히고

헌 옷을 말끔히 기워 주셨다. 이상하게도 그 일이 진행되는 동안 다른 손님은 한 사람도 찾아오지 않았다.

(12) 수-1-34
　 수-2-4

12. 스님께서는 이 일이 있으리라는 사실을 이미 내면의 소리를 통해서 알고 계셨다. '아빠'의 목소리는 이렇게 말했다. "오늘 너에게 문둥이가 찾아올 터인데 너는 그를 보통 사람과 똑같이 대할 수 있겠는가." 스님께서 대답하셨다. "나는 아무렇지도 않습니다."

(13) 수-1-33
　 수-1-45
　 수-1-63
　 수-2-13
　 수-2-27
　 수-3-40
　 수-3-46
　 수-4-28
　 수-4-30
　 법-2-65
　 행-6-1

13. 스님께선 이때 육신의 병이 무엇인가에 대해 깊이 생각하게 되었다고 술회하셨다. "그 일로 나는 도대체 병이란 무엇인가를 알려고 아빠에게 매달렸다. 그러나 대답은 네 스스로 아는 수밖에 없다는 것이었다. 군복 수선을 하고 있는 일개 아녀자로서 육신의 병을 구제할 길이 무엇인가를 생각했다. 언제나 그랬지만 '아빠'는 내게 질문을 던질 뿐 답은 주지 않았다. '답은 네가 찾아라' 하는 게 대답 아닌 대답이었다."

(14) 수-1-24
　 수-1-25
　 수-1-26
　 수-2-10
　 수-2-11
　 수-2-15
　 수-2-16
　 법-1-14
　 심-1-16
　 심-1-97
　 심-1-98
　 생-4-6
　 예-48

14. 스님께서는 군복 수선으로 모은 돈을 들여 식당을 구입하신 다음 그 식당을 부두 노동자들의 실비 식당으로 운영하셨다. 한 끼니의 식사가 아쉬운 사람에겐 무료 급식에다 잠자리까지 제공하시곤 했다. 흑석동 숲 속에서의 도깨비감투가 현실의 보살행으로 나타나게 된 것이다. 많은 노동자들이 스님을 자애로운 천사라고 칭송해 마지않았다.

15. 그러나 부산 생활이 1년 남짓 지났을 즈음에 스님께서는 홀연히 식당을 다른 사람에게 넘겨 주고 다시 구도의 길로 들어서셨다. 어느 날 한암 스님께서 하시던 말씀을 떠올리고

는 그 길로 손을 터신 것이었다.

"손 없는 손으로 함 없는 함을 할 수 있어야 대장부라고 할 수 있느니라."

16. 스님께서는 육신으로 할 수 있는 일에 한계를 느끼시고 는 다시 꺼내도 꺼내도 줄지 않는 무량광의 창고를 생각하셨다. 그렇다! 보이지 않는 손을 얻어야 한다! 스님의 내면의 소리는 그렇게 재촉하고 있었다.

17. 오대산 상원사로 한암 스님을 찾아가리라 마음먹고 스님께서는 일단 상경하여 흑석동 집으로 돌아오셨다. 가족들은 그간의 경과를 궁금해했지만 두어 마디로 대답할 뿐 스님의 일과는 다시 얼마 동안 숲 속의 생활로 이어졌다.

18. 스님께서는 더 이상 세속의 딸이 아니었다. 결코 흔들리지 않는 마음, 확고한 발 디딤만이 스님을 지탱케 하고 이끄는 힘이었다.

스님께서는 가족들에게 온다 간다는 말 한마디 남기지 않고 다시 집을 떠나셨다.

19. 상원사로 향하는 도중, 하루는 스님께서 꿈을 꾸셨다. 큰 기와집이 있었는데 그것을 바라보는 순간 기와가 모두 벗겨지고 기둥 서까래만 남더니 그나마도 불에 타고 불탄 재마저 없어지면서 하얗고 큰 학이 나타났다. 한 마리는 땅에 내려앉았고 다른 한 마리는 삼베 감투를 쓴 채로 공중을 빙글빙글 도는 꿈이었다.

20. 스님께서 회고하셨다. "참으로 이상하다는 생각이 들었

(20) 수-1-36
   수-1-37
   수-1-38
   수-1-39
   수-1-59
   수-2-5
   수-3-48
   수-5-10
   법-2-115
   심-1-55
   원-2-3-4
   원-2-5-12
   원-2-5-13

다. 그러나 뜻을 알 수 없었다. 그냥 '참 이상해!' 하면서 아빠에게 맡겼다. '아빠나 알지 나는 모를 거야. 언젠가 아빠가 내게 알려 주겠지.' 하는 생각뿐이었다. 이틀이고 사흘이고 그 생각이 떠오를 적마다 그렇게 했다. 그런데 하루는 '애야! 그건 학이 학이 아니다. 네 마음이 하도 하늘과 땅을 다 벗 삼고 모든 것을 그렇게 몽땅 아빠에게 맡겨 놓으니 이제 다 없어지고 아빠라는 이름만 남았구나. 그나마도 빙글빙글 돌아가니까 이젠 아빠라는 이름조차 없구나.' 하고 내면의 소리가 들려왔다. 그때 비로소 나는 '있다고 할 것이 아무것도 없다.'는 사실을 절감했다. 내가 아빠라는 말을 할 때 그 한마디엔 아주 개미 새끼 하나도 빼놓음이 없이 전체가 담긴 그런 이름이었다."

삭발 행자

(21) 수-1-61
   수-1-62

21. 스님께서 오대산 상원사에 도착하신 것은 다시 집을 나선 지 근 한 달이 지난 뒤였다. 한암 노스님 앞에 선 스님의 몰골은 참담했다. 한 달 가량을 반 걸식, 반 노숙으로 산과 물을 건너 걸었으니 온몸은 긁히고 찢어져 피멍투성이였고 옷은 해질 대로 해져 있었다. 그런 차림의 스님을 노스님께서는 눈물로 맞아 주셨다. "오! 너로구나. 진정 네가 너였더냐?"

(22) 행-2-2
   행-2-2-10
   행-3-3-10
   행-10-2-3
   행-10-2-4

22. 스님께서는 노스님께 고개 숙여 청을 넣으셨다. "스님, 머리를 깎아 주십시오." 노스님께서 물으셨다. "중이 제 머리 못 깎는다는 게 무슨 소리인 줄 아느냐?" 스님께서 대답하셨

다. "중이 왜 제 머리를 못 깎겠습니까? 저는 깎을 수 있습니다." 그러고는 스님께서 가위로 머리카락을 성둥성둥 자르시고는 "스님, 이것 좀 밀어 주십시오." 하셨다.

23. 노스님께서 말씀하셨다. "하체는 없고 상체만 있느니라. 지금 꽃으로 치면 봉오리도 안 진 게 어떻게 상체만 갖고 살 수 있겠느냐." 스님께서 대답하셨다. "상체만이라도 좋습니다." 노스님께서 되물으셨다. "정작 그렇게 그냥 죽고 싶더냐?" 스님께서 대답하셨다. "저는 살고 싶지 않습니다." 노스님께서 다시 말씀하셨다. "죽으려면 몽땅 죽어야 너를 보느니라." 그러고는 시봉 중이던 상좌에게 삭도를 가져오도록 분부하셨다.

24. 스님께서는 삭발이 끝난 뒤 행자의 예를 갖춰 노스님께 삼 배를 올렸다. 그때 문득 노스님께서 물으셨다. "지금 누가 절을 했느냐?" 스님께서 답하셨다. "큰스님과 제가 둘이 아니기에 이렇게 경배드렸습니다."

스님께서는 상원사에서 조금 떨어진 비구니 암자로 보내지셨다.

25. 스님께서는 노스님의 선미에 흠뻑 젖어들었고 두 분 사이엔 내밀한 마음의 대화가 오고 갔다. 노스님께서는 스님을 보시고 거듭 말씀하셨다. "죽어야 너를 보느니라." 스님께서 여쭈셨다. "어떻게 해야 죽습니까? 어디까지 가면 죽습니까?" 노스님께서 답하셨다. "눈을 뜨고 삼 년 잠을 푹 자면 죽느니라."

26. 스님께서는 노스님을 뵙고 난 후에도 상원사를 중심으로 인근 산속을 떠돌아다니셨다. 노스님께서 하시던 말씀, "눈 뜨고 잠을 푹 자면 죽느니라." 하시던 말씀을 의정 삼아 참구하는 나날을 보내셨다. 그러다가 노스님이 간절히 그리워지면 단숨에 상원사를 찾았고 그럴 때마다 노스님은 스님을 따뜻이 응대해 주셨다. 노스님을 시봉하던 스님들은 그 일을 막지 않았다.

27. 상원사 암자에 계실 때의 일이다. 스님께서 대중 스님들 틈에 섞여 선방에 드신 지 삼 일이 되던 날 벌떡 자리를 박차고 일어나시면서 말씀하셨다. "하이고, 이거 오조, 오조를 왜 비비는고? 흠, 달구지는 왜 망가뜨려? 가려는 소는 왜 안 끌고 달구지를?"

28. 스님께서 훗날 그때 일을 회고하셨다. "삼 일을 그렇게 하고 돌아가는 중에 무릎이 그냥 떨어져 나가는 것 같았는데 갑자기 그런 생각이 들었다. '달구지를 이렇게 망가뜨리려는 까닭이 무엇인가? 그러면서 이런 생각이 들게 하는 근본은 누구냐? 누가 이걸 가르치느냐?' 했던 것이다."

29. 스님께서 또 회고하셨다. "죽어야 나를 볼 것이란 생각에서 행자 신분이고 뭐고 몽땅 버리려 들었으니까 계율이고 뭐고도 없었을 뿐 아니라 이 몸뚱이 그냥 죽은 것으로 일임하고 다녔다. 남들은 그런 나를 보고 파계했다고 손가락질을 했지만 살 의욕이 없었으니 그대로 무심이었다."

30. 스님께서 행자로 계실 때 하루는 대중 스님들이 둘러앉

은 자리에 약간의 다과가 고루 분배되었다. 그것을 나눠 주던 한 스님이 말하기를 "이것은 노스님께서 자비심을 보이신 것이니 고맙게 생각하고 먹어라."라고 했다. 그러자 스님께서 한 마디 대꾸를 하셨다. "내가 나온 뒤로 나는 내 것을 먹었지 남의 것을 구걸해서 먹어 본 예도 없고, 내 것을 내가 먹는데 누구더러 고맙다고 하겠느냐?" 그러자 대중 스님들이 들고 일어나 스님을 산문 밖으로 쫓아 내고 말았다.

31. 스님께서 회고하셨다. "그런 말을 했으니 얼마나 못난 짓이었던지……. 내가 그때는 빳빳해서 절도 제대로 하지 않았다. 그 뒤에 생각한 것이지만 나 아닌 내가 절을 열 번 하면 어떻고 백 번 하면 어떤가? 그걸 몰랐으니, 빼고 끼울 줄을 몰랐던 셈이다. 참, 절을 하면서도 함이 없이 하고 말을 해도 담을 그릇에 담아야 하는 건데 이건 지혜가 부족해서 톡 불거져 나왔으니, 귀신 보고 귀신이라 하고 도둑 보고 도둑이라 해도 싫은 세상에 그냥 발길에 차이고 얻어맞고 할 수밖에 없었다."

수-2-32 (31)
수-2-33
수-4-56
수-4-58
법-2-107
행-5-3

32. 스님께서 말씀하셨다. "그렇게라도 얻어맞았으니 익은 것이다. 스스로 '너그럽지 못하고 지혜도 없고 하심할 줄 모르는구나. 아직 멀었구나.' 하다 보니까 그걸 알고 가는 게 되었다. 그래서 결국은 제 나무에서 제 과일이 익어야 제 맛이 난다는 사실을 절감했던 것이다."

33. 어느 때 스님께서 또 이렇게 회고하셨다. "그때 빳빳했던 연고로 절 밥 얻어먹고 쫓겨나기도 많이 했다. 한번은 큰스님네들이 모여 불사를 논의하는데 무슨 신이 내려서 집을 못

짓는다고 하기에 '짓고 싶으면 짓고 짓기 싫으면 안 짓는 것이지 무슨 신이 내린다고 합니까.' 하고 그냥 대들었다. 그러니 발길에 차이고 또 내쫓길 수밖에…….""또 어느 때는 내가 법당에 들어가 경배도 잘 안 하니까 부처님이 무서워서 저런다고 하기에 앞으로 나가서 불상에 입맞춤을 한 적도 있었다. 그러고는 또 쫓겨났다. 산문 밖으로 나와 한참을 혼자 웃어 댔다."

계정혜의 체험

(34) 수-3-31
법-2-53
법-2-56
생-1-2

34. 스님께서는 사찰의 꽉 짜여진 생활과 경을 위주로 하는 강론에 회의를 느끼셨다. 계율도 중요하겠지만 스님께서는 이미 오래 전부터 내관으로 깨쳐 들어가는 길을 밟아 오신 터라 계와 정이 따로 있지 않다는 사실을 체험하고 계셨다. 스님께서는 또 수행 삼매를 통해 진리를 터득하고자 하셨기에 경 위주의 공부는 한낱 희론에 불과하다고 느끼셨다.

35. 스님께서는 여러 차례 산문 밖으로 쫓겨나셨는데 그럴 때면 그냥 산으로 도시면서 수행을 통한 자증의 길을 걸으셨다. 그러다가 노스님을 뵙고 싶으면 상원사로 달려가 며칠씩 묵으셨는데 그러다가 또 쫓겨나곤 하셨다.

(36) 수-3-30
원-3-2
원-6-5-1
행-8
생-3-1-15
생-3-1-27

36. 스님께서 회고하셨다. "머리 깎고 절로 들어가게 됐을 때 가사 장삼을 입은 사람들은 마음이 아름다우리라 믿었지만 곧이어 옷이 말해 주는 게 아니라 마음이 진실하면 되는 줄을 알게 되었다. 발길에 차이면서 그들을 원망하기 전에 마음

이 아팠다. 그것이 내게는 차라리 다행한 일이었지만……. 절에 머물 생각이 없어져 다시 산으로 들어갔다. 그때 강원도 일대 산중을 다 돌았던 것 같다."

37. 스님께서 회고하셨다. "그런 나를 보고 아예 파계했다고 말하는 사람들도 적지 않았다. 그러나 나는 그런 일에 도시 아랑곳하지 않았다. 그냥 산으로 돌다가 인연 닿는 사찰이 있으면 들렀다가 다시 내쫓기곤 했다."

38. 스님께서 회고하셨다. "내가 행자 수행 중에 어느 절에 들렀을 때이다. 하도 거지 같은 차림이니까 그럴 만도 했겠지만 가는 곳마다 구박이 여간 심하지 않았다. 웬 거지가 이 청정한 경내로 들어오느냐면서 마구 내쫓는데 욕설이 이만저만이 아니었다. 때로는 얻어맞기도 했다. 그럴 때면 나는 묵묵히 얻어맞고 욕을 먹기도 했다. 나 갈 데로 가면 그뿐이었으니까. 그러다가 빈 산신각이나 법당에 들어가서 자게 되는 때도 많았다."

수-2-30 (38)
수-2-39
수-3-2
수-3-15
수-4-13
수-5-15

39. 스님께서 회고하셨다. "어느 곳이든 하룻밤 재워 달라면 으레 사람 같지도 않으니 내쫓았다. 하루는 어느 다리 위에 드러누웠는데 하루 종일 햇볕에 덥혀진 다리 상판이 어찌나 뜨뜻하고 좋던지 육각 반자에 기름 먹인 장판 온돌방이 부럽지 않았다. 그러니 누가 재워 주지 않고 내쫓는다고 원망할 것도 없었다. 그냥 옷고는 천지간이 탁 터진 데 누우면 그만이었다. 누가 땅세 내라는 사람도 없고 눕지 말라는 사람도 없고 그대로 좋았던 것이다."

(40) 수-3-26
    수-3-67
    수-5-3
    수-5-9

40. 스님께서 또 말씀하셨다. "어느 때는 산중에서 내려다 보니까 마을 어귀에 불이 난 것이 보였다. 그걸 보고는 거지 부자가 주고받았다는 우스갯소리가 떠올라 혼자 큰 소리로 웃은 일도 있었다. 불 날 걱정 없고 집세 걱정 없으니 내 팔자가 상팔자라는 얘기처럼 그야말로 '내가 최고 자유인이다' 했던 것이다."

41. 스님께서 회고하셨다. "그래도 그때 나를 반겨 주는 스님도 있었다. 탄허 스님과 도반이신 한 스님은 밭일을 하시다가도 내가 지나가는 걸 보시면 낫을 동댕이치고 쫓아오셔서는 잡아끌고 들어가 공양주더러 '더운 밥 빨리 지어 한 상 차리라'고 채근하시곤 했다. 그분 말씀이 '이 세상 푸른 잔디밭에 바람 쐬러 나왔다면 같이 바람 쐬고 지내자.' 하셨다. 그러면 나는 번번이 '바람 쐬러 나왔다면 자갈밭이든 가시밭이든, 물이 깊든 얕든 내 앞에 붙을 게 없다.'라고 했다. 그때 내가 그 스님에게 붙들려 있었다면 참 도리를 모르고 말았을지도 모른다."

(42) 수-2-50
    수-3-23
    수-3-25
    수-3-28
    수-3-33

42. 스님께서 회고하셨다. "나는 경전이라든가, 좌선이라든가 그렇게 거창하고 고상하다 하는 데서 도리를 배운 게 아니라 하찮은 데서 배웠으니, 예를 들면 서리 맞은 고추 하나 따는 데서도 인과법을 배우는 그런 식이었다. 고추 하나를 따더라도 잘못되면 천 개, 만 개를 도둑질한 것이 되고 도리를 알면 만 개를 먹어도 만 개가 아니라는 것을 느꼈던 것이다. 다 거두고 난 밭의 찌그러진 고추 하나를 재료 삼아서도 며칠을

그렇게 배우고 다녔던 것이다."

43. 간간이 노스님의 가르침을 받아 가면서 그때 스님의 산중 수도는 더욱 무르익어 갔다.

수-3-10 (43)
수-3-24
수-3-27
생-1-3-7

스님께서 회고하셨다. "하루 해가 지는 줄도 몰랐고 먹는 것도 잊곤 했다. 남들이 보기에는 그냥 앉아서 졸고 있는 듯이 보였던 모양이지만 나 자신은 무심한 경지에서 노닐고 있었다. 그때는 어떤 것을 보아도 그대로 내력이 읽어지면서 마음속으로 대화를 하게 되었는데 이런저런 얘기가 끝 간 데 없으니 몇 시간이든 한자리에 붙박이로 앉아 있기가 일쑤였다. 그런 일이 종일 그렇게 지속되곤 했는데, 나로 인해 그가 있고 그가 있었기에 내가 있으니 모두가 하나이다가도 비껴 서서 둘이 되어 얘기할 때면 장면 장면들이 역력했으니 처음엔 놀라기도 했다. '야, 참으로 신기하다.' 하고 웃기도 했고, 또 세상천지가 아름답게만 보이기도 했다. 그러니 내가 절마다 내쫓길 정도로 추한 몰골이라는 그걸 괘념치 않았던 것이다."

사미니계

44. 1950년 봄에 스님께서는 한암 스님을 마지막으로 뵈었다. 스님께서 한암 스님의 생신이 음력 3월 27일인 것을 기억하시고는 문안 인사를 드리기 위해 상원사를 찾으셨다. 한암 스님께서는 탄허 상좌와 함께 반갑게 맞아 주셨다. 그날 아침 한암 스님께서는 제자 두 사람에게 비구계를 주신 뒤였다. 한

법-1-45 (44)
법-2-25

암 스님께서 스님을 향해 말씀하셨다. "너도 이제 정식으로 다시 머리를 깎아야지. 이젠 다시 기회가 없을라."

스님께서는 그때 정식으로 부처님 제자가 되셨다. 1950년 3월 27일(음력)의 일이었다.

(45) 심-1-85
행-1-3-2
행-11-5-19
활-2-1-9

45. 다시 삭도를 드신 노스님께서 스님께 물으셨다. "지금 누가 계를 받았느냐?" 스님께서 답하셨다. "스님께서 주신 사이가 없고 제가 받은 사이도 없습니다. 다만 한 마리 학이 청산에 훨훨 날 뿐입니다." 다시 노스님께서 말씀하셨다. "네가 죽어야 너를 보리라." 스님께서 말씀하셨다. "죽어야 할 나는 어디에 있으며 죽여야 할 나는 어디 있습니까?" 노스님께서 다시 물으셨다. "네 마음은 어디 있느냐?" 스님께서 답하셨다. "목 마르실 텐데 물 한잔 드십시오." 노스님께서 거듭 물으셨다. "내가 자석이요 네가 못이라면 어찌 되겠느냐?" 스님께서 답하시기를 "못도 자석이 됩니다."라고 하셨다. 노스님께서는 무척 기뻐하시며 말씀하셨다. "오! 기특하도다. 네 법명은 청각(靑覺)이니라. 이제 네 길을 가거라."

46. 한암 스님께서는 곧이어 발발한 한국 동란의 와중에서 상원사와 월정사를 지키시다 이듬해 3월에 입적하셨다. 스님께서 회고하셨다. "일이 그렇게 된 줄은 훨씬 뒤에야 알았다. 그러나 한암 큰스님께서는 그때나 지금이나 변함이 없이 계신다. 자석에 못이 달라붙으면 못도 자석이 되듯이……. 한암 큰스님이나 그분의 법을 따르는 뭇 제자들은 다 한몸 한마음인 것이다. 그러나 어디 큰스님뿐이겠는가. 저 석가모니 부처님

께 수기하셨다는 연등불에 이르기까지 다 한마음 불바퀴 속에서 법을 전하고 계를 주고 수기하기도 하면서 일월처럼 영원히 밝게 빛나고 있음이 아니랴."

47. 스님께서 회고하셨다. "한암 큰스님의 법문은 내게 크나큰 가르침이 되었다. 나는 도시 경전을 알지 못했지만 큰스님의 가르침이 내게는 팔만 사천의 대장경과 같았다. 내가 들은 법어는 한마디도 빼놓지 않고 나에게 진수성찬의 법반이 되었던 것이다."

행-6-2-12 (47)
행-8-4-9
예-11
예-72
예-73

48. 스님께서 회고하셨다. "하루는 큰스님께서 대중들에게 물으셨다. '대장부라면 발목을 감는 거미줄을 왜 끊지 못하는가? 대장부라면 왜 귀신 방귀씨의 싹을 틔우지 못하는가? 더하고 덜함도 없이 먹여서 싹을 틔워 보라.' 하셨다. 그때 나는 도대체 귀신 방귀씨란 무엇이냐를 놓고 혼신의 씨름을 했다. 사흘 동안 식음을 전폐한 채로 파고들었다."

심-1-76 (48)
행-11-5-12
행-11-5-16
행-11-5-17
행-11-5-18

49. 스님께서 회고하셨다. "어느 날 한 스님이 한암 큰스님께 '성품을 보고 나서도 보임을 잘해야 한다고 하시는데 어떻게 해야 잘할 수 있습니까?' 하고 여쭈었다. 그러자 큰스님께서 '저 바닷물을 삼켰으면 토해 놓을 줄 알아야 한다. 토해 놓을 줄 안다면 바로 그 바다에서 파도 이는 것이 네 성품의 작용인 줄 알 것이니 그것이 보배요 보임이니라.'라고 하셨다. 나는 그 말씀을 듣고 또 여러 날을 무척 고생을 했었다."

50. 한암 스님께 생전 문후 인사를 올린 스님께서는 다시 산문을 등지셨다. 파르라니 깎은 머리에 봄볕은 더욱 따사롭

수-2-42 (50)

게 비추고 있었다. 스님께서는 한 걸음 한 걸음 한마음의 불바퀴 속으로 걸어 나가셨다. 스님께서는 속으로 가만히 읊조리셨다. '연등불 선사께서 계를 주시니 이 은혜 하해와 같으리라.'

3. 깨달음의 증장

이젠 죽어서 보리라

1. 스님께서는 계를 받으신 뒤 그 길로 한암 스님께 하직을 고하고는 산문 밖을 나서서 산으로 드셨다. 스님의 발걸음이 산에서 산으로 이어지던 중에 6·25 동란이 발발했다. 그 당시 스님께서는 영등포 부근까지 나와 계셨는데 피아간 공방전의 한가운데 드시어 수많은 사람들이 피를 흘리고 죽어 가는 것을 목격하셨다. 스님께서는 포연을 뚫고 무연히 걸으셨다. 발걸음은 어느새 흑석동 뒷산에 닿아 있었다. 어린 시절 친근했던 곳이었다. 가족들은 뿔뿔이 흩어진 뒤였다. 스님께서는 전쟁 중 내내 흑석동 숲을 중심으로 인근을 드나드시며 지내셨다.

2. 스님께서 회고하셨다. "그때 밥 한 끼 얻어먹기가 그렇게 어려웠다. 어느 때는 멱살을 잡고 내동댕이치는 사람도 만나고 발길질을 해 대는 사람도 만났다. 또 사람 있는 곳을 지나치다 보면 도둑이 아닐까 하는 의심도 받았다. 모든 게 귀찮았다. '안 먹으면 그뿐이지.' 하는 생각에 그냥 굶으면서 다녔다.

수-1-10 (2)
수-1-15
수-1-42
수-1-54
법-2-23
법-2-24
법-2-63
법-2-64
법-2-74
법-2-100

(2) 원-3-1-6
원-3-3-1
원-5-1-23
원-7-2-8
원-7-2-12
원-7-2-13
원-7-3-7
원-7-3-12
원-7-3-21
행-1-2-12
행-2-4-6
생-2-1-4
생-2-2
생-2-2-1
예-50

어쩌다 한 끼를 구걸하게 되는 걸로 목숨이 이어졌던 것이다."

3. 스님께서 말씀하셨다. "그 당시 나를 본 것인지 안 본 것인지, 그냥 그렇게 살았다. 감응이 오고 그랬지만 산다는 게 모두들 그렇게 처참하고 피눈물이고 하니까 삶이 삶이 아니라는 생각이 들었다. 전쟁의 참화를 겪으면서 더욱 그런 생각이 짙어졌다."

4. 전쟁이 끝나 갈 즈음에 스님께서는 가족과 재회하게 되셨는데 그때 스님께서는 가족의 생계를 위해 잠시 양재점을 운영하셨다. 6개월 가량 그렇게 하시면서 황혼 무렵이 되면 숲속으로 들어가 철야를 하시곤 했다. 스님께서는 그때 '인연에 마음이 끌려 한생각 일어나면 홀연히 미혹되고 망령된 생각이 든다'는 점을 깊이 느끼시고는 양재점을 걸어 닫으셨다.

(5) 수-2-2
수-2-3
수-2-6
수-2-23
수-2-25
원-3-2-8
행-11-2-12
행-11-4

5. 스님께서는 다시금 아빠와 마주 서셨다. 전쟁의 참화를 체험하면서 처절하게 맞닥뜨려야 했던 삶의 의미를 더욱 투철히 알고자 하셨다. 스님께서는 그동안 온갖 고통과 시련의 위안처가 되어 주었던 아빠를 다시 찾으며 분명한 대답을 듣고자 하셨다. "산다는 것이 무엇입니까?" "나는 누구입니까?" "아빠는 왜 만날 수 없습니까?" 스님께서는 식음을 전폐하며 정진하셨다. 밤샘은 몇 날 며칠이고 또다시 계속되었다. 그러나 번번이 '네가 죽어야 나를 보리라'는 응답이 있을 뿐이었다. 스님께서는 점점 '죽어야 나를 본다'는 의문을 풀지 않고서는 스스로 아무 일도 할 수 없음을 느끼고 있었다.

6. 스님께서 회고하셨다. "그때는 정말로 이 육신이 죽어서

라도 내가 오랫동안 아빠라고 불러 온 나를 만나야겠다고 결심했다. 처참한 전쟁을 목격하면서 산다는 게 도무지 귀찮은 일이라 여겨지기도 했지만 아빠를 만날 수 있다면 차라리 육신을 포기하는 게 낫다는 생각을 했다. 그래서 죽기로 작정하고 참으로 어처구니없는 일을 저지르곤 했다. 새벽 어스름에 출발하는 화물차 바퀴 밑에 드러누워 차 떠나기를 기다린 적도 있었고 담배를 물에 풀어 벌겋게 우러난 물 한 사발에다 키니네 스무 알을 타서 마신 일도 있었다."

7. 스님께서 그때 일을 이렇게 말씀하셨다. "밤중에 몰래 화물차 바퀴 밑으로 숨어 들기를 대여섯 번 그렇게 했다. 그런데 새벽녘이 되어서 시동을 걸면 번번이 안 걸리는지라, 모두들 고장이 난 줄 알고는 고쳐서 떠나야겠다고 했다. 그러는 사이에 날이 밝아 오니 남의 눈에 띄면 죽고 싶어도 안 되는 일이라 매양 실패를 거듭했다."

8. 스님께서 또 키니네를 먹고 죽음을 시도하셨던 때를 이렇게 회고하셨다. "사흘을 꼬박 물 한 모금 안 마시니까 열이 났다. 그러다 다시 식어져서 한 일주일 가니까 이제는 불이 나는 것 같았다. 또 한 열흘 굶으니 그냥 부어올라 손발이 견디기 어렵게 되었다. 그때 나는 수많은 조사들, 수많은 납자들이 이미 이런 과정을 거쳐 갔으리라는 점을 느끼고는 '이까짓 몸뚱이야!' 했던 것이다. 그러고는 이 몸이 가루가 되어 없어진다 해도 나를 이끌어 온 나, 아빠를 만날 수 있게만 된다면 서슴지 않고 천 개, 만 개라도 부숴 버리겠다고 다짐했다. 내가

그렇게 식음을 전폐하고 하루하루 죽어 가니까 어머님께서는 눈물을 흘리시며 하소연을 하셨다. 그래도 나는 아예 죽기로 작정했었기에 물 한 모금조차도 거부했다. 보름을 그렇게 하고 있으니까 허리가 착 붙고 손끝 하나 움직일 기력이 없게 되었는데 마침 담배꽁초가 보이는지라 있는 대로 까서 물에 풀어 가지고는 감춰 두었던 키니네 스무 알을 함께 타서 마셨다. 그랬는데 잠시 후에 먹은 게 왈칵 넘어오더니만 갑자기 전신에 피가 새로 도는 것처럼 느껴졌다. 그 길로 나는 영영 집을 나서고 말았다." 때는 휴전이 이뤄진 1953년 여름이었다.

9. 스님께서는 그때 벨벳 옷감 한 벌을 꺼내 가위로 둥글게 일곱 조각을 잘라 내서는 그것을 마당에 흩뿌린 다음 하나씩 즈려밟으며 집을 나섰다고 술회하셨다. 스님께서 어느 때 말씀하시기를 "언뜻 연꽃이 떠올랐을 뿐, 왜 그렇게 해야 했는지 모를 일이었다."라고 하셨다.

(10) 수-3-3
수-5-12
수-5-30
수-5-31
법-2-14
법-2-15
법-2-21
법-2-22
법-2-23

10. 스님께서는 간호하던 모친께서 잠시 자리를 비운 사이에 집을 떠나셨다. 여러 번의 실패에도 불구하고 '죽어야 너를 보리라'던 내면의 소리를 그대로 따를 심산이었다. 스님께서는 정처 없이 걸어가셨다. 어느 외진 곳, 아무도 육신을 찾아낼 수 없는 그런 곳에 가서 그대로 죽으리라는 생각뿐이었다. 그렇게 하염없이 걷는 발걸음은 드디어 한 강변 어느 절벽 끝에 가서 멎었다.

스님께서 그때를 회고하셨다. "그때 아주 세상을 여읠 생각이었다. 다만 죽어서 남의 손을 빌리지 않아야 하겠다는 생각에 한적한 곳을 찾아 나선다는 게 어느 강 언덕 벼랑에 당도했던 것 같다. 그런데 물끄러미 강물을 내려다보는 순간에 그만 죽는다는 생각을 잊어버렸다. 꼬박 한나절을 거기에서 선 채로 보냈던 모양인데 문득 깨어나서는 다시 걸었다. 걸으면서 생각했다. 몇 번이고 육신을 부숴 버리려고 했지만 번번이 실패하고 나니까 이게 부수어서 되는 일이 아니라는 걸 알게 되었다. 그냥 뜨거운 눈물이 걷잡을 수 없이 흐르는데 그때야 비로소 '나의 뜨거운 눈물이 바다를 이루고, 그 바다를 다시 마실 수 있는 그런 눈물이 되어야 한다'는 것을 느꼈다. 눈물이 눈물이 아니라 기쁨이 된 것이다."

목숨을 떼어 놓고

11. 그로부터 스님의 발걸음은 국립묘지에서 관악산으로, 다시 청계산으로, 산 능선과 골짜기를 헤집고 밟으며 조금씩 조금씩 남쪽으로 옮겨져 갔다. 그리고 수원 용주사 근처 화산릉을 돌아 헌인릉으로 이어졌다.

12. 그 당시 스님의 외양은 말이 아니었다. 옷은 누더기가 되었고 신발은 언제부터인지 모르게 다 해어져 숫제 맨발이 되어 있었다. 머리는 자랄 대로 자라서 헝클어지고 얼굴은 가시덤불에 할퀴어 상처투성이였다. 어쩌다 산중에서 나무꾼을 만나거나 사찰 근처로 다가갈라치면 어느 곳에서나 매양 미친 사람 취급을 당하셨다.

수-2-36 (11)
수-2-38
수-3-1
수-3-16
수-3-17
수-3-67
수-4-1
수-4-6
수-4-9
수-4-18
수-5-3
수-5-5
수-5-6
수-5-7
심-1-67

13. 스님께서 회고하셨다. "혼자 산으로 다니다 보니까 어떤 때 '이거 안 되겠다'는 생각이 들었다. 그때가 한창 나이였으니까. 그래서 내 그림이 좋지 않았는데도 일부러 얼굴과 손발에 진흙을 바른 적도 있었다. 그게 햇빛에 마르니까 쩍쩍 갈라지면서 피범벅이 되었고, 그러니 어쩌다 사람을 만나면 한결같이 날 보고 더럽다 피하고, 미쳤다고 피했다. 방편치고는 괜찮은 방편이었다. 그런데 날 보고 하는 말이 '갓 미친 여자'라느니, '미친 여자가 왜 산에까지 올라왔냐'느니 했다. 속으로는 싱글벙글했다."

14. 스님께서는 가끔 마을을 가로질러서 가실 때가 있었는데 그때마다 동네 아이들이 "미친 사람 봐라!" 하고 합창하면서 돌을 던지거나 나뭇가지로 쿡쿡 찔러 대며 따라붙었다. 그래도 스님께서는 아무 말씀도, 몸짓도 없이 그냥 묵묵히 걸어가셨다. 그 일을 두고 스님께서 이렇게 말씀하셨다. "그것은 아이들 잘못이 아니었다. '너희들 탓이 아니라 내 탓'이라고 생각했다. 그런 차림을 하고 있지 않았다면 그 아이들이 그런 짓을 했겠는가. 내 꼴이 그러하니 놀림감이 될 수밖에 없었고 그러니 내 탓이었다. 그런데 어느 때 생각나기를, 내가 그런 소리를 듣는 게 위로는 조사님들까지 더럽히는 격이 되는가 싶어져 절대로 역대 조사들에게 누가 되지 않겠노라는 오기가 생겼다. 그냥 생명이 끊어져도 그만이라는 오기였다. 그런 오기 없이는 못했을 것이다. 파도가 한번 불끈 솟았다가 가라앉는 그런 식이라면 이 공부는 추풍에 낙엽 지듯 하게 된다고 생

각했다. 그래서 점점 산속으로 깊이 돌게 되었다.

15. 한번은 이런 일이 있었다. 스님께서 어느 마을을 지나 산으로 들어가는 길에 도랑을 건너시는데 쪽 떨어진 참외 하나가 떠내려왔다. 그걸 보시고 스님께서는 무심코 집어 들어 한 입 베어 무셨다. 그러자 어디서 몰려왔는지 마을 아이들이 덤벼들며 욕설을 퍼부어 댔다. 그걸 가지고 아이들이 놀이를 하던 중이었다. 스님께서는 아이들에게 거듭 용서를 구하셨으나 아이들은 스님의 거지 차림을 보고는 욕설을 멈추지 않았다.

스님께서 회고하셨다. "전에도 그랬지만 먹는다는 게 그만 구차스러워졌다. 아예 산다 죽는다를 버리고 나섰는데 먹게 되면 먹고 못 먹으면 그뿐이라고 생각했다."

수-1-10 (15)
수-1-43
수-2-32
수-3-2
수-3-14
수-3-54
수-3-55
수-3-56
수-3-80
수-4-3
수-4-23
수-4-35
수-5-6
법-3-15
법-3-16
법-3-17
법-3-18
심-1-71
심-1-141
생-4-8

16. 스님께서 회고하셨다. "그렇게 발길에 차이고 미쳤다는 소리를 듣곤 했지만 마음만은 우뚝했으니 속으로 콧방귀 뀌며 가볍게 웃어넘길 수 있었다. 내가 나를 파헤쳐 가는 길이니 누가 뭐라 한들 옆이 보이지도 들리지도 않았던 것이다. 더구나 누구에 의해서가 아니라 내가 나를 뒹굴린 것이니 아무도 원망하지 않았다."

17. 스님께서는 그 후 수년간을 서울의 남쪽 산야로 떠도시며 고행 아닌 고행을 하셨다. 당시 스님의 외양은 사람이라고 부르기 어려울 만큼 처참했는데 피부는 소나무 껍질처럼 갈라 터졌고 사지 육신은 피골이 상접하여 삭정이처럼 변해 있었다. 머리는 허리춤을 넘게 자라서 이를 말아 올려 칡넝쿨로 질끈 동여맨 상태였다. 오로지 안광만 형형할 뿐이었다.

수-3-29 (16)
수-3-42
법-2-65
법-2-93
심-2-6
원-2-2-6
원-9-2-11
행-2-2-4
행-3-2
행-3-2-10
행-3-2-11
행-3-2-13
행-4-7-5
행-6-1-2
행-6-1-3
행-6-1-4
행-6-1-7
활-1-1-14
예-3

스님께서 회고하셨다. "그때는 사람의 모습이 아니었다. 아마도 '전설의 고향'에 나오는 귀신 같았으리라. 물로 배를 채우고 고운 모래를 칫솔 삼아 양치질하며 다녔으니 그 몰골이야 이루 다 말로 할 수 있었겠는가."

삼매의 발걸음

18. 스님께서는 그 당시 몇 달 동안 국립묘지 근처에서 머무르신 적이 있었다. 그때 스님께 떠오른 의정은 한을 품고 잠든 영가들에 관한 일이었다. 육신의 삶이 끝난 뒤의 세계는 무엇이며 영가들은 어떤 상태에 놓이게 되는가를 참구하셨다. 의정이 풀릴 즈음에 스님께서는 3일 동안 철야로 영가와의 대화를 시도하셨다.

(19) 법-1-22
법-2-101
법-2-106
원-1-5-13
원-4-2-14
원-6-3-11
원-8-1-3
원-8-1-9
원-8-1-10
예-60
예-69

19. 스님께서 회고하셨다. "국립묘지 근처를 돌 때에 여러 날 영가와의 대화를 시도한 적이 있었다. 그때 육신 떨어지고 난 후의 영의 세계를 보니 생전의 의식 그대로인지라 영에도 천차만별이 있어 끝 간 데 없이 이어지는 인연 법칙의 이치가 드러나 보였다. 유전의 성질도 알게 되었고 영계의 성품, 윤회, 무진 연기의 이치도 알게 되었다. 그 당시 또 영가와의 대화를 통해 그들을 동원도 해 보고 일을 맡겨 보기도 했는데 그 일이 계기가 되어 나뭇잎일지라도 동원할 수 있는 이치를 알게 되었다."

(20) 수-4-49

20. 스님께서 어느 때 또 회고하셨다. "그때 내가 느끼기

를, 싸우다 죽은 영들은 대부분 군인으로서의 습성이 있어서 차원에 따라 포착해 쓰는 일은 국가적으로도 매우 기밀한 문제라고 보았다. 영의 상태란 마치 우리가 꿈을 꾸면서 육신을 가지고 다니는 줄 알듯이 그렇게 되어 있는데 마음으로 얼마든지 연결할 수 있으니, 가령 그러한 영을 산 사람과 연결시킨다면 산 사람의 능력이 두 배 세 배로 늘어날 수 있음을 알게 되었다."

수-4-52 (20)
심-1-10
원-7-2-13
원-7-3-6
원-8-1
활-1-1-2
예-20
예-56
예-58
예-60
예-61

21. 또 어느 때는 국립묘지 뒷산에 위치한 화장사 법당에 주지 스님 몰래 들어가 일주일간을 밤마다 철야 정진을 하신 일도 있었다. 당시의 의정은 '인간이 어디서부터 와서 어디로 가는가?'였다고 하셨다. 스님께서는 오매일여의 경지에서 생사 해탈의 문을 뚫고자 노력하셨다.

22. 스님께서 회고하셨다. "국립묘지 근처에 있을 때 화장사에 들어가 새벽 종성이 들릴 때까지 철야를 하곤 했는데 그때 법당의 장엄물들이 도대체 무얼 뜻하는지 궁금했다. 알고 보니까 탱화라는 것은 다 내 안에 있는 살림살이를 그려 놓은 것이었다. 세상에 다 있는 걸 그려 놓았는데 사람들이 그걸 모르고 칠성 기도를 한다, 산신에게 빈다, 무슨 재를 올린다 하고 야단이라고 생각했다. 알고 보면 탱화 한가운데 그려져 있는 부처님의 손에 들려 있는 금륜이라는 것도 그것이 다른 게 아니라 이 마음인 줄 알게 되었다. 산신각에서 밤을 새우며 대화를 하던 중에 대답이 절로 나오는데 '그게 모두 마음자리에서 나온 판사, 검사다.'라고 했다.

수-2-31 (22)
수-3-23
법-1-31
법-2-116
법-3-39
심-1-58
심-1-62
심-1-114
원-1-2-11
원-1-5-2
행-9-3-2
행-9-3-5
예-93

23. 스님께서 또 회고하셨다. "법당에 들어갔다가 높다랗게 모셔진 불상을 보고는 불쑥 '당신이 높이 앉았다고?' 하는 생각이 들었다. 그런데 성스러운 줄 알았던 부처님이 높지도 낮지도 않으면서 어린애 밑만 씻겨 주고 다니신 걸 느끼고는 그 평상심을 헤아리게 되었고, 그것을 알자 울음 반 웃음 반으로 울지 않을 수도 없고 웃지 않을 수도 없게 되었다. 그러니 뭐, 이렇다 저렇다 할 게 있겠는가. 평상심이 내 마음 안에 있는데 사람 떠나서 무슨 부처가 있고 무슨 귀신이 있느냐고 했다."

(24) 수-2-43
수-3-10
수-3-25
생-1-3-7

24. 스님께서는 국립묘지 인근에서 삼 개월을 지내신 뒤 서서히 걸음을 옮기어 관악산, 청계산 쪽으로 나아가셨다. 고행은 계속되었다. 단 한순간의 공백도 없는 선정 삼매 속에서 수없는 나날들이 그렇게 흘러갔다.

어떤 때는 길가에 버려진 감자 한 알을 주워 들고 한나절 내내 생각에 잠긴 일도 있었다. 또 어떤 때는 물이 말라 가는 웅덩이에서 허우적대는 올챙이 따위를 보시고는 그것을 손으로 주워 담아 물 있는 곳으로 옮기느라 한나절을 보내신 일도 있었다. 또 어떤 때에는 방금 다람쥐가 쉬었다가 떠난 바위에 얼굴을 대고 그 바위를 통해 다람쥐의 맥박을 느끼시느라 하루해를 보내신 적도 있었다.

25. 스님께서 회고하셨다. "하루는 논두렁을 지나는데 작은 구렁 못가의 개구리 거동이 이상한지라, 그날 여러 차례 다시 가서 살펴보았더니 알집을 끌어다 논두렁 가로 올려놓는 것이었다. 그런데 그 이튿날 보니까 종일 폭우가 쏟아져서 논의

물꼬가 터지고 온통 흙탕물이 되었다. 개구리조차도 자식에게 밑거름이 되어 주는 게 이러한데 인간으로서 부모에게 효도 못하고 조상의 묵은 빚을 갚지 못하는가 싶어 어머님을 생각하며 눈물지은 적이 있었다."

또 말씀하셨다. "산으로 다닐 때 보면 태풍이 심한 해에는 옥수수가 미리 알고 뿌리를 넓게 박는데 지견이 있는 인간으로서 기복에 매달리고 귀신 노릇을 한대서야 언제 뿌리를 알겠는가 하여 애석해한 적도 있었다."

26. 스님께서 회고하셨다. "비가 오는 날 어쩌다 마을 근처에 있을 때는 다리 밑이 안방처럼 포근하게 여겨졌다. 그럴 때 특히 온갖 소리가 들려오는데 남들이 들으면 귀신 소리라 하겠지만 내게는 절친한 친구들의 말소리처럼 들렸다. 자기가 자기를 해치는 법은 없을 테니까 그것들을 벗 삼았고 그래서 비오는 날의 다리 밑에 아주 정이 들고 말았다."

27. 스님께서 회고하셨다. "물 흐르는 것을 보고 하루를 보내는 때가 많았다. 그렇다고 무언가를 골똘히 생각한 것도 아니다. 나는 물이 가로로 흐르든 세로로 흐르든 그런 것은 상관하지 않고 한나절을 그냥 무심히 보고 있었을 뿐이었다. 내 주처 자리에 대한 믿음만 있었을 뿐 그냥 한번 앉으면 거기에 딱 들러붙은 듯이 무심으로 앉아 있었다. 그게 무심관이었다. 나중엔 그 무심관까지 없어졌지만……."

수-2-7 (27)
수-3-57
법-3-72
심-1-50
원-2-5-10
원-3-1-10
원-3-2-4
원-3-2-6
행-2-4-7
행-4-7-1
행-4-7-5
행-7-1
행-7-1-5
행-7-1-8
행-7-2
행-7-2-8
생-2-2-10
생-2-2-15

28. 스님께서 회고하셨다. "하루는 토끼풀 밭을 만났는데 문득 '네 잎짜리를 찾아보라.' 하는 소리가 들렸다. 몇 개를 찾

앉는데 다시 내면의 소리가 들려 오기를 '네 잎은 사방이자 사대이니라. 그걸 네가 들고 있으므로 오방이자 그게 모두 하나이니 사방도 하나이니라.' 하는 것이었다. 합치면 너 하나요 벌어지면 만물이라는 가르침이었다."

(29) 수-3-16
수-3-28
수-3-42
법-2-65
법-2-93
심-2-6
원-2-2-6
원-9-2-11
행-2-2-4
행-3-2
행-3-2-10
행-3-2-11
행-3-2-13
행-4-7-5
행-6-1-2
행-6-1-3
행-6-1-4
행-6-1-7
활-1-1-14
예-3

29. 스님께서 말씀하셨다. "나는 나를 어떻게 해 달라고 빌어 본 예가 없었지만 그때부터 아무 생각 없이 그냥 팔랑개비 대만 쥐고 다녔다. 그게 돌든 안 돌든 상관하지 않고 대만 쥐고 돌아다녔다. 내가 대만 쥐면 내게 지수화풍이 다 있으니 저절로 돌아갈 것이라고 믿었기에 고통을 받든 안 받든, 살든 죽든 그런 게 문제 되지 않았다."

(30) 수-1-34
수-2-36
법-1-27
법-1-43
심-1-64
원-1-4-3
원-3-2
원-6-5-1
행-3-3-7
행-8-1-5
행-8-1-12
생-3-2-3
생-3-2-6
예-9
예-37

30. 스님께서 말씀하셨다. "내 경우는 놓는다 안 놓는다가 없었다. 그냥 뿌리 없는 나무를 붙드는 셈으로 나를 형성시킨 근본에 집중했을 뿐이다. 말하자면 바깥 경계는 전혀 개의치 않고 내면으로 내 마음에 닿는 것만을 응시했던 것이다. 풀밭에 조용히 앉아 그냥 편안한 마음으로 응시했다고나 할까. 아무튼 한동안은 생각하는 일도 귀찮아서 의정이 나도 그걸 붙잡고 씨름하지도 않고 다닐 뿐이었다. 그러다 보면 문득 아주 우연한 때에 해답이 떠오르곤 했다. 처음에 일 년 남짓을 그렇게 했다."

(31) 법-1-30
법-2-53
법-2-56
법-2-58
법-2-118

31. 스님께서 말씀하셨다. "산으로 돌아다닐 때 여기저기 돌도 있고 물도 있고 바위도 있고, 곰팡이 냄새 나는 썩은 나무도 있고 잘생긴 나무, 비틀어진 나무도 있는 걸 보고 세상의 조화를 느꼈다. 거기서 경전이 따로 있는 게 아니라 세상 돌아

가는 조화가 바로 팔만대장경이라는 걸 알았다. 경전을 읽어 보지 않았어도 한두 마디 들어 보면 다 포착할 수 있었던 것도 그 조화의 이치를 알았던 결과였다."

원-6-1-3 (31)
생-1-1-5
생-1-1-6
생-1-2
생-1-2-8
예-75

32. 스님께서 회고하셨다. "뭇 짐승들이, 들짐승이나 날짐승들이 다 나의 벗이었다. 청계산으로 돌 때는 여우, 늑대, 살쾡이, 뱀 따위가 다 친구였다. 그런 짐승들이 위험한 줄도 몰랐고 두렵다는 생각조차 해 보질 못했으니까 자연히 친구가 되었다. 어느 때는 그런 짐승들이 내게 길을 일러 주기도 했다. 한번은 밤중에 아기 울음소리가 들리기에 사방을 뒤져 보았더니 늑대 울음소리였다. 그때 동물들도 말을 하는 줄 알았고 그래서 차차 말귀를 알아듣기 시작했다. 치악산에 있을 때는 호랑이하고도 친구가 되었는데 내가 안양으로 옮긴 후에도 서너 차례 나를 찾아오기도 했었다."

호법 신장

33. 스님께서 회고하셨다. "내가 이 골짜기 저 골짜기로 돌아다닐 때 어느 날 묘지에 기대서 쉬고 있는데 석양 무렵인데도 개미 떼들이 까맣게 열을 지어 이동하는 걸 보았다. 자세히 들여다보니 왠지 걸음걸이가 여간 빠르지 않은 것 같아서 이상한 생각이 들어 개미 떼가 가는 곳으로 따라가 보았다. 가보니 개미들은 등성 너머 어느 바위 밑에 자리를 잡는 것이었다. 나야 원래 일정한 주처가 없는 사람이라 그곳에 기대서 밤

수-3-34 (33)
수-3-35
수-3-36
수-3-37
수-3-38
수-3-58
법-1-26
원-3-5-3

을 날 생각에 그냥 앉아 있었다. 그날은 아침나절에 큰비는 아니고 비가 조금 내렸는데 얼마큼 지나려니까 갑자기 굉음과 함께 산벼랑이 무너져 내리면서 내가 기대어 쉬고 있었던 묘지 부근을 덮치는 것이었다. 개미들이 그 일을 미리 알고 있었다는 얘기이다. 그러니 개미한테인들 고마워하지 않을 수 있었겠는가."

34. 스님께서 또 말씀하셨다. "일체가 나 아닌 게 없는 경지에 이르면 호법 신장이 어디든 쫓아다닌다는 것을 알았다. 설사 몸뚱이가 아니더라도 뜻으로라도 쫓아다닌다. 어느 때는 동물의 모습으로 나를 지켜 준 일도 있었는데 그 후도 가는 곳마다 그런 일이 많았다."

스님께서 또 말씀하셨다. "이 마음 깨치면 육신이 어떻다는 걸 알게 되고, 그래서 일체가 더불어 하나이니 늘 호법 신장이 함께하고, 어디 따로 찾지 않더라도 이 손발뿐 아니라 모든 세포가 그냥 호법 신장인 줄을 알았던 것이다."

35. 스님께서 회고하셨다. "어느 그믐날 밤에 산등성을 넘는데 갑자기 산비둘기들이 달려들었다. 한밤중인데 어디서 쏟아져 나왔는지 구렁구렁 울면서 와르르 덤벼들었다. 그때 문득 생각이 들기를, '아, 여기 무언지 낭떠러지 같은 위험이 있구나.' 해서 꼼짝 않고 밤을 새웠다. 아침에 보니까 눈앞은 천야만야한 벼랑이었다. 얼마나 감사했겠는가. 내 벗이요, 내 사랑이요, 내 몸이요, 어찌 내 마음이라 아니 하겠는가. 또 울었다. '풀 한 포기라도 내 스승 아닌 게 없이 나를 이렇게 가르

쳐 주니 내 한 몸 가루가 된들 이 길을 걸으리라.' 하고 다짐했다."

36. 스님께서 회고하셨다. "산중으로 다닐 때 한번은 목에서 울컥 피가 올라온 적이 있었다. 그래서 '이제 죽는가 보다.' 생각했다. 사실이지 그때는 제대로 먹지를 못해서 몸을 움직일 힘조차 없었다. 그래서 꼼짝 않고 그 자리에 앉아서는 물끄러미 저만큼에다 시선을 던진 채로 아무 생각도 없이 죽어지기만을 기다렸다. 그런데 바로 그때, 뱀 한 마리가 풀섶에서 기어 나오더니만 내가 앉아 있는 바위로 올라왔다. 나는 진작부터 놀라는 것 따위는 몰랐고 또 뱀과 대화를 한 적도 있어서 그저 바라보고만 있었다. 그런데 놀랍게도 뱀이 무슨 나뭇잎을 물고 있는 것이었다. 그러고는 뱀의 메시지가 느껴졌다. 그 나뭇잎은 뒷면에 솜털이 난 것이었는데 그걸 바위에다 갖다 놓으면서 그 뱀이 전하는 뜻인즉, '당신이 나를 구해 준 일이 하도 고마워서 이것을 갖다 드리는 것이니 짓이겨서 먹고 나으라'는 것이었다. 그러고는 '생각 같아서는 당신을 한번 안아 주고 싶지만 제 몸이 보기 흉하니 그만두고 가겠다'는 것이었다. 나는 그때 얼마나 울었는지 모른다. 나를 살리려는 뱀의 뜻이 고마워서라기보다 살아 있다는 것, 생명을 가진 것들이 공통적으로 갖고 있는 진하디진한 사랑과 자비, 서로를 살리고 구하고 위로하려는 그 지극한 마음, 처절한 마음이 나의 온몸, 온 마음을 너무나 강력하게 사로잡았기에 그만 울고 말았던 것이다. 그때 나는 나의 마음과 뱀의 마음이 진정 하나인

것을 다시 한번 절실히 느꼈다. 나는 그 풀잎들을 바위에 짓이겨서 입에 넣었다. 너무나 고마운 나머지 개울물로 헹구어 가며 찌꺼기 하나 남기지 않고 다 먹었다. 살아야겠다는 생각이 아니라 그 진하디진한 감동 때문이었다. 그러고 나니까 각혈이 멎었다. 나중에 그 풀을 찾아보았지만 찾을 수 없었다. 그토록 진한 감동은 그때가 처음이었다."

37. 그로부터 스님께서는 혹시 몸에 상처라도 날라치면 아무 풀이나 손에 잡히는 대로 뜯어서 쓱 문지르셨다. 그것으로 그만이었다. 풀 한 포기, 나무 한 그루라도 불법의 나툼 아닌 것이 없을 터이니 법력은 어디에고 충만하리라고 믿으셨던 것이다.

38. 고행의 발걸음은 이어져 해가 두 번 바뀌고 다시 한번 엄동설한이 찾아왔을 즈음에 스님께서는 화산릉을 거쳐 헌인릉 솔밭으로 들어서셨다. 화산릉에서 그랬던 것처럼 사당으로 들어가 밤을 보내시려 했다. 산중 고행 길에 스님께서는 간혹 칠성각이나 산신각에서 명패를 베고 누워 쉬신 적이 있었다.

그러나 그날은 그 작은 편안함마저도 거부하는 듯 사당 문은 굳게 잠겨 있었다. 지칠 대로 지쳐 한 발자국도 더 떼어 놓을 힘이 없었던 스님께서는 어느 소나무에 기댄 채 그냥 잠이 들고 마셨다. 새벽녘에 눈을 떴을 때 주위는 온통 깊은 눈 속에 잠겨 있었다. 얼어 죽지 않은 것도 기이했지만 더욱 놀라운 일은 스님께서 앉아 계셨던 주위가 동그랗게 마치 빗자루로 쓴 듯이 말끔했던 일이다. 그리고 그 주변은 짐승의 털과 무수한 발자국이 간밤의 소식을 말없이 전해 주고 있었다.

스님께서는 그날 하루 종일 양지바른 언덕에 앉아 그 의미를 캐고 또 캐셨다. 그리고 그날 해거름에 스님께서는 사당 문의 돌쩌귀가 빠져 있는 것을 발견하시게 되었다. 스님께서는 낙엽을 모아다 바닥에 깔고 그날부터 당분간 헌인릉에서 그렇게 머무르시면서 정진을 거듭하셨다.

39. 스님께서 회고하셨다. "산으로 다닐 때 심심하니까 기대 앉은 나무와 대화를 나누곤 했는데 나무가 한다는 소리가 가끔은 '여기서 한 오 리쯤 가면 견디기 어려운 일이 있다.' 하고 일러 주는 경우도 있었다. 그러나 나는 '나 자체가 없는데 죽을 건 뭐고 위험할 건 뭐냐. 나는 그런 것 가리지 않는다.' 하고 거절하곤 했다. 그러니까 여러 번 그런 대화를 했어도 그냥 얘기를 했을 뿐 누구 말도 듣지 않았는데 그게 다 나 아닌 것이 없는 나의 말이라, 내가 나를 가르치는 일이었다."

수-1-20 (39)
수-1-35
수-3-18
수-3-32
수-3-36
수-3-56
수-3-59
수-4-51
수-5-8

의단을 태우며

40. 스님의 발걸음이 헌인릉 쪽으로 접어들 즈음부터 스님께서는 산길을 가다가 의정이 떠오르면 며칠 밤낮을 한자리에서 꼼짝 않고 지내셨다. 그 의정에 대한 해답이 나와야 비로소 몸을 털고 일어나 다시금 발걸음을 옮기셨다.

스님께서 회고하시기를 "의정이 나면 그 자리에서 해답이 나올 때까지 꼼짝할 수가 없었다. 앉고 싶어서 앉은 게 아니라

수-1-33 (40)
수-1-45
수-1-63
수-2-4
수-2-13
수-2-27
수-3-41
수-3-46
법-2-65
행-3-2-5
행-6-1
행-6-2

(40) 행-6-2-1
행-6-2-7
행-6-2-9
행-6-2-11
행-11-1

움직여지질 않았다."라고 하셨다. 그것은 혼신의 에너지로 의단을 태우는 과정이었다. 그리고 정신을 차리고 보면 때로는 코앞에서 산짐승이 흘금거리는 때도 있었다고 스님께서는 술회하셨다.

41. 스님께서 어느 때 또 이렇게 회고하셨다. "의정이 떠오를 때면 밤이 깊어 가는지 눈보라가 치는지도 모르고 그걸 묵묵히 생각했다. 그렇다고 일부러 지어서 그렇게 애를 쓴 게 아니라 그냥 묵묵히, 칼을 갈아 무엇인가를 베는 심정으로, 정신만 초롱초롱하고 눈에서 불이 번쩍이는 그런 형국이었다. 그러니까 몸이 일그러지는지 굳어지는지도 모르고 그렇게 눈을 감고도 뜨고 있는 상태로 지내곤 했는데 어느 때는 며칠이 흘렀을까, 아예 손발이 굳어서 움직여지지 않을 때도 있었다."

42. 스님께서 회고하셨다. "나는 그때 사량으로 보고 들으며 다닌 게 아니라 그냥 몸을 움직였을 뿐이었다. 그러면서 마음으로 내가 나를 가르치고 내가 나에게 배우고 다녔다. 내 육신의 일거일동은 다 내 주장심이 끌고 다니는 대로 따른 것이니 고개 한 번 돌릴 틈이 없었던 것이다."

(43) 수-1-34
수-1-60
수-2-4
수-2-5
수-2-6
수-2-12
수-2-20
수-3-28
수-3-44
수-3-45
수-3-46
수-3-54

43. 스님께서 회고하셨다. "하루는 이름 모를 묘지에 기대어 쉬고 있는데 불쑥 내면의 소리가 들려왔다. '저 묘지 위에 올라가 물구나무 재주를 부리는 도리가 무엇이냐?' 그만 캄캄했다. 그러다 벌떡 일어나서 재주를 넘어 봤다. 그러니 어떻게 됐겠는가. 나뒹굴 수밖에 없었다. '아이쿠!' 하는데 그때 '바로 그것이니라.' 하는 것이었다. 그 바람에 그만 한쪽 팔을 삐고

발목까지 삐었다. 그렇다고 어쩌겠는가. '잘한다' 하고는 절룩거리며 걷는데 이번엔 '넌 왜 절룩발이가 되었느냐?' 하는 것이었다. 그러니 웃을 수밖에 없었다. 건건이 그런 식이니, '그래, 참 점검도 잘하고 훈련도 잘 시키는구나!' 하는 생각이 들기도 했다. 가만 생각해 보면 내가 날 불러서 묻고 점검하고, 그렇게 하는 게 모두 단비였다. 그렇게 공부하기도 드문 일이었다."

수-3-55 (43)
수-3-61
수-3-62
수-3-64
수-3-65
수-3-67
수-3-68

44. 스님께서 회고하셨다. "하루는 자성 부처가 말하기를 '이날까지 그렇게 다니면서 얼마나 보았느냐?' 하고 물어 왔다. 처음엔 어리벙벙했지만 이윽고 대답하기를 '10년 동안을 봤어도 하루 본 것만 못하고 한 찰나 본 것만 못하다.'라고 했다. 그랬더니 이번엔 '밤에 본 것이 많으냐 낮에 본 것이 많으냐?' 하고 또 물어 왔다. 밤낮없이 다니다 보니까 밤이 밤이 아니고 낮이 낮이 아니었다."

수-3-45 (44)
수-3-68
법-3-62
행-3-5-13
행-4-1-4
행-4-1-5
행-4-1-11
행-4-8-4
행-10-1-1

45. 스님께서 회고하셨다. "어느 날 길을 걷다 우뚝 선 장승을 만났는데 불쑥 떠오르는 말이 '왜 장승이 거꾸로 서 있느냐?' 하는 것이었다. 바로 서 있는 장승을 거꾸로 섰다고 하는데, 그러더니 또 나온다는 소리가 '아, 미투리 한 짝을 머리에 이고 갔더니 미투리마저도 없다.' 하는 것이었다. 내가 주고 내가 받기를 그렇게 했으니 또 얼마나 감사했겠는가."

46. 스님께서 회고하셨다. "하루는 비가 부슬부슬 내리고 땅은 질척한데 별안간 내 속에서 뭐라 하느냐 하면 '네 발이 왜 한쪽은 크고 한쪽은 작으냐?' 하는 것이었다. 내려다보니

수-1-33 (46)
수-1-45
수-1-63
수-2-4
수-2-13

(46) 수-2-27
수-3-40
수-3-41
법-2-65
행-3-2-5
행-6-1
행-6-2
행-6-2-1
행-6-2-7
행-6-2-9
행-6-2-11
행-11-1

두 발은 똑같은데 그런 의정이 드니 난감했다. 단번에 대답이 나와야 하는데 깜깜했다. 날은 어둡고 비는 오는데 그 자리에 우뚝 선 채로 꼼짝도 하지 못했으니 오죽했겠는가. 그런 때가 한두 번이 아니었다. 또 어느 때는 배설하는 중에 '지금 누가 했느냐?' 하는 의정이 불쑥 나오기도 했다. 한 발짝 떼어 놓기가 무섭게 연방 '이게 무슨 도린고?' 하고 들이대니 참으로 세월 가는 줄도 몰랐고 먹고 마시는 것도 잊을 수밖에 없었다."

(47) 수-1-66
원-4-2-5
원-6-5-3
원-6-5-11

47. 스님께서 말씀하셨다. "어느 때는 또 이런 일도 있었다. 목이 말라서 샘을 찾아가 한 모금 마시고 허리를 펴는 참에 그만 똥이 마려운지라 주위를 둘러보는데 불현듯 '그냥 거기서 해결하라.' 하는 것이었다. 그 깨끗한 샘에다가……. 그 순간에 '내가 깨끗하다고 먹은 물이 깨끗한 게 아니고 더럽다고 생각한 게 더러운 것이 아니로구나.' 하는 것을 알게 되었다. 이렇듯 확연히 가르쳐 주니 또 감사의 눈물을 흘리지 않을 수 없었다."

(48) 수-1-59
수-2-5
수-2-20
수-3-49
수-5-2
수-5-10
법-2-115
심-1-55
원-2-2

48. 스님께서 회고하셨다. "그때 겨울이 되면 가랑잎을 긁어 모아 그 속에서 자는 때가 많았다. 묘지를 파 간 웅덩이나 움푹 패인 곳에서 목만 내놓고 추위를 면했다. 그때 혼자 대화하기를 '추우니 네 손을 좀 빌리자.' '그렇게 하죠.' 하고는 긁어 모은 다음엔 또 '이제 다 했으니 더 빌려 주지 않아도 된다.' 해 놓고는 그 속에 들어간 것이다. 그러할 때에 '나와 주처가 둘이 아니구나!' 하는 것을 절감했다."

49. 어느 때는 이런 일도 있었노라고 스님께서 회고하셨다.

"하루는 산등성을 넘는데 내가 날더러 하는 말이 '조금 있으면 폭설이 퍼부을 테니 손 좀 빌려야겠다.' 하였다. 마침 큰 바위 밑에 굴이 있기에 삭정이를 잔뜩 구해다 바닥에 깔고 나머지로 모닥불을 피웠는데 참으로 뜨뜻한 게 그렇게 고마울 수가 없었다."

스님께서 그때 이렇게 읊으셨다. "더럽고 깨끗한 것 수많이 늘어져 있는데/ 백설이 뒤덮으니 보이지 않고/ 앙상한 가지마다 눈이 덮여 목마른 그 고통을/ 한 모금 물방울로 뿌리에 내려/ 푸른 가지마다 꽃이 피네/ 하얀 꽃이 피네/ 바람 불어 살을 에는 그 아픔을/ 물 한 방울로 참으며 뿌리로 내리는 나무들/ 내 꿈은 어떻던가, 오솔길의 꿈은/ 꿈길 속에 지속되는 그 꿈길/ 장승은 우뚝 서 있기만 하누나."

50. 스님께서 말씀하셨다. "어느 때는 너무 어마어마해서 말귀가 딱 막힐 때도 있었다. 왜냐하면 어느 것 하나 생명 없는 게 없고, 어느 것 하나 말 안 하는 게 없고, 뜻을 안 가지고 있는 게 없기 때문이었다. 또 이 육신 안을 보아도 수많은 생명이 들어 있듯이 나무 한 그루를 보아도 많은 생명들이 들어 있는데 어느 때는 그 생명들이 들고 일어서서 모두 나라고 흔들어 대니 너무 어마어마했던 것이다. 또 물을 보아도 말을 하게 되고 흙, 바람, 불을 보아도 말이 통하니 모든 게 마치 염주 알처럼 하나하나가 진실이면서도 다 연결되어 있어 다만 광대무변하다고 말할 수밖에 없었다."

수-3-71 (50)
원-2-1-5
원-2-5-2
원-2-5-14
원-4-1-1
원-4-1-5
원-4-2-4
원-5-1-2

51. 스님께서 회고하셨다. "하루는 묘지에 기대어 잠을 자 수-2-6 (51)

는데 두런거리는 소리가 들리더니 날 보고 신발 한 짝을 훔치러 왔다고 했다. 은연중 겁이 나는데 순간 머리 푼 귀신이 불쑥 솟는 게 보였다. 그만 놀라서 뛰었다. 그때가 그믐밤이라 뛰다가 앞이 안 보이는 바람에 털썩 주저앉았는데 삭정이가 엉덩이를 꽉 찔렀다. 눈에서 불이 번쩍하는 그 순간 퍼뜩 '내 그림자에 속았구나.' 하는 생각이 들었다. 그래서 다시 묘지로 돌아가 '네 집과 내 집이 둘이 아닌데 웬 잔말이냐.' 하니까 조용해졌다. 그날 거기서 그대로 밤을 새웠다. 거기서 이승 저승이 어디 있고 네 집 내 집이 어디 있으며 동·서는 뭐고 남·여는 뭐냐, 늙고 젊고가 어디 있느냐는 생각을 했다. 포괄된 본체는 방귀 뀌는 소리와 같다고 그랬다."

52. 스님께서 회고하셨다. "하루는 산골 마을을 지나치는데 내 허기진 꼴을 보고는 웬 사람이 옥수수를 하나 주었다. 얼결에 받아 들고 보니까 비참한 생각이 드는 게 '이런 걸 먹고 살양으로 야단들이구나.' 해서 눈물이 흘렀다. 그전부터 먹게 되면 먹고 말면 말았기에 그것을 들고 이리저리 돌리며 그 다닥다닥 붙은 알갱이를 보았다. 거기서 그 알갱이 하나가 수많은 옥수수를 낳고 다시 남아 또 낳고……, 그렇게 영원히 도는 것을 보았다. '아! 뒤도 없고 앞도 없고 흘러감이 모두 이와 같구나. 시공을 초월하여 앞뒤 없이 영원하구나.' 하는 걸 느꼈다."

53. "또 한번은 수수가 무르익어 고개 숙인 것을 보고는 '수수 한 알이 나왔다가 왜 저렇게 수만 개의 알갱이가 되는가.'

하는 의문 속에서 윤회가 아니라 시공 없이 영원히 도는 도리 수-3-53 (52)
를 배웠다. 누가 부처님 법을 일러 주어서 안 게 아니고 내 앞 원-5-1-1
에 닥친 대상을 가지고 공부를 한 셈입니다." 원-5-2-2
                                              원-5-3-1

54. 스님께서 회고하셨다. "한번은 칡뿌리를 조금 베어 무 심-1-25 (54)
는데 문득 '정도껏 들어가야지 그렇지 않으면 부작용이 난다.' 심-1-30
하는 느낌이 들었다. 기운이 없어서 많이 먹으려 해도 못 먹는
판에 무슨 뜻인가 싶더니 이 칡뿌리 작은 것 하나 씹는 것과
세상 살림살이 하는 것이 같은 이치라, 정도와 분수가 있다는
생각이 들었다. 뿐만 아니라 칡뿌리 한 번 씹는 것과 조사 스
님들이 주장자로 법상을 탕! 친 것과 다르지 않고 한 번 씹는
데 온 누리에 약이 되기도 하고 우주 전체, 유생 무생이 다 한
번 움직인 것과 같다고 느끼게 되었다."

55. 스님께서 회고하셨다. "어느 때 기진맥진하여 냇물로 수-2-30 (55)
배를 채우는데 문득 냇물이 말하기를 '너무 많이 먹는다'는 것 수-2-31
이었다. 그래서 '내가 내 것 먹는데 어떠냐'고 했더니 또 들리
는 소리가 '네 것이 네 것이 아니다.'라고 했다. 그렇게 고맙게
느껴질 수가 없었다."

56. 어느 때 스님께서 이렇게 술회하신 적이 있었다.   수-3-39 (56)
 스님께서 어느 날 눈 쌓인 능선을 걷다가 문득 배고픔을 느 수-3-57
끼게 되었는데 그 순간 언덕 아래 구덩이 진 곳을 파 보고 싶 법-2-77
은 생각이 드셨다. 거기엔 버섯 한 무더기가 오롯이 눈보라를 심-1-91
견디고 있었다. 스님께서는 공중에 나는 새가 먹을 것, 잠잘 심-1-92
곳을 걱정하지 않아도 자연의 손길이 다 살리는 이치를 느끼셨 생-4-5
                                              예-28
                                              예-46

다. 그런데 그 순간 스님께서는 번갯불에 얻어맞은 듯 내밀던 손길을 멈추지 않을 수 없었다.

　내면의 소리는 이렇게 묻고 있었다. "저 버섯도 하나의 생명이거늘 네가 살기 위해 저것을 죽여도 좋으냐?" 스님께서는 그 자리에 얼어붙은 채로 석양 무렵까지 움직이질 못하셨다. 스님께서 조용히 되물으셨다. "네가 나를 불렀지. 그리고 나는 지금 배가 고프단다. 그러나 너도 생명이기는 마찬가지야. 어떻게 너를 먹을 수 있겠니." 내면의 소리는 버섯이 되어 응답했다. "당신이 나를 먹는다면 나는 당신의 일부가 될 테니 얼마나 기쁜 일이겠습니까." "오오, 참으로 기특한 일이구나." 스님께서는 그 버섯을 따 잡수셨다.

　스님께서는 그로부터 한 뿌리의 풀이나 나무 열매 하나를 씹을 때 다만 그 행위는 하나의 방편일 뿐 마음의 도리는 결코 죽음 따위가 좌우할 수 없음을 느끼셨다.

　57. 스님께서 또 이렇게 회고하셨다. "어느 때 허기를 면할 생각에 소나무의 새순을 따려는데 그만 내 목을 자르는 것과 같다는 사실을 느꼈다. 그래서 생각하기를, 너도 생명이 있고 나도 생명이 있어 이렇게 만난 것도 인연인데 본래로 생명이 다르지 않지만 너의 가지라도 조금 달라고 했다. 그러고는 솔잎을 조금 따서 씹는데 '너는 지금 무엇을 씹고 있느냐? 살려고 씹느냐?' 하는 의문이 들었다. 이렇게 한 걸음 한 걸음을 지켜보았던 것이다."

　58. 스님께서 회고하셨다. "내가 그간 실험해 본 것을 다 이

야기하자면 끝이 없다. 한 가지 예를 들면 이런 일이 있었다. 어느 때 돌담 밑에 뱀이 보이기에 '네가 남 보기 흉한 모습을 하고 있는 줄을 스스로는 모르지만 제삼자가 볼 때는 징그럽고 무서운 생각이 드니 어서 옷을 벗고 진화를 하렴!' 하면서 마음으로 안아 주었다. 그리고 얼마 후에 보니까 그 자리에 껍질을 벗어 놓았다. 그러고는 얼마나 고마워하는지 나를 끌어안고 우는 것이었다. 아직껏 나를 보필해 주고 있는데 그런 도리를 어찌 말로 다 털어놓겠는가."

수-4-31 (58)
수-4-48
법-1-4
심-1-16
원-1-3-2
원-3-5-3
원-3-5-8
원-3-5-12
원-7-3-20
행-1-3-6
행-9-2-8
행-11-3-9
행-11-3-17
생-3-1-18
예-24
예-60

59. 스님께서 또 말씀하셨다. "어느 때 구렁이를 만났는데 숲 속으로 숨어드는지라 '나는 네가 좋다.' 하니까 대답하기를 '내 몸이 이런데도 좋으냐?' 하기에 '그래도 좋다.' 했더니 '그러면 기다려 줄 거냐.' 해서 밤새도록 기다린 일이 있었다. 마음이면 제일이지 구렁이 모습이면 어떠냐, 사람들이 부처를 높게 보지만 참 부처면 됐다는 생각에 밤을 새고 기다렸으니……. 그렇게 순진했었다. 아침이 되었는데 구렁이는 나타나지 않고 말하기를 '나는 나타나지 않았지만 나타났다. 네 마음이 아름다우니 나는 허물을 벗고 너와 같이 있으면서 너를 지켜 주겠다.'라고 했다. 산중에 홀로 떨어져 있어 고독하게 다니다 보니까 어떤 짐승, 초목, 벌레와도 대화가 이뤄졌다."

60. 스님께서는 산중을 떠도실 때 여러 번 뱀과의 대화를 하셨다고 했다. 담선 중에 한번은 이런 일도 있었노라고 술회하셨다. "초겨울 추운 날씨였는데 어이 된 일인지 벼랑 아래쪽에 큰 뱀 한 마리가 갱신을 못하고 있는 걸 보았다. 그때 생각

수-1-67 (60)
수-3-39
수-3-59
수-4-33
법-2-1
법-2-14
법-2-35
법-2-36

에 그대로 두면 죽고 말 것 같았다. 그래서 그 뱀을 건져 올려 어떻게 해 보려고 무척 애를 썼다. 눈 쌓인 언덕에서 나뭇가지 하나를 구하려고 몇 번이나 고꾸라지고 넘어지고 했는지 모른다. 내 손은 벌겋게 얼어 있었고 내 몸 하나 추스르기 어려울 만큼 허기져 있었다. 그날 그 가련한 뱀 때문에 얼마나 울었는지 모른다. 그때는 눈물이 많았다. 뱀 때문에 울고, 어떤 때는 개미 때문에도 울고, 또 메말라 가는 웅덩이에서 죽어 가는 올챙이 때문에도 울고, 가엾은 어머님 생각하며 울고, 아버지 형제 자매, 세상 사람들 생각으로 울고, 그렇게 울며 떠돌기 그 얼마였는지 모른다. 아무튼 그때 그 뱀의 소리를 들었다. '당신이 자기같이 더러운 중생을 위해 울어 주니까 이제 나는 당신의 공덕으로 몸을 벗고 좋은 땅에 태어난다.' 하는 것이었다. 그래서 또 마음의 미묘한 도리가 고마워서 울었다."

관문을 뚫다

61. 스님께서 회고하셨다. "하루는 아주 큼직한 묘지 한 쌍이 있는 곳에서 쉬려는데 불현듯 하나는 아비 묘이고 하나는 자식 묘라는 말이 떠오르더니 '거기 구멍이 뚫렸는데 아비가 이쪽으로 오면 자식이 되어 버리고 자식이 저쪽으로 가면 아비가 되니 이게 무슨 연고인고?' 했다. 그때 또 얼마나 고생을 했던지……. 그 의정을 들고서는 서리를 맞으면서도 자리를 뜰 수가 없었다. 결국 '이리 나투고 저리 나투는 가운데 주인

공이라는 이름 없는 참 자기와 내가 둘이 아니라 한 묘지 안에 있구나.' 하는 것을 알게 되었다. 거기서 둘 아닌 도리의 엄청난 수학이 모두 다 풀린 것이었다. 그로부터는 확연하게 모든 것이 둘이 아니게 보였다. 나무를 보아도, 돌을 보아도, 뭇 짐승, 풀벌레를 보아도 '바로 네가 나로구나.' 하는 것을 느꼈다. 그냥 이치로 그러한 것이 아니라 그대로 진한 감동이었다."

62. 스님께서 말씀하셨다. "어느 때 물을 마시려고 엎드렸다가 물에 비친 내 모습을 보니 험하기도 한지라, 내 마음은 그렇지 않은데 모습은 왜 이런가 하는 생각이 들었다. 그러는데 홀연히 '그 또한 부처이니 그 속에 진짜 부처가 있느니라.' 하는 내면의 소리가 들렸다. 그러면서 '부처는 중생을 건지기 위해 마구니 소굴도 들어가고 오무간지옥도 들어가며, 개구리도 되고 돼지도 되고 개도 되느니라. 그러니 어느 때 어느 모습을 부처라 하겠느냐.' 하는 것이었다. 그러니 내 주인공이 얼마나 보배롭고 소중했겠는가. 그때 거기서 주인공의 모습, 그토록 찾고 불렀던 '아빠', 참 나의 모습을 다시금 확연히 보았던 것이다."

그로부터 스님께서는 일체가 둘이 아니요, 나와 사생 만물, 우주의 근본이 다르지 않은 주객일여의 경지를 한 발 한 발 더 들어 나가셨다.

63. 스님께서 회고하셨다. "하루는 작은 샘물 곁에 큰 구렁이 한 마리가 또아리를 틀고 있는 것을 보았다. 나를 보고 잠시 고개를 쳐들더니 몸을 쭉 펴서는 숲 속으로 사라져 갔는데

(63) 원-2-4

뭉쳤을 때는 원이더니 펴니까 한 일 자인지라 거기서 오신통의 금강검을 자재로이 쓰고 거두는 이치를 느꼈다. 나를 그렇게 또 가르쳐 주니 얼마나 고마웠던지 '그야말로 부처님의 뜻이 아니고 무엇이겠는가.' 하는 생각이 저절로 솟구쳤다."

길 아닌 길

(64) 수-3-43
법-2-65
행-6-2-1

64. 스님께서는 고행 중에 따로 화두를 들지 않으셨다. 내면으로부터 끝없이 주어지는 의정이 곧 화두였으며 확철대오를 위한 담금질이 되었던 것이다. 그러던 중에 스님께서는 둘 아닌 도리를 확연히 깨달으셨는데 그로부터는 참 나의 잇단 시험이 시작되었다. 하루는 내면의 소리가 가시덤불을 가리켰다. '이곳이 길이다. 이곳으로 가거라.' 스님께서는 잠시 망설였으나 곧 찔레가 우거진 숲을 헤치고 들어가셨다. 온몸이 피투성이가 되었지만 개의치 않고 헤쳐 나가셨다. 그날 따라 종일 길 아닌 험한 길을 헤매시던 스님께서는 그 의정의 참된 의미가 무엇인지에 골몰하셨다.

(65) 수-4-37
법-1-20
법-1-21
심-1-111
심-2-14
심-2-22
원-6-2-4
행-10-2-4
생-3-1-26
생-3-2-9
생-4-1-8
예-32

65. 스님께서 회고하셨다. "하루는 밤길을 걷다가 돌부리를 차는 바람에 발톱이 빠졌다. '어이쿠' 하는 순간에 들리는 소리가 '발톱이 빠져도 싸지. 아니, 이 전체가 한 도량인데 어디 가서 또 도량을 찾겠다고 하느냐.' 했다. 얼마나 감사했던지, 그 돌부리가……. 그 돌부리가 그대로 돌부처였고 그 돌부처에서 생수가 막 쏟아져 나오는 것이었다. 그때 어디나 도량 아

닌 데가 따로 없고 부처 아닌 게 없구나 하는 것을 알게 되었다."

66. 스님께서 또 회고하셨다. "하루는 어둠이 깔리기 시작할 무렵에 산길을 따라 걷는 중에 문득 내면의 소리가 '이곳은 길이 아니고 저곳이 길이니라.' 하면서 산등성이를 가리키는 것이었다. 그래서 가던 길을 벗어나 산등성을 향해 올라갔다. 한동안 그렇게 걷다 보니 사방은 어둠에 잠겼고 앞이 보이질 않았다. 그냥 묵묵히 걷다가 그만 몇 길이 되는지도 모를 벼랑에서 뚝 떨어졌다. 그랬는데 공교롭게도 그 낭떠러지 밑에는 나뭇단이 채곡채곡 쌓여 있었던 모양이라 '털썩!' 했을 뿐 아무 탈이 없었다. 그날 밤은 나뭇단 위에서 잠을 잤다. 거기서 길 아닌 길의 도리를 뼈저리게 느꼈다."

67. 스님께서 회고하셨다. "내가 산속을 아무 생각 없이 떠돌 때 어느 날인가 숲을 가로지르는데 나무에서 이런 메시지가 전해져 옴을 느꼈다. '이리로 얼마큼 쭉 가다 보면 아주 위험한 낭떠러지가 있으니 돌아가라.' 하는 것이었다. 그러나 나는 그것을 나무의 말로는 여기질 않았다. 다 나 아닌 것이 없기에 서로 응하는 것이며 진실로는 그것까지도 다 내 한마음에서 나오는 것이기 때문이었다. 아무튼 나는 빙그레 웃었다. '가다가 낭떠러지가 있으면 그때 돌아가면 되지 않겠나.' 하고 말이다. 내게도 눈이 있고 발이 있으니까 그대로 걸어 나갔다. 가다 보니 정말 낭떠러지가 있었다. 그것이 묘법이었다. 신통으로 이미 알았다 한들 그게 무슨 대수이겠는가. 그냥 싱긋 웃고 말았다."

68. 스님께서 회고하셨다. "하루는 소나무에 기대어 자려는데 개미 떼가 많아서 나무 위로 올라갔다. 그러니까 내면의 소리가 '이것은 길이 아니고, 앉을 자리인들 되겠느냐?' 하는 것이었다. 그러나 나는 이왕 예까지 올라왔는데 그 자리가 그 자리지 하는 생각이 들었다. 그러자 이번에는 '그러면 저 작은 가지 끝에서도 잠잘 수 있겠느냐?' 하고 또 묻는 것이었다. 순간 대답이 나오는데, '아, 잠만 잡니까? 공치기도 할 텐데요.' 그랬다. 그렇게 말해 놓고는 길이 길 아닌 길의 이치, 길 없는 길을 확연히 알게 되었다. 그 순간 지구 밖으로 쑥 빠져나가 보자는 생각을 했다. 거기서 또 느끼기를 '강도 산도 없는 것이로구나. 높고 낮은 것도 없고 밤도 낮도 없는 이것이 진짜 길이구나.' 했다. 그러고는 혼잣말로 '발 밑에 하늘이, 머리 위에 땅이 있는 것이니 이래서 부처님께서는 49년을 설하시고도 아무 말씀 안 하셨다고 했구나.' 하면서 무릎을 쳤었다."

(69) 심-1-17
원-3-4-8
원-3-5-4
원-6-3-3
원-6-3-5
원-6-3-6
원-6-3-7
행-11-6-1
행-11-6-2
활-2-3
활-2-3-2

69. 스님께서 회고하셨다. "며칠이고 굶은 채로 산등성을 넘고 골짜기를 건너곤 했다. 여름이나 겨울이나 홑것 한 벌로 지냈는데, 어느 때 깊은 겨울날 바위에 앉았다가 일어서면서 보니까 유혈이 흔연한지라 옷을 빨아 입느라 무척 고생을 했다. 산골의 도랑물이 얼어붙은 걸 조그마한 작돌 하나로 마냥 두들겨 깨서는 얼음물에 비벼 빨아 가지고 짜는 둥 마는 둥 그대로 걸쳐 입으니 춥기가 이루 말할 수 없었다. 양지 쪽을 찾아가 옹크리고 앉아 체온으로 말리는 중에 해는 떨어지고 어두워지기 시작했다. 그때 산 아래로 아득히 인가의 불빛이 반

짝이는 걸 보고는 순간 따뜻한 아랫목 생각이 났다. 그때 생각하기를 '예전 분들은 축지법을 썼다는데 예서 저기로 한달음에 가는 법은 없는가?'라는 물음이 떠올랐다. 그러자 불현듯이 한 생각이 일어나는데 '그것은 네 육신에 국한된 일이니 좀 더 시야를 넓혀 보라.' 하는 것이었다. '아차' 싶었다. '인간이 공중으로 날아다니는 세상에 몇백 년 전의 축지법이라니 어리석구나. 육신은 놓아 두고 마음만 가 보자.' 하는 생각을 했다. 앞으로 나가지는 못할망정 뒤로 물러설 수는 없었다. 그 집에 가서 밤새도록 뜨뜻하게 지내고 아침 나절에 돌아왔는데 그 사이 옷은 말끔해져 있었지만 다리가 붙어서 일어날 수 없었다. 두 손으로 문지르고 구르고 해서 겨우 일어서고 보니 무릎은 온통 피투성이가 되고 말았다. 그렇게 실험하기를 수도 없이 했었다."

인연을 끊고

70. 헌인릉 사당 근처에서 지내시는 동안 스님께서는 그간에 체득하신 것들을 다시 점검하시는 한편 무형의 힘을 확인하고 보완하는 일에도 몰두하셨다. 스님께서는 헌인릉 주변 수십 리 안팎에 사는 사람들을 점검의 대상으로 삼으셨다. 그 당시 스님께서 특별히 관심을 기울이신 것은 질병이었다. 스님께서는 이미 수많은 질병의 고통을 목격하셨고 생로병사의 끊임없는 사슬을 처절하리만큼 경험해 오신 터였다. 스님께서는

원-2-4 (70)
원-6-3
원-6-4
활-1-1
활-2-3
활-3-1

한동안 낮이면 산마루에 올라가셔서 스스로 터득하신 이 법을 점검하시느라 시간을 보내셨고 밤이면 마음법이 질병에 대해 어떤 효과를 낳게 되는지 확인하셨다.

71. 스님께서 어느 때 이렇게 회고하신 적이 있었다. "그러니까 헌인릉 인근을 떠돌 때의 경험은 이루 다 필설로 말할 수는 없느니, 그것을 이야기해도 믿어 줄 사람은 없을 것이다. 한번은 거대한 용이 천변만화를 부리는데 참으로 장관이었다. 입에서 수없이 여의주를 토해 내는데 그게 모두 줄로 연결되어 있었다. 그때 거기서 문득 '용이 용이 아니라 한생각의 나툼'이라는 것을 느꼈다. 그러자 그 용이 하늘로 치솟으며 거대한 불기둥을 이루는데 불기둥 정상에 만(卍) 자가 떠받쳐 있는 게 보이면서 서서히 회전하기 시작하더니 온 천지가 불바퀴라 느끼게 되었다."

72. 스님께서 말씀하셨다. "또 한번은 눈앞에 전개되는 온 천지에 뚜껑이 덮혀 있더니 그것이 서서히 열리자 깊고 검푸른 심연이 보이면서 소용돌이치는지라 실로 장관이었는데 문득 느껴지기를, '저것을 물로 보면 건너지 못하리라.' 하는 생각이 들었다. 그러한 경험은 너무 많아서 일일이 말하기조차 쉽지 않다."

73. 스님께서 헌인릉 근처에 머무신 지 일 년쯤 지난 어느 날이었다. 스님께서는 심한 고초를 예감하시고는 사당에 앉아 묵연히 정진을 계속하셨다. 한낮이 되었을 때쯤에 인근 지서의 경찰관이 들이닥쳐 스님을 연행하였다. 능지기가 여자 공

비로 오인하여 신고를 했던 것이다. 스님께서는 모진 취조에 시달려야 했지만 식음을 전폐한 채로 유치장에서 밤낮을 참선으로 조용히 보내셨다. 그런 스님의 모습을 보고 취조 경관은 하루가 지나고부터는 심하게 굴지 않았다. 그렇게 며칠이 지나자 스님은 풀려나셨다. 노량진 경찰서에 의뢰한 신원 조회에서 이상이 없다는 회신이 왔던 것이다.

74. 스님께서는 이 일로 이제 헌인릉을 떠날 때가 되었음을 아시고는 길을 나서셨다. 그러다가 어느 마을 어귀에서 어머님과 마주치게 되셨다. 스님의 어머니께서는 노량진 경찰서의 신원 조회 덕분에 딸의 행방을 아시고는 단숨에 달려오셨던 것이다. 그러나 어머님께서는 딸의 처참한 몰골을 보시자 그만 까무라치고 마셨다. 당시 스님의 모습이야말로 사람의 몰골이라고 형언키 어려울 만큼 처참했던 것이다.

75. 스님께서는 어머님을 가까운 오두막 집으로 옮겨 구완하셨다. 스님께서는 이틀을 어머님 곁에서 묵으셨다. 그러다가 스님의 아우 되시는 분이 소식을 듣고 달려오시자 어머님을 부탁하시고는 다시 길을 떠나셨다. 그때 스님께서는 나중에 사람이 되어 다시 찾아뵙겠다는 말씀을 남기셨다. 수-3-77 (75) 수-4-55

스님께서는 헌인릉 생활을 뒤로 하고 동쪽으로 방향을 잡으셨다. 스님의 어머님께서는 그날의 충격으로 병을 얻어 몇 년 뒤에 세상을 하직하고 마셨다.

76. 스님께서 회고하셨다. "그때 내 몰골이 얼마나 처참하게 보였던지 어머님께서 나를 보시자 그만 몸을 비틀고 쓰러지 수-3-12 (76) 수-3-13 수-3-74

(76) 수-4-1
수-5-5

셨다. 하기야 피골이 상접해서 뼈만 남았기에 겨울 혹한이 와도 동상에 걸리지 않았고 여름 무더위에도 썩어 들어갈 살 한 점 없었으니 오죽했겠는가. 게다가 전신이 진흙투성이에 다 째지고 터진 자리엔 피가 말라 붙었고 입은 옷마저 찢기고 해어진 몰골이었으니 차마 눈 뜨고 볼 수 없었을 것이다. 어머님께서는 피를 토하시기까지 하셨는데 그분을 놓아 두고 다시 떠났던 것이다. '어머님! 제가 정말 사람이 되어서, 어머님의 진짜 자식이 된다면 다시 오겠지만 그렇게 못 된다면 다시 못 오리라.' 하고는 돌아섰다. 속으로는 '9년만 있다가 인간이 되어 다시 오리라.'라고 했다."

77. 스님께서 또 말씀하셨다. "그때 어머님께서 옷을 두 벌 주셨는데 산모퉁이를 돌아서면서 남에게 주고는 산으로 올라갔다가 가랑잎 밟히는 소리에 그만 나도 모르게 '어머님의 손을 놓고…….'라는 노래를 부르며 하염없이 눈물을 흘렸다. 내 모습을 보이지 않으려 했는데 일이 그렇게 됐으니 어머님께는 얼마나 잔인한 일이 되었던지……. 그렇게 떠났는데 어머님께서는 그때의 충격으로 고생하시다가 육신을 벗으셨다. 몇 년이 지나서야 그 소식을 듣게 되었다."

하늘 문이 열리다

(78) 수-4-60
수-5-29
심-2-1

78. 다시 겨울이 찾아왔을 때 스님의 발길은 광나루 모래톱에 닿아 있었다. 강바람이 살을 에는 듯이 몰아쳤지만 스님께

서는 인적이 끊긴 그곳에서 겨울을 나기로 작정하셨다. 스님께서는 칼바람을 피하기 위해 모래톱에 구덩이를 파고 낮이면 그 속에 들어가 수행을 계속하셨고 밤이면 인근 건초더미 속으로 파고드셨다. 스님의 양식이 된 것은 김장을 거둔 밭에 쓰레기처럼 버려져 있던 무, 배추 시래기들이었다.

79. 광나루에서의 겨울 고행은 그야말로 제 살을 씹고 제 피를 마시는 극한의 투쟁이었다. 겨울의 강변은 산중과 또 달랐던 것이다. 그러던 어느 날 한 노인이 나뭇더미 속에서 잠들어 있던 스님을 발견하고는 강냉이떡 두 개와 날콩 한 되를 가져왔다. 그분은 자신도 그렇게 수행해 본 적이 있어서 스님의 처지를 알겠노라고 했다.

80. 날콩 한 줌은 스님께서 겨울을 나시는 동안 매우 유용한 양식이 되었다. 헌인릉 시절에도 스님께서는 보리 아홉 알로 하루를 견디시곤 했지만 시래기로 허기를 면하던 스님께는 날콩이야말로 보리보다 더없이 좋은 연명거리가 되었다.

81. 스님께서 회고하셨다. "어느 해에 광나루 강가 모래톱 구덩이에서 겨울을 난 적이 있었다. 하루는 너무 추워서 나뭇단을 쌓아 놓은 속에서 추위를 피하고 있었다. 그때 밭에서 언 무 꽁지를 주워다 먹으면서 문득 이런 생각이 들었다. '이거 무만 먹는다면 영양 부족이 될 텐데.' 하고 말이다. 그러자 곧이어 '참 부처가 있다면 어떻게든 될 테고 없다면 어쩔 수 없는 노릇이지.' 하는 생각이 들어 잊고 말았다. 그러고는 한숨 자는데 웬 노인 한 분이 흔들어 깨우더니 남의 일 같지 않아서

(81) 행-3-3-5
행-3-3-8
행-3-5-7
행-4-4-1
행-4-6-10
행-4-9-3
행-4-9-4
행-4-9-6
행-7-2-4
행-10-1-2
생-2-1-12
활-2-1-7
활-3-1-4
활-3-1-8
활-3-1-9
활-3-1-11
예-18
예-49
예-50
예-63
예-69

(82) 수-3-5
수-5-14
수-5-21
수-5-29
행-3-4
행-3-4-4
행-3-4-8
행-3-4-18
행-3-4-23
행-3-4-24
행-4-2-6
행-5-4-7
행-7-1-4
행-10-1-7
행-11-2-5
예-32

(83) 원-4-1-3
원-4-1-7
원-6-4-21
원-7-1-4
원-9-2
예-6

콩 한 되를 가져왔노라고 했다. 그 노인 말씀이 나를 발견하고는 집에 가서 가져온 것이니 받으라고 했다. 나는 너무나 고마워서 입도 떼질 못했다. 나는 이 일을 결코 우연이라고 생각지 않았다. 인적이 끊긴 곳에, 더구나 날씨가 혹독해서 종종걸음으로 갈 길이 모두 바쁜 터인데 나뭇단 속에 깊숙이 박혀 있는 나를 발견했다는 게 우연은 아니었던 것 같다. 더구나 나를 보고 집까지 갔다가 다시 오기도 쉽지가 않았을 것이다. 알고 보면 마음이 교신된 결과였던 것이다."

82. 광나루 모래톱에서의 한겨울 동안 스님께서는 별이 총총한 하늘을 보며 천지 운행의 이치를 요달하는 공부에 몰입하셨다. 내면의 소리는 이렇게 의정을 던지고 있었다. '산에도 길이 있었듯이 하늘에도 길이 있을 것이다.' 스님께서는 그 하늘의 길을 알고자 정진을 거듭하셨다.

이듬해 봄 스님께서 자리를 털고 일어나셨을 때 스님께서는 천지 운행의 이치를 터득하시고는 우주 법계를 드나들며 점검을 마치신 뒤였다.

83. 스님께서 회고하셨다. "밤마다 별을 헤아리며 천지 운행의 이치를 참구해 나갈 때 하루는 '암흑이 광명이 되었느니라.' 하는 가르침을 들었다. 나름대로 우주의 탄생과 전말이 손에 잡힐 듯이 느껴졌고, 그래서 태양계의 행성들, 태양계 너머 은하계와 그 바깥 세계의 살림살이를 탐색하게 되었다. 이 우주가 탄생할 때 지, 수, 풍이 섞여 돌면서 거기에 온기가 생기고 그로부터 생명이 모습을 드러낸 이치라든가, 온 우주가

탄생하면서 수없는 은하계가 형성되고 그 속에서 또 태양계가 형성된 도리를 알게 되었다. 그러다 보니 한편으로는 과학 문명의 시대엔 오신통도 소용없다는 것을 알았다. 일일이 말로 다 설명할 수 없는 일이지만 과학 이전에 마음을 알아야 우주 탐사도 가능하다는 것을 느꼈다. 하늘의 길은 그야말로 광대하여 무변 무제할 뿐이었으니 겨울의 강바람조차 느끼지 못할 때가 많았다."

84. 스님께서는 광나루 모래톱을 근거로 가끔 주변의 산을 더듬으셨는데 어느 때 인근 산중에서 거대한 빛을 체험하시게 되셨다.

스님께서 회고하셨다. "그때 잠시 정좌 중이었는데 갑자기 거대한 광명이 나를 둘러싸는 것을 느꼈다. 그 빛은 둘레가 십 리 안팎이나 되는 것 같았다. 그런데 그때의 느낌이란 필설로 다 할 수 없는 거대한 충만감이었다. 그러면서 고요하고 안온하고, 사방이 모두 그 빛으로 꽉 차 정밀함, 바로 그것처럼 느껴졌다. 그 후로는 늘 그러한 빛에 둘러싸여 지내는 느낌이었다. 사방 십 리에 개미 한 마리 얼씬 안 하는 듯했는데 모든 사물이 다 나를 돕는 것처럼 보였다."

수-5-33 (84)
법-2-11
법-2-22
법-3-46
심-1-18
심-1-19
심-1-20
심-1-21
심-1-40
심-1-64
심-1-145
원-1-2-3
원-4-2-11
원-9-1-8
원-9-2-5
행-5-4-6
행-11-3
행-11-4-3
행-11-5-16
행-11-6-2

4. 자유인의 길

발 없는 발로

(1) 수-2-37
수-2-38
수-2-39
수-2-40
수-2-41
수-3-12
수-3-67
수-4-2
수-4-9
수-5-3
수-5-9
법-1-24
법-2-49
법-3-4
법-3-10
법-3-20
법-3-45
심-2-18
행-9
행-10-1
행-10-1-3
행-10-1-4
행-10-1-9
행-10-1-10
활-1-1-3

1. 광나루에서 겨울을 나신 스님께서는 봄기운이 감돌자 바로 그곳을 떠나셨다. 스님의 육신은 모래톱 고행으로 아예 걸어다니는 미이라처럼 변해 있었다. 그전에도 이미 동상에 걸릴 만한 살 한 점도 없는 몸이셨지만 모래톱의 겨울은 그나마 스님의 혈과 육을 완전히 메말려 놓았다. 오로지 형형한 눈빛만이 살아 있음을 보여 줄 뿐이었다. 스님의 안광은 강변의 겨울밤에 유독히도 빛나는 별빛처럼 그렇게 보였다.

스님께서는 산줄기를 따라 동쪽으로 걸음을 옮기셨다.

2. 스님께서 그때를 회고하셨다. "그냥 묵묵히 걷다 보면 날씨가 궂을 때라도 상관하지 않을 때가 많았다. 산등성이 골짜기 어디를 가도, 길이 있건 없건 상관하지 않았다. 길을 잃어도 그만이라, 정처가 없으니 길이다, 아니다를 생각하지 않았다. 기껏 가 보아야 항아리 안인 것을 이리 가면 어떻고 저리 가면 어떻겠는가 할 뿐이었다. 그렇게 걷다 보면 주위의 모든

것이 나를 주시하고 지켜 주는지라 구태여 내가 나를 돕는다 할 것도 없었다."

3. 스님께서는 어느 때 생풀을 씹어 연명해야 하는 경험을 하게 되셨다. 무심중에 동쪽으로 나아가는 산길은 완전한 산사람의 생활일 수밖에 없었지만 그래도 가끔씩은 서낭당에 꽂아 둔 마른 명태가 성찬이 되기도 했고 이름 모를 열매와 뿌리가 주식이 되어 목숨을 이어 주었다. 그러나 마침내 풀뿌리조차 구할 수 없는 순간이 왔을 때 스님께서는 마치 초식 동물이 그러하듯 생풀을 씹어 자셨다. 스님께서 죽지 않을 만큼의 먹거리를 제공해 주던 섭리가 어느 순간 시험을 걸어 온 셈이었다. _{수-3-15 (3)} _{수-3-78} _{수-3-79} _{수-3-80}

4. 스님께서는 그것이 먹을 수 있는 독초인지 약초인지를 알 수도 없는 처지에서 무심코 풀을 뜯어 입에 넣으셨다. 스님께서는 거기서 오히려 향긋한 풍미를 느끼셨다. 그리고 아무런 뒤탈이 없었다. 초식 동물의 주식이 어느 날 스님의 주식이나 진배없이 되어 버린 것이다. 스님께서는 이 일을 두고 나중에 제자들에게 "세상의 모든 것이 나의 법반이요 법유임을 여실히 알게 되었다."라고 술회하셨다. 한 생명을 이유 없이 버리지 않는 법리는 이처럼 명증됐던 것이다. _{수-4-35 (4)} _{수-5-6} _{수-5-13}

5. 어느 때 스님께서 마을을 피해 들판을 가로지르시다가 기력이 쇠잔하여 논두렁에 쓰러져 혼절하신 일이 있었다. 그런데 마을 사람들이 농사일을 나왔다가 스님을 보고는 시신인 줄 알고 거적을 덮어 놓았다. 스님께서 얼마 후 깨어나셨는데 그 거적 무게를 이기지 못해 오랜 시간 애를 쓰셔야 했다. _{원-3-1-3 (5)} _{원-3-1-4} _{원-3-1-5} _{행-8-4-1}

스님께서 회고하셨다. "그때 손발을 꼼짝할 수도 없어 너댓 시간을 그대로 누워 있었는데 홀연히 한생각이 나기를, 이 거적대기 한 장으로 삼천대천세계를 다 덮고도 남음이 있다는 사실을 알게 되었다. 왜 이렇게 돌아다녔던가 싶어졌다. 그러고는 일어서는데 '백련으로 가리라. 백련사로 가리라.' 하는 생각이 떠올랐다. 백련사가 어디쯤인지도 모르는데 그냥 '백련'이란 말이 생각난 것이다. 그러고는 그냥 걸었다."

(6) 수-1-56
법-2-6
법-2-104
생-2-2-10
생-4-2

6. 스님께서 회고하셨다. "산중으로 다닐 때 하늘을 쳐다보며 '당신들이시여, 그 마음을 한마음으로 몰아서 볼 때에 이 못난 것이 이렇게 걷는데 이토록 어려운 줄은 미처 몰랐습니다.'라고 호소할 적이 많았다. 그것은 그 옛날 구도자들이 목숨을 던져 가며 한국에서 중국으로, 중국에서 인도로 걷던 일을 생각하게 되었기 때문이었다. 누가 시켜서 한 게 아니라 내 스스로 그 길을 따르고 걸었으니 실은 원망할 것도, 어렵다 할 것도, 즐겁다 할 것도 없었지만 자기 몸들을 초개같이 버리며 묵묵히 걸어온 그 마음을, 그 뜻을 새겨 볼 때에 역대 조사님들과 부처님의 마음을 헤아리게 되었던 것이다."

(7) 수-1-10
수-1-18
수-1-43
수-2-30
수-2-32
수-3-2
수-3-14
수-3-15
수-3-43
수-3-51
수-4-8
법-2-20

7. 백련사로 향하는 도중에 스님께서는 두 번이나 경찰에 연행되는 쓰라린 고초를 당하셨다. 당시는 깊은 산중을 근거로 가끔 공비 잔당이 출몰하던 때였으므로 아무런 증명서 한 장 없는 스님의 경우는 공비로 오해받기가 십상이었다. 한번은 도민증 제시를 요구하는 경찰관에 잡혀 가죽 혁대로 얻어맞는 문초를 당하셨는데 사흘째 접어든 날 취조 형사들이 잠든

것을 보시고는 그대로 걸어 나오셨다.

  8. 또 한번은 공비들이 지서를 습격해서 방화하는 바람에 인근 산속을 뒤지는 수색 작전에 걸려 심한 고문을 당하시다 나흘 만에 풀려나오신 일도 있었다.

  스님께서 회고하셨다. "손가락 사이에 대나무를 끼워 넣어 비트는 고문도 당해 보았는데 그래도 그들을 원망하지는 않았다. 취조 형사가 나를 다지는 자성 부처로 보여 오히려 감사한 생각에 웃어넘겼다."

  9. 스님께서 회고하셨다. "무작정 걸어가면서 심심하면 시도 읊어 보고 새들하고 노래도 불러 보고 이름 모를 초목들과 대화도 나누고, 또 어떤 때는 그냥 창공을 훨훨 날아도 보고 참으로 평화로웠다. 줄창 반야바라밀다심경을 외고 다니기도 했다. 그렇게 물레방아 돌듯 돌고 도니 오는 것도 가는 것도 없이 지냈던 것이다."

  10. 백련사를 향하던 길에 눈보라가 몹시 기승을 부리던 어느 날 스님께서는 해어질 대로 해어져 발가락이 삐져 나온 신발 한 짝을 얼음 구덩이에 빠뜨리셨다. 스님께서는 신우대 잎을 엮어 발을 감싸고 그대로 걸으셨다. 십 리쯤 걸어갔을 때 산중에서 불을 피우고 몸을 녹이던 나무꾼 일행과 마주치셨다. 그들은 스님의 딱한 몰골을 보고는 신발 한 켤레를 내주었다. 스님께서는 그 손길이 무엇을 의미하는지 아셨다.

  11. 수년이었다. 스님께서는 남한산성을 지나 경기도 이천을 거쳐서 강원도 영월 쪽을 다 밟고서는 마침내 인연 따라 충

북 제천의 백련사에 당도하시기까지 수년의 세월이 흘러갔다. 그러나 그 수년은 지나온 세월보다 더 혹독한 고행의 길이 되었다. 스님의 내면은 선정 삼매에서 오는 평화와 기쁨으로 가득 차 있었지만 색신으로 겪는 일들은 이루 필설로 다 언급하기 어려운 형극의 길이었다.

나중에 스님의 수행담을 엮고자 했던 어떤 분은 이때를 설산 고행에 비견할 만하다고 말한 적이 있었다.

첫 원력

(12) 수-4-26
수-4-27
수-4-28
수-4-44
법-1-5
법-1-6
법-1-7
법-1-8
법-1-10
법-1-11
법-1-12
법-1-13
법-2-60
원-2-4-5
원-2-4-7
원-6-3-1
원-6-3-8
원-6-3-9

12. 백련사를 향해 나아가는 스님의 무연한 발걸음이 제천군 봉양면 구학리 근처에 이르렀을 때 스님께서는 노상에서 간질병으로 쓰러진 한 체 장수를 만나게 되셨다. 눈에 흰자위를 드러낸 채 거품을 물고 온몸을 떠는 그 여인을 보시고는 그냥 지나치실 수 없어 조용히 다가가셨다. 스님께서 말씀하셨다. "이제 그만 괜찮아질 테니 염려하지 마시오." 그러자 그 체 장수는 언제 그랬더냐고 하리만큼 툴툴 털고 일어났다. 스님께서는 거처를 알려 달라고 매달리는 체 장수에게 백련사로 가는 길을 묻고는 그대로 돌아서셨다. 스님께서 세상일에 첫 원력을 보이신 예이다.

백련사를 향해 산을 오르는 길목에서 스님께서는 또다시 비슷한 인연에 부딪치셨다. 한번은 쇠뿔에 받힌 허벅지 상처가 곪아서 살이 썩어 들어가는 한 노인을 치유해 주셨고, 또 한번은 볏짚에 눈을 찔려 출혈이 심한 한 젊은 농부를 낫게 해 주셨다.

마을 사람들은 스님께서 보여 주는 원력에 놀라 묵어 가시기를 원했으나 스님께서는 아무 말씀 없이 마을을 떠나셨다.

13. 어느 해 시월 하순, 늦가을 비가 퍼붓는 석양 무렵에 스님께서 백련사에 도착하셨다. 스님께서는 하룻밤 잘 곳을 청하셨다. 하지만 그 절의 주지 스님은 거지나 다름없는 스님의 몰골을 보고는, 웬 거지가 청정한 경내를 더럽히느냐면서 욕설을 퍼부으며 사정없이 내쫓았다.

수-2-30 (13)
수-2-31
수-2-32
수-2-33
수-2-38

문전 축객을 당하신 스님께서는 산기슭 우묵한 바위 밑에 자리를 잡고 앉으셨다.

14. 그때 마침 스님의 은공을 입었던 구학리 농부가 바지게에 공양물을 한 짐 지고 백련사로 찾아왔다. 그로부터 자초지종을 전해 듣자 백련사 스님들은 "도인을 몰라뵈어 죄송하다." 하며 자신의 실수를 사과하고는 부랴부랴 스님을 모셔 들였다.

스님께서 혼잣말처럼 조용히 말씀하셨다. "겉 눈으로 보면 한 치밖에 못 보지만 속 눈으로 바라보면 우주 끝까지 볼 수 있는 법이다."

15. 스님께서 백련사에 머무시는 동안 인근에서 삼삼오오 짝을 지어 많은 사람들이 찾아왔다. 백련사 마당은 어느 날 갑자기 흰 옷 입은 사람들로 가득 차 백련이라는 이름 그대로 마치 흰 연꽃이 만발한 듯이 보였다. 스님께서는 인연에 따라 그

수-4-3 (15)
수-4-35

들의 딱한 사정에 응해 주셨다.

당시 스님께서는 화식을 못하시고 여전히 초식, 생식을 하셨는데 산중 처사 한 분이 그 일을 도맡아 도라지, 칡뿌리, 머루, 다래 등을 구해다가 스님께 공양을 올리곤 했었다.

16. 그러던 즈음에 백련사 여신도 회장을 맡고 있던 한 보살이 세 차례나 기이한 현몽을 체험했다. 스님을 치악산 상원사로 모셔다 드리라는 내용이었다.

(17) 수-2-35
수-3-11
수-3-78
수-4-6
수-5-10
수-5-12
수-5-16

17. 스님께서는 그 보살의 요청을 묵묵히 받아들이시어 다시 길을 떠나셨다. 그때 인근 암자의 한 노스님이 말했다. "그리로 가면 돌아가는 길이라 고개를 넘기 어려울 것이니 백련사에 있는 게 더 나을 것이다." 그 말을 전해 들으신 스님께서 말씀하셨다. "법을 배우는 몸으로 돌아가면 어떠하리. 힘든 고개 넘어야 광명이 한층 빛날 것이오."

스님께서는 일행 대여섯 명과 함께 상원사로 가셨다.

18. 스님께서는 이때 처음 누더기를 벗고, 어느 여신도가 준비해 온 깨끗한 옷으로 갈아입으셨다. 산중 고행의 끝이었다. 모처럼 목욕도 하셨다.

자재한 권능

19. 스님께서 상원사를 향해 길을 떠나시자 일행 중에 내심으로 상원사 측의 태도를 걱정하는 사람이 있었다. 그러자 스님께서 말씀하셨다. "나는 상원사에 들지 않고 그 밑에 있는

토굴에 머물겠노라."

20. 상원사는 강원도 원주시 신림면 성남리 치악산 정상 해발 일천오십 미터 고지에 소재한 고찰로 신라 시대 무착 대사에 의해 창건된 사찰이다. 워낙 고지에 위치한 관계로 폐허가 되다시피 한 절이었는데 그 정상 바로 아래쪽에 자그마한 토굴이 한 채 있었다. 그때까지 많은 학인들이 그 토굴에서 공부하기를 원했지만 한결같이 사흘을 못 넘기고 사색이 되어 철수하곤 했다. 토굴의 이름은 견성암이었다.

21. 스님께서 상원사에 도착하신 날은 마침 그곳 주지 스님의 백일기도 회향일이었다. 주지 스님은 폐허가 되다시피 한 상원사의 중창 불사를 기원했는데 마지막 꿈에 응답이 있기를 '오늘 오는 사람을 붙잡지 않으면 절을 짓지 못하리라.' 하였다 한다. 주지 스님은 스님의 도착을 예사롭지 않은 일로 여겨 스님을 대하는 태도가 극진하였다.

수-4-38 (21)
수-4-42
수-4-44

22. 토굴은 비어 있었다. 상원사 주지 스님은 '스님의 요청을 받아 주기는 하겠지만 아무도 그곳에서 오래 견딘 사람은 없었다.'고 했다. 스님께서는 빙그레 웃으실 뿐 아무 말씀이 없으셨다. 토굴이 들어서 있는 곳은 넓이가 십여 평에 불과했고 그나마 오른쪽은 깎아지른 벼랑 너머로 높은 봉우리가 굽어보이는 곳이었다. 사방 여섯 자 크기에 방 하나 부엌 하나로 구성되어 있었다.

23. 스님께서 토굴에 드셨을 때 방문 앞에 날감자 하나가 뒹굴고 있었다. 스님께서는 그것을 들고 들어가셔서 삼 일 동

수-3-80 (23)

안 조금씩 나누어 잡수셨다. 백련사에서 따라온 사람들이 한동안 땔나무며 생식거리를 준비해 드렸다. 스님께서는 토굴에 드신 뒤 거의 문밖 출입을 하지 않으셨다. 낮에는 두문불출이 셨고 밤에만 가끔 산으로 산책을 나가셨다.

24. 상원사 견성암에 드신 지 얼마 안 있어 원주 인근 마을에는 스님에 대한 소문이 퍼져 나갔다. 백련사 쪽에서 시작된 이야기가 입에서 입으로 옮겨졌던 것이다. 그로부터 상원사 신도 분들은 물론 원근 수십 리 마을에서 사람들이 몰려오기 시작했다.

25. 스님께서는 토굴 문을 안으로 걸어 잠그시고 내다보시는 일조차 없으셨지만 날이 갈수록 찾는 사람들은 늘어 갔다. 처음에는 하루 이삼백 명이더니 나중에는 오륙백 명으로 늘어났다. 치악산 상원사로 오르는 길목은 흰 옷으로 띠를 늘여 놓은 듯이 보였다.

(26) 수-4-12
수-4-27
수-4-28
수-4-44
법-1-5
법-1-6
법-1-7
법-1-8
법-1-10
법-1-11
법-1-12
법-1-13
법-2-60
원-2-4-5
원-2-4-7
원-6-3-1
원-6-3-8
원-6-3-9

26. 사람들은 스님께서 계시건 안 계시건 토굴 문 앞으로 몰려와 합장 정례 하고 하소연을 했는데 스님께서는 간혹 "알았으니 가 봐요." 하실 뿐이었다. 그래도 사람들은 원하던 일이 잘 풀린다며 계속 몰려들었다. 어떤 사람들은 먼발치에서 토굴을 향해 절만 해도 병이 낫는 효험을 보았다고 했다. 스님께서 말씀하시기를 "수많은 사람들이 내 얼굴을 보지도 않고 병이 낫는데 왜 부처님을 못 믿느냐? 자기 마음이 부처이니라." 하셨다.

27. 토굴 문 밖에는 언제나 사람들이 가져다 놓은 향촉, 공

양미가 그득했고 시주금으로 내놓은 지전, 동전이 수북이 쌓이곤 했다. 저녁이면 상원사 스님들이 내려와 그것들을 죄다 거두어 갔다.

스님께서 회고하셨다. "저녁나절에 토굴 밖으로 나서면 앞뜰에 온갖 공양물이 그득했다. 돈도 수북이 쌓여 있곤 했는데 나는 그 돈을 주워 죄다 흩뿌렸다. '이것이 무엇인데 이것 때문에 사람들이 울고 웃고 서로 죽이고 찢기는가.' 하는 생각이 들어 그렇게 했다. 그것을 알고는 절에서 질색을 하며 다음부터는 매일 저녁마다 내려와 모두 거두어 가곤 했다."

28. 그 당시 스님을 찾는 사람들의 대부분은 가난하고 고달픈 이들이었다. 그들이 스님께 간청하는 내용도 거의 질병에 관한 것이 많았다. 스님께서는 그들의 순박한 심성을 기쁘게 생각하시는 듯이 보였다. 또 병원에서 불치병으로 선고받은 경우라도 스님께서 "알았으니 가 보세요." 하시는 나즈막한 대답을 듣고 나면 반드시 낫지 않는 법이 없었다. 사람들은 감사를 드리기 위해 다시 찾아왔고 그럴 때마다 새로 찾아뵙는 발길은 더욱 늘어 갔다.

법-2-61 (28)
법-2-62

29. 스님께서 회고하셨다. "그때 사람들이 토굴에 찾아와서 동전 석 냥씩을 놓고 가면 일이 되곤 했는데 일이 그렇게 되었던 것은, 예를 들어 내가 한 폭의 그림이라면 내 몸을 형성시킨 이 그림 속에서 수만 명의 군사가 나갈 수도 있고, 수만 명의 장군이 나갈 수도 있고 수만의 부처가 나갈 수도 있기에 그런 것이다. 그 당시 드러난 일이야 상원사를 지은 것뿐이지만

수-3-56 (29)
수-3-69
수-5-8
법-2-58
법-2-62
법-2-69
법-2-81
법-2-96
법-3-10
법-3-39
법-3-47
법-3-71

마음과 마음이 서로 감응하는 이 일이 내게는 제일 감명 깊었던 일이었다."

30. 스님께 간청하여 병을 고친 사람들은 한결같이 스님을 의왕(醫王)처럼 생각했다. 그들이 치유를 본 병명만 해도 결핵, 소아마비, 뇌염, 간질, 정신병, 중풍, 백혈병, 간암, 위암, 문둥병 등 이루 다 헤아릴 수 없을 정도였다. 개중에는 수많은 치병 이적을 보고도 스님께서 안 보이는 법으로 하시니까 그것을 믿지 못해 낫지 않는 사람들도 백이면 한둘이 있었다. 그러나 그들도 마음을 바꾸어 진심으로 합장 배례 하면 곧 치유되곤 했다.

31. 스님께서 회고하셨다. "나에게 수없이 청을 해 왔을 때 생각하기를, 앞에 닥친 일, 이것을 헤치지 못하고서야 무엇을 넘는다 할 것인가. 닥치는 대로 해 보자고 스스로 다짐했다. 그래서 부처님 뜻을 더욱 알게 되었으니 사생이 다 하나라, 내 자식이라도 내 자식이 아님을 알았고, 미물이라도 내 자식 아닌 게 없다는 것을 알았고, 자비 사랑이 뭔지도 알았다. 부처님께서 그렇게 거름이 되어 주셨는데도 불제자로서 머리를 깎았거나 안 깎았거나 간에 그 뜻을 몰라서야 말이 되겠는가."

32. 스님께서 회고하셨다. "처음에는 나를 굴려서 나를 알고 들어갔지만 그 후 토굴에 있으면서 수많은 사람의 아픔을 말없이 받아들여 체험을 통해 포착하다 보니까 세속에 눈을 뜨게 돼 우리나라, 나아가서는 세계적인 사연들, 우주적인 법칙들을 생각하게 되었다. 그때 느꼈던 한 가지 문제가 일본이 우

리를 침탈한 일이었다. '아! 그 당시 이렇게 저렇게 할 수만 있었다면 우리 민족이 그토록 고통을 당하지 않았을 것이고 일본도 악을 저지르지 않았을 것인데…….' 하면서 풀잎 하나, 곤충 한 마리까지도 다 포용하는 문제를 생각했었다. 그러니 국가나 지구적인 문제가 생긴다 할 때 전부가 나 아닌 게 없이 한마음으로 꿰어 들 수 있어야 어느 국가, 어느 혹성이라도 저항을 느끼지 않고 같이 돌아가는 여건이 된다."

33. 스님께서 회고하셨다. "무한량의 진공 에너지를 자재할 수 없었더라면 내가 어떻게 그걸 줄 수 있었겠는가. 그러나 그 때 내가 한 가지 일로 사흘을 운 적이 있었다. 왜냐하면 백 사람이 오면 아흔일곱, 아흔여덟은 되는데 두셋은 꼭 처지는 경우가 있었기 때문이었다. 가난하고 고달픈 사람들이니 하나라도 빼놓아서는 안 되는데 왜 빠지는 사람이 생기는가 하는 애처로운 생각에 의정이 들면서도 눈물이 흘렀다. 그러던 어느 날 석양에 해 지는 것을 보고 울음을 그치게 되었다. 해가 뜨는 것도 지는 것도 다 만물만생을 위하는 것이거늘, 왜 값싼 눈물을 흘리는가 하는 생각이 들었다. 내 눈물 한 방울이 전체 모든 생명의 피일 것이고 진정 내가 없다면 헛되이 떨어질 것이니 왜 우는가 해서 눈물을 거두었다."

수-1-67 (33)
수-3-60
법-2-1
법-2-14
법-2-35
법-2-36
법-3-3
원-1-3-5
생-4-3-6
생-4-4
생-4-4-6
생-4-5
예-1
예-15
예-43
예-67

34. 스님을 찾는 행렬이 한두 달도 아니고 해를 넘기며 계속되자 마침내 원주 제천 일대의 약국들이 단체로 진정서를 내기에 이르렀고 치악산을 오르는 길목마다엔 건장한 청년들이 지켜 서서 산으로 오르는 사람들을 제지하고 나섰다. 사람들

이 먼 길을 돌아서 스님을 뵈러 오자 급기야는 방범대원 20여 명을 앞세워 경찰이 개입하게 되었다. 스님께서 그들을 맞아 조목조목 법적인 권리를 말씀하시자 그들도 속수무책으로 혀를 내두르며 철수하고 말았다.

35. 토굴에 드신 이후로 스님께서는 생식을 계속하셨다. 그 때문인지 당시 스님의 몸매는 산중 고행 시절과 별다를 바 없었다. 가녀린 허리에 야윈 모습이란 정상인과는 판이했다. 이를 안타까이 여겨 신도들이 여러 차례 화식을 권하였는데 하루는 한 신도가 마른 새우와 보리쌀, 찹쌀, 콩을 섞어 이를 쪄서는 가루로 빻아서 드렸다. 스님께서는 가루죽을 조금씩 드시기 시작하다가 마침내 화식으로 돌아오셨다.

중창 불사

36. 스님께서 토굴에 드신 이후부터 상원사의 살림살이도 갑자기 달라졌고 매일 찾아오는 신도들의 공양 수발이 큰 일과로 등장하게 되었다. 당시 상원사로 오르는 하루 인파는 사월 초파일을 능가했으니 상원사는 나날이 초파일이나 다름없게 되었다. 폐허처럼 내버려져 손쓸 방법이 없었던 상원사에도 중창 불사의 꿈이 무르익게 되었다.

37. 스님께서 회고하셨다. "상원사 불사가 시작되기 전에 여러 번의 권유가 있었으나 애초엔 단호히 거절했다. 부처님의 몸이 내 몸이고 부처님 마음이 내 마음이니 자기가 법당인

데 또 법당을 지을 것은 무엇이며 자기 살림이 그대로 탑돌이 인데 탑을 또 세울 까닭이 없노라고 했다. 그러다가 내가 그렇게 말해 놓고 거기서 내가 배우게 되었는데 불법을 모르는 사람을 위해서라면 공부할 도량도 필요하겠다는 생각을 했다."

38. 중창 불사는 1962년 봄에 시작되어 이듬해 8월에 끝이 났다. 스님께서는 상원사 주지 스님의 간청을 받아들이시어 나중에는 이 일에 열의를 내보이셨다. 당시의 상원사는 말이 사찰일 뿐이지 지붕은 비가 새고 법당 마루는 헐어서 앉을 자리조차 마땅치 않은, 다 쓰러져 가는 폐사나 다름없었다. 유서 깊은 역사에도 불구하고 입지 조건이 나빠 중창 불사는커녕 일상의 절 운영조차도 어려운 형편에 놓여 있었다.

39. 중창 불사는 참으로 난공사였다. 신림면에서 상원사까지는 웬만한 장정이라도 삼십 킬로그램의 등짐을 지면 하룻길이나 되었다. 따라서 여느 절의 중창과는 달리 자재 운반에만 거금이 쏟아 부어졌다. 스님께서는 이때 처음으로 몇 차례 시주금을 권유하시기도 했다.

40. 스님께서 상원사 중창 불사에 전념하고 계실 때에 가끔 가환을 호소하는 신도에게 많은 시주를 명하시는 예가 있었다. 그 일로 인해 일부 신도들은 '스님께서 대가를 요구하신다'고 불평을 하기도 했다.

나중에 스님께서 그때의 일을 회고하시며 말씀하셨다. "내가 쓰는 것도 아니었지만 그렇게라도 가르쳐 주지 않는다면 세상 사는 도리를 정녕 모르고 말 것이라 방편을 쓴 것이다. 사

수-1-24 (40)
수-1-25
수-1-26
수-2-10
수-2-11
수-2-14
수-2-15
수-2-16
법-1-14
심-1-16
심-1-97
심-1-98
생-4-6
예-48

람들이 제 것 아까운 줄만 알고 남의 것은 그냥 빼앗으려 하는데 가령 회사를 다니는 사람이 한 달 내내 일 안 하고 월급만 달라 하면 누가 주겠는가. 뿐만 아니라 남에게 제 집 쓰레기 치워 달라고 잔뜩 맡겨 놓고 쓰레기 치우는 사람에게 밥 한 끼 안 끓여 먹일 심산이라면 말이 되겠는가. 그 도리를 알라고 그렇게 한 것뿐이다."

41. 그때 한 신도가 시주금이 아까워서 '형편이 어렵다'는 말로 모면해 보려고 했다. 그러자 스님께서 말씀하셨다. "안방 장롱 속에, 버선목에 넣어 둔 통장은 무엇에 쓰려는고?" 그러자 이 신도 크게 놀라서 그것을 어찌 아시느냐며 머리를 조아렸다. 스님께서 말씀하셨다. "아니, 나는 모른다. 네가 하도 딱하니까 그런 것이지 내가 알아서 한 말은 아니다."

42. 불사가 한창 진행될 즈음에 화폐 개혁이 단행되어 불사가 중단될 위기에 놓이자 스님께서는 만부득이 팔을 걷고 앞장을 서셨다. 우여곡절 끝에 63년 8월 공사를 끝내고 그해 10월 15일 봉불식을 겸한 회향식이 거행되었다. 청담, 경산, 탄허 스님께서 참석하시어 스님의 원력을 칭송해 주셨다.

(43) 법-1-27
법-1-29
법-1-31
법-2-59
법-2-116
심-1-58
심-1-109
심-1-118

43. 상원사를 중창할 때 스님께서는 산신각 대신에 선방을 짓도록 하셨다. 주지 스님은 물론 많은 스님들이 반대하셨으나 스님께서는 이를 강행하셨다. "칠성이다 산신이다 독성이다, 그렇게 산란하게 해 놓으면 오히려 부처님의 가르침을 따르기가 어려워진다."라고 하셨다.

44. 중창 불사가 성공리에 마무리되면서 법당 근처 바위에

사적비도 함께 세우게 되었는데 탄허 스님이 그 비문을 지으셨다. 탄허 스님께서는 스님의 공덕을 이렇게 표현하였다.

"……모든 물자가 하늘로부터 오는 것 같고 공(功)이 귀신을 부리는 것과 같았다. 여섯 칸의 법당과 세 칸의 선설당과 열 칸의 요사채를 임인년 봄에 시작하여 다음 해 가을에 이르러 낙성을 보았으니 아! 천지가 있음으로부터 곧 이 산이 있었지만 수백 년의 기왕에나, 수백 년의 미래에도 오늘과 같은 성대한 일은 있지 않았다……."

45. 그로부터 20년이 지난 때에 스님의 구도적 삶을 기록한 탑비가 신도들의 손으로 치악산 상원사 토굴에 세워졌다. 신도들은 스님의 가르침을 기리고자 뜻을 모아 그곳에 이렇게 썼다.

수-1-56 (45)
법-2-16
법-2-104
원-1-3-6
생-2-2-10
생-4-2
예-1
예-19
예-82

"대행 큰스님께서는 일찍이 아홉 살 어린 나이에 나는 어디서 와 어디로 가는가 하는 의정을 드시더니 결단코 본연의 소식을 알아내겠노라 하시며 산을 베개 삼고 하늘을 이불 삼고 달과 별로 등촉을 밝히시어 철야로 정진을 거듭하시었다. 그러던 중 불기 이천사백구십사 년 스물셋 되시던 해에 한 대선사 앞으로 나아가시어 향 사르고 계를 받아 불문에 드시니 스님께서는 그 대선사의 법맥을 잇는 마지막 법제자가 되시었다. 그로부터 스님께서는 물 한 모금, 열매 한 알로 연명하시며 설산 고행에 비견할 두타행으로 이름 모를 산야를 편력하시기 수년에 마침내 물바퀴 불바퀴를 넘어 생멸 진여의 문을 뚫으시니 천지가 숨을 죽이고 일월이 빛을 잃는 대각을 이루셨도다.

이후 스님께서는 역대의 선사들이 선지식을 찾아가 법거량을 해 오심과는 달리 산천초목 일월성신을 상대하셨는바, 해와 달을 석장에 꿰고 이 산 저 산, 한 산 푸른 산을 한데 모아 상투 틀고 주장자를 동곳 삼아 땅 길, 하늘 길, 길 없는 길을 발 없는 발로 다니시었다.

스님께서는 그렇게 수년을 묵연히 대장부 살림을 사시던 중에 발걸음이 이 치악산 상원에 이르매 비로소 걸망을 내리시고 중생 제도의 길에 드시었다. 스님께서는 한동안 토굴에 머무르시며 인천의 도리를 살피시어 행주좌와 중에 자재로이 유생 무생을 두루 건지셨는바 이때 스님의 은택을 입은 자, 제도받은 자가 인산인해를 이루고도 남음이 있었다.

스님께서는 당시에 불연을 따라 상원사 중창 불사에도 힘을 기울이시었으니 역사하심에 모든 물자는 마치 하늘에서 오는 것 같고 그 공용은 신장을 부리시는 것 같아 사람의 지혜로는 짐작하기조차 어려웠다.

스님께서는 마흔 되시던 해에 이제 부처님의 은혜를 갚겠노라 하시며 자비의 그물을 들고 하산하시어 사바의 고기를 건져 올리시더니 몇 해 지나지 아니하여 경기도 안양시 석수동에 한마음선원을 일으키시었다. 이로부터 스님께서는 한량없는 진리의 곳간을 여시어 유·무생을 고루 먹이시었고, 맑고 밝은 구슬 굴리시어 오가는 학인들을 남김없이 제접하시었다.

스님께서는 또한 천리만리 멀다 않고 다니시어 감로의 법을 펴시니 국내외로 수십여 지원이 절로 열리고 스님의 회상엔 불자들이 연일 구름처럼 몰려들었다.

아! 일찍이 어느 분이 계시어 미거한 중생들을 건지실까 하였더니 홀연히 대행 큰스님 나투심에 부처님의 대자대비가 이러한 줄을 비로소 아노라. 대행 큰스님께서 잠시의 영일도 마다하심에 무량한 법반에 늘 배부르고 자비의 법우에 늘 감읍하는 제자들이 모여 여기 치악산 상원에 한 비석을 세워 그 홍은을 기리고자 하나 비를 세움이 어찌 큰스님의 하해 같은 자비에 상대할 수 있으리오. 다만 엎드려 대행 큰스님의 법력에 귀명할 따름이다."

스님께서는 그 일에 대해 특별한 의견을 내보이지 않으셨다. 탑비로 전해짐이 어찌 마음으로 전해짐을 따르겠는가. 다만 신도들은 스님께서 주시는 가르침에 대한 고마움을 그렇게라도 표시하고자 했을 뿐이었다.

또 죽기가 어려워라

46. 스님께서 상원사를 중창하시던 때에 이런 일이 있었다. 스님께서 신도 몇 분과 산길을 가시던 중에 웬 나무꾼 한 사람과 마주치셨는데 그 나무꾼은 무슨 영문인지 스님께 마구 욕설을 퍼부어 댔다. 그럼에도 스님께서 무심히 지나치시자 그 나무꾼은 더욱 기승을 부리며 폭언을 서슴지 않았다. 그는 육두문자까지 섞어 가던 끝에 "네가 정말로 그렇게 도력이 높은 인간이라면 내가 당장 목숨이라도 내놓겠다." 하고 떠들어 댔다. 그런데 놀라운 일은 그 나무꾼이 마을로 들어서면서 그대로 쓰

러져 끝내 일어나지를 못한 것이다.

　스님께서 그 일에 대해 말씀하셨다. "그 사건은 오히려 나를 크게 배우게 했다. 나는 사실 무심코 있었던 것뿐이었다. 그러나 그냥 무심해서만 되는 것은 아니었다. 진실한 마음은 진실한 공덕으로 회향시켜 주는 게 옳겠지만 스스로 악행을 짓는다고 그것까지 금방 과보를 받도록 방치한다는 것은 있을 수 없는 일이라고 생각했다. 그래서 그 뒤로부터는 여간 조심스럽지가 않았던 것이다. 참으로 업의 법칙은 너무나 분명하다. 그러므로 중생의 원을 무조건 다 들어주는 것만이 부처가 아닐 것이다. 악업도 가려야 하듯 선업도 즉각적으로 보상되어지는 것이 아니며, 또 그래야만 좋은 것도 아니다. 문제는 선과나 악과가 아니고 마음의 본분을 밝히는 일이다."

　47. 스님께서는 그 당시 누구를 보든지 "너도 이생(利生), 나도 이생이니 전부가 다 이생이다."라는 말씀을 자주 하셨다. 그로부터 대중들은 스님을 '이생님'으로 부르게 되었다. 이 이름은 나중에 스님께서 '대행'이라는 법명을 쓰시게 될 때까지 스님의 법명 아닌 법명이 되어 버렸다.

　48. 스님께서 회고하셨다. "나는 스스로 내가 나한테 주고 내가 받았지만 함부로 쓰지 않겠다고 맹서했다. 누구를 해롭게 한다든가, 한 치라도 어긋남이 있어서는 안 되고 오로지 모든 이에게 이익이 되고 남을 보하면서 돌아가리라고 다짐했다. 실은 나와 남이 둘이 아니니 나를 보하고 남을 보하며 그렇게 돌아감으로써 그대로 이익 중생이 될 일이었다."

49. 스님께서 상원사에 계실 때의 일이다. 어느 날 그 절에 시주를 많이 한 한 신도가 그곳에 와서 3일 전에 죽은 자식의 제사를 지내게 되었는데 때마침 상원사 신축 기공식이 있어 큰스님들이 다 모여 있었다. 그 신도는 통곡을 하고 울면서도 '스님들이 다 계시니 우연이라 해도 이런 복이 어디 있느냐.' 하며 감사해했다. 그날 스님께서는 바깥일에 아랑곳하지 않고 홀로 기거하시는 방에 계셨는데 그 신도가 스님을 부르며 "잠깐이라도 좋으니 나오셔서 앉았다 들어가셨으면 좋겠습니다." 하고 나와 보시기를 간청했다. 스님께서 "알았다." 말씀하시고 잠시 생각에 잠겼는데 그 신도의 자식은 자기네 집에서 맴돌다가 이미 자기 집 돼지 소굴에 들어가 있음을 아셨다. 곧이어 스님께서는 "여기서 천도를 시킨들 무슨 소용이 있겠는가. 벌써 돼지가 돼지를 잉태해 버렸으니……." 하고 나직하게 말씀하시고 앉은 채로 천도를 시작했다. 그러자 스님의 온몸에서 땀이 흘러내렸다. 다음 날 그 신도 집에선 새끼를 밴 암돼지가 죽었다고 야단이었다. 스님께서 그 소식을 듣고 "천도가 잘됐구나." 하실 뿐 더는 말씀하지 않으셨다.

스님께서 나중에 이 일을 두고 말씀하셨다. "죽어서 식은 있으나 분간을 못하니 소 우리로 들어가 소가 되기도 하고 사람으로 들어가 사람이 되기도 하고 천차만별이다. 오관을 가린 송장이 무엇을 가지고 분별하겠는가. 선천적인 식만 남아 암흑 속을 이리저리 떠도는 것이니 한 발짝 제대로 떼어 놓기도 어렵다."

(50) 수-3-81
수-5-2
수-5-7
수-5-10
법-1-14
법-2-73
법-2-75
법-2-92
법-3-20
법-3-21
법-3-22

50. 하루는 스님께서 마을에 내려가셨다가 중창 불사에 써 달라는 시주금을 받아 가지고 오시던 길에 딱한 처지에 놓이게 된 일가족을 만나셨다. 그들은 빚에 쪼들려 방금 거리로 내쫓긴 신세였는데 당장 끼니가 걱정이라고 했다. 스님께서는 "어디 가서 잠잘 곳이라도 마련하라." 하시며 시주금을 모두 털어 주셨다. 그러자 상원사 스님들이 들고 일어나며 "당장 인건비 지불할 돈도 없는데 삼보 재산을 제 마음대로 썼느냐?" 하고 항의하였다. 스님께서 말씀하시기를, "부처님이 계시면 공사가 계속될 것이고 안 계시면 못할 것이니 무슨 걱정이냐." 하셨다. 다음 날 평소보다 더 많은 사람들이 찾아와 시주금을 놓고 갔다.

51. 한번은 공사가 한창 진행 중인 어느 날 초저녁에 스님께서는 불현듯 뱀의 울부짖는 소리가 들린다 하시며 한 수좌승을 데리고 계곡 아래로 내려가셨다. 한 곳에 이르러 수풀을 헤쳐 보니 큰 나무 상자 속에 팔뚝 굵기의 구렁이 한 마리가 갇혀 있었다. 스님께서 그를 보시고 말씀하시기를 "너는 이제 자유의 몸이니 네 갈 곳으로 가라. 그러나 네 모양이 그러하여 갇혔거늘, 네 탓이니 누구를 원망하지 말고 다음일랑 허물을 벗고 인간으로 태어나도록 하라." 하셨다.

(52) 수-3-20
수-4-49
심-1-10
원-7-2-13
원-7-3-6
원-8-1
활-1-1-2
예-20

52. 하루는 스님이 작대기를 들고 버섯을 따러 길을 나서셨다. 스님께서 어느 곳에 이르러 수북이 쌓인 가랑잎을 헤치려고 작대기를 드는 순간 느껴져 오는 것이 있어 멈추고 돌아서려는데 무엇인가 스님을 붙드는 게 있었다. 그리고 이런 소리

가 들려 왔다. 물론 그것은 마음을 통해 전해져 오는 소리였다. "만나기 어려운 당신을 만났는데 어찌 그냥 가시렵니까? 내 말 한마디 듣고 가십시오." 스님께서 뒤돌아보니 한 마리의 뱀이 가랑잎 사이로 목을 삐죽이 내밀고 있었다.

뱀이 스님께 전하는 내용은 이러했다. 그 뱀은 한때 상원사의 주지였는데 시줏돈이 웬만큼 모아졌는데도 돈이 아직 모자란다는 이유로 낡아 빠진 상원사 보수 공사를 미루다가 그만 병에 걸려 죽고 말았다. 죽고 나서 자신이 뱀으로 화해 있는지도 모르는 그 주지는 이리저리 절 근처를 맴돌다가 어느 돌기둥 사이에 들어가 생전에 못다한 공부를 다 해 볼 요량으로 지내고 있었는데 문득 스님을 만나 자신의 위치를 깨닫게 되었다는 것이었다. 그러고는 '시줏돈을 다락 어느 벽에 넣어 놓고 벽지를 발라 놓았는데 어떻게 하면 좋겠느냐?' 하고 묻고는 지금의 흉칙한 모습을 벗게 해 달라고 사정했다. 그러자 스님께서 이르시기를 "전자의 중도 없었는데 그 돈은 어디 있으며 지금 그 모습은 어디 있겠느냐. 다만 지금 말하고 있는 그 자체가 붉게 핀 꽃과 같은 것이다."라고 하셨다. 순간 그 뱀은 한숨을 길게 내쉬더니 "이제야 몸을 벗게 됐다." 하며 감사의 말을 전하고 수풀로 돌아갔다.

스님께서 나중에 이 일을 대중에게 들려주시며 말씀하셨다. "이런 일을 한두 번 경험한 것이 아니다. 절 근처에서, 가축사 근처에서, 사람 사는 집 근처에서, 가는 곳마다 여기저기서 말을 걸어 왔다. 학(學)으로서 배우고 염불이나 외면서, 우주 전체가 나와 더불어 같이 있다는 이 도리를 모르고 애석하게도 이 옷을 벗는다면 '식(識)'만 있지 '분별'이 없어 사물을 분간하지 못하게 된다. 오관을 가렸으니 볼 수도 없고 들을 수도 없고 부딪침도 없고 아무것도 없게 되는 것이다. 그러므로 사람은 눈 아닌 눈과 귀 아닌 귀가 있어야 한다. 식만 남아 가지고는 사람인지 짐승인지, 굴 속인지 큰 집인지 그것도 알 수가 없다. 욕심에 꽉 찬 그 '식'만 남아서 돌 틈을 도량으로 보고 공부를 하겠다고 들어간 주지승을 생각해 보라. 죽는다고 해도 내가 없으니 뭐 붙을 게 있느냐고 값싸게 말할 수 있을지 모르나 그 무서운 도리는 누가 처리해야 하겠는가."

53. 하루는 스님께서 산책을 나가셨다가 고양이 한 마리가 새끼를 여러 마리 낳아 놓고는 기력이 다하여 사경에 놓인 것을 보셨다. 스님께서 말씀하셨다. "일체 만생이 이렇게 새끼를 낳고 어미는 껍데기가 되어 돌고 도는구나. 그러나 저것이 고양이이기 이전에 새끼를 낳아 놓은 어미인데 죽어서야 되겠느냐. 어미가 살아야 새끼도 살지." 그 고양이는 바로 기력을 차리더니 이튿날부터는 펄펄 뛰어다녔다.

54. 스님께서는 가끔 치악산 비로봉 정상에 오르셨다. 사람들의 발길이 뜸해질 때인 석양 무렵을 택하시는 일이 많았는데 그럴 때면 으레 한 쌍의 황소만 한 범이 길잡이 노릇을 했다. 눈이 많이 쌓인 날에는 외길 발자국을 남겨 길을 안내했고 밤이면 토굴 주위를 맴돌며 마치 파수를 보는 듯했다. 상원사 스님들이나 몇몇 신도들 가운데는 이 범과 맞닥뜨려 혼비백산한

경험을 한 사람이 적지 않았다.

55. 스님께서 상원사 토굴로 드신 지 몇 년쯤 지났을 때 인편에 어머님의 부고를 받게 되셨다. 헌인릉에서 헤어진 뒤 처음으로 접하게 된 어머님에 관한 소식이었다. 스님께서는 하산하시어 모친의 영정 앞에 당도하셨는데 눈물을 보이시지 않자 주변에서 말하기를 "당신 때문에 피를 쏟고 몸져누우셨다가 돌아가셨는데 왜 눈물 한 방울을 흘리지 않느냐." 했다. 스님께서 조용히 말씀하셨다. "세세생생을 오가며 뻔질나게 출입할 텐데 갔다고 해서 영원히 간 것이 아니다." 스님께서는 어머님의 사진을 묵연히 응시하셨다. 천도를 하신 것이다.

56. 상원사 불사의 준공식을 하던 날, 한 노스님이 노고를 치하하면서 스님께 표창장과 함께 국역 팔만대장경 첫 권을 주셨다. 그것이 스님으로서는 경전을 처음 대하신 일이었다. 스님께서 앞뒤로 서너 쪽을 넘겨 보시고는 그대로 넣어 버리셨다.

스님께서 회고하셨다. "그때 애썼다고 표창장을 주고 경전 한 권을 주었는데 내가 하고 싶어서 한 일이니 표창장이 무슨 소용이 있었겠는가. 행사에 참석하지 않고 자리를 비우니까 누굴 시켜서 보내온 것을 보는 앞에서 찢어 버리고 말았다. 또 경전을 보니까 편집이 잘못된 탓인지 타력에 기대는 내용이 들어가 있는 것 같아 읽어 보지 않았다. 그때는 젊었을 때라 내가 너무 뻣뻣했던 탓이었다."

57. 회향식이 있던 날에 스님께서는 봉축하러 오신 노스님들의 공양 좌석에 합석하신 일이 있었다. 그때 스님께서 생선

을 구워 상에 올리게 하시고는 노스님들께 권하셨다. 스님께서 말씀하시기를 "이 생선을 못 드신다면 부처를 어떻게 드시겠습니까?" 하셨다. 그러자 어느 노스님께서 아무 말씀 없이 공양을 끝내고는 이렇게 말씀하셨다. "한 걸음 떼어 놓을 줄 알아야 생선이 초식이요 초식이 생선이지 떼어 놓지도 못하면서 거침이 없다 하면 그것이 도일 수 있겠느냐?" 스님께서 말씀하셨다. "배우기 위해서 그리했습니다."

나중에 스님께서 그 일을 두고 말씀하시기를 "아무 말이 없어도 될 것을……." 하셨다.

58. 상원사 중창 불사가 어려운 여건 속에서도 성공적으로 마무리된 것을 보시고는 한 노승께서 사람을 놓아 스님께 여쭈었다. "나도 중창 불사를 해야 하는데 어떻게 하면 빨리 할 수 있겠는가." 스님께서 대답하셨다. "스님네들이 머리를 3년만 깎지 않는다면 절을 빨리 지을 수 있다." 그 스님이 다시 여쭈었다. "몸이 아픈 스님이 있는데 낫게 해 줄 수 없는가." 스님께서 대답하셨다. "절의 중들이 송진을 먹지 않는다면 병도 빨리 낫고 절도 빨리 지을 수 있을 것이다."

59. 스님께서는 불사가 끝난 지 얼마 안 있어 오대산 월정사 스님들의 초청을 받고 그곳에 가신 일이 있었다. 그때 스님께서는 돼지고기를 굽고 계란을 삶아서 술과 함께 가지고 가셔서는 상에 차려 놓고 말씀하시기를, "이걸 먹을 수 있는 이는 이 도량을 다 먹을 수 있을 것이나 먹을 줄 모르면 이 도량도 먹을 수 없다." 하셨다. 대중 스님들이 모두 놀라는 가운데

두 스님만이 장삼을 걷어붙이고 그것을 먹으며 '맛있다'고 하였다. 다른 스님들은 '청개구리 같은 분'이라며 스님의 처사를 언짢아했다. 이 일을 보고 수행했던 한 신도가 여쭈었다. "먹은 것이 옳습니까, 안 먹은 것이 옳습니까?" 스님께서 말씀하셨다. "먹은 이도 틀렸고 안 먹은 이도 틀렸다."

어느 때 스님께서 회고하셨다. "내가 노스님께 들이댔던 것이나 대중 스님들께 그렇게 했던 것은 내가 배우고자 하는 의도였을 뿐이었다. 한마디 던져 놓고 거기서 배우게 되니 스승 아닌 게 없고 부처 아닌 게 없다."

60. 스님께서 이런저런 일을 두고 말씀하셨다. "자기가 죽었다고 말할 것도 없으니, 세상 사람들하고 이렇게 같이 더불어 합해서 또 죽기가 쉽지 않구나. 상당히 어려운 줄 미처 몰랐다."

수-3-78 (60)
수-5-29
심-2-1
원-6-3-12
행-5-4-7
행-7-1-9
행-11-2
행-11-4-4
행-11-5-10
행-11-5-23

5. 내심 자증의 길

1. 공부하는 스님들이 스승으로부터 법을 전해 받고 전국 대찰을 돌며 당대의 선지식을 찾아 법거량을 하는 것과는 달리 스님께서는 산속을 헤매시면서 산천초목, 해와 달을 상대로 법거량을 하셨다. 오대산 상원사 노스님 앞에서 향을 사르고 계를 받으신 이후 스님께서는 십 년여 동안을 산중 고행을 통해 갈고 닦으셨다.

(2) 수-3-81
수-4-50
수-5-10
법-1-9
법-2-71
법-2-73
법-2-75
법-2-92
법-3-20
법-3-21
심-1-1
심-1-3
원-2-2-11
원-2-3-6
원-3-6-8
원-3-6-9
행-2-1
행-2-1-5
행-2-1-7
행-2-3
행-2-3-1

2. 스님께서 회고하셨다. "수십 차례나 빈사 지경이 되어 쓰러졌지만 그래도 나는 죽지 않았다. 굶어 죽지도 않았고 얼어 죽지도 않았다. 동물들의 해를 입지도 않았다. 딱 죽는다 싶을 때가 되면 어디 가서 무엇을 먹어야겠다는 짐작이 섰다. 어떤 때는 무심코 밤길을 가다가 문득 두 다리가 땅에 딱 붙어서 떨어지지 않기에 자세히 살펴보니까 바로 한 걸음 앞이 수십 길이나 됨직한 낭떠러지였다. 그때 누가 나를 꼭 붙들어 매었겠는가. 그런 일은 헤아릴 수도 없이 자주 있었다. 나는 그것을 우연이라고 생각할 수가 없었다."

스님께서 어느 때 그 일을 두고 대중에게 말씀하셨다. "그

것은 나의 참 주인이 그리하는 것이다. 나를 죽을 곳으로 내모
는 것도 참 주인이요, 죽기 직전에 살려 내는 것도 그이다. 내
가 십 년여의 세월 동안 작고 힘없는 여자의 몸으로 아무런 해
도 입지 않고 몸 하나 다친 데 없이 산과 들에서만 살되 먹을
것, 입을 것 준비 없이 지내 왔어도 탈이 없었던 것은 모두 주
인공의 힘이었다."

3. 스님께서 말씀하셨다. "그때는 목적지 없이 그냥 걸었던
것이라 어디가 어디인지를 알지 못했다. 그 후에 되돌아보니
까 그쯤이 관악산이었고 청계산이었고 춘천 쪽이었고 강원도
이름 모를 산이었다는 것을 짐작할 뿐이었다. 그러다가 어느
때 스스로 '이렇게 육신을 끌고 다니지 않아도 되는 것을 제
딴에는 길을 터득했다고 하고서는 그걸 행으로 못했구나.' 하
고 껄껄 웃었던 것이다."

4. 스님께서 말씀하셨다. "그때 산짐승들이나 새들이 나에
게 상처를 치료하는 데 쓰일 약초를 물어다 주거나 먹을 것을
가져다 준 예가 많았다. 그런데 그 동물들은 한결같이 어느 때
에 내가 그들을 한마음으로 사랑하고 도와주었기 때문에 그런
다는 것이었다. 금수도 이와 같이 은혜를 안다. 그럴 때면 나
는 사람이 금수보다 꼭 나은가를 생각해 보게 되었다."

5. 스님께서 회고하셨다. "며칠이고 굶어 가면서 산등성을
넘고 골짜기를 건너곤 했는데 여름이나 겨울이나 홑것 한 벌로
지냈다. 겨울에 옷을 빨아 입기가 가장 어려웠는데 얼음을 깨
고 찬물에 비벼서는 그대로 입고 양지 쪽에 웅크리고 앉아 마

르기를 기다리기도 했다. 머리는 질끈 동여매고 다녔고 고운 모래를 칫솔 삼아 양치질을 했다. 그렇게 하면서 스스로 실험하기를 수도 없이 했다."

6. 스님께서는 산중 고행을 하실 적에 나무 밑에서 또는 무덤에 기대어 주무시거나 바위 틈, 구덩이에서 밤을 밝히신 때가 많았다. 하루 중의 공양은 열매 한 알, 콩 몇 알, 또는 나무 뿌리로 때우셨고 그나마 없을 때는 생풀을 씹으셨다. 스님의 그러한 두타행은 옛 선사들의 기록에서나 짐작해 볼 수 있는 것이었다. 스님께서는 고행을 끝내고 치악산 상원사 밑에 초암을 얻어 계실 때조차도 한동안은 하루 한 번의 생식이 예사였고 그것마저도 거르시는 날이 부지기수였다.

(7) 수-1-39
수-1-58
수-5-18
법-1-23
법-1-25
법-2-63
법-2-68
법-2-76
법-2-94
법-3-20
법-3-21
심-1-56
심-2-15
원-3-6-9
원-7-3-10
행-3-3
행-3-3-5
행-3-3-8
행-3-5-7
행-4-4-1
행-4-6-10
행-4-9-3
행-4-9-4
행-7-2-4
행-10-1-2
생-2-1-12

7. 스님께서 회고하셨다. "산으로 들어갈 때 먹을 것을 들고 간 일이 없다. 여느 스님네들은 미숫가루 해 가지고 기도처를 찾는다고 하는데 먹을 것, 입을 것 챙겨 가지고 다니면 다 떨어졌을 때 내려와야 하지 않겠는가. 공부하려면 자기를 몽땅 버려야 하는데……. 누구나 현재에 살아가는 모습도 실은 버리고 가는 것인데 그렇게 해서야 되겠는가. 죽는다고 그냥 죽는가. 흘러옴도 흘러감도 없이 무한으로 돌고 도는 것이니 내 몸 던지고 그냥 나아가니까 풀 한 포기라도 다 옹호해 주었다. 먹는 풀이 따로 있어 정해 주는 게 아니라 살아 있으니까 그냥 먹는 거고 그러다 보니 풀을 먹어도 살아진 것이다."

8. 스님께서 회고하셨다. "산에 있을 때는 사람을 못 보고 말이 궁하니까 산짐승을 보면 말을 하고 싶어서 집 강아지 부

르듯이 부르곤 했다. 산토끼하고 놀고 어떤 때는 여우를, 사람 홀린다는 그 여우인 줄도 모르고 부르면 뾰오족한 주둥이에 노오란 꼬랑지를 잘잘 끌며 힐끔거리는 게 무척 예뻤다. 그때 여우인 줄 알았으면 부르지 못했을지도 모른다. 해골바가지에 담긴 물을 마시고는 다음 날 아침에 구역질했다는 얘기와 같으니 모든 게 마음에 달린 것이라, 부처 악마가 다 마음 아니겠는가."

활-2-1-7 (7)
활-3-1-4
활-3-1-8
활-3-1-9
활-3-1-11

9. 스님께서 말씀하셨다. "산으로 다닐 때 길이 있다고 해서 걷고 없다고 해서 안 걷고 한 적이 없었으니, 밤이면 밤인 대로 내가 걷고 싶으면 그냥 걸었다. 그렇게 걸으면 그게 틀림없는 길이거늘, 갈대처럼 남의 말에 이리 휘둘리고 저리 흉내 내고 해서야 어찌 대장부라 일컫겠는가. 못났든 잘났든 자기 중심을 딱 쥐고 나가야 지혜가 넓혀지는 것인바, 그렇지 않다면 남의 수중에서, 남의 꼬리에 매달려 살다가 한 발자국도 떼어 놓지 못하게 된다고 생각했다."

수-2-37 (9)
수-2-38
수-2-39
수-2-40
수-2-41
수-3-12
수-3-67
수-4-1
수-4-2
수-4-9
수-5-3
법-1-24
법-2-49
법-3-4
법-3-10
법-3-20
법-3-45
심-2-18
행-9
행-10-1
행-10-1-3
행-10-1-4
행-10-1-10
활-1-1-3

10. 스님께서 말씀하셨다. "산으로 들로 헤매면서 갖가지 고생을 하기도 했지만 나는 그것을 고행이라고 여기지는 않았다. 너무나 고독했기에, 그 고독을 함께 나누어 준 나의 주인과 더불어 다녔을 뿐이다. 나는 이 색신은 아무렇게 된다고 해도 좋다고 생각했다. 정말이지 당장 쓰러져 죽는다고 해도 섭섭할 것이 없었다. 나는 오직 내 영원한 주인, 생명수를 주시는 내 주인과 함께 산과 들을 떠돌았던 것뿐이다. 그러니 고행이라 할 것도 없고 얼마나 고마웠던지……. 내가 글을 잘 알고

수-1-35 (10)
수-1-36
수-1-37
수-1-38
수-1-39
수-1-59
수-2-5
수-2-20
수-3-48

경을 잘 알았던들 그렇게 고독했겠으며, 그렇게 고독하지 않았던들 주인공의 위로를 받을 수 있었겠는가. 나에게는 영원하고 진정한 벗이 언제나 함께하고 있었다."

11. 스님께서 또 이렇게 말씀하셨다. "설사 고행을 했다 하더라도 그것은 고행이 아니었다. 우리가 온 자리를 알고, 간 자리를 알고, 갔다가 오는 자리를 안다면 오히려 갔다가 온 자리가 없고 갈 자리도 없다."

12. 스님께서 회고하셨다. "나는 한 번도 나를 어떻게 해 달라고 빌어 본 적이 없었다. 한 번도 하늘이나, 부처님이나, 보살님들께 이 한 몸 건져 주십사 하고 기도를 드려 본 적이 없었다. 나는 나 잘살자고 미물인들 해하고자 한 적도 없었다. 너무 뼈아팠기 때문이다. 이 세상이 너무 뼈아프고 너무나 눈물겨웠기에, 제발이지 다른 사람들만은 뼈아프지 말았으면, 다른 사람들만이라도 눈물 없이 살았으면 싶었던 것이다. 나는 지금도 가엾은 사람이나 못 배운 사람이나 못난 사람에게 더 마음이 끌린다. 사람뿐만이 아니다. 축생에게도 마음이 끌린다. 그 중에서도 모든 사람들과 짐승들이 징그럽다고 싫어하고 미워하는 뱀 따위에게 측은한 마음을 느끼곤 했었다."

13. 스님께서 산중에 계실 때 야생의 풀을 뜯어 허기를 면하신 일을 두고 한 신도가 '어떻게 독초를 분별하셨는지'에 대해 궁금해하였다. 스님께서 말씀하셨다. "독초와 약초가 따로 없다. 그리고 내가 나를 죽이지 않는다. 나와 풀이 둘이 아니고 나와 풀과 공(空)이 둘이 아닌데 어떻게 독초라 한들 나를

죽이겠는가. 또 내 주인공이 어떻게 독초를 씹게 하겠는가. 바로 믿는 순간에 독초는 약초가 되었던 것이다."

14. 스님께서 회고하셨다. "내가 배우기 위해서는 어떠한 일에도 뛰어들었고 누가 파계했다고 욕을 하든 손가락질을 하든, 내 근본을 캐고 모든 것을 알아야 하겠다는 생각에서 그대로 밀고 나갔다. 남들이 내 그림자를 보고 저쪽으로 간다, 이쪽으로 간다 했겠지만 내 마음은 요지부동이었다. 그러니 내 눈물은 그대로 피였다. 온 바다를 벌겋게 물들인 피였다. 그런 믿음과 패기가 없었다면 이 도리의 무한한 사랑, 자비스러움에 감사할 줄도 몰랐을 것이고 더구나 세상을 올바로 알고 올바로 나를 이끌 수도 없었을 것이다. 저 우주를 볼 수도 없었을 것이다."

15. 스님께서 회고하셨다. "세상을 살아가면서 남한테 짓밟히고 얻어맞고 멸시당했을 때, 육신을 질질 끌면서 눈물의 길을 걸어 보기도 했다. 그럴 때면 행인의 발에 밟힌 벌레의 처지를 생각했었다. 우리의 생활이나 벌레의 처지가 다르지 않으니 그 세계는 그 세계대로 사는 도리가 있어 발에 밟혔을 때 망가진 육신을 질질 끌고 울면서 돌아가는 그 형국을 낱낱이 파악했던 것이다. 어떤 생명을 하찮다 하고 어떤 생명을 높다, 고상하다 할 것인가."

16. 스님께서 말씀하셨다. "내가 구덩이에 빠져 보지 않았다면 그 뜻을 몰랐을 것이고, 내가 진 땅을 걸어 보지 않았다면 그 뜻을 몰랐을 것이며, 남에게 짓두들겨 맞아 보지 않았다

(16) 활-2-2
활-2-2-1

면 그 아픔을 몰랐을 것이고, 살을 에는 추위를 겪어 보지 않았다면 추위와 바람이 그렇게 무서운 줄 몰랐을 것이다. 그러할 때에 그것을 이겨 나가는 힘은 오직 마음이었다. 그 마음의 힘은 어떠한 무리, 아니 어떤 부처라도, 우주적인 힘이라도 당해 내지 못하는 것이니 나는 누가 욕을 하든, 모른다 하든, 미거하다 하든 아랑곳하지 않았다. 어떤 때에는 '그렇게 눈물을 흘리고도 아직 남았나?' 하다가도 '그렇지, 영원토록 눈물은 끊임없이 흐를 것이다. 그것은 피다. 아주 진하고 순수한 피, 에너지이며 그 에너지는 영원토록 오고 감이 없이 돌 것이다.' 라고 생각했다. 이런 도리가 아니면 불구덩이에 뛰어들지도 못했을 것이다."

(17) 심-1-35
원-1-1-4
원-2-2-10
원-2-4-4
원-6-2-3
원-7-3-1
원-7-3-9
원-8-2-16
원-8-3-14
행-3-3-12
행-3-5-12
행-7-1-7
행-8-2-13
행-9-1-2
행-9-1-3
행-9-1-4
행-9-1-7
행-9-2-6
행-9-2-13
행-11-5-5
행-11-5-19

17. 한 신도가 여쭈었다. "산중에 계실 때 그토록 혹독하게 고생을 하셨는데 신세 한탄은 안 하셨던지요?" 스님께서 말씀하셨다. "신세 한탄 같은 것은 안 했다. 어느 때는 너무 추워서 '아이구, 부처님 계시던 데는 더운 곳이라는데 더운 데였으면 얼마나 좋을까.' 하는 생각은 했었다. 그러나 내가 그렇게 하게끔 세상에 나왔으니까 그렇게 다녔고, 따라서 억울할 게 하나도 없었다. 오히려 좋을 때가 많았는데, 개울에 빠져도 좋았고 걷어차일 때도 좋았다. 그래서 웃고 마는 경우가 대부분이었다. '미친 사람이 왜 좋은가 했더니 그래서 좋구나. 거지들을 붙들어다 놓으면 왜 도로 도망가는가 했더니 그래서 그랬구나.' 하는 생각을 했다."

(18) 수-5-5

18. 스님께서 회고하셨다. "나는 세 번이나 공비로 오해를

받아 살이 터지도록 매를 맞아 보기도 했고, 그 추운 겨울에 강변 모래 구덩이에서 지내 보기도 했는데 아예 내던지고 다닌 몸이라서 마음먹기에 달린 것이었지만 그것이 말처럼 그렇게 간단하지는 않은 일이었다. 직접 행을 한다는 것은 어려운 일이었다."

19. 한 신도가 스님께서 공부하시는 중에 누구를 은사로 삼으셨는지에 대해 여쭈었다. 스님께서 말씀하셨다. "누구를 은사라고 정해 놓지 않았어도 내게는 전체가 잊을 수 없는 은사였다. 육의 어머니든 법의 아버지든 은사 아닌 분이 없었고 산천초목이라도, 구르는 돌 하나라도 은사 아닌 게 없었다. 내가 무학인 것도 은사였다. 그러나 그 잊을 수 없는 그것까지도 놓았기에 이렇게 앉아 있게 된 것이다."

20. 스님께서 또 이렇게 회고하셨다. "나는 누구를 스승 삼아 가르침을 받지는 않았으나 부처님께서 갈팡질팡하게 만들지도 않았다. 나는 부처 따로, 내 육신 따로, 부모 조상 따로, 좋고 나쁜 것 따로……, 이런 것을 몽땅 놓아 버렸는데 고독하고 귀찮으니까 묵묵히 나갔던 것이다. 그러다 보니 저 불상이 애를 낳는데 순산이라고 야단들이라, 낳아 놓고 그걸 기르느라 또 얼마나 애쓰는지……. 생각하면 그게 바로 부처님의 인도하심이었다."

21. 스님께서 어느 때 말씀하셨다. "다른 스님네들은 순탄하게 배우셨는지 몰라도 나는 질고 진 진흙 바닥에서 고개를 넘고 넘었으며, 자갈밭길을 걷고 또 걸었다. 그 길이 가시밭길

이면 풀잎을 발바닥에 둘둘 말아 댄 채 걸었다. 그때 나는 말로 형언할 수 없을 만큼 많은 것을 음미하고 또 음미했다. 그래서 오늘날 스님네들이 역대 선지식들이 걸어간 길을 무시하거나 또 모를 때에는 내가 이것을 꼭 쥐어 주어야 하겠다는 생각을 하지 않을 수 없는 것이다. 그런 생각을 하면 밥 한 숟가락 뜰 때마다 눈물이 핑 돈다."

(22) 수-1-37
수-2-49
수-3-81
수-5-7
수-5-16
법-2-8
법-2-32
법-2-75
법-2-89
법-3-78
심-1-8
심-1-9
심-1-12
심-1-53
심-1-61
심-1-101
심-1-113
심-2-28
원-3-6-8
원-6-4-17
원-6-4-27
원-7-3-11
원-7-3-12
원-7-3-14
원-7-3-15
원-7-3-20
원-7-3-21
행-3-1-2
행-3-3-5
행-3-3-8
행-3-5-12
행-4-1-1
행-4-1-2
행-4-1-4
행-4-2
행-4-2-5
행-4-3

22. 스님께서 회고하셨다. "나는 사대 성인이든, 어느 조사든, 부처님이든, 공부하신 어떤 분이든 조금도 배척하지 않았다. 모든 분들을 딱 하나로 뭉쳐 내 마음속에 간직하면서 왕을 모시듯 했다. 한데 합쳐서 '주인공'으로 불렀고 그 주인공에 몰락 맡기고는 내 몸을 가루로 갈아 뿌려도 좋다고 했다. 그래서 부처님의 마음이, 뭇 생명들의 마음이 나를 안아 준 것이다. 나는 수많은 분들, 도를 이루려고 목숨을 던졌던 그분들을 생각할 때 쓰라린 눈물을 금할 수 없었기에 그분들을 만족케 할 수 있다면 내 몸을 갈아 바쳐도 아깝지 않다고 생각했었다. 그래서 내 주인공에 항상 겸허하게 일임했다."

23. 한 신도가 '스님과 같이 고행을 겪지 않고도 깨달음에 이를 수 있는지'에 대해 여쭙자 스님께서 말씀하셨다. "예전에 힘겹게 물건 만들던 것을 요즘 하는 것에 비교해 보면 지금은 한순간의 일이듯이 정신 활동도 그만큼 빨라진 세상이라 돌아가는 모습이 마치 병풍 둘러치듯 하였으니 고행이 무슨 문젯거리이겠느냐."

24. 한 제자가 여쭈었다. "스님께서는 공부 중에 늘 부처님

을 호념하고 부촉하셨는지요?" 스님께서 말씀하셨다. "참으로
묘했던 것은 예전에 부처님들께서 하신 일, 그 모습, 심지어
부처님 나시기 이전까지 알게 되었지만 한편으로는 '그런 것
알아서 무엇하느냐? 아니, 삼천 년 전 그때 부처님이 어떠했고
어떤 모습인지 알면 뭐하느냐?' 했다. 부처님의 뜻과 내 뜻이
둘이 아니게끔 되어서 그 뜻대로 하나하나 해 나가는 게 부처
님을 부촉하고 호념하는 것이라, 일체 모든 것의 뜻을 다 받는
것이 된다고 생각했다."

25. 한 제자가 여쭈었다. "스님께서 수행하실 적에 성불하
려고 마음을 기울이셨거나 혹은 역시 성불은 어렵구나 하여 낙
망하신 일은 없으십니까?" 스님께서 이렇게 대답하셨다. "없
었지. 그래서 부처님이 날더러 착하다 그러시는 거라. 그때 나
는 부처 될 생각도 없었고 높은 걸 보아도 높게 보지 않았고
얕은 걸 보아도 얕게 보지 않고 언제나 모든 것을 나라고 생각
하고 거기에 기준을 두었었다. 좋은 것을 주어도 좋다 않고,
언짢은 걸 만나도 언짢다 하지 않았으니 '너 참 착하구나, 착
해.' 하신 것이다. 실은 너, 나가 없으니 착하다 하는 건 누구
고, 착하다는 소리를 듣는 건 누구일까마는 없으면서도 있고
있으면서도 없으니 그런 소릴 듣는 거지, 고정되게 있다 없다
하면 그 소리도 듣지 못한다."

26. 스님께서 또 말씀하셨다. "나는 견성하려거나 성불하겠
다는 마음을 먹어 본 일이 없었다. 나는 다만 일단 태어난 이
상 이 세상에서 사는 나 자신이 누구인지, 무엇인지를 알고자

(26) 원-2-5-4
원-3-1-3
원-3-1-4
원-3-1-6
원-3-1-12
원-3-2-4
원-3-2-6
행-3-2-5
행-6-2-5
행-6-2-6
행-6-2-7
행-6-2-9
행-8-4
행-8-4-1
행-8-4-8
행-8-4-11

했을 뿐이었다. 내 육신이 내가 아니고 내 의식이 내가 아니고 나의 의지도 내가 아니라고 느끼고부터는 오로지 이렇게 다 제거하고 난 참다운 나는 누구인가, 무엇인가를 알고자 했던 것이다."

27. 스님께서 말씀하셨다. "나는 내가 못난 사람이라는 것을 너무도 뼈저리게 느꼈기 때문에 그나마도 참된 이치를 알 수 있었다고 생각하곤 했다. 내가 너무 못났기에, 그 못난 나 자신을 부둥켜안고 그때 얼마나 울었는지 모른다. 그러다 보니까 그런 내가 하도 불쌍했던지 나의 참 주인이 나를 위로하며 이끌어 주었던 것이다."

(28) 수-2-29
생-1-3
생-1-3-2
생-1-3-3
생-1-3-5

28. 스님께서 말씀하셨다. "나는 혼자서 수행하던 당시에 마음으로부터 많은 계율을 알았고 지켰다. 그것은 누구에 의해 주어진 것이 아니었다. 사실 누구로부터 받은 것은 그것이 계율이든 화두이든 간에 진심으로부터 지켜지기가 어렵다. 내면에서 저절로 우러나오는 것, 이것이야말로 참된 것이다. 그것은 이미 지킨다느니 지키지 않는다느니 하는 말도 뛰어넘는 것이니 이미 지켜지고 있는 계율이었던 것이다."

29. 스님께서 말씀하셨다. "내가 지내 온 경과를 되돌아볼 때 깨닫기보다는 그 깨달은 마음을 앞장세워서 공부하기가 더 오래 걸렸다. 공부에는 단계 아닌 단계가 있어서 누구나 다 그 길을 밟아 성불하게 되겠지만 한편 생각하면 공부에는 끝이 없는 듯하여 오로지 오고 가는 상이 없는 정진이 있을 뿐이었다."

30. 스님께서 회고하셨다. "내가 흘린 눈물만으로도 바다를 다 메우고 뫼를 잠기게 했을 것이나 내 눈물이 바다를 이루고 그 바다를 모두 삼킬 수 있었을 때 나는 너무나 기뻤었다."

31. 스님께서 회고하셨다. "삭풍이 몰아치는 계절이 되면 눈물 마를 날이 없었다. 가는 곳마다 앙상한 나뭇가지가 발발 떨고 있고 가지 끝에 매달린 마른 잎들은 파르르 우는 소리를 내는 것이었다. 그럴 때면 사람 사는 것과 마찬가지로 짐승들, 벌레들, 산천초목 어느 것 하나 아픔 없이 사는 게 없다는 생각이 더욱 절실했다. 또 저렇게 살다가 잡혀서 아궁이로 들지 솥으로 들어갈지 모르면서 그렇게 사는 그 아픔이 진하게 느껴졌다. 그럴 때면 혼자 중얼중얼하며 다니기도 했는데 대개 이러했다. 아! 달 하나, 별 하나, 구름 한 점/ 내 님 좇아서 이리저리 걷다 보니/ 앙상한 가지에 으깨진 상처/ 아파서 우는 그 목소리/ 내 귓가를 스치누나./ 가고 옴도 없으련만/ 상처도 없고 아무것도 없으련만/ 내 눈에 눈물 마를 날은 없는가."

32. 스님께서 말씀하셨다. "무심코 일주문에 들어섰고 들어서 놓고 보니까 '이것이 이렇게 되었구나.' 하게 되었는데, 문 안과 밖이 따로 있어서가 아니라 내가 바로 너이고, 네가 나이니 자기가 자기를 떼어 놓고 들어설 수 없이 된 것뿐이었다."

33. 한 신도가 여쭙기를 "스님께서는 산중 고행 시절에 무엇을 얻으셨습니까." 하였다. 스님께서 말씀하셨다. "대부분의 사람들은 마음을 밝힌다니까 무슨 뚜렷한 경지나 경계가 있나 보다 하지만 사실은 아무것도 얻은 바 없는 것이 참으로 얻

(33) 심-1-18
심-1-19
심-1-20
심-1-21
심-1-40
심-1-64
심-1-145
원-1-2-3
원-4-2-11
원-9-1-8
원-9-2-5
행-5-4-6
행-11-3
행-11-4-3
행-11-5-16
행-11-6-2

는 도리이다. 무엇을 얻었다, 도달했다, 증득했다 하는 것은 이미 얻지도, 도달하지도, 증득하지도 못한 것이다. 얻을 바 없고, 도달할 바 없고, 증득할 바 없는 것이 얻고, 도달하고, 증득하는 도리이다."

법연(法緣)편

1. 회향과 서원
하산/감로의 문을 열다/해외 포교

2. 자비의 회상
영일 없는 교화/쏟아지는 법우
담선 법회/생활 실천 법어
증험 속의 가르침

3. 진리가 그러하니라
여법하신 삶/선미

4. 감읍하옵니다

1. 회향과 서원

하산

1. 스님께서는 치악산 견성암 토굴에 드신 지 육 년, 상원사 불사가 끝난 지 이 년이 될 즈음에 산을 내려오셨다.

법-2-6 (1)
법-2-25
심-1-83

스님께서 회고하셨다. "내가 산을 내려왔을 때는 여러 가지로 실험을 해 보고 '아! 이런 것이로구나.' 하고 알았기에 내려왔던 것이다. 또 그렇게 알고 나니까 산중에 머물 게 아니라 도심으로 내려와서 많은 사람들에게 이익을 줄 수 있고 불법이 '바로 이러하다'는 것을 보여 주어야 한다고 다짐하게 되었던 것이다."

2. 스님께서는 1950년 3월에 사미니계를 받으신 이후 줄곧 산중에 계셨으므로 승적이 분명치 않았다. 스님께서는 이를 전혀 괘념치 않으셨으나 한암 스님의 상좌였던 탄허(呑虛) 스님께서 여러 번 회향을 권유하셨다. 스님께서는 권유를 받으실 때마다 이렇게 말씀하셨다. "언제 내가 승려증을 갖고 공부했습니까? 산으로 다닐 때는 시민증도 없어서 빨치산이라고

수-2-23 (2)
수-2-44
수-2-45
수-2-46
법-3-69
법-3-80

오해받아 두들겨맞기도 했는데, 승적이니 승랍이 다 무슨 소용입니까."

그러나 탄허 스님께서 권하시기를 "불법을 널리 펴는 데는 그래도 그 편이 편리하다."라고 하셨다. 스님께서는 누차의 권유를 받아들이시어 탄허 스님을 계사로, 우진(宇振) 스님을 은사로 삼아 다시 승적을 회복하셨는데 이때 종단에서는 스님께서 처음 계를 받으신 지 10년이 지난 1960년에 사미니계를 받으시고 이어 1961년에 비구니계를 받으신 셈을 하였다.

(3) 수-4-15
수-4-25
수-4-36

3. 상원사에서 내려오신 스님께서는 얼마 동안 원주 근교에 머물고 계셨다. 그러자 상원사를 찾던 발걸음은 스님께서 거처하시는 곳으로 몰려들었다. 스님께서는 여전히 많은 사람들을 상대하셨고 그들의 고난을 살펴 주셨다.

(4) 수-4-12
수-4-26
수-4-51
수-4-53

4. 마침 스님의 거주처 인근이 농촌인지라 사람들은 가축의 질병까지 스님께 부탁을 해 오곤 했다. 그 바람에 스님께서는 그때 소·돼지·개 등 가축의 병도 고쳐 주셨다. 스님께서 말씀하시기를 "어떻게 하느냐. 소가 병이 났다는데 내가 소가 되어서 치료해 주어야지. 뱀을 건지려면 뱀이 되어야 하고 구더기를 건지려면 구더기가 되어야 하느니, 부처님께서는 질척한 곳, 더러운 곳, 아니 계신 데가 없다." 하셨다.

(5) 수-4-12
수-4-26
수-4-27
수-4-28
수-4-44
법-1-6
법-1-7
법-1-8

5. 스님께서는 길을 가시다가도 사람들이 소매를 붙잡고 가환을 하소연하면 걸음을 잠시 멈추시고 합장을 하셨는데 그 한 가지 방편으로도 질병이 낫고 일이 해결되곤 하였다.

6. 한번은 한 부인이 아래 위로 피를 쏟는데 온갖 의술을 다

동원해도 속수무책이라며 그 부인의 남편이 스님을 찾아뵙고 간청했다. 스님께서는 "삼 일이면 일어날 수 있다." 하시고는 그 환자를 찾아가 이마를 짚어 주셨다. 그러자 오 분이 채 안 되어 출혈이 멎더니 삼 일 만에 퇴원하게 되었다.

법-1-10 (5)
법-1-11
법-1-12
법-1-13
법-2-60
원-2-4-5
원-2-4-7
원-6-3-1
원-6-3-8
원-6-3-9

7. 스님께서 원주에 계실 때 그 해에 유난히도 뇌염이 극성을 부려 도립 병원이 환자로 그득했는데 스님께서 그 일을 들으시고는 잠시 합장을 하셨는바, 많은 환자들이 자리를 털고 일어나게 되었다. 스님께서 말씀하시기를 "세상 사람들이 전부 비눗방울같이 떠돌다가 흩어지고 모이고 하는 그런 모습들이 역력한지라 보기에도 너무 가엾고 뼈아프다. 그러니 가슴에 흐르는 눈물은 한이 없구나." 하셨다.

8. 하루는 근육무력증으로 평생을 누워서 살아가야 하는 자녀를 둔 이가 스님을 찾아뵙고 호소했다. "백약이 무효라 현대 의학으로는 처방이 없으니 스님께서 살려 주시기 바랍니다." 스님께서 말씀하셨다. "내 자식이라는 착부터 떼어라." 그러자 그 사람 다시 사뢰기를 "하오나 부모가 죽고 난 다음엔 그 아이를 보살필 길이 없으니 한 생명이 너무도 불쌍합니다." 하며 눈물로 하소연하였다. 스님께서 말씀하셨다. "그렇다면 살려 줄 것이니 걱정하지 말라." 그로부터 사흘 후 그 환자 아이는 눈을 감았다. 스님께서 대중에게 말씀하시기를 "양쪽을 다 살렸노라." 하셨다. 대중들은 그 뜻을 짐작하지 못했으나 얼마 후 그 신도의 형님 되시는 분이 아들을 얻었는데 죽은 아이와 신체적 특징이 너무도 흡사하여 많은 사람들이 이를 기이하게

수-4-49 (8)
수-4-51
법-2-102
법-2-103
생-4-5-6
활-3-2
활-3-2-3
활-3-2-4
예-26
예-46

생각했다.

(9) 법-1-11
원-6-4-4
원-7-2
원-7-2-7
원-7-3-12
행-4-4-9
행-4-5-1
생-2-1-1
생-2-1-15
예-11
예-14
예-16
예-17
예-29
예-41

9. 원주에 7남매를 둔 어느 대령 내외가 살고 있었는데 그 부인은 병명도 모른 채 양손을 쓰지 못하는 고통에 시달리고 있었다. 온갖 수단 방법을 동원해도 병이 나을 기미가 보이지 않자 어느 날 대령이 스님을 찾아뵙고는 절을 올리고 나서 손에 끼었던 실반지와 사탕 한 봉지를 꺼내 놓고 아내를 살려 달라고 애원했다. 스님께서는 대령으로 하여금 실반지를 팔아 쌀한 말과 음식을 장만하게 하고 제사를 지내게 하셨다. 그 후 그 부인은 병고에서 벗어났다. 스님께서 말씀하시기를 "이북에 두고 온 홀어머니가 총살을 당했다."라고 하셨다. 나중에 그 부인은 남편의 승진을 부탁했다가 이루어지지 않자 스님을 원망하였다. 스님께서는 "안 되는 것도 법이라 다 남편을 위한 것이다."라고 하실 뿐이었다. 그런데 서너 달 후에 남편 대신 승진한 사람이 월남전에 참여했다가 한 줌 재가 되어 돌아왔다.

스님께서 말씀하셨다. "어떠한 고난이 닥쳐오더라도 나를 생동감 있게 끌고 가는 길잡이가 바로 주인공이라는 것을 믿고 물러서지 말아야 한다. 안 되는 것도 법이니 그것은 곧 내가 지은 업보를 녹이는 과정이다."

(10) 수-4-28
수-4-29
수-4-30
법-2-66
법-2-67
법-2-70
법-2-71
법-2-73

10. 당시 신도 중에 교육 공무원 한 분이 있어 부처님 전에 정성을 들이며 매양 교육감이 되기를 바라더니 하루는 스님께 청을 넣었다. 스님께서는 인연 도리를 살펴 완곡하게 달래시며 '다음 기회를 기다리라.'고 하셨다. 그러자 그 사람은 '산중에 계시는 분이라 사회를 모르신다.' 하며 여기저기 줄을 대어

마침내 소원을 이루었다. 그러나 부임한 지 이틀째 되는 날 교통사고를 당하여 당사자는 죽고 그 부인은 중상을 입기에 이르렀다. 스님께서는 이 소식을 전해 들으시자 자리를 털고 일어나 그 부인을 문병하셨는데 기브스를 풀도록 하고는 몇 가지 처방을 일러 주셨다. 재수술을 해도 불구를 면키 어렵다던 그 부인은 얼마 후 건강한 몸이 되었다.

11. 하루는 스님께서 제천 의림지라는 곳으로 소풍을 나가셨다. 그때 한 신도의 안내로 웬 사람이 찾아뵙고는 스님께 자비를 간청하였다. 사연인즉, 어떤 연고인지는 몰라도 딸들이 시집을 가면 서른 다섯을 전후하여 이름도 알 수 없는 병에 걸려 시름시름 앓다가 죽고 만다는 것이었다. 벌써 5대째 그렇게 계속되고 있으니 이번만큼은 제발 죽음을 모면케 해 주십사 하였다. 스님께서는 "여길 가도 인연이 닿고 저기를 가도 인연이 닿으니 바람 쐬기도 그렇구나." 하시며 그 사람의 안내를 받아 환자를 보러 가셨다. 그 환자는 병석에 누운 채 가슴을 쥐어뜯으며 연방 "아이구, 뜨거워!" 하면서 몸을 가누지 못해 하였다. 그러기를 삼 년째라고 했다. 스님께서 조용히 말씀하셨다. "좋은 종자를 심으면 좋은 싹이 나오고 나쁜 종자를 심으면 나쁜 싹이 나오는 것이니 5대째가 아니고 6대째라. 그러나 6대가 오늘이니 나의 마음자리를 믿고 모든 것을 놓아라." 그 후 사흘째 되던 날 그 부인은 자리를 털고 일어나 스님을 뵈러 찾아왔다.

스님께서 나중에 이 일을 두고 말씀하셨다. "집안 내력을

수-4-46 (11)
원-7-2-3
원-7-2-11
원-7-2-14
원-7-2-16
원-7-3-9
행-4-10-2
예-17
예-24
예-28
예-29
예-43
예-49
예-50
예-63
예-65

보니까 6대조 할아버지 적에 아들 못 낳는 며느리를 내쫓았는데 그 일로 모녀 넷이 자결을 한 일이 있었다. 그러나 그걸 말로 설명할 수도 없으니 그대로 천도했을 뿐이다. 본래 모질고 악한 사람은 없지만 누가 칼을 들고 덤빈다면 순간 자신도 칼이나 몽둥이를 들게 되듯이 그 며느리가 착하고 어진 편이었지만 그렇게 된 것을 보면 착하다, 악하다 단정지을 게 없다."

(12) 법-1-22
법-1-24

12. 어느 때 한 신도가 조상의 묏자리를 찾지 못해 애태우는 걸 보시고는 스님께서 어느 산 밑 무슨 나무 근방의 한 장소를 지적하시고는 가서 확인해 보라고 하셨다. 이를 보고 한 제자가 여쭙기를 "스님께서는 땅속까지 어찌 아십니까?" 하였다. 스님께서 말씀하시기를 "그런 것을 모르면 여기가 좋다 저기가 좋다 하는 말에 끄달리게 된다. 그러나 그것을 알아도 아는 게 아니니, 다만 할아버님 산소를 찾겠다는데 일러 주지 않을 수 없어 그리했을 뿐이다." 하셨다.

(13) 법-2-61
법-2-69
법-2-71
행-3-5

13. 스님께서 잠시 원주에 머무르실 때에 중앙 시장에서 큰 화재가 발생했다. 그때 한 신도가 허겁지겁 달려와서는 '제발 바람이 다른 방향으로 불게 해 달라'고 울며 매달렸다. 스님께서는 "알았다." 하실 뿐이었는데 잠시 후 바람의 방향이 바뀌면서 비가 쏟아져 거센 불길이 잡히게 되었다. 스님께서 말씀하셨다. "나 같은 못난 사람을 믿고 매달리는데 그의 그런 믿음이 일을 한 것이다."

(14) 수-4-50
법-3-21

14. 한편 스님께서는 그 불로 많은 이재민이 발생하자 수중에 있는 자금을 모두 털어 양식을 사서 사람들 몰래 나누어 주

시고 돈도 빌려 주셨다. 주위에서 당장의 살림을 걱정하자 스님께서 말씀하셨다. "그것이 내 돈이더냐. 모두 부처님 **뼈**를 울궈 낸 것이니, 나는 중간 역할을 하는 것뿐이다. 다만 중간 역할이라도 유무에 상응하기 때문에 그렇게 해 줄 수 있는 것이지 그렇지 않다면 한 푼인들 갖다 줄 수 있겠는가."

15. 스님께서 산을 내려오시면서 원주 인근 간현에 신도 네 사람의 명의로 농지 육만 평을 구입하셨다. 그때의 계획으로는 농장을 일구어 정착하신 뒤 그것을 근거지로 하여 자선 사업을 펼치실 심산이셨다. 그러나 스님께서 출타하신 중에 그들 네 사람이 농지를 처분해 버림으로써 계획은 무산되고 말았다. 얼마 안 있어 그 네 사람은 비명에 갔고 스님께서는 그 일로 인해 거처를 서울로 옮기시게 되었다.

16. 스님께서 회고하셨다. "그때의 여러 경험이 아니었다면 부부가 사는 것, 애 어른이 어울려 사는 그 눈물겨운 뜻을 몰랐을지도 모른다. 알고 보면 하나도 버릴 게 없으면서도 다 버릴 것이고, 다 버릴 것이면서도 하나도 버릴 게 없는 게 바로 불법이다."

17. 스님께서는 한동안 거리의 아이들을 보살펴 주신 적이 있었다. 낮에는 찾아오는 사람들을 만나셨지만 저녁나절이 되면 밖으로 다니시며 고아, 거지들을 거둬 주시곤 하셨다. 그렇게 하시기를 3년쯤 하셨는데 어느 때 그 일에 대해 이렇게 말씀하셨다. "어느 때는 훔쳐 온 소득이 적다고 왕초한테 엉덩이뼈가 어긋나도록 두들겨맞은 아이들을 보았고, 또 어느 때는

혹한 속에서 깡통을 들고 다니며 구걸한 돈 몇 푼을 입이라도 축일 양으로 꼬깃꼬깃 접어 감추는 것도 보게 되었다. 또 어느 때는 아이들이 새끼줄에 연탄 한 덩이 꿰어 들고 천막 집으로 들어가는 걸 보고는 너무 불쌍해서 그 아이들 손을 잡고 울기도 했었다. 그 아이들을 보살펴 주면서 부모들이 자식을 안타까워하는 심정도 알았고, 자식을 낳아 놓았으면 조금이라도 거두어 놓고 가야지 안 될 일이구나 하는 것도 느꼈다. 그때는 그 아이들이 스승이었다. 너희들이 아니면 그토록 안타까운 피눈물의 감응을 느낄 수 있었겠는가 하는 생각을 했다. 그 아이들은 남의 자식들이 아니라 언제 내 자식이 될는지, 언제 내 부모가 될는지 모르는 일이다."

감로의 문을 열다

(18) 법-1-34
법-1-37
법-1-50

18. 스님께서 원주를 떠나 서울로 오신 이후 마땅한 거처가 없던 터에 상원사 때부터 스님을 따르던 한 신도가 안양시 석수동에 소재한 사유지 48평을 보시하더니, 이를 보고 한 신도가 다시 75평을 확보하여 기증하였다. 이를 계기로 몇몇 신도들이 나서서 스님께 불사를 적극 권유하자 스님께서 이를 허락하셨다.

19. 그 당시 정부의 최고위층이 사람을 놓아 스님께 제안하기를 "땅을 골라 주고 건물도 지어 주겠노라." 하였다. 그러나 스님께서는 이 제안을 거절하셨다. 스님께서 나중에 이 일을

두고 말씀하시기를 "내가 특별히 무엇을 해야 하겠다는 그런 생각을 해 보지 않았다." 하셨다.

20. 안양의 본원은 1972년 5월에 건평 93평 규모로 착공되어 이듬해 1월 2일 봉불식 겸 회향 법회를 갖게 되었는바, 많은 신도들이 이를 감축하여 이구동성으로 말하기를 "이 불당은 중생들의 병원이자 요양처이며 진리에 목말라하는 이들의 학교가 아닐 수 없다." 하였다. 신도들은 모두 스님께서 오랜 세월 동안 수천수만의 중생들을 고뇌의 길에서 구출하셨던 일을 생각하며 감읍하여 마지않았다.

21. 스님께서 봉불식 때 말씀하시기를 "부처님의 가르치신 은혜를 갚고 모두들 스스로 등불이 되어 중생으로 하여금 자비광명 속에 안주케 하자." 하셨다. 이로부터 스님께서는 각처에서 몰려드는 사람들을 거절하지 않으시고 심지 본연의 소식을 전하심에 하루의 영일도 없으셨다.

수-1-56 (21)
법-2-16
법-2-104
원-1-3-6
생-2-2-10
생-4-2
예-1
예-19
예-82

22. 선원이 들어서 있는 자리는 그전에 공동묘지였다. 스님께서는 터를 잡으시고 불사를 일으키실 즈음에 한동안 많은 영가들을 달래는 작업을 하셨다. 스님께서 말씀하시기를 "우리 살림만 있다고 생각해서는 안 된다. 보이지 않는 생명들이 죽 늘어서 있으니 차원이 다를 뿐 여기에 우리만 산다고 할 수는 없다." 하셨다. 선원이 들어선 이후부터 주변에 하나둘씩 인가가 들어서기 시작했다.

23. 스님께서 선원 터를 잡으셨을 때 한 스님이 이를 극력 만류하셨다. "이곳에 집을 지으면 굴왕신이 내려 큰 봉변을 당

수-3-65 (23)
수-4-37
법-1-21

(23) 심-1-111
　　 심-2-14
　　 심-2-22
　　 원-6-2-4
　　 행-10-2-4
　　 생-3-1-26
　　 생-3-2-9
　　 생-4-1-8

하고 스님이 죽을 수도 있고 고난이 끊이지 않을 것이다."하였다. 스님께서 말씀하셨다. "나는 모든 걸 버렸으니 집인들 있겠는가. 그러므로 없는 집을 지으려 함인즉, 신도들을 위해 부처님의 집을 하나 형성하는 것이다. 여기에 집을 지어 그로 인해 내가 죽는다 한들, 신도들이 온다 안 온다 한들 아랑곳하지 않는다. 집 없는 집을 짓는데 언짢고 좋고가 왜 붙으며, 하다못해 움막이라도 여래의 집 아닌 곳이 없거늘 어찌 장소가 따로 있다 하는가. 주인공 자리에 맡겨 놓아 끝 간 데 없이 비워지고 채워지면서 흐를 뿐이니 아무것도 붙을 자리는 없다."

(24) 원-5-1-1
　　 원-5-1-8
　　 원-5-1-12

24. 스님께서 또 이렇게 대꾸하셨다. "내가 다니면서 터를 잡은 일도 없고, 한 신도가 헌납한 땅이 근거가 된 것인데 물이 흐르는 대로 흐를 뿐이지 좋다 나쁘다를 따지면 그것이 오히려 고달픈 일이 아니겠는가. 이 세상에 나올 때도 빈 자리요, 사라질 때도 빈 자리이거늘 고가 있으면 어떻고 없으면 어떠하겠는가."

(25) 수-1-39
　　 수-1-58
　　 수-5-7
　　 수-5-18
　　 법-1-23
　　 법-2-63
　　 법-2-68
　　 법-2-76
　　 법-2-94
　　 법-3-20
　　 법-3-21
　　 심-1-56
　　 심-2-15
　　 원-3-6-9
　　 원-7-3-10
　　 행-3-3
　　 행-3-3-5

25. 스님께서는 그 당시 갑자기 자청하여 칭병하시면서 장기의 일부를 떼어 내는 대수술을 받으신 적이 있었다. 시봉들던 제자가 놀라 사연을 여쭈니 스님께서는 "나를 달라는 데가 있으니 가져가 보라고 하자." 하실 뿐이었다. 스님께서는 굳이 큰 병원을 마다하시고 작은 병원을 택하여 수술을 받으셨는데 아무 이상을 발견하지 못한 의사가 당황해하자 스님께서는 "아무것도 없거든 맹장이든 자궁이든 떼어 내라." 하셨다. 그 후 수술 부위의 봉합이 서너 차례 터지면서 살이 깊이 썩어 들어

가는 지경에 이르게 되었다. 제자들과 의사가 크게 놀라, 큰 병원으로 옮겨 응급 처치를 받으셔야 목숨이나마 부지할 수 있다고 권하자 스님께서는 수술 부위를 거울에 비춰 보시고는 "이젠 이대로 두면 안 되겠구나." 하셨다. 다시 수술하여 문드러진 살을 이리저리 꿰매자 이틀 만에 아물고 곧 이어 퇴원하셨는데, 스님께서 말씀하시기를 "내 몸을 그냥 던져 보니 그대로 걸림 없이 나가게 되는구나." 하실 뿐이었다. 모두들 한편 놀라고 한편 기뻐서 어쩔 줄 몰라 하는 걸 보시고는 "이번 일은 없었던 걸로 하자." 하셨다. 스님께서 체험하심이 이러하셨다.

　스님께서는 수술 중에 마취는 물론 소독까지 거부하셨다. 그에 대해 이렇게 말씀하셨다. "주인공에 다 탁 맡겨 놓고 산 좋고 물 좋은 데 가서 놀다가 되돌아온다면 어떻겠느냐? 밖에 나온 사이에 집을 다 치워 놓고 고쳐 놓고 그렇게 하면 들어갈 때 깨끗해서 좋고 골치 아프지 않아서 좋을 게 아니겠느냐? 그런 거와 같다." 그때 스님께서 그렇게 수술받으시는 모습을 곁에서 시중들며 지켜보던 한 제자가 그만 놀라서 혼절하는 일도 있었다.

　26. 한 신도가 선원을 신축할 당시의 사정을 회고하면서 말하기를 "선원 자리가 원래 공동묘지였기 때문이었는지 반대하는 이들도 많았고 어려움도 컸지만 계획대로 된 것을 보면 호법 신장이 지켜 주었던 것 같다." 하였다. 스님께서 이 말을 들으시고는 이렇게 말씀하셨다. "호법 신장이 따로 있더냐? 이 손을 보아라. 다섯 개의 손가락이 있어 가려우면 긁고, 여

름 밤에 모기가 덤비면 순간에 후려치는데 이 손이 바로 호법 신장이니라. 손발뿐이 아니라 몸속의 세포 하나하나도 호법 신장이니 따로 찾을 게 없다. 이 마음 깨치면 육신이 어떻다는 것을 알게 되고 그러면서 일체가 더불어 하나이니 어디를 가든 호법 신장이 늘 함께한다."

(27) 행-8-1-3
행-8-1-5
행-8-1-12
행-8-3-2
생-3-1-1
생-3-1-8
생-3-2-3
생-3-2-6

27. 스님께서는 생활 불교의 구체적인 실천을 위해 신도회와 사찰의 조직 체계를 세우셨다. 그러나 포교 방법에 대해서는 따로 이르시는 말씀이 없으셨는바, 재래식의 기복 불교나 경전 위주의 의론을 원하지 않으셨기 때문이었다. 스님께서는 선원 신축 초기에는 법당에다 불상을 조성하지 않으시고 대신 일원상(一, ○)과 촛대 두 개, 향로 한 개만을 두셨다. 또 불공을 드리러 오는 신도가 있어도 목탁을 쳐 주는 일이 없이 불을 켜고 향만 사르는 정도로 그치게 하셨다. 스님께서 말씀하시기를 "부처님께서는 어느 곳에나 계시니 절 법당에만 계시다 생각하지 말고 언제 어디서든 그 자리에서 안으로 믿고 안으로 관하라." 하셨다.

(28) 심-1-39
원-2-1-4
원-2-2-4

28. 스님께서는 일원상을 걸어 놓으셨던 일에 대해 이렇게 말씀하셨다. "우주의 섭리는, 시작이자 끝이요 끝이자 시작인 한마음이 돌고 도는 그것이다. 인간도 마찬가지라서 앉아도 앉은 게 아니고 서도 선 게 아닌 채로 그냥 돌아가고 있다. 어디 문을 열 자리가 있고 문을 닫을 자리가 있는 게 아니며 동서와 남북도 있는 게 아니다. 영원한 불바퀴가 돌고 돌 뿐이다."

29. 스님께서는 나중에 대한불교 조계종 사찰 등록을 하실 때에 비로소 법당에 본존불 한 분의 상만을 모셨다. 말씀하시기를 "이 또한 믿음을 위한 방편이다." 하셨다.

30. 선원이 개원된 초기 어느 때에 이런 일도 있었다. 스님께서 신도들이 지켜보는 가운데 시중에서 읽히는 불교 해설서를 모아 불태우신 적이 있었는데 이를 보고 모두들 놀라 "이런 절에는 더 이상 오지 않겠다." 하는 신도들이 있었다. 스님께서 말씀하셨다. "부처님의 이름이나 팔아서 살고자 거짓말을 한다면 차라리 혀를 물고 죽느니만 못하다." 신도들은 이를 듣고 느끼는 바가 많았다. 스님의 가르침이 때로는 이러하셨다.

수-3-31 (30)
법-2-53
법-2-56
법-2-58
법-2-118
원-6-1-3
생-1-1-5
생-1-1-6
생-1-2
생-1-2-8

31. 금왕의 지원이 개설되던 당시 스님께서는 또 법당의 장엄물을 정리하시고 산신각에 모셔진 상들을 깨뜨려 버리셨는데 그때 말씀하시기를 "밝기가 일월보다 더하고 그토록 어마어마한 부처님의 뜻을 이런 데다 붙여 놓다니 안 될 일이다." 하셨다.

수-2-31 (31)
수-3-22
수-3-23
법-2-116
법-3-39
심-1-58
심-1-62
심-1-114
원-1-2-11
원-1-5-2
행-9-3-2
행-9-3-5

32. 이런 일로 인해 선원이 개원된 후에 새로 찾아오게 된 불자들 중에는 여느 사찰과 다른 기풍에 의아해한 나머지 발길을 돌리는 이들도 있었고, 불교계 인사들 중에는 또 이를 지적하여 외도라고 매도하는 이들도 있었다. 그러나 스님께서는 이를 조금도 개의치 않으셨다. 간혹 말씀하시기를 "외도라 해도 좋다. 이것이 부처님의 가르침과 다르다면 나를 버러지로 만들어도 좋다." 하실 뿐이었다.

법-3-35 (32)
법-3-38
법-3-43

33. 스님께서는 안양 본원을 설립하신 뒤 구름처럼 몰려드

는 신도들의 편의를 위해 두 차례에 걸쳐 증축 불사를 일으키시어 일시 수용 능력 3천 명 규모로 확장하셨다.

34. 스님께서는 또 1982년 9월 처음으로 충북 음성군 금왕읍에 지원을 여셨는데, 한 독실한 불자가 개인 사찰로 운영하다가 스님의 가르침에 감응하여 헌납한 것으로 대지만 3만 8천여 평 규모에 달하는 전통 양식의 사찰이었다. 스님께서는 이후 두 차례의 증축 불사를 통해 이 사찰을 크게 키우셨다.

35. 스님께서 1986년도에 충북 음성군 금왕 지원 경내에 영가를 모시는 탑공원을 조성하셨다. 스님께서 말씀하시기를 "매장묘 방식에는 시대에 뒤떨어진 점이 있어 이를 좀 더 지혜롭게 바꾸는 것이 좋겠다."라고 하셨다. 그러나 해당 관청이 법 규정에 얽매여 허가를 꺼리더니 끝내는 납골탑이라는 이름으로 인정하였다. 스님께서 이를 들으시고는 "진실한 마음으로 나라를 위해 개발하고자 해도 이해하지 못하니 개탄스럽다."라고 하셨다.

36. 이 탑공원은 국내 최초로 시도된 새로운 묘지 제도로서 스님께서 이를 직접 구상하셨는데, 약 7평 규모의 부지에 1기의 탑을 세우고 그 안에 3대까지의 유골을 봉안하게 되어 있다. 스님께서는 당초 금왕 지원 경내 면적의 대부분을 탑공원으로 조성코자 하셨으나 행정 규정상의 제약 때문에 2천 평 규모로 시작하게 되었다.

(37) 법-1-46
법-1-47
법-1-48

37. 금왕 지원이 개설된 이후 국내 각처에 속속 지원이 설립되었는바, 제주(1987), 부산(1987), 광주(1988), 온양(1990),

울산(1991), 대구(1991), 마산·진주(1992)의 순으로 이어졌다. 그러나 이들 지원 모두는 본원의 재정 지원에 의해 개설된 것이 아니라, 각처의 불자들이 스님의 가르침을 듣고자 스스로 발심, 협력하여 선원의 지원으로 지정받기를 원해 이루어진 자생적인 지원 사찰이었다.

법-1-50 (37)
법-1-51
법-1-52
법-1-55
법-1-56
법-1-59
법-1-61

스님께서는 그러한 귀의를 기꺼이 환영하시고 각처를 자주 순회하시며 법회를 주관해 주셨다.

38. 스님께서 그 외에도 각종 신행 단체가 주최하는 법회에 참석하시어 법문을 설하셨는데 특히 육해공군 법사단과 교도소의 초청을 받으실 때엔 다른 일정을 변경해서라도 빼놓지 않고 응해 주시었다. 스님께서 초청 법회에 참석하신 뒤엔 으레 감사의 편지가 꼬리를 물고 답지했다. 어느 때는 한 수감자가 스님의 설법에 감읍하여 노래 가사를 지어 보내왔는데 스님께서 이를 보시고는 '한마음선원가'로 하라 하셨다.

39. 안양 선원이 문을 연 지 얼마 안 있어 신도회 간부들이 중심이 되어 불법의 기초 교리를 밝히는 책들을 속속 발간해 내기 시작했다. 스님께서 이런 일을 두고 말씀하시기를, "나는 말한 예도 없으니 남긴다 할 것이 없으나 모르는 사람들에게는 방편이 필요한 고로 책을 내는 것은 좋은 일이다." 하셨다.

법-1-40 (39)
법-2-27
법-2-118
법-3-76
심-1-46

스님께서는 멀리서 서신으로 법을 묻는 이가 있으면 반드시 책을 싸서 보내 주도록 당부하셨다.

40. 어느 때 한 작가가 찾아와 스님의 구도 과정을 소설화하기를 원하자 스님께서는 보름 가량 특별 대담을 허락하시고

는 부처님 법에 대해 자세한 가르침을 주셨다. 그 작가는 스님의 말씀을 듣고 "도", "무"라는 두 권의 책을 썼는데 그 책이 베스트셀러가 되면서 선원을 찾는 사람들이 더욱 늘어나 법회 때면 선원은 그야말로 입추의 여지가 없을 정도로 붐비게 되었다. 뿐만 아니라 전통 가람과 총림에서 한창 수행 중인 스님들이 친견코자 찾아오는 일도 부쩍 늘어나게 되었다.

그 작가는 이후 5년 동안 스님을 가까이 모시며 선원의 각종 간행물을 정리 발간하는 데 심혈을 기울였다. 스님께서는 그 작가의 불심을 높이 평가하시며 그의 애씀을 가상히 여기셨다.

41. 선원에서는 1986년 가을부터 스님의 정기 설법을 영상에 담아 비디오로 제작하기 시작했다. 스님께서 말씀하시기를 "사회상이 변한 만큼 현대인의 기호에 맞는 영상 매체를 적극 활용하여 포교에 활력을 불어넣는 것은 좋은 발전이다." 하시며 보다 진전된 방법이 나오는 대로 적극 수용할 것을 권장하셨다. 스님께서는 또 각종 전자 기기의 활용에도 관심을 보이셨는데 신도 관리에 머물지 않고 전 세계를 네트워크화하는 문제에도 깊은 관심을 보이셨다. 스님께서는 본원의 법회가 즉시 국내외 지원으로 전송되는 체계를 희망하셨다.

42. 스님께서는 노래를 통한 포교 방법에 대해서도 깊은 관심을 보이셨다. 선원에 합창단을 창설케 하시고는 그 운영에도 관심을 쏟으셨다. 어느 때 스님께서는 전통 국악과의 협연을 적극 지원하신 일도 있었다. 그 일은 찬불가를 통한 서양 음악과 국악의 접목이라는 점에서 불교계로부터 크게 주목을

받기도 했었다.

43. 스님께서는 또 불법의 생활화를 위해 10여 곡의 선법가를 직접 작사하시고는 전문 작곡자들에게 곡을 의뢰해 널리 부를 수 있게 하셨다. 스님께서는 "이왕에 불리고 있는 찬불가의 노랫말이 대부분 진리를 자기 안으로 찬탄하고 찾기보다는 밖으로 대상화해 놓고 있기 때문에 오히려 진리와 더욱 멀어질 염려가 있다." 하시며 직접 노랫말을 지으셨다. 스님께서는 "그러므로 찬불가라 하기보다 선법가라 이름함이 좋고, 곡의 분위기도 밖으로 찾는 서양의 악풍보다 내면의 심성을 관조하는 동양의 악풍이 되어야 한다."라고 말씀하셨다. 스님의 말씀에 따라 '한마음 선법가'가 만들어졌고 이를 테이프에 수록하여 대중에게 보급하는 일이 곧이어 추진되었다.

수-1-34 (43)
수-2-36
수-3-30
법-1-27
심-1-64
원-1-4-3
원-3-2
원-6-5-1
행-3-3-7
행-8-1-5
행-8-1-12
생-3-2-3
생-3-2-6

44. 한편 스님께서는 1986년부터 비구 스님으로서 가르침을 원하면 동참 수행을 허락하셨다. 그로부터 많은 비구 스님들이 스님의 가르침에 따라 수행 정진을 계속하고 있다.

45. 스님께서는 1986년에 처음으로 재가 신도들을 위한 수계식을 여셨다. 그때 말씀하셨다. "여러분들은 그냥 가벼운 마음으로 계를 받을 수도 있으나 내게 있어서는 이 일이 결코 가벼운 일일 수 없다. 이제 여러분들과 나는 세세생생의 인연을 맺었으므로 나는 여러분들을 영원토록 이끌어야 한다. 막중한 책임에 내 마음이 이렇게 간절해진다." 그렇게 말씀하시는 중에 울음이 섞였으므로 많은 제자들이 함께 울고 말았다.

수-4-32 (45)
수-4-33
법-2-4
법-2-6
법-2-9
법-2-14
법-2-15
법-2-23
법-2-25

46. 스님께서는 과학 문명의 급속한 발전에 상응하여 불교

의 현대화가 필요하다는 점을 역설하시고는 1990년 봄에 연구원 설립을 지시하셨다. 스님의 말씀에 따라 승단과 신도회가 협력하여 연구 위원을 선정하고 곧이어 연구원을 개설했다. 연구원의 첫 번째 과업으로는 스님께서 여러 해 동안 해 오신 설법의 내용을 체계 있게 정리하는 일이 선정되었다.

(47) 법-2-96
법-2-112
심-1-153
심-1-158
원-9-1-1
생-4-10-1
생-4-10-3
생-4-10-6

47. 스님께서는 1990년 여름에 십여 명의 연구 위원을 위촉하시고는 국내외 포교에 기초가 될 책자를 만들도록 당부하셨다. 그때 말씀하시기를 "과학 문명이 자꾸 발전을 거듭하고 있으니 불교도 현대적 용어를 써 가며 과학에 앞장서서 나아가야 하고, 그렇게 함으로써 선맥을 이어야 한다. 또 당장 눈앞에 닥쳐오는 일들을 해결하려면 마음 도리를 알도록 해 과학이 충당 못하는 부분을 마음의 보배로 충당케 해야 한다. 우리나라가 비록 작은 나라이지만 모두를 살리는 데 역점을 두어 마치 젖꼭지와 같은 역할을 하도록 하자." 하셨다.

(48) 법-1-37
법-1-47
법-3-67

48. 스님께서는 불교 포교의 활성화를 위해 선원 산하에 포교 재단을 설립하는 게 좋겠다는 말씀을 여러 차례 하셨다. 이에 여러 사람이 힘을 모아 1991년 10월에 이를 실천에 옮겼다. 스님께서 말씀하시기를 "과학 기술의 급격한 발달에도 불구하고 그것이 인류가 직면하고 있는 정신적 방황에 대한 해결책이 될 수 없을 것인즉, 전체를 살리자면 모든 인류에게 불법을 가르쳐야만 한다. 그리고 그 일은 불법을 계승해 온 한국 불교의 힘으로 가능할 것이다."라고 하셨다.

해외 포교

49. 스님께서는 1982년 가을, 재미 홍법원이 주최하는 세계 고승 대법회에 초청을 받으시고 미국 방문을 추진하셨다. 그러나 여건이 허락지 않아 부득이 방문을 연기하셨는데 이때 많은 재미 불자들이 서신을 통해 스님의 방문을 학수고대하자 스님께서 일일이 답신을 보내시며 위로하여 말씀하시기를 "너와 내가 둘이 아니니 어찌 그 마음이 한데로 떨어지겠는가." 하셨다.

50. 국내에서 자생적인 형태로 지원이 하나 둘 늘어나는 것과 때를 같이하여 미국에서도 큰 호응이 있던 중에 1987년 5월에 이르러 마침내 캘리포니아 모건힐에 첫 해외 지원이 개설되었다. 그 당시 현지 교포 불자가 중심이 되어 스님을 초청해 법회를 갖더니 뒤이어 장소를 마련해서 지원으로 받아 주시기를 청해 옴에 따라 해외 지원이 개설되었다.

법-1-37 (50)
법-1-47
법-1-48
법-1-51

51. 그 후 모건힐 지원에 이어 알래스카(1987), 뉴욕(1989), 로스엔젤레스(1990), 시카고(1991), 콜로라도(1991), 오하이오(1991)의 순으로 해외 지원이 속속 문을 열게 되었고 다시 아르헨티나(1991)와 캐나다 토론토(1992)가 그 뒤를 따르게 되었다. 해외 지원이 늘어남에 따라 스님께서는 매년 한두 차례씩 현지 순회 법회를 여시게 되었는데, 이 일로 스님의 발걸음은 더욱 분주해져 갔다.

52. 스님께서 인연 따라 해외 포교에 나서신 지 5년이 넘지 않아서 해외 지원은 열 곳 이상으로 늘어났다. 그러나 스님께

법1-59 (52)

서 어디에 지원을 설치하라고 말씀하신 적은 한 번도 없었다. 모든 지원들은 스님의 가르침을 듣고자 원하는 현지 불자들의 요청과 그들의 자발적인 참여에 의해 개설되었다. 스님께서는 다만 시기를 말씀하지 않으시고 장차 이러저러한 나라들에 인연이 있을 것이라고만 말씀하셨다.

스님께서는 어느 때 남미, 유럽, 러시아, 중국 등지에서도 차례로 지원이 개설될 것이라고 말씀하셨다. 스님께서는 "일본이 가장 늦을 것이다."라고 하셨다.

53. 미국 내에 첫 지원이 개설된 지 삼 년이 될 즈음인 1990년 6월에 부시 미국 대통령이 자신의 생일 파티에 스님을 초청하였다. 스님께서는 한국 승려로는 처음으로 백악관 연회에 참석하게 되셨는데 스님께서는 부시 대통령과 담소하시는 중에 미국이 6·25 동란과 한국의 경제 발전에 많은 도움을 준 데 대해 감사를 표시하고는 강조하시기를 "그래도 남북 분단에 책임이 있으니 매듭을 만든 사람이 매듭을 푸는 뜻에서 한반도의 통일과 핵 문제에 관심을 가져야 한다." 하셨다. 스님께서는 또 말씀하시기를 "미국은 장차 정신 세계에 좀 더 관심을 기울여야만 할 것이다." 하셨다.

부시 대통령은 그 후 다시 한번 스님과 조우하기를 원해 스님께서는 그를 만나 개인적인 조언을 해 주셨다. 스님께서는 그 당시 '대통령을 위한 자문 모임'에 나가 설법을 하신 일도 있었다.

선원의 신도들이 부시와의 만남에 대해 여쭙자 스님께서 말

쏨하시기를 "무심중에 왔다 갔다 했으니 별로 할 말이 없다." 하실 뿐이었다.

54. 스님께서는 미국 지원에 설법차 건너가실 때마다 그 사회의 그늘진 구석을 살펴보시곤 하셨는데 어느 때 샌프란시스코 구치소를 찾으셨다. 구치소 당국은 일반 죄수들만 보고 가시도록 권했으나 스님께서는 그곳 교도관들조차 꺼려하는 흉악범 수용 감방을 둘러보시겠다고 하셨다. 스님께서는 그 중 한 사형수를 보시며 합장을 하셨는데 그는 스님과 눈이 마주치자 자신도 합장으로 답례하면서 눈물을 글썽였다. 스님께서는 한 시간 가량 그들과 무언의 대화를 나누셨는데 방문 후에 말씀하시기를 "합장 답례 했던 그 사람은 죽지는 않을 것 같다. 합장하는 순간에 그의 가슴속에 부처가 자리를 잡았기 때문이다."라고 하셨다.

55. 한번은 스님께서 미국의 한 지원에 가셨을 때 그곳 한인 회장의 초청으로 법회를 여신 적이 있었다. 그때 그곳 한국 교민들의 실상을 보시고는 말씀하셨다. "그 회관이라는 집이 부서질 듯이 낡은 데다 사람들이 뿔뿔이 갈라서는 모습을 보고 너무나 놀랍고 가슴아팠다. 타국에 와서도 한마음으로 뭉치지 못하고 제각각 욕심을 부리고 서로 믿지를 못해 분열하다니 이럴 수가 있는가 하는 생각이 들었다. 그래서야 한인들이 그 사회로부터 어떻게 신임을 얻을 것이며 고초를 면하겠는가? 심지어 법을 가르친다는 절도 비슷한 양상이니 길을 가다가도 절로 눈물짓게 된다. 이 공부가 참으로 급한 일이다."

법-1-47 (55)
법-1-48
법-1-56
법-2-3
법-2-12
법-2-16
법-2-21
법-2-29

56. 어느 때는 또 순회 법회를 마치고 귀국하셔서 말씀하시기를 "가는 곳마다, 어느 종교를 막론하고 기복으로 나아가고 있으니 불법의 참다운 이치를 널리 알리는 게 시급하다. 그러나 또 가는 곳마다 불법이 짓밟히고 있으니 답답하기 이를 데 없다." 하셨다. 스님께서 대중에게 당부하시기를 "불교 속에 모든 종교가 들어 있으니 일체 제불의 한마음으로 포교에 힘쓰라." 하셨다.

(57) 법-1-53
법-3-45

57. 미국 내 포교 활동이 점차 활발해지는 중에 미국 서부 지방에 소재한 대학 두 군데서 스님께 명예 철학 박사 학위를 수여했다. 그러나 스님께서는 그 사실조차 말씀하려 하지 않으셨다. 신도들이 뒤늦게 이를 알고 자축하기를 바랐으나 스님께서는 이를 제지하시며 말씀하시기를 "왼손이 하는 일을 오른손이 모르게 하라는 말도 있지 않더냐. 나는 한 게 없으니 받은 사이도 없다." 하셨다. 그럼에도 제자들까지 나서서 말씀드리자 스님께서는 다만 그 학위증 사본을 한동안 게시하는 일만 허락하실 뿐이었다.

58. 스님께서 미국 포교 길에 오르실 때마다 각처에서 종교학자, 철학자, 심리학자, 물리학자, 생물학자, 의학자들이 찾아와 법을 듣고자 하였다. 미국의 유수한 대학에서도 간혹 스님을 초청하여 불법의 이치를 듣고자 하였는데 스님께서는 현대 과학의 한계를 극복하는 길은 오직 마음법을 깨치는 데 있다고 강조하셨다.

(59) 법-1-50

59. 스님께서는 가르침의 세계화를 위해 무엇보다도 법어의

외국어 번역의 중요함을 강조하시고는 일차로 영역을 지시하셨 법-1-51 (59)
다. 스님의 말씀에 따라 선원에서는 1988년부터 영문 소책자 법-1-52
를 여러 권 발간하였고 이어 가르침을 집대성하여 1992년부터 법-1-56
이를 영역해서 반포하는 일에 착수하였다. 스님께서는 이를 독 법-3-54
일어, 불어, 러시아어, 스페인어, 아랍어, 중국어, 일본어 등으
로 옮겨 세계 6대 문화권에 널리 펼치도록 하자고 말씀하셨다.

60. 스님께서 해외 포교에 관심을 보이신 이후부터 인도, 태국, 스리랑카, 대만 등지에서 법을 묻는 이들이 간혹 선원을 찾아오게 되었다. 스님께서는 이들에게 부처님의 가르침을 바로 깨쳐 들어가는 길을 일러 주셨다.

61. 스님께서 1990년 가을에 미국 산호세에 잠시 머물게 되셨을 때, 한 영문 포교지의 발행인인 미국인이 찾아뵙고 제자 되기를 간청하였다. 스님께서는 그를 제자로 받아들여 계를 주시고 홍법에 더욱 노력할 것을 당부하셨다.

스님께서는 해외 포교 활성화의 일환으로 그 계간지 "달마게이트"의 운영권을 인수하시고 매호마다 재정 지원을 아끼지 않으셨다. "달마게이트"는 매호 3만 부씩 인쇄되어 세계 각처의 불교 유관 기관 및 유명 대학 연구소 등에 무료 배포되었다.

62. 스님께서 미국 포교 여행 중에 하루는 초청을 받고 뉴욕 롱아일랜드에 들러 그곳에서 태권도를 수업 중이던 미국인 수십 명에게 설법하시고는 스님께서 풀이하신 한글 반야심경을 익히도록 당부하셨다. 이들은 스님의 가르침을 듣고 느낀 바 있어 그 후 각자의 체험담을 적어 스님께 봉정하기에 이르

렀다.

(63) 법-2-96
원-9-1
원-9-1-8
행-1-3-7

63. 스님께서 미국 오하이오 주민들의 초청 법회에 참석하셨을 때 인도인 철학 교수가 이끄는 한 집회에 나가셔서 물질과학의 한계와 심성과학에 대해 말씀하셨다. 스님께서는 미국 각처에서 그와 비슷한 인연을 만나시곤 하였는데 그로부터 그들은 스님의 가르침을 널리 전파하는 일에 스스로 앞장설 뜻을 밝히곤 하였다.

64. 스님께서 미국 여행 중에 앨링턴 국립묘지를 둘러보시다가 케네디 전 대통령 묘의 꺼지지 않는 불을 보시고는 "저 불이야말로 영원한 생명의 근본은 죽지 않았다는 뜻이니 말없는 가운데 말을 하고 있음이다."라고 하셨다.

또 미국 국회 의사당 천장에 새겨진 용과 뱀의 그림을 보시고는 "화가가 무의식중에 불심을 나타낸 것으로 이 땅에 진작부터 불심이 가득 차 있음을 알겠노라." 하셨다. 신도들은 말씀을 듣고 스님께서 미국 내 포교에 각별하심을 비로소 이해하게 되었다고 하였다.

(65) 법-2-44

65. 스님께서는 해외로 다니실 때에도 바쁜 일정에 관계없이 사람의 많고 적음을 가리지 않으시고 법회를 주관하셨다. 스님께서 그에 대해 말씀하셨다. "발길 닿는 곳마다 나를 반겨 주는 알뜰한 정성으로 음식 한 가지라도 만들어 오는 것을 보면 그 마음의 은혜가 어찌 태산에 비해 적다 하랴. 가는 곳마다 내 어머니 아닌 이가 없고 혈육 아닌 이가 없으니 모두가 내 사랑, 내 몸, 내 자리요 모두가 한자리인 것이다."

2. 자비의 회상

영일 없는 교화

1. 스님께서는 평소에 하시는 말씀이 그대로 설법이었지만 보다 많은 대중을 가르치시기 위해 수시로 법석을 마련하셨는데 안양에 선원을 세우신 이래로 조금도 지친 기미를 보이지 않으셨다. 선원 개원 때부터 처음 십수 년 동안은 매일 오전 아홉 시 또는 열 시경에 시작하여 오후 네다섯 시까지 담선 자리를 베푸셨다. 그 후 공부하는 신도들이 늘어나 담선할 자리가 비좁아지자 좌석을 법당으로 옮겨 일 주일에 몇 번, 한 달에 몇 번 하는 식으로 날짜를 정해 놓고 하셨다. 그럼에도 수시로 선실에 나오셔서 친견의 기회를 자주 만드셨다.

법-1-45 (1)
법-2-22
법-2-36
법-2-38
법-2-48
심-1-47

담선이나 친견의 자리에선 무릎을 맞대다시피 하시며 격의를 두지 않으셨으므로 분위기는 매우 자연스럽고 소박하였다.

2. 스님께서 국내외 지원으로 다니시며 순회 법회를 여실 때면 으레 인근 수백 리에서 불자들이 운집해 대성황을 이루었다. 특히 국내 지원 특별 법회의 경우는 전국 곳곳에서 몰려드

는 불자들로 매번 일만여 명에 가까운 청중을 기록했다. 매월 셋째 주 정기 법회 때에도 그 숫자가 사오천 명에 이르렀다. 해외 법회의 경우도 매번 수많은 불자들이 모여들었는바, 현지 교포뿐 아니라 벽안의 청중들도 많이 몰려들었다.

(3) 법-1-37
법-1-51
법-1-56
법-1-65

3. 스님께서는 몸을 아끼지 않으시고 가르침에 힘쓰셨다. 법을 구하고자 하는 대중에게 늘 자상하셨고 결코 권태를 느끼는 기색이 없으셨다. 그 때문에 부처님을 신봉하고 스님의 가르침을 봉행하려는 이들이 해마다 삼대처럼 늘어 갔다. 그럴수록 스님께서는 더욱 바삐 부처님의 법우를 중생의 밭에 뿌리시고 깨달음의 싹을 틔우고자 천리만리를 마다 않고 다니셨다. 산중 수행 시절에 이 고을 저 고을을 발길 닿는 대로 다니셨듯이 국내외로 그렇게 다니셨다.

(4) 수-4-33
법-2-5
법-2-7
법-2-8
법-2-9
법-2-17
법-2-21

4. 스님께서는 틈만 나시면 대중 앞에 모습을 드러내셨고 법문을 설하시기를 마다하지 않으셨다. 옆에서 시봉하는 제자들이 스님께 자주 청하기를 '말씀 거두시고 쉬실 것'을 간청하곤 했다. 그때마다 스님께서는 이렇게 말씀하셨다. "내가 왜 이렇게 여러 마디를 자꾸 되풀이하는 줄 아느냐? 한 마디만 해도 알아듣는 사람이 있는가 하면 백 마디를 해도 못 알아듣는 사람이 있기 때문에 때에 따라서는 아흔아홉 마디 할 때쯤은, 백 마디 할 때쯤은 조금씩 알아듣겠지 해서 자꾸 되풀이하는 것이다."

5. 시자 스님들이 간혹 스님께 대중 앞에 나가는 것을 쉬시고 며칠간의 안식을 가지시도록 권유드릴 때가 있었다. 제자

들 생각에 스님께서 색신의 피로를 생각지 않으시고 틈나시는 대로 대중을 제접하시고자 함이 때로는 안타깝게 보였기 때문이었다. 그러나 스님께서는 묵연히, 말없는 가운데 이를 물리치셨다. 옆에서 뵙기에 스님의 그러하심은 마치 진여의 마음을 회복한 스님으로서 목숨을 들어서라도 진리의 원천으로 회향하시고자 함인 듯이 여겨졌다.

6. 스님께서 어느 때 말씀하셨다. "나도 가끔은 이렇게 자문자답을 해 볼 때가 있다. '누가 만들어서 이러한가?' '네가 그렇게 생각했지.' '그것은 무슨 생각이냐?' '될 수 있으면 불쌍한 사람들을 돕기 위해 이렇게 해야 하겠다는 그런 생각을 어느 때인가 했기에 이렇게 일이 벌어진 것이 아닌가.' 하고 말이다. 좋고 나쁜 것을 몽땅 놓았더라면 오늘날 여러분들과 같이 공부하려고 애쓰지도 않았을 것을, 당초에 이 한생각, 여러분들을 돕자고 했기에 이렇게 된 것이로구나 생각했다. 그러나 내가 해 놓고 내가 받는 것이니 고다, 아니다 할 것도 없다. 그렇게 갈 뿐이다." 〔법-1-1 (6)〕

7. 스님께서는 해외 포교에 나서신 이후 간혹 30여 시간의 지루한 비행기 여행을 강행하시는 때가 있었다. 제자들이 스님의 건강을 염려하여 가급적이면 일정을 느슨하게 잡고자 했다. 스님께서 말씀하셨다. "날 보고 무리하는 게 아니냐고 하고, 가든지 오든지 스님 자유로 할 수 있지 않느냐고 하지만, 누가 오라 해서 가는 것도 아니고 가라 해서 움직이는 것도 아니다. 나를 기다리는 마음이 없다면 인연도 없는 것이고 그 마

음이 있다면 인연이 있는 것이니 그 인연 따라서 오고 갈 뿐이다."

(8) 수-5-7
수-5-10
수-5-22
법-1-25
법-2-17
법-2-75
법-3-78
심-1-113

8. 어느 때 스님의 안색이 안 좋은 것을 보고 제자들이 걱정하자 스님께서 말씀하시기를 "나는 살고 죽는 것에 개의치 않는다. 잘된다 못된다에도 개의치 않는다."라고 하셨다.

한번은 스님께서 치과 치료를 받으신 때가 있었다. 잇몸을 파고 치주를 심는 수술인데도 마취를 거부하셨다. 얼굴이 약간 상기되셨을 뿐이었다. 수술이 잘못되어 두 번 째게 되었어도 오히려 의사의 처지를 안타깝게 여기실 뿐이었다. 또 선원으로 돌아오셔서는 그 상태로 설법을 하시려 하므로 제자들이 한사코 말렸으나 스님께서는 듣지 않으시고 이렇게 말씀하셨다. "주인공이 있다면 아무 일도 없으리라." 제자들이 모두 눈물지었다. 스님의 가르침이 대개 이러하셨다.

(9) 수-5-12
수-5-31
법-1-17
법-2-14
법-2-15
법-2-16
법-2-17
법-2-18
법-2-21
법-2-29
생-4-3
생-4-3-6
생-4-4

9. 스님께서 대중 법회 때 이렇게 말씀하신 적이 있었다. "만약에 내가 천 년에 한 번 나왔다가 천 년을 두고 가루가 되어 뿌려진다 하더라도 여러분들이 깨칠 수만 있다면 그보다 더 기쁜 일이 없을 것이다. 어떤 때는, 한없는 중생이라더니 참으로 끝이 없다는 생각도 든다. 10년, 20년이 아니라 30년을 해도 씨가 먹히지 않는다는 생각을 하게 될 때는 이 노릇을 어떻게 하는가 싶어지다가 부처님과 보살님들이 지금도 중생을 건지시려고 눈물 한 방울을 피로 만들어 흘리시는 걸 생각해 본다. 아마도 부처님께서 흘리시는 그런 뼈저린 눈물이 아니었더라면 그분이 부처님이 되시지도 못했을 것이다. 부처님

께서는 지금까지도 여러분들과 더불어 아픔과 기쁨을 같이하시면서 울고 웃으시는 게 역력하다."

10. 스님께서 말씀하셨다. "나는 심부름꾼에 지나지 않는다. 부처님 가르침의 뜻을 안으로 받아서 조금도 어긋나지 않게 잘해야 하겠기에 몸이 부서지는 한이 있더라도 심부름을 하는 것이다. 이 심부름에는 언제까지라는 것이 없어 죽으면 그친다는 생각도 없고 죽어서도 해야지 하는 생각도 없다. 너무 끝 간 데 없기 때문이다."

11. 스님께서 말씀하셨다. "설사 각을 이뤘다 할지라도 무슨 큰 봉황이나 잡은 줄로 알 일이 아니다. 혼자 편안하여 초연하지 못하리니 그것이 선조들이 어떻게 돌고 돌았는지를 알게 되는 까닭이다. 오직 진하디 진한 피가 하루도 편할 날이 없이 그렇게 돌았으니 이것이 나의 뼈아픈 생각이다."

12. 날이 갈수록 스님을 친견하려는 사람들로 선원은 발 디딜 틈이 없었다. 스님께서 간곡히 말씀하셨다. "우리는 모두 연결되어 있으니, 나를 꼭 보지 않더라도 언제나 나는 빛보다 더 빠르게 여러분의 심부름꾼이 될 것이다. 천 리라도 좋고 만 리라도 좋고, 강이 끼여도 산이 높아도 좋다. 물이 깊어서 못 갈 리도 없고 불덩어리라서 못 갈 리도 없다. 우리는 서로 공존하면서 별의별 이름으로 상응하고 있으니 한마음에 귀의하면 된다. 내가 여러분들에게 공경받기를 바라는 마음이라면 차라리 옷을 벗고 말 일이다."

13. 스님께서 말씀하셨다. "귀머거리가 천둥이 무엇이냐고

하듯이 이 오묘한 진리를 이해하지 못하는 사람이 많기에 내가 진리를 끌어내려 생활 방편에 부합시켜 말하는 것이나 그래도 모르는 이가 많으니 이날까지 하루도 쉴 날이 없었다."

쏟아지는 법우

14. 스님께서는 설법을 하시는 중에 가끔 눈물을 보이실 때가 있었다. 스님께서는 이에 대해 이렇게 말씀하셨다. "가끔 운다고 이상하게 생각하지 말라. 너무 간절하기 때문이니 생명의 깊은 밑바닥을 한번 겪어 본다면 중생에게는 바다 같은 눈물로도 부족한 바가 있다. 나는 높다랗게 앉아서 높다란 설법을 하지 못한다. 나는 그냥 준비도 없이 계획도 없이 생각나는 대로 말할 뿐이다. 여기에는 거짓도 과장도 없다. 때로는 말이 지지부진하기도 하고 어느 때는 싱그럽고 또 어느 때는 간절히 슬퍼지기도 한다."

15. 스님께서 말씀하셨다. "인간 몸 받기가 얼마나 어려운데 여러분들이 인간으로 태어나 귀신 짓 하는 걸 보면 답답하다 못해 나도 모르는 사이에 눈물이 주르르 흐를 때가 많다. 모든 게 찰나찰나의 살림이고 고정된 게 없어 공했는데, 더 잘 먹고 더 짊어지고 더 갖고 더 살려고 하는 것을 보면 씁쓰름하다가도 눈물을 감출 수가 없다. 여러분이 내 모습이라고 생각을 안 한다면 답답할 일도 슬플 일도 없는 것이나 여러분들이 내 몸이요 내 모습이니 여러분들의 고통이 또한 내 고통인 것

이다. 나는 결코 여러분을 버릴 수는 없다. 내가 죽어 삼악도에 떨어지든 천상에 태어나든, 나 없는 나는 여러분 한 분 한 분을 끝까지 따라가서 가능한 모든 공덕을 회향코자 한다. 한 가닥 인연이라도 헛되이 하지 않을 것이다."

16. 스님께서는 말씀하셨다. "부처님은 너무나 크고 깊으셔서 그분의 은혜는 은혜라고 할 수조차 없고 갚을 것도 없으나 그렇기에 내 몸을 가루로 만들어 바치고 내 뼈를 깎아서 갚는다 할지라도 부족하다 할 것이며 머리를 깎아 신을 삼는다 해도 모자람이 크다 할 것이다."

스님께서 또 말씀하셨다. "이 마음은 바다 같고 한데 모여서 시공이 없이 돌아가니 어찌 너와 내가 따로 있겠는가. 그러므로 여러분들이 등짐 지고 걸으면서 무겁다고 하는 것을 보면 보는 대로 안타깝고 불쌍하고 가슴 뭉클하기에 내 마음 편코자 내가 이러고 있는 것이다."

17. 하루에도 수십 명씩 사람들이 찾아와 스님께 인생의 괴로움을 호소했다. 몸이 아파서 괴로워하는 사람도 있었고, 가정이 화목하지 못해 괴로워하는 사람도 있었고, 하는 일이 뜻대로 되질 않아서 괴로움을 하소연하는 사람도 있었다. 사람마다 그 내용은 각양각색이었다.

스님께서 어느 날 그 일에 대해 이런 말씀을 하셨다. "그런 하소연을 들을 때 나는 매우 가슴이 아프다. 왜 이토록 세간은 고통스러운 것인지……. 생각하면 누구라고 할 대상도 없이 내 마음은 슬퍼진다. 모두가 스스로 지은 것이지만 이치가 그렇더라도 나로서는 '다 당신 탓이니 당신 스스로 알아서 하라'고 그렇게 냉정한 말을 하기가 쉽지 않다. 불법이 어찌 그런 하찮은 아픔이나 치료하고 복이나 주는 그런 것이겠느냐고 호통을 치질 못한다. 그러기에 내 마음은 간절하게 슬퍼지고 뼈가 아프도록 괴로워진다. 나는 높은 스승이 못 되어서 그런지는 몰라도 그런 분들을 꾸짖어 당혹하게 만들기보다 같이 눈물 흘리고, 더불어 그 아픔을 부둥켜안아 주고 싶다. 나도 슬픈 사람, 아픈 사람, 괴로운 사람들을 안 보고 싶다. 세상의 모든 사람들이 기쁘고 아름답고 싱그럽게 살아가기를 마음 간절하게 바랄 뿐이다. 모두들 그렇게 살아가길 바란다. 만일 모든 사람들이 그렇게 되기 위해 내 몸뚱아리가 필요하다면 나는 서슴없이 내 몸을 바칠 것이며 그 일로 해서 내 몸이 다음 생에 벌레로 태어난다 해도 후회하지 않을 것이다. 설사 무간지옥에 보내진다 해도 뉘우치지 않을 것이다."

스님의 말씀을 듣고 좌중은 모두 눈물을 흘렸다.

18. 스님께서 어느 날 설법 중에 이렇게 말씀하셨다. "나를 발견하기 위해 그토록 많은 눈물을 흘렸는데 다시 여러분들과 가슴 에는 듯한 눈물을 또 흘리게 되었다. 고통을 짊어진 분들이 내게 와서 덥석 안기며 눈물 흘릴 때면 나도 뼈를 깎는 눈물을 흘리게 된다. 내가 눈물을 보인다고 부처가 되기 틀렸다고 하여도, 또 여기서 벗어나지 못한다고 하여도 좋다. 여러분들이 걸어온 길을 알게 되니까 그때마다 그 모습이 불쌍하기 짝이 없고 부모 자식의 마음, 영령의 마음들이 애처롭기 그지

없다. 그러나 나는 이 세상을 준다 해도 그 눈물 한 방울하고 절대로 바꿀 수 없다. 그것은 마음과 마음이 감동해서 흘리는 눈물이기 때문이다."

19. 스님께서 대중에게 말씀하셨다. "여러분들의 피와 땀이 곧 나의 피와 땀이요, 여러분들의 형상이 내 형상이요, 여러분들이 먹는 것은 바로 내가 먹는 것이다. 여러분들의 주인공이 내 주처요, 내 주인공이 바로 여러분들의 주처이니 그렇게 같이 돌아가고 있는 줄을 왜 모르는가? 허구한 날을 이렇게 저렇게 잘되도록 해 달라 하고 부처님 전에 하소연하며 비는 것은 세상에서 내가 가장 싫어하는 일이다."

20. 스님께서 어느 때는 또 이렇게 말씀하셨다. "스스로 괴로움을 짓는 수많은 사람들의 아상을 나는 소리 높게 꾸짖고 싶지 않다. 누구나 비록 욕심 많고 못나고 별반 내세울 게 없을지라도 그래도 나 자신이 있기 때문에 삶을 사는 것이 아니겠는가. 내가 있기 때문에 고통당하고 슬픈 일도 겪으며 때로는 울고 때로는 웃으며 인생을 살아가는 것이 아니겠는가. 그런 사람들을 이기적이라고 나무라기에 앞서서 우리가 살아간다는 것이 그만큼 뼈아프고 그만큼 소중한 것인 만큼 그런 마음을 측은하게는 여길지언정 눈을 부릅뜨고 꾸짖을 수는 없다. 다만 내가 안타까워하는 것은, 우리가 그렇게 고통받으며 살도록 태어나지는 않았는데도 사람들이 고통받고 있다는 데에 있다. 우리는 결코 이기적이어야만 살 수 있도록 되어 있지는 않다. 우리는 결코 문제에 문제가 꼬리를 무는 고해 속에서

수-2-6 (19)
수-3-26
수-3-32
수-3-33
수-3-34
수-3-35
수-3-36
수-3-37
수-3-38
수-3-61
수-4-31
수-5-13
법-1-26
법-2-12
법-2-62
법-2-67
법-2-77
법-3-31
심-1-30
심-1-138
원-2-5-3
원-3-5-10
원-4-2
원-4-2-4
원-4-2-6
원-4-2-10
원-5-1-15
원-6-3-8
원-6-3-11
원-6-5-6
행-5-5-1
행-5-5-2
행-7-2-7
행-11-3-3
행-11-3-15
생-2-1-19
생-2-1-27

살도록 태어난 것이 아니다. 우리에겐 광대무변한 행복과 기쁨이 보장되어 있다. 이치가 그러한데도 많은 사람들이 몸부림치며 슬퍼하고 괴로워하면서 사는 걸 보면 내 마음은 미어지도록 아프다."

(21) 법-2-9
법-2-17

21. 스님께서 말씀하셨다. "여러 생명들이 싱그럽고 자유스럽게 사는데 이 대행의 목숨이 필요하다면 나는 지금 이 자리에서라도 서슴없이 생명을 던지겠다. 설사 내 몸이 가루가 되고 갈기갈기 찢기는 한이 있더라도, 나의 마지막 피 한 방울, 힘줄 한 자락까지도 나는 뼈아픈 사람들, 짓눌린 사람들에게 다 바치련다. 이 말은 허투루 하는 말이 아니다. 어린 나이에 이미 세운 마음이며 나는 한 번도 그런 마음이 변해 본 적이 없었다."

(22) 법-2-1
법-2-32
법-2-38
법-2-48
법-3-48
법-3-49

22. 하루는 스님께서 무릎에 덥석 안기며 울음을 터트리는 한 신도를 보시고는 함께 눈물지으셨다. 그리고 대중을 향해 말씀하셨다. "사람들이 걸어온 길을 보면 불쌍하기 짝이 없다. 나는 길잡이로서 여러분의 마음이 편안하면 나 또한 편안할 터이지만 마음 쓰는 걸 자세히 살펴보면 눈물이 날 때도 있고 그냥 씁쓸히 웃음지을 때도 있다. 사람이 산다는 게 누가 누구를 위하는 것이겠는가. 부부지간의 사랑이 아무리 애틋하다고 해도 자기와 자기의 사랑만은 못하다. 그런데 살아가는 모습들을 보면 금방 웃다가 돌아서서는 싸우고, 울고불고 그러니 나로서는 탐탁지도 않고 씁쓰름할 뿐이다. 하기는 스님네들도 절을 뺏어야 하느니 막아야 하느니 다툰다는 소리도 들려오지

만, 앉아도 그만 서도 그만인 것을 모두들 그렇게 하고 있으니 어떤 때는 이 길을 걷고 싶지 않을 때도 있다. 아마 수많은 부처님께서도 씁쓰름한 눈물을 흘리셨을 테고 때로는 기가 막혀서 너털웃음을 웃으셨을 게다. 나는 나 자신이 괴로워서 눈물 흘려 본 일은 없지만 보는 것도 탈이라서 이렇게 감추지 못하고 눈물을 보이기도 한다. 여러분들이 살겠다고, 공부하겠다고 이리 돌고 저리 도는 것을 보면서 다 제가 해 놓고 제가 받는 것이니 어쩔 수 없지 뭘 그런 생각을 하느냐고, 눈물짓다가 씁쓸히 웃기도 하지만 이것이 내 흠이라고 하더라도 여기서 벗어나겠다, 머물겠다는 생각조차 하지 않는다. 앞서 가신 분들이 잠시 쉬었다 가면서 어떻게 걸어갔나를 본다면 거기에 피가, 진한 피가 돌고 있고 그분들 역시 하루도 편할 날이 없었을 것이다. 각을 이루면 무슨 봉황이나 잡는 줄 알지만 그 아픔은 다 이야기하지 못할 것이다. 나는 부처가 되겠다고 하지도 않았지만 알고 보면 부처도 많이 울고 웃었을 것이다. 모두가 꼭 내 몸같이 너무나 가엾고 아프고……. 때로는 지옥에서 찾으면 지옥에 가야 하고, 작으면 작은 대로 크면 큰 대로, 울고 앉아 있으면 울고 앉은 대로 그렇게 해야 했을 터이니 어찌 그러지 않았겠는가. 자기가 편안하다고 자기만 훌쩍 가 버릴 수 있는 게 아니라서 그대로 눈물이 핑 돌고 씁쓸하고 그렇다."

23. 스님께서 어느 때 말씀하셨다. "도대체 이 대행이 누구이기에 나를 찾아와서 그런 뼈아픈 이야기를 다 털어놓는 것인

수-1-33 (23)
수-2-15
수-2-16

지. 때로는 숨기고 싶은 부분, 구차하고 부끄러운 부분까지도 왜 죄다 털어놓는 것인지……. 나는 그럴 적마다 이 세상엔 왜 그다지도 아픈 일이 많은가, 인연줄은 왜 이다지도 질기고 복잡한가 하는 생각을 안 하려야 안 할 수가 없다. 참으로 세상은 온갖 쓰리고 아픈 인연들의 집합소처럼 여겨진다. 그런 때마다 나도 모르게 뜨거운 마음이 일고 어쩔 수 없이 눈물이 흐르게 된다."

(24) 법-1-45
법-2-7
법-2-25

24. 스님께서 대중에게 말씀하셨다. "여러분들이 생활하는 가운데 불쌍한 사람을 보면 마음이 아프고 슬픈 사람을 보면 같이 눈물짓듯이 나 역시 언제나 여러분을 보면 같은 마음이 된다. 줄 없는 인연줄이 얽히고설켜 있기에 그렇다. 그러나 여러분들만이 아니고 길짐승이나 날짐승, 또는 식물, 무정물까지도 가슴 아프게 할 때가 많다."

스님께서 또 말씀하셨다. "아무리 오묘한 법을 깨친다 하더라도 중생과 더불어서가 아니면 도가 될 수 없고, 아무리 드높은 경지를 체달한다고 해도 눈물이 없는 것이라면 나는 따르지 않겠다. 깨친 목석보다는 자비심 있는 중생이 더 아름답다."

25. 어느 해 수계 법회가 있던 날 연비 절차를 마치고 나서 스님께서 대중 설법을 하시던 중에 이렇게 말씀하셨다. "여러분들에게 오계를 설하고 연비를 해 주었으므로 나의 책임은 크다. 예를 들어 말하자면 망을 보는 놈에게도 도둑질의 책임이 있듯이, 또 자녀들이 남의 집 유리창을 깨뜨렸을 때 부모에게 변상의 책임이 있듯이 내게도 그런 책임이 있다. 여러분들이

일체를 한마음에 맡기면 잘못될 리도 없겠지만 내게는 그 책임이 그대로 회향인 것이다."

26. 스님께서 말씀하셨다. "여러분이 모자란다면 나도 모자라고 내가 모자란다면 여러분도 모자랄 것이니, 이 자리에 높고 낮은 게 없다. 만약에 높다고 생각한다면 낮고, 낮다고 생각한다면 높은 것이다. 여러분들이 자녀를 키우려면 자녀들 속으로 뛰어들어야 하듯이, 모르면 모르는 대로, 망나니면 망나니인 대로 몰락 그 속에 뛰어들어야 이끌어 줄 수 있는 길잡이가 되지 않겠는가. 사랑하는 마음에는 높은 것도 낮은 것도 없느니, 세간 법에 들어가면 세간 사람이 되어 주어야 하고 벌레 세계로 들어가면 벌레가 되어 주어야 하는 것이다."

법-3-48 (26)
법-3-56

27. 선원의 신도회가 중심이 되어 수행 중의 개인적인 체험들을 묶어서 책으로 펴낸 일이 있었다. 스님께서 이를 가상히 여겨 말씀하시기를 "여러분들이 마음에 불을 지펴 이런 일을 해내니 삼세로 감사할 따름이다. 자식의 인연이라도 받아들이지 않으면 어쩔 수 없거늘, 스스로 불심이 밝으니 오대양 육대주가 다 밝아질 것이라, 뒤에 오는 사람들이 어둠에 헛발 딛지 않고 불 밝힌 길을 좇아올 수 있을 것이니 이 고마움을 세세생생 잊지 못할 것이다." 하셨다.

28. 10년 가까이 선원의 살림을 도맡아 하던 한 재가 제자가 어느 날 갑작스런 사고로 유명을 달리하게 되자 스님께서 이 비보를 들으시고는 여느 때와 달리 슬픔을 드러내셨다. "내 한 팔, 한 다리가 잘린 듯이 아쉽고 안타까운 일이다. 나고 죽

는 게 그러한 일이지만 그 순간의 고비를 넘기고 팔자 운명을 타파하는 도리도 있거늘 내가 너무 생사에 무관심했던 것 같다." 그 말씀을 듣고 대중 가운데 눈물짓지 않는 이가 없었다.

(29) 수-5-12
수-5-31
법-1-17
법-2-9
법-2-14
법-2-15
법-2-16
법-2-17
법-2-18
법-2-21
법-3-20
행-10-1
생-4-3
생-4-3-6
생-4-4

29. 스님께서 어느 해 신년 설법을 마치시고 말씀하셨다. "기쁘게 삽시다. 싱그럽고 건강하게 삽시다. 여러분들이 기쁠 때 나도 기쁘고 여러분들이 슬플 때 나도 슬프니 그것은 우리가 한마음이기 때문이다. 같이 걸어가자. 영원토록 같이 걸어갑시다. 헤어진다 해도 마음이 하나일 때 그곳에 헤어짐은 없다. 설령 죽음이 갈라놓는다 해도 한마음에서는 이별이 없다. 기쁘게 삽시다. 여러분들이 구김살 없이 살아갈 수 있게 하기 위해서라면 나는 그 어떤 아픔이라도 대신 짊어지겠다. 그러나 내가 아무리 짊어져 주려고 한다 해도 그로써 모든 문제가 해결되지는 않을 것이다. 그것은 어떤 부처님, 어떤 보살님, 어떤 선지식, 어떤 구세주라도 마찬가지일 것이다. 그러니 열심히 닦아 나가길 바랄 뿐이다."

(30) 행-5-2
행-5-3

30. 스님께서 말씀하셨다. "아무리 아름답게 꾸미고 금은보화를 둘렀다 해도 내 눈에는 허깨비 장난같이 보일 뿐이니, 사람의 세상살이가 스스로 만든 지옥이고 고통인지라 마음공부를 하라고 하는 것이다. 왜 뛰쳐나갈 수 없도록 스스로 묶어 놓고 괴로워하는가. 우리는 그렇게 고통받으며 슬프고, 억울하고, 짓눌리고, 가엾게 살도록 태어난 것이 아닌데도 그러하니 안타깝기 그지없다."

31. 스님께서 또 말씀하셨다. "우리에겐 광대무변한 행복과

기쁨이 보장되어 있으며 넉넉하고 여유롭고 의연하고 떳떳한 마음이 보장되어 있음에도 불구하고 많은 사람들이 헛것에 매여 너무 슬프고 가엾게 살고 있기에 내 마음은 미어지도록 아프다."

32. 스님께서 대중에게 말씀하셨다. "내가 왜 말끝마다 무조건 믿고 놓으라 하는 줄 아느냐. 나도 골치 아프게 살고 싶지는 않지만 모두들 살아온 습이나 집착, 욕심을 주렁주렁 달고 있어서 한 꺼풀 벗겨 내리려고 그러는 것이다. 그 꺼풀 벗는 일을 내가 대신해 줄 수만 있다면 모조리 대신할 것이로되, 심부름꾼은 될 수 있을지언정 대신할 수는 없으니 어떻게 하면 도리를 알게 할까 하여 되풀이하는 것이다. 이것이 나의 흠이라면 흠이요 천성이기도 하니 그렇게 하다가 오늘 엎어져도 상관하지 않을 것이다. 몸은 깎일지언정 마음이야 어찌 깎이겠는가."

법-2-17 (32)
법-2-22
행-9-2

33. 스님께서 모든 법제자와 신도들을 응대하시는 모습은 마치 어머니가 외아들을 보듯 하셨다. 모든 것에 아낌이 없으셨고 감춤도 없으셨다.

스님께서는 신도들을 상대로 꾸짖거나 호령하시는 적이 없었다. 한 제자가 스님께 "너무 친절하게 대하시는 게 아닙니까?" 하고 여쭈었다. 스님께서는 말씀하시기를 "모두가 나와 더불어 얼마나 처참하게 같이 걸어왔는지를 여러분들도 알게 된다면 누굴 보고도 그렇게 할 수는 없을 것이다. 누구를 보고 남이라 하겠는가. 그러나 그리하더라도 이 도리가 싸래기 반쪽만 한 에누리도 없이 선명한 것인 줄 알아야 한다." 하셨다.

34. 어느 때 선원의 한 법사가 스님에 대해 말하기를 "스님께서는 마음이 약하셔서 부수는 일은 못하시고 타이르려고만 하신다." 하였다. 스님께서 말씀하셨다. "달래는 사람도 있어야 치는 사람도 있는 것이지 달래는 사람이 없다면 어떻게 시퍼런 칼인들 휘두를 수 있겠는가. 집안의 자녀들에게도 혼을 낼 때가 있고 타이를 때가 있는 법이다. 수백 명을 일일이 상대할 수 없으니까 알아듣는 사람만 알아들으라고 내리치기도 하겠지만 나자빠지는 사람은 어떻게 되겠는가. 산천초목은 가지각색으로 푸르고 벌 나비도 각각의 자태를 자랑하고 다닌다. 원래 칼날도 없고 침도 없다."

35. 스님께서는 어느 때 강원에 나가 있는 제자에게 서신을 보내시어 마음공부에 정진할 것을 당부하시며 말씀하셨다. "첫째는 손 없는 손에 쥘 게 없는 호미 자루를 쥐고 맬 게 없는 김을 매야 한다. 둘째는 글을 읽되 보지 않고 보는 글을 읽어야 한다. 셋째로는 부처님의 열반상이라 하는 뜻을 잘 알아야 한다." 스님께서는 이어 "그 뜻을 다시 한번 일러 줄 터이니 명심하라." 하시며 이렇게 읊으셨다.

"말을 하는 것도 고정되지 않으며/ 듣는 것도 고정되지 않으며/ 보는 것도 고정되지 않으며/ 발로 걸어가는 것도 고정되지 않으며/ 그래서 앞뒤가 다 고정되지 않으므로/ 일거일동이 고정되지 않게/ 모두가 같이 공존하고 있는 것이니/ 앞이 끊어졌다, 뒤가 끊어졌다 생각지 말아라.

앞과 뒤는/ 한데 포함해서 공전하고 있으니/ 네가 걸어갈 때에도/ 한 발짝 떼어 놓을 때도/ 떼어 놓은 자리가 비었느니라.

앞에도 비었고/ 뒤에도 비었으니/ 자기 자신이 자유스럽게/ 함이 없이 하는 것만이 정도이니라.

모든 일체가/ 다 그러한 것이어서/ 공이요/ 무요 했느니라.

그러면서도 여여하게/ 주인공, 이름 없는 주인공을/ 놓지 말아야 한다.

그래야 잡을 게 없는 것을 잡는/ 심(心) 막대기에서/ 에너지는 무한량으로 나오기 마련이니라.

그 에너지는/ 생각하기 이전이니/ 생각한 것은 운전수요/ 이 육신은 차이니

그 차를 몰고 다닐 때/ 운전을 잘해야 하는 것이/ 곧 중심이며/ 심 막대기이니/ 그것도 이름하여 심 막대기라 하느니라.

앞뜰에/ 소나무 한 그루가/ 잘생겼더구나./ 그 솔잎은 쉬지 않고/ 소리를 내고 있더구나.

달은 밝아 고요한데/ 너와 그 솔잎은/ 같이 울더구나.

갖은 꽃들은 다 되어서/ 오색이 영롱한데/ 갖가지 벌들은/ 꽃 속에/ 꽃가루를 묻혀서/ 온 누리에 뿌려/ 일체 음지 양지 없는 땅에/ 만 가지를 소생시키더구나.

이 모두가/ 너와 내가 둘이 아니지만/ 각양각색의 조화는/ 바로 너의 마음에 달려 있는 것이란다."

36. 어느 때 스님께서는 제자들이 가 있는 운문사 강원을 직접 둘러보신 일이 있었다. 돌아오셔서는 또 그곳 주지 스님

께 간곡한 사연을 보내셨다.

"…… 지금 스님께서는 깊은 밤 깊은 물, 갈대 속에 잠든 고기 깨우시려고 낚싯대 던져 함이 없이 하시느라 몇 바퀴나 더 도셔야 한단 말입니까? 스님! 스님 문하에 학인을 보낸 학부형으로서 무어라 감사의 말씀 다 드릴 수 없습니다. 아무쪼록 사람 만들어 주십시오."

스님의 제자 사랑이 대개 이러하셨다.

37. 스님께서 해외 포교에 나서실 때면 그 일정이 아무리 짧게 잡혀도 달포를 넘겼고 때로는 두세 달이 될 경우도 있었다. 그 때문에 스님께서 귀국하시는 날이면 친견을 원하는 신도들로 선원은 발 디딜 틈이 없었고 많은 신도들이 스님을 친견하러 나아갔다가 눈물이 앞을 가려 말을 잇지 못하곤 했다. 스님께서 말씀하셨다. "너는 이 땅에서 몇 날 며칠을 울고 있었겠지만 나는 그곳에서 울었다."

스님을 향한 신도들의 마음과 대중을 제접하시는 스님의 모습이 대개 이러하셨다.

담선 법회

(38) 법-2-1
법-2-22
법-2-39
법-2-40
법-2-48
법-3-48
심-1-6

38. 스님께서 한번 법석을 열면 깊고 오묘한 마음법의 이치가 뚜렷이 드러나 대중들은 한결같이 감읍하지 않을 수 없었다. 많은 사람들이 스님의 설법을 듣고 감격하여 눈물을 흘렸다. 듣는 이마다 한결같이 자신에게 개별적인 가르침을 주시

는 것으로 믿었다.

스님께서는 제자들 몇몇을 앉혀 놓고 가르치실 때는 물론이고 대중 법회 때에도 그 많은 사람들의 마음을 거울에 비추듯 환히 알아 지도하셨다. 그러므로 누구나 스님과 마주앉아 개인 지도를 받는 듯이 짙은 감동에 젖어들곤 하였다.

39. 스님의 가르침은 언제나 자세하고 빈틈없고 친절하셨다. 후학들 중에는 스님의 가르침을 듣고 환골탈태의 기쁨을 맛보았으며 청량감을 느끼게 된다고 하는 이들이 많았다.

스님의 가르침에는 언제나 자비가 함께 따랐다. 그 자비의 힘이야말로 중생들을 고해에서 건져 열반의 언덕으로 올려놓는 원천이 아닐 수 없었다.

40. 스님께서는 법회 시에 문답이나 토론 방식을 유도하셨다. 특별한 행사나 법요식 때가 아니면 반드시 대중을 향해 질문할 것을 권유하셨다. 역대의 선사들처럼 낚싯밥을 던져 놓고 물기를 기다리시는 적은 없었다. 대중을 상대하실 때는 꼭 그러하셨다.

법상이 높은 것을 원치 않으셨고 일방적인 설법보다는 담선 법회를 좋아하셨다. 스님께서 말씀하셨다. "생활 불교가 되어야 하느니 자신이 느끼고 자신이 맛을 보아야 한다."

법-2-13 (40)
법-2-41
법-2-56
법-2-97
법-3-19
심-1-51
심-1-57
심-1-72
심-1-95
심-1-126
행-4-1-5
행-4-1-6
행-9-1-19
행-10-3-5
생-1-3-1
생-1-3-9
생-4-1

41. 스님께서 법회 중에 대중들에게 질문할 것을 권유하심이 간곡하셨으므로 대중 가운데 차츰 질문하는 자가 늘어나더니 나중에는 서로 앞을 다투어 법을 묻고자 하였다. 스님께서는 질문의 내용이 하찮은 것일지라도 소상히 답변을 하셨으므로 대

중들은 늘상 자신의 처지와 비교하여 깨치는 바가 적지 않았다. 스님께서는 "부처님의 가르침이 물에 기름 돌듯 하여서는 아니 된다. 생활이 그대로 법으로 되자면 공부하는 중의 느낌을 가지고 재료로 삼아야 한다." 하시며 질문을 권유하셨다.

42. 스님의 가르침을 듣고 감읍하여 출가를 결심하는 이들도 적지 않았다. 스님께서는 그런 이들을 자상한 어머님처럼, 때로는 너그러운 맏누님처럼 격려하시면서 거두어 주셨다. 많은 사람들이 스님 앞에서는 큰 스승, 어버이와 같은 체취를 느끼게 된다고 술회했다. 어떤 이들은 스님을 뵐 적마다 연인을 보듯 뜨겁게 끌려든다고 그 심정을 토로하기도 했다.

(43) 심-1-102
심-1-103
심-1-104
심-1-105

43. 스님께서는 종파가 다름을 가리지 않고 법을 묻는 이에게는 언제나 따뜻하게 응답하셨다. 많은 이들이 스님 앞에 나섰다가 의심을 풀고 돌아갔다. 독실한 기독교도들도 찾아왔고 수녀, 신부들도 법복을 입은 채로 스님을 친견했다. 스님께서는 그들의 의문에 대해 소상한 가르침을 주셨다. 종파를 뛰어넘어 스님의 가르침에 은택을 입은 이들이 많았고 제도받은 이들도 적지 않았다.

(44) 법-1-65

44. 스님께서 법을 설하시는 모습은 언제나 여일하시어 때와 장소를 구분하지 않으셨고 좌중이 비록 두세 명에 불과할지라도 인연이 닿으시면 법회 시와 다름없는 설법을 하셨다.

어느 때 한 신도가 선원 밖에서 공양을 대접하는데 스님께서 길게 말씀하시는지라 그 신도가 이를 송구스럽게 여기자 스님께서 말씀하셨다. "부처님께서 길을 가다가 한 명이 있어도 법을 설하셨다 하거늘 어찌 좌중의 머릿수를 말하는가. 이 방 중에 비록 한 명이 앉았다 해도 꽉 찬 것이니 우리는 보이는 세계와 보이지 않는 세계의 교차로에서 돌고 있음을 알아야 한다."

45. 스님께서는 언제나 가르침을 구하는 이의 수준에 맞게 가르치려 하셨고 바로 실천 가능한 법을 일러 주려 하셨다. 그래서 스님의 설법은 언제나 지극하고 자연스러운 맛을 느끼게 했다. 그럼에도 불구하고 신도들이 알아듣지 못하면 스님께서는 "아이고, 내 참……." 하시면서 뒷머리를 만지시곤 하셨다.

스님께서는 결코 질타하시는 일이 없었다. 항시 웃음 띤 얼굴로 자상히 가르치시는 편이었다. 스님의 회상엔 늘 미소가 감돌았다.

법-2-50 (45)
법-2-56

46. 스님께서 대중을 제접하심이 조금씩 다를 때가 있었다. 한 제자가 그에 대해 여쭙자 말씀하셨다. "좀 아만이 있다 싶으면 내가 거기로 들어가 주고 아만이 없고 참 겸손하면 그쪽을 나한테 넣고 그럴 뿐이다. 너희도 상황에 따라 물 흐르듯 순리적으로 해야 한다."

법-2-105 (46)

47. 스님께서 어느 때 대중 설법을 마치시면서 이렇게 말씀하셨다. "도에는 문이 없으니 어떤 스승일지라도 여러분들이 들이마시기만 해도 당장 불과가 뚝뚝 떨어지는 법을 들려주지는 못할 것이다. 내 말도 내 말일 뿐이니 귀 없는 귀로 들을 줄 알아야 한다. 마음 아닌 마음으로 길 없는 길을 걸으면 우리는 한마음일 것이며 그 한마음 속에서 결국 모든 존재는 위대한

수-5-32 (47)
법-3-30
심-1-37
심-1-46
원-6-2-4
행-3-1-10
행-8-2-9
행-9-3-11
행-11-2-11

불도에 들게 될 것이다."

(48) 법-2-22
법-2-29
법-2-32
법-2-38
법-3-48
법-3-49

48. 스님께서 설법 중에 말씀하셨다. "나는 이날까지 여러분들을 가르친다는 생각은 한 번도 해 본 적이 없다. 그래서 여러분들이 '이것은 아니다'라며 돌아선다 해도 괘념치 않는다. 스스로 마음에서 우러나와야 대도를 이루는 것이지 누가 하라고 해서 되는 것이 아니기 때문이다. 나는 오로지 여러분께 길을 일러 주고 있을 뿐이니 나는 바른 길을 가도록 길을 일러 주는 도반이다. 내가 더 잘 안다기보다 여러분이 적게 알면 나도 적게 아는 것이고 여러분이 많이 알면 나도 많이 아는 것뿐이다."

(49) 법-3-7
법-3-74

49. 한 신도가 스님께 제자들을 가르치시는 목적에 대해 여쭈었다. 스님께서 말씀하셨다. "그냥 묵묵히 걸어갈 뿐이다. 닥치면 닥치는 대로 흐르는 것이다. 좋다 나쁘다 할 것도 없이 숙연하고 진실되게 걷는 것일 뿐이니 내게 어떤 목적이 있다고 할 수 있겠는가. 아무것도 없다. 있다면 떳떳한 것뿐이다. 저 일월이 돈다는 소리 없이 매일 쉬지 않고 돌듯이 그렇게 다소곳이 걸을 뿐이다. 내가 무엇을 어떻게 한다는 생각은 고(苦)이다."

생활 실천 법어

(50) 수-5-5
수-5-18
법-4-18

50. 스님께서는 경전의 구구한 해석이나 인용을 좋아하지 않으셨다. 더욱이 밖으로 찾는 기복 신앙은 철저히 경계하셨

다. 스님께서는 간혹 "나는 학식이 없어서 경전을 잘 모른다." 하셨지만 신도들은 그 말씀의 의미가 다른 데 있음을 감지하고 있었다.

심-1-45 (50)
생-1-1
생-1-1-13
생-1-2-1
생-1-2-4
생-1-2-10
활-2-2

스님께서는 번다한 교학을 배제하시고 진실된 실천적인 길만을 강조하셨다. 스님 자신이 공부 중에 강원에 들지 않고 산중에서의 고행을 통해 '이와 같이 행하고', '이와 같이 닦아 오신' 결과였다.

51. 스님께서 말씀하셨다. "나를 보고 부처님의 경전 이야기를 하지 않는다고 하지만 누차에 걸쳐 실험을 통해서 내 몸뚱이 수천 번 던져 보고 찔러 보면서 너무 아프고 쓰리고, 즐겁고 좋고 한 것을 경험했기에, 그리고 그것은 세상을 다 준다 해도 바꿀 수 없는 보배이기에 그것을 전달할 수밖에 없지 않으냐. 또 여러분을 대할 때마다 환과고독이 천차만별로 벌어져 있어 그냥 볼 수가 없으니 그 말밖에 더 하겠는가. 나는 남이 해 놓은 것을 말하는 게 아니라 내가 체험한 것을 내가 하고 싶은 대로 말할 뿐이다. 그러나 내가 하찮은 말을 한다고 생각하면 오산이다."

수-5-16 (51)
법-2-53
법-2-56
심-1-78
생-2-2-9
활-2-2
활-2-2-1

52. 한 신도가 은연중 비방하는 투로 말하기를 "스님께서 석가모니 부처님에 대한 언급이 적은 것은 아무래도 이상하다." 하였다. 스님께서 그 말을 들으시고 이렇게 말씀하셨다. "내가 석가모니 부처님에 대해 자주 일컫지 않는 것은 내가 그분을 위대하신 분으로 추앙하면 할수록 듣는 이들이 그분께 얽매일 것을 염려해서이다. 그것이 중생의 속성일 터인즉, 그래

원-1-2 (52)
행-9-3

서 석가모니 부처님을 본받아 수행 정진 하여 성불하고자 하는 노릇이 도리어 석가모니 부처님이라는 관념과 환상에 집착하게 하는 병폐를 낳는다면 그분이 가르치고자 하신 동기와 결과는 천양지차로 달라지고 만다."

(53) 수-3-31
법-1-30
법-2-56
법-2-58
법-2-118
원-6-1-3
생-1-1-5
생-1-1-6
생-1-2
생-1-2-8

53. 스님께서 또 말씀하셨다. "나 스스로 닦아 온 대로 하는 게 진짜이지 부처님이 해 놓으신 것을 그대로 옮긴들 그것이 진짜이겠는가. 내가 여러분들에게 경전의 말씀들을 그대로 옮겨 놓는다면 속이 시원할 리 있겠는가. 나는 내가 실험한 것만을 말하는 것이다. 내가 경전을 보고 남의 말을 듣고서 한다면 이렇게 얘기하지도 못한다. 내가 실험한 것만 얘기한다 해도 다 못하고 한 철에 이 육신이 떨어질 텐데 언제 그렇게 하겠는가."

(54) 원-5-1-1
원-5-1-16
원-5-1-24

54. 스님께서 또 말씀하셨다. "날 보고 허구한 날 한 말 또 하고 또 한다고 하지만 여러분들은 왜 했던 살림살이를 하고 또 하는가. 왜 만날 먹고 또다시 먹고 하는가. 진리가 연방 그렇게 돌아가는 것이거늘."

(55) 수-4-46
활-1-2

55. 스님께서는 인간사에 대해 이렇다 저렇다 똑 떨어지게 말씀하시는 적이 드물었다. 대체로 "이것도 법이고 저것도 법이니라." 하실 때가 많았다. 신도들 중에는 그 점을 답답해하는 사람들이 있었다. 스님께서 말씀하셨다. "여러분들 중 누구를 보고 나쁘다고 한번 말을 해 놓거나 생각을 했다 하면 그대로 법이 되어 그 사람은 좋아지기 어렵다. 그렇기에 '좋다'고 하지도 않고 '나쁘다'고도 하지 않으며 강도다, 아니다라고

도 하지 않는 것이다. 어느 때 한번은 어떤 사람이 하도 못되게 굴기에 철퇴를 내리친 적이 있었는데 그 한마디에 우주 법계가 번쩍 들린다는 사실을 무섭게 체험했다. 그러니 한생각인들 나쁘다 좋다 단정 짓겠는가. 그렇게 되면 몸은 벗어도 차원을 넘지 못해 다음에 또 그렇게 해야만 하게 된다. 말 한마디 해서 법으로 딱 떨어질 때는 그것이 무서운 말이 되는데 어떻게 옳다 그르다 하겠는가."

56. 스님께서는 경전 공부를 권장하지 않으셨다. 말씀하시기를 "부처님께서 설해 놓으신 것만으로도 경전의 바다를 이룰 만큼 많고, 수많은 선지식들이 무수한 가르침을 베풀어 놓았으나 범상한 사람들로서는 그 가르침의 제목조차 다 알기가 어렵다. 급한 살림살이에 언제 경전에 매달리겠느냐. 그 말씀들이 모두 지극한 자비에서 베풀어진 것이라, 하나같이 금쪽같고 감로수 같지만 엄청난 양이 되다 보니 그것을 다 배우고 나서 실천하자면 길을 나서기도 전에 해가 저무는 형국이 되고 말 것이다. 그래서 나는 쉽고 간편하게 전하는 것이다. 나는 경을 보지 않았어도 체험을 통해 내 주처가 있음을 알았고 그것마저 나툼일 뿐임을 알았기에 새삼스레 경전에 의지하지 않는다."

수-5-16 (56)
법-2-45
법-2-50
법-2-51
생-1-1-6
생-1-2

또 말씀하셨다. "내가 실험하고 안 것만 말해도 단풍이 져 가는데 이 육신을 가지고 얼마나 살 것이라고 부처님 법을 한 데에 떨어뜨리겠는가. 나의 말이 진실이니 오로지 마음을 깨닫는 데 역점을 두되, 지식에 의지하려 하지 말라. 나는 유위법과 무위법을 통틀어 가르치고 있다. 그것이 부처님 말씀과 다르지 않고 다만 이 시절에 맞춰 용어가 다를 뿐이다."

(57) 수-5-1
수-5-14
수-5-19
수-5-26

57. 스님께서 경전을 인용하시는 예가 거의 드문 점을 아쉬워하는 신도들도 있었다. 스님께서 말씀하셨다. "내가 매일같이 여러 가지로 말하는 요지는 그렇게 복잡한 것도 아니며 어려운 것도 아니다. 행인지 불행인지 나는 많은 책을 읽은 것도 아니고, 여러 스승을 찾아다니며 경전의 말씀을 배워 듣지도 못했다. 내가 교육을 받아 본 것이라고는 어려서 야학에서 두어 시간 동안 산수를 배운 게 전부이다. 그러니 언제 경전인들 읽었겠는가. 나는 경에 어떤 내용이 쓰여 있는지 마음으로 짐작할 뿐이다. 내가 경전에 대해서 기억하는 내용은 그나마 처음에 한암 스님께서 제자로 나를 받아 주시던 때를 전후해서 직접 간접으로 한암 스님께 배운 것이 전부이다. 나는 내가 그 동안 여러 곳을 떠돌며 스스로 살펴보고 느낀 것을 말하고 있을 뿐이다."

(58) 법-2-119
법-3-46
심-1-102
원-1-1-6
원-1-2-2
원-2-2-7
원-3-1-4
원-5-1-1
원-5-1-4
원-5-1-10
원-6-1-3
원-7-1
원-7-1-9
원-8-2-13
행-1-4-5
행-9-2-2

58. 십 년, 이십 년간 불교를 믿어 왔지만 그 핵심이 무엇인지 모르다가 스님의 설법을 듣고 눈이 밝아지게 되었다는 사람들이 많았다.

그에 대해 스님께서 이렇게 언급하셨다. "그것은 내가 설법을 잘했거나 유식해서 그런 것이 아니다. 나는 학문을 배우지 못한 탓에 어려서부터 단지 마음속의 '아빠'만을 염하고 따랐는데 그러다 보니 불가사의한 진리의 맛을 알게 되었고 오직 내가 알게 된 그것만을 여러분들께 전하고자 했던 것이다. 나는 다만 내가 아는 진실만을 쉽게 이야기했다. 그러다 보니 자연히 번잡한 게 없기도 했을 것이며 그래서 이해가 빨랐던 게 아닌가 한다. 진리란 단순한 것이다. 어려워서 학식 있는 분들만 알아들을 수 있는 것이 진리일 수는 없다. 참으로 만 중생을 이롭게 살리는 진리일진대 누구나 배우고 닦을 수 있는 쉽고 간명한 것이어야 하지 않겠는가. 진실로 말하고 진실로 들으면 그뿐이니, 보내는 이의 간곡한 마음이 있고 받는 이의 간절한 마음이 있으면 그것으로서 팔만 사천의 장경과 교학이 다 소용없어진다. 부처님의 그 많은 장광설이란 오직 '마음'이라는 한마디로 귀결되기 때문이다."

59. 스님께서 말씀하셨다. "떡이나 해 놓고 밥이나 해 놓고 비는 것이 종교라면 그것은 크나큰 잘못이다. 만약 내가 이렇게 한다고 해서 이단이요 외도라고 한다면 그렇게 말하는 사람들이 나를 벌레로 만들어 놓는다 해도 눈 하나 깜짝하지 않을 것이니 그리해 보라고 말하겠노라."

법-2-17 (59)
행-8-2-1
행-8-2-3
행-8-2-4
생-3-1-1
생-3-1-25
생-3-2
생-3-2-1

증험 속의 가르침

60. 스님의 회상에선 속인이 감히 상상키 어려운 일들이 아무런 무리 없이 이뤄지는 경우가 많았다. 개개인의 대소사는 물론이었지만 국가적인 일이나 세계적인 일까지도 모두에게 이익 되는 방향으로 성사되는 것을 느끼는 신도들이 있었다. 스님께서는 그런 일들에 대해 사전에 말씀하시는 법이 없으셨

으나 간혹 가까이 따르는 제자들은 스님께서 지나가는 말처럼 우려하시던 말씀을 듣고 그 기미를 짐작할 수 있었다.

제자들 중에는 스님에게 세상을 움직이는 큰 힘이 있다고 믿는 이가 많았다.

(61) 수-4-26
수-4-28
수-4-29
수-4-30

61. 스님께서는 마음법의 미묘 불가사의한 힘을 증거함에 있어서도 매우 약여하신 바가 있었다. 사람들이 어려운 일을 고할 때 스님께서 한번 "알았어요!" 하고 대답하시면 웬만한 일은 성사되기 일쑤였고 그렇지 않은 경우라도 많은 사람들은 마음의 평화를 되찾곤 했다.

어떤 경우에나 그에 해당하는 설법을 하셨는데 항시 주인공에 일임하면 된다는 내용이었다. 나중에 사람들이 고마움을 표시하면 스님께서는 모두가 당신 주인공의 공덕이라고 회향하시곤 했다.

(62) 법-2-62
법-2-99
원-6-2-9
원-6-3
원-6-3-13
원-6-4-17
원-7-1-7
원-9-1-8
원-9-1-11

62. 스님께서 질병과 고통에 대한 하소연을 들으시고는 매양 '알았다'는 말씀만 하실 뿐이므로 신심이 약한 이들 중에는 이를 서운히 생각하는 사람도 없지 않았다.

한 신도가 알았다는 말씀에도 물러나질 않고 자세한 말씀을 듣기를 원하였더니 스님께서 이렇게 이르셨다. "내가 그대더러 부처님 전에 나아가 삼일, 일주일 혹은 백일기도를 드리라거나 시주를 하라 하면, 그 말에 매여서 벗어나질 못하게 되느니 알았다 할밖에 더 있느냐. 또한 네가 괴로운 만큼 나도 괴롭기에 내가 얼른 듣고 알았다 하는 것이니 그로써 족한 줄 알아야 한다. 정녕코 너와 내가 둘이 아닌데 그 이상의 무슨 대답을 원하느냐? 내가 듣는 찰나에 삼계가 같이 알고 같이 도는 것이니 나도 관세음보살 찾고 문수보살 찾으며 이렇게 저렇게 해 주십사 하질 않는 것이다."

　스님께서 다시 대중에게 말씀하셨다. "말 없이 말하는 그 뜻을 알고, 행 없이 행하는 뜻을 알고, 발 없는 발이 우주 전체를 다 가고 옴이 없이 두루 한다는 걸 알고, 손 없는 손이 두루 한다는 것을 알아야 한다. 이 도리를 모르면 알았다는 말의 뜻을 모를 것이다."

　63. 스님께서는 어려움을 호소해 오는 신도들에게 '주인공에 맡겨서 하라'는 한 말씀 이외에 언급을 회피하시는 경우가 많았다. 신도들 중에는 그 점을 섭섭히 여기는 사람도 없지 않았다.

수-1-39 (63)
수-1-58
수-5-7
수-5-18
법-1-23
법-1-25
법-2-68
법-2-76
법-2-94
법-3-20
법-3-21
심-1-56
심-2-15
원-3-6-9
원-7-3-10
행-3-3
행-3-3-5
행-3-3-8
행-3-5-7
행-4-4-1
행-4-6-10
행-4-9-3
행-4-9-4
행-7-2-4
행-10-1-2
생-2-1-12
활-2-1-7
활-3-1-4
활-3-1-8
활-3-1-9
활-3-1-11

　스님께서 그에 대해 말씀하셨다. "냉정하게 들리는 말을 해줄 때가 있지만 그 속에는 내 나름의 생각이 있었다. 둘이 아니기 때문이다. 자기가 엄연히 있는데 그걸 전혀 몰라 할 때는 그것을 가르치는 게 우선이니, 가난하고 괴롭고 한 그런 일을 미끼로 삼지 않으면 무엇을 재료로 해서 공부를 할 수 있겠는가? 여러분들이 제 손으로 농사를 지어야 풍족하게 쌓아 놓고, 먹고 싶을 때 먹고 주고 싶을 때 주고, 그래서 자유스럽게 되지 않겠는가. 그렇지를 못하고 한 됫박씩 얻어다 먹는 형상이 되어서는 여간 딱한 일이 아닐 것이다."

　64. 한 신도가 갑자기 몰아닥친 가환을 면할 길이 없자 스님께 구원을 요청했다. 스님께서 그 신도를 보고 이렇게 말씀

(64) 생-2-1
생-2-2

하셨다. "세상 사람들은 누구나 우선 고에서 벗어나려고만 하지 그 고의 참된 원인을 살피려 하지 않는다. 그러니 하나가 지나가면 또 하나가 닥쳐오고, 병이 다가왔다가 우환이 다가오고 하는 것이다. 그러나 자신을 고통으로 몰아넣는 그 많은 경계들이 다 자신으로부터 비롯되지 않는 것은 없다. 어떻게 보면 나라는 존재는 고와 낙을 연방 만들어 내는 공장과 같다. 그리고 고통이라는 경계가 닥치지 않으면 아마 우리들은 세상을 온통 즐겁고 유쾌한 곳으로만 보아서 매사를 겉으로만 보고 남의 고통엔 아예 무관심할 것이다. 그러나 누군들 생로병사의 이 엄연한 현실에서 벗어날 수 있겠는가. 그러니 그 고통을 잘 관찰해서 그 아픔을 통해 저 무한한 광명으로 가득 찬 불법의 대해로 나아가야 한다. 고통이야말로 도로 인도하는 벗이기도 하다."

그 신도는 스님의 말씀을 듣고 마음의 평안을 얻어 자리에서 물러갔다. 스님의 가르침이 때로는 이러했다.

(65) 수-3-43
수-3-64
행-6-2-1

65. 불교와 인연을 맺은 지 십오 년이 넘었다는 한 불자가 찾아와 스님께 하소연하기를 "내면으로부터 어떤 명령의 소리가 들리는데 그 내용이 '도둑질해라, 칼로 찔러라, 오물을 마셔 봐라' 하는 등 한결같이 비인륜적인 것들이라 심한 고통을 받고 있으며 그래서 여러 차례 죽을 결심을 한 적도 있었습니다."라고 하였다.

스님께서 말씀하셨다. "살아 있으면서 완벽하게 죽어서 나침반을 딱 심어야 하는데 그게 그러지를 못하고 휘둘리는 때문이니 비윤리적인 명령을 하는 근본도 바로 자기의 원소인지라, 자기가 자기를 가르치기 위해서 하는 줄 알아야 한다. 그 모든 것이 다 근본 뿌리에서 나온 것이다. 명령하는 자도 그 속에서 나온 것이고 그것을 괴롭다 하는 자도 그 속에서 나온 것이다. 파도가 쳐서 물보라가 일어도 가라앉으면 흔적 없이 같은 물일 뿐인 이치와 같다."

66. 스님의 치병 원력에 대한 소문을 듣고 선원을 찾는 사람들이 하루하루 늘어 갔다. 스님께서는 그렇게 찾아오는 사람들에게 매번 병이 나을 수 있는 믿음의 도리를 가르쳐 주시곤 했는데 간혹 이를 비방하는 이가 찾아오면 이렇게 말씀하셨다. "그 일로 내가 욕을 듣고, 또 그것이 불법이 아니라고 하더라도 닥치는 인연을 마다하지 않는 게 부처님의 가르침인 이상, 내 몸이 가루가 된들 마다할 것인가. 나는 병을 고쳐 준다고 하기 전에 마음 깊숙한 곳에 되돌려 놓는 도리를 알도록 도와주고 있는 것이다."

법-2-67 (66)
법-2-71
법-2-73
법-2-88
원-2-4-1
원-3-5-11
원-6-3-10
행-3-2-12
행-3-3-4
행-4-5-1
활-1-1-14
활-3-1-9

67. 스님께서 간혹 병을 고쳐 주시는 일이 세상에 알려지자 다투어 선원을 찾는 발길이 끊이지를 않았으나 한편에선 이를 일컬어 외도라고 매도하려 드는 이들도 있었다. 스님께서 말씀하셨다. "괘념치 말라. 내가 이미 오래 전에 그 문제를 숙고한 일이 있었으니 '부처님 법이 아니다, 능사가 아니다' 하고 따지기 전에 당장에 죽어 가는 사람을 살려 놓고 보아야 하지 않겠느냐? 사실 조그마한 것도 큰 것도 둘이 아니며 내려서는 것도 올라서는 것도 둘이 아니거늘 무엇이 문제이겠는가. 나

법-2-17 (67)
법-3-35
법-3-38

는 중생의 아픔을 보면 그대로 응할 뿐 어쩔 수 없다. 이것이 잘못이라면 부처님께서 나를 장구벌레로 만든다 하셔도 좋으니, 나는 그렇게 다짐했고 나 자신을 돌아보아 아무런 두려움도, 거짓도 없다. 진실의 과보로써 얻어진 법의 힘이라면 중생의 아픔을 방치할 수는 없을 것이니 뼈저린 고통이 무엇인지를 알기에 건져 주지 않을 수 없는 것이다. 병 고치는 일이 능사가 아니라 함은 스스로 근본적인 대책을 마련하게 함만 못하다는 뜻에서 맞는 말이기도 하나, 먼저 병든 이와 내가 부딪쳐서 하나가 됨으로써 병이 절로 고쳐지는 이치를 알아야 한다."

68. 한 신도가 사업에 실패하는 바람에 저당 잡힌 집이 경매에 붙여지게 된 사정을 말씀드리고 스님께 도움을 청하였다. 스님께서 웃으시면서 "그럼 내가 복덕방이 되어야 하느냐?" 하시고는 "당신 속에 복덕방도 있고 의사도 있고, 판검사도 다 있고 관세음, 지장, 용신이 다 있으니 당신 속에다 대고 스스로 '당신이 하라'고 맡겨라." 하셨다.

69. 어느 때 삼 남매를 둔 한 신도가 찾아와 외도하는 부인과 이혼할 결심으로 상의 말씀을 드렸다. 스님께서 이르셨다. "사랑으로 삼 남매를 두었으니 사랑으로 부인을 놓아 주되 개심하거든 돌아오라고 이르라." 그 신도가 그렇게 한 지 삼 년이 지나자 부인이 돌아와 백배사죄하며 다시 결합하기를 간청하였다.

스님께서 이 일을 두고 말씀하셨다. "마음 심 자 하나로 인해 팔만대장경이 나왔고 이 세상이 나왔으니, 이 세상이 불국토가 되리라는 믿음을 가지면, 쉽지는 않겠지만 사람들이 점차로 개심하지 않겠느냐."

70. 스님의 법력이 질병 치료에서 특별히 드러나는 경우가 많았다. 그러므로 신도 가운데는 스님을 약사여래의 화현이라고 생각하는 사람들이 적지 않았다. 사람들에게는 다만 눈, 귀로 보고 듣는 일이 더욱 두드러져 보였을 뿐이었다.

71. 스님께서는 항시 안팎의 경계를 주인공에 일임하고 '주인공밖에는 해결할 수 없다.' 하는 굳은 믿음을 가져야 한다고 가르치곤 하셨다. 가환을 호소하는 신도가 찾아뵈면 "주인공만이 그것을 해결할 수 있으니 오로지 믿고 맡겨라." 하셨고 병을 하소연하는 신도에게는 '주인공, 거기서밖에는 낫게 할 수 없다고 굳게 믿어 놓으라.' 하셨다. 그 말씀을 듣고 많은 신도들이 병고를 털고 일어났으며 가환에서 벗어나 더욱 굳은 신심을 갖기에 이르렀다.

스님께서는 자주 이렇게 말씀하셨다. "주인공을 믿고 맡기고 놓는 것은 영원하기에 죽는 법이 없으며 해결하지 못할 것이 없으니 믿음이 가장 중요하다."

72. 한 여신도가 찾아와 스님께 울며 하소연하기를, 번번이 낙태를 거듭하여 자손이 없는데 외아들의 손이 끊긴다 하여 이 혼당할 지경에 이르렀다고 하였다. 스님께서 웃으시며 말씀하시기를 "아이를 낳게 되면 내게 무엇을 할 수 있느냐?" 하시자 그 여인 대답하기를 "잡숫고 싶으신 것이면 무엇이든 구해 드리겠습니다." 하였다. 스님께서 말씀하셨다. "가거라. 가서 너

(71) 활-1-1-5
활-1-2-11
활-3-1-3

맛있는 것 실컷 먹고 기다려 보라."

그 여인이 임신이 되어 여러 번 스님을 찾아뵙더니 달이 차서 아들 쌍둥이를 낳고 좋아라 했다.

73. 위궤양으로 오래 고생하던 사람이 병이 깊어 급기야 토혈하는 단계에 이르자 급한 마음에 스님을 뵙고 간청하였다. 그 사람은 다른 종교를 믿던 처지라서 망설임 끝에 스님을 찾아뵙노라고 하였다. 스님께서 말씀하셨다. "법당에 모신 부처님께도 속지 말고 두 푼어치도 안 되는 고깃덩어리인 나도 믿지 말고 오직 자기 자신의 참마음을 믿어야 하느니, 이 순간부터는 약에도 의지하지 말라."

그 사람은 스님의 말씀을 일심으로 따르더니 어느새 건강을 되찾는 몸이 되었다.

(74) 심-1-10
생-2-1-7
생-2-1-17
생-2-2-7
생-2-2-9
생-2-2-12

74. 여섯 자녀와 정신분열 증세의 남편을 둔 한 여신도가 있었다. 그는 생계를 꾸려 가기 위해 소금 행상, 김밥 장사를 호구책으로 삼아 어렵게 살아가던 중에 자신도 자궁암에 걸려 앞길이 막막한 지경에 이르고 말았다. 그런데 이 여신도는 하루도 빼놓지 않고 소금 한 공기나 김밥 한 덩이씩 절에 시주하기를 몇 달이고 계속했다. 하루는 스님께서 이 일로 눈물을 보이셨다. 그로부터 그 여신도의 남편은 증세가 호전되기 시작하더니 일자리를 얻을 만큼 건강해졌고 그녀의 암 증세도 씻은 듯이 치유되었다.

스님께서 말씀하셨다. "가난도 재료이고 몸 아픈 것도 재료이니 일이 닥치는 대로 공부할 재료로 삼아야 하느니라."

75. 한 신도가 자신이 겪은 일에 대해 이렇게 말했다. "나는 만성 간염 환자인데다 지독한 치질로 몇 년째 시름하며 고통 속에서 나날을 보냈다. 그러다가 이젠 죽는다 싶었는데 스님께서 하신 설법을 엮어 놓은 책을 읽은 기억이 떠올랐다. 그래서 집사람에 의지하여 스님을 찾아뵙고 죽게 된 사정을 말씀드렸더니 스님께서는 "알았다. 괜찮을 것이다." 하시기에 믿고 돌아왔다. 그 다음 날부터 하혈이 딱 멈추더니만 얼마 안 가서 자리를 털고 일어났다. 그래서 찾아뵙고 감사를 드리니까 스님께서는 '그게 다 주인공이 하는 것이다. 모든 것을 주인공에 놓고 살도록 하라.' 하셨다."

76. 머리에 큰 종양이 나서 오랜 세월 고생하던 어떤 불자가 스님을 뵙고 사뢰었다. "여러 해 동안 고통받는 중에 어느 선사 한 분이 지장경과 육조단경을 5백 독씩 하라 하시어 수천 독을 하고도 낫지 않아 또 시식을 지내고 기도를 부치고 했으나 여전합니다."

스님께서 말씀하셨다. "본래 마구니가 든 사이도 없고 고도 없어 평화롭고 좋은 것인데, 그렇게 가르치고 또 지어서 그렇게 했다 하니 이해하기 어렵다. 그 어떤 것도 붙을 자리가 없으니 그 종양조차도 주인공 자리에 맡겨 놓아라."

77. 한 여신도가 스님께 남편의 병세를 고하며 처방을 여쭈었다. 스님께서 말씀하시기를 "영양실조이니 닭을 푹 고아서 들게 하라." 하셨다. 이 여신도 다시 여쭙기를 "그것은 살생이 아닙니까?" 하자 스님께서 말씀하셨다. "즉석에서 인간으로

환생케 하니 어찌 살생이라는 이름에 걸리느냐. 닭의 마음을 네 마음에 넣으면 둘이 아닌 까닭을 아느냐."

78. 한 신도가 찾아와 하소연하기를 "가솔이 입원 중인데 병원에서 불치이니 퇴원 수속을 밟으라 합니다."라고 아뢰며 도움을 간청하였다. 스님께서 "그렇다면 집에 뉘어 놓고 다시 오너라." 하셨는데 이를 듣고 그 신도가 말하기를 "나는 그 말씀이 믿어지지 않습니다."라고 하였다.

스님께서 말씀하셨다. "그건 그렇다. 아무리 높은 산이 있다 할지라도 계곡이 깊기에 높아 보이고 얕은 산이 있기에 돋보이느니라." 그러자 그 신도 말하기를 "이래도 그만 저래도 그만이니 한번 뛰어들어 보겠습니다." 하였다. 스님께서 대중을 보시며 "모두가 이 도리를 안다면 벌써 불국토가 되었을 것이다."라고 하셨다.

79. 어느 때 20년째 절을 다닌다는 한 불자가 찾아와 울며 불며 스님 뵙기를 간청하였다. 사연인즉, 남편이 사업에 실패하여 쓰러졌는데 간암 선고를 받았다고 했다. 스님께서는 친견을 허락하시고 그 사연을 묵연히 들으시던 중에 "암이 아니다. 설사 암이라 해도 네가 녹일 수 있느니라." 하셨다. 며칠 후 그 불자가 다시 뵙고 사뢰기를, 재검진한 결과 암이 아니라 간경화로 진단이 나와서 복약 중이라고 하였다.

스님께서 말씀하셨다. "이름을 믿지 말고 허공을 믿지 말고 주인공의 실상을 바로 보고 믿어야 한다. 네가 수도꼭지를 틀었다 잠갔다 자재로우면서 어찌 주인공의 능력은 믿지 못하는가."

그 말씀을 듣고 그 환자는 그로부터 약 먹기를 중단하더니 일 년 만에 건강을 되찾았다. 이 일을 두고 어느 때 스님께서 말씀하시기를 "한마음 법에는 의학뿐이 아니라 철학, 심리학, 물리학, 정치학 어느 것 하나 없는 것이 없다." 하셨다.

80. 한 신도가 찾아와 간암으로 죽어 가는 사정을 말씀드리고 구원을 간청하였다. 스님께서 말씀하시기를 "여기 선원이 병원이더냐." 하시자 그 신도 다시 사뢰기를 "스님께 말씀드려 쾌차된 전례가 있습니다." 하였다.

스님께서 말씀하셨다. "그것이 참 문제로다. 내게 물어서 되는 게 아니라 네 마음의 주처가 바로 부처이니 부처는 바로 자기 몸을 쓰다듬어 줄 수 있는 손이자 의사이다. 네가 이것을 경험하지 못하였으니 말로 할 수 없는 도리라, 이렇게 말한들 무슨 소용이 있겠느냐. 알았으니 가 보아라."

81. 한 부인이 병든 아들을 데리고 스님을 찾아뵈었다. 그 아들은 배와 등이 온통 짓무른 데다 숨이 턱에 차 있어 누가 보아도 심상치 않은 상태였다. 병원에서는 백약이 무효였고 짓무른 부위가 목까지 차오르면 생명이 위독하다는 걱정뿐이었다고 했다.

스님께서 말씀하셨다. "이 아이가 낫느냐 못 낫느냐 하는 것은 오직 엄마의 마음에 달려 있다. 병이 있다면 그에 맞는 약이 꼭 있는 법이다. 다만 그 약이 이 넓은 세상 어디에 있는지를 모르는 것뿐이다. 그런데 알고 보면 아이를 사랑하고, 아이의 아픔이 자신의 아픔과 조금도 다름없는 그 엄마의 마음 안에 특효약이 숨어 있다. 그 마음 안에다 낫는다 낫지 않는다, 죽는다 죽지 않는다는 따위를 생각할 것도 없이 다 맡겨라."

그 부인은 스님의 말씀을 듣고 울면서 돌아갔다. 그 부인이 그날 밤 꿈을 꾸었는데, 의사와 간호원이 풀이 뿌리째 담긴 가방을 들고 오더니만 그 중 하나를 골라 진을 내어서는 아이의 상처 부위에 발라 주고 갔다. 그러고는 상처가 아물기 시작해 아이의 병은 얼마 안 있어 깨끗이 치유가 되었다. 그 이야기를 들으시고 스님께서 말씀하셨다. "꿈속의 의사가 내 주인공이고 가방은 주인공의 묘용이니 그 안에 온갖 신통이 다 갖춰져 있는 법이다."

82. 하루는 미국에 있는 한 비구 스님이 스님에 대한 이야기를 듣고 전화를 했다. 그 스님은 목 안이 퉁퉁 부어 고생 중인데 병원에서도 도저히 손을 쓰지 못하고 있으니 스님께서 도와주셨으면 좋겠다는 말을 떠듬떠듬 이어 나갔다. 스님께서는 "알았습니다. 좀 기다려 보세요." 하시고는 전화를 끊으셨다.

이튿날 아침에 그 스님이 명랑한 목소리로 감사하다는 뜻의 전화를 걸어 왔다. 스님께서 혼잣말처럼 이렇게 말씀하셨다. "자기 몸 하나 다스리지 못한대서야 어떻게 도를 이루며 중생을 이끌려는지……."

83. 스님께서는 병이 든 사람에게 가끔 방편을 일러 주시는 경우가 있었다. 그 방편으로 감자즙, 생콩 몇 알 또는 드물게

오이나 당근즙을 권하시곤 하셨다. 너무 손쉬운 것이라서 개 중에는 믿지 못해 하는 사람도 있었다.

스님께서 말씀하셨다. "사람들은 남들이 좋다면 덩달아 그 것들을 찾아 이리저리 뛰어다닌다. 녹용이 좋다, 산삼이 좋 다 하지만 내가 가르쳐 주는 것들이 손쉬운 것이라도 그 속에 는 어떤 물질이든 그것을 원소로 삼는 한마음이 포함되는 것이 다. 그걸 동물들은 더 잘 안다."

행-2-1-6 (83)
행-4-8
행-4-8-1
생-1-2-7

84. 20년이 넘도록 지병에 시달려 온 한 사람이 스님을 뵙 고는 이어 건강을 회복하더니 기뻐하는 마음에 대중들에게 말 하기를 "가산을 탕진하다시피 했는데 단돈 이천 원으로 씻은 듯이 병이 나았노라." 하였다. 대중들이 이를 궁금히 여겨 그 비방을 묻자 "무 생즙에 술을 한 숟갈씩 타서 몇 번 먹었더니 이러하다." 하였다. 대중들이 그 말을 듣고 모두 즐거워하며 그를 축복하였다.

85. 스님의 도움으로 해묵은 병고를 털고 일어나게 된 사람 이 와서 눈물로 감사의 말씀을 드렸다. 그를 보시고 스님께서 정색을 하시며 말씀하셨다. "그것은 당신 주인공이 한 일이다. 이제부터는 당신 스스로 하라. 내가 할 수 있듯이 당신도 할 수 있는데 언제까지 빌려서 쓰려느냐. 자력으로 할 수 있어야 필요할 때 꺼내 쓸 수 있지 않겠는가." 좌중은 그 말씀을 듣고 모두들 느끼는 바가 있었다.

수-1-60 (85)
수-5-11
법-2-52
법-2-59
법-2-91
법-2-98
법-3-68
원-1-2-1
행-8-2
행-8-2-1
행-8-2-3
행-8-2-4
행-8-2-8
생-3-1-5
생-3-2

86. 스님께서 말씀하셨다. "내가 누구의 병을 낫게 했을 때 손을 모아 빌어 본 예가 없으니, 그렇게 한다면 그것은 자신을

200 법연편

믿지 못하는 것이니라." 또 말씀하셨다. "누구를 낫게 했을 때 나는 그를 훑어보아 잘한 것들만 내세워 그 공덕으로 너는 나아야 되겠다고 믿었을 뿐 다른 이유는 불문에 붙였다."

87. 어느 스님이 수행 중에 병을 얻게 되자 그 사연을 적어 스님께 서신을 올리면서 대답을 구한 일이 있었다. 스님께서는 백지 한 장을 넣은 답신을 보내셨다. 그로부터 사흘 만에 그 스님이 옷을 벗었다는 전갈이 왔다.

(88) 법-2-66
법-2-67
법-2-71
법-2-73
원-2-4-1
원-3-5-11
원-6-3-10
행-3-2-12
행-3-3-4
행-4-5-1
활-1-1-14
활-3-1-9

88. 미국 뉴욕에 거주하는 한 신도가 스님을 찾아뵙고 "20년째 지병으로 고생하는 중인데 병이 낫도록 해 주십사." 청하였다. 스님께서 말씀하셨다. "지병이 있다니 어디 가진 게 있으면 그 병을 내놓아 보라. 내가 고쳐 주리라." 그 신도가 아무 말 못하자 스님께서 이르셨다. "병이란 본래 붙을 자리가 없다."

그 후 스님께서 뉴욕을 방문하셨는데 그 신도가 매우 건강한 모습으로 스님을 다시 찾아뵈었다. 스님께서 병이 나은 사연을 물으시자 그 신도 대답하기를 "그때 말씀을 듣고 돌아서는데 그만 병이 없어졌습니다. 병 붙을 자리가 없다는 사실을 알게 되었습니다." 하였다. 대중들이 느낀 바가 많았다.

89. 신장 투석기로 피를 걸러 내야만 살 수 있다는 한 사람이 스님을 찾아와서 하소연을 했다. 이십 년째 그렇게 하다 보니 온 팔뚝에 주삿바늘 꽂을 자리가 없고 피를 거르는 간격도 자꾸 짧아져 처음엔 일주일쯤 되다가 이제는 이틀 간격이 되었노라고 울먹였다. 그러면서 비장한 어조로 말했다. "이젠 이

래 죽으나 저래 죽으나 매일반이니 아예 거르는 일을 끊겠습니다." 스님께서 웃음 띤 얼굴로 말씀하셨다. "그래요? 그럼 안녕히 가십시오." 그 뒤 열흘쯤 지나자 그 환자 분이 스님을 다시 찾아왔다. 스님께서 말씀하시기를 "가시겠다더니 왜 다시 오셨소?" 하셨다. 그러자 그 사람은 눈물을 보이며 "스님, 그걸 끊었더니 되려 피가 생기던 걸요." 하였다. 스님께선 고개를 끄덕이셨다.

한 신도가 어찌 된 일인지를 여쭈었다. 스님께서는 "나도 피눈물을 흘렸어." 하실 뿐이었다.

90. 하루는 자식의 병구완을 발원하며 지장보살 전에 재를 올리겠다는 사람이 공양할 음식을 준비해 가지고 스님을 찾아 뵈었다. 스님께서 그 준비해 온 음식을 여러 그릇에 몫몫이 담아 죽 둘러앉은 제자와 신도들에게 시식하라고 나눠 주셨다. 그러자 재를 지내러 온 사람이 얼굴을 붉히며 스님께 항의하였다. 스님께서 타이르시기를 "이렇게 둘러앉아서 모두 마음내고 시식했으니 이만하면 훌륭한 재가 아니더냐? 모로 가도 서울만 가면 되느니라." 하셨다. 그러나 그 사람은 알아듣지 못하고 돌아서더니 얼마 후 다시 찾아와 스님께 백배사죄를 드렸다. 그 길로 아이의 병이 낫더니 아주 건강해졌다는 것이었다.

스님께서 말씀하셨다. "여러분도 그 도리를 알면 그렇게 할 수 있는 것이니, 부처가 되느냐 중생이 되느냐는 것은 마음에 달렸다."

91. 한 신도가 찾아와 스님을 뵙고 시주금을 내놓으면서 일

이 잘되게 해 달라고 청을 드렸다. 스님께서 말씀하셨다. "이 다음에 또 목마르면 어떻게 하려고? 목이 마를 때마다 얻어먹으러 다니질 말고 스스로 샘이 솟게 해야 한다. 남에게서 얻어먹는 것은 감질만 날 뿐 만날 그 타령인 것이니 자립을 할 수 있어야 한다. 사람이 한세상 살아가면서 재물이나 모을 생각을 하고 급하면 타의에서 구하려 한다면 다음 번에 무슨 탈을 쓰고 나오게 될지 모를 일이다. 만물의 영장으로 태어났으면 잠시 머무르는 중에도 근본을 알고 가야 한다."

92. 어느 때 진통제에 의지해 나날을 보내는 말기 암 환자가 스님을 뵙고 간청을 드린 일이 있었다. 스님께서 그를 보고 말씀하시기를 "네 생명과 돈 일억 원을 바꿔 볼 텐가?" 하셨다.

제자들 가운데 이 일을 의아하게 여기는 사람이 있자 스님께서 말씀하셨다. "그게 급소를 찌른 소린데 못 알아듣더구나. 내가 재물에 대해 언급한 게 아니라 믿음을 이야기한 것이다."

93. 어느 때 한 불자가 찾아와 스님께 여쭈었다. "악령 때문에 괴로움을 당하고 있습니다. 오늘은 스님의 자비를 청하고자 합니다." 스님께서 말씀하셨다. "나는 의사도 아니고 타의에서 접신한 사람도 아니다. 내가 비록 당신의 마음을 알고 숙명을 안다 해도 알아서 되는 게 아니라 당신이 말려들지 않아야 하는 것이니 내게 자비를 말하지 말고 그냥 토론을 해 보자." 스님께서는 오래도록 그에게 둘이 아닌 마음 도리에 대해 자상하게 일러 주셨다.

94. 한 불자가 찾아와 스님께 간청하기를 "십 년째 기관지

천식과 축농증으로 고생하고 있으나 차도가 없기에 스님의 법력에 의지코자 합니다." 하였다. 스님께서 말씀하셨다. "십 년이 되었다니 큰 숙제로구나. 주인공에 간절히 일임하면 나을 수 있다."

그러자 이 불자가 말하기를 "스님께서는 그렇게 간단히 말씀하시지만 이게 제게는 생사가 달린 문제입니다." 하며 더 자세한 말씀이 있기를 고대하였다. 스님께서 말씀하셨다. "죽는 것도 주인공의 일이고 사는 것도 주인공의 일이니, 그 점을 의심치 않으면 된다."

95. 한 비구 스님이 스님을 뵙더니 불문곡직하고 따지기를 "병을 잘 고치신다 하는데 그건 술이요 이단이 아닙니까?" 하였다. 스님께서 말씀하셨다. "아파서 괴로워하는 사람을 보았을 때 그 사람 하나 편케 해 줄 수 있으면서 그런 말을 하는가? 닥치는 대로 마다하지 않고, 가는 인연 잡지도 않는 게 불법이 아니던가? 나는 누가 하라, 말라 해서도 아니고 꼭 내가 해야 할 일이다, 아니다라는 생각도 없이 내 앞에 닥친 일에 같이 울고 같이 슬퍼져서 언제나 그런 일들이 남의 일이 아니었다. 나는 슬픈 영화를 보면 그냥 눈물이 나던데 당신은 눈물이 없던가?"

법-2-13 (95)
법-2-40
법-2-41
법-2-56
법-2-97
법-3-19
심-1-51
심-1-57
심-1-5-9
심-1-72
심-1-95
심-1-126
행-4-1-5
행-4-1-6
행-9-1-19
행-10-3-5
생-1-3-1
생-1-3-9
생-4-1
예-73
예-78

96. 스님께서 말씀하셨다. "부처님 법이란 봤으면 본 대로 그대로 투입하게 되어 있지 의학적인 방편이나 무슨 다른 것을 이용해서 하는 게 아니다. 예를 들어 나를 찾아와서 '태아가 거꾸로 서 있는데 수술할 돈이 없으니 어떻게 합니까?' 했

법-1-63 (96)
원-9-1
원-9-1-8
행-1-3-7

을 때 말로는 '오진일 것이니 삼 일 후에 다시 진찰해 보라.' 하지만 오진이니 삼 일이니 하는 것은 그냥 말일 뿐이다. 실은 본 즉시 정상으로 돌리기 마련이나 의사는 '오진한 모양이다.' 할 것이고 당사자는 '오진이라던 스님 말씀이 맞더라.' 할 것이다. 하지만 마음법의 도리를 알고 믿으면 그보다 더한 것도 되는 수가 있다. 마음법은 만법의 근본이라 의학, 과학 등 물질적인 것이나 아닌 것이나 다 환경에 따라 자재로이 쓸 수 있는 것이다.

97. 신도들이 찾아와서 고통을 면케 해 달라고 호소할 때, 스님께서는 가끔 "면하고 못 면하고는 네게 달린 것이지 왜 나에게 묻느냐?" 하실 때가 있었다. 이에 몇몇은 불평하기를, "그 스님이 알긴 뭘 알아. 당신들이 알아서 하라는데……." 하면서 발길을 돌리는 예도 있었다.

스님께서 말씀하셨다. "그 말은 아주 의미가 깊은 말인데도 불구하고 자기들을 버리는 줄로 안다. 내가 아는 소리나 하고 병이나 고쳐 주고 안되는 일 잘되게 하고 그럴 요량이라면 차라리 혀를 물고 죽을 일이다. 평소에 제가 추우면 따뜻한 방으로 들어가고 더우면 마당으로 나가 앉으면서 날 보고 '방으로 들어갈까요?' '들어가게 해 주세요.' 하니 그렇게밖에 더 일러 주겠는가."

98. 신도들 중에 간혹 이렇게 불평하는 사람이 있었다. "스님께서 예전처럼 말 한마디에 척척 해결해 주시지 않는 걸 보니 신통력이 없어진 모양이다."

스님께서 그 말을 들으시고 이렇게 말씀하셨다. "그때는 그 때대로의 까닭이 있었다. 그러나 길을 가다가 엎어졌으면 자기가 딛고 일어서야지 매양 남의 손을 빌리고 남이 일으켜 주기를 기다려서야 그것이 어찌 공부의 도리이겠는가. 주는 것만이 능사가 아니니 빼앗을 때는 뺏고 줄 때는 주어 가면서 자립하게 해야 할 일이다."

99. 한 신도가 여쭈었다. "스님과의 인연으로 병이 낫는다든지 일이 잘 풀려 가서 고마운 말씀을 드리면 스님께서는 항상 '다 당신이 한 것이지 내가 한 것이 아니다.'라고 하십니다. 그것 또한 단지 겸양이 아니라 진리의 일단을 펴 보이신 것으로 맑은 마음의 거울에 반사되는 힘이 없었더라면 되지 않았으리라는 점에서 스님께서 공덕을 베푸신 것으로 보아도 되는지요?"

스님께서 말씀하셨다. "그렇기도 하고 그 이상이기도 하다. 단 두 사람 간의 문제이면서도 한마음 전체의 문제요, 힘이자 공덕이다. 또한 딱히 반사시키는 수동적인 힘만 있는 것도 아니니 거울은 죽은 것이지만 깨달은 마음은 살아 있는 것이다."

100. 스님께서 말씀하셨다. "이곳을 찾아오는 사람들 중에는 정신에 이상이 있는 분도 있고 백혈병, 골수암 등 현대 의학으로도 완치가 잘 안되는 지병이 있는 분들도 있다. 그런 일이 모두 다 공부하는 재료인 것이니 그것을 재료 삼아 주인공에 일임하여 자기가 자기를 고쳐야 하지 의사가 따로 있는 게 아니다. 우리 몸속에도 수많은 중생들이 다 제 소임을 맡아 하

는데 그것이 여러분과 둘이 아닌 것이다. 거기서 파업이 일어
나면 누가 그것을 가라앉혀야 하는가. 스스로 해결해야 할 일
이니 그런 때에 허망하다, 괴롭다, 살 맛이 없다 하지 말고 그
런 일을 재료 삼아 결단코 이 도리를 알아야 하겠다는 각오로
물러서지 말아야 한다."

101. 스님께서는 가끔 천도를 말씀하실 때가 있었다. 어떤 때는 직접 영에 씌인 사람을 제도하실 때도 있었다. 하루는 어떤 분이 젊은 며느리를 데리고 와서 스님께 제도를 부탁하였다. 스님께서는 여러모로 달래고 한편 꾸짖으시자 그 여인은 온몸을 떨더니 의식을 잃고 쓰러졌다가 한참 뒤에 깨어났다. 그 후로 그 여인은 건강한 심신을 되찾게 되었다.

스님께서 말씀하셨다. "영의 마음 차원은 살아생전의 차원과 같다. 그러니 어찌 살아 있는 동안에 마음 닦기를 게을리할 수 있겠는가." 스님께서는 평소 설법 중에도 조상을 모시는 마음이 진실해야 한다는 점을 자주 강조하시곤 하셨다.

102. 한 신도가 천도재를 바라면서도 경제적인 여유가 없어 망설이는 것을 보시고는 말씀하시기를 "없으면 없는 대로 하지 웬 걱정이냐. 그게 바로 고이니 내가 시켜 주겠노라고 하면 믿겠는가?" 하셨다. 그 신도 "믿겠습니다." 하자 스님께서 "천도하였으니 돌아가라." 하셨다.

103. 어느 때 한 신도 내외가 찾아와 시주금을 내놓으며 영가 천도를 부탁드렸다. 스님께서 그 신도의 살림 형편을 헤아려 보시고는 이만 원만 거두시고 되돌려주시며 말씀하셨다.

"이 세상 전체를 떡 하나로 다 차려 놓을 수도 있으니, 떡이 떡이 아니고 음식상이 음식상이 아니다. 잘 차려야 천도가 되는 줄 알지 말라. 아침상 차려 놓고 먹을 때 마음으로 합장하며 모든 조사님, 모든 부처님을 둥글게 생각하고 주인공에 일임하면 묵은 빚을 갚을 수 있느니라."

104. 스님께서 미국 알래스카에 가셨을 때 한 젊은 부부가 극진히 시봉하는 중에 하루는 음식 공양을 올리자 스님께서 말씀하시기를 "아직까지 아이가 없느냐?" 하셨다. 그로부터 얼마 안 있어 그 부인에게 태기가 있더니 달이 차서 그리던 아이를 얻게 되었다.

스님께서 말씀하셨다. "자녀를 기를 때 항시 감사한 마음으로 제 주인공에 맡길 줄 알아야 하느니 한마음이 아니고는 자녀에게 빛을 비춰 주기 어렵다."

105. 선원을 새로 찾는 신도들 중에는 스님의 원력에 의지해 덕을 보고자 신변 잡사에 대해 여쭙는 이들도 적지 않았다.

스님께서 그 일에 대해 이렇게 말씀하셨다. "내가 딱하게 여겨 말을 해 주면 나를 아는 사람으로 생각하나 나는 안다고 하지도 않았고 모른다고 하지도 않았으니, 둘이 아니라면 말을 하고 들었어도 듣고 말한 사이가 없다. 다만 내가 남을 물에 넣으려면 나도 물에 들어가야 하듯 그를 인도하기 위해 그 속에 들어갔을 뿐이다. 우리가 참으로 부처님 앞에서 물러서지 않는다면 그대로 청정일 것이요 그대로 향기일 것인즉, 불법의 빛은 언제나 여러분들에게 비추일 것이다."

106. 스님께서 어느 날 제자들과 담선하시는 중에 한 건장한 사내가 선실 밖에까지 다가와 행패를 부리며 폭언을 퍼붓기 시작했다. 스님께서는 이야기하시면서 잡숫던 땅콩을 한 줌 와락 쥐시면서 "요놈!" 하고 호령을 하셨으나 시선은 돌리지 않고 계셨다. 그 순간 밖의 사내는 그대로 땅바닥에 뒹굴면서 큰 어르신을 몰라뵈었노라며 백배사죄하고 물러갔다. 스님께서는 "영의 소행이다."라고 말씀하셨다.

(107) 생-4-4-10

107. 지방에 조그마한 절을 갖고 있던 한 무녀가 찾아와 그 절을 선원의 지원으로 등록하고 싶다고 했다. 그런데 그 무녀는 보살로 자청하는 등 태도가 오만하였다. 스님께서는 아무런 내색도 안 하시고 그 절의 주변 경관을 설명하신 뒤 지원으로 받아 줄 터이니 지정하는 위치에 선방을 하나 짓겠느냐고 물으셨다. 그 무녀는 조건이 까다롭다며 횡하니 돌아섰다. 스님께서 나직이 혼잣말처럼 "아직 하심이 되질 않았어!" 하시었다. 그러자 곧바로 그 무녀가 되돌아와서는 눈물을 흘리며 용서를 빌었다. 스님께서는 아무 말씀 하지 않으셨다.

배석했던 한 제자가 그 무녀에게 까닭을 묻자 무녀가 대답했다. "막 사찰 문을 나서려는데 한 경계가 보이더니 스님께서 까마득히 앞장서서 가시는 걸 보고는 나도 모르게 그렇게 했습니다."

108. 서독에서 온 한 물리학자가 스님의 법력을 시험해 볼 요량으로 여쭈었다. "스님, 제가 가장 아끼는 게 무엇인 줄 아십니까?" 스님께서는 서독에 있는 그 박사의 집 구조를 소상

히 말씀하신 뒤에 "당신이 가장 아끼시는 것은 통나무로 지은 별채의 서재이지요."라고 대답하셨다. 그 학자는 감탄한 나머지 스님께 삼 배를 올리고 스님을 서독으로 초청하였다.

그 일로 스님께서는 서독을 다녀오신 일이 있었다. 서독에서 돌아오실 때 서독 공항에서 어느 스님과 마주치게 되었는데 그분은 스님의 짐이 간편한 걸 보고는 트렁크 하나를 맡아 달라고 부탁했다. 스님께서 김포공항 세관 검사대를 통과할 때 검사원은 풀어 보지도 않고 그냥 보내 드렸다. 그러나 뒤따라 나오던 그 스님의 짐은 샅샅이 뒤지더니 통과할 수 없는 물건을 찾아내서 망신을 주었다. 스님께서는 웃으시면서 "무심이면 죽음까지도 무사통과할 것을……." 하셨다.

109. 스님께서 서독에 가셨을 때 어느 오래된 가톨릭 사원을 관람하실 기회가 있었다. 한 신부의 안내를 받아 내부를 둘러보시던 중에 가톨릭 경전이 진열된 곳에 이르러 무연히 책 한 권을 빼어 들어 펼치시는데 거기엔 부처님 형상과 만(卍) 자가 그려져 있었다. 스님께서는 그걸 보시며 말씀하시기를 "그러면 그렇지. 당신네들이 그래도 만 자를 깔고 앉아 있군." 하셨다.

법-2-59 (109)
심-1-102
심-1-104
생-3-2-14
생-4-1-3

그날 스님께서는 종교가 제각각인 한 대중 집회에 나가시어 말씀하시기를 "가톨릭교든 기독교든 불교든 회교든 어느 종교라는 이름의 벽을 넘어서 진리를 탐구해야 한다." 하셨다. 이에 대중들은 크게 환영해 마지않았다.

110. 하루는 스님께서 서독 하노버 시를 방문하시고 그

법-3-51 (110)

(110) 법-3-69
심-1-64
심-1-115
원-5-3
원-5-3-1
원-5-3-3
원-5-3-4
원-5-3-8
원-5-3-9
원-6-2-6
행-8-1-8
행-10-2
행-10-2-1

곳 대학의 몇몇 교수들과 담론의 자리를 가지셨다. 그때 스님의 말씀을 경청하던 대학원장이 스님께 큰 꽃다발을 드리면서 "왜 서독에서 태어나시지 않고 한국에서 태어나셨더냐." 하며 못내 아쉬움을 감추지 못했다. 그러자 스님께서 말씀하셨다. "나는 한국에만 있는 것도 아니고 서독에 있는 것도 아니다. 단지 내가 여기 왔으니 여기 있는 것이고 돌아가면 또 거기에 있는 것이니 여기나 거기나 한자리인 것을 서독 따로 한국 따로라고 벽을 만들지 말라. 그렇게 따로 있다고 생각하기 때문에 더 연구를 못하지 않느냐?"

111. 이런 일도 있었다. 버마에서 아웅산 폭발 참사 소식이 긴급 뉴스로 전해지던 시간에 한 신도가 숨이 턱에 차서 엎어질 듯이 스님 계신 곳으로 뛰어들었다. "스님! 스님! 전쟁이 터질 것 같습니다." 그러자 스님께서는 정색을 하시면서 말씀하셨다. "전쟁은 일어나지 않는다. 대통령은 무사하니까."

스님과 함께 있던 신도들은 영문을 몰라 의아해했다. 그제서야 방금 뛰어든 신도가 임시 뉴스 내용을 알려 주었다. 모두들 놀라고 당황해했지만 스님께서는 하시던 설법을 계속하셨다. 나중에야 대통령만은 무사하다는 뉴스가 흘러나왔다.

(112) 법-3-64
심-1-42
심-1-88
심-1-158
원-7-3-18
행-11-6-6
활-1-2
활-2-1
활-2-1-5

112. 이라크의 쿠웨이트 침공으로 야기된 페르시아 만 사태가 전쟁으로 치달을 즈음에 스님께서 하루는 뉴스를 보시다가 말씀하셨다. "페만 사태가 아니라 패망이다." 그러시고는 대중들에게 "여러분이 마음을 내서 불을 끄자." 하셨다.

스님께서 전쟁 후에 말씀하시기를 "처음엔 미운 생각이 없없는데 기름을 쏟아붓는 걸 보니까 그만 미운 생각이 들었다. 자기가 자기를 죽일 수는 없는 일인데 축생까지도 다 죽이려 하는 것을 보니 절로 그런 생각이 들었다." 하셨다.

113. 어느 때 강원도 원주에서 신도 사십여 명이 버스를 전세 내어 스님을 뵈러 왔었다. 그때 스님께서 귀로를 일러 주시며 어느 구간에 이르면 평소 다니던 길을 피해 돌아서 가라고 하셨다. 그러나 신도들은 그 말씀을 따르지 않았는데 스님께서 지목하신 장소에 이르러 전복 사고를 당하고 말았다. 그럼에도 한 사람의 부상자도 없이 전원이 무사했다. 신도들이 스님께 감사해 마지않았다.

114. 공장을 운영하는 한 신도가 어느 날 기계 고장을 걱정하자 스님께서 무심코 들으시던 중에 기계의 한 부위를 거론하시며 "거기 나사가 풀렸으니 조여 놓으면 별일이 없을 것이다." 하셨다. 그 말씀을 듣고 그 신도 돌아가 그렇게 했더니 바로 정상 가동이 되었다.

115. 스님께서 미국 알래스카 지원을 방문하셨을 때 잠시 요통을 느끼시는 바람에 예정했던 일정을 며칠 늦추는 일이 있었다. 제자들이 다음 행선지의 법회 약속을 걱정하자 스님께서는 웃으시면서 다만 "며칠 더 있다가 가겠다." 하셨다. 그런데 그 약속된 날에 예정했던 행선지 일원에 강력한 지진이 엄습하는 참사가 발생하였다.

스님께서 이 일을 두고 말씀하셨다. "자기를 끌고 다니는 참 자기가 제일이다."

116. 스님께서 대만 불광사로부터 초청을 받으시고 그곳을 방문하셨을 때의 일이다. 안내를 받아 대법당으로 들어서시던 스님께서 작은 불상이 벽면 가득 총총히 모셔져 있는 것을 보시고는 안내하는 스님에게 물으셨다. "참 부처는 어디 있습니까?" 그러자 그 스님이 한가운데 모셔 놓은 크고 웅장한 불상을 가리켰다. 스님께서는 아무 말씀 없이 자리에 앉으셨다. 이를 보고 성운 대사라 불리는 조실 스님이 스님께 꽃 한 송이를 드렸다.

117. 스님께서 안양 선원에 계실 때 하루는 새벽녘에 칼을 든 도둑이 들었다. 스님께서는 정좌를 하신 채 그 도둑을 보고 말씀하시기를 "얼마나 급하면 이 지경이 되었는가. 여기는 집만 컸지 가져갈 것이 별로 없으니 어쩌겠느냐." 하셨다. 그리고는 손목시계 등 가진 것을 내주시며 "이왕 온 길이니 이거라도 가져가라." 하셨다. 그 도둑은 당황하고 부끄러운 중에 그것을 받아 들고는 물러갔다.

118. 한 제자가 스님께 금강경을 드렸다. 스님께서 그것을 한번 죽 훑어보시고는 말씀하셨다. "이만큼 자세하게 일러 놓으신 지가 수천 년인데 사람들은 왜 그 간단한 이치에 어두운지 안타깝다."

119. 한 제자가 천부경 여든한 자를 읽어 드리자 스님께서는 그 경전을 한 대목씩 즉석에서 해석해 주셨다. 제자들이 다투어 그 내용 풀이를 얻고 싶어 했다.

그 후로 스님께서는 가끔 설법 중에 천부경의 한 구절을 인용하셨다. 그때 스님께서 말씀하셨다. "사실 해석이랄 것도 없는 것이, 전부 한마음에서 나오는 것이라 첫머리와 끄트머리면 그만이다. 그런데 '일시무시일 일종무종일' 했다면 무의 세계를 다 염탐해서 다시 일로 나왔다는 뜻이라 좋기는 좋은데 부처님의 80종호처럼 하나마저 빼 버렸다면 배꼽이 빠져 만(卍)으로 돌아갈 것을 그랬다."

스님께서 이어 말씀하셨다. "부처님께서도 '이것이 불법이다.'라고 가르치시지 않으셨다. 단군이 가르치신 81자의 이치도 다 같은 것이나 다만 시대적으로 앞선 때이라 간단하게 설파해 놓았을 뿐 부처님 말씀과 다르지는 않다. 나는 부처님이나 예수님, 단군, 노자, 공자, 맹자 같은 분이나 역대 선지식들이 따로따로라고 보지 않는다. 모두가 한마음 가운데서 나고 드는 소식이니 어찌 따로 보고 밖에다 세워 놓겠는가?"

3. 진리가 그러하니라

여법하신 삶

1. 스님의 신장은 한국인의 평균보다 작으신 편이었다. 두상은 정수리 부위가 약간 높고 양쪽 광대뼈가 앞으로 돋아나신 편에 입술은 두터우셨다. 얼굴빛은 맑게 빛나고 안광은 깊고 그윽한 듯하면서도 상대방을 압도하는 힘을 지니셨다. 걸음걸이는 다소 느린 듯 진중하셨다. 목소리는 낮으면서도 매우 진지하여 듣는 사람의 심금을 울리는 데가 있었다. 대중 설법을 하실 때만은 목소리가 다소 강해지시는 편이었다.

2. 색신은 비록 여성이셨어도 부드러운 듯, 꼿꼿한 듯 특이한 조화를 느끼게 했다. 체구가 작으셨음에도 스님의 어묵동정에서 사람들은 비할 바 없는 거인의 모습을 느끼곤 하였다. 그러나 매사에 걸림이 없이 자연스러운 언행을 보이시는 까닭에 어느 한 면목으로 스님을 설명하기가 어려웠다.

(3) 법-2-36
법-2-39
법-3-26

3. 스님께서는 천성이 매우 온아하셨다. 제자들과 신도들을 사랑하시는 마음이 한결같았고 그들을 응대하심에 있어 조

금도 넘고 처짐이 없이 평등하셨다. 스님께서는 과일 한 쪽이라도 나누는 마음이 항시 자상하셨다. 어느 때 한 신도가 사탕 한 봉지를 드리자 그것을 몸소 토닥토닥 깨뜨려 모여 앉은 모두에게 한 쪽씩 나눠 주신 일도 있었다.

4. 스님께서는 발길 닿는 곳마다 많은 일화를 남기셨다. 제자들은 환희심을 갖고 이를 고이 간직하곤 했지만 그런 일들을 기록으로 남기고자 하신 일이 없었으므로 대중에게 알려지는 경우란 극히 일부분에 불과했다. 그러나 일화들이 어찌 본연 소식에 더하고 보탤 것이 있으랴. 신도들은 스님의 가르침만으로도 푸짐한 법반의 진미를 맛볼 수 있었다.

5. 스님께서는 자신의 지난 세월, 특히 구도의 길에 오르신 이전의 내력에 대해서는 좀처럼 언급하려 하지 않으셨다. 담선 중에 간혹 한두 마디씩 내비치었을 뿐 누가 일삼아 물을라 치면 언제나 말이 짧으셨다.

수-2-35 (5)
수-2-36
수-3-17
수-3-67
수-4-45
수-5-3

1985년도에 한 작가가 찾아와서 스님의 구도기를 책으로 펴내고자 했을 때 비교적 자세한 말씀이 있으셨으나 그것도 언제 어디서 무엇을 어떻게 했노라는 식의, 때와 장소를 가려 밝힌 것이기보다 대강 그러한 일이 있었고 그때의 심중은 그러저러했었다는 정도에 머무르셨다.

6. 스님의 이력이나 행장 가운데 시제가 분명한 부분은 대체로 공식 서류 작성에 필요한 사항과 치악산 상원사 시절 및 안양 한마음선원과 관련된 부분뿐이다. 그러나 그 부분도 스님의 연대기로서 가지런히 정리되어 왔다기보다는 법회 중심

으로 기록되어 왔을 뿐이었다.

(7) 법-2-49
법-3-74

7. 스님께서는 1960년대 초반, 상원사에서 하산하셨을 때부터 감로의 문을 여시고 거의 매일같이 설법을 하셨음에도 자료로 보관되어 남겨진 것은 1984년도부터였다.

스님께서 이런 일과 관련하여 말씀하셨다. "나는 이것을 한다, 이것을 말한다는 생각이 없었다. 내가 체험하고 실천한 것을 그대로 보여 주고 말해 주었을 뿐이다. 특별히 기억할 일도, 남기고자 하는 생각도 없었다." 스님의 문하생들 가운데는 이처럼 과거 기록이 부실한 점을 안타까워하는 이들도 없지는 않았으나 대부분은 큰스님의 오늘의 가르침이 언어 이상의 지혜와 자비를 본체로 하고 있다는 사실에 만족했다.

(8) 법-2-1
법-2-13

8. 스님께서는 선원 밖에서 법회가 열리게 되는 때를 제외하고는 거의 바깥 출입을 안 하시고 조실과 선실 사이를 오르내리시며 하루를 보내셨다. 한 여신도가 여쭙기를, "스님께서는 그렇게 쳇바퀴 돌듯 지내시는데 허무하지 않으십니까?" 하였다. 스님께서 웃으시며 이렇게 말씀하셨다. "네가 나를 위로하느냐? 나는 오늘 대중 공양을 잘 먹었으니 걱정이 없노라."

9. 스님께서는 간혹 스스로를 일컬어 "나같이 못난 사람이……."라는 표현을 쓰셨다. 그때 한 제자가 말했다. "스님, 못나신 지금 그대로가 더없이 좋습니다." 스님께서 빙그레 웃으셨다. 스님과 제자들 간의 드러내지 않는 교분이 대개 이와 같았다.

10. 스님께서는 당신 앞에 닥쳐오는 어떠한 인연도 마다하

지 않으셨다. 아픈 사람이 오면 같이 아파하셨고 괴로운 사람이 오면 함께 괴로워하셨다. 즐거운 사람과는 더불어 즐겁게 웃으셨다. 어린이를 만나면 같이 어린아이가 되고 노인과 이야기할 때는 같이 노인이 되신 듯이 보였다.

11. 스님께서는 속인들이 보기에 아무리 크고 어려운 일이라도 안 되는 일로 돌려놓으시는 일이 없었다. 마땅히 해야 할 일이라면 여법하게 밀고 가셨다. 그 바람에 자신감을 잃었던 사람들도 일이 되어 감에 의구심을 갖지 않고 굳은 믿음을 가질 수 있었다.

스님께서 이에 대해 말씀하셨다. "무위의 법으로 보자면 하등 크고 작음이 없다. 손바닥을 뒤집는 작은 일이나 세상 모든 사람들의 이익이 걸려 있는 큰일이나 모두가 똑같다."

12. 한 제자가 어느 해에 신년을 맞아 스님께 앞으로의 계획에 대해 여쭈었다. 스님께서 말씀하시기를 "누가 시켜서 하는 일도 아니고 누가 하지 말란다고 해서 하지 않을 일도 아니고, 하고 싶으면 하는 것이니 따로 계획을 세워 두지 않는다." 하셨다.

13. 스님께서는 모든 일을 진리에 귀일시키는 바가 워낙 빈틈없이 철저하시었고 사람들이 하찮다고 여기는 일에도 그러하셨으므로 제자들이 오히려 당황할 때가 있었다. 그러한 면모가 십 년, 이십 년이 지나도록 불변이셨으나 스님께서는 조금도 귀찮다거나 싫어하시는 기색이 없으셨다. 한 제자가 감탄조로 그에 대해 여쭙자 스님께서 이렇게 말씀하시었다. "내

가 진리를 그렇게 만들었느냐? 진리가 본래 그러하므로 내가 그러한 것뿐이다."

14. 어느 해에 신년 하례 좌석에서 "새해 복 많이 받으세요."라는 인사를 받으시고는 웃으시면서 말씀하셨다. "복을? 난 복 많이 받으려고 이렇게 앉아 있는 게 아니다. 만약에 복 많이 받는다는 그런 착이 있다면 그 또한 인과를 짓는 게 아니겠느냐." 스님께서는 일상의 보통 일에서도 대개 가르침이 이러하셨다.

(15) 수-3-6
수-3-7
수-3-8
수-5-27
법-2-100
심-1-77
심-1-87
원-2-3-8
원-3-1-1
원-3-1-11
원-3-3-1
원-3-4
원-3-4-1
원-3-4-2
원-3-4-7
원-3-4-11
원-3-5
원-3-5-2
원-4-1-4
원-6-4-13
원-6-4-17
원-6-4-18
원-6-4-19
원-6-4-23
원-7-2-13
원-7-3-6
원-8-2-1
행-8-4-3

15. 한 제자가 스님 자신의 색신에 대한 느낌을 여쭌 적이 있었다. 스님께서 말씀하셨다. "가끔씩 나는 내 몸이 포대 자루처럼 느껴질 때가 있다. 내세울 것도 자랑할 것도 없는, 허름한 천으로 만들고 아무렇게나 취급하는 포대 자루 말이다. 그럴 때 나는 무엇을 먹어도 맛을 모른다. 또 좋고 싫은 문제에 대해서도 마찬가지이니 보통으로 좋아할 일도 딱히 좋다는 생각이 들지 않고 싫어할 일도 구태여 싫다는 생각이 들지를 않는다. 고구마를 담으면 고구마 포대 자루가 되고 쌀을 담으면 쌀 자루, 고추를 담으면 고추 포대이듯 내 몸에 무엇이 들고 나든 전혀 실감이 나질 않는다. 그렇게 인연 닿는 대로 주워 담다가 닳고 해지면 쓰레기장으로 갈 뿐이 아니겠는가."

16. 스님께서는 특별히 즐기시는 음식이 드물었고 공양도 하루에 두 번, 조금씩 드시는 편이셨다. 아침이나 점심을 거르시는 때는 과일이나 채소 몇 쪽으로 요기를 하고 마셨다. 담선하시는 가운데 가끔 음료를 드셨지만 스님께서 드시려 하기보

3. 진리가 그러하니라

다는 사람들에게 권하기 위해서였다.

17. 스님께서는 남달리 소식에 소찬으로 견디셨다. 제자들이 늘 이를 안타까이 여겼고 신도들은 스님의 건강을 염려하여 자주 음식 공양을 올리곤 했다.

스님께서 여러 차례 이렇게 말씀하셨다. "이나마 먹지 않으면 이 체가 움직이지 못할 테니까 먹을 뿐이지 맛으로 먹는 게 아니다. 한술 떠 넣고 물 마시고는 그 생각에 젖어 다시 한술 떠 넣고 그렇게 할 뿐인데 여러분들이 내게 좋은 음식 가져오면 오히려 부담이 되느니, 나는 중이 되어서 이날까지 절 받고 보시 받고 음식 공양 받아서 잘 지내겠다는 생각을 해 본 적이 없다."

18. 스님께서는 신도들이 어떤 산해진미를 공양해도 조금 맛만 보시고는 그 자리에서 모두에게 나눠 주셨다. 그것을 보고 한 신도가 섭섭한 눈치를 보이자 스님께서 고즈넉이 바라보시며 말씀하셨다. "내가 먹었고 이 우주 법계가 다 먹었으니 오죽 좋으냐." 그 신도 분은 스님의 말씀에 눈물을 흘리며 감격해했다.

법-2-44 (18)
법-2-90
원-5-1-2
원-7-1-11
활-3-2-1

19. 스님께서 하루는 죽 공양을 드시면서 아무 말씀 없이 물을 타서 드셨다. 시봉 스님들이 무척 송구스러워하자 말씀하셨다. "너무 짜면 물 타 먹고 싱거우면 간장 타 먹는 것이 그대로 불법이니라."

20. 스님께서는 진리의 곳간이든 재물의 곳간이든 거침없이 열어 베푸셨다. 그러고는 잊으셨다. 베풀고 나면 언제나 앞뒤

수-4-40 (20)
법-2-29
법-3-21

가 끊긴 듯했다.

(20) 법-3-22
　심-1-98

　　어느 날 한 객승이 시주를 청하였다. 스님께서는 공양주 보살을 부르시더니 두어 말 남은 쌀을 모두 시주하도록 이르셨다. 공양주가 내일 아침 공양거리를 걱정하자 스님께서 말씀하셨다. "없으면 들어올 것이니 걱정하지 말라." 그날 밤 한 신도가 스님께 감사하는 뜻으로 쌀 두 가마니를 싣고 찾아왔다.

　　사람들이 그 일에 감탄하자 스님께서 말씀하셨다. "내가 산으로 다닐 때에 먹을 것이나 입을 것을 준비한 적은 한 번도 없었다. 그런데도 먹을 게 없다는 생각이 들면 하다못해 칡뿌리, 나무 열매라도 눈에 띄게 마련이었다. 한번은 추운 겨울에 신발을 잃어버려서 견디기 어려웠는데 첩첩산중에서 신발 한 켤레 건네는 사람을 만난 일도 있었다. 그게 바로 진리이다. 한생각에 턱 맡겨 놓고 오늘을 싱그럽게 살아가면 된다. 자기 주인공을 믿고 거기에 맡겨라."

(21) 수-1-39
　수-1-58
　수-5-7
　수-5-18
　법-1-23
　법-1-25
　법-2-63
　법-2-68
　법-2-76
　법-2-94
　법-3-20
　심-1-56
　심-2-15
　원-3-6-9
　원-7-3-10
　행-3-3
　행-3-3-5
　행-3-3-8
　행-3-5-7

　　21. 스님께서는 세간의 물질적인 수요를 걱정하시는 일이 없었다. 실제로 선원 운영에서도 어려움에 봉착하는 일이 거의 없었으므로 제자들은 스님께서 법력을 발휘하여 그리되는 것으로 믿고 있었다.

　　스님께서 이에 대해 말씀하셨다. "나는 주인공을 믿을 뿐이다. 될 일이면 되겠고 되지 않을 일이면 되지 않을 것이다. 되든 안 되든 턱 맡기고 있으면 여법하게 되어 나갈 것이다." 스님께서는 사사로운 작위에 마음을 두신 일이 없으므로 매사는 여법하게 이루어지곤 했다.

22. 스님께서 어느 때 한 해외 지원에 이틀간 머무르시는 동안 일만 불의 보시금이 들어왔다. 마침 그곳의 청년 불자들이 마땅한 법회 장소가 없어 걱정하는 말을 들으시고는 선뜻 "작은 강당이라도 마련해 보라." 하시며 보시금을 모두 내주셨다.

행-4-4-1 (21)
행-4-6-10
행-4-9-3
행-4-9-4
행-7-2-4
행-10-1-2
생-2-1-12
활-2-1-7
활-3-1-4
활-3-1-8
활-3-1-9
활-3-1-11

23. 스님께서 어느 해 연말에 사찰 일에 종사하는 재가 제자들에게 약간의 떡값을 주시면서 이렇게 말씀하셨다. "내가 밥을 먹을 때는 여러분도 밥을 먹을 것이며 내가 죽을 먹어야 할 때는 여러분도 죽을 들어야 할 것이다. 그러나 섭섭하게 생각지 말라. 설사 내가 죽을 먹더라도 여러분은 밥을 들어야 하고 내가 굶더라도 여러분은 죽이나마 들 수 있어야 할 것이다."

24. 스님께서는 많은 제자를 두셨음에도 어느 누구에게든 이래라 저래라 말씀하시는 법이 없으셨다. 선원의 운영 문제나 신도를 응대하는 일에 있어서 모두 자재법에 맡기셨다. 간혹 시자 스님이 건의 말씀을 드리면 "그래그래, 그것도 법이지." 하실 뿐 더 이상의 말씀이 없으셨다.

25. 스님께서는 또 제자들이 몰래 일을 처리하려는 걸 알고 계시는 경우가 있었다. 그것이 언짢은 일일 때는 그 제자를 불러서 조용히 타이르시곤 하셨다. 제자들이 스님을 경외해 마지않았다.

26. 스님께서는 법제자들이 잘못을 저지르는 일이 있어도 그가 참회하면 용서하셨다. 그럴 경우 대개 스님께서는 "알았

수-1-51 (26)
행-3-26
행-8-3-3

다." 하실 뿐 긴 말씀이 없으셨다. 제자들은 무척 송구스러워 몸둘 바를 몰라 했다.

어느 때 한 신도가, 왜 따끔하게 질책하지 않으시냐며 불평을 늘어놓았다. 그러자 스님께서 말씀하셨다. "질책은 이미 제가 했는 걸……." 그 말씀을 듣고 불평을 했던 그 신도는 이빨이 혀를 깨물었다고 해서 뽑아 버릴 수 없는 자연의 이법을 알게 되었노라고 말했다.

(27) 수-5-28
생-1-3-3
생-1-3-5
생-1-3-7

27. 스님 밑에서 삭발염의한 제자 스님들은 스님께서 여러 가지 면에 간섭이 없으시다는 사실에 일견 편안함을 느꼈다. 그러나 시간이 흐르면서 열이면 열, 그 자유가 얼마나 무서운 자유인지를 절감하지 않을 수 없었다. 마음의 법리 안에서 여법하게 지낸다는 게 결코 쉽지 않음을 느끼게 되었기 때문이었다. 제자들은 스님께서 특별한 지시나 간섭을 하지 않으심에도 말 없는 말이 있음을 알게 되었다.

28. 스님께서는 누구에게나 한번 일을 맡기시면 일체 관여하지 않으셨다. 간혹 잘못이 드러나는 경우라도 특별한 말씀이 없으셨다. 아홉 가지 잘못이 있더라도 한 가지 좋은 점이 있으면 그 점을 높이 사셨으므로 제자들은 늘 감복하였다. 꼭 말씀을 하셔야겠다고 느끼셨을 때는 간곡하게 타이르셨으므로 듣는 사람이 무척 송구스러워했다.

(29) 법-3-46
원-6-3-14

29. 선원을 찾는 신도 중에는 타 종교를 믿다 개종한 사람이 적지 않았고 십 년, 이십 년을 기복 종교로 돌다가 발길을 돌린 사람들도 많았다. 그런 이들일수록 선원을 찾기 시작하

고부터는 마음이 편안해지고 일상생활에서 이익 됨이 있었노라고 체험을 털어놓는 경우가 많았다.

그에 대해 스님께서 말씀하셨다. "우리 생명의 에너지는 항상 같이 돌아가기 때문이다. 내가 특별나게 내놓는 것이 있다고 하기 이전에 알게 모르게 오가며 같이 돌아가는 게 대공의 이치인 것이다. 그러므로 별스런 일이 있다 해도 그것은 기적이 아니라 주인공의 능력인 것이니 중요한 것은 굳건한 믿음이다."

30. 스님께서는 선원을 찾는 이들을 가리지 않고 두루 상대하셨다. 개중에는 정신이상자들도 섞여 있어서 간혹 소란을 피울 때가 있었다.

제자들이 스님께 사람을 가려서 만나시기를 요청하자 스님께서 말씀하셨다. "도둑이 들든, 또는 누가 와서 성가시게 하든 염려하지 말라. 내가 있으면 막고 높이고 하겠지만 나는 나오지도 않았고 갈 곳도 없기에 들어오겠으면 오고 말겠으면 말라 하는 것이다. 이 세상 진리가 활짝 열려진 것이거늘 무슨 담장이 있고 문지방이 높겠느냐. 무엇을 알고, 내가 있고, 아는 사람 모르는 사람 가려 받아야 하겠다는 생각마저도 놓아 버려야 하느니, 설사 방편을 세운다 할지라도 자기라는 상이 있는 것이니라. 부처님은 자기 있는 곳에 계시니 문지방이 높다 낮다도 없다."

31. 하루는 예의를 갖출 줄 모르는 웬 학인이 찾아와 마구잡이로 떠들고 가자 신도들이 스님께 가려서 접견하시기를 권

유하였다.

　스님께서 그 권유를 들으시고 이렇게 말씀하셨다. "무쇠하고 금하고 둘이 아니니 문지방을 높일 필요는 없다. 사람이 근기대로 하다 보면 금이 될 수도 있을 터이니 여러분들도 거지를 만나든, 가난한 이를 만나든, 대통령을 만나든 둘 아닌 줄로 알아야 한다. 나도 억겁을 통해 미생물로부터 거쳐 오기를 여러분과 마찬가지이었거늘 어찌 다르다 하겠는가. 나를 저울에 달아 보려고 하는 사람이 있으면 달리지 않으려고 애쓰지 말고 그냥 달려 주는 게 좋다."

(32) 법-4-26
　32. 스님의 일상 언행 속에서 신도들은 보시·애어·이행·동사의 사섭법을 그대로 느꼈다. 늘 베풀어 주시고 늘 자비의 말씀을 해 주시고 모든 이의 고통을 살펴 참된 이익을 주시고 언제나 제자, 신도들과 더불어 기쁨과 슬픔을 나누는 모습이 그러하셨다.

(33) 법-2-17
법-2-21
법-2-23
　33. 스님의 일상생활 하심은 자비심으로 본을 삼고 머무르는 바 없는 여여함으로써 그 쓰임을 나타내시었다. 스님께서는 귀의하는 마음이 진실되고 간절한 사람에게는 아낌없는 자비심을 내보이셨다. 그 중에도 가난하고 사회에서 버림받은 사람에게 더 마음을 기울이시는 듯이 보였다.

(34) 법-1-5
법-1-6
법-1-7
법-1-8
법-1-10
법-1-11
법-1-12
법-2-3
　34. 스님께서는 인연에 의해 만들어진 것을 버리지 않으셨고, 무한한 자비심을 보이셨고, 중생을 교화하는 일에 권태를 느끼지 않으셨고, 신명을 아끼지 않으셨고, 진실을 설하는 일에 피로를 모르셨고, 모든 중생의 고뇌를 대신하셨고, 공덕을

돌려 베푸셨다.

  스님께서는 또 생사윤회에 두려움이 없으셨고 그를 대함에 정원수를 관상하듯 하셨고, 명예나 욕을 당해도 기뻐하거나 슬퍼하지 않으셨고, 이득을 뽐내지 않으셨고, 남의 즐거움을 보고 기뻐하셨고, 중생의 마음과 더불어 겸허하셨고, 다른 가르침을 봉행하는 사람과도 다투시는 법이 없으셨고, 이런 일에 항상 변함이 없으셨다.

법-2-4 (34)
법-2-10
법-2-17
법-2-67
법-2-95
행-11-8-4
행-11-8-6
생-4-9-1

선미

  35. 선원의 신도가 날로 늘어나고 각처에 지원이 생겨나자 스님의 가르침을 비방하는 사람도 생겨났다. 스님께서 말씀하셨다. "나는 한평생 나를 위해 살아 본 일이 없으니 세평에는 관심이 없노라. 내가 가르치는 바는 체험을 통해서 옳고 진실한 줄을 알게 된 법인 것이다. 빗장을 쥐어 보지 못한 이들의 시샘이나 훼방은 아직 종 문서를 떼어 버리지 못한 처사일 뿐이다."

수-2-49 (35)
수-3-39
수-5-25
법-2-95
법-2-108
법-3-40
법-3-43
법-3-60
법-3-61
법-3-74
법-4-13
법-4-14
원-2-5-12
행-5-3-15
행-5-3-16

  36. 어떤 사람이 개인적인 불만에서 스님을 비방하고 다닌 적이 있었다. 그 일을 전해 들으시고는 이렇게 말씀하셨다. "어떤 사람이 나를 욕하고 모함했다 해도 그건 어제의 일이다. 나는 오늘을 묵묵하게 살아갈 뿐이다. 코끼리처럼 투벅투벅 걸어갈 뿐 내가 어떤 경지에 올랐든 개의치 않고, 세상 사람들이 무어라 하든 관계치 않는다. 나는 진실을 믿을 뿐이다. 진

실이란 누가 뭐란다고 해서 더 높아지지도 않고 낮아지지도 않는다."

스님께서 또 말씀하셨다. "나는 세상이 내게 따라 주기를 바라지 않는다. 그러나 내가 세상에 따라 주기는 한다."

(37) 법-3-31
심-1-108
심-1-118
원-6-4-9

37. 한 수행자가 찾아와서 스님을 뵙고 말씀 여쭙더니 마구니라고 매도하기를 서슴지 않았다. 스님께서 조용히 말씀하셨다. "참 잘 보았다. 마구니를 보면 부처를 본다." 그러자 기세등등하던 그 수행자는 풀이 꺾여 스님 말씀을 다소곳이 듣더니 훗날 제자가 되었다.

스님께서 그때 제자들에게 말씀하셨다. "미친 병이 들린 사람 앞에서 때로는 나대로 미친 사람으로 다가설 경우가 있으니 마구니를 보지 못한다면 부처 도리 때에는 또 부처를 보지 못한다. 마구니를 볼 줄 알면 부처를 볼 줄 알 것이고 부처를 볼 수 있는 사람이면 마구니도 볼 수 있을 것이다."

(38) 수-5-14
법-2-51
법-2-66
법-2-67

38. 한 신도가 스님께 사뢰기를 "어느 스님께 주인공을 믿고 맡기는 도리에 대해 여쭈었더니 '외도일 것'이라 하옵는데 어떠합니까?" 하였다. 스님께서 말씀하셨다. "그것은 그분의 생각일 뿐이니 나는 관여치 않는다. 다만 자기를 자기로부터 찾아서 부처의 은혜를 갚으라고 하는데 그것이 외도라 한다면 자기한테 부처가 있다는 것은 아는지 궁금할 뿐이다. 나는 아직껏 누구를 외도라 생각해 본 일도 없고, 공부가 높다 하여 특별히 받들고자 함도 없었으니 오로지 평등한 마음이라, 무시와 존경은 다 자기를 항복시키지 못한 데 기인하는 것이다.

자기 부처에 귀의하라는 것을 외도니 사도니 한다면 그렇게 가르친 벌로 나는 구더기가 되어도 상관없다."

39. 한 제자가 여쭙기를 "율장에는 팔십 먹은 비구니라 할지라도 엊그제 갓 출가한 나이 어린 사미에게 예를 갖추게 되어 있는데 그것은 어떤 이치입니까?" 하였다. 스님께서 이에 대해 말씀하셨다. "부처님의 참뜻은 그게 아니었을 것이라 믿는다. '어린 사미'라고 하신 것은 깨달은 사람을 뜻한 것이지 남·여를 둘로 나누어 이른 것이 아니다. 또한 누구나 그대로 남·여를 함께 지니고 나간다는 것은 너무나 당연하다. 금강경 말씀에 '선남자 선여인'이라 하였거늘, 일체 만물만생이 다 포함되는데 어찌 여자만 떼어 놓겠는가. 남·여가 따로 없다고 말하는 것조차 어설프거늘 비구니가 수행함에 있어 남자 몸 받기를 발원한다는 것은 좁은 소견이다. 벌레가 되면 어떻고 구더기가 되면 어떠한가. 아랑곳없이 들어가는 판에 무슨 기약할 바가 붙겠는가. 전생으로부터 살아온 나날들을 주욱 훑어본다면 속인도 중이 됐었고 중도 속인이 됐었고, 그야말로 기가 막힐 일이라, 그 틈에 비구 비구니 찾을 겨를이 어디 있겠는가. 그런 것에 걸린다면 절대로 부처님의 마음을 꿰뚫어 보지 못함이라, 세상을 머리에 이고 휘두르며 나아가도 시원치 않은 판국에 현재의 겉모습 정도를 세우다니⋯⋯. 세상에 어느 것 하나 세울 게 있는지 보라. 내세울 게 도무지 없는 법이다."

그 말씀을 듣고 한 신도가 사뢰기를 "밖에서는 '비구니 도량이다. 대행 스님은 비구니 스님 아닌가.' 하는 말을 듣게 되는 경우도 있습니다." 하였다. 스님께서 말씀하셨다. "그야 모습이 비구니이니까 비구니지 뭔가. 나는 여기가 비구니 도량이다, 내 모습이 어떻다 하는 생각이 없다. 하지만 누가 잘못된 생각을 고집할 때는 자신을 한번 돌이켜 보도록 해 주는 경우는 있다. 정말로 부처님과 한자리 하고 역대 조사와 한자리 하려면 내가 비구라는 생각, 비구니라는 생각, 율사다 선사다 하는 생각 등등을 다 놔 버리고 평등심부터 지킬 줄 알아야 할 것이다."

(40) 수-3-6
수-3-7
수-3-8
수-5-27
법-2-100
법-3-15
심-1-77
심-1-87
원-2-3-8
원-3-1-1
원-3-1-11
원-3-3-1
원-3-4
원-3-4-1
원-3-4-2
원-3-4-7
원-3-4-11
원-3-5
원-3-5-2
원-4-1-4
원-6-4-13
원-6-4-17
원-6-4-18
원-6-4-19
원-6-4-23
원-7-2-13
원-7-3-6
원-8-2-1
행-8-4-3
예-30

40. 학인들 중에는 스님의 색신을 빗대어 "비구니가 알면 얼마나 알겠느냐." 하며 발길을 돌리는 사람이 있었다. 스님께서 말씀하셨다. "나무 한 잎사귀조차도 불교 아닌 게 없거늘, 어찌 사람인데 비구니라서 잘하고 못하고가 있겠는가. 그것은 그 사람들의 생각이지 내가 관여할 바가 아니다. 좋다고 평을 하든 언짢다고 평을 하든 간에 나는 이날까지 한 번도 내가 잘되게 해 달라고 원한 일이 없거늘, 내 이 탈이 아무런들 그것이 무슨 상관이겠는가."

41. 어느 신도가 스님의 외양을 빗대어 폄하의 말을 하는 걸 들으시고는 스님께서 이르셨다. "내가 그대로 떳떳할 뿐이니, 나를 보고 생김새가 어떻다 하는 것이 틀린 말은 아니다. 거죽으로 보고 물질로 보는 것이거늘, 맛을 모르니 무엇을 탓하겠는가. 저이도 내가 나를 몰랐을 때의 나와 같다."

스님께서 또 말씀하셨다. "내가 만약 잘 그려 가지고 미인

으로 나왔다면 난 이 공부를 못했을 것이니 차라리 못 그려 가 예-35 (40)
지고 나온 게 좋았다." 예-61

42. 스님께서 미국 포교 중에 한 신문사의 초청으로 법회를 여신 적이 있었다. 그때 한 비구 스님이 대중 가운데 일어나 여쭙기를 "어찌 비구니로서 큰스님이라 칭하는가." 하였다. 스님께서 말씀하셨다. "나는 아직껏 비구다, 비구니다라는 것을 생각해 본 일이 없다. 스님이 비구도 알고 비구니도 안다면 훌륭한 일이니 한번 따로 찾아오라."

스님께서 대중을 향해 말씀하셨다. "큰스님이란 말도 이름일 뿐이다. 오직 도리에 통달해서 모두에게 이익이 되게 하고 말 한마디라도 한데로 떨어뜨리지 않고 실천으로서 법이 되게 해야 오며 가며 말없는 가운데 에너지가 충전되는 것이다."

43. 한 제자가 여쭈었다. "스님께서 공부하시는 중에 파계 수-2-49 (43)
승이라는 비난을 듣기도 하셨다는데 그 말을 들으셨을 때의 심 수-3-39
경이 어떠하셨습니까?" 스님께서 말씀하셨다. "자신이 한 것 수-5-25
만큼이지 더하고 덜함도 없다. 알아주면 어떻고 몰라주면 어 법-2-108
떠한가. 이러쿵저러쿵 말할 것도 없고 다만 내 지극한 마음으 법-3-35
로 괴로운 사람을 그 고통에서 풀어 주기도 했고 에너지가 필 법-3-60
요한 사람에게는 에너지를 주었을 뿐이었다. 간혹 중심이 없 법-3-61
는 사람에게는 잠시 에너지를 뺏어 고통을 맛보게 한 연후에 법-3-74
믿음으로 그 고통이 없어지는 걸 맛보게도 했다. 오로지 반야 법-4-13
줄을 쥐고 갈 수 있게 가르쳐 주었을 뿐이니 날더러 욕을 했다 법-4-14
해서 그게 무슨 상관이던가."

230 법연편

44. 한 신도가 스님을 처음 뵙고 무례하게 굴더니 곧이어 자신의 잘못을 뉘우치고 사과하였다. 그러자 스님께서 말씀하셨다. "괘념치 말라. 내가 잘못되었다면 잘못됐다고 따귀라도 때릴 만한 사람이 되어야 하느니, 다음번에 도둑질하려 할 때는 빗장부터 열어 놓기를 바랄 뿐이다."

(45) 법-2-49
법-3-74
행-4-1-10
행-4-1-11
행-4-9-3
행-9-1-5
행-9-1-14
행-9-1-16
행-9-2-13
행-11-6-1
행-11-6-3

45. 스님께 찾아와 병을 고친 뒤에 발길을 끊는 사람이 가끔 있었다. 한 신도가 이를 언짢게 생각하자 스님께서 말씀하셨다. "내가 이 도리를 공부하지 않았더라면 어떻게 그 없는 사람인들 도움을 줄 수 있었겠는가. 나는 했다는 생각 없이 한 것이니 괘념할 일이 아니다."

(46) 법-2-58
법-2-119
법-3-29
법-3-46
심-1-102
원-1-1-6
원-1-2-2
원-2-2-7
원-3-1-4
원-5-1-1
원-5-1-4
원-5-1-10
원-6-1-3
원-6-3-14
원-7-1
원-7-1-9
원-8-2-13
행-1-4-5
행-9-2-2

46. 스님께 와서 병이 낫는 사람도 많았고 원했던 일들이 성사되어 좋아라 하는 사람도 많았다. 그런 일들이 계속되자 신도들 중에는 무언가 깜짝 놀랄 신비스런 일이나 눈 귀가 번쩍 뜨일 만큼 분명한 진리의 말씀이 있기를 기대하는 사람들도 생겨났다.

그런 기미를 아시고 스님께서 말씀하셨다. "나는 어떤 신비나 이적을 보여 주는 그런 사람이 못 된다. 사실대로 말하자면 이 대행의 생각으로는 진실이나 진리란 그처럼 놀랍거나 신비스럽거나 어마어마한 것이 아니다. 진리가 찬란하고 눈부시도록 아름답고 가을 하늘같이 높고 공활한 줄만 알지 말아야 하느니, 세상 사람들은 대개 진리란 너무 엄청나고 요원해서 감히 손도 내밀어 볼 수 없다고 생각하는 경향이 있다. 그런 나머지 진리에 대해서라면 삼십이상을 구족하신 여래나, 위대한 성자, 철인, 영웅, 학자, 스님네들이나 말할 수 있다고 믿는 것 같다. 그러나 나의 생각은 그렇지 않다. 내가 꼭 진리를 보았다거나 깨달았다 해서가 아니라 아주 평범한 진실로써 말하는 것이니 진리란 너무나 단순한 것이 아닐까. 서로 슬퍼해 주고 서로 아껴 주는 마음, 서로 이해해 주고 서로 감싸 주는 마음, 그 이상 무엇이겠는가. 사실 따지고 보면 진리의 말씀이 부족해서 이 세상이 더 좋아지지 못하는 게 아니다. 부처님이나 예수님, 공자님께서 말씀해 주신 것만으로도 충분하고 남는 바가 있다. 그런데 어디 그뿐인가. 두두물물이 다 우리에게 진리를 말하고 있지 않는가. 그러므로 진리의 말씀이 부족해서가 아니라 그런 말씀을 참으로 실천하지 않기 때문에 이 세상이 좋아지지 않는 것이다. 그러므로 여러분들도 어디 눈 귀가 번쩍 뜨이게 해 줄 선지식은 없을까 하고 너무 헤매지 말라. 어떤 선지식도 여러분에게 알사탕 주듯이 진리를 줄 수는 없다."

47. 스님께서 어느 때 말씀하셨다. "예를 들어 일 년 후 혹은 몇 년 후에 어떤 일이 벌어질 것이라고 예언을 한다는 것은 소인의 짓이다. 만약 만법을 응용할 수 있는 선지식이 있다면 사흘이 삼 년, 삼 년이 삼천 년으로 늘 수도 있고 반대로 삼 년이 사흘로 축소될 수도 있다. 또한 그 어떤 일이 대부분의 중생에게 언짢은 일이라면 붓 하나 들어 밀쳐 버릴 수도 있는 것이다. 일례로 나라가 위급하다고 할 때 보살의 자리를 한 단계 내려서 국민을 위해 마음을 합쳐 준다면 사태가 좋은 방향으로 수습될 수도 있는 것이다. 그러니 돌아가는 것을 봐 가면서

심-1-107 (47)

잘못되면 뜯어고치고 잘되면 밀어 주고 정히 안 되겠구나 싶을 때는 훌렁 돌려 버리면 된다. 이것은 그동안 내가 다 체험해 본 것이고 두서너 번씩 다 해 보고 밟아 온 길이다."

(48) 수-5-15
법-2-26
법-3-11
법-3-56
원-1-4-1
원-4-2-6
원-5-1-15
원-6-2-16
생-2-1-19
생-2-1-20
예-12
예-77

48. 한 신도가 대중 앞에서 찬탄하여 말하기를 "우리 스님께서는 미륵보살님처럼 높고 크시다."라고 하였다. 그 말을 들으시고는 스님께서 이렇게 말씀하셨다. "그 미륵보살이 높고 크다는 뜻이라면 나는 받아들일 수 없다. 높은 것은 사실 높지 않나니, 높아서 높은 것은 다만 세간 법일 뿐 진실한 입장에서 보면 가장 낮다고 하는 사람, 누추하고 더럽다는 그 자리가 더 높을 수 있다. 진정으로 높은 이에게는 높낮이가 없다. 그러니 어찌 미륵인들 높겠는가? 어찌 스승이 꼭 높기만 하겠는가. 중생은 부처에게서 배우지만 부처는 중생에게서 배운다고 나는 믿는다. 스승이란 제자들의 발을 닦아 주고, 제자들을 책임지고 돌보아 주는 영원한 부모인 것이다. 세상의 부모들을 보라. 자녀들보다 높은가. 부모들의 높음이란 오히려 자녀들에게 모든 힘과 정성을 다 바치기 때문이지 군림하는 자리라서 높은 게 아니다. 부모는 자녀에게 모든 것을 주다 못해 하나뿐인 생명까지도 준다. 그런 마음의 스승이라면 어찌 제자들 위에 있겠는가. 스스로 높아지려는 사람은 누추한 곳으로 내려서야 한다. 그렇게 하는 것은 그럼으로써 높아지고 찬란해지게 되기 때문이 아니라 진정으로 누구나 그렇게 살지 않으면 안 되는 것이기 때문이다."

스님께서 또 말씀하셨다. "내가 아무리 안다 해도 모르는 이에게 어떻게 뒤집어 보일 수 있겠는가. 여러분이 100%를 알면 나도 100%를 아는 것이고, 백분의 일밖에 모른다면 나도 백분의 일밖에 모르는 것이다."

49. 스님께서 대중에게 말씀하셨다. "여러분들은 무엇에도 속지 말고 자신의 주인공을 역력히 발견하여야 하느니 나에게도 속지 않도록 하라. 나의 형상을 보고 따르려 하지 말고 내가 말하고 행과 뜻으로 보여 주는 진리에 대해 믿음을 가져야 한다. 구도자라면 모름지기 살얼음판 위를 걷듯이, 날을 세운 칼 위를 맨발로 딛고 가듯이 조심해야 하느니 인내와 희생 없이 도리를 알 수 있다고 생각하지 말라."

법-2-48 (49)
법-3-48
심-1-3
행-8-3

50. 한 불제자가 찾아와 여러 번 만에 비로소 스님을 뵙게 되었노라고 인사를 드렸다. 스님께서 말씀하셨다. "실컷 봐. 이 거죽만 보지 말고……. 이 고깃덩이는 아무리 여러 번 보았다 해도 흩어지면 그냥 송장이니 보려면 아주 진짜를 잘 보고 가기 바란다."

51. 미국의 한 신도가 법회 중에 여쭈었다. "스님께서는 더할 자리 없는 도인으로서 육신통을 하신 줄 아는데 무슨 인연으로 저희들과 한자리에 앉게 된 것입니까." 스님께서 웃으시며 말씀하셨다. "과거도 미래도 없는 지금의 인연이니, 이렇게 만난 게 인연이라 무슨 과거 미래를 찾겠는가. 그리고 내가 이런 말 하고 저런 일 해서 위대하다고 한 적도 없느니, 작으면 작은 대로 크면 큰 대로, 여러분이 작으면 나도 작고, 크면 나도 큰 대로 이렇게 둘 아니게 앉았는데 무슨 이름이 붙겠는가."

법-2-110 (51)
법-3-52
법-3-69
원-5-3

그러자 또 한 신도가 여쭙기를 "인연이 다하여 이승을 떠나신 후 언제 다시 뵙게 됩니까?" 하였다. 스님께서 말씀하셨다. "삼천 년 전하고 오늘하고 대어 보니까 짝이 꼭 맞으니, '삼천' 하니까 '하나'요, '하나' 하니까 '삼천'이 똑같노라. 사람들이 작년이다, 올이다 하는 것뿐이지 시공을 초월해서 마치 비행기 프로펠러 돌듯이 돌아가는데 어디 삼천 년이 붙고 오늘이 붙을 자리가 있겠는가. 그렇기에 내생에 인연이 된다, 안 된다 하는 것을 떠나서 둘 아닌 도리를 배우고 둘 아니게 나투는 도리를 알면 세세생생 끝 간 데 없이 너이면서 나이고, 너 있고 나 있으면서 인연이 그대로 영원한 것이다."

52. 제자들 가운데 스님의 색신이 멸할 그 이후를 걱정하는 이가 있었다. 스님께서 말씀하셨다. "육신이 떨어졌다고 내가 어디로 가느냐? 온 곳이 없으니 갈 곳도 없다. 이 선원은 한마음에 의해 운영되어 왔고 앞으로도 그럴 것이다."

53. 스님께서 어느 때 또 말씀하셨다. "내 몸뚱이 없어진다 해서 일을 못하는 게 아니니 요구하는 사람 앞에 내가 나서게 되느니라. 꼭 육신이 있어야만 하는 게 아니라 다른 육신들이 있는 이상 한마음 도리에 들기만 하면 그가 원하는 대로 같이 첨부하기도 하니 바로 화하는 것이다."

54. 스님께서 미국 알래스카 초청 법회에 참석하셨을 때 한 신도가 대중 가운데 일어나 말하기를, 스님께서는 지금 세계가 감당키 어려울 만큼 광대무변한 법을 실천하시고 계시므로, 스님께서 이 지구라는 원의 중심이 되어 세계를 연결하는

컴퓨터 포교망을 구축해 주십사 하고 청하였다. 스님께서 말씀하셨다. "그렇게 함으로써 미주는 물론 유럽, 아시아 각지가 서로 주고받으며 공부하게 되기를 오로지 바랄 뿐이나 세계적인 과제이므로 우선 이삼 년에 한 차례씩 모일 수 있는 체계를 갖추는 게 좋을 것이다."

55. 스님께서 어떤 사람의 속임수를 모른 척하고 넘기시자 한 신도가 여쭙기를 "스님께서는 눈이 밝으시면서 어찌 저러한 사람에게 속임을 당하십니까." 하였다. 스님께서 대답하셨다. "자기가 자기를 속이고 속임을 당한 것이지 나를 속인 것이 아니다. 설사 그가 나를 속였다고 생각하더라도 내가 내 손으로 나를 때린 격이나 같으니 어찌 내가 아프다고 하겠느냐? 오히려 감사할 일이다."

행-3-4-14 (55)
행-3-4-15
행-3-4-16

56. 어느 때 학인 여럿이 찾아와 중구난방으로 법을 물었다. 스님께서 대답하시기를 "당신들이 요만큼 알면 나도 요만큼 알고, 당신들이 이만큼 알면 나도 이만큼 아는 것이니 그렇게 알고 돌아가라." 하셨다.

법-2-26 (56)
법-3-48

그들이 돌아가고 난 뒤 한 제자가 여쭙기를 "한번 내리치셔서 점검을 해 보심이 좋았을 줄 압니다." 하였다. 스님께서 이렇게 대답하셨다. "그 철퇴는 자비의 철퇴이니 웬만큼 아는 사람이라야 얻어맞으면 맞는 대로 약이 되겠지만 그렇지 못하고서야 생사람 고생시키는 일밖에 더 되겠느냐."

또 어느 때는 그와 비슷한 일이 있고 나서 스님께서 말씀하시기를 "이 물건 딱 집어 삼킬 사람이 없느냐?" 하셨다.

(57) 법-3-51
법-3-52
법-3-69

57. 한 제자가 스님께 '스님의 전생이 어떠했는지'를 여쭈었다. 스님께서는 "조금 아까도 전생이고 일 초 후가 또 전생인데 그것은 따져서 뭣해!" 하시며 가볍게 응대하셨다.

58. 한 제자가 여쭈었다. "가령 다른 곳에 마음을 깨친 분이 있다면 쓰임에 있어 힘을 합치는 도리는 어떤 것입니까?" 스님께서 말씀하셨다. "내려섬이 없이 한 계단 내려서서 법신으로 행할 때에도 전체로 돌아가기에 둘 아닌 생각을 하게 되느니, 그대들이 말없는 가운데 통하기도 하듯이 진리의 자리에서는 그쪽이 나이며 그들이 하는 게 이쪽에서 하는 것과 같다."

(59) 법-2-51
심-1-36
심-1-82
원-1-5-8
원-2-4-3
원-2-4-11
원-6-3-2
행-1-3-3
행-1-4
행-1-4-2
행-1-4-6
활-3-1-1
예-12

59. 스님께서 말씀하셨다. "합쳐지면 모든 것이 그대로 나 하나이기에 가만히 앉아 있을 수 있는 것이다. 모두가 벌어지고 흩어져 있는 채로라면 이것도 생각하고 저것도 생각하고 이것도 보고 저것도 가져야 할 테지만 나한테 다 갖춰져 있으니 묵묵히 있을 수 있는 것이다. 나의 잠재해 있는 창고 열쇠를 내가 가지고 있으니 쓸 때가 되면 꺼내 쓸 것이고, 때에 따라, 환경에 따라 맞춰서 쓸 수 있는 것이다. 우주 전체의 보배가 전부 내 주인공 안에 있거늘 왜 찰나찰나 꺼내 쓰지 못하고 가난하다, 고독하다 하는가."

(60) 수-5-33

60. 한 신도가 스님께 스님 자신의 도력이 어느 정도인가를 여쭌 적이 있었다. 스님께서 이렇게 대답하셨다. "나는 내가 마음공부를 대단히 많이 했다든가 공부가 끝났다든가, 내가 대단한 스승이라든가 도인이라든가 하는 생각 따위는 정녕

61. 스님께서 어느 때 말씀하셨다. "나는 깨달았으니까 큰 스님이다, 큰사람이다, 이만하면 됐다는 생각이 전혀 없다. 그대로 열매 열렸을 뿐이고 그대로 무르익었을 뿐이고 그대로 맛볼 뿐이다."

62. 한 제자가 여쭈었다. "스님께서는 경계를 보심이 어떠합니까?" 스님께서 말씀하셨다. "그대들처럼 돌아다니면서 보는 방법도 있고 여기 앉아서 그리로 가거나 끌어다 보는 방법도 있으니 자기 요량대로 할 뿐이다. 가령 지구를 볼 때 내 정원을 내려다보듯 순간에 응하여 보고 듣고 판단하고 행하기도 하는데 그러는 중에 전체를 보려면 전체를 보고, 부분을 보려면 부분을 세밀히 볼 수 있다. 그러나 천차만별로 다양하게 돌아가고 별의별 것으로 쓰이기에, 쓰인다 쓴다 할 것도 없이 즉응하는 것일 뿐이다."

수-3-44 (62)
수-3-45
수-3-68
법-3-64
행-3-5-13
행-4-1-4
행-4-1-5
행-4-1-11
행-4-8-4
행-10-1-1

63. 스님께서 미국 샌프란시스코 법회에 참석하셨을 때 한 신도가 대중 가운데 일어나 여쭈었다. "스님께서 도력이 높으시다면 한국에서 스님들끼리 싸우고 노사 분규가 일어나고 학생 데모가 심한 것을 왜 두고 보십니까?" 스님께서 웃으시며 말씀하셨다. "화산이 활동하는 것을 재료로 삼아서 과학이 얼마나 발전하게 되었는지를 아는가. 또 돌과 돌이 부딪치지 않으면 불이 일어나지 않듯이, 마찬가지로 그것은 싸움이 아니라 발전의 계기인 것이니 각자가 법거량을 하는 셈이다."

64. 스님께서 미국 포교 중에 담선 법회를 여신 자리에서 한 신도가 스님의 용에 대해 여쭈었다. 스님께서 말씀하셨다. "보이지 않는 것과 보이는 것을 한데 싸잡아서 활용하는 것, 그것이 중용이다. 한생각에 밥 한 그릇으로 일체 중생을 다 먹이고도 한 그릇이 되남는다고 하느니, 나는 어떤 때는 떡 한 그릇, 물 한 그릇, 향 한 개비로 천도를 하기도 하고 '그래, 알았어요.' 하는 말 한마디로 그뿐이기도 하고, 두루두루 나눠 주는 걸로 처리하기도 한다. 내가 나를 위해 이렇게 한다면 나를 믿으라고 하겠지만 여러분의 주인공을 믿으라 하니, 부처님의 가르침이 그러하여 '내 골수를 얻으면 너와 내가 둘이 아니니라.' 하신 도리를 체험으로 말하는 것이다."

65. 한 신도가 여쭙기를 "스님께서는 저희들의 하소연을 들으실 때 '알았다' 하시면 그뿐인데 예를 들어 국가적으로나 군사적으로 큰일을 하실 때에도 그와 같습니까?" 하였다. 스님께서 말씀하셨다. "요리를 할 때 칼을 들었으면 그뿐이지 이렇게 한다 저렇게 한다는 말이 필요하겠는가. 더욱이 국가적으로 수많은 생명이 걸린 문제일 때는 물질적으로, 사량적으로 생각할 여지가 없는데 말이 따를 까닭이 없다. 그냥 마음법의 비밀이니 '알았다' 하는 말조차도 누설일 뿐이다."

66. 어느 해 여름, 신도들이 모여 앉아서 강력한 태풍의 상륙을 걱정하는 걸 들으시고는 스님께서 이렇게 말씀하셨다. "너희들이 그것을 모면케 해 보라. 태풍이 상륙해서는 안 되겠다고 생각한다면 가차 없이 먼 바다로 내모는 도리가 있은즉,

'이건 이렇게 되어야 하겠구나.' 하고 한 점 딱! 찍고 간다면 그대로 통과인지라, 일체 만법을 그렇게 할 수도 있다."

67. 스님께서 말씀하셨다. "핵무기가 제아무리 거대하여 온 인류를 앉은 자리에서 몽땅 죽일 수 있다 해도 사람이 해 놓은 것이다. 고로 거기 생명이 있어 내 마음과 근본이 다르지 않으니 그것 또한 마음의 문제라, 이 광대무변하고 신묘한 도리를 알아 중생을 제도할 능력을 기른다면 걱정할 것이 없다."

68. 한 신도가 여쭈었다. "스님께서 상원사에 계실 때에는 정성을 들이기만 하면 전후 좌우 사정을 불문코 다 성사되었다 하는데 그때와 지금은 어떠합니까?" 스님께서 말씀하셨다. "그때는 내가 공부를 가르치는 입장이 아니라 실험을 해 볼 때였느니, 상대방을 보기 이전에 우선 배고픈 걸 면해 주려는 생각이면 그뿐이었다. 아픈 사람이 오면, 예를 들어 고통이 열흘 갈 일이라면 한순간으로 축소해서 나을 수 있었지만 그것은 영원토록 자기가 할 수 있는 처지가 아니라 빌어먹는 격이나 다름없었다. 지금 공부하는 사람이라면 단축해서 뺄 것을 빼 버릴 수 있으되 스스로 털어 버리지 못하면 또 배고플 것이니 어찌하겠는가."

69. 어느 때 스님의 법랍을 캐묻는 이가 있었다. 스님께서 언급하셨다. "나는 오늘 이 시점에서 머리를 깎은 것이지 엊그저께 깎은 게 아니다. 승랍이 십 년, 오십 년이라 한다 할지라도 오 년으로 줄일 수도 있고 오천 년으로 늘릴 수도 있고 또 오 년을 닷새로 축소할 수도 있는 것이 마음자리이다. 그것을

확실히 안다면 눈 한 번 깜빡할 때에 은하계를 떼어다 놓고 보는 도리를 아느냐 하는 게 문제이다. 승랍이나 따지는 것은 사람들이 사량으로 하는 일이다."

70. 한번은 스님께서 종단이 주도하는 불사에 크게 동참하신 게 불교 신문에 소개된 적이 있었다. 그것을 보고 한 객승이 찾아와 은사 스님의 병구완에 필요하다며 시주하시길 간청하였다. 스님께서는 예비된 자금이 있어서 불사에 동참했던 게 아니라고 하셨지만 그 스님은 믿지 아니하였다. 무위의 크나큰 힘을 믿지 못하는 이들의 태도가 대개 이러하였다.

71. 스님께서 어느 때 담선 중에 말씀하시기를 "내가 지금 여기 이렇게 앉아 있으면서 다른 혹성에도 존재한다면 믿겠는가?" 하셨다. 아무도 대꾸하는 이가 없었는데 그 후 한 신도가 법회 중에 그에 대해 여쭈었다. 스님께서 말씀하셨다. "상으로서의 몸은 하나일지언정 마음은 찰나에 오고 가며, 넣고 빼어도 두드러지거나 줄지 않는다. 비유하건대 뉴욕의 연극 공연을 서울에서도 보는 것과 같다고 할 수 있다. 부처님께서 그렇게 하신 도리를 알려거든 부지런히 공부해서 대학원 과정까지 올라가 보라."

72. 스님께서 어느 때 말씀하셨다. "때로는 내가 나를 뉘어 놓고 장승처럼 우뚝 서서 내려다보니 삶이 그냥 지속된 꿈이라, 눈보라 치는 산길을 걷다 툭툭 털고 들어서면 금세 따뜻한 방 안이니 꿈을 꾸면서 전자에 꿈꾸던 일을 생각하는 장승은 웃지도 울지도 않으며 묵묵히 내려다볼 뿐이다."

3. 진리가 그러하니라 241

73. 스님께서 말씀하셨다. "내가 글을 잘 알았더라면 이처럼 깨끗하고 사방이 툭 터진 이 물 한 그릇 떠 먹어 보지 못했을 것이다."

행-4-7-5 (72)
행-7-1
행-7-1-5
행-7-1-8
행-7-2
행-7-2-8
생-2-2-10
생-2-2-15

74. 스님께서 어느 때 말씀하셨다. "내가 무슨 말을 해도 나는 말한 바가 없고 내가 무슨 공덕을 지어도 나는 공덕을 지은 바 없노라. 내가 무한한 힘으로 이 세상 모든 것을 건진다 해도 나는 아무런 칭찬도 받을 바 없고 내가 지금 이 순간에 물방울이 꺼지듯이 스러져 버린다 해도 내게는 아무런 아쉬움도 없다. 나는 내가 아니기 때문이다."

법-2-49 (74)
법-3-7
법-3-45

75. 스님께서 말씀하셨다. "육도 윤회라고 하지만 내게는 분별해서 좋다 나쁘다 할 것이 없다. 이승이든 저승이든, 승천을 하든 못하든, 벌레든 사람이든지 간에 어느 것은 원하고 어느 것은 배척하고 싶지 않다. 예컨대 뭐 하나가 설사 좋다 해도 그것이 고정된 것이냐 하면 그게 아니라 곧 끝나고 마는 법이니 조금 기쁘다 말 것을, 그것이 무슨 대수이겠는가."

76. 스님께서는 반야심경과 천수경을 순수 우리말로 옮기시고 이를 법회 때 독송함은 물론, 늘 수지하여 뜻을 살피고 실천하기를 당부하셨다. 신도들은 한결같이 반겼으나 선원 밖의 반응은 달랐다. 특히 종단 측에서는 이를 문제 삼으려 들기까지 했다. 종단의 간부 몇 사람이 이 일의 경위를 알아보려고 왔을 때 스님께서는 그들을 향해 그 이유에 대해서 소상히 들려주셨다. 그들은 아무 말 없이 돌아갔다.

법-2-118 (76)

77. 스님께서 반야심경을 풀이하실 때에 말씀하셨다. "어린

아이들은 말할 것도 없고 어른조차도 알아듣기 어려우니 마음에 와 닿지를 않는다. 그러므로 외우기만 할 뿐 실천에 참고함이 적으니 이를 알기 쉽게 우리말로 푼 것이다."

(78) 수-5-14
수-5-16
원-1-5-5
원-1-5-9
원-2-1-14
원-2-2-3
원-3-6-2

78. 스님께서 말씀하셨다. "한 소녀가 어느덧 부모를 잃고 홀로 배고픔과 추위를 견디지 못해 닥치는 대로 불을 지피고 먹었다. 안팎으로 불을 꺼뜨리지 않고 지폈다. 그러다 보니 어느새 집마저 활활 타버려 그 불기둥이 천 길이나 솟고 둘레가 만 길이나 되었다. 오는 사람 가는 사람이 모두 불을 쪼이다 옷을 벗고 갔다. 그 불은 비바람이 쳐도 꺼질 줄 몰랐다. 그 소녀마저 타서 불기둥이 되니 사람들마다 끊임없이 벗고 또 벗었다. 오가는 사람들의 광력 자력이 충만하니 그 불이 어찌 꺼지겠는가."

(79) 수-1-23
법-1-2
법-3-80

79. 방한암 스님의 상좌로 계시다 나중에 오대산 월정사 방장이 되신 탄허 스님과 스님의 교분은 매우 자별하신 데가 있었다. 두 분께서는 아무런 격의 없이 자주 법담을 나누곤 하셨는데 당대의 석학으로 손꼽히던 탄허 스님께서는 특히 스님의 무위 세계에 대한 말씀을 경청하셨다.

탄허 스님께서 제자들에게 이르시기를 "나는 그분을 존경한다. 그러니 너희들도 그분을 비구니로 보아서는 안 되고 사숙이라 불러야 한다." 하셨다. 그 후로 탄허 스님의 제자 되시는 분들이 스님께 와서 법을 여쭙는 일이 자주 있었다.

두 분이 마주 앉으시면 법담이 그칠 줄 몰랐고 항상 헤어짐을 아쉬워하셨다. 법담 중에 간혹 두 분이 함께 눈물짓는 경우가 있었는데 서로 말씀하시기를 "스님의 눈물이 내 눈물이고 내 눈물이 스님의 눈물입니다." 하셨다.

한번은 탄허 스님께서 보름째 단식 중이시라는 말을 전해 들으시고는 스님께서 찾아가시어 오랜 시간을 계셨는데 그때 두 분 주고받는 말씀이 "당신께 주장자가 있다면 나의 주장자를 줄 것이요, 당신께 주장자가 없다면 그것을 빼앗을 것이오." 하셨다. 두 분의 만남이 대개 그러하셨다.

80. 탄허 스님께서는 유·불·선에 두루 통달하셨고 주역에도 조예가 깊으신 까닭으로, 세간에서는 그분을 당대 최고의 학승으로 받들었는데 스님께서는 탄허 스님을 가리켜 "선의 경지에서도 그분만 한 도반이 없었노라." 하고 자주 말씀하셨다. 스님께서는 탄허 스님에 비해 학문이 크게 부족하셨으므로 법담 중에 대체로 비껴 서시는 입장을 취하셨고, 탄허 스님께서는 그럴 때마다 "학문이 무슨 소용이랴." 하시면서 오히려 스님의 말씀에 귀를 기울이시곤 하셨다. 탄허 스님께서 입적하시자 스님께서 게송 한 수를 지어 대중에게 보이셨다.

81. 스님께서 하루는 대중들에게 경허 대선사의 무애자재했던 삶에 대해 이야기하시고는 이렇게 말씀하셨다. "얼마나 허탈했으면 이름까지 버리고 산속으로 들어가 술로 세월을 보내며 아이들을 가르치다 그렇게 바람 따라 가셨을까. 그 득의 망심의 경지를 알아보는 이 없으니 무척 쓸쓸하셨을 것이다. 향촌의 달빛은/ 빛만 안고/ 온 누리를 내 마음과 함께/ 돌며 꽉 차 버리니/ 말동무가 없어/ 심심하고 적적해서 어찌했으랴."

82. 스님께서는 육조 혜능 선사와 한암 스님을 좋아하셨다. 법담 중에 가끔 그분들의 말씀을 인용하시는 때가 있었는데 하루는 육조 스님께서 인가를 받는 계기가 된 게송을 되뇌이시다가 이렇게 말씀하셨다. "하나가 참되니 일체가 참이며 모든 경계가 스스로 여여하매 이 여여한 마음이 바로 한마음이다."

4. 감읍하옵니다

1. 스님의 선풍을 좇는 새 법도들이 하루에도 수십 명씩 늘어 갔다. 새로운 신도들이 앞을 다투어 귀의함에 따라 선원은 국내외로 날로 확장되었다. 스님의 교화력이 크고 높은 줄을 이로 미루어 알 수 있었다.

   스님께서는 한 번도 대중을 불러 모으는 노력을 하신 적이 없었다. 그럼에도 스님의 회상엔 늘 많은 학인이 몰려들었다. 스님께서는 또 한 번도 명예를 내세우신 적이 없었지만 스님의 문전은 늘 저자거리처럼 붐볐다.

법-1-37 (1)
법-1-52
법-2-2

2. 스님께서 법석을 열지 않으실 때에도 안양 선원에는 진리를 구하고자 하는 사람들의 발걸음이 끊이질 않았다. 선원의 선실은 평일에도 발 들여놓을 틈이 없을 정도였다. 신도들 가운데는 스님을 친견치 못해도 가르침의 말씀을 듣는다는 사람들이 많았다. 명의의 문전에 병자들이 몰리듯이 마음의 위안을 찾는 이들이 그렇게 연일 몰려들었다.

법-2-13 (2)
법-3-8

3. 많은 사람들이 스님을 칭송하여 말하기를 정신과 육체의 병을 함께 고쳐 주시는 분이라고 했다. 스님께서는 언제나 선

법-2-62 (3)
법-2-99
법-3-47

(3) 법-3-67
심-1-17
원-6-3
원-6-5-5
행-3-5-2
행-3-5-3
행-3-5-8
행-9-1-10
행-9-1-15
행-9-1-20
활-2-3
활-2-3-3

의 원리를 실천적으로 밝혀 드러내시고 묘법을 깨닫도록 가르치시니, 신도들마다 그 가르침을 따라 몸을 다스리면 각종 재난과 질병이 사라지는 것을 느꼈고, 마음을 다스리면 번뇌가 녹는 줄을 실감했다. 스님께서 신도들의 칭송을 듣고 말씀하셨다. "부처님 법으로 산천초목을 다스린다면 흉함이 변하여 길함이 되고 해로움이 변하여 이로움으로 바뀌느니라."

4. 한 제자가 스님에 대해 이렇게 말했다. "스님의 설법은 이차적인 가르침이다. 스님께서는 스님의 존재 그 자체로서 늘 설법하고 계시기 때문이다. 스님의 말씀이 있기 이전에 그 거동 속에 대하 같은 설법이 있다."

5. 한 신도가 스님에 대해 이렇게 말했다. "스님께서는 수행으로 잘 조화된 비구니 특유의 맑음이 빛나는 얼굴로 밝게 웃는 모습이시다. 스님을 뵙는 순간 나는 왠지 모를 푸근함과 함께 흡사 구도자들이 늘 마음속에 소중하게 간직하고 있을 법한 참되고 영원한 것에 대한 가슴 설레는 그리움이 무연히 일고 있음을 느꼈다."

(6) 법-3-39
법-3-40
심-1-125
심-1-126
심-2-8

6. 스님을 처음 친견하게 된 신도가 뵙고 나서 이렇게 말했다. "스님을 뵙기 전까지만 해도 나는 저 덕산·임제 선사와 같이 눈이 시퍼렇게 빛나며 방·할이 벽력 같은 그런 분일 것이라고 생각했었다. 그러나 스님을 뵙는 순간 나는 그토록 순일하고 깨끗한, 그렇다고 여성적이기만 한 것도 아닌, 남성적 이미지와 여성적 이미지가 자연스레 조화된 그런 분위기를 느끼게 되었다. 그것은 하나의 놀라움이었다. 나는 스님에게서 양

성(兩性)을 동시에 보았던 것이다. 바로 보살의 모습이었다."

7. 한 기자가 스님을 뵙고 인터뷰를 가진 다음 이렇게 말했 행-10-1 (7)
다. "스님의 언동이나 풍모는 여성이라 할 수도 없고 남성이 행-10-1-3
라 할 수도 없는 그런 것이다. 어느 때 보면 깎아 놓은 석불처
럼 요지부동인 대장부의 기개가 느껴지다가도 또 어느 때는 지
극히 깊고 부드럽게 느껴졌다. 스님께서는 아예 비구, 비구니
를 다 포용해 버린 듯하였다. 스님의 말씀은 비논리적인 듯하
다가도 무엇인가 가까이 와 닿게 하는 직접적인 힘이 있었고
흔히 선사라는 분들에게서 느껴지는 큰 봉우리 같은 기상보다
'평상심이 곧 도'라는 그런 맛을 보게 된다."

8. 한 신도가 말했다. "스님 앞에 나아가면 그렇게 마음이 법-3-10 (8)
편할 수 없다. '저분께서 모든 걸 다 알고 계시겠지.' 하는 생 심-1-4
각이 들어서 숨길 게 아무것도 없었다. 언제나 청정하시고 지
혜의 거울이 맑은 줄로 여겨지니 특별히 드릴 말씀도 없어진
다. 마치 자애로운 어머님께서 말하기 이전에 벌써 자녀들의
심사를 다 헤아리고 있는 격과 같은 셈이다."

9. 한 신도가 말했다. "스님께서는 언제나 밝고 온화하시 법-3-13 (9)
다. 그렇다고 항상 온후하시기만 한 것도 아니었다. 어느 때는
스님 특유의 칼날 같은 직설과 한 치의 흔들림도 없는 의연함
이 빛나고 있었다. 스님께서 말문을 여실 때는 때와 장소에 관
계없이 언제나 진리의 핵심을 명쾌히 찌르셨다. 단 한 말씀도
허공으로 떨어지는 법이 없으셨다."

10. 오래 된 신도일수록 스님께로 향하는 존경의 염은 더욱

돈독했다. 한 신도가 말했다. "처음에는 산골에 흐르는 냇물처럼 평범하고 작게 느껴졌다. 그러나 시간이 지나면서 점점 넓게 느껴졌다. 지금은 스님의 내면세계가 바다처럼 넓다는 것을 알게 되었다. 그저 놀라고 있을 뿐이다."

11. 선원의 상임 포교사가 담선 중에 대중에게 이렇게 말하였다. "스님께 여러 차례 감탄하면서도 사실은 아직까지 스님을 '누구'라고 단정 짓지 못한다. 스님을 뵙고는 '큰스님'이라고 부르지만 어떤 내용을 지녀야 '큰스님'이라는 호칭이 적당한지를 모르겠다. 너무 다양한 면모를 보여 주시니 금방 감탄했다가 때로는 회의하고, 그랬다가 다시 더 큰 경탄을 하게 된다."

스님께서 이를 듣고 크게 웃으시면서 말씀하셨다. "그게 아마 참말일 게다. 어디 나만 그렇던가? 우리가 사실 누구를 진정으로 알 수 있겠는가? 찰나로 나투는데 그렇게 알아 가고 배워 가는 것뿐이다."

12. 한 제자가 이렇게 말하였다. "나는 스님에 대해 회의감과 감탄 사이를 왕복한다. 어떤 때는 너무 범상하신 듯하여 의심이 들었다가도 며칠이 지나지 않아서 스님의 크나큰 자비심과 진실의 포용력을 느끼고는 의론과 언설이 막혀 버려 그냥 존경하는 마음에 엎드리게 된다."

13. 스님의 수행기를 쓴 한 작가가 이렇게 말했다. "나는 아직껏 스님께서 진리로부터 물러서시는 것을 보지 못하였다. 사소한 일상의 일로부터 지고한 설법을 행하실 때까지 그분은

언제나 법을 기준하고, 법에 의해 사시는 그런 분이었다. 스님께 어떤 것을 여쭈어도 그것은 귀일이었다. 그런데 그렇게 여법하심에 조금도 작위를 느끼지 못하는 점이 또한 경탄스러웠다. 진정으로 법에 의해 사시는 분이라면 무슨 작위가 있겠는가. 당연한 일일 것이다. 그리고 스님께서 살아가심을 보고 있노라면 하나의 겸손으로서가 아니라 진실로 모든 행위에 무엇을 행한다는 마음, 공덕을 지었다는 마음이 없음을 느끼게 된다. 마치 불성의 거울, 아무런 얼룩이 없는 청정함 그 자체를 마주하는 느낌을 주곤 하신다."

14. 그 작가는 스님에 대해 이렇게 썼다. "스님이야말로 불가사의한 분이다. 아무리 훌륭한 분이라 하더라도 사생활을 보면 크나큰 에고가 뒤에 버텨 서 있음을 느끼고, 또 진심을 놓치는 경우가 종종 있는 법인데 스님만큼은 전혀 욕구라는 게 없는 분 같았다. 종일 선실에 나와 계셔도 지루해하거나 싫증내시는 것을 보지 못하였다. 평소에 무엇을 특별히 선호하시는 게 없어 아예 욕구가 일어나지 않는 분이라고 느껴지니 부처님께서 말씀하신 무아법과 누진법의 실증이 아닌가 생각된다."

15. 한 제자가 스님의 가르침에 대해서 이렇게 말한 적이 있었다. "스님의 설법을 듣노라면 어딘지 논리가 결여된 듯하다. 좀 더 유창하고 명명백백하게 칼로 끊듯이 말씀해 주시지 않는가."

그러나 그 제자는 서너 차례 설법을 듣고 난 뒤에 다시 이렇게 말했다. "스님께서 하시는 설법이 그 어느 설법보다도 좋다. 평범한 가운데 빼어남이 있고 비논리적인 듯한 그 속에 깊은 선미가 배어 있음을 느낀다."

16. 신도회 한 간부가 말했다. "참으로 깊은 뜻이 스님의 일상 행동 속에 숨어 있는 줄을 나는 오랜만에야 느끼는 경우가 많았다. 무심코 던진 듯싶은 한마디 말씀이 나중에 묵중한 의미를 지닌 화두가 되어 나를 이끌어 주곤 했다. 스님의 교화 방법은 대체로 그러하셨다. 스님 자신을 쑥 빼고 하시는 말씀이라서 처음에 나는 그 뜻을 헤아리지 못했던 것이다."

(17) 법-2-14

17. 종단의 한 포교사가 스님에 대해 이렇게 말했다. "선가 중심적인 한국 불교는 문수보살과 보현보살로 상징되는 부처님의 공덕 중에서 비교적 문수 쪽으로 기울고 있는 것같이 보인다. 그런데 스님께는 중생의 아픔에 깊이 동참하는 뜨거운 눈물이 있다. 선사의 눈물이라니, 누가 감히 생각이나 해 볼 수 있겠는가. 그러나 실제로 대행 스님께서는 중생의 아픔에 동체로서의 아픔을 느끼시는데 나는 그 뜨거운 눈물을 직접 마주한 적이 많았다. 그것은 깊은 감동이었다. 스님의 보살 정신, 자비심에 여러 번 나도 함께 울고 말았다. 그 눈물에 어찌 '마음'이 담겨 있지 않겠는가. 나는 스님의 법명이 보현보살의 다른 이름임을 생각해 내고는 고개를 끄덕일 때가 많았다."

(18) 수-5-7
수-5-10
수-5-20

18. 한 제자가 말했다. "스님의 내적 세계는 엄밀하게 말해서 불교라고 하는 계보에서 배운 것이 아니라 스스로 눈 틔운 것이다. 그리고 그렇게 스스로 터득한 내적 세계가 불교의 가

르침과 부합된다는 것을 발견한 것은 그 뒤의 일이었다. 스님
께서는 어렸을 때 어머님을 따라 몇 차례 절에 가신 일이 있었
고, 그 일로 한암 스님으로부터 계를 받으시기는 했지만 불법
의 가르침을 구체적으로 접하지 않으시고 불법의 이치를 깨달
으셨다. 이 일은 불자들에게 크나큰 의미를 시사한다."

19. 또 다른 제자가 말했다. "스님께서 해 오신 수행 과정   행-11-8 (19)
을 보면 스님을 일단 독각의 경지로 볼 수도 있을 것이다. 스
님께서는 경전이나 불교의 전통적 수행 방법을 통해 깨치신 게
아니라 산중에서 홀로 체험을 통해 깨달으신 점이 그러할 것
이다. 그러나 본래부터 상주해 있는 우주의 크나큰 이법(理法),
광활하게 열려 있는 세계를 깨친 뒤, 소승적 한계를 넘어서서
체득한 바를 부처님께 회향함으로써 무량 광대한 불법의 대해
에 무소득으로 귀명하신 스님의 세계는 바로 대승 보살의 경지
일 것이다."

20. 한 제자가 말했다. "스님께 질문을 여쭙게 되면 어떠한   행-3-1 (20)
질문이라도 결론은 언제나 본존불에 대한 믿음, 자성불에 대   행-3-3
한 믿음으로 귀결되었다. 조상 경배나 영가를 제도하는 일, 병
에 대한 것 등 어떤 것을 여쭈어도 요컨대 믿음과 감사함, 그
리고 주인공 자리에 모든 것을 회향시켜 돌려놓으라는 말씀을
하셨다. 스님께서는 늘 '거기서 나온 것을 거기로 들지 않게
하면 어떻게 하겠으며 거기로 들었는데 거기서 나오지 않으면
어떻게 하겠느냐?' 하고 일러 주셨다."

21. 또 한 제자가 말하였다. "어떤 것을 스님께 여쭈어도 결   행-2-3 (21)

론은 언제나 참된 마음, 간절한 자비심, 주인공을 향한 철저한 일심이거나 삼계를 하나로 보시는 확연한 삶의 시현으로 귀일하셨다. 그토록 철저한 귀일이 처음엔 다양성의 결여로 느껴지기도 했으나 오히려 그러한 철저함이야말로 확연한 깨달음의 경지라는 생각을 하게 되었다. 스님께서는 항시 부드러움과 자재하심 속에 변치 않는 일미를 간직하고 계셨다. 스님께서는 '바로 이러함'을 직접 체득하셨기에 어느 누가 무엇을 고집하더라도 흔들림이 없으셨고 따라서 공부하는 입장에서 볼 때 진리의 증험자에게는 천만 권의 경전을 능가하는 힘이 있다고 믿게 되었다."

22. 선원의 법사가 이렇게 말하였다. "스님의 말씀은 오로지 법을 묻는 사람들의 마음의 눈을 열어 주시고자 하는 일념에서 나오는 것이기 때문에 이 말씀과 저 말씀이 때로는 모순되는 것처럼 들릴 때가 많았다. 그러나 알고 보니까 스님께서는 유를 여쭈면 무로써 대하시고 무를 여쭈면 유로써 답을 하신다. 그래야 중도의 뜻이 살아나서 마음의 눈을 틔우게 되겠으니까 그렇게 하시는 것 같다. 그 모두가 자비의 방편이라고 생각한다."

23. 한 신도가 말했다. "스님께서 아래로는 기복 신자들로부터 위로는 근기 높은 수행자들에 이르기까지 아무런 낯가림도 없이 모두 제납하고 계시다는 사실은 참으로 깊은 뜻을 지닌 일로 믿어진다. 부처님의 법에는 감출 아무것도 없음을 행동으로 보여 주고 계신다고 생각했다. 스님께서는 가능한 많

은 시간을 할애하시어 삼독심으로 더럽혀진 중생들의 마음을 씻어 주기에 여념이 없으셨다."

24. 한 신도가 말했다. "평소에 그토록 인자하시고, 또 남의 슬픔과 고통을 잘 이해하시는 분이 어느 때인가 엄청난 액수의 시주금을 요구하시는 걸 보고 무척 놀랐던 일이 있었다. 스님께서 평상시 신도들에게 늘 말씀하시기를, 덧없는 재화 따위에 매달려 왜 울고불고하느냐고 하셨는데 막상 스님께서는 그 덧없다는 재화를 요구하셨기 때문이었다. 스님께서는 나의 그런 심중을 헤아리신 듯 그냥 빙그레 웃으시기만 하셨다. 나중에 알고 보니 그 돈은 몇몇 가난한 신도들을 돕는 데 쓰여졌다."

25. 평생을 바쳐 원효 성사에 대해 연구해 온 한 학자가 어느 때 한국 불교의 뿌리에 관해 특강을 하면서 말하였다. "많은 스님들이 오로지 중국 불교나 인도 불교만을 말하고 한국 불교를 등한시하는 중에 스님께서 신라 불교의 전통 복원을 옳다 하시니 드문 일이라, 종단이 마치 물 뺀 저수지 같은 때에 한마음선원이 물을 담아 달님도 별님도 쉬어 가고 물고기가 크도록 하였으니, 여기서 부처님 세계로 수희 동참할 수 있는 길을 보게 되었다."

26. 스님께서 하시는 설법의 종지는 늘 여일하시나 겉으로 드러내시는 도리는 듣는 이의 근기에 따라 매우 다양하셨다. 스님의 설법을 접하고 신도들이 갖게 되는 느낌에 대해 어느 때 한 법사가 이렇게 분류하여 말했다.

"첫째, 왜곡된 자기 상에서 빚어지는 병리적 현상에 대해 그것이 오직 업식의 나툼일 뿐임을 자상히 일러 줌으로써 자기의 진면목을 찾게 하거나 생활인으로서의 온전한 육신과 마음을 갖도록 인도하심이다.

둘째, 진여의 본체로부터 무한히 흘러나오는 모성적인 사랑, 자비의 시현을 통해 대중으로 하여금 자신의 원형인 어머님 자리를 보고 느끼게 하고, 또 그럼으로써 모든 이의 의식세계에 깊은 감동을 불어넣어 한마음 도리를 자청해서 배우도록 인도하심이다.

셋째, 누구나 다 불성이 살아 움직이는 존재로서 무한의 잠재력을 갖고 있으며 본래로부터 자재로운 존재임을 믿게 하여, 그 믿음을 통해 생활 속의 기쁨을 맛보고 나아가 자성의 위대성을 발견하도록 인도하심이다.

넷째, 배타적인 자아가 아니라 초월적 자아인 주인공 자리에 모든 것을 일임함으로써 실제적으로 참 나와의 상봉을 증험하도록 인도하심이다.

다섯째, 안과 밖이 본래로 둘이 아니며 생명의 실상은 시공을 넘어서서 공체·공식·공용·공심 하고 있음을 알아 여여하게 나투는 도리를 깨닫도록 인도하심이다. 그러하니 스님의 설법을 듣고 감읍하지 않는 게 오히려 이상하다고 할 것이다."

심인(心印)편

1. 제자와의 대화
2. 학승과의 대화

1. 제자와의 대화

  1. 스님께서 늘 강조하시는 말씀이 있었다. "자기 자신의 부처 될 가능성을 믿어야 한다. 자신의 근본 마음, 주인공을 철저히 믿고 그에 귀의하라. 나는 수십 년간 오로지 이 말만 되풀이해 왔고 앞으로도 여전히 이 말만 되풀이할 것이다. 나는 그 오랜 시간 이 말을 해 왔어도 조금도 싫증을 내지 않았고 지치지도 않았고 이후로도 마찬가지일 것이다. 왜냐하면 그것이야말로 내가 진실로 믿고 있으며 알고 있는 단 하나의 진리이기 때문이다. 스스로를 부처로 알고 스스로에 귀의하여 성불하는 것, 이것이야말로 천만 번을 강조한들 지나치지 않을 가르침인 것이다."

  2. 신도들 중에는 스님의 법력에 도취한 나머지 맹목적으로 스님을 따르는 사람들도 없지 않았다. 스님께서 어느 날 이렇게 말씀하셨다. "어떤 성급하고 미련한 정원사가 있어서 다른 나무에 달린 꽃을 따다가 제 나무에 붙여 놓는다고 한다면 여러분들은 웃을 것이다. 그런데 사실은 그런 사람들이 적지 않다. 위대하신 부처님이나 보살님, 큰스님들을 본받는다는 것

(2) 원-1-5-7
원-2-2-1
원-2-2-11
원-3-1-2
원-3-2-1
원-3-2-9
원-3-3-5
원-4-2-3
원-5-3-7
원-6-5-3
행-2-3
행-4-1-7
행-8-1-7
행-8-1-8
행-11-3-1

은 그 정원사처럼 본받는 것이 아니라 그분들이 어떻게 자신의 불성을 계발하셨는지를 잘 살펴서 그 방법만을 배우는 것이다. 다른 나무의 꽃은 내 나무의 꽃이 아니다. 그리고 여러분은 죽은 나무가 아니다. 그러므로 어떻게 해서 꽃을 피우게 했는지 그 방법을 잘 알아서 내 꽃나무에도 그런 방법을 적용하도록 해야 한다. 꽃나무에 꽃을 피울 능력이 있으니까 올바른 정원사의 노력을 알아야 한다. 만약 부처님 공양할 줄만 알았지 자기 부처 귀한 줄 모른다면 그런 사람들은 부처님 뜻과 반대로 가는 사람들이다."

(3) 법-2-1
법-2-22
법-2-32
법-2-38
법-2-48
법-3-48
법-3-49
심-1-47
원-8-2-16
행-2-3-12
행-8-1-3
행-8-3
행-9-1-6
행-11-1-1
행-11-5-2
생-2-1-22
생-3-3

3. 스님의 가르침을 천금같이 믿고 받드는 이들을 향해 스님께서는 가끔 경책 삼아서 이렇게 말씀하셨다. "내가 여러분을 대신해서 죽어 줄 수도, 아파 줄 수도, 먹어 줄 수도, 잠을 자 줄 수도 없고, 대신 배설해 줄 수도 없다. 나를 믿지 말고 자신의 주인공을 믿어야 하느니, 나의 말과 행과 마음을 보고 따르는 것과 믿는 것은 다르다. 믿을 것은 오로지 여러분들의 주인공이다."

4. 한 제자가 스님께 법을 묻고자 배알을 요청했다. 그러나 스님을 뵙자 그 순간에 준비했던 질문을 모두 잊고 말았다. 그리고 침묵의 시간이 흘렀다. 얼마쯤 지나자 스님께서 조용히 말문을 여셨다. 그 말씀 속엔 그 제자가 준비했던 질문에 대한 답이 들어 있었다.

학인들 중에는 스님을 생각하기만 해도 품었던 의정에 대한 답이 절로 떠오른다고 하는 사람도 있었다. 그러한 경험을 한 신도들 중에는 처음에 그것이 사량이겠거니 했다가 나중에 스님께서 똑같은 설법을 하시는 것을 듣고서야 비로소 말 없는 말의 설법인 줄을 믿게 되었다고 했다.

5. 한 학승이 찾아와 스님께 오랜 시간 여러모로 법에 대해 여쭙고 돌아갔다. 제자들이 내내 문답을 경청하자 스님께서 제자들에게 이르셨다. "이 법이 너무나 광대무변하여 말로는 형용할 수 없으니 말로써 반을 얘기하지도 못할 것이요, 뒤집어 놓고 말로 해도 이해하기 어려울 것이다. 다만 물으니 대답했을 뿐이고 묻는 경지를 알아도 그런가 보다 할 뿐이니라. 대답을 하면서도 함이 없이 하는 그 도리를 알아야 짜냐 쓰냐, 방편이냐 아니냐, 도냐 아니냐 하는 문제가 붙질 않는 것이다."

법-2-62 (5)
법-2-105
법-3-56
법-3-63
심-1-20

6. 스님께서 하시는 설법은 물론 일체의 사사로운 언행까지도 상대하는 사람들이 느끼기에는 마치 꽃망울이 터지기를 기다리는 봄날의 따스한 미풍처럼 여겨졌다. 스님께서 학인들을 점차로 성숙케 해 가시는 과정이 그러하셨다. 그래서 스님을 친견할 때면 남녀노소를 막론하고 울음을 터뜨리는 사람이 많았다.

법-2-1 (6)
법-2-2
법-2-39
법-2-40
법-2-48
법-3-48

7. 한 학인이 스님 앞에 나아가 간곡하게 여쭈었다. "제 마음의 은산 철벽을 도저히 어떻게 해 볼 수가 없습니다." 스님께서 대답하셨다. "삼라만상이 다 공한 것이라면 그대 육신도 공한 것이요 생각, 마음 또한 공한 것이니 거기에 무슨 의문이 있겠는가? 공한 세계에 왜 '나'라는 게 붙는가. 고뇌니 아픔이

수-5-25 (7)
법-2-20
법-2-49
법-3-30
법-3-39
심-1-136
원-3-1-11
원-3-3-7
원-3-4-5
원-5-2-1

(7) 원-5-2-3
원-6-5-11
원-7-2-2
행-4-1-5
행-4-8-5
행-5-3
행-5-4

니 하는 그런 것에 한계가 있던가. 거기에 '나'가 붙으면 꼬리도 붙잡을 수가 없으니 곧바로 들어가라. 그리고 턱 놓으라. 바람이 불고 새가 울고 꽃은 피고 구름은 흐른다."

스님의 가르침은 대체로 이렇듯 자상하셨다.

(8) 법-2-76
법-3-20
활-1-1-5

8. 한 신도가 여쭈었다. "처음 몇 년 동안 공부할 때는 생동감이 있고 스스로 병도 고치는 등 진전이 있었는데 그 후로는 다시 꽉 막힌 듯합니다." 스님께서 말씀하셨다. "길을 가다가 막힌 지점에 이르면 돌아가야 하는 이치가 있듯이, 되는 것만이 법이 아니라 안 되는 것도 법이니 굴릴 줄 알아야 한다. 앞으로 가는 것은 부처님 법이고 뒤로 가는 것은 아니라고 한다면 어불성설이다. 오는 길이 있으면 가는 길도 알아야 운전을 할 수 있는 것이다. 안 되는 이치에서 또 공부를 해 나가면 꽃이 지고 과일이 익어 만 가지 맛을 낼 수 있게 된다."

(9) 심-1-53
심-1-61
심-1-113
원-3-6-8
원-7-3-11
원-7-3-15
원-7-3-20
행-4-1-1
행-4-8

9. 한 신도가 여쭈었다. "고기들이 물속에서 놀면서도 정작 물을 모르듯이 답답합니다. 방하착 하라는 말씀을 듣고 언하에 깨치신 분도 있다고 들었습니다만 그게 잘되질 않아서 때로는 경을 보았다가 때로는 염불을 하다가 기도를 하다가 그렇게 지냅니다. 차라리 뭔가 구체적인 방편을 주신다면 공부에 도움이 되겠습니다." 스님께서 대답하셨다. "화두나 염불, 기도에 비하면 맡긴다, 놓는다 하는 게 처음엔 애매하고 막연한 것 같아도 차차 경험해 보면 좁아 보이던 길이 넓어져 마침내는 문 없는 문이 된다. 그러나 특별한 방편을 세우면 우선은 손에 잡힐 듯하다가도 결국은 벽 없는 벽에 부딪치게 된다.

10. 신도들 가운데는 공부하는 중에 갖가지 특이 현상에 대한 개인적인 체험을 하는 사례가 적지 않았다. 때로는 빛을 느꼈다든가, 때로는 안개 같은 것이 뭉쳐 보였다든가 또는 지옥, 극락의 어떤 상을 보았다고 하는 신도들이 있었다. 또 많은 신도가 특별히 슬픈 감정을 느끼지 않는 상태에서 눈물이 비 오듯 쏟아지는 체험을 하게 되었다고 말하곤 했다. 스님께서 말씀하셨다. "주인공에 놓는 공부를 하다 보면 빛을 느낄 때가 있다. 간혹 상이 보이기도 하나 그것이 바로 자기가 지은 모습이요 나툼인 것이니 둘로 보아서는 안 된다. 눈물이 하염없이 흐르는 것은 업장이 절로 녹는 것이다."

11. 선원의 상임 포교사가 어느 날 선원 내의 작은 연못 앞에서 스님과 마주치게 되었는데 스님께서 연못 속의 물고기들을 바라보며 포교사에게 물으셨다. "저 물고기들과 이야기해 본 적이 있는가? 말을 걸어 보라. 예를 들어서 이렇게, '용케도 겨울을 잘 견뎠구나. 네게도 사람 될 능력이 있고 부처 될 능력도 있으니 다음 생에는 인간으로 태어날 마음을 내도록 해 보렴!' 하고 말이다." 스님께서 말씀하셨다. "그렇게 하는 게 바로 방생이다. 미물에게도 마음을 보내고 진실한 자비심을 갖는 게 방생이다. 그러다 보면 언젠가는 그 마음을 알고 물고기도 대답을 해 오게 된다."

상임 포교사는 마침 모 불교 단체의 방생 법회에 법사로 초빙되어 막 출발하려던 참이었다.

12. 한 신도가 화장실 앞에서 스님과 마주쳤다. 스님께서

262 심인편

말씀하셨다. "그런데 말이야, 먹으면 꼭 배설을 해야 한단 말이야. 먹기만 하고 배설치 않는다면 될 일이겠어? 세상 이치도 그래. 보면 본 대로, 들으면 들은 대로, 갖게 되면 갖게 된 대로 놓고 가야지 그걸 붙들어 두려고 한다면 먹고 나서 배설하지 않는 것과 무엇이 다르겠어! 뒤탈이 안 나겠어? 먹으면 배설하듯 그렇게 마음도 편안히 놓고 가야 될 게 아니겠어?"

그 신도는 마침 타인과의 거래 관계로 고심 중이다가 스님께 해결책을 여쭈려고 찾아오던 길이었다.

13. 어느 날 스님께서 한 시자 스님을 대동하고 목욕을 가셨다. 스님께서 목욕탕 문을 막 밀고 들어서시면서 뒤따르는 시자 스님에게 불쑥 한 말씀 던지셨다. "이 문으로 아주 들어가랴?" 시자 스님은 그만 말문이 꽉 막혀 아무 대답도 못하고 말았다. 며칠을 끙끙 앓던 끝에 시자 스님은 불현듯 그 의미를 알아차리고는 스님께 고했다. 스님께서는 "그래그래……." 하시며 고개를 끄덕이실 뿐이었다.

(14) 수-4-43
법-3-53
원-2-4-4
원-3-6-6
원-5-1-11
원-6-2-2
원-7-3-8
행-11-6-4
예-25

14. 스님께서 한 제자와 거리를 지나시다가 길가에 쭈그리고 앉아 신문을 파는 사람을 보시고는 그 제자에게 말씀하셨다. "어쩌면 길가에 쭈그리고 앉아서 불편한 몸으로 신문을 파는 저 사람이 보살의 화현일지도 모른다. 높다랗게 앉은 스승이 참 선지식일 수도 있지만 그렇지 않을 수도 있고, 버림받고 누추한 사람이 꼭 누추한 게 아니라 짐짓 보살이 그렇게 몸을 나투셨는지도 모른다. 부처님의 뜻은 크고 커서 크다는 모습조차 갖지 않기 때문에 오히려 작아 보이는 수가 있다. 오히려

너무 광대하기 때문에 찬란하지도 않고 평범해 보일 수도 있
다. 부처님께서는 손 없는 손으로 중생을 교화하시기 때문에
그 뜻에 응하면 풀잎이 대군이 되기도 하고 그 뜻을 받들면 어
린아이가 대장군이 될 수도 있다."
　스님께서 제자들을 가르치심이 대개 이러하셨다. 스님께서
는 어느 때나 막힘 없는 설법으로 제자들을 깨우쳐 주시곤 하
셨다.
　15. 스님께서 어느 때 제자들과 함께 공양을 드시려던 참
에 한 제자에게 불쑥 질문을 던지셨다. "그래, 밥은 잘 먹었는
고?" 질문을 받게 된 그 제자는 채 한 술도 뜨기 전인지라 순간
어안이 벙벙하여 아무 말도 아뢰지를 못하였다. 스님께서는 더
이상 말씀이 없으셨다. 얼마 후부터 그 제자는 싱글벙글 즐거
워하였다. 곁에서 보고 그 사연을 묻자 하는 말이 "우리 큰스님
께서 그토록 자별하시니 어찌 기쁘지 않겠는가?" 하였다.
　16. 스님께서 어느 날 원행 길에 도살장으로 끌려가는 소　수-3-58 (16)
떼를 보시고는 한 제자에게 넌지시 물으셨다. "어떻게 해야 저　수-4-31
소에게 이익을 줄 수 있겠느냐?" 그 제자가 아무 말씀도 사뢰　법-1-4
지 못하자 스님께서 말씀하시기를, "아픔 없이 옷을 벗으라고　행-1-3-6
무주상으로 마음을 냈을 때는 소의 마음과 너의 마음이 한마음
이 되는 법이다. 그리되면 그 마음마저도 없어지고 소의 몸은
도끼로 내려칠 때라도 아픔을 느끼지 않을 뿐 아니라 몸을 벗
는 순간 인간으로 환생하게 되는 도리가 있느니, 보지 못할 뿐
이지 진실이다." 하시더니 나중에 대중 설법을 하시면서 그 광

경을 보신 심정을 이렇게 말씀하셨다. "도살장에 끌려가는 소라 해도 어미와 새끼가 죽음의 이별을 슬퍼하는 모습은 인간의 마음과 조금도 다르지 않으니 차마 두고 볼 수가 없다. 내 가슴이 천 조각 만 조각으로 찢어질 듯하여 차라리 이 몸을 가루로 만들어 뿌려서라도 그런 일이 없었으면 한다. 어느 날이고 눈물 안 흘릴 날이 없으니, 이것이 나의 애착일 터이지만 그러므로 일체가 한마음으로 돌아가는 부처님의 뜻을 그대로 행할 때가 오기를 고대하지 않을 수 없다."

17. 스님께서 말씀하셨다. "나는 전부터 이런 생각을 해 왔다. '모든 사람들이 마음에 깨침을 얻어 만법의 기능을 활용케 할 수 있는 법은 어떤 것인가.' 하고 수십 년간 무척 사모해 왔다. 그렇게 함으로써 우주의 모든 재료를 다 연구하여 수억겁을 거쳐 사람들에게 이익이 될 수 있는 그런 계기가 마련되기를 바라 왔다. 그리되면 여기가 우주 개발국으로 손색이 없게 될 것이다. 이런 생각을 욕심이라고도 하겠지만 육신통의 성능을 갖춘 컴퓨터라면 안 될 것이 없다. 어느 천년에 인공위성 띄우고 천체 망원경으로 우주의 재료를 다 모을 수 있겠는가. 육신통의 컴퓨터라야 간단하게 할 수 있는 것이다."

18. 스님께서 말씀하셨다. "이 도리를 알게 되면 대천세계, 중천 세계, 소천 세계를 모두 종합해서 알아지기 때문에 이 지구에 관한 것도 세세생생을 알고 지구와 내 몸이 같은 줄도 알게 된다."

19. 스님께서 제자들에게 말씀하셨다. "그 맛을 보면 물러

설 수가 없나니 세상을 다 준다 해도 바꾸지 않을 만큼 좋으니라. 찰나의 살림살이가 그만하면 떳떳하고, 인간으로 태어나 인간 속에서, 이 중생 속에서 벗어났으니 수억겁의 헤아릴 수 없는 중생을 제도할 수 있다."

행-5-3-1 (18)
행-9-2-10
행-11-5-13
생-1-1-10
생-1-1-14
생-2-1-6
생-4-1-3
생-4-8-4
예-84

20. 스님께서 말씀하셨다. "이 도리를 알면 가고 옴이 없이 오가는 반면 말 없이 말을 듣고 말 없이 말을 한다. 설사 미국과 한국 간이라도 같이 말할 수 있고 같이 볼 수 있고 같이 들을 수 있으니 뼛속까지 다 알 수 있고, 유명을 달리한 사람까지도 그 족보를 낱낱이 알 수 있다."

21. 스님께서 말씀하셨다. "이 도리를 공부해 나가다 보면 너무 광대하니까 어떤 때는 입을 딱 벌리고 하늘 보며 껄껄 웃지 않을 수 없고, 또 너무 어마어마해서 산하대지를 내려다보고 한번 울지 않으면 안 되는 과정이 반복되기도 한다."

수-2-22 (21)
수-5-23
법-1-55
법-2-30
법-2-74
심-1-117
원-1-1-1
원-1-1-2
원-3-4-11
원-6-4-23
원-7-2-4
원-7-2-5
원-8-1-4
원-8-1-6
원-8-1-9
행-1-2-2
행-1-2-5
행-1-2-11
행-1-2-18
행-1-3-4
행-1-4-1
행-1-4-9
행-1-4-10
행-2-2-6
행-3-1-9
행-3-2-3
행-3-4-13
행-3-4-24
행-5-2-6

22. 스님께서 말씀하셨다. "이 도리를 안다면 대통령을 주어도 바꾸지 않을 것이니, 앉은 자리에서 이승 천자, 저승 천자가 될 수 있는데 어찌 심부름꾼이 되어 애를 쓰려 하겠는가. 한 주먹 안에 이승 천자, 저승 천자가 다 들어 있다."

23. 스님께서 말씀하셨다. "이 도리의 당당함이란 필설로 다 하기 어렵다. 그 능력 또한 얼마나 광대무변한지 법계에 두루 충만하여 저 태양보다도 위대하고 당당하다."

24. 스님께서 말씀하셨다. "이 도리를 알면 시시각각으로 법계를 주름잡을 수 있기에 물 한 방울 탁 튀기면 다른 곳에 비가 쏟아지는 수도 있느니 지금도 그렇게 돌아가고 있거늘 여

러분들이 모를 뿐이다."

25. 스님께서 대중들에게 말씀하셨다. "시공 없는 도리를 알면 조금도 구애받음이 없이 자유자재할 수 있으니 목마를 때 물 마시는 이치와 같다. 그러므로 여러분들도 모름지기 한생각 일으켜 자루 없는 도끼로 기둥 없는 기둥을 깎아 세워 하늘을 받칠 수 있는 불기둥이 되기를 바라노라."

26. 스님께서 말씀하셨다. "한 낚싯대로 만 강에 비친 달을 한 번에 다 건져 손아귀에 쥘 수 있어야 한다."

또 말씀하셨다. "날아다니는 새들의 말을 들을 수 있고 풀 한 포기와도 대화를 나눌 수 있고, 죽은 사람과도 마음이 통할 수 있어야 한다."

27. 스님께서 말씀하셨다. "위아래를 한 주먹에 쥐고 들이고 내며 베풀고 조절할 수 있어야 평화와 조화를 이룰 수 있다." 또 말씀하셨다. "유·무생의 만물이 항하사처럼 헤아릴 수 없이 많다 해도 한 주먹에 가지고 돌 수 있느니라."

28. 스님께서 말씀하셨다. "손을 번쩍 쳐들어서 우주를 들 수 있다면 바로 이 한생각이 우주인 것이고 또 우주가 한생각이라는 것을 알아야 한다."

29. 스님께서 말씀하셨다. "눈 한 번 깜짝할 사이에 삼천대천세계의 소용돌이를 한 번에 녹일 수도 있고 한 생각에 억겁년을 끄달리면서 돌아갈 수도 있다."

30. 스님께서 말씀하셨다. "우주 전체가 하나인 줄 깨닫고 우주적 입장에서 살아간다면 무엇이 넘치고 무엇이 모자라겠

는가. 우주 전체가 나 아닌 게 없으니 이 세상에 내 것 아닌 것이 하나도 없다. 그러하니 무엇을 더 가지려고 싸울 것인가. 자기가 자기 것 빼앗는 사람이 없듯이 그냥 쓸 뿐이나 쓴다 해서 줄지도 없어지지도 않는다."

행-5-4-12 (30)
행-9-2
행-11-3-12
생-4-8-5

31. 스님께서 말씀하셨다. "지금 다니는 것이 바로 다니는 게 아니니 머리에다 신을 이고 다닐 줄 알아야 양면을 다 무불통지할 수 있다. 우리가 사는 세계에만 매달려서 네가 옳으니 내가 옳으니 분별을 일삼는다면 죽은 세상엔 어떻게 가서 신을 거꾸로 신고 다닐 수 있겠는가?"

32. 스님께서 말씀하셨다. "무기가 천 개 만 개 있다 해도 한 사람의 한생각이 더 중요한 것이니, 설사 미사일이 일만 개나 떴다 하더라도 한 사람이 그것을 모두 자재할 수도 있다."

원-6-2-9 (32)
원-6-3
원-7-1-7

33. 스님께서 말씀하셨다. "여기 열 명의 군사가 있고 상대편엔 백 명의 군사가 있다고 할 때, 열이 죽는 것으로 끝나지 않고 그로 인해 나라가 무너진다고 한다면 어떻게 해야 하겠는가. 그때는 한 발 내려디뎌서 일을 하게 된다. 그래서 가만히 있으면 부처고 한생각 냈다 하면 법신이고 화신인 것이다. 물론 법신의 능력이 있어야 내려디딜 수도 있다."

34. 스님께서 말씀하셨다. "독수리가 무수히 덤벼드는데 내가 독수리가 되어야 완화가 되지 맞서서야 싸움밖에 더 되느냐. 살아나가는 이치도 그와 같으니 영계의 문제나 세균의 문제나 유전성, 업보성의 문제도 대동소이하다. 거기에 치이느냐 운전을 잘하느냐는 문제가 계속해서 돌아가고 있다."

(35) 수-5-17
원-1-1-4
원-2-2-10
원-2-4-4
원-6-2-3
원-7-3-1
원-7-3-9
원-8-2-16
원-8-3-14
행-3-3-12
행-3-5-12
행-7-1-7
행-8-2-13
행-9-1-2
행-9-1-3
행-9-1-4
행-9-1-7
행-9-2-6
행-9-2-13
행-11-5-5
행-11-5-19

(36) 법-2-51
법-3-59
심-1-82
원-1-5-8
원-2-4-3
원-2-4-11
원-6-3-2
행-1-3-3
행-1-4
행-1-4-2
행-1-4-6
활-3-1-1

(37) 수-5-32
법-2-47
법-3-30
심-1-46
원-6-2-4
행-3-1-10
행-8-2-9
행-9-3-11
행-11-2-11

35. 스님께서 말씀하셨다. "이 공부를 하면 이 세상에 나서 내가 어디서 왔는지, 어디로 가는지, 지금 어디 있는지, 무엇을 하고 있는지를 알고, 시간과 공간이 둘이 아닌 것을 알게 되니 대장부 살림살이가 그만하면 족하지 않겠는가. 발은 평발이 되어서 한 발로 디뎠고 손 없는 손이 온 우주에 아니 닿는 데 없고, 한 눈으로 어디 보지 못하는 데 없으니 대장부 살림살이에서 더 무엇을 바라겠는가."

36. 스님께서 말씀하셨다. "자기 안에 세상의 무엇과도 바꿀 수 없는 참 보배가 있음에도 밖으로 헤매며 보배를 찾는다 하니, 설사 소원대로 찾았다 하더라도 그것은 마음의 보배에 비할 수 없으리만큼 작은 것이다."

37. 스님께서 말씀하셨다. "어머니 배 속 문을 열고 자기 육신의 문을 열고 나오니까, 또 지구의 문을 열어야 되느니 우주 전체의 나툼을 알고자 하면 너무나 문 없는 문이 많다."

38. 스님께서 말씀하셨다. "무생이 있음으로써 유생이 있는 것이지 유생이 있어서 무생이 있는 게 아니다. 무생은 바로 귀신 방귀씨와 같은 것이다. 이 씨는 없으면서도 여전히 있고 여전히 있으면서 그렇게 천차만별로 돌아가도록 심봉을 딱 꽂아서 조금도 어김없이 돌아가게 되어 있다."

39. 스님께서 말씀하셨다. "우주 천하가 그대로, 큰 불바퀴 작은 불바퀴 둘이 아닌 줄 알았을 때 부처님께서 삼천 년 전이나 지금이나 미래에나 말씀하시고 계심을 보게 된다."

40. 스님께서 말씀하셨다. "마음대로 굴려도 떨어지지 않는

법바퀴를 타고 다니면서, 불바퀴 물바퀴를 굴리고, 용이 되어 들고 나며 수많은 물고기를 다 먹이고 남기며, 꽃 피고 새 우는 가운데 앞뒤 없이 뚫린 피리를 부니 얼마나 멋지고 좋은가. 그러나 체험 없이 이런 말을 한다면 모두 한데로 떨어진다."

41. 스님께서 말씀하셨다. "이 몸은 살려 놓은 채 저승에 가서 죽은 사람과 이야기를 하고, 죽은 사람들이 사는 도리를 다 알 수도 있나니, 그렇지 않다면 산 사람을 똑바로 볼 수 없고, 바로 행할 수도 없고, 바로 에너지를 베풀 수도 없다."

42. 스님께서 말씀하셨다. "내가 용을 한다고 할 때 만약 어디를 간다 하면 몸은 여기에 놓아 두고 화신이 가는 것이니, 어떤 모습으로든, 예컨대 군인의 모습으로 할 수도 있고 대장으로, 용왕으로, 물고기로, 가재로 할 수도 있고 파리의 모습, 버러지의 모습으로도 할 수 있나니 환경에 따라 여건에 따라 바뀌게 되느니라."

법-2-112 (42)
법-3-64
법-3-71
심-1-88
심-1-158
원-7-3-18
행-11-6-6
활-1-2
활-2-1
활-2-1-5

43. 스님께서 말씀하셨다. "마음이 밝으면 보현이 된다. 앉은 자리에서 화하여 직통으로 왕래를 해 보라. 얼마나 떳떳하겠는가. 그런 일이 어찌 있을 수 있을까 하겠지만 마음은 빛보다 더 빨리 왕래할 수 있으니 어찌 있을 수 없다 하겠는가."

44. 스님께서 지방 나들이 중에 땅이 메말라 등성마루가 허옇게 벗겨진 산을 보시고 제자들에게 이르셨다. "저 땅 밑에 사는 생명들은 살기가 무척 어려울 것인즉, 때에 따라서는 부처님의 뜻으로 바꿔 놓을 수도 있는 것이니 너희는 너무 더운 곳의 기운을 덜어다가 저곳에 닿게 하는 일이 가능한 줄 아느

냐? 부처님 품 안에는 모든 게 다 있으니 그게 가능한 일이라, 높은 데는 좀 누르고 얕은 데는 올리고 할 수 있는 것이다. 세계적으로나, 우주적으로나 모든 게 다 부처님 손아귀에 들어 있다."

(45) 수-5-5
수-5-18
법-2-50
법-4-18
생-1-1-1
생-1-1-13
생-1-2-1
생-1-2-4
생-1-2-10
활-2-2

45. 30년 가까이 스님 회하에서 불법 공부를 해 온 한 신도가 불법의 이치를 다시금 여쭈었다. 스님께서 말씀하셨다. "나는 버스 노선을 여러분께 가르쳐 주고 있다. 처음이나 지금이나 조금도 다름없이 그렇게 해 오고 있다. 버스를 타는 것은 여러분의 할 일이니 세세하게 가르쳐 주어도 자꾸 묻기만 할 뿐 수행을 하지 않는 사람이 있는가 하면 말 한마디, 냄새만 맡고도 이치를 알아채는 사람도 있다." 그 신도는 더 이상 여쭙지 못하고 물러났다.

46. 한 제자가 불법의 교문과 선문에 대해 여쭈었다. 스님께서 말씀하셨다. "교문이 선문이고 선문이 교문이라 따로 있지 않다. 말이 없다가도 속에서 말이 나와 말을 하게 되듯이 전부가 융화된 것이다."

(47) 심-1-3
원-8-2-16
행-2-3-12
행-8-1-3
행-8-3
행-9-1-6
행-11-1-1
행-11-5-2
생-2-1-22
생-3-3

47. 한 신도가 여쭈었다. "스님을 참 스승으로 모시고 공부하려 하니 한 말씀 해 주십시오." 스님께서 말씀하셨다. "나는 누구에게도 나를 스승으로 하라고 한 적이 없다. 잘난 부처보다 못난 네가 나으니라. 네 자신, 참 주인공을 스승으로 하라!"

48. 한 신도가 여쭈었다. "어느 것이 참 불법입니까?" 스님이 옆에 있던 물을 주시며 "이것을 먹으면 시원할 테지?" 하

니, 잠자코 있다가 또다시 묻기를 "어느 것이 참 불법입니까?" 하였다. 스님께서 옆에 있던 물 한 그릇을 마저 건네셨다.

49. 한 작가가 '문학이란 도를 느끼게 하는 방편으로서 강점이 있다'고 말하고 스님께 도와 문학의 관계에 대해 여쭈었다. 스님께서 말씀하셨다. "문학이 도와 따로 떨어져서 존재하지 않고 도가 문학 이외로 존재하지 않는다. 부처님 법이다, 문학이다, 과학 철학이다 하는 것도 모두 이름으로 분류된 것뿐이지 따로따로가 아니다. 도 안에 문학도, 과학 철학도 다 계합되어 돌아간다. 예컨대 봄이 오면 절로 꽃이 피는 것처럼 마음에 봄이 오면 거기서 문학도 나오고 철학도 꽃피는 것 아니겠는가. 나는 문학에 대해 모르지만 봄이 오는 것, 꽃 피는 것, 바람 부는 것, 낙엽 지는 것을 안다. 그런 걸 가지고 도라고 일컫는 것이지 어디 도가 따로 있겠는가."

법-2-58 (49)
법-3-46
심-1-51
심-1-65

50. 어느 때 한 신도가 "불성이 무엇이오니까?" 하고 여쭈었다. 스님께서 빙긋이 웃으시며 "그렇게 묻는 놈은 누구이더냐?" 하실 뿐이었다.

심-2-2 (50)

51. 한 신입 신도가 공부할 마음을 내면서도 한편으로, 가르침은 가르침이고 생활은 생활이니 양립하기가 쉽지 않다는 이야기를 하였다. 스님께서 들으시고 말씀하셨다. "생활과 불교가 둘이 아니라, 불은 영원한 생명의 근본이며 말하고 돌아가는 자체가 교이니 생활이 그대로 불법이다. 결코 따로따로 생각할 게 아니고 그대로 근본이며 진리요 인간들의 법인 줄 알라."

법-2-13 (51)
법-2-40
법-2-41
법-2-56
법-2-97
법-3-19
심-1-57
심-1-72
심-1-95
심-1-126
행-4-1-5
행-4-1-6
행-9-1-19
행-10-3-5

(51) 생-1-3-1
생-1-3-9
생-4-1

52. 어느 신도가 여쭙기를 "흔히들 나는 없다고 말합니다. 그렇다면 말하는 것은 무엇입니까?" 하였다. 스님께서 말씀하셨다. "예까지 오는 동안에 한 발짝씩 옮겨 놓을 때 그 횟수를 세면서 왔는가, 아니면 그 발자취 거둬 가지고 왔는가? 그냥 무심으로 걸어왔듯이, 그와 같이 고정됨이 없고 함이 없이 하기 때문에 없다고 하는 것이다."

53. 한 제자가 여쭈었다. "스님의 믿음은 바늘 하나도 못 들어갈 정도로 견고해 보입니다만 그렇게까지 믿기 위해서는 스님께서 말씀하신 대로 모든 것을 던져야 하는데 그게 용이하지가 않습니다." 스님께서 말씀하셨다. "그도 그럴 터이지만 누구든 그렇게 하여야만 하나니, 그것이 영원히 사는 법이요 영원히 자유로운 법이거늘 어찌 진리가 그와 다르다 하겠는가."

(54) 수-1-20
법-2-58
법-2-81
행-2-3-6
행-2-3-8
행-2-3-9
행-2-4-2
행-2-4-5
행-3-1
행-3-2-7
행-3-3-4
행-3-4-4
행-3-4-14
행-4-5-4
행-8-1-4
행-10-3-1
행-11-3-4
행-11-5-1
생-3-1-6
생-3-1-16

54. 어느 날 한 부인이 스님께 찾아와서 눈물로 자기 신세를 한탄했다. 남편의 구타가 자심하여 하루하루가 지옥 같아 살 수가 없노라고 하소연했다. 스님께서 말씀하셨다. "그 모든 게 다 주인공의 일이니 잘잘못 따지지 말고 마음에다 맡겨라." 그 말씀을 듣고 한 신도가 말했다. "스님, 때리는 사람의 주인공에 맡겨야지 왜 맞는 사람의 주인공에 맡기라 하십니까?" 스님께서 말씀하셨다. "이쪽 주인공과 저쪽 주인공이 따로따로가 아니다. 그렇게 둘로 보면 그르치게 되나니 눈앞에 전개되는 그 어떤 경계도 둘로 보면 그르친다. 자기 주인공에 간절히 맡겨 놓으면 그게 그쪽 주인공에 간절히 맡긴 것과 같다. 마음의 향기가 전달되는 것이다."

그로부터 얼마 안 있어 그 부인이 스님께 찾아와 남편이 정
색을 하며 사죄하더라는 이야기를 했다. 스님께서 웃으시며
말씀하셨다. "깊고 간절한 마음은 닿지 못하는 곳이 없나니 그
것이야말로 참된 에너지이다. 그런 에너지 때문에 세상은 조
금씩 좋아지고 진화를 하게 된다."

55. 스님께서 말씀하셨다. "사랑, 사랑 하지만 주인공의 참
사랑 맛이란 정말 말로 하기 어렵다. 털어 주고 닦아 주고 어
루만져 주기를 얼마나 지극 정성으로 하는지 맛을 보지 못한
사람은 억울할 것이다. 변소엘 가도 따라와서 뒤를 씻어 주는
그런 사랑, 죽어도 같이 죽고 살아도 같이 사는 그런 사랑이
다."

56. 한 신도가 의아심을 가지고 스님께 여쭈었다. "문제가
밖에서 일어났는데 내 안에다 맡겨서 되겠습니까? 밖에서는
지금 치고받는 험악한 일이 벌어지고 있는데 마음을 거두어 맡
긴들 무슨 일이 되겠습니까?" 스님께서 말씀하셨다. "그런 험
악한 일을 같이 나서서 싸운들 무슨 일이 되겠는가. 설사 자기
뜻대로 된다고 해도 그것은 억지로 되는 것일 뿐이다. 자기 뜻
대로 되었다면 분명 저쪽 사람에게는 불만스러운 결과가 되지
않겠는가. 또 저쪽이 만족하면 이쪽에서 불만일 것이다. 원한
을 원한으로 갚고 싸움을 싸움으로 대하는 한 그 원한과 싸움
의 고리는 끝없이 계속되게 마련이다. 그러므로 잘잘못을 논
하기 이전에 주인공에게 맡기라는 것이다. 불법을 믿는 참된
수행자라면 양보는 이미 양보가 아니다."

수-5-7 (56)
법-2-63
법-3-21
원-3-3-2
원-7-3-13
행-4-5-8
행-9-3-1

57. 한 신도가 "스님의 가르침이야말로 생활 불교다."라고 하는 말을 들으시고는 스님께서 말씀하셨다. "생활 불교란 무엇이겠는가. 아침저녁으로 염불·독경을 착실히 한다 해서 생활 불교는 아닐 것이니 불자라면 모름지기 자신의 하루를 부처님의 뜻 가운데서 편안히 엮어 나갈 수 있는 힘을 기르는 게 바로 생활 불교이다."

58. 스님께서 어느 때 말씀하셨다. "6·25 때 보니까 불상을 지고 가는 사람 하나도 없더라. 평소에 그렇게 매달리더니 한결같이 제 먹을 것, 옷 보따리만 챙겨 들고 피난길에 나서기에 '왜 부처님을 지고 가지 않느냐?' 하고 물으니까 그걸 어떻게 지고 가느냐며 꽁무니 빼는 걸 보았다."

(59) 법-2-13
법-2-40
법-2-41
법-2-56
법-2-97
법-3-19
심-1-51
심-1-57
심-1-72
심-1-95
심-1-126
행-4-1-5
행-4-1-6
행-9-1-19
행-10-3-5
생-1-3-1
생-1-3-9
생-4-1

59. 신도들 중에는 수행의 방법과 가르침의 체계에 대해 아쉬움을 표시하는 이들이 있었다. 그에 대해 스님께서 이렇게 말씀하셨다. "바로 여러분들이 살아 숨 쉬고 사는 삶, 그 자체가 그대로 불법이고 진리이며 참선이요 길이다. 따로 체계가 있고 수행의 방법과 단계가 있어서 배울 수 있는 게 아니라 여러분들이 지금, 여기에 있다는 그 자체 속에 불법의 체계와 수행 방법이 있다. 불법은 따로 있는 것이 아니다."

스님께서 또 말씀하셨다. "삼천대천세계에서 우러나오는 일체의 소리가 가르침이다. 산새가 우는 소리, 바람 부는 소리, 낙엽 지는 소리도 다 부처님의 청정 법음이다. 문자화되지 않은 설법이다. 다만 중생이 미혹해서 그것을 듣지 못하고 있을 뿐이니 그것을 듣기 위해서는 마음을 깨달아야 한다."

60. 스님께서 말씀하셨다. "삼계가 다 부처님의 나툼 아닌 게 없으니 부처 중생이 따로 없다. 그러나 근본이 비록 그러할지라도 실제 벌어진 양상에서는 깨달은 분이 있고 미혹한 중생이 있다. 수행법은 이 중에서 후자에 관한 것으로 아직 깨닫지 못한 중생에게 주는 것이다. 나는 일체 경계를 주인공 자리에 몰락 놓으라는 것을 수행법의 요체로 삼는다."

61. 한 신도가 여쭈었다. "스님께서 해 오신 바처럼 목숨 떼어 놓고 들어가지 않고 오직 주인공을 믿고 거기에 놓는 것만으로도 세 번 죽기가 가능합니까?" 스님께서 말씀하셨다. "주인공을 일심으로 믿는다면 누구나 가능하다. 놓고 또 놓아 나가면 더불어 돌아가는 도리를 알게 되고 만물이 둘 아닌 줄 알게 되고 둘 아니게 나투며 돌아감을 알게 된다."

심-1-9 (61)
심-1-53

62. 스님께서는 어느 때 법당에 들어가셔서 정례를 하지 않으신 일이 있었다. 한 제자가 그에 대해 여쭈었다. 스님께서 말씀하셨다. "너희들에게 눈이 있나 없나 보느라고 그랬다. 법당에 들어가 부처님 형상에 붙으면 절을 해야 마땅하겠지만, 내 안에 불바퀴로 뭉치면 하나이니 그때는 어디다 대고 절을 해야 하는가. 부처님 형상에 서려 있는 모든 사람들의 마음과 내 마음을 둘로 보아 절을 하는 것이나, 둘로 아니 보면 내 마음을 다 붙여도 두드러지거나 줄지 않으니 쫓아다니며 절을 해야 할 까닭이 없다. 그러나 도리를 모르면서 절을 안 하는 것은 스스로를 욕되게 하는 것이다."

법-2-116 (62)
법-3-39
심-1-58
심-1-114
원-1-2-11
원-1-5-2
행-9-3-2
행-9-3-5

63. 어느 해 사월 초파일 행사를 마치시고 스님께서 이렇게

말씀하셨다. "생각해 보면 부처님께서 봄철에 오셨다는 것은 참으로 의미가 있는 듯하다. 흔히 세상 사람들은 부처님의 가르침을 허무주의라고 오해하기도 하지만 부처님은 오히려 크나큰 기쁨과 긍정을 가르치셨다. 아마도 허무주의를 가르치러 오셨다면 쓸쓸한 가을이나 황량한 겨울에 탄강하셨을지도 모르나 봄철에 오셨다는 게 그 가르침의 분위기와 아주 잘 어울리는 것 같다. 나는 부처님의 가르침을 '되돌려 긍정하라'는 관점에서 받아들였고 그것만은 양보할 수 없다고 믿는다. 불교는 세상을 저버린 종교가 아니라 오히려 세상을 참답게 보고 참답게 사랑하도록 이끄는 종교인 것이다."

(64) 수-5-33
법-2-11
법-2-22
법-3-46
심-1-2
심-1-18
심-1-19
심-1-20
심-1-21
심-1-40
심-1-145
원-1-2-3
원-4-2-11
원-9-1-8
원-9-2-5
행-5-4-6
행-11-3
행-11-4-3
행-11-5-16
행-11-6-2

64. 한 신도가 깨달음을 얻는 법에 대해서 여쭈었다. 스님께서 말씀하셨다. "옛날에 어떤 사람이 봄을 찾아 길을 떠났다가 결국 찾지 못하고 집에 돌아와 보니 집 뜰 매화나무에 꽃이 벙글어져 있더라고 했다. 찾으러 가면 찾아지지 않고 오히려 지금의 자기 자리에서 묵묵히 최선을 다하고 있다 보면 그 자리에서 꽃이 피고 향기가 나오게 되는 이치이다. 깨달음이란 어디서 오는 것이 아니라 내가 깨달음으로 꽃피어 나는 것이다. 그러므로 참된 수행자는 먼 수평선을 따라잡으려 하지 않는다. 내일 내일, 부처 부처, 깨달음 깨달음 하지 않으니 깨달음에 대한 집착도 집착이기 때문이다. 수평선이란 따라가면 또 그만큼 멀어져 언제나 저만큼에 있을 뿐이다. 사람들은 오늘, 여기를 불만족스럽게 여기고 언제나 내일, 저기, 그 언젠가, 그 어떤 곳에 뜻을 두고 그리워하나, 우리가 사는 것은 어

제도 내일도 아니요 오늘뿐이며, 저곳도 그곳도 아닌 여기를 사는 것이다. 그러므로 깨달음을 애닯게 추구하기보다는 지금 여기서 할 수 있는 일부터 작다 말고 최선을 다하기 바란다. 사실 그토록 따라가려던 그 수평선이란 바로 자기가 탄 배의 밑바닥인 것이다."

65. 한 학인이 스님을 뵙고 어떻게 하면 도력을 얻을 수 있는지를 여쭈었다. 스님께서 대답하셨다. "도력을 잡으려 말고 당신 자신을 잡으라. 당신의 마음이 곧 주인이니 당신의 마음은 태양보다도 더 크다." 학인이 다시 여쭈었다. "어떻게 해야 자기를 찾습니까?" 스님께서 대답하셨다. "일체를 마음의 주처에 놓고 나가야 한다."

66. 한 신도가 여쭈었다. "삭발을 하지 않고도 공부할 수 있을 터인데 어찌 입산까지 합니까?" 스님께서 말씀하셨다. "들어갔으면 나올 줄 알아야 하고 나왔으면 다시 들어갈 줄 알아야 하는 것이니 그 반복하는 이치를 길게 끌지 않으려고 그대로 제 한 몸 불사르고 들어간 것이다."

67. 한 신도가 여쭙기를 "스님처럼 그런 고행을 겪어야 깨닫게 됩니까?"라고 말했다. 스님께서 말씀하셨다. "꼭 고행을 겪어야 무언가 깨닫는 줄 아는 분들도 있겠지만 나는 그렇지 않다고 말하나니 모든 것이 생각에 달려 있다. 한순간에 십 년 고행을 할 수도 있고 십 년 고행이 한순간에 무로 돌아갈 수도 있는 것이다. 나는 아는 게 없어서 오래 떠돌았지만 여러분들은 현명하니까 생각을 바로 가지고 꼭 성불하기 바란다."

68. 한 제자가 스님께 '깨달음에도 머물지 않고 생사에도 걸리지 않는다'는 중도행의 도리에 대해 여쭈었다. 스님께서 말씀하셨다. "생사가 있다고 할 수도 없고, 없다고도 할 수 없나니 이는 곧 얽매이지 않는다는 얘기다. 누가 이 말에 대해 내게 묻기를 '바로 지금 네가 또는 네 자식이 죽게 되어도 그러하냐?' 한다 할지라도 나는 꿈적도 하지 않는다. 이 말은 억지가 아니라, 수없이 죽고 또 죽어 보았기에 꾸밈없이 하는 말이다. 죽는 이치도 알고 사는 이치도 알기에 죽는다 산다에 얽매이지 말라고 할 수 있는 것이다."

69. 한 제자가 스님께 "생각이 끊어진 자리가 부처라 했는데 그 말이 맞습니까?" 하고 여쭈었다. 스님께서 말씀하셨다. "끊어지긴 왜 끊어지는고? 끊어지지 않기 때문에 끊어짐이 있는 것이고 그렇게 운행되는 것이니라."

(70) 수-1-66
수-3-47
원-6-5-3
원-6-5-11

70. 한 학인이 찾아와서 스님께 여쭙기를 "이제 비로소 자성의 자리가 맑고 깨끗한 줄 알게 되었습니다."라고 하였다. 스님께서 그 학인에게 이르셨다. "맑고 깨끗한 게 청정이 아니다. 더럽다, 깨끗하다는 분별이 없이 둘 아니게 관찰할 때가 청정이다. 무엇인가 본 바가 있고 들은 바가 있다면 그것은 아직 제 원통에서 나오지 못한 것이다."

71. 스님께서 미국 뉴욕에 가셔서 담선 법회를 여시는 중에 한 신도가 여쭙기를 "먹기 위해서 삽니까, 살기 위해서 먹습니까?" 하였다. 스님께서 웃으시며 되물으셨다. "목이 마를 때 냉장고 문을 열고 음료수를 꺼내 먹는데 그때 '이걸 살려고

먹나, 먹으려고 사나.' 하는 생각을 했느냐?" 그 신도가 대답하였다. "목 마르면 그냥 따라 먹고 볼 일이죠." 스님께서 말씀하셨다. "그와 같다. 그래서 풀 한 포기라도 불법 아닌 바가 없다. 벌레 하나도 불교 아닌 게 없다."

72. 스님께서 어느 때 미국 교포들을 상대로 설법하시는 중에 이렇게 말씀하셨다. "여러분의 생활이 분초를 다투듯이 바쁜 걸 보니 그대로 참선인 게 여실하다. 차를 타고 출근하는 길에 빵으로 요기하고 카세트를 듣고 치장하고 하는 걸 보면서, 여러분에게 누가 아침이면 '주문 외워라', '좌선해라', '백팔 배 해라' 하고 말할 수 있겠는가. 그런 일이 공부하는 것이라 할 것 같으면, 생업에 바쁘고 가난해서 더욱 짬이 없는 사람들은 기독교를 믿든, 불교를 믿든 승화하지 못한다는 말이 된다. 한생각에, 먹고 마시고 부지런히 뛰는 생활 속에 참선이 있다. 그리고 시간 여유가 있고 내가 앉고 싶다고 했을 때 앉아야 참된 좌선이 된다."

법-3-19 (72)
심-1-51
심-1-57
심-1-59
심-1-90
심-1-95
심-1-126
행-4-1-5
행-4-1-6
행-9-1-19
행-10-3-5
생-1-3-1
생-1-3-9
생-4-1

73. 한 신도가 스님을 처음 뵙게 되었을 때 여쭈었다. "저도 불법과 인연이 있겠습니까?" 스님께서 대답하셨다. "내게 그렇게 묻는다면 그건 점이지 법이 아니다. 자기 자신에게 스스로 묻도록 하라. 자신의 마음이 나침반이다."

74. 한 수행자가 스님을 뵙고 말씀 여쭈었다. "오랫동안 간경을 수행으로 삼다가 어느 선사로부터 '이 뭣고?' 화두를 받아 정진하고 있으나 아직도 한 맛을 모릅니다." 스님께서 되물으셨다. "지금 이 자리에서도 '이 뭣고?'를 찾고 있느냐?" 수

수-1-33 (74)
수-2-27
수-5-26
심-1-2
심-1-75
심-1-80
원-2-5-4
원-3-1-3

행자가 대답했다. "놓치지 않으려고 노력하고 있습니다." 스님께서 말씀하셨다. "일체 만법을 주인공 자리에 맡겨 두고 가라. 그리하여 무심이 되어야 하느니 그렇게 되어야 사랑을 하고서도 사랑하지 않은 것이요, 먹었어도 먹은 사이가 없고, 주었어도 준 바가 없으며, 죽어도 죽은 바가 없다."

75. 스님께서는 수행을 위해 특별히 어떤 방법을 강조하신 적이 한 번도 없었다. 화두 참선이나 좌선에 익숙해져 있던 학인들이 찾아와서 굳이 한 방법을 일러 달라고 조를 때라도 오로지 주인공을 믿고 거기에 모든 것을 놓으라고 하실 뿐이었다. 스님의 가르침은 이렇듯 간단명료하셨다. 스님께서 그에 대해 말씀하시기를 "과학 문명이 발달한 요즘 세상에 곧바로 들어가야지." 하셨다.

76. 한 신도가 스님 앞에 나아가 말하기를 "여느 때는 말을 잘하는데 스님만 뵈면 말문이 막히고 눈물이 앞을 가려 말씀을 드리지 못합니다." 하였다. 스님께서 말씀하셨다. "아직 배추, 무만 사다 놓았지 양념을 해서 맛있게 버무릴 수 있는 계기가 되지 않은 때문이다. 지금 말 없이 말하고 가고 옴이 없이 오가는 공부를 하기 위해 수련하는 과정이니 모든 것을 놓고 공부해서 또 보임을 해 들어가야 한다."

77. 한 신도가 스님께 여쭈었다. "양면을 다 놓으라고 하심은 중간을 취하라는 말씀이신가요? 그리고 다 놓으면 허전해서 공부하는 것 같지를 않습니다." 스님께서 말씀하셨다. "그것은 주인공을 몰라서 하는 말이다. 우리는 본래 중생이 아니

라 부처이다. 우리의 중생심, 곧 나라고 하는 것은 마치 푸른 하늘에 잠시 인연 화합으로 모인 뜬구름일 뿐이니 정법으로 직시하면 머지않아 사라진다. 그리고 그것들이 사라져 버린 뒤에는 넓고 맑고 푸른 하늘이 있다. 염려하지 말라. 다 놓아도 네가 사라지는 것은 아니다. 모든 것을 놓고 나면 영원하고 무한한 진실, 마음 든든한 무한의 진실이 드러난다. 그것이 주인공, 우리들 본래의 모습인 줄 안다면 망설임은 있을 수 없을 것이다."

78. 스님께서는 실생활 속에서의 체험을 통한 믿음을 중시하시고 가끔 개별적인 실험에 대해 언급하시는 일이 있었다. 한 신도가 말하기를 "부처님 법은 광대무변한데 어찌 생활 속의 자잘한 실험을 권하시느냐." 하였다. 스님께서 이에 언급하셨다. "자기 생활을 스스로 업신여기고, 자기 몸을 자기가 업신여기고, 제 마음을, 제 주처를 또 업신여기고 어디 가서 불법을 찾으려느냐? 허공에 대고 아무리 이름을 불러 보아도 대답 없는 허공이요 대답 없는 이름일 것이니 아무리 이론이 높다 해도 말뿐이라, 설사 부처님이 면전에 계신다 해도 높이 보지 말 것이며 풀 한 포기, 개미 한 마리라 해서 업신여기지 말라."

심-1-51 (78)
심-1-59

79. 스님께서는 언제나 자기 자신이 화두라고 하셨다. "육신 생긴 게 화두요 네 마음이 화두요 네 생활이 화두이니 화두가 따로 있는 게 아니다."라고 강조하셨다. 스님께서는 그 말씀을 후렴처럼 되풀이하셨다.

282 심인편

(80) 심-1-2
심-1-64
심-1-74

80. 스님께서 대중 법회 중에 말씀하셨다. "모두가 나 아닌 다른 곳에 태초를 두고, 나 아닌 다른 곳에 화두를 두고, 나 아닌 다른 곳에서 찾고 염원하니 이 일을 어찌하는가? 남의 집 아버지는 위대해 보이고 자기 집 아버지는 우습게 보이는지 자기 집의 부처는 모르고 달마 선사, 무슨 선사 하며 스승으로 모시니 참으로 어려운 노릇이다. 죽은 부처 만 개가 있다 하더라도 산 부처 하나만은 못한 것이다. '그때 그 시절 그 나무의 열매가 익어서 그 맛이 얼마나 좋았는지……. 그 맛을 아는가?' 하고만 있다면 참 자기는 언제 찾는가? 그때 그 열매가 익어 아무리 맛이 좋았다 하더라도 그때는 이미 지난 것이다. 지금 여기 우리가 이야기하고 듣고 하는 것이 그때와 둘이 아닌 것이다. 자기한테 나오는 것을 자기에게 모두 맡겨 놓는다면 어느 때인가 콧숨 한 번 쉬는 데 이 만법이 모두 나오게 되리라."

스님께서 또 말씀하셨다. "말 없이도 먹을 수 있고 말이 있어도 먹을 수 있었을 텐데 그 떡을 자기가 스스로 먹어 보지 못했기에 진짜 보이는 떡을 먹지 못했던 것이다."

(81) 수-3-52
수-3-53
법-3-75
원-2-2-12
원-5-1-18
원-5-1-19
원-5-1-20
원-5-2-1

81. 한 신도가 여쭈었다. "오고 감이 없다 함은 정지를 뜻하는 것입니까?" 스님께서 말씀하셨다. "찰나로 너무 빠르게 돌아가기 때문에 이것을 뭐라고 말로 표현할 수 없으니 오고 감이 없다고 한 것이다. 한순간도 고정됨이 없이 돌아가기에 생명이 수만 가지로 생기고, 한 생각 일어났다가 금방 다른 생각이 나는데 어느 것을 고정되었다고 하겠는가?"

82. 한 제자가 스님께 수행의 공덕에 대해서 여쭙자 스님께서 말씀하셨다. "도를 이루어 도인이 되려 함이 아니니라. 문제도 내 안에 있고 대답도 내 안에 있은즉, 내 마음 안에 있는 영원한 보배, 그 보배의 참맛을 아는 이라면 도인으로 불리든, 큰스님이라 불리든, 산 부처나 보살이라 불리든 무슨 상관이 있겠는가. 칭찬과 경배가 따른다 할지라도 그것이 나를 행복하게 하는 게 아니거늘, 오직 마음의 샘, 진리의 맛만이 목마름을 적셔 줄 뿐이다. 전 우주와도 바꿀 수 없는 게 딱 한 가지 있다면 그것은 마음이라는 크나큰 안식처뿐이다."

행-3-5-12 (82)
행-11-6-3

83. 한 신도가 부처님 전에 회향하는 이치를 여쭈었다. 스님께서 대답하셨다. "사람이 이 세상에 날 때도 흙에서 나왔고 갈 때도 흙으로 돌아간다. 그와 같이 나올 때도 한 구멍에서 나왔고 갈 때도 한 구멍으로 들어가는 것이니 이 나옴과 죽음이 둘이 아니다. 그 둘 아닌 곳, 그 한 구멍에 만사를 돌려놓는다면 그것이 최상의 회향이다. 나는 이렇게 느낄 때가 많다. '이 감사한 마음을 이루 다 말로는 못하겠구나. 당신이 따로 없고 내가 따로 없지만 그러면서도 당신의 깊고 크나큰 맛은 무엇으로도 다 헤아릴 수 없을 만큼 많으니 어떻게 그 은혜를 갚으리까.' 하고 느낀다. '단 하나 그 길이 있다면 나는 당신의 뜻을 받아서 그 백분의 일, 천분의 일이라도 갚는, 아니 갚는다기보다는 내 몸이 가루가 된다 할지라도 영원히 이 길을 걸으리다.' 하는 생각, 이것뿐이다."

법-2-5 (83)
법-2-25
행-9-1-18
생-4-2-1

84. 한 신도가 여쭈었다. "어찌하여 부처님께서는 가없는

원-1-1-7 (84)

(84) 원-1-4-3
행-8-1

중생을 다 건지시겠다 하시고 한편으로 인연 없는 중생은 제도 할 수 없다 하셨습니까?" 스님께서 말씀하셨다. "인과도 붙을 자리가 없다고 했거늘 어찌 인연 없는 중생은 어쩔 수 없다는 말이 붙겠는가. 그 말씀은 밖에서 구하지 말고 자기 안에서 스스로 구하라는 말씀이다. 부처님도 또한 길잡이에 지나지 않는다."

(85) 행-1-3-2
행-11-5-19
활-2-1-9

85. 한 제자가 인가에 대해 여쭈었다. 스님께서 이렇게 말씀하셨다. "주인공으로부터 열쇠 꾸러미를 받는 게 해인이자 인가라, 그때에 비로소 이 곳간 저 곳간을 마음대로 열고 부릴 수 있게 된다. 말하자면 주권을 가진 것이니 예를 들어 말한다면 아래로 명령하고 위로 상응할 수 있고 각을 이룬 사람끼리 한자리에서 회의를 가질 수가 있느니라. 그 자리에는 늙고 젊고가 없고, 애 어른이 없이 돌아간다."

86. 한 제자가 부동심에 대해 가르침 주시기를 청하였다. 스님께서 말씀하셨다. "설사 부동하다 하는 것까지도 '부동하다' 해도 아니 되고 '부동치 않다' 해도 아니 된다. 항상 나투기 때문에 그러하다. 만약에 부동치 않은 게 있다면 부동한 게 있고 부동한 게 있다면 부동치 않은 게 있게 되느니 이 또한 둘로 봄이라, 모든 게 항시 나투며 돌아가기에 가만 있으면 부처요 생각을 냈다 하면 법신이요 화신이라 하지 않는가."

(87) 수-3-6
수-3-7
수-3-8
수-5-27
법-2-100

87. 스님께서 말씀하셨다. "장갑이 더러워지면 벗어 버리듯이 이 모습도 한 철 지나가면 그뿐이다. 그러므로 늙어 허망하다 할 것도, 젊어서 뽐낼 것도 없다. 오로지 꾸준히 닦아 나가

야 한다. 내가 온 자리를 알아야 갈 자리도 알 수 있게 되니 이 도리를 알아 차원이 높아지면 몸이 없어진다 해도 세상 사람들을 다 먹여 살릴 수 있는 자재권자가 될 수 있다."

88. 한 신도가 마음을 낸다는 의미로 용에 대해 여쭈었다. 스님께서 말씀하셨다. "일상생활이 그대로 용이요 천만 가지로 새록새록 변하며 돌아가는 게 그대로 용인데 그것을 어떻게 용이다, 아니다라고 말을 할 수 있겠는가. 다리 많은 벌레가 제 다리 움직이는 걸 의식한다면 발 하나 움쩍하지 못할 것이니 '용이다' 생각하면 이미 걸린 것이다. 나를 버려야 용 아닌 용을 할 수 있다."

89. 스님께서 말씀하셨다. "컴퓨터에 프로그램을 다양하게 입력해 놓고 단추 한 번 누르면 자료가 백방으로 전달되기도 하듯이 한생각이 한 번 빙그르르 돌면 전체가 같이 돌아간다. 세 번 죽고 나면 그 도리가 생기니 그대로 하면 그뿐이다."

말씀을 듣고 한 신도가 여쭈었다. "그것은 서산 대사께서 붓대를 던진 도리와 같습니까?" 스님께서 말씀하셨다. "그 붓을 붓으로 보면 안 된다. 그것은 만법을 굴리는 주장자라, 그 솔이 수만 가닥으로 이루어져 있으나 그 모두가 한마음에서 벌어지는 것을 표현함이다."

90. 한 신도가 어느 스님으로부터 전생의 죄가 무거우니 지장경을 오백 독 하라는 말을 듣고 고민 끝에 스님께 여쭈었다. "생업에 쫓겨 하루 두 번 보기도 어려운데 언제 오백 독을 하오리까?" 스님께서 말씀하셨다. "지장경이라는 글자에 신통력

이 있는 게 아니니 그 속에 들어 있는 원리를 파악하여 그것을 마음에 새겨 수행하면 지장보살이 그대와 함께함을 알게 될 것이다. 그러지 않고서 경을 욀 뿐이라면 천 독을 하든 만 독을 하든 닭지도 못하고 벗어나지도 못한다."

(91) 수-3-56
법-2-77
심-1-92
생-4-5
예-28
예-46

91. 한 여신도가 스님께 사뢰기를 "제 남편이 보신에 좋다고 뱀탕을 즐겨 하는데 그 업보를 이루 다 어찌할지 걱정이옵니다." 하였다. 스님께서 말씀하셨다. "억만 마리를 잡아먹었다 하더라도 업보가 되지 않으니 둘 아닌 도리만 알면 그러하다. 고로 남편을 원망하고, 그 업보에 휘감겨서 가환이 든다고 생각지 말고 남편의 몸이 건강치 못해 부처님의 공덕으로 그 짐승들이 바쳐졌다고 생각하라. 우리도 부처님께 마음을 바치게 되어 있거늘, 서로 둘이 아닌 까닭이니라." 그러자 그 신도는 홀가분한 기분이 되어 갔는데 며칠 후 다시 찾아와서는 자기 남편이 이제는 안 먹겠다고 스스로 말하더라고 하였다.

92. 시장에서 닭을 잡아 생계를 유지해 오던 한 사람이 하루는 공부하기를 원하면서도 그동안의 무수한 살생 때문에 주저하는 모습을 보시고는 스님께서 말씀하셨다. "직업상 그런 일을 하더라도 진심으로부터 살생이 아니게끔 하는 도리도 있느니라. 따지고 보면 죽는 쪽도 불쌍하고 죽이는 쪽도 불쌍한데 어느 한쪽만을 지탄할 수 없느니, 그러므로 양쪽을 다 건져야 한다. 만약에 내가 그 일을 죄라고 자리매김 한다면 말이 법이 되어 평생을 무거운 짐에 눌려 지내야 하거늘 부처님의 자비스런 가르침이 어찌 그러할 수 있겠느냐."

93. 스님께서는 누가 괴로움을 하소연하는 경우라도 '업장이 두터워 그렇다'는 말씀을 한 번도 하신 적이 없으셨다. 하루는 어느 분이 하소연을 하는 가운데 웬 스님으로부터 '업이 무거워 그렇노라'는 말을 들었다고 하였다. 그 말을 듣고 스님께서 말씀하셨다. "내가 여러분들의 하소연을 듣고 하루에도 몇 번씩 마음이 너무 아파서 아예 가슴이 텅 빈 듯한데 누가 그대들을 보고 업이 무겁다고 하는가. 자식을 위해서 오는 사람, 육신이 병들어 오는 사람, 가환에 짓눌려서 오는 사람……, 그렇게 불쌍하고 괴로운 사람들에게 '너는 업보가 많아서 그렇다.'라고 누가 말하는가. 왜 그대들에게 업보라는 무거운 짐을 덧붙여 주려는가. 오죽 답답하면 부처님의 자비를 갈구하고 실오라기 하나라도 잡으려 하겠는가. 그런 이들에게 짐을 뒤집어씌우는 일은 결단코 잘못된 일이니 나는 한생각 되돌리면 업도 붙을 자리가 없다고 말할 뿐이다."

94. 한 신도가 신통력의 정체에 대해 여쭈었다. 스님께서 말씀하셨다. "신통력도 도가 아니지만 여직껏 수억겁을 거쳐 내려오면서 한 번도 죽은 적이 없이 해 내려온 이치를 알고 보니까 모든 족보가 들통이 난 것이라, 알기 때문에 둘이 아니게 되는 것이다. 중생의 종 문서만 아니라 지구의 족보, 지수화풍의 족보까지 밝혀지니 타심통이다, 숙명통이다 하는 말을 하게 될 뿐이다."

95. 스님께서 순회 포교차 미국을 다녀 오신 후 어느 날 대중 법회에 나오셔서 말씀하셨다. "진작에 안방에 앉아서 전 세

계를 보는 세상이 되었으니 오신통이 그대로 생활 가운데 실현되고 있다. 부처님 말씀대로 가고 옴이 없이 가고 올 수 있고 모습 없이 화해서 천백억 화신으로 들고 나는 모습이 그러하다. 따라서 이 시대의 불법 공부는 마땅히 이론이 아닌 생활 속에서의 행으로 되어야 한다. 만법을 응용할 수 있고, 우리가 만법을 바로바로 찍어서 해결할 수 있는 경지가 되어야 한다. 말하자면 인공위성을 띄워서 무엇을 한다는 것보다 인공위성을 띄우는 그것 자체를 넘어서야 한다."

96. 한 신도가 보시에 대해 여쭈었다. 스님께서 말씀하셨다. "그것은 자신을 위함이 아니건만 자신을 위함이니 그럼으로써 마음이 편할 뿐 아니라 모든 마음이 한데 모여 시공 없이 돌아가니 어찌 너, 나가 따로이겠는가."

(97) 심-1-11
생-4-5
생-4-5-10

97. 비교적 형편이 넉넉한 한 신도가 약간의 보시금을 내놓으면서 스님께 조상 천도를 부탁드리자 스님께서 이를 물리치시며 말씀하시기를 "어찌 그리 방생에 인색한가. 모든 이가 당신네들의 자식이고 형제고 부모인 줄을 모르는가. 억겁을 거쳐 오면서 서로 자식 노릇, 부모 노릇, 형제 노릇을 수없이 했거늘, 내 형제 자매 부모를 위한 일에 아까운 마음이 든다면 그것으로 방생이 되겠는가." 하셨다.

스님께서 그와 유사한 경우에 또 이렇게 말씀하셨다. "세간법에도 물건을 살 때 돈을 주고 사는 게 도리이거늘 어찌 방생에 인색하랴. 다가오는 문제를 어떻게 제 손으로 다 해결할 수 있다고 믿는가. 마음을 너그럽게 써야 하느니라."

98. 한 신도가 살림 형편이 어려워 평소에 시주하지 못하는 것을 부끄러워하자 스님께서 말씀하셨다. "이곳을 여느 절처럼 생각하지 말고 공부하는 강당으로 알라. 이 선원을 운영하려면 오고 가는 차비도 들고 먹고 자는 비용도 있어야 하겠으나 없으면 없는 대로, 있으면 있는 대로 할 뿐이니 시주하지 못함을 부끄러워하지 말라. 진심으로써 공부할 수 있는 사람이라면 내게는 그렇게 좋은 도반일 수가 없다."

그런 다음 제자들을 향해 말씀하셨다. "부처님의 뜨겁고 성스러운 뜻을 생각하면 눈물이 절로 날 지경인데 그 광대무변한 뜻을 저잣거리에서 물건 팔듯 판다 하면 혀를 깨물고 죽어도 시원치 않을 것인즉, 살고 먹고 입는 데 쓸 요량으로 절을 운영해서는 천만 번 부당한 일이 되느니라."

99. 한 신도가 부처님 전에 부지런히 공양을 올리면서 복짓기를 염원하였다. 그것을 보고 한 제자가 기복 행위라고 탓을 하였더니 스님께서 이렇게 말씀하셨다. "설사 기복이라 할지라도 거기엔 부처님을 향하는 믿음과 감사의 염이 있을 것이니 그것을 어찌 탓하겠느냐. 비록 겉모습에 매여 그렇게 할지라도 받아들이는 마음이 그것을 공덕행으로 감싸서 무심으로 안으면 되느니, 양쪽이 까막눈이면 그냥 겉돌 뿐이다."

100. 어느 신도가 조상께 제사 드리는 문제로 고심하던 중 스님께 여쭈었다. 스님께서 말씀하셨다. "사람이 곧 하늘이라는 말이 있다. 그런가 하면 제사를 모실 때는 벽에다가 절하지 말고 너 자신 속에 위패를 모셔 놓았다 생각하고 절을 하라는

말도 있다. 모두 맞는 말이니 제사 모시는 일뿐만 아니라 매사가 그러하다. 왜냐하면 삼계가 모두 내 마음의 뿌리에 함께하는 것이기 때문이다. 그러므로 내가 밥을 먹으면 삼라 세계의 모든 생명이 함께 밥을 먹는 것이 된다. 거기에는 나를 아끼는 속 좁은 중생으로서의 나는 이미 없다. 상하 좌우가 툭 틔어 허공 같은 내가 있을 뿐이다. 그런 마음이면 모든 행위가 다 보살행이요 공덕이다."

101. 한 신도가 여쭙기를 "사람이 죽으면 무서운 사자가 온다든가 천사가 와서 맞이한다는 얘기가 있는데 어떠합니까?" 하였다. 스님께서 말씀하셨다. "네 컴퓨터에 다 입력이 되어 있으니 착하게 살았으면 착한 보살이 올 것이고 악마처럼 살았다면 마구니가 잡아갈 것이다. 그게 다 자기 자신의 보살, 마구니가 나타나는 것이다." 그 신도가 다시 여쭈었다. "사후에 까치집이 적멸보궁으로 보여 그리로 들기도 한다는데 아무 데도 안 들어갈 도리는 무엇입니까?" 스님께서 말씀하셨다. "주인공에 놓아라. 믿음이 깊어지면 천만금을 가지고 와서 좋은 것이라 해도 욕심이 일지 않는다. 살고 죽는 것을 전부 주인공에 일임하라. 적멸보궁이 거기에 있다."

102. 한 신도가 여쭈었다. "불교는 다른 종교에 비해 덜 배타적이고 포용력이 큼으로써 다른 종교까지도 포함할 수 있다고 생각합니다." 스님께서 말씀하셨다. "사람들이 생각이 다를 뿐이지 어찌 진리가 둘이겠는가. 왜들 이름을 가지고 싸우는지……. 같은 불교 안에서도 실은 사람마다 다른 식으로 믿

고 있으니 어떻게 보면 다른 종교를 믿는 셈이나, 서로 이름이 다른 종교라도 진리가 하나인 줄 알면 같은 종교를 믿는 것과 다름없다. 나는 불교가 옳다, 기독교가 옳다는 따위의 말은 하지 않는다. 진심으로 내가 맞다고 믿는다면 오히려 겸손해질 터이니 너와 나, 나와 세상, 나와 우주, 나와 삼라만상이 더불어 좋은 게 도이다. 그 도에서는 네 종교 내 종교 따위의 이야기는 한 점 먼지와도 같다고 하겠다."

103. 스님께서 미국에 가셨을 때 오하이오 주립 대학 석·박사 과정의 학생 80여 명을 위해 법문을 설하신 적이 있었다. 그때 한 기독교 신자가 스님께 부활절에 대해 여쭈었다. 스님께서 말씀하셨다. "초 초마다가 부활절이다. 여러분이 없다면 부활절도 없을 것이나 여러분이 한생각 한생각 고정됨이 없이 돌아가니까 초 초마다가 그대로 부활절인 것이다. 부처님 오신 날도 따로 있는 게 아니라 일 초 일 초가 부처님 오신 날이다." 원-5-3-1 (103)

104. 한 가톨릭 신자가 스님께 종교의 차이에 대해 여쭈었다. 스님께서 말씀하셨다. "물건을 사려는데 어디 가게가 하나 둘이고, 상표가 한둘이더냐. 불은 영원한 생명이요, 교는 생활 그 자체이니 가톨릭교, 기독교, 불교가 따로 있는 게 아니다." 법-2-43 (104)

105. 한 노부인이 스님께 찾아와서 며느리의 병에 대해 하소연하면서 며느리가 기독교 신자라 함께 뵈러 오지 못한 것을 송구스러워했다. 스님께서 크게 웃으시며 말씀하셨다. "가셔서 이렇게 말해 주세요. 네 주가 네 마음 안에 있으니 마음 안 심-1-102 (105)

에다 대고 '심주여!' 하고 기도하라고 말입니다."

훗날 노부인이 다시 찾아와 말씀대로 일러 주었더니 며느리 말이 '참 편리해서 좋다' 하더라고 아뢰었다. 스님께서 말씀하셨다. "마음 안으로 심주를 부르면 그것이 바로 기독교도 버리지 않으면서 한마음 닦는 도리도 되지 않는가."

106. 어느 스님이 '예수, 공자, 석가모니가 모두 큰 도둑'이라고 한 말을 듣고 한 신도가 스님께 의견을 여쭈었다. 스님께서 말씀하셨다. "역설적으로 말하면 그분들을 크다고 전제한 말인데 도둑이라 하기 이전에 자기 능력 없어서 도둑질 다하지 못하는 것이니, 내 몸뚱이 하나 실오라기도 걸치지 말고 다 내놓아 나 아닌 게 없을 때에야 비로소 하나도 버릴 게 없이 된다. 둘 아닌 도리를 알아도 둘 아니게 나툴 줄 모른다면 설익은 도둑에 그치고 만다."

(107) 법-3-47 107. 신도 중에는 말법 시대, 종말론, 인류의 장래 따위에 관심을 갖는 이들이 적지 않았다. 한 신도가 마침 그 점에 대해 여쭙자 스님께서 말씀하셨다. "우주의 이법은 자재한 것이므로 예정된 미래란 없다. 그리고 그 자재법은 중생 누구에게나 다 갖추어져 있는 것이며 그 이법을 성취한 사람은 이 세계의 흐름도 자유로이 조절할 수 있다. 그러므로 후천 세계, 말법 세계도 다 예정된 바가 없다. 예언이란 것은 작은 바가지 안에서 계산하고 예측한 것에 불과하다. 그 바가지 밖에서 그 바가지를 통째로 움직이는 이법을 모르는 소치이다. 또한 설사 말세가 닥친다고 해도 하등 염려할 바가 없으니 끝 세상이

곧 처음 세상이기 때문이다. 뿐만 아니라 말세를 부르는 것도 나요, 나로부터 벗어날 수 있는 것도 나이므로 오직 나의 근본 자체를 알면 그 모든 의문과 두려움은 없을 것이다."

108. 스님께서 어느 때 한 신도의 청을 받아 계룡산 쪽으로 나들이를 하신 일이 있었다. 그 신도가 말하길 "계룡산에는 산신이 셋이 있다 하더라." 하였다. 스님께서 이를 들으시고는 말씀하셨다. "둘로 보지 않는다면 모두가 하나다. 산을 보면 산신과 둘이 아니요, 나무를 보면 목신과 둘이 아니요, 물을 보면 수신과 둘이 아니니 그건 잘못된 말이다. 공부할 때에 간혹 '나는 아무 산 산신이다, 나는 무슨 보살이다, 대사다' 하고 별의별 게 다 성화를 부리기도 하지만 그게 다 자기로부터 나온다는 걸 모르고 속으니 탈인 것이다. 그러할 때에 나는 코웃음을 치면서 나오는 대로 삼켜 버렸다. 그렇다, 아니다 할 것도 없이 '어, 그래?' 하면서 '이걸로도 나오고 저걸로도 나오는구나.' 하고는 그대로 다 내 안에다 되돌려 턱 맡겼더니 그대로 다 없어지는지라, 모두가 둘이 아니기에 또 원통력을 발휘할 수 있는 도리가 있는 것이다. 그렇게 하는 것 또한 나를 죽이는 공부이니 스스로 항복받고 스스로 항복하고 그러는 것이다."

109. 한 무녀가 찾아와 산신각을 정리할 마음으로 상의 말씀을 여쭈었다. 스님께서 단호한 어조로 말씀하셨다. "불안한 것도 다 당신의 마음 작용일 뿐이다. 걱정하지 말고 모두 태워 버려도 아무 일 없을 테니 태울 건 태우고 담을 건 담고, 가져

다 놓은 돈이 있으면 누구를 주려면 주고 쓰려면 쓰고 마음대로 하라. 마음에서 산신 상과 네가 둘이 아니라는 것을 안다면 그 형상을 도끼로 부숴 버려도 된다."

(110) 심-1-133
원-6-4-31
원-7-3-7

110. 한 신도가 가환을 막아 준다는 부적에 대해 여쭈었다. 스님께서 말씀하셨다. "한세상 살면서 걸리는 게 그리 많아서야 어찌 살려는가? 그대로 주먹 불쑥 내지르고 걸어가라. 나는 오늘 죽는다, 내일 죽는다 해도 걱정하지 않는다. 어차피 낙엽 지듯 떨어질 것이고……, 또 낙엽 진다고 나무가 죽는 게 아니고 봄이 오면 새잎이 나고 꽃이 피고 열매 맺고 그러할 터인데 무슨 팔자 운명을 따지는가. 그런 것이 붙을 자리가 없느니, 생각을 하면 붙고 한생각 돌리면 붙질 않는다."

(111) 수-3-65
수-4-37
법-1-20
법-1-21
심-2-28
원-6-2-4
행-10-2-4
생-3-1-26
생-3-2-9
생-4-1-8

111. 한 신도가 집을 새로 지어 이사를 가려는데 삼재가 들어서 안 된다는 말을 듣고는 스님께 여쭈었다. 스님께서 말씀하셨다. "삼재 때문에 아니 된다고? 부처님 법이 사람에게 걸리적거린다는 것인가? 세상 법은 사람의 발을 묶어 불편스러울 때가 많지만 부처님 법은 그 반대이니 무엇이 막는다는 말인가. 내가 선 땅이 곧 법당이요, 내가 마음에 들어서 집 짓는 그곳이 바로 명당이다. 스스로 감옥을 만들고 그곳에 갇혀 사는 사람이 참 많다. 삼재라는 것도 마찬가지이니 그래서 나는 법당에다 수많은 부처님, 보살님, 칠성, 산신, 독성 따위를 모셔 두지 않는 것이다. 그 많은 신들이 다 한마음에서 나투지 않는 경우란 없다. 문수 따로, 보현 따로, 관음 따로, 지장 따로……. 그래 가지고서는 참 불법을 알지 못한다. 생각 한번

옳고 바르게 세우면 그 순간에 스스로 지은 감옥이 거미줄 녹
듯 녹아 버린다."

그 신도는 스님 말씀에 홀가분한 마음이 되어 집을 짓고 이
사를 했다.

112. 한 신도가 여쭈었다. "삼재가 들어서 그런지 가환이
끊이지 않는 것 같습니다. 면할 길은 없는지요?" 스님께서 말
씀하셨다. "삼재라니? 누가 그런 말을 해 주었든지, 그 사람도
모르니까 그런 말을 했을 터이고 너도 모르니까 곧이듣고 고민
하지만 부처님 법은 그런 것이 아니다. 삼재가 들어 나쁘다는
그 생각 때문에 나쁠 뿐이다. 사람의 한생각이란 매우 중요한
지라 한생각 돌리면 제불 보살이 다 내 한마음에 있으니 내가
이사 가는 날이 가장 좋은 날이다. 사람의 마음이 걸려서 걸리
는 것이지 진리는 걸림이 없다."

113. 스님께서 말씀하셨다. "내 몸 하나 던지면 생사에 구 심-1-53 (113)
애받지 않고, 계율이 붙지 않고, 욕심이니 착이니 망상이니 하 심-1-61
는 게 따를 여지가 없고, 좋고 나쁜 게 없이 남이 웃으면 그대
로 여여하게 웃고 남이 울면 또 여여하게 울고, 그렇게 자연스
레 생활할 수 있는 능력이 생긴다. 그러나 내 몸 하나 살리려
한다면 온갖 것이 다 붙어서 여여하지 못하게 된다."

114. 살림 형편이 넉넉한 한 신도가 자녀의 입시 합격 발원 원-1-2-4 (114)
을 위해 백 일 동안 새벽 기도를 드릴 생각으로 스님께 상의 원-1-2-6
말씀을 드렸다. 원-1-2-10
원-1-2-11

스님께서 말씀하셨다. "댁의 가정부가 보살이요, 운전 기사

가 큰 부처인 줄 모르는가? 부처님이나 보살님은 깊은 산속의 오래된 사찰이나 높다란 법당에만 계신 줄로 알면 안 된다. 불상은 예경의 상징물일 뿐이니 그 불상을 예경할 때에도 불상을 향해서가 아니라 자기 마음속으로 관해 들어야 한다. 그런데 그 상징물인 불상만 위하고 정작 살아 있는 이웃, 살아 있는 불보살을 섬길 줄 몰라서야 되겠는가." 스님께서는 새벽 기도 때문에 고역을 치르게 될 가정부, 운전 기사의 마음을 미리 살피시고 그렇게 말씀하신 것이었다.

(115) 행-10-2
행-10-2-1

115. 선원의 한 법사가 담선 중에 다음 생에는 출가를 하겠노라고 말하자 스님께서 말씀하셨다. "다음 생을 기다린다는 것도, 지나간 것도 없느니라. 지금 현실도 없으니 과거 미래가 어디 있겠는가. 만약 전생을 볼 줄 안다면 속인도 중이 됐었고 중도 속인이 됐었고, 비구가 비구니도 되고 비구니가 비구도 되니 도무지 내세울 게 없는 법이다. 지금 여기 앉아서 끝 간 데 없는 도리를 알아야 부처님 마음을 꿰뚫을 수 있다."

116. 한 청년 신도가 담선 중에 말하기를 "한 여자에게 구속되는 게 싫어 결혼하지 않겠노라." 하였다. 스님께서 말씀하셨다. "인간이 서로 만나 사랑하는 것은 좋은 일이다. 예를 들어 볏짚 단을 세워 놓았는데 볏짚 하나하나는 홀로 섰으면서도 같이 선 것이니 그게 삶의 섭리다. 또 이 도리에서 보면 내 아내만이 아내가 아닌 것이니 물질적으로만 볼 일이 아니다."

(117) 법-2-93
법-3-58
법-3-59

117. 스님께서 또 말씀하셨다. "이 지구에 본시 큰사람이 있었더라면 큰 집이 되었을 텐데 큰사람이 없었기 때문에 큰

집이 되지 못했다. 그런데 이곳에 큰사람이 있다 해도 믿지 않고, 큰사람과 더불어 모두가 하나라고 하여도 믿지를 않는다. 일을 할 때 혼자 하는 일을 여럿이 같이 한다면 수월할 텐데 '나'라고 고집하니 같이 운력을 해 주려 해도 해 줄 수 없고, 운력을 해 준다는 것이 고작 유령, 악령, 유전성, 세균 따위이다. 주장자가 없는 빈집인 탓이다. 그런 까닭으로 고통이 와도 어디서 오는지 모르고 어디로 가는지도 모르고 받는다. 모르는 사람은 이것이 도대체 무슨 소리인가 하겠지만 이런 말도 들어 둬야 나중에 발로가 되었을 때 이런 것을 생각할 수 있는 것이다. 한번 봐 보아라! 눈 달리고, 코 달리고, 입 달리고, 남들에게 달린 것과 똑같이 달고도 왜 못하는가? 수없이 많은 몸으로, 아니 사는 곳 없이, 내 발 닿지 않는 곳이 없이 그렇게 살고 있는데 왜 그렇게 못하는가? 먹고사는 것이 그렇게 급한가? 얼마나 살 것 같고, 얼마 동안이나 편안하고, 얼마 동안이나 사랑할 수 있을 것 같은가? 숱하게 고생을 하고 고통을 받으면서도 이 공부를 하지 않는다면 진실한 사랑도 할 줄을 모르는 것이다. 그런데 모두들 살아 있는 자기 부처는 찾지 않고 죽은 불을 스승으로 삼고서 찾고 있으니 이런 기막힐 노릇이 어디 있는가? 살아 있는 내 부처를 알아야 죽은 불(佛)도 나와 둘이 아니란 것을 알게 되는 것이다."

118. 스님께서 말씀하셨다. "그저 절에 다니면서 부처님에게 빌기나 하고, 이 부처 다르고 저 부처 다르다 하고, 또 부적이나 여기저기 붙이고……. 이게 귀신 짓이 아니고 무엇인가?

(118) 행-8-2-1
생-3-1-1

꼭 귀신이라야 귀신인가? 귀신 행을 하면 귀신이다. 그러면 살아서 귀신인데 죽어서는 귀신이 아닌가? 오늘 귀신 행을 하면 꿈에서도 똑같이 하고 다니는 것이고 그것은 죽어서도 마찬가지이다. 그것과 같이 꿈을 보면 생시에 자기가 어떻게 하고 다니는지 증명이 되는 것이다. 그래서 생시에 대상을 둘로 보지 않고 불성을 터득한다면 꿈에서도 아주 역력하고 똑똑한 것이다. 그러한데 우리가 항상 기복으로만 해서야 되겠는가? 기복으로 가르치고, 기복으로 배우고……. 이렇게 해서야 어떻게 불국토를 이루는가? 불국정토를 입으로 천만 번 부른다고 극락정토가 되는 것이 아니다. 내가 닦지 않고는 아니 된다. 내가 나를 한번 돌이켜보고, 내가 공했다는 그 도리를 알면 공한 도리에서 아주 역력하게 내가 나를 볼 수 있을 것이다."

(119) 심-1-120
심-2-7

119. 한 신도가 염화미소에 대해 여쭙자 스님께서 말씀하셨다. "전체가 포괄된 하나, 그 평상심에서 나툼이 있고 열반이 있고 자비가 있음을 드러낸 것이니 가섭 존자의 미소에 금빛 열매가 익어 한마음이 되었음이다. 그러므로 모름지기 학인들은 말귀에 걸려 빗자루를 쥐나마나, 쓰레기를 쓰나마나가 되어서는 아니 되느니 안으로 돌려 그 의미를 참구해야 할 것이다. 그렇지 않고서 부처님께서 이러저러하셨고 말씀이 이러저러했노라고만 하면 말씀은 말씀대로 생활은 생활대로 따로 떨어져 그 가르침이 왜곡되고 만다."

(120) 심-1-148

120. 한 제자가 스님께 말씀드렸다. "영산회상에서 가섭 존자가 웃은 것을 가리켜 '가섭이 큰 죄를 지었다.' 하고, 석존

의 장광설을 가리켜 '평지풍파를 일으켰으니 두들겨패서 개에게나 던져 주리라.' 하였다는 말도 있습니다." 스님께서 말씀하셨다. "그것은 공부하는 사람들의 괴팍스런 트집이다. 꽃을 들었으면 마음에 까닭이 있어서 들었고, 웃었으면 까닭이 있어 웃은 것이라 까닭이 있기에 진리가 드러난다. 우리가 공생·공심·공용으로 돌아가는 것도 까닭이 있어 돌아가는 것이거늘 까닭이 없다면 장롱 속에 넣어 놓고 있는 셈이니 성사될 것이 없게 된다. 가섭 존자가 웃은 것을 탓한다면 석존이 꽃을 든 것은 왜 탓을 하지 않는가. 팔만 사천의 장광설이 평지풍파라 두들겨패겠다 하는데 팰 것이 어디 있어 두들겨팬다는 말인가. 그래도 선지식들이 나서서 그렇게라도 가르쳐 주지 않았다면 우리가 지금 이렇게 계발하지도 못했을 것이니 그 얼마나 고마운 일인가."

121. 어느 신도가 담선 중에 이야기하기를 "예전에 진묵 대사께서 솥 안의 물고기를 다 잡아먹고 냇가로 가 배설하니 그 고기가 모두 살아 돌아가더라." 했다. 스님께서 그 이야기를 들으시더니 이렇게 말씀하셨다. "그게 방편이라, 고기를 수억 마리 먹었어도 먹은 사이가 없고 뱉어도 뱉은 사이가 없다는 뜻이니라. 그러니까 언제나 위와 아래를 함께 거머쥐고서 쓰면 고기 한 점을 먹었어도 소 한 마리를 먹은 게 되기도 하고 소 한 마리를 먹었어도 고기 한 점 먹은 사이가 없게 되느니라. 그러나 이왕 사람이 먹었으면 사람으로 내놓아야지 왜 고기로 내놓는가?"

법-1-39 (121)
법-2-83
심-1-9
행-2-1-6
행-4-8
행-4-8-1
생-1-2-7

122. 어느 스님은 법당에 올라가 삼천 배를 해야만 친견을 허락하더라는 이야기를 들으시고 이렇게 말씀하셨다. "이 도리를 공부하는 데에 그만한 인내와 희생도 필요하기에 방편을 쓴 것이다."

(123) 예-75

123. 한 신도가 여쭙기를 "삼세심 불가득의 진정한 의미가 무엇이오니까?" 하였다. 스님께서 말씀하셨다. "마음은 붙을 데도 없는 것이라 그대로 여여함이니 내 배 고프면 밥 먹는 게 불가득이지 어디 따로 있는 게 아니니라. 저녁에 배고파 먹는다 하더라도 점심이 될 수 있고 새벽에 먹는다 하더라도 배고파 먹으면 점심이지 점심 따로 저녁 따로이겠느냐."

(124) 행-11-5-12
예-47

124. 어느 때 교계에서 수행 방법을 놓고 '돈오돈수냐, 돈오점수냐'로 설왕설래 중이라는 말을 들으시고 스님께서 말씀하셨다. "온갖 핏물, 구정물이 한데 모여 도랑으로 흘러내리는데 핏물이다 구정물이다 가릴 게 없으니 돈오와 점수가 거기 어디에 붙겠는가. 오직 젖을 뿐이니 그것은 방편이라, 말할 바도 못 된다. 높고 낮음이 다 상대적이어서 평등이요 자비일 뿐인데 사람들이 세상살이 중에 보고 듣는 것으로 관념을 지어 거기 박혀서 벗어나지 못하고 있음이다."

스님께서 어느 때 또 말씀하셨다. "돈오란 공한 자리에 '탁!' 한 점 찍는 것이고 점수란 지혜를 닦아 마음과 우주가 합일한 것을 말하는 것이니 거기에 돈오다, 점수다 하는 무슨 장광설이 따르겠는가. 무조건 끌고 물로 들어가듯, 불법을 믿는다면 무조건 따라야 하니 장광설로 정법을 받는 이는 없다.

불법이란 총명하다 해서 알아지는 게 아니라 미련하더라도 무조건 믿고 따라서 한 점을 깨달아야 발견할 수 있다."

스님께서 또 말씀하셨다. "탑의 기단을 쌓아 올리는 게 점수라면 탑 정상을 들어 올려놓는 게 돈오다."

125. 한 신도가 여쭈었다. "만공, 혜월 두 스님께서 공양을 받을 즈음에 혜월 스님이 '할!' 하셨고 발우를 걷을 즈음에 만공 스님이 또 '할!' 하셨습니다. 이를 두고 대중 간에 쟁론이 끊이지 않자 한 스님이 '입을 놀려 말하고 싶지 않으나 여러 사람의 의심을 풀어 주지 않을 수 없노라.' 하시며 또 '할!' 하셨습니다. 대중은 더욱 어리벙벙해졌습니다."

법-4-6 (125)
심-1-126
심-2-8

스님께서 웃으시면서 말씀하셨다. "지금 그렇게 말한 것이 그대로 '할!' 이니라. 그것을 말로 하면 잘못 돌아가기에 '할!' 한 것이니 말하는 입을 떠나 말을 한 것이다. 그 뜻이 판치생모나 간시궐과 같으니 눈 깜짝할 사이에 알지 못하면 찾을 길이 막연하다."

126. 한 신도가 스님께 '왜 역대 조사들처럼 방, 할을 쓰시지 않는지'에 대해 여쭈었다. 스님께서 말씀하셨다. "나는 그렇게 어렵게 하고 싶지 않다. 지금 시대는 뛰면서 생각하고 생각하면서 뛰지 않으면 안 되는 시대인데 도가 그렇게 어렵게 생각되어서는 곤란하다. 지금 자기 자신이 금방 화해서 나투고 돌아가니 공이면서 그대로 하고 있는 것이라, 믿음 속에 일체를 다 놓고 가다 보면 한두 가지 체험을 하게 됨으로써 '아, 이건 이렇구나.' 하며 확신을 갖게끔 하는 것이다. 이치를 알

려거든 바로 지금 자기가 하고 돌아가는 그 자리에서 알라 하는 것이다."

(127) 심-1-31

127. 선원의 한 법사가 어느 때 '남전 스님이 고양이 목을 벤 도리'에 대해 여쭈었다. 스님께서 말씀하셨다. "말 한마디 땅에 떨어뜨릴 수 없으니까 베었지만 무명만 쳤지 고양이를 죽인 사이가 없다. 조주 스님이 신발을 머리에 인 것은 일체 유·무생이 공했기에 고양이마저 나온 사이도 들어간 사이도 없다는 뜻이니라. 그렇게 발은 하늘로, 하늘은 발밑이 되니 뿌리 없는 나무는 온 누리를 누빈 것이다. 입도 벙긋 안 하고 고양이를 살린 것이다."

128. 한 제자가 부처님의 삼처전심 가운데 곽시쌍부를 예로 들면서 부활의 이치와 다르지 않다는 말을 하자, 스님께서 들으시고 이렇게 말씀하셨다. "부처님께서 발을 내보이신 것은 무한의 길, 영원의 길을 말씀하신 것이니라. 죽지 않았다는 증거로 안다면 그것은 무한의 길을 걷고 있음을 상상조차 해 보지 못한 소견이다."

(129) 심-1-5
심-1-20
심-1-31

129. 어느 때 한 학인이 찾아와 스님께 여쭙기를, "하늘과 땅이 갈라지기 이전 소식은 어떤 것입니까?" 하였다. 스님께서는 아무 말씀을 하지 않으셨다. 다만 옆에 놓인 음료수 한 병을 꺼내 주시며 들기를 권하실 뿐이었다. 그 학인은 말씀이 없자 그대로 물러갔다. 스님께서 좌중을 둘러보시며, "갈라지기 이전이 바로 그 병 안에 있는데 뚜껑을 따고 마실 줄도 모르면서 나를 보고 따 달라 하니 그것을 어떻게 말로 하느냐?"

하신 뒤 한 법사에게 "그대에게 물었다면 뭐라 하겠는가?" 하셨다. 그 법사 대답하기를 "다만 희론일 뿐입니다." 하였다.

130. 한 신도가 담선 중에 역대 성인들을 보살의 10지에 맞춰 누구는 5지, 누구는 7지, 또는 8지에 해당된다는 글을 보았노라고 말하자 스님께서 들으시고는 말씀하셨다. "젊은 사람은 젊은이의 말을 할 것이고, 중년은 중년대로, 노인은 노인대로 말할 것이다. 아이는 아이대로 옳고, 어른은 어른대로 옳고, 노인은 노인대로 다 옳은 말이니 7지다 8지다 하는 말이 붙지 않는다. 가령 공자는 유위법을 말해서 그르다 하지만 공자는 화해서 노자가 될 수 있고 부처가 될 수 있으니 그분들이 남기고 간 것을 따질 게 아니라 내가 이 도리를 알면 그뿐이다."

법-2-53 (130)
법-2-56
생-1-1-6
예-75

131. 한 신도가 돌장승에 소원을 비는 사례에 대해 여쭈었다. 스님께서 말씀하셨다. "돌은 그냥 돌로서 가만히 있었는데 마을 사람들이 거기에다 대고 너도 나도 빌고 호소하니까 그 비는 마음들이 뭉쳐 집단을 이루게 된 것이다. 말하자면 도리를 모르는 사람들이 돌에다 착을 붙여 마음을 모아 놓았으니 빼지도 끼우지도 못하게 된 격이다. 그런데 그 마음의 차원이 낮다 보니까 무엇인가 가져다 놓지 않으면 오히려 불미스런 일이 생기기도 한다. 사람들이 스스로 미신을 만들어 놓았기에 두고두고 미신 짓을 하게 된 것이다. 그러므로 사람들이 미신을 거부하면 미신은 없는 것이다."

심-1-118 (131)

132. 한 신도가 여쭈었다. "예전에 선사들은 열반하실 적

에 앉아서도 죽고, 서서도 죽고, 하다못해 물구나무 서서도 죽는데 스님께서는 어떻게 생각하십니까?" 스님께서 말씀하셨다. "사람들이 옷을 벗어 놓고 잠을 잘 적에 어떤 이는 옷을 차곡차곡 잘 접어 놓는가 하면 어떤 이는 벗어서 홱 던지기도 한다. 그런 것이다."

133. 한 신도가 팔자 운명에 대해 여쭈었다. 스님께서 말씀하셨다. "제 마음에 따라 팔자 운명이 다가오는 것이니 이 공부하는 사람에게는 절대로 그러한 것이 붙지 않느니라. 어디에다 그걸 떼고 붙이겠는가. 붙을 자리가 있다면 나는 벌써 옷을 벗었을 것인즉, 수많은 영가들과 한데 휩쓸리고 있는데 오히려 좋기만 하니라."

134. 한 학인이 주역의 팔괘에 대해 설명하는 걸 들으시고는 스님께서 말씀하셨다. "어제와 오늘과 내일이 한꺼번에 돌아가는데 어찌 팔방으로 갈라놓는가. 이름은 각각일지언정 셋으로만 갈라놓아도 머리 따로, 발 따로가 되니 사람 행세를 어찌하려는가. 임금이 있으면 신하가 있고 국민이 있듯이 셋이 한 번에 돌아가야 원만하지 따로 놀아서는 안 된다.

135. 마음공부에 열중인 신도들 가운데 스님을 송신기, 자신을 수신기라고 생각하는 사람들이 있었다. 마치 채널을 맞춰 놓으면 전파가 흘러 소리를 전하듯 잠자고 있을 때나 깨어 있을 때나 설법을 듣는 체험을 맛보게 된다고 했다. 스님께서 말씀하셨다. "우주 법계에 설법이 가득해도 통화 중이면 벨이 울리지 않는 법이니라."

136. 선원과 잠시 인연을 맺게 된 어느 법사가 자신도 이제 공부가 되었으니 법좌를 마련해 달라고 요청한 적이 있었다. 스님께서 이렇게 대답하셨다. "법좌는 누가 만들어서 차려 주는 게 아니다. 또 누가 주고 말고 하는 것도 아니다. 공부가 되었다면 형색으로만 보지는 않으실 텐데도 그런 말을 하는가. 법좌에 오를 분이라면 저절로 법좌에 오르게 된다. 누가 오르라 해서도, 자기가 오르려 해서도 아니다. 높다란 자리에서 높다란 이야기로 존경받고 싶어 하는 마음은 아만이다. 그런 생각이 드는 순간에 그 공부는 방향이 빗나간다. 마음공부를 누굴 위해서 했던가? 자기에게 좋은 것이니 누가 알아주든 알아주지 않든, 법좌에 오르든 오르지 않든 마음 쓰지 말라."

그 법사는 아무 말도 못하고 물러났다. 그리고 얼마 안 있어 그 법사는 선원에 발길을 끊고 말았다.

137. 어느 때 종단 측에서 성도재일을 앞둔 일주일의 경건 주간 동안의 정진 행사 계획을 작성, 통보하라고 한 적이 있었다. 한 제자가 스님께 통보할 내용을 여쭙자 스님께서 말씀하시기를 "선원의 신도들은 항상 등을 켜고 항상 정진하고 있기에 성도일이라서 하고 아니라서 안 하는 예가 없노라고 통지하라." 하셨다.

138. 사부 대중이 두루 참여하는 교계의 공식 행사에서 몇몇 신도들이 선원의 입지에 대해 부심하는 것을 보시고는 스님께서 말씀하셨다. "우리 선원의 가족은 승려만도 아니고 신도만도 아니니라. 초목과 금수, 미물들까지도 오래 전부터 우리

선원의 가족이거늘 어찌 그만한 일로 마음을 썩이는가. 억겁 전 이래로 모두 나와 여러분들의 벗이었고, 스승이었고, 육친이었으며 억겁 미래까지도 또한 그러할 것이다."

139. 스님께서 대중에게 말씀하시기를 "예전에 유마힐 거사가 병을 앓고 있는데 문수보살이 병문안을 와서 '어디가 그리 편찮으십니까?' 하고 물었더니, 유마힐 거사는 '중생들이 아프기 때문에 나도 아프다. 중생들이 나아야 나도 낫는다.'라고 대답했다. 만약 그 자리에 여러분들이 있었다면, 어떻게 해야만 그 유마힐 거사의 병 뿌리를 빼 줄 수 있겠는가 말해 보아라. 그래도 모르겠다면 어떻게 해야 말 그대로 유마힐 거사를 병 문 안에서 병 문 밖으로 나오게 할 수 있겠는가 말해 보아라. 그래도 모른다면 자기한테 물어볼 일이다. 자기는 작년에도 살았었고 또 유마힐 거사가 살아 있을 때에도 거기 그 자리에 있었을 테니 오직 자기한테 물어볼지어다." 하셨다.

140. 어느 때 스님께서 대중에게 물으셨다. "소동파가 승호 선사에게 법을 묻자 승호 선사께서 '할!' 하셨다. 그러고는 되묻기를 '이 할이 몇 근이나 되는고?' 하였다. 소동파는 그만 말문이 막혀 물러났는데 하산 길에 폭포 소리를 듣고 홀연히 깨쳐 삼 배를 올렸다고 한다. 그대를 보고 한마디 일러 보라 한다면 어찌하겠는가?" 한 신도가 아뢰기를 "저울이 있어 무게가 있습니까, 무게가 있어 저울이 있습니까? 두두물물이 법이고, 폭포도 법이고 소동파도 법이니 소동파의 눈이 이제야 밝았습니다." 하였다.

스님께서 말씀하셨다. "저울이 없으니 달 것도 없어라/ 폭포수 쾅쾅 흘러/ 깊숙이 스며 흘러 도누나/ 봄이 오니 봄빛은 밝아/ 온 누리를 비추누나."

141. 스님께서 또 어느 때 대중에게 물으셨다. "옛날 어느 선사께서 아침 죽 공양을 들고 제자들과 함께 들판으로 나가셨다. '내가 오늘은 배고프지 않고 배부른 도리를 가르쳐 주리라.' 하시며 커다란 체에다 죽을 솥째로 들어부으라고 했다. 그렇게 죄다 쏟아 버리고는 '이제 너희들에게 배고프지 않고 배부른 도리를 가르쳐 주었노라.' 하시며 들어가 아무 말씀이 없으셨다. 제자들은 '큰스님이 이제 노망하셨다.'고 불평이 었는데 그 중 한 제자가 문득 깨닫고는 '그 죽물은 자비의 물방울이요 그 방울들은 온 생명들을 다 배불리 먹여 주셨네. 내 어찌 배고프다 하랴. 본래 자기가 배고프지 않은 것을 모르고 이렇게 울었구나. 내 울음소리는 울음소리가 아니라 온 누리 생명의 그 샛별 같은 비춤일세.' 하였다. 그 스님께서 죽을 쏟아 버린 연유를 아는가?"

한 신도가 이렇게 아뢰었다. "본래로 체와 죽이 둘이 아니니 이미 체와 죽이 서로 다투지 않네. 죽 아닌 죽 먹고 먹어도 줄지 않으니 아! 귀종 스님 참으로 자비하시어, 영영토록 내 집 가난 면케 하셨네. 산은 그냥 푸르고 물도 그냥 흐르니 온 천지간에 향기 가득하여라."

스님께서 말씀하셨다. "너무 길다. 밥을 먹었으면 식기를 닦을 줄 알아야 하느니 이렇게 하면 어떻겠느냐? 본래로 체와 죽이 둘이 아니어라/ 서로 먹고 있는 것을 나는 알았네/ 온 천하에 물이 흐르고/ 새 울고 꽃이 피어 스스로 먹고 있네/ 아! 본래 배고프지 않은 것을/ 배 한번 두드리자/ 탕! 탕! 탕!"

142. 스님께서 어느 때 대중에게 물으셨다. "말이 새끼를 낳았는데 사방팔방이 불길에 둘러싸여 있다. 어떻게 하면 새끼와 함께 빠져나올 수 있겠느냐?" 아무도 대답하는 이가 없더니 이튿날 한 신도가 백지를 봉투에 넣어 스님께 드렸다. 스님께서 이를 보시고는 크게 웃으시면서 "그렇지, 그렇게 백지를 볼 줄 알아야지." 하셨다.

143. 스님께서 대중들에게 물으셨다. "옛날 어느 선지식이 수좌들을 데리고 강가에 앉아 쉬다가 짚신 한 짝을 강물에 빠뜨렸다. 그러고는 수좌 보고 당장 짚신짝을 가져오라 하였는데 여러분은 그 깊은 강물의 짚신을 어떻게 가져오겠는가?"

144. 스님께서 한 신도의 공부가 무르익어 가는 것을 보시고는 말씀하셨다. "마른땅에서 싹을 틔우느라 애를 쓰다가 진통 끝에 쑥쑥 삐져나오는 모습들을 보노라면 절로 환희심이 인다. 출가해서 몇십 년이 지나도록 싹 틔우지 못하는 중들도 많은데 살림살이하면서라니 참으로 영광된 일이 아니겠느냐. 그럴 때면 나는 혼자서 싱긋이 웃고 어떤 때는 눈물을 흘리기도 한다."

145. 한 제자가 깨달음의 경지에 대해 여쭈었다. 스님께서 말씀하셨다. "눈을 번쩍 뜨고 보면 하루하루가 새로우니라. 귀가 번쩍 뜨이고 보면 세상의 모든 영화가 헛되어 보이느니라.

마음을 모으고 있노라면 바위보다 더 단단하고, 마음이 나툴 때에는 우주의 끝이라 해도 이웃집보다 더 가깝다 할 수도 있느니라. 산다는 것과 죽는다는 것도 맑은 날의 아침 공기처럼 새로우니라. 그러나 마음대로 할 수 있는 이치만 있는 게 아니라 부처님의 가르침을, 부처님의 상호를 더럽히지 않기 위해 또 시집살이를 하는 도리도 있느니라."

심-1-18 (145)
심-1-19
심-1-20
심-1-21
심-1-40
심-1-64
원-1-2-3
원-4-2-11
원-9-1-8
원-9-2-5
행-5-4-6
행-11-3
행-11-4-3
행-11-5-16
행-11-6-2
예-36

146. 스님께서 어느 때 법회를 마치시며 대중을 향해 말씀하셨다. "고요한 달밤 아래 어부들은 어디 갔노. 고기들은 잠들어 있구나."

147. 스님께서 말씀하셨다. "참 대장부가 보고 싶노라. 이 넓고 넓은 천지에 오직 단 한 사람만이라도, 온갖 것 다 담을 수 있는 참 대장부가 보고 싶노라."

148. 한 신도가 서산 대사의 "선가귀감"의 한 대목을 인용하여 스님께 여쭈었다. "부처님과 조사가 세상에 나오심이 바람 없는데 물결 일으킴과 같다 하였는데 가령 스님께서 오심도 바람 없는데 물결 일으킴이라 할 수 있겠습니까?" 스님께서 말씀하셨다. "바람을 일으킴이 부질없는 짓이라고 하는 말이겠으나 파도에 비유한다면 바람이 파도를 일으켜야만 물이 순환되어 고기 떼가 살 수 있는 법이다. 그 말은 정에 들게 이끌어 주는 것인데 주먹을 쥐었다가 펼 줄 모르면 병신이요 폈다가 쥘 줄 몰라도 병신이다. 사람은 일으킴과 가라앉힘이 동시에 작용해야만 사람 노릇 하는 것이니 파도 일으킴이 곧 선근을 심어 주는 일이다."

심-1-120 (148)

(149) 심-1-135
원-6-3-5

149. 스님께서 말씀하셨다. "여기 이 도량에는 공부하려는 마음들이 운집해 있고 부처님들이 우글거리고 있으니 마음으로 직결되면 마치 충전이 되듯이 통하게 된다. 누가 무슨 말을 해 주고 안 해 주고를 떠나서 마음으로 정성을 들이며, 하나하나 체험해 가다 보면 길을 가다가도 한생각이 그대로 법이 되기도 한다."

(150) 활-2-3-1

150. 스님께서 말씀하셨다. "나라는 것 없이도 만법을 자재하는 도리는 불법밖에 없을 것이니 따로이 내세울 게 없으면서도 찰나에 우주를 왕래하고 모든 생명과 함께할 수 있느니라. 그러나 우주를 찰나에 보고도 본 바가 없다고 하는 것이거늘 신통 묘용에 붙잡혀서는 아니 되느니 공부하는 과정에서 신통에 집착하면 부처님 등지기가 십상이다."

151. 스님께서 말씀하셨다. "삼천대천세계를 거울 보듯이, 손가락 보듯이 다 볼 수 있는 반면에 서로 둘 아니게 나툴 수도 있으니 나 없는 고장이 없고, 손 없는 손이 어디고 아니 닿는 데가 없고, 평발이 되어서 아니 딛는 데가 없다."

(152) 심-1-153
법-1-55
법-1-56

152. 스님께서는 요청을 받고 여러 차례 미국 각지를 도시며 포교 활동을 하셨는데 귀국하여 대중에게 말씀하시기를 "그 사람들이 앞으로 십 년을 내다보고 연구에 열중하는 것을 느꼈다. 그들은 정치, 경제, 사회 전반에 걸쳐 주도권을 쥐고 나갈 문제에 관심을 갖고 있었다. 여러분들도 더욱 정진하여 이후 세대들이 어떻게 세상을 끌고 나갈 것인지에 대해 깊이 생각해 두지 않으면 안 될 것이다."라고 하셨다.

또 말씀하셨다. "앞으로 십 년간 놓고 본다고 해도 우리가 이 도리를 알아 앉아서 모든 것이 법계로 통신이 되며 행할 수 있지 않으면 안 된다. 이 도리에서 보면 법계 전체로 통하는데 아무런 이유가 붙질 않는 것이니 그대로 이것이다 하면 그것으로 귀결되는 것이다."

153. 스님께서 말씀하셨다. "외국인 가운데도 마음속에 생산처가 있다는 것을 알고 공부하는 이들이 많다. 우리로 말하면 동양의 조그마한 계란 노른자위인데 인류의 미래를 좌우할 정신적인 보물을 여러분들이 쥐어야 하고, 그래서 서양 사람들에게 나눠 줄 수 있어야 한다. 언제까지나 그들의 뒤만 따르며 얻어먹고 살아야 하겠는가?"

154. 스님께서 말씀하셨다. "인간이 마음법을 활용치 않고 물질 위주로 하는 모든 활동은 어차피 망상에서 출발한 것이라 공해를 면할 길이 없다. 공해를 일으키지 않는 길은 마음밖에 없는데 마음이라는 게 워낙 광대무변하여 대부분의 사람들은 볼 수도 만질 수도 없고 느끼지도 못하니 우선 보이는 것부터 생각하게 되니까 그런 사람들에게 마음법을 알려 주기가 참으로 지난한 일이다. 그래서 생각하기를 우선 가깝게 보이는 게 병이니 무위법의 병원을 세우는 게 좋겠다고 느꼈다. 이 공부를 한 사람들이 가운을 입고 의사가 될 수 있게끔 한다면 매우 파격적인 병원, 믿음도 길러 주고 공부도 하고 아픔도 나을 수 있는 불국토의 병원이 되지 않겠는가."

155. "세계가 부패된 것은 마음에서 나오는 염파 때문이니

세계를 안정시키려면 솟은 것은 내리고 가라앉은 것은 올려서 균형을 맞춰야 하는데 그 핵심의 축은 바로 여러분들의 마음에 있는 것이다. 그러므로 여러분들은 가고 옴이 없는 무심의 축지법으로 모든 사람의 머리가 돼 줄 수 있어야 한다. 지금 이 시대는 이론으로 따져 이것이 옳다, 저것이 그르다 하고 앉아 있을 시기가 아니다. 바로 핵심을 쥐고 나갈 수 있어야 한다."

156. 스님께서 말씀하셨다. "내가 보고 돌아간 것은 이야기할 수 있지만 직접 한 것은 무엇으로 증명해 보일 수 있겠는가. 다만 말할 수 있는 것은 그림자 속에서 수만의 보살이 나갈 수 있고 수만의 군사도, 의사도 나갈 수 있으며 순리를 어기지 않고도 그렇게 할 수 있다는 점이다. 왜냐하면 한마음, 한 조상, 한 형제인 인간인지라 사랑·의지·도의 같은 인간으로서의 도리를 지켜 가면서 진화할 수 있게 하는 것인 까닭이다. 가령 인간의 생명을 존중할 줄 모르고 제 욕심을 채우기 위해 전쟁을 일으키려 할 때 생명을 중히 여기는 사람들을 보호하기 위해 영계의 힘을 빌릴 수도 있는 것이다."

157. 스님께서는 가끔 제자들에게 마음공부를 열심히 해야 나라도 편하고 세계도 편하다는 말씀을 하셨다. 그렇다고 특별히 나라의 앞일에 대해 말씀하시지는 않으셨다. 다만 "네 앉은 방석이 편해야 너도 편할 게 아니냐."라고만 하셨다.

158. 스님께서는 드물게 시국에 관한 말씀을 하실 때가 있었다. 간혹 이를 의아하게 생각하는 신도가 있었는데 스님께서 이에 대해 말씀하셨다. "목탁만 두들겨야 하는 게 아니다.

정치가 따로 있지 않아 그대로 마음이거늘, 데모 이야기와 민주화 이야기가 어찌 정치일 뿐이라 하겠는가. 우리 국민의 한 자리가 부처님 자리이고, 전 세계적으로나 우주적으로나 생명과 마음을 빼놓으면 무엇이 있겠는가. 머리 깎고 앉아 목탁이나 치고 경이나 읽는 게 중이 아니라 들고 나며 세상을 관하여 '이것은 이렇게 되어야 하겠구나.' 하고 점 하나 딱 찍어 실천에 옮길 수 있어야 하느니라."

159. 스님께서 어느 때 승가대학 건립 기금으로 거액을 희사하신 일이 있었다. 그때 말씀하시기를 "마음 도리를 배운 승려야말로 한국 불교를 살릴 수 있다." 하시며 승가대학에 앞으로 간호학과를 신설하는 게 좋겠다는 의견을 제시하셨다. 스님께서는 평소에도 교계에 병원이 없을 뿐 아니라 의사, 간호원의 양성 기관이 없는 것을 안타까워하셨는데 종단의 움직임에 상관하지 않고 선원의 힘으로 병원을 건립하실 뜻이 있음을 밝히셨다.

2. 학승과의 대화

(1) 수-4-60
수-5-29
원-6-3-12
행-5-4-7
행-7-1-9
행-11-2
행-11-4-4
행-11-5-10
행-11-5-23

1. 한 수행승이 만행 중에 소문을 듣고 찾아와 스님께 간곡히 법을 여쭈었다. 스님께서 말씀하셨다. "내가 산으로 떠돌 그때가 참으로 고귀하고 좋았다. 왜냐하면 나 하나 죽기는 차라리 쉽고 편했기 때문이다. 그러나 여러 사람하고 같이 또 나를 죽이기에는 발목이 무거울 정도로 어렵다는 것을 느꼈다. 그래서 한때는 이런 생각을 했었다. '자기 하나 죽는 것은 말할 것도 없구나. 세상 사람들하고 더불어 죽기가 이렇게 어려우니 이래도 뭘 안다고 할 것인가.' 했다. 공부하는 분들 덕분에 오늘에 이르고 보니 모두가 둘 아닌 것일 뿐이다. 보이는 생명, 보이지 않는 생명이 한데 어우러져 둘 아니게 돈다는 것을 실감했다."

(2) 심-2-9
원-3-1-5

2. 어느 학승이 스님께 여쭙기를 "스님께서는 성품을 보셨습니까?" 하였다. 스님께서 보았노라고 대답하시자 그 학승이 이번에는 "보신 게 있으시면 학인들에게도 보여 주시기 바랍니다."라고 하였다. 스님께서 말씀하셨다. "나는 스님이 바로 걸어 들어오는 것을 보았고 또 손으로 옷을 여미는 것을 보았

고, 앉는 것을 보았고, 냄새 맡는 걸 보았고, 말하는 것을 보았다. 그리고 지금 이렇게 가만히 앉아 있는 걸 보았다."

나중에 대중들이 그 일로 화제 삼는 것을 들으시고는 다시 말씀하셨다. "그렇지만 나는 말이 많았다. 만약에 같이 돌과 돌이었다면 부딪칠 때 불만 번쩍 하고 말았을 것을 그렇지 못한 고로 말이 길었다. 다만 말 한마디 한 사이가 없을 뿐이다."

3. 스님께서 어느 때 다른 사찰에 가셔서 이삼 일 유숙하신 적이 있었다. 그때 그곳의 한 스님이 묻기를 "한마음선원에선 어떻게 하는가?" 하였다. 스님께서는 그 스님의 손을 잡아 주시며 "이 도리죠." 하셨다.

그 후 그 스님이 편지를 통해 "누워 계신 부처님은 어디서 보았습니까?" 하고 여쭈었다. 스님께서 답장을 쓰셨다. "밥그릇 안에 밥 한 그릇을, 황금 쟁반에 황금 수저로 다 잡수시고, 밥 한 그릇이 되남는 것을 본, 황금 새는 너울너울 춤을 추었소이다."

4. 하루는 태백산에서 수행 중이라는 비구 스님 여러 명이 찾아와 스님께 청하기를 "몸을 오래 보전하셔야 할 터이니 함께 산으로 드시자." 하셨다. 스님께서 말씀하셨다. "나는 본래 태어남이 없기에 죽을 것도 없으니 내가 산다고 생각한 바도 없고 또 무엇을 주었다, 가졌다고 생각한 바도 없다."

5. 한 학승이 여쭈었다. "우주가 갈라지기 전의 면목과 부모님 태중에 들어가기 전의 면목이 같습니까, 다릅니까?" 스님

께서 음료수 한 병을 집어 주시며 "네가 모르면 이 음료수 한 병도 허탕으로 떨어지느니라." 하실 뿐이었다.

(6) 수-3-16
수-3-29
수-3-42
법-2-65
법-2-93
원-2-2-6
원-9-2-11
행-2-2-4
행-3-2
행-3-2-10
행-3-2-11
행-3-2-13
행-4-7-5
행-6-1-2
행-6-1-3
행-6-1-4
행-6-1-7
활-1-1-14
예-93

6. 스님께서 한 비구 스님과 담선하시던 중에 달마 대사가 짚신 한 짝을 석장에 꿰고 서쪽으로 간 이야기를 들으시고는 그 비구 스님께 반문하셨다. "그러면 스님은 지금 그렇게 꿰고 다니지 않습니까? 제 주장자에 제 몸을 꿰고 다니는데……." 그러자 비구 스님이 좋아라 하며 이번엔 무덤에 신발 한 짝을 남겨 둔 도리에 대해 여쭈었다. 스님께서 말씀하셨다. "무위 세계와 유위 세계를 통틀어 중도를 보인 것이라, 한 발은 하늘을 딛고 한 발은 땅을 디딘 것이다. 양 무제에게 만약 무위 세계에 내가 없고 유위 세계에만 내가 있다면 정치를 제대로 할 수 없음을 일러 주기 위한 방편이었다."

(7) 심-1-119
심-1-120

7. 한 학승이 스님께 여쭈었다. "만약에 석가께서 꽃 한 송이를 들었다면 스님께선 어떻게 대답하시겠습니까?" 스님께서 웃으시며 말씀하셨다. "무슨 말대답이 필요하겠는가. 눈 한 번 찡긋하면 됐지. 그러나 그것조차 안 해도 되는데 꽃을 들었으니 그렇게 한번 해 줄 뿐이다."

(8) 법-4-6
심-1-125
심-1-126

8. 한 학승이 어느 때 스님을 찾아뵙고 말하기를, "말을 해도 삼십 방망이고 안 해도 삼십 방망이인데 한마디 일러 보라 한다면 스님께서는 어쩌시겠습니까?" 하였다. 스님께서 이르셨다. "그런 케케묵은 소리 하지 말라. 그것은 공한 도리를 알라고 한 것인데 예전엔 사람들이 워낙 순수하니까 그렇게 했지만 지금은 곧바로 들어가야 한다. 조사들이 공부하는 사람들

의 기미를 떠보고, 길잡이 삼아, 혹은 주춧돌 삼아 그렇게 낚 싯밥을 던져 놓은 것이니 마음을 체득하지 못하고서 말대답이 나 하려 해서는 안 된다."

9. 하루는 백수에 가까운 노승 한 분이 찾아오셨다. 그분은 스님께서 오대산 상원사 인근 산야를 떠도실 때 늘상 스님을 반겨 주시던 분이셨다.

그 노승이 말씀하시기를 "내가 나이는 먹었어도 나보다 윗자리니 찾아오지 않을 수 있나." 하셨다. 두 분이 법담을 나누던 중에 노스님께서 말씀하셨다. "용을 찾았는데 물이 없다." 그러자 스님께서는 앞에 놓인 과일 한 쪽을 내미시며 "자, 물 드시지요." 하셨다. 노승께서 아무 말씀을 못하시자 스님께서 말씀하셨다. "아니, 물이 있기에 예까지 오셨고 이렇게 말을 하시지 물이 없다면 말은 어이 하고, 예까지는 어찌 오셨습니까. 그대로가 흐름이요, 화함이요, 용이요, 나툼이요, 자기에게 물이 있으니 흘러옴도 흘러감도 없이 돌고 있지 않습니까?" 말씀을 듣고 노승께서 한동안 통곡을 하시다가 돌아가셨다. 얼마 안 있어 노스님께서는 옷을 벗으셨다.

10. 한 선객이 찾아와 스님께 법을 청하는 예를 갖추고 나더니 문득 목소리를 높여 "큰스님!" 하고 불렀다. 스님께서는 아무 대꾸도 하지 않으신 채 그대로 계셨다. 선객이 다시 큰소리로 "큰스님!" 하고 불렀다. 스님께서는 여전하시었다. 선객이 또 "큰스님!" 하고 불렀다. 그래도 스님께서는 여전하셨다. 그러자 그가 공손히 삼 배를 올리고는 말했다. "큰스님! 잘 배

우고 갑니다."

11. 한 비구 스님이 뵙고 여쭈었다. "아침에 풀잎 끝에 맺혀 있는 이슬을 이슬로밖에 보지 못하고 풀뿌리는 하나의 풀뿌리로밖에 보지 못하니 수행이 되는 것인지 몰라 답답합니다." 스님께서 말씀하셨다. "그런 것을 알려 하지 마시오. 알려고 하면 잘못 가니까." 비구 스님이 다시 여쭈었다. "그러면 어찌 되었든 이렇게 한번 바람 쏘이러 와 봤다 합니까?" 스님께서 말씀하셨다. "그러고 가면 되지 않겠는가. 내가 예전에 돌아다닐 때에 어느 여름날 한 농가를 지나치는데 어른들은 모두 들일 나가서 없고 아이들만 마당에서 뒹구는 걸 보니까 마당이 온통 오줌, 똥투성이라 악취가 이만저만 아니었다. 아이들은 달마 대사 닮은 배를 까 놓고는 뭘 먹고 있었는데 내가 다가가니까 사람 몰골이 아니었던지 자꾸 피하려 들었다. 어찌나 우스웠던지……."

12. 한 수행승이 뵙고 여쭙기를 "육조 문하에서 법을 구하던 지통이라는 스님이 읊은 게송 가운데 '수행을 일으킴은 모두가 망동이요, 머물러 지킨다 해도 참이 아니라' 했는데 어떤 경지를 이르오니까?" 하였다. 스님께서 그 수행승을 "이리 가까이 오라." 하시더니 그 수행승의 손바닥을 한 번 내리치셨다. 그가 합장하고 물러갔다.

13. 티베트 불교를 공부했다는 한 학승이 윤회에 대해 여쭈었다. 스님께서 말씀하셨다. "윤회를 말하려면 윤회라는 언어도 붙지 않는 자리를 알아야 하는 법이거늘 얼음이 먼저라 해

야 옳으냐, 물이 먼저라 해야 옳으냐?" 그 학승이 여러 말로 둘러대자 스님께서 다시 물으셨다. "어느 분이 주장자를 가지고 와서 토지세를 내라고 했는데 당신에게 토지세를 내라 하면 뭐라고 대답하겠소?" 그 학승 아무 말씀도 여쭙지 못하고 물러났다.

14. 하루는 한암 스님의 제자가 찾아와 담선하던 중에 이르기를 "한암 스님께서 떠나신 지 오래인데도 그리움이 크다." 하였다. 스님께서 말씀하셨다. "마음이 이렇게 한 배를 타고 앉았는데 자리를 이리 돌리든 저리 돌리든 무슨 상관이겠소. 아쉽거든 한암 스님과 더불어 같이 자시구려."

15. 한 수행승이 찾아와서 스님께 화두를 청하였다. 그 수행승은 '이 뭣고?'를 들고 참구하던 중에 '이것은 과거 조사님들이 들어서 안 것으로 죽은 화두일 뿐'이라는 생각이 들어 '자기 화두'를 찾는다고 하였다. 스님께서 "주인공!" 하셨다. 그 수행승이 얼른 알아듣지 못해 의아해하는 걸 보시고는 이르셨다. "나투고 돌아가는 원리가 다 스스로 가진 바이니 주인공이라 세워 놓고 모든 것을 거기에 일임하고 놓으시라." 그래도 그 수행승이 되묻자 스님께서 말씀하셨다. "아비를 아비인 줄 모르고 그 자식이 고아로만 다니다가 어느 날 아비를 만나 열쇠 꾸러미를 다 받아 보니 자기한테 자기가 인가받는 도리가 있노라."

16. 한 학승이 스님께, 공안 가운데 '달마 대사가 수염이 없는 까닭'에 대해 여쭈었다. 스님께서 평하시기를 "누가 그런

공안을 들이대면 수염을 확 잡아채야 맞는 말이 되겠지만 평상심을 말하는 것이기에 수염이 하나도 없는 것이니 공연히 흉내나 낼 일은 아니니라." 하셨다.

17. 한 학승이 찾아와 스님의 법력으로 깨침을 얻기를 간청하였다. 스님께서 말씀하셨다. "내가 밥을 먹고 그대의 배가 부를 수 있다면야 좋겠는데 내가 먹으니 그대가 굶어 죽게 생겼다. 내가 상을 차려 드릴 테니 스스로 먹고 배를 불리시지요."

18. 한 수행승이 뵙고 여쭙기를 "제가 인연 닿을 장소가 어디면 좋겠습니까?" 하였다. 스님께서 대답하셨다. "나는 그런 것 모른다. 중생을 제도해야 한다, 안 해야 한다 그런 것도 모른다. 흘러가고 흘러옴도 없이 흐를 뿐이다. 닥치는 것 마다 하지 않고 가는 것 막지 않고 내가 부처 되려 하지도 않았고 중생 되려고 하지도 않았다."

19. 한 객승이 스님께 "어떤 것이 처음 마음입니까?" 하고 여쭈었다. 스님께서는 바로 대답하시질 않으시고 이 얘기 저 얘기로 한담하실 뿐이었다. 한 신도가 이를 의아해하자 스님께서 말씀하셨다. "삼세심이 또 마음인데……, 그것마저도 공했는데 어떤 게 처음 마음이고 어떤 때 미래 마음이며 과거 마음이라 하겠는가. 우리가 하루 생활하면서 다양하게 살고 있는데 어떤 때에 나라고 하겠는가? 그대로 여여한 것이니 군더더기 붙여서 병통으로 삼지 말아야 한다."

20. 어느 날 한 스님이 내방하여 담선 하시던 중에 말하기

를 "세상 사람들은 모두 눈이 없고 귀가 없어서 보지를 못합니다."라고 하였다. 스님께서 말씀하셨다. "모른다고만 하시지 말고 스님의 그 불기운을 모두에게 주실 수만 있다면 모두가 스님을 알아볼 수 있습니다." 그러자 그 스님이 대꾸하였다. "그렇지요. 남이 못 본다고 애태워할 일이 아니지요." 스님께서 말씀하셨다. "남이 못 본다고 애쓰기 전에 무연중에 중생들을 다 제도함으로써 알게 해야 하겠지요."

21. 한 학승이 뵙고 여쭈었다. "만일에 내가 아닌 도리를 알았을 때 그것을 어떻게 하면 지켜 나갈 수 있겠습니까?" 스님께서 대답하셨다. "지켜 나가기는 무엇을 지켜 나가시렵니까. 그냥 밥 먹고 소화시키시고, 배설 잘하시고, 잠 잘 주무시면, 그 세 가지만 잘해도 그대로 여여하지 않겠습니까?"

22. 오랜 기간 입산 수도를 했다는 한 수행승이 뵙고 사뢰기를 "하산하는 길에 스님께 법을 구하고자 왔습니다." 하였다. 스님께서 이르셨다. "하산을 한 게 어디 있고 입산을 한 게 어디 있더냐. 한 배를 타고 엉덩이를 이쪽으로 붙이든 저쪽으로 붙이든 마찬가지이거늘 수도한다고 산으로 들든 산을 나오든 그게 무슨 소용이더냐. 결국은 그 배조차도 없고 물조차도 없거늘 왜 지렁이 해골 속은 드나들지 못하는지 모르겠노라. 어느 때 산 위로 물 가고 물 위로 산 가는 도리를 알려는가." 그러자 그 수행승 한마디 더 여쭙지도 못하고 물러갔다.

수-3-65 (22)
수-4-37
법-1-20
법-1-21
심-1-111
심-2-4
심-2-14
심-2-22
원-6-2-4
행-10-2-4
생-3-1-26
생-3-2-9
생-4-1-8

23. 한 학승이 스님을 뵙고는 청하기를, 주역을 풀어 보니 올해는 자기가 물귀신에 잡혀갈 수라 방편을 일러주십사 하였 행-5-2-5 (23)

다. 스님께서 웃으시면서 "당신이 물귀신에 말려 죽는다 생각하면 죽을 것이요, 걸리지 않는다면 물귀신이 따로 없을 것이오." 하셨다.

　몇 년 후 그 학승이 다시 찾아와 말하기를 "스님께서 틀렸습니다. 그때 제가 물가에 가기를 극력 피했는데 하루는 설법 부탁을 받고 한 신도 집에 찾아갔다가 물청소를 한 계단에서 넘어져 허리를 다치는 바람에 몇 년을 누워 지냈습니다." 하였다. 스님께서 말씀하셨다. "그렇게 지혜가 모자라 허공에 바늘구멍도 안 날 정도의 마음을 가졌으니 어찌 말려들지 않았겠는가." 그 말씀을 듣고 학승은 예를 갖추고 물러났다.

(24) 법-3-11
행-4-1-1
생-1-2-4

　24. 한 수행승이 눈썹이 자꾸 빠지는 것을 걱정하여 스님을 뵙고 한 말씀 여쭈었다. 스님께서 말씀하셨다. "알지 못하는 곳에서 나오는 일이라면 알지 못하는 곳에서 해결해야 한다. 보이지 않는 이치라 보이지 않는 데서 해결해야 괜찮은 법이거늘 그것이 그대의 숙제이다. 결국은 내 몸이 따로 있고 그것이 따로 있는 게 아니며, '무'라고 한 것이 없어서 무라 한 게 아닌 줄 안다면 무에서 나온 것, 무에서 해결해야 된다. 다시 말해 바로 나올 게 없는 데서 나올 게 있었으면 나올 게 없는 것을 해결해야 한다는 말이다. 스스로 법신 화신이 죽 매달려 있고 털구멍마다 신장이 앞뒤로 떡 버티고 있는데, 그래서 스스로 해결할 수 있음이 엄연한데 꼭 어떻게 해야 한다고 고집한다 하면, 보이지 않는 데서 나오는 것을 보이지 않는 데서 해결해야 하는 도리를 모름일 뿐이다.

25. 한 학승이 스님께 사뢰기를 "행이 부족해서인지 장작개비 하나 제대로 붙잡지를 못했습니다."라고 하였다. 스님께서 말씀하셨다. "본래가 그게 장작개비일 텐데……. 잡지 못했다고 생각하기 때문에 잡지 못한 것뿐이다. 불은 항상 자기에게 충만한 법이고 장작개비도 모두에게 당당하게 있다." 그 학승은 조용히 예를 올리고 물러갔다.

26. 한 수행승이 스님을 뵙고 "모양 있는 부처는 많고 여여한 부처는 없습니다."라고 하자, 스님께서 "모양 있는 부처가 있어야 모양 없는 부처가 있는 것이다." 하셨다.

27. 한 수행승이 스님과 담선 중에 말하기를 "같은 말이라도 역시 제 말로 해야 맛이 납니다. 여자는 여자다워야 되고 남자는 남자다워야 되겠지요." 하였다. 스님께서 그 비구 스님에게 물으셨다. "아주 잘생긴 남자하고 사랑을 나눠 보셨습니까?" 그 수행승 대답이 "미남하고요? 아직 인연이 안 닿아서……." 하였다. 스님께서 웃으시며 말씀하셨다. "미녀를 만났을 때는 미남이 되고, 미남을 만났을 때는 미녀가 되고……. 양쪽이 다 한쪽이요 그 한쪽마저도 없으니 나는 중성이라, 어저께 놀려면 어저께 놀고, 내일 놀려면 내일 놀고, 오늘 놀려면 오늘 놀고……. 나는 중성이라 맛이 안 날 테니 어쩝니까?" 그 스님 말이 "때가 되면 저도 중성이 되겠지요." 하였다.

28. 어느 날 한 객승이 찾아와 뵙고 말하기를, 자신이 새 절을 짓고 있는데 앞날이 염려된다고 했다. 스님께서 말씀하셨다. "좋은 절터, 나쁜 절터가 따로 있는 게 아니니 앞으로 잘

운영이 될 것인지 걱정하는 마음도 놓고 가시라. 거지라도 하루 세 끼는 먹게 마련인 것이니 욕심을 내지 않고 진심으로 운영한다면 걱정할 일도 없는 법이니라."

29. 한 스님이 부자 상봉의 도리를 여쭈었다. 스님께서 말씀하셨다. "백지 한 장을 뚫어라. 은산 철벽이 무색하리라."

30. 어느 수행승이 스님께 견성하는 길을 여쭈었다. 스님께서 말씀하셨다. "욕심을 부리려거든 빗장을 열어 놓아라. 어찌 빗장도 열지 않고서 큰 욕심을 부리려느냐. 도둑질을 하려 해도 대문부터 열어 놓아야 하느니라."

31. 한 학승이 스님께 법을 여쭙자 스님께서는 "서쪽을 한 번 치니 소쩍새가 우는구나." 하시면서 "네가 '아비 자식이 따로 없으니 어찌 막이 있겠습니까.' 하고 한마디 이를 줄 아느냐." 하시었다. 다시 말씀하시기를 "마음을 밝혀야 하느니, 책을 보아서 선지식의 말씀을 이해한다고 해도 그것이 깨침은 아니니라." 하셨다. 그 학승이 말씀을 듣고 "아직 사이사이에 책이 있고 막이 있습니다." 하자 스님께서 "터지지 못한 소리이니 공에 무슨 막힘이 있고 막이 있겠는가. 이론으로 밝아지면 근본으로 들 수 없다." 하셨다.

32. 한 수행승이 뵙고 여쭙기를 "그야말로 한 점 먼지도 없는 허공같이 탁 트인 경지를 맛보지 못해 답답할 뿐이옵니다." 하였다. 스님께서 말씀하셨다. "네가 대나무 방귀씨를 참구하고 그것을 찾거든 대나무 방귀틀을 길러 먹여야 할 것이니 더 먹여도 안 되고 덜 먹여도 안 되느니라."

(30) 법-2-52
법-2-83
법-3-39
심-1-111
심-1-124
심-2-23
심-2-31
원-2-4-9
원-2-5-6
원-3-1-11
원-3-3-2
원-5-1-23
원-5-1-24
원-6-4-3
원-6-4-21
원-7-2-11
원-7-2-12
행-3-1-8
행-3-2-7
행-4-3-1
행-5-2
행-5-2-1
행-5-2-5
행-5-2-7
행-5-2-8
행-5-3-3
행-5-3-10
행-5-4
행-5-4-9
행-5-4-12
행-8-2-3
행-8-2-10
행-9-1-4
행-9-2-3
행-9-3-8
행-9-3-9
행-9-3-10
생-1-1-16
생-2-1-3

33. 한 학승이 스님께 말하기를 "비구니로서는 당대 성불은 불가능하고 일곱 번 몸을 바꿔야 한다." 하였다. 스님께서 말씀하셨다. "삼세가 공하였는데 당대가 어디 있으며 색신이야 남·여가 둘일지언정 마음이 어찌 둘이겠는가. 남자의 마음과 여자의 마음이 다르다면 내놓아 보라." _{법-3-39 (33)}

34. 어느 때 한 학승이 찾아뵙고 말하기를, '자신은 여러 대덕 스님들로부터 인가를 받았노라.' 하며 스님으로부터 다시 인가받기를 원하였다. 스님께서 말씀하셨다. "몇 수십 사람에게서 인가를 받았어도 나한테서 내가 인가를 받지 못하면 무효다." _{심-1-85 (34)}

35. 어느 스님이 편지로 사여(四如)에 대한 설명을 물어 왔다. 스님께서 답장을 보내신 뒤 말씀하셨다. "무여라든가, 여여, 일여, 즉여를 따로 보지는 않는다. 물어 오니까 답을 했을 뿐이지만 음식 맛을 어찌 말로 할 것인가. 종을 치니까 온 누리에 퍼진 종소리를 들었으면 됐지 그 종이나 타종 방망이 또는 종 치는 사람을 문제 삼을 것은 없다."

2.

원리(原理)편

제1장 위대한 가르침
제2장 한마음 주인공
제3장 나의 실상
제4장 둘 아닌 도리
제5장 공의 나툼
제6장 마음의 도리
제7장 인연과 업보
제8장 윤회와 진화
제9장 과학과 우주

제1장 위대한 가르침

1. 영원한 감로의 법

1. 불교란 특정한 가르침이 아니다. 다른 종교와 비교되는 그러한 종류의 가르침이 아니라 진리 그 자체이다. 그러므로 '불교'라 함은 이름이다. 참으로 불교를 배우고자 하면 종교로서의 불교가 아니라 진리에 대한 가르침으로서의 불교를 알아야 한다. 부처님께서 가르쳐 주신 도리를 좇아 부처가 되는 것이 불교 공부이다. 〈불은 영원한 생명이요, 교는 진리를 설하여 놓은 좋은 말씀이다.〉

행-1-2-2 (1-1)
행-1-2-5
행-1-2-11
행-1-2-18
행-1-3-4
행-1-4-1
행-1-4-9
행-1-4-10

2. 불법은 우리에게 인생의 목표를 밝혀 주고 길을 가르쳐 준다. 우리는 우리 자신이 무엇인지를 알지 못한다. 무엇인지를 알지 못하므로 무엇을 근거로 해서 살아가야 하며 왜 살아가야 하는 것인지를 알지 못한다. 불법은 우리에게 '나는 누구인가'를, '인생이란 무엇인가'를 가르쳐 준다.

3. 불교를 배운다고 하는 것은 먼저 내가 누구인지를 밝히는 것이고, 나를 밝히는 것은 나의 근본으로 돌아가는 것이다. 우리가 '나'라고 생각해 온 그 '나'가 아닌 참 나에 귀의하는 것이다. 지금까지 '나'라고 믿어 온 그 '나'를 잊을 때 있는 그대로의 존재인 참 나는 드러난다.

(1-4) 수-5-17
심-1-35
원-2-4
원-2-4-4
원-6-2-3
원-8-3-14
행-9-1-2
행-9-1-3
행-9-1-7

4. 불교는, 살아가는 이치가 즐겁고 환희에 찬 내 마음 하나에 일체가 더불어 자유스럽게 살 수 있다는 사실을 바로 알게 해 준다. 불교가 지향하는 것은 스스로 진리를 깨달아서 무와 유가 둘이 아닌 한마음으로 자유자재할 수 있는 자유인이 되는 것이다. 〈그러므로 불교는 살아서 깨닫고 살아서 부활하는 가르침이다.〉

(1-5) 법-2-58
원-1-1-6
원-1-4-4
행-2-4-10

5. 누구든지 불법을 배울 수 있다. 누구든지 불법의 진수를 맛볼 수 있다. 세간의 높은 지식처럼 누구에게는 이해가 되지만 누구에게는 이해가 되지 않는다면 진리일 수가 없다. 마치 태양의 광명이 누구에게나 고루 비치듯이, 또 공기가 누구에게나 호흡을 허락하듯이 진리는 어떤 특정인의 전유물이 아니라 누구든 가리지 않고 자신을 드러낸다.

6. 세상에는 하고많은 종류의 사람들이 있어 태어난 곳, 자라온 환경, 이해력의 정도, 성격, 나이 등이 모두 다르고 생각도 천차만별이지만 빛과 공기가 그런 차별에 아랑곳하지 않듯

이 참된 가르침 또한 그러한 차별이나 근기의 높낮이에 관계없이 누구에게나 참된 가르침인 것이다. 불법이 학력 증명서나 출신 증명서를 따지는 자격 시험과 다르다는 점은 아주 중요하다.

7. 불법의 진수를 만나기가 억천만겁이 지나도록 쉽지 않다는 말은, 불법을 이해하기 어려워서가 아니라 중생의 마음이 스스로 어렵게 만들기 때문이다. 세상의 많은 가르침들이 어렵다고 해도 불법은 어렵고 높아서 훌륭한 게 아니라 오히려 단순하고 누구에게나 쉽게 진실을 보여 주는 것이기에 훌륭한 것이다.

심-1-84 (1-7)

8. 불법이란 사생이 사는 모든 곳에 있다. 부처님에게만, 선지식들에게만, 또는 어느 특정한 장소에만 있는 것이 아니라 일체의 만물만생, 즉 태로 낳는 것, 알로 낳는 것, 질척한 데서 낳는 것, 화해서 낳는 것이 사는 모든 곳에 있다. 〈사생에 다 영원한 생명이 있으니 불이요, 사생이 다 생각하고 움직이니 법이다.〉

원-1-1-10 (1-8)
원-1-2-5
원-1-5-5
원-2-1-5
원-2-2-4
원-4-1-1
원-4-1-3
원-4-2-7
원-5-1

9. 불법은 일체 중생을 버리는 법이 없다. 어떤 조건이나 이유도 없이 오직 일체 중생을 고통에서 구제하기 위해 아름다운 향기로 모든 중생을 감싸 준다. 그러기에 불법은 항시 중생과 더불어 있다고 하는 것이다.

10. 사람이 존재하는 한 불법은 결코 쇠퇴할 수가 없다. 왜냐하면 사람의 살림살이가 모두 다 불법이기 때문이다. 생명계가 존재하는 한 불법은 결코 쇠퇴할 수가 없다. 왜냐하면 전 생명계의 살림살이가 모두 다 불법이기 때문이다. 삼계가 존재하는 한 불법은 결코 쇠퇴할 수가 없다. 왜냐하면 삼계의 이법(理法)이 그대로 다 불법이기 때문이다.

(1-11) 원-2-4-5
원-2-4-7
원-7-3-3
행-4-2-3

11. 불법은 따뜻한 봄바람과 같다. 얼어붙은 마음, 가슴 아픈 마음을 훈훈하게 녹여 준다. 불법은 거대한 용광로와 같다. 모든 잡것들을 흔적없이 삼켜 버리며, 다시금 빛나는 순금으로 재생시켜 준다.

12. 불법은 일체를 덮어 교화하고, 일체를 실어 지탱하고, 일체를 나투어 실현하며, 비법으로부터 일체를 지켜 준다.

2. 마음속의 부처

(2-1) 수-3-62
수-5-24
법-3-48
원-1-3
원-1-5-5
원-2-1-10
원-2-1-19
원-3-3-6
원-4-2-2
원-5-3-8

1. 부처는 나의 마음에 있다. 우주를 감싸고 삼세를 덮는 부처님, 조사와 선지식들, 일체 생명이 다 내 마음 가운데 있으며, 누구든, 조상님들도 다 내 마음 가운데 있다. 〈무엇이 있어 밖에서 찾을 것인가.〉

2. 부처란 말이 깨달은 사람을 지칭할 때도 있다. 그러나 깨달은 사람이 있어서 부처가 있는 게 아니며, 그의 가르침이 있어서 진리가 성립하는 것도 아니다. 그 가르침이 마음을 발견하는 최상승의 법이라도 진리는 깨달은 이가 있든 없든 진리이니 부처라는 말에는 부처가 없다고 하는 것이다. 〈그러기에 석가모니 부처님께서 법등명 자등명을 말씀하셨다.〉

원-5-3-9 (2-1)
원-6-3-11
원-6-4-8
원-6-5-10
생-2-1-22
예-25
예-44
예-70

3. 부처님은 한 분이다 할 수도 없고 많다고 할 수도 없다. 아니 계시다 할 수도 없고 수없이 계시다 할 수도 없다. 누구나 깨달으면 이이도 부처, 저이도 부처, 수만 명이 부처인 것이나 모습은 달라도 깨달음의 마음은 다 하나요, 궁극에는 그 하나조차도 없다 할 것이니 이렇다 저렇다 말할 수 없는 것이다.

4. 사생이 다 부처라면 어떤 분만을 부처라 하겠는가. 다 부처이기에 "부처는 없는 게 부처다."라고 하는 것이다. 모습 모습 화해서 돌아가는 일체 만법이 다 부처의 모습 아닌 게 없고 그 마음, 그 도량 아닌 게 없다. 〈우리가 이렇게 살아 있고 생동력 있으며 푸르게 움직이는 한 부처는 있다.〉

원-1-1-8 (2-4)
원-1-4

5. 부처란 이름 없는 것을 부처라 하지 이름 있는 것을 부처라고 하지는 않는다. 부처란 부처로 가만히 있는 게 부처가 아니다. 모든 중생을 위해 수없는 모습으로 그 몸을 나투기에 사생자부인 것이다. 진짜 부처는 자유자재함을 이름한다.

원-1-1-6 (2-5)
원-2-2-10
원-2-5-12
원-2-5-13

6. 부처님이 있다고 하면 부처님은 없는 것이다. 일체를 포함하기 때문에 부처님이라고 이름 지은 것이다. 우러러볼 뿐이라면 그런 말 속에 부처란 없다. 부처란 아무것도 내세울 게 없는 게 부처다. 우리가 찰나찰나로 돌아가는 살림살이를 하는 가운데 어느 것 할 때의 나를 나라고 할 수 없듯이 부처님은 없는 것이다. 〈그러하기에 '똥 친 막대기'라고 하기도 하는 것이다. 그러나 시공을 초월해서 찰나로 돌아가기에 부처님이라는 이름이 나온 것이다.〉

(2-7) 법-2-52

7. 부처가 없다고 함은 내 마음 근본의 주인공에 같이 있어 따로 부처라 할 수 없기에 없다고 하는 것이다. 〈그러므로 밖으로 드러난 형상으로 부처를 찾는다는 것은 그러면 그럴수록 부처를 잃게 되는 결과를 낳을 뿐이다.〉

(2-8) 수-3-54
법-1-28
법-1-65
법-2-12
법-2-79
법-2-99
법-2-119
법-3-51
법-3-82
원-1-1-11
원-2-1
원-2-1-9
원-2-3-3
원-2-3-5
원-2-4-1
원-3-3-4
원-4-2-7
원-5-3-3
원-6-2-14

8. 부처는 전체다. 산신·지신·용신이 따로따로이지만 다 부처의 품 안에 있다. 비유하여서 산신·지신을 눈·귀라고 한다면 부처는 얼굴 전체이다. 눈이 가고 귀가 갈 때 얼굴이 따로 도는 게 아니듯 산신·지신도 부처의 일부로 돌아가는 것이다.

9. 부처는 하나의 완성이 아니라 전체가 합쳐진 완성이다. 영원불변의 진리인 법신이다. 그러므로 어떤 것이 아니 되는 게 없고 아니 미치는 데 없고 아니 듣는 데가 없다.

10. 부처란 개별적인 어떤 존재를 말하는 게 아니라 전체가 한마음으로 한데 합쳐 평등하게 돌아가는 것을 말한다. 또 부처에겐 과거·현재·미래도 없다. 과거불·현재불·미래불 하는 것은 다만 이름일 뿐이다.

원-6-3-3 (2-8)
원-6-3-10
원-8-3-4

11. 부처란 일체를 포함하여 아무것도 내세울 수 없기에 부처이다. 부처라는 칭호를 붙여 우러러 존경하기에 부처가 되는 것은 아니다. 부처다, 보살이다, 선지식이다 하여 높은 자리에 있다면 어떻게 이 우주 법계에 두루 하겠는가. 참 부처는 결코 중생의 사량심이나 중생의 육안에는 보이지 않는다. 색도 상도 없으므로 비교할 수도 없다. 〈도인이다, 명안종사다, 큰스님이다, 선지식이다, 보살이다, 부처다 하는 것은 족히 의지할 바가 못 된다. 왜냐하면 부처라는 말 속에는 부처가 없기 때문이다. 그러나 가르침을 깨친 자는 어디서나 부처를 뵐 수 있다.〉

수-2-31 (2-11)
수-3-22
수-3-23
법-1-31
법-2-116
법-3-39
심-1-58
심-1-62
심-1-114
원-1-5-2
원-2-3-3
행-9-3-2
행-9-3-5

12. 중생이 있는 것만큼 부처가 있고, 부처가 있는 것만큼 중생이 있다.

원-2-1-19 (2-12)

13. 내가 있기에 부처가 있다. 부처의 형상이 내 형상이며 부처의 마음이 내 마음이며, 불성 또한 다를 바 없다.

원-1-2-9 (2-13)
원-6-5-10

14. 모든 부처의 몸은 하나의 법신, 하나의 마음이다. 모든

부처의 국토는 평등하고 장엄하다. 〈그러나 중생들의 업이 다르므로 보는 바도 같지 않다. 부처는 자재함이기에 중생의 마음과 업·과보에 따라 각기 모습을 달리하기도 한다.〉

(2-15) 원-2-1-15
원-2-2-11

15. 하나가 만 개로 돌아가고 만 개가 하나로 돌아가고, 또 만 개가 제각기 흩어졌다가 하나가 되니 부처라는 이름도 없는 것이다. 그것이 바로 부처이다.

3. 부처님 세계

(3-1) 원-9-2-5

1. 부처님의 세계는 형언할 길이 없다. 무한하다, 장엄하다는 말로도 그 크기를 표현할 수 없고 신묘하다, 불가사의하다는 말로도 그 참맛을 전할 수 없다. 부처님은 일체와 더불어 계시면서 일체를 초월해 계신다. 또 수없는 방편으로 중생을 교화하시는 부처님의 공덕은 삼계를 덮고, 삼계를 싣고, 삼계를 꿰뚫고, 삼계에 나투신다.

2. 부처님은 자재하시고 무량하시다. 일체 만물에 응하시고 일체 만물을 제도하신다. 부처님은 지옥에도 계시고 극락에도 계신다. 삼계에 아니 계신 곳이 없다. 깨끗한 곳에만 계신 게 아니라 질척하고 더러운 곳, 똥통 안에도 계신다. 〈왜냐? 구더기를 건지려면 구더기가 되어야 하고 짐승을 건지려면 짐승 속

으로 들어가야 하기 때문이다.〉

    3. 우리들의 마음에 따라 부처님은 항상 나투신다. 사람에게만 나투시는 게 아니라 짐승들, 일체 만물만생에 나투신다. 세상의 온갖 것들을 다 따르고 온갖 것에 다 응해 주시면서도 결국은 세상의 온갖 것을 다 제도하신다. 삼계의 어느 구석 한 군데라도 비워 두지 않는다. 그러기에 삼십이상이 구족했다 하고 삼십이응신이 구족했다고 하는 것이다. 내고 들이는 데 조금도 걸림이 없기에 구족했다고 한다. 아니 디디시는 곳이 없기에 평편족이라 한다.

    4. 부처님의 손이 닿지 않는 데가 없고, 팔이 닿지 않는 데가 없다는 것은 진실이다. 우주의 어느 혹성과 어느 은하계라 할지라도 그 구석구석 어느 틈이건 평등하게 나투어져 있다. 어느 곳에서 누가 무슨 소리를 하고 무슨 생각을 하는지를 다 안다. 뿐만 아니라 어느 생명의 차원과 어떤 혹성의 발전된 단계와 정신적 능력의 정도를 훤히 알고 있고, 또 발전시켜 줄 수도 있고 낮춰 줄 수도 있을 뿐만 아니라 이곳의 능력을 저곳에다 심어 줄 수도 있는가 하면 저곳의 능력을 이곳에 맞춰 줄 수도 있는 것이다. 〈이처럼 부처님이 중생의 마음에 자유자재로 들락날락해도 중생들은 모른다. 제 주장자가 있어야 주장자를 얻을 수도 있고 줄 수도 있다.〉

5. 부처님의 자비는 모든 생명에 대한 크고도 넓은 자비이다. 고로 대자대비라 한다. 또 그 대자대비는 중생과 근본으로부터 한 몸이 되신 것이기에 동체대비라 한다.

(3-6) 법-2-16
생-4-2-1

6. 부처님의 가르침은 중생으로 하여금 바르고 고통 없는 경계에 들어가게 하는 것이다. 부처님의 가르침은 우려내고 우려내어도 끝없이 진한 국물이 나오는 뼈다귀라 할 수 있다. 일체 중생이 배불리 먹고 나서도 부족함이 없다. 얼마나 감사하고 또 감사해야 할 일인가.

7. 부처님의 세계만이 영원하다. 부처님의 법은 결코 효력이 상실되는 법이 없다. 부처님은 영원한 생명이며 한량없는 빛이며 모든 것의 본질이기도 하다.

(3-8) 원-3-3-6

8. 부처님께서는 마음 발견하는 것을 전하려 몸을 나투셨다. 부처님께서는 법계에 충만하여 중생 앞에 두루 안 가는 곳이 없지만 그러는 중에도 진리를 가르치고자 몸을 나투셨다.

4. 불성은 누구에게나 있다

(4-1) 법-3-39
법-3-52
실-2-9

1. 부처님께서는 '일체 생명에 불성이 깃들어 있으니 일체가 다 부처'라고 선언하셨다. 〈이 얼마나 감격적인 말씀인가.

부처님께서 가르쳐 주신 이러한 평등과 긍정의 정신은 너무도 광활한 것이어서 크다느니 높다느니 하는 말조차 초라하다.〉

2. 우리에게도 위덕을 구족하신 부처님과 동등한 불성이 있다는 사실은 세상에서 듣는 그 어떤 소식보다도 기쁜 소식이요 놀랍고 신비스러운 소식인 것이다.

3. 나의 불성이나 석가모니 부처님의 불성이나 역대 조사님들의 불성이나 불성은 똑같다. 〈그러므로 따로 불성을 찾겠다고 다닐 일이 없다.〉

4. 사람에게는 남·여의 차이가 있고, 학식의 차이가 있고, 출신의 차이가 있고 모습에 차이가 있을지언정 불성에는 그러한 차이가 없다. 남·여의 차이가 없고, 모습에 차이가 없고, 학식에 차이가 없고, 출신에 차이가 없다.

5. 거룩하신 부처님을 배신했던 데바닷타나 아흔아홉의 사람을 죽인 앙구리마라까지도 부처를 이룬다 했으니 모든 생명은 비록 타락해 있더라도 본래는 부처요 불성은 물들지 않아 밝고 꿋꿋할 뿐이다.

6. 자기의 본래 성품은 불성과 둘이 아니다. 누구나 본성 자체는 부처이다. 〈따라서 이 자기 부처가 참 부처이니 만약에

(4-6) 원-2-3-2
원-2-3-4
원-2-5-1
원-3-2-2
원-3-3-4
원-3-6

본래 성품이 불성과 다르다 하면 어디 가서 참 부처를 구할 것인가.〉

7. 아침 해가 뜰 때에 헤아릴 수 없이 많은 햇살이 퍼져 나가 비추어 주지만 모든 햇살이 하나의 해에서 나오는 것처럼 우리의 근본적인 실상도 다 불성에서 나온 것이다.

5. 불성, 영원한 생명

1. 불성은 천지가 생기기 전에도 있었고 설사 우주가 무너지고 허공이 없어지는 한이 있더라도 사라지거나 죽어질 수 없다.

2. 불성은 말이나 생각으로 잡히지 않는 미묘 불가사의한 것이다. 한 점 찍어서 맛을 볼 수도 없는 허공처럼 형상과 감각을 초월해 있다고 말할 수 있다.

(5-3) 원-2-1-9
원-2-2-7
원-2-2-9

3. 불성은 언어와 명상을 초월하여 홀로 뚜렷이 밝으며, 난 바도 없고 그리하여 무너질 바도 없다. 당당하고 밝고 꿋꿋하다고 말할 수 있다. 불성은 말을 떠나 있고 이름을 떠나 있고 글자를 떠나 있고 형상을 떠나 있고 변화를 떠나 있으니 평등하고 동일하여 변화나 차별이 없다.

4. 불성은 이름해서 붙일 자리가 없다. 흘러옴도 없고 흘러감도 없고, 붙을 자리도 안 붙을 자리도, 그 말조차도 붙을 자리가 못 되기 때문에 바로 붙일 자리가 없다고 말하는 것이다.

5. 생명이 있는 것은 모두 불(佛)이니 불성이라는 것은 나의 근본 생명, 영원한 생명, 이 우주 전체를 싸고 있는 근본처를 말한다. 〈그런데 자기가 그 근본처에 들어 있는 줄을 모른다. 따라서 불이 중생을 미혹케 한 것이 아니라 다만 중생이 불을 미혹케 한 것이다. 자기 성품 중의 불성을 깨달으면 중생이 바로 부처인 것이다.〉

원-2-1-4 (5-5)
원-2-2-8

6. 분명코 있기는 있는데 보이지 않는다. 그러나 거기서 조금 빠져나온 것을 이름하여 유전자라 할 수 있다. 이 유전자가 자꾸 변전하니 나투어 돌아간다. 만법이 불성으로부터 벌어진 것이다. 불성은 유전자 그 이전이다. 불성은 마음내기 이전의 마음이다.

원-9-1-14 (5-6)

7. 불성이 만법을 머금고 있으니 큰 것이나 불성이 사람의 성품 중에 있으니 만법은 또한 자성 가운데 있다.

법-2-31 (5-7)
법-2-80
법-2-90
법-3-82
심-1-2
심-2-2
심-2-9

8. 얼핏 생각하기에 불성이라면 산 넘고 물 건너 갖은 고난을 다 겪은 다음에 어디 머나먼 낯선 곳에서나 찾을 수 있을 것 같겠지만 그렇지 않다. 바로 내 안에 그 참 보배가 있어 설

법-2-51 (5-8)
법-3-59
심-1-36
심-1-82

(5-8) 원-2-4-3
원-2-4-11
원-6-3-2
행-1-3-3
행-1-4
행-1-4-2
행-1-4-6
활-3-1-1

사 무식하다 할지라도 부처를 이룰 수 있는 것이니 그러하기에 누구나 성불할 수 있다고 하는 것이다. 〈그렇지 않고 참 보배가 어디 머나먼 험한 곳에 숨겨져 있다면 어찌 누구에게나 부처님과 동등한 불성이 있다고 하겠는가. 불법은 평등하고 광대무변한 것이다.〉

9. 퍼내어 써도 줄어듦이 없고, 퍼부어도 결코 한 방울도 더 늘어나지 않는 이 무량 광대한 진리의 맛은, 때로는 공공적적하여 고요하기 이를 데 없다가도 찰나에 이치에 응하여 모든 것을 바로 세운다. 평온한가 하면 일어나 소소영영하게 살아 있고, 움직이는가 하면 어느 사이엔가 측량할 길 없는 무한으로 되돌아간다. 〈그 아무에게도 보이지 않는 참 생명이기에 산다 죽는다 하는 것까지도 진리이며 자비인 것이다. 그렇게 위력 있고 그렇게 광대무변한 줄은 맛을 보지 못하고는 결코 알 수 없다.〉

10. 불성은 무한의 모든 것을 다 내도 줄지 않고 모든 것을 다 넣어도 두드러지지 않는다. 만약 삼천대천세계 우주 전체를, 아니 그것뿐만이 아니라 천차만별로 되어 있는 사생을 다 운집케 해도 두드러지지 않는다.

11. 불성은 물들지 않는다. 똥통에 들어간 구더기의 몸은 더럽게 물들지언정 구더기의 본성은 물들지 않는 것처럼 부처

의 본성, 나의 본성, 구더기의 본성인 불성은 물들지 않는다.

12. 해가 뜨기도 하고 지기도 하는 국토에서는 해가 뜬다 진다 하는 개념이 있겠으나 해가 본래 떠 있기만 하는 국토에서는 떴느니 졌느니 하는 말이 있을 수 없다. 불성도 그와 같아 항상 밝아 있으니 사실은 밝힌다는 말이 있을 수 없다.

13. 불성은 영과 다르다. 영은 보이지 않는 모습을 말하는 것이며 모습 없는 마음을 말하는 것이다. 영혼은 각자 생각 내는 그릇에 따라 좌우된다. 그러나 불성은 더함도 덜함도 없이, 움직이지 않으면서도 돌아간다.

수-3-19 (5-13)
법-1-22
법-2-101
법-2-106
원-4-2-14
원-6-3-11
원-8-1-3
원-8-1-9
원-8-1-10
예-60
예-69

제2장 한마음 주인공

1. 우주 근본은 한마음

(1-1) 법-1-28
법-3-82
원-3-3-4
원-4-2-7
원-5-3-3
원-6-2-14
원-6-3-3
원-8-3-4

1. 불성이란 우주를 감싸고 있는 대원리이다. 이 우주 삼라만상에 불성으로부터 비롯되지 않은 것이 없다. 불성은 무시이래로 있어 왔고 지금도 있으며 영원토록 있을 것이다. 불성은 진리요 영원이요 모든 것이다. 불성은 개별적인 것이 아니라 일체의 근본이다.

불성은 오직 하나라는 의미에서 한마음이요, 너무나 커서 한마음이요, 전체라서 한마음이다. 일체 만물이 그로부터 비롯되니 한마음이다.

2. 한마음은 누구의 것도 아니면서 모든 생명의 것이다. 일체 중생의 마음인 것이다. 한마음은 전체이다. 허공같이 원대하고 광활하다.

(1-3) 원-2-1-7

3. 한마음은 너무나 커서 이쪽이니 저쪽이니 하고 말할 수

가 없다. 허공을 가리켜 동쪽에 있다거나 서쪽에 있다거나 북쪽, 남쪽에 있다거나 가운데 있다고 말할 수 없는 것과 같다. 그러므로 나누고 나누는 데서 한마음을 구하지 말라. 모든 것을 포용하는 데서 우리는 한마음에 다가가게 된다.

4. 한마음 속으로 들면 하나도 없다. 그러나 한마음 속에서 질량이 나오면 헤아릴 수 없이 광대무변하게 나올 것이다. 그래서 불성은 바로 만법을 들이고 낸다고 하는 것이다.

5. 형상이 있기 이전의 한마음에서 수만, 수억의 부처가 나타날 수 있다. 〈일만 부처가 하나의 털구멍에서 비롯되었다는 뜻이 바로 그것이다.〉

6. 석가모니 부처님께서 나시기 이전에도 한마음은 있었고 부처님, 보살님들의 마음이 그 한마음을 여읜 일이 없으며 온갖 중생의 마음도 그와 더불어 있는 것이니 중생들에게도 또한 한마음이 있다.

7. 부처님이 무한의 모든 것을 다 내도 줄지 않고 모든 것을 다 넣어도 두드러지지 않는다고 말씀하셨듯이 한마음은 삼천대천세계 우주 전체, 사생의 천차만별로 되어 있는 것을 다 포섭하고도 그것을 다시 좁쌀 한 알갱이에 다 넣을 수 있으며 그러고도 그 좁쌀 한 알갱이가 작다 하지 않는다.

한마음은 크다 하면 우주를 다 삼키고도 남음이 있을 만큼 크고, 작다 하면 바늘 끝이 넓을 만큼 작다고 할 수 있다.

(1-8) 심-1-35
원-1-3-3
원-2-4-10

8. 한마음은 온 법계를 한 구석도 빈 데가 없이 한 발로 밟았으니 평발이요, 온 세상 하나도 버릴 것 없이 전부 쥐니 평손이요, 높고 낮음 없이 전부 보니 평눈이다.

(1-9) 원-2-2-7
원-2-2-9
원-2-2-12
원-6-1-1

9. 한마음은 시공을 초월한다. 한마음은 온 만물의 시작 이전부터 있었고 만물의 끝남 이후에도 있다. 한마음에는 어제 오늘이 따로 없고 크고 작음이 따로 있지 않다. 모든 물줄기가 바다에 이르러 하나가 되듯이 이 세계의 모든 것은 다 한마음에 포섭된다. 한마음은 바로 만물이 비롯된 근원이요 돌아갈 고향이다.

(1-10) 수-3-62
수-5-24
법-3-48
원-1-2
원-1-3
원-1-5-5
원-3-3-6
원-4-2-2
원-5-3-8
원-5-3-9
원-6-3-11
원-6-4-8
원-6-5-10
생-2-1-22

10. 한마음 속에는 모든 것이 포함되어 있다. 부처도, 관세음보살도 한마음 안에 살아 계시며, 지장보살의 대원력도 한마음 안에 함께한다.

11. 한마음 안에는 일체 제불이 존재한다. 한마음 안에는 삼라대천세계의 진실이란 진실은 다 모여 있다. 한마음 안에는 불보살들의 모든 원력이 다 깃들어 있다. 〈그러니 그러한 한마음이 무엇인들 해내지 못하겠는가.〉

12. 태양 빛은 온 누리를 다 비추고도 부족함이 없다. 한마음의 빛도 그러하다. 삼계를 다 비추고도 부족함이 없다.

13. 한마음은 우주 전체의 힘이며 공덕이다. 마음이 진실로 텅 비어 유무와 호오의 양면을 떠난 중도에서 한마음의 힘은 드러나게 된다.

14. 이 세상 모든 생명의 마음은 하나이다. 모든 생명들끼리는 사실 너와 내가 없다. 본래로 생명은 하나이다. 본래 생명은 부처이다. 그러므로 본래 생명의 마음을 일컬어 한마음이라고 한다. 〈생명체들이 제각기 육신을 갖고는 있으나 본래 둘이 아닌 것이다.〉

법-3-78 (1-14)
원-1-5-5
원-1-5-9
원-2-2-3
원-3-6-2

15. 만 사람이 모여도 본존불은 하나이다. 그것은 체가 없기 때문이다. 각자에 다 본존불이 있어 자기의 본존을 마음의 주인이라 한다면 각자의 마음의 주인은 다 한마음인 것이다. 한마음은 어느 한편이 아니다. 나누고 나누는 데에서 한마음을 구하지 말라.

원-1-2-15 (1-15)
원-2-2-11

16. 우주 전체가 생명의 근본 마음, 인간의 근본 마음에 직결되어 있고 세상살이 돌아가는 이 자체가 내 근본에 가설되어 있다. 우주 삼천대천세계가 그냥 하나로 통해 있다는 말이다. 벽도 없고 봇장도 없으니 일체 제불의 마음이 곧 내 한마음이

수-3-56 (1-16)
수-3-69
수-4-29
수-5-8
법-2-58
법-2-62
법-2-69
법-2-81

고, 일체 제불의 법이 곧 내 한마음의 법이며 생활인 것이다. 〈이 전구 저 전구에 들어오는 전기가 다 똑같듯이 만물은 다 한마음에 하나로 가설되어 있는 것이다.〉

17. 바로 우리 모두가 부처요 보살이다. 우리 모두의 한마음이 부처요 보살이다. 〈무 하나로 요리를 할 때 국을 끓일 수도 있고 김치를 담글 수도 있고 갖가지 요리를 할 수 있으나 김치를 담근 무, 국을 끓인 무가 본래의 무를 떠난 게 아니듯이 삼계의 모든 유위법은 그 본원이 한마음인 것이다.〉

18. 한마음에서 비롯된 전체적인 우주의 섭리, 연관성이 바로 우리 마음에 직결되어 있다. 그러므로 우리는 생각하게 되고 말하게 되고 움직이게 된다. 근본적인 마음에서 비롯된 전체가 우리 마음에 직결되어 있다면 그 속에 누구인들 없겠으며 무엇인들 없겠는가. 제불보살도 다 그 자리에서 나타난 화현이다.

19. 모든 부처와 중생은 한마음이다. 한마음이기에 부처와 중생에 차별이 없다고 하는 것이다. 그러므로 누구나 한마음으로 돌아가면 부처가 스스로 나타나기에 중생이 곧 부처인 것이다.

2. 영원한 주인공

1. 발전소에서 내 집 전등에 이르도록 전선을 가설해 놓고서 스위치를 올리자 불이 들어오듯이, 나의 마음은 한마음과 연결되어 있어 그 근본이 다르지 않으니 나의 근본이 곧 만법의 근본이라, 이름하여 주인공이라 한다. 〈그러나 주인공이라고 부르지 않아도 생각하고 움직이고 말했을 때 벌써 근본 자리에서 알고 있으니 그래서 참 부처요, 자성불이요, 참 보배가 있다고 하는 것이다.〉

수-2-5 (2-1)
수-2-20
수-3-48
수-3-49
수-5-2
수-5-10
법-2-97
법-2-115
심-1-3
심-1-54
심-1-55
원-1-5-8
원-3-1-8
원-3-1-9
원-3-1-12
원-3-2-2
원-3-2-3
원-3-2-8
원-3-5-1
원-5-1-11
원-6-4-7
원-6-5-3
원-7-1-5
원-7-1-10
원-7-3-7
행-1-5-3
행-2-3-3
행-2-3-4
행-2-4
행-3-2-3
행-3-5-8
행-4-5-7
행-6-1-5
행-7-1-4

2. 주인공이란 영원한 자기의 실상이다. 영원한 생명의 실상이다.

3. 주인공은 생명의 근본이다. 그 영원한 생명의 근본은 우주와 직결되어 있고 이 세상 만물과도 가설이 되어 있어서 일체는 다 같이 공심으로 돌아가고 있다.

4. 근본의 주인공은 꺼지지 않는 영원한 불, 영원히 돌아가는 자가 발전소와 같아서 항상 안으로 불이 켜져 있기 때문에 켜졌다, 꺼졌다 하는 말조차 붙지를 않는다.

5. 주인공이란 생각나기 이전의 마음 중심, 바로 나의 기둥이라 할 수 있다. 그러나 개별적인 기둥이 아니라 전체적인 기

등이다. 〈전체적인 기둥이므로 무엇이든 한생각 내는 대로, 불을 켜려면 켜고 밥을 지으려면 짓고 모터를 돌리려면 돌리고 하는 식으로 다양하게 끌어 쓸 수 있다. 그것도 아주 자동적으로 할 수 있다. 마치 배고프면 밥 먹고 목마르면 물 마시듯이, 무심으로 그렇게 할 수 있다.〉

(2-6) 수-3-16
수-3-29
수-3-42
법-2-65
법-2-93
심-2-6
원-9-2-11
행-2-2-4
행-3-2
행-3-2-10
행-3-2-11
행-3-2-13
행-4-7-5
행-6-1-2
행-6-1-3
행-6-1-4
행-6-1-7
활-1-1-14

6. 우리 마음의 기둥, 그것은 바로 적멸보궁, 전체 우주를 싸고 돌리는 기둥과 같다. 맷돌에 심봉이 있어 아래 위가 맞물려 돌아가며 곡식을 갈아 내듯이 우리 마음의 기둥이 심봉이 되어 우주 전체가 돌아간다.

7. 주인공은 진리요, 빛이며 영원이요, 생명이며 부처요, 보살이며 청정하며 긍정이다. 거기에는 어둠도 없고 죽음도 없고 더러움도 없고 부정도 없다. 주인공은 진리이니 빛보다 더 밝고, 진리이니 행복보다 더 기쁘며, 진리이니 허공같이 크고 영원하며, 진리이니 텅 비고 고요하여 자취도 없다.

(2-8) 원-2-1-14
원-1-5-5

8. "주인공!" 하면 거기엔 지렁이의 생명도 포함되고 올챙이의 생명도 포함된다. 일체의 생명이 다 포섭된다. 물의 생명도 포섭되고 불의 생명도 포섭되고 돌의 생명, 흙의 생명도 다 포섭된다. 주인공은 일체 만물 만법의 원소이며 핵이며 에너지이다.

9. 주인공은 밝고 영원하고 지극하다. 그 주인공은 천지가 생기기 이전에도 있었고 설사 우주가 무너지고 허공이 없어지는 한이 있더라도 사라지거나 죽지 않는다. 〈그런 주인공을 일컬어 '한마음'이라고도 하는데 그 한마음은 말이나 생각에는 잡히지 않을 만큼 미묘 불가사의하다.〉

10. 주인공을 불성이라고도 하고, 자성이라고도 하고, 또 여러 가지 다른 이름으로 부르기도 하는데 바로 이 주인공이 있음으로써 중생은 노예에서 벗어나 참 자유인이 될 수 있는 것이다. 〈그러니 얼마나 고마운 일인가. 모든 것을 다 쉬고 맡기게 되면 대자유를 누리게 되는 이치도 주인공 그가 본래 자유스럽기 때문이다. 주인공은 텅 비어 걸릴 것이 없다.〉

11. 주인공은 본디 태어나는 일도 없고 죽는 일도 없다. 주인공은 육안으로 볼 수 없고 생각으로 잡히지 않지만 영원하고 크나큰 나이다. 위대한 지혜의 빛나는 힘이 있고 청정하여 변함이 없다. 또한 헤아릴 수 없는 능력을 갖춘 나이다. 중생은 모습이 다르고 이름이 다르고 차원이 다르고 나고 죽고 하지만 주인공은 다만 하나가 만 개로, 만 개가 하나로 도는 가운데 여여하니 이를 일컬어 또한 부처, 자성불이라 하는 것이다. 그러므로 주인공을 통해 중생과 부처가 만나고, 둘이 아니라 하는 것이다.

(2-12) 수-3-52
수-3-53
심-1-81
원-5-1-18
원-5-1-19
원-5-1-20
원-5-2-1

12. 주인공은 나의 근원이지만 동시에 모든 것의 근원이다. 주인공은 나의 주인이자 모두의 주인이요, 삼계의 주인이다. '주' 한 것은 근본 자리를 말하고 '공' 한 것은 고정됨이 없이 돌아가는 것을 말한다. 주인공 자리엔 무엇 하나를 고정되게 세워서 '나'라고 할 수도 없고 무엇 하나를 세워서 활용이라 할 수도 없고 무엇 하나를 세워서 부처라 할 수도 없고, 무엇 하나를 세워서 늙은이다 젊은이다, 여자다 남자다, 아비다 자식이다 할 수도 없다.

3. 나의 시작이자 끝

(3-1) 원-4-1-1

1. 중생은 본래 성품인 주인공에 근거해서 존재한다. 비유하자면 나무가 땅속의 뿌리를 근거로 하는 것과 같다. 또 비유하자면 허공은 영원토록 결코 무너지는 일도 없고 다시 생겨나는 일도 없고 육안으로 잡히지도 않는데 그 속에서 바람이 불고 구름이 일어나며, 또 바람 그치고 구름 스러지듯이 중생은 주인공에 근거한다.

(3-2) 원-1-1-3
원-1-4-6
원-2-2
원-2-2-2
원-2-5-1
원-3-2-2
원-3-3-4
원-3-6

2. 나무에 비유하여 내가 열매라면 주인공은 열매를 있게 한 꼭지와 같고, 내가 꼭지라면 주인공은 그 꼭지가 매달린 가지와 같으며, 내가 가지라면 주인공은 그 가지가 돋아나온 줄기와 같다. 내가 줄기라면 주인공은 비유하건대 뿌리와 같으

니 뿌리는 나무가 있게 된 근본이라 그로부터 줄기와 가지와 잎과 열매가 나왔듯이 나의 모든 생각, 나의 모든 활동, 나의 모든 공덕이 그 주인공으로부터 나오지 아니한 것이 없다. 〈주인공은 나의 참된 근본이다. 내 몸, 내 생각은 돋아났다가 곧 스러지는 가지, 잎과 같으니 뿌리는 가지와 잎이 떨어지고 꺾이면 새로운 가지와 잎을 돋게 하듯이 주인공도 그러하다.〉

3. 그렇다고 나의 주인공이 나무의 뿌리처럼 고정되어 있다고 생각해서는 안 된다. 또 육안으로 보여지는 그 무엇이라고 생각해서도 안 된다. 부처님께서 이르시기를, 만약 모양이나 음성으로써 부처를 구한다면 필경 여래를 볼 수 없다 하였으니 눈 아닌 눈으로 보아야 한다. 주인공은 차라리 뿌리 없는 나무라 할 것이며 한 점 찍어서 맛볼 수도 없는 허공같이 형상과 감각을 초월해 있다고 할 수 있다.

심-1-62 (3-3)
원-1-2-11

4. 주인공은 나의 진정한 면모로서 모든 것을 알고 모든 것에 자재로운 나의 참 주인이자 이 세계의 참 주인이다. 〈일컬어 자성이라고도 하고, 본래면목이라고도 하고, 불성이라고도 하고, 여래장, 진여, 참 나라고도 하며 주인공이라고도 하는 이 나는, 중생이 흔히 나라고 생각하는 그것과는 천양지차로 다른 것이라 할 수 있다.〉

5. 주인공은 광대하고 적적하면서도 그 신령함이 내 안에

원-2-1-7 (3-5)

남김없이 깃들어 있다. 그러므로 주인공은 크다 하면 삼라대
천세계에 차고도 남고 작다 하면 티끌보다도 작다. 그리하여
나는 거대한 주인공의 품에 싸여 있고, 내 안의 작은 불씨 하
나는 거꾸로 온 우주를 포함하고 있다.

<small>(3-6) 행-2-4
행-3-3
행-4-10</small>

6. 주인공은 나의 시작이며 끝이요, 나의 궁극이며 목적이
다. 나를 있게 한 이도 주인공이며 나를 데려갈 이도 주인공이
다. 나를 곤경에 빠뜨리는 것도 주인공이며, 나를 그 곤경에서
구해 주는 것도 주인공이다. 주인공은 '내 속의 나' 또는 '참
나'라고 말할 수 있다.

<small>(3-7) 법-3-63
원-3-1-1
원-6-3-4
원-6-4-4
원-8-2-8
원-8-2-17
원-8-3
원-8-3-3
원-9-1-13
행-1-1-7
행-1-2-1
행-2-1-1
행-9-3-3</small>

7. 수억겁 전부터 우리는 모습을 이렇게 바꾸고 저렇게 바
꾸고 여기로 왔다가 저기로 갔다가 하면서 오늘에 이르렀는데
나를 끌고 온 주처는 과연 누구인가? 다름 아닌 주인공이다.
〈우리는 여직껏 수억겁을 거쳐 내려오면서 한 번도 죽어 본 일
이 없다.〉

<small>(3-8) 원-3-5
원-3-5-1
원-3-6-5</small>

8. 나를 형성시킨 것도 주인공이고 이끌고 가는 것도 주인
공이다. 수억겁 진화의 길을 끌고 온 근본이 주인공이다. 지금
자기 육신을 끌고 가는 것도 주인공이다. 인간의 뿌리는 체가
없어 보이지 않으나 마음내고 말하고 보고 듣고 걷는 일체의
행동을 하게 하는 것도 주인공이다. 〈그러므로 주인공이란 자
기 육신이라는 배에다 몸속의 온갖 중생들을 싣고 다니는 선장

과 같다.〉

4. 무한량의 자재권

1. 모든 사생의 일체 만물만생의 근본이 하나로 뭉쳐서 시공 없이 돌아가는 그 자체를 한마음이라 하니 내 한마음 주인공은 전체로 가설된 자가 발전소와 같아 무한량의 에너지가 주어져 있다. 〈그 에너지야말로 내 몸이 아프면 의사가 되어 주기도 하고 약사보살이 되기도 하며 지장보살이 되어 내 명을 이었다 붙였다 할 수 있다.〉

원-2-2-1 (4-1)

2. 주인공은 자재권을 가졌으므로 삼천대천세계의 어느 것이든 내가 아니 되는 것이 없고 일체 생물이 다 될 수 있으며, 살아 있는 것만이 아니라 죽은 세상에도 내 자리 아닌 게 없듯 유무가 합쳐진 자리인 것이다. 주인공은 내 속에 갖춰져 있으면서 법계에 충만하여 아니 미치는 데가 없다.

수-3-63 (4-2)
수-4-33
심-1-25
심-1-44
원-6-2-1
원-6-3-5
원-6-3-6
원-6-4-16
원-6-4-25
원-7-2-12
행-3-5-6
행-11-3-9
행-11-3-18

3. 지구상에 있는 온갖 진귀한 보배를 다 합쳐도 바꿀 수 없는, 무한히 값진 진리가 곧 주인공이다. 그리고 그 주인공은 다른 누구도 아닌 자신이다. 〈그렇거늘 그렇게 무한한 보배를 갖고서도 이것저것 걱정이 많다. 그것은 마치 억만장자가 당장의 끼니를 걱정하는 것과 같다. 얼마나 우스운 일인가.〉

(4-4) 법-3-53
원-3-6-6
원-5-1-1
원-6-2-2

4. 주인공은 광대무변한 불법의 뜻을 그대로 발현할 수 있는 능력을 가졌다. 수억겁을 거쳐 나왔기에 그 경험을 살려 이끌어 갈 수도 있고 자유인이 되게 할 수도 있다. 주인공은 천백억 화신으로 공존한다. 주인공 속엔 역대의 일체 부처님이 들어 계실 뿐 아니라 일체 중생이 다 같이 들어 있다.

5. 주인공은 우주 천체, 태양계의 혹성들과도 마음이 직결되어 있다. 그러므로 수억겁을 거쳐 물질적으로 되나오고 또 되나오며 인간으로 진화하면서 살아온 습성도 거기서만 해결할 수 있다. 〈주인공은 마치 업의 용광로와 같다.〉

(4-6) 법-2-55
심-1-93
원-7-1-1
원-7-2-2
원-7-2-8
원-7-2-11
원-7-2-12
원-7-2-15
원-7-3
원-7-3-14
원-7-3-16
원-8-1-6
원-8-2-16
행-3-5-11
행-4-1-1
행-4-5-9
행-4-10-1
행-4-10-2
행-4-10-3
행-4-10-4
행-4-10-5
생-2-1-1
생-2-2-5
생-2-2-13
활-1-2-10

6. 한마음 주인공만이 나를 이끌어 줄 수 있고 과거의 업을 녹여 줄 수 있고 위로는 부모, 조상의 묵은 빚을 갚아 줄 수 있고 아래로는 자녀들에게 햇빛을 비춰 줄 수 있다. 주인공만이 그런 능력을 줄 수 있다.

7. 주인공은 거대한 용광로이다. 이 보이는 세계와 더불어 함께하는 일체 제불의 보이지 않는 절실한 대원력이 언제나 함께하는 용광로이다. 그러한 용광로가 내 속에 있다. 어떤 쇠든지 용광로에 들어가면 다 녹아내리듯 그 어떤 눈물도 자비로 화하고, 그 어떤 아픔도 감사의 염으로 되살아나게 하는 용광로가 있다. 나를 고통스럽게 하는 어떤 업도, 어떤 환난도 그 앞에서는 한 점 눈송이일 뿐이니 주인공은 누구에게나 있는 마

음의 신묘한 비밀이요 모든 생명이 갖고 있는 불성으로서의 불가사의한 힘이다. 그것이 바로 주인공의 위덕이다.

원-1-1-11 (4-7)
원-7-3-3
행-4-2-3

8. 주인공은 무한량의 에너지, 무한량의 능력일 뿐 쓰고 안 쓰고 하는 것은 중생의 마음이 하기 나름이다. 〈그러므로 중생심을 끊고 참 나를 얻는 게 아니라 도리가 그러함을 발견함으로써 거짓의 나 또한 참 나의 한 나툼임을 알게 되는 것이다.〉

9. 주인공은 금강 같고 여여하고 원만하고 달처럼 해맑고 태양처럼 밝고 맑다. 그런 자성이 누구에게나 들어 있건만 온갖 대상, 제멋대로의 상념이나 견해, 욕망 따위에 끄달리고 얽매이니 중생은 마치 항아리 속에 불을 켜 놓은 것과 같다. 스스로 불 켜 있는 줄도 모르고 밖을 비추지도 못한다.

10. 나 없는 참 나, 주인공에겐 길 아닌 데가 없어 산도 길이요 들도 길이요 허공도 길이요 길이 없는 데도 길이니 어느 한구석 손 안 닿는 데가 없고 발 안 닿는 데가 없다. 그래서 평발이요 평손이다. 부처님의 발을 평발, 평편족이라 하는 것은 아니 닿는 데 없기에 그렇다. 주인공은 만법의 근원이기에 평발이다.

11. 인간을 보고 만물의 영장이라고 한 것은 참 자기, 주인공이 무한의 능력을 가지고 있다는 사실, 모든 재료가 다 갖춰

원-2-4-8 (4-11)
원-6-2-9
원-6-3-1

(4-11) 원-6-3-5
생-3-2-7

져 있다는 사실, 여여하고, 청정하고, 자유자재할 수 있다는 사실, 일체 만법을 들이고 낼 수 있는 근본이 갖춰져 있다는 사실에서 비롯된 것이다. 〈그러나 인간은 말로는 만물의 영장이라 하면서도 소견을 작게 쓰고, 따로따로 가르기를 일삼으니 지혜가 넓어지지 못하는 것이다.〉

12. 꿈이다 생시다, 시간이다 공간이다, 생사다 윤회다 하는 말이 붙지 않는 자리, 그 자리에서 그대로 여여하게 내가 나를 이끌어 가며 상신하고 하달할 수 있는 그러한 능력이 누구에게나 갖춰져 있다. 〈누구나 지금 지장 행을 하고 있고, 누구나 지금 관세음의 삼십이응신을 하고 있다. 누구나 본래 그러한데 다만 그 이치를 깨닫지 못하고 한정된 자기에 속박되어 있는 것이다.〉

13. 태양은 내 빛을 받아야 한다고 말하지 않는다. 지붕 없고 벽이 없으면 태양은 그대로 비춰 준다. 주인공도 그러하다. 〈예를 들어 우리가 자동차를 몰고 갈 때에 운전하는 사람이 어떠한 사람이든, 착하든 그렇지 않든 간에, 또 차를 몰고 가는 목적이 무엇이든 간에 엔진에 기름이 공급되듯이 참 나는 가화합의 나에게 에너지를 줄 뿐이지 따로 있어서 가고 오는 것, 그르다 옳다 하는 것에 관여하는 것은 아니다.〉

5. 전체이자 공

1. 왜 주인공이냐? 나의 참 주인이니까 주인공이요, 또 텅 비었기에 '빌 공 자' 주인공이다. 주인공이란 뜻이 내가 그것을 근거로 있게 되었다는 의미이다. 〈'부모로부터 몸 받기 전에 나는 무엇이냐?' 할 때에 인간이 다만 정자와 난자의 결합으로 태어난 것이 아니라는 바로 거기에 주인공이 있다. 그것은 마치 나무가 살아 있는 것은 뿌리가 있기 때문이라는 말과 같다. 줄기·가지·꽃·열매는 보이나 뿌리는 보이지 않아도 땅밑에 뿌리가 있어 나무가 존재함을 아는 것에 비유할 수 있다. 그러나 뿌리처럼 고정되어 있다고 해서는 안 된다. 주인공은 나의 근거이자 동시에 모든 것의 주인이므로 '부처님'이라 할 수도 있다. 모든 불보살과 일체 선지식과 모든 생명의 근본이 되는 주인공을 깨달아야 참 부처를 알 수 있는 것도 그래서이다.〉

원-1-2-10 (5-1)
원-2-3-3
원-2-3-4
원-3-4-5
원-4-2-13
원-5-1-2
원-5-1-7
원-5-1-12
원-5-1-13
원-5-1-19
원-5-1-23
원-5-1-25
원-5-1-26
원-5-1-27
원-5-1-29
원-5-2-2
원-5-2-3
원-5-2-8
원-5-2-9
원-5-2-11
원-5-3
원-6-1-2
원-6-2-13
원-6-2-17
원-6-4-36
원-7-2-2
원-7-3-11
행-4-1-1
행-4-3
행-4-3-2

2. 또 주인공은 마치 허공과 같아 무너지는 일도, 변하는 법도 없으면서 삼계의 모든 것에 나투고 모든 것을 기르고 되돌려 거두어들이기도 한다. 〈그러므로 주인공엔 나와 너의 나눔이 없다.〉

원-1-1-8 (5-2)
원-1-1-10
원-1-1-12
원-1-2-5
원-1-5-6
원-2-1-4
원-2-1-5
원-4-1-1
원-4-1-2
원-4-2-13
원-5-1-17
원-5-2-7
원-5-3-2
원-6-1-6

3. "주인공!" 하면 거기엔 일체 만물이 다 포함된다. 그리고 공한 것이다. 헤아릴 수 없이 수많은 생명이 다 합쳐지는 거

(5-2) 원-6-2-2
원-6-2-15
원-8-2-20
원-8-3-4
원-9-1-6
원-9-1-14
행-11-6-4
행-11-6-5
활-2-1-4

(5-3) 심-1-30
심-1-138
원-3-5-10
원-4-2-4
원-4-2-6
원-4-2-10
원-5-1-15
원-6-3-8
원-6-3-11
원-6-5-6
행-5-5-1
행-5-5-2
행-7-2-7
행-11-3-3
행-11-3-15
생-2-1-19
생-2-1-27

기, 만물만생이 다 합쳐져서 부동한 자리이자 공한 그 자리가 일컬어 주인공이다. 〈경계와 거짓 나와 참 나가 하나이다.〉

4. 모든 것을 다 싸잡아서 "주인공!" 한 것이다. 그 모든 것 속에서, 그 모든 것과 더불어 사는 것이고 또 그 모든 것 자체인 것이니 일체가 다 들어 있으나 내가 있음으로써 근본이 되고 중심이 되고, 모든 사물이 나로부터 벌어져 주장이 되고, 또 그것이 화두가 되므로 바로 주인공이라 한 것이다.

5. "주인공!" 할 때는 벌써 전체가 궁그른다. 각자는 제각기 '주인공'이라고 하니까 개별적인 그 무엇으로 생각하기 쉬우나 주인공은 곧 전체이다. 〈그러므로 "주인공!" 하면 태양보다 더 크고 더 소중하고, 위력이 당당하고 신비하고, 말로 뭐라고 할 수 없이 도도한 것이다. 내 주인공, 네 주인공의 나눔이 있는 줄 안다면 그것은 병통이다.〉

6. 주인공은 찻잔도 될 수 있고 컵도 될 수 있고 접시도 될 수 있고 책상도 될 수 있고 의자도 될 수 있고 사람도 될 수 있고 짐승도 될 수 있다. 주인공은 다 해당될 수 있다. 주인공은 이름이지만 그대로가 우주 법계, 생명의 실상이다. 모든 것은 원소 자체가 흘러감도 흘러옴도 없이 흐르는 허공 속의 나툼인 것이다. 고로 그것을 자세히 파악해서 고정된 관념을 그냥 모조리 타파하여 내 마음이 허공같이 돌아갈 수 있으면 그대로

여여한 것이다.

7. 내어놓을 수도 없고 줠 수도 없고 볼 수도 없는 그 근본 자기, 주인공은 어디에 국한된 게 아니라 이 우주의 광대무변한 이치를 모두 포섭하고 있다.

8. 근본의 주인공은 텅 비었으면서도 말을 하게 되고 생각을 하게 되니 꺼진다 켜진다 하는 말이 붙지 않는 자가 발전소로 비유할 수 있다.

9. 주인공은 빛깔도 없고 잡을 수도 없고, 그러면서도 여여하게 온다 간다는 말도 없이, 끝도 시작도 없이 돌아가고 있다. 그래서 공이요 무요 나툼일 뿐이다.

10. 주인공은 다른 곳에 있는 게 아니라 주인공을 발견코자 하는 그 속에 있다. 〈우리가 요리를 할 때에 먹고 싶은 대로 재료를 준비해서 오븐에 넣으면 맛있는 음식이 되듯이 필요한 대로, 원하는 대로 움직이는 그 살림살이 가운데 주인공의 면목은 드러나 있다.〉

원-2-1-17 (5-10)

11. 본래 있으니 발견해 보라 하니까 사량으로 주인공을 찾고자 하는 사람들이 있다. 〈'주인공이다' 하면서 주인공의 탈(가면)을 잡는 결과가 되어서는 안 된다.〉

원-3-3-2 (5-11)
원-7-3-13
행-3-2-7
행-5-4-3
행-8-2-12

(5-11) 행-9-3-7
생-1-1-1
생-1-1-5
생-1-1-11

12. 본래로 한 물건도 없다 했으니 주인공 또한 이름일 뿐 공하다 하겠으나 그것을 문제 삼지 말라. 참으로 알 것을 알아야 참으로 그 아는 것을 버릴 수 있고, 있는 그것을 참으로 알고서야 없는 이치가 자명해지는 것이니 주인공을 문제 삼지 말라. 〈참 자기를 모르고서는 참된 무아가 실현될 수 없다.〉

(5-13) 원-1-2-5
원-6-5-1
행-3-2-2
행-4-9-3
행-5-2-12

13. 주인공의 이름을 그냥 아빠라 해도 좋고 엄마라 해도 좋다. 심주라 불러도 좋고 평상심이라 해도 좋다. 청수, 생명수라 해도 좋고 심봉이라 해도 좋다.

주인공을 한 물건이라 해도 좋고 본래면목이라 해도 좋다. '한 놈도 없는 그놈'이라 해도 좋다. 아미타불이라 해도 좋고 본존불이라 해도 좋다. 포괄적인 주처이므로 하느님이라 불러도 좋고 나의 님이라 해도 좋다.

주인공은 무엇이든 다 될 수 있어서 도무지 고정됨이 없다. 주인공은 어버이이자 자녀이며, 가장 높은 이이자 가장 낮은 이이다. 주인공은 이름이 무엇이든 자신을 이끄는 참 자기인 것이다. 주인공은 '나의 나'요 내 '마음의 마음'이다.

(5-14) 행-3-2-5
행-4-3
행-4-5-1
행-4-5-7
행-4-9-4
행-6-1-1
행-6-1-5

14. 자기의 참 부처를 발견하려면 생각나기 이전의 근본에 부합되어야 하나 말로써 부합시킬 수 없으니 나고 드는 자리를 한마음 주인공이라는 하나로 세운 것이다.

15. 주인공이라고 하니까 개별적인 '나'로 알면 안 된다. 주

인공이라 하면 이미 전체를 의미한다. 일체 법을 감싸고 일체 법을 지탱하며 일체 법을 굴리는 그 자리를 주인공이라 하는 것이니 어찌 네 주인공이니 내 주인공이니 나눔이 있겠는가.

제3장 나의 실상

1. 누가 주인인가

(1-1) 원-1-1-3
원-1-4-6
원-2-2
원-2-3-2
원-2-3-4
원-2-5-1
원-3-2-2
원-3-3-4
원-3-6

1. 우리는 어디서 왔는가. 바로 참 나인 주인공으로부터이니 오직 참 나를 찾기에 노력해야 한다. 〈참 나가 이날까지 같이하여 왔고 이날까지 같이 돌아왔는데도 그것을 모르니까 그 모든 것이 참 나에서 비롯되었음을 발견하라 하는 것이다. 육신은 참 나에서 나타난 싹, 잎사귀, 가지와 같은 것이라 뿌리를 놓아 두고 어찌 가지나 잎사귀를 자기라 할 것인가. 그 뿌리를 알라.〉

2. 먼저 나를 잘 알지 않으면 안 된다. "나는 누구인가? 나는 무엇인가?" 하는 문제는 아주 중요하다. 왜냐하면 중생의 본래 성품은 원만하고 공적하여 태어난다든지 죽는다든지 하는 어느 한편에 기울어지는 법이 없으나 중생의 실제 생활을 보면 삼독심에 물들어 마침내는 생사의 윤회를 벗어나지 못하기 때문이다. 그러므로 본래로 원만공적한 참 성품이 구족해

있다는 이 문제가 풀릴 것 같으면 불법의 참맛을 알았다고 할 수 있다. 〈나야 그냥 나이지 무어겠느냐 싶을지도 모르나 그렇게 간단한 문제가 아니다. 나는 어디서 왔는가. 부모로부터 왔다는 것은 부모의 정자와 난자의 결합에 의해 형성되었다는 뜻인데 나는 그런 물질적 결합일 뿐인가. 아니다. 그러한 나가 아닌 진정한 나가 있다. 그것은 어디서 왔을까? 그 수학을 풀어야 한다.〉

3. 만약에 내가 없다면 태초가 어디 있으며 우주가 어디 있으며 현상계는 어디 있다고 하겠는가. 도무지 실감이 나지 않을 것이다. 내가 없다면 부처도 불법도 또한 그러할 것이니 먼저 자신을 알라고 하는 것이다.

수-1-33 (1-3)
수-2-27
수-5-26
심-1-9
심-1-74
심-1-80
원-2-5-4
원-3-2-4
원-3-2-6
행-3-2-5
행-6-2-5
행-6-2-6
행-6-2-7
행-6-2-9
행-8-4
행-8-4-1
행-8-4-8
행-8-4-11
생-7-1-1
생-7-1-2
생-7-1-16
생-7-1-17

4. 내가 세상에 나고서 세상은 벌어졌다. 나로부터 이 세상이 생겼고 나로부터 가정이 생겼고 나로부터 상대가 생겼으니 내가 나오면서 이 세상 우주 전체가 벌어진 것이다. 나를 빼놓고 무엇을 이 세상이라 하며, 무엇을 진리라 하며, 무엇을 가르침이라 하겠는가. 그러므로 나의 참모습, 진짜 자기의 뿌리와 씨를 알아야 한다. 〈보고 듣고 앉고 서고 말하고, 어느 때 어느 곳에서든 소소영영하게 응대하는 이것이 무엇인가.〉

5. 내가 이 세상에 나왔기에 일체 만법이 나로 인해서 들고 나며 상대성 원리로서 돌아가는 것이지 내가 없다면 아무것도

심-2-2 (1-5)

없다. 그러므로 자나 깨나, 앉으나 서나, 일을 할 때나 쉴 때나 주인공이 있어 그렇게 하는 것인 줄을 알아야 한다. 〈천상천하 유아독존이라 함은 한마음으로 하나가 나왔으니 독존이요, 나로부터 벌어졌으니 유아독존인 것이다. 개별적인 나로서의 독존이 아니라 한마음으로 묶어 '나' 하나가 나왔으니 독존이요, '나' 나온 것 모두를 합해서 독존이다.〉

(1-6) 원-3-1-12
원-3-2-9
원-5-2-2
원-5-3-7
행-8-1-7

6. 그 무엇이 싹을 틔워서 지금의 내가 되었는가. 나를 싹틔운 그는 누구인가? 곧 참 나, 주인공이다. 〈그럼에도 중생은 그 씨앗을 잊고서 '지금의 나'에게만 매달리기 때문에 온갖 고에 휘말리는 것이다. 그렇다고 '과거의 씨'를 찾아야 하는 것은 아니다. 그 최초의 씨앗은 이제 지금의 나로 형성되어 있기 때문이다. 나에게서 열매가 영글었다면 그 열매는 곧 처음의 씨앗과 다르지 않으니 지금의 나 속에서 참 나를 찾아야 한다.〉

(1-7) 원-6-1-1
원-6-1-2

7. 자기로부터 우주의 근본이 나오므로 자기를 알아야 한다. 우주의 어떠한 작용이 위대하다 할지라도, 지구를 집어삼킬 힘이 있다 할지라도 자그마한 자기의 내놓을 수 없는 마음의 근본보다 더할 것이 없다. 광대하고 적적하면서도 신령함이 내 안에 남김없이 깃들어 있으니 내 안의 불씨 하나가 온 우주를 다 감싸고도 남는다 할 것이다.

8. 사람의 뿌리는 모습이 없어 알기가 어렵다고 한다. 그러나 나무의 뿌리는 보이지 않지만 누구도 그 뿌리가 있는 것을 부인하지 않는다. 근본이 보이지 않는다 하여 자기의 뿌리가 없다고 단정할 것인가. 〈목수는 자기 마음대로 집을 설계하여 짓지만 인간은 그렇게 하지를 못한다. 마음먹은 대로 자식을 낳지는 못한다. 어떤 부모라도 목수가 집을 설계하듯 그렇게 자식을 만들지는 못한다. 그렇다면 나는 누가 설계한 것인가. 도대체 나는 누구인가. 우리는 이러한 의문이 제기하는 삶의 비밀을 알지 않으면 안 된다.〉

수-3-48 (1-8)
수-3-49
수-5-2
수-5-10
법-2-97
법-2-115
심-1-3
심-1-54
심-1-55
원-1-5-8
원-2-2
원-2-2-12
원-3-2-2
원-3-2-3
원-3-2-8
원-3-5-1
원-5-1-11
원-6-4-7
원-6-5-3
원-7-1-5
원-7-1-10
원-7-3-7

9. 우리가 집을 짓고 들어가서 사는 이치를 보라. 집을 지어 놓고 우리가 그 속에서 주인으로서 살고 있는 것이지 집이 있어 우리를 살리는 게 아니다. 그와 같이 이 육신을 지어 놓고 들어가 사는 주인이 누구인가를 보라.

10. 나의 육신은 마치 내가 헌 옷을 새 옷으로 갈아입듯이 영원치 않아 무상하다는 것을 지켜보라. 나의 의식 또한 그러하다는 것을 지켜보라. 지켜보면서 과연 자기라고 하는 존재는 이 세상 어느 구석에서 나왔다가 어느 구석에서 사라지고 마는 허망한 존재이면서, 그나마 고에서 벗어나지도 못하고 고통받다가 멸망하는 존재에 불과한 것인지를 밝게 알아야 한다. 정말로 그러한가. 헌 옷을 벗고 새 옷으로 갈아입는 주재자, 참 자기가 있다.

법-3-15 (1-10)
심-1-87
원-8-2-1

11. 육신이 나인가, 의식이 나의 주처인가, 의지가 나의 주처인가. 육신도 내가 아니고 의식도 내가 아니고 의지도 내가 아니다. 그러한 나는 비록 애지중지해 왔다 해도 다 비실재요 가화합이요 인연 소산일 뿐이다. 그러므로 허망하다 함도 당연하다. 중생은 여직껏 그러한 나를 위해 살았고, 그러한 나가 나인 줄로 아는 그릇된 소견을 갖고 있었기에 말이다.

12. 열매는 씨앗에서 생겨났고 그 씨앗은 이전의 열매에서 생겨난 것이며, 그 이전 열매는 또다시 그 이전의 씨앗에서 생겨난 것이니 거슬러 올라가면 그 시작을 알 수가 없다. 마찬가지로 지금의 열매는 미래로 또 그렇게 이어져 갈 것이니 그 끝을 알 수가 없다. 어느 때의 열매를 "이것이 열매다" 하겠는가. 고로 끝 간 데 없이 이어지는 열매의 참 성품을 찾으라는 것이다.

2. 자기 속의 성품

1. 나무를 살리려면 뿌리에 영양분을 주어야 하듯이, 사람이 참 사람이 되려면 먼저 본래 성품 자리를 밝혀야 한다. 본래 성품 자리인 주인공이야말로 곧 사람의 뿌리이기 때문이다. 〈나를 있게 한 이도 주인공이요, 나를 데려갈 이도 주인공이다.〉

2. 가을에 잎 떨어진다고 나무가 뿌리째 죽는 것은 아니다. 뿌리는 그대로 살아서 봄이 오면 다시 잎이 돋고 꽃이 핀다. 나무가 그러한 자기 뿌리를 보지 못하듯 인간도 제 뿌리를 보지 못한다. 그러나 체가 없는 뿌리이지만 말하고 움직이게 하는 근본이 있기에 그렇게 하는 것이니 먼저 참 자기부터 알아야 한다. 〈과거로부터 수없이 탈바꿈을 해 가지고 자기 형상을 형성시켰건만 그것을 모른 채 지금 현실의 나만이 내 실상인 줄 알고 애를 쓰고 있으니 사람의 도리를 지키지 못하면서 갖가지로 고통을 받게 되는 것이다.〉

원-2-3-2 (2-2)

3. 보고 듣고 앉고 서고 말하고, 어느 때 어느 곳에서든지 소소영영하게 보는 이것이 무엇인가. 우리는 먼저 내가 있으니까 상대도 있듯이, 바로 내가 있음으로 해서 일체가 있고 또 우주 천지와도 직결되어 있음을 알아야 한다. 〈그렇다고 이 몸을 '나'라고 하는 것은 아니다. 눈 한번 깜짝하는 사이, 빛보다 더 빠르게 우주 천지 어디든지 연결되어 비춰 볼 수 있는 신통묘용의 한마음 주인공이야말로 바로 나의 진면목인 것을 알아야 한다.〉

4. 내가 지금 말을 했다. 내가 지금 움직였다. 말하고 움직인 것을 내가 한 것이라고 붙들고 있는가? 내놓아 보라면 내놓을 수 있는가? 말하고 움직인 그것을 누가 했는가? 바깥을 아무리 둘러보아도 감지할 수가 없다. 그 근본을 주인공이라고

수-2-7 (2-4)
수-3-27
수-3-57
법-3-72
심-1-50
원-2-5-10
원-3-1-10

한다. 한마음 주인공이라고도 하고 참 자기라고도 한다.

5. 자동차는 운전자의 뜻에 따라 움직인다. 그런데 어떤 사람이 자동차를 주인이라 하고 운전자를 그 하인이라고 생각한다면 얼마나 어리석고 우스운 일이겠는가. 주인공을 모른다면 그와 조금도 다르지 않다.

6. 숨을 들이고 내쉬는 것을 보라. 들이쉬고 내쉬지 못한다면 죽을 것인데 그것을 누가 하고 있는가. 그와 같이 생활 속에서 일체 만법을 들이고 내는 것도 자기가 있으니까 들이고 내지 않는가? 수억겁 광년 전으로부터 끌고 왔고 지금도 끌고 가고 있는 근본, 이런 근본이 주인이 아니라면 주인이 있다는 것은 증명도 못할 것이다.

7. 우리가 숨을 들이쉬고 내쉴 수 없다면 죽을 것이요 또 내쉬고 들이쉴 수 없다면 죽을 것이다. 그 양면이 교차하는 그런 틈에 그대로 살아 있는 그 무엇이 있으니 그것이 있음을 증명하는 것도 바로 그놈이다.

8. 중생으로서의 나(我)가 부정된 그 지점에 중생의 나가 아닌 영원한 그 무엇이 있다. 바로 참된 나의 주인공, 한 번도 나지 않았으므로 아예 죽을 바가 없는 무량겁의 나, 더러움에도 아예 물들 줄 모르고, 괴로움이란 것으로부터도 홀연히 초

월하여 불생불멸, 부증불감, 불구부정의 지고지락한 나가 있는 것이다. 그러나 중생은 관념의 틀을 벗어나지 못함으로써 그 영원한 나를 만나지 못하고 있다. 〈그 영원한 나는 언어나 문자로 수식할 수도 없고 의론을 통해 드러나는 것도 아니므로 관념으로 알고자 하는 것은 통 속의 놀음에 지나지 않게 된다.〉

9. 자기 배 속에 있는 자기 씨를 찾아라. 사람들은 수박씨를 찾으라고 하면 지금 수박 속에 들어 있는 씨를 찾으려 하지 않고 작년 씨를 생각한다. 작년 수박씨는 화하여 이미 지금의 수박이 되었으니 씨는 제 배 속에 있다.

3. 나의 의식과 주인공

1. 나의 의식이 주인이라 한다면 이렇게 저렇게 하고 싶다, 혹은 이런저런 일들이 성사되었으면 하고 바라는 일들이 뜻대로, 의지대로 되어져야 한다. 그러나 뜻대로 할 수 있는가. 되어지는가. 그렇지 않다. 오히려 괴로움과 고통이 따르는 경우가 많다. 〈그러므로 육신과 마찬가지로, 나의 의식이라는 것도 나의 진정한 주인은 아님을 알 수 있다. 그것은 진정한 나의 실체가 아니라 만들어진 환상일 뿐이다. 그런데도 중생은 그러한 나를 참 나로 알아 거기에 깊고 진한 집착을 두어 그 나

원-3-4-3 (3-1)

를 중심으로 모든 언행을 짓고 있다. 가화합에 불과한 것을 중심에 두니 자연히 고가 따르게 되는 것이다.〉

(3-2) 원-2-5-11
원-7-2-11
원-7-3-13
행-5-4-3
행-8-2-3
행-8-2-12
행-9-3-7
생-1-1-1
생-1-1-5
생-1-1-11

2. 우리는 노예가 되고자 태어난 것이 아니다. 사람들은 자기의 사량심을 자기인 줄 알고, 그 사량심을 붙들고 육신과 더불어 아둥바둥 사는 경우가 많다. 그러한 '나' 말고 진정한 나, 주인공이 있음에도 바로 나를 있게 한 그 근본을 제쳐 두고 '나 아닌 거짓 나'를 참 나로 알고 있는 것이다. 〈미생물에서부터 끝 간 데 없이 탈바꿈을 거듭하여 오늘의 자기가 형성되었건만 그것을 모르고 현실의 내가 바로 나인 줄 알고 급급해하니 사람의 도리조차 지키지 못하는 것이다.〉

(3-3) 원-6-4-6
행-2-2-11
행-5-1-10
행-5-4-11
행-9-4
행-9-4-7
행-11-3-2
생-2-1-3

3. 사실 모든 번뇌의 씨앗은 중생으로서의 '자기 사랑'이 반영된 것에 지나지 않는다. 중생들의 기쁨과 슬픔, 분노와 회한, 환희 등은 모두 중생의 자기 사랑일 뿐이니 어찌 그것을 진정한 자기 사랑이라 하겠는가. 자기를 진정으로 사랑하려면 자기에게 영원한 기쁨과 만족을 주어야 할 것인데 오히려 번뇌와 고통을 안겨 주고 있으니 결국은 자기를 위한다면서 자기를 저주하는 격이 아닐 수 없다. 이것이야말로 전도몽상, 뒤집힌 헛꿈인 것이다.

(3-4) 원-6-4-28
원-6-5-2
원-6-5-3

4. 언제부터인가 중생들은 꿈같이 뒤집힌 생각을 내게 되었다. 그것이 어둠이 되어서 본래부터 밝고 맑았던 한마음을 가

리게 되었다. 그것은 마치 밝은 태양과 맑은 하늘이 구름에 가려 보이지 않게 된 것과 같다. 그리하여 중생은 태양이 없는 줄로 알아 태양을 잊었고, 하늘이 어둠으로 덮인 줄 알아 맑은 하늘을 잊었다. 그러므로 중생이 돌아가야 할 곳은 본래로 부처였던 그 성품, 그 태양과 하늘이다. 지금의 내 생각과 육신은 본래의 나에게 일어난 한 점 먹장구름인 것이다. 〈그러므로 스스로 '나'라고 믿어 온 것의 실체는 없다고 하는 것이다. 그러나 아주 없어서 없는 게 아니라 어느 때의 나를 나의 실체라고 내세울 게 없으니 없다고 하는 것이다.〉

5. 원래 참 나인 주인공의 성품은 영원히 밝고 청정하여 걸림이 없음에도 다만 중생심, 번뇌심, 삼독심 등의 망념으로 말미암아 가리어져 있으니 마치 맑고 밝은 하늘이 구름에 덮인 것과 같다. 〈그러므로 문득 바람이 일어 구름이 흩어지듯 망념이 사라진다면 주인공 성품은 그대로 여여할 것이다.〉

6. 주인을 모르면서 환상에 불과한 나를 주인으로 알고 '나', '나의 것'에 매달려 서로 다투고 애태우는 중생의 모습이 하도 측은해서 보다 못해 부처님이 나오신 것이다. 공한 자리를 바로 알아야 한다.

7. 거짓 나가 주인공 앞을 막아 서 있다. 흔히 세상 사람들은 자신을 믿는다 하면서 참다운 자기가 아닌 중생심, 이기심,

자만심에 빠진 자기를 믿고 있으니 참 나가 드러나지 않는 것이다. 거짓 나를 비켜나게 해야 참 나인 주인공이 드러난다.

(3-8) 원-3-5-3
원-6-5-6
원-6-5-7
활-1-1-18

8. '나'라는 생각은 현재 의식이다. 참 나는 현재 의식과 잠재의식이 둘 아니게 나오는 해맑은 마음자리이다.

4. 사대 화합의 육신

(4-1) 수-5-27
법-2-100
법-3-15
심-1-77
심-1-87
원-2-3-8
원-3-1-1
원-3-1-11
원-3-3-1
원-3-5
원-3-5-2
원-4-1-4
원-6-4-13
원-6-4-17
원-6-4-18
원-6-4-19
원-6-4-23
원-7-2-13
원-7-3-6
원-8-2-1
행-8-4-3

1. 중생이 자나 깨나 평생을 두고 위해 온 '나'는 사실 가(假) 화합에 지나지 않는다. 그것은 하늘의 뜬구름처럼 인연에 의해 일시에 지어진 것일 뿐 견고한 실체가 없는 것이다. 〈사실 육신이라는 것은 부모의 정혈이 모여진 것이요 사대의 집합에 불과한 것이다. 그러한 육신을 나의 실체라고 믿는다 할 때 그 육신은 영원치 못한 것이어서 언젠가는 멸망하게 마련이니 어찌 내가 영원하다 할 수 있겠는가.〉

2. 이 육신도 실체가 아니다. 꿈속에서 내가 여러 가지로 행을 할 때 그 꿈속의 내가 실체가 아닌 것처럼 나의 육신도 알고 보면 실체가 아니다. 꿈속의 허상과 다르지 않다.

(4-3) 원-3-3-1

3. 육신이 나의 주인이라 한다면 "이렇게 되어라. 저렇게 되어라. 이렇게 되어서는 안 된다. 저렇게 되어서는 안 된다."

하고 뜻대로 할 수 있어야 한다. 내가 주인이라면 집이 헐어지는지, 고칠 곳이 어디인지, 어느 부위에 고장이 일어났는지쯤은 소상히 알아 해결할 수 있어야 하지 않겠는가.

4. 육신은 하나의 껍데기이다. 육신을 움직이는 그 무엇은 따로 있다. 그럼에도 많은 사람들은 그 육신을 아주 실재적인 '나'로 느끼고 있다. 그러나 실은 그 '나'라는 것은 포대 자루에 불과하다. 여기저기 헐고 닳아서 쓰레기장으로 가게 될 때에 그동안 '내 것'이라며 이것저것 주워 담은 것이 다 무슨 소용이겠는가. _{원-8-2-3 (4-4)}_{원-8-2-15}_{행-1-1}_{행-1-1-1}_{행-1-2-5}_{생-2-2-1}

5. 육신이란 본래 공한 것이어서 한 철 살다가 어느 날 한 찰나에 구름 흩어지듯 흩어지는 것이다. 그러므로 이 육신을 '나'라고 고집할 것이 무엇이겠는가. 〈이 육신이 '나'라는 욕심 때문에 모든 일들이 어긋나고 있다. '나'라는 욕심만 없다면 보다 넓게 볼 수 있고 넓게 들을 수 있고 넓게 일할 수 있고 지혜의 샘물이 철철 넘쳐 아주 싱그럽게 살아갈 수 있는 것이다.〉 _{행-5-3 (4-5)}

6. 구름이 한데 모였다가 흩어지고 다시 다른 구름하고 모이듯이 인간도 언젠가는 사대로 흩어져 원점으로 돌아갔다가 어느 계기에 다시 모여 부모의 뼈와 살을 빌려 태어난다. 그러므로 사대가 흩어지는 것을 허망하다 할 것이 아니라 먼저 흩 _{원-4-1-3 (4-6)}_{원-4-1-4}_{원-6-3-7}_{원-9-1-14}_{원-9-2-13}

어지고 다시 모이는 이 도리를 알아야 할 것이다. 〈수행자에게는 이 세상만사가 무상한 것을 아는 중에 오히려 도리를 알고자 함이 있으니 세상이 허망하지 않다.〉

7. 지·수·화·풍 사대로 이루어진 이 몸은 다만 사대의 일시적인 화합이기에 인연 따라 모였다 인연 따라 흩어지는 것일 뿐으로 생멸을 반복하고 있다. 생멸하는 것은 참다운 실상이라 할 수가 없다. 영원히 불변하고 불생불멸하는 진실상이 아니라면 어느 것이든 한낱 가상에 불과하다. 고로 육신은 가화합이요, 환이라고 하는 것이다.

8. 지·수·화·풍 사대를 모아 내 육신을 만든 그것이 바로 주인공의 신통 묘용이다. 육신이란 주인공의 시자요 아들이다.

(4-9) 원-3-6
원-3-6-3
원-7-1-4
행-5-1-1
행-11-5-3

9. 중생이 가화합에 지나지 않는다고 하면 참 나인 주인공은 어디에 있는가. 이 가화합의 존재와 따로 있는가. 아니다. 그 주인공은 거짓 나와 떨어져 따로 있는 것이 아니다. 오히려 거짓 나의 근본이 되는 그 자체를 참 나인 주인공이라 할 수 있다. 본래의 나, 참 나는 내 육신을 형성시켜 놓고 깊숙이 있으면서 삼천대천세계와 상응하며 진리로서 회전하고 있다. 〈그러면 참 나는 어디에 있는가? 팔에? 다리에? 가슴에? 머리에? 그 어디도 아니다. 신체의 어느 부분을 관찰해 보아도 내가 소재하는 근거는 찾을 수가 없다. 어느 곳에 있는 것도 아니면서

깊숙이 있으니 참으로 미묘한 그인 것이다.〉

10. 그러나 소도 언덕이 있으니까 비비듯이 내가 있기에 상대가 있고 부처가 있고 모든 경계가 있는 것이다. 내가 없으면 그 무엇이 있겠으며, 내가 없으면 어떻게 내가 나를 시자 부리듯 부리겠는가. 이 육신은 다만 주인공의 시자이니까 거기에 순응해서 따라갈 뿐이다.

원-3-6-9 (4-10)

11. 육신은 사대가 뭉친 것이지만 육신이 있어야 불법을 알 수 있다. 육신이 없다면 더함도 덜함도 없으니 육신을 다만 허망하다 하여 그 모습을 버리면서까지 불법을 알려 한다면 극히 잘못된 생각이다. 만약 육신이 없다면 혼백만 있는 것이니 계발할 수도 없고 지혜를 넓힐 수도 없어 부처를 이룰 수조차 없다. 아들이 있음으로써 아비를 알게 되고 시자가 있음으로써 주인을 알게 되며 유위법, 무위법이 같이 움직이는 도리를 알 수 있는 것이다. 몸 떨어지고 나면 무엇을 보고 듣고, 부딪치고 생각하겠는가. 나무나 열매가 있음으로써 씨를 알고 뿌리를 알듯이 사대가 뭉친 인연이 있음으로써 육신이 비록 영원한 실체는 아닐지라도 한 생명, 한자리, 한마음 주인공을 알게 되는 것이다.

원-3-1-4 (4-11)
원-3-1-5
원-6-4-23
원-8-1-4
원-8-1-6
원-8-1-9
행-1-1
행-1-2
행-1-3

5. 중생의 국토

(5-1) 원-3-1-9

1. 육신을 나라고 하지 말고 몸속의 중생들과 같이 한마음이 된 선장이 나인 줄 알라. 그 '나'라는 것도 공해서 돌아가기 때문에 '나'라는 것이 없는 나, 개별적인 나가 아닌 포괄적인 나, 바로 주인공인 것이다.

(5-2) 법-2-100
심-2-14
원-4-2-5
원-4-2-7
원-4-2-9
원-6-1-7
원-6-4-11
원-8-3-8
원-8-3-9
행-5-5-5
행-5-5-1
행-5-5-2
행-5-5-4
행-5-5-7
생-4-4-8

2. 자신의 몸일지라도 '나의 것'은 아니다. 공동체이다. 지금 이 지구 안에 별의별 짐승들이 많듯이 내 몸속에도 별의별 생명체들이 그득하다. 그러기에 자기 몸이면서도 '나의 것', '내 몸'이 아니라 공동체인 것이다. 중생들은 이 육신의 나를 자기만의 것으로 생각하지만 심장, 간, 위와 같은 장기 하나하나에도 수억의 중생들이 있어 자동으로 돌아가고 있다. 〈그러므로 나의 육신은 그대로 소우주의 꾸러미와 같아 오장 육부의 기능이라는 게 그대로 우주의 기능과 같다. 거기엔 천체 물리학, 지리학, 모든 과학과 철학이 다 들어 있다.〉

(5-3) 법-1-26
원-8-3-8
행-4-10-7

3. 사람의 몸뚱이 하나에 수많은 중생들이 우글우글 공생하고 있으니 이 몸은 겉으로 보아 하나의 중생 같을지라도 실은 수많은 중생의 국토인 것이다. 그리고 그 중생들은 억겁을 거쳐 온 의식으로 뭉쳐서 몸을 집 삼아 돌아가고 있다. 〈그러므로 이 한 몸 깨달으면 육신 속의 수십억 중생이 함께 제도되며, 그 중생이 그대로 호법 신장도 되고 금강역사도 된다.〉

4. 수억의 정자 중에 선택된 하나가 난자와 합쳐질 때에 나머지 5억 마리에 잠재해 있던 심성은 그 하나에 모두 포함된다. 그렇게 해서 육신의 구석구석 소임을 맡아 가지고 제각기 살면서 그 능력으로 나를 움직이게 하니 참으로 묘용이 아닐 수 없다.

원-3-6-2 (5-4)
원-3-6-8
원-7-2-14

5. 몸뚱이 속에 든 수십억의 생명들이 한데 합쳐 작용을 해 주는 바람에 말하고 걸어 다니고 '나'라는 생각도 하게 되는 것이다.

6. 사생이 외부에만 있는 게 아니라 내 몸 안에 또 사생이 있고 그 사생 속에 또 사생이 있으니 그 숫자를 이루 말하기 어렵다. 수십, 수백억의 중생들이 있어 '나'라고 하는 그 육신을 이리 끌고 저리 끌고 다니는데 그 움직이는 모습들이 헤아릴 수 없다. 그러므로 마치 '육신의 나'라고 하는 것은 인형극의 꼭두각시 같다고 할 수 있다. 〈그러나 숫자는 많아도 근본 의식은 같으니 하나라고도 할 수 있고 하나라고도 할 수 없는, 숫자 없는 숫자인 셈이다.〉

7. 내 몸속의 중생들은 우리가 지구 속에서 그렇게 살듯이 아마도 사대를 달처럼, 해처럼 생각하며 살아갈 것이다. 또 몸속의 생명들이 그렇게 운행하고 있기에 이 육신도 운행하고 진화할 수 있는 것이다.

8. 지구를 내 몸뚱이로 비유한다면 우리가 지금 지구가 어디로 어떻게 돌아가는지를 모르듯이 몸속의 중생들도 여길 왔는지 저길 갔는지 모르고 따를 뿐이다. 그러므로 주인공 자리를 알아야 중생들도 제도될 수 있는 것이다.

(5-9) 원-3-5-12

9. 육신 안에 들어 있는 사생이 바로 공심, 공체라는 것을 알게 되면 그대로 보신이 되고, 무시하면 세균도 되고 해충도 된다. 가령 육신의 한 부분만 폐허가 되어도 그대로 죽게 되는데도 몸속의 뭇 생명들, 각자 소임에 충실한 일꾼들을 무시하고 흔히들 자기가 산다는 생각을 한다. 마치 회사 내에 사장 한 사람만 있다고 주장하는 것과 다르지 않다. 그러나 수없는 생명체가 공생하고 있는 줄 안다면 어찌 '나'라고 세울 수 있겠는가. 〈내 몸에 십대 제자가 있다〉.

(5-10) 법-2-19
법-2-77
법-3-31
심-1-30
심-1-138
원-2-5-3
원-4-2
원-4-2-4
원-4-2-6
원-4-2-10
원-5-1-15
원-6-3-8
원-6-3-11
원-6-5-6
행-5-5-1
행-5-5-2
행-7-2-7
행-11-3-3
행-11-3-15

10. 내 몸이 뭇 중생들의 주둔지이듯 현상계도 그와 같이 공체로서 공심·공용·공식·공생 하고 있으니 벌레 한 마리, 풀 한 포기를 보더라도 남이 아니라 바로 '나 아닌 게 없다'고 생각해야 한다.

11. 우리 몸속에 있는 세포 하나하나가 상전이다. 먹고 싶은 것 대 줘야 하고 춥고 더운 것 가려 줘야 하고 가고 싶은 데로 데려다 줘야 하니 내가 사는 게 아니라 수없이 많은 세포들을 살리고 있는 것이다. 마치 부모가 자식을 기를 때 그 자식

들이 상전 노릇은 다 하고 부모란 그저 윗사람이라는 꼬리표만   생-2-1-19 (5-10)
달고 있는 것과 같으니, 이 몸속의 중생들이 병이 나면 나도   생-2-1-27
병이 나고 죽으면 나도 죽는다. 그러기에 어찌 내가 산다고 하   생-4-5-1
고 내가 먹는다 하고 내가 잠잔다 할 것인가. 그 중생들이 바
로 나와 둘이 아니라 내 육신은 공체로 공생하고 공식하고 공
용하고 있는 것이다.

12. 상구보리 하화중생이란 내 몸을 이끌고 다니는 근본이   수-4-31 (5-12)
무엇인지, 그 근본의 나부터 알아야 된다는 말이다. 나의 근   원-1-3-2
본을 알면 내 육신을 제도하게 되는 뜻도, 내 육신을 이루고   원-7-3-1
있는 헤아릴 수 없이 많은 세포의 마음까지도 알 수 있다. 이   원-7-3-20
육신도 마음이 만들었기 때문이다. 상구보리라는 것은 자기   행-1-3-6
의 근본을 깨닫고자 함이요, 하화중생이라는 것은 자기의 몸   행-9-2-8
을 이루고 있는 수억의 중생을 제도함을 말한다. 〈그러나 본래   행-11-3-9
위와 아래가 둘이 아니기에 "상구보리" 하면 "하화중생" 하   행-11-3-17
게 되는 것이요, "하화중생" 하면 "상구보리" 하게 되는 것이   행-3-1-18
다.〉

13. 우리 몸은 겹겹으로 되어 있으면서 내장마다 수천억의
세포가 있고 세포 안에 다시 수없는 미생물이 있고, 장마다 수
많은 세균이 살아 있으니 어찌 다 헤아릴 수 있겠는가. 그와
같이 우주도 헤아릴 수 없는 별들로 이뤄지고 그중 하나의 혹
성인 지구에 또 수없이 많은 생명체가 우글거리고 그중 하나인

인간의 육신 속이 또 그러하니 생명의 숫자는 그야말로 불가량이다. 〈그렇지만 움직이는 근본 하나만 깨닫는다면 그 근본은 일체의 모든 생물과 둘이 아니니 그대로 우주 온 법계의 작용을 알게 될 것이다.〉

6. 삼합 - 생명의 실상

(6-1) 원-2-5-1
원-2-5-6

1. 영원한 생명과 마음과 육신이 삼각으로 둥글게 돌아서 인간을 이룬다.

(6-2) 법-3-78
원-1-5-5
원-1-5-9
원-2-1-14
원-2-2-3
원-3-5-4
원-3-6-8

2. 한 생명이 세상에 출현하기 위해서는 부모의 정자와 난자가 합쳐진 때에 영원한 자기의 불씨가 같이 들어야 한다. 아무리 부모의 정혈이 합쳐진다 해도 영원한 생명의 불씨가 합해 들지 않는다면 자기가 이 세상에 출현할 수 없다. 그러므로 한 생명의 탄생은 아버지의 **뼈**를 빌리고 어머니의 살을 빌려 거기에다 자기의 억겁을 거쳐 온 마음과 생명이 계합되는 것이라 말할 수 있다.

3. 사람 하나 태어나자면 삼합이 이뤄져야 한다. 그러기에 네가 나온 자리로 다시 들어가 보라고 하는 것이다. 나온 자리를 모르고는 자신이 누구인지를 알지 못하는 것이다.

4. 내 몸과 마음내는 것과 마음내기 이전이 삼합이 되어 공전하기에 모두 한마음으로 돌아간다고 하는 것이다.

5. 삼합이 공존하니까 주인공이라 했다. 정자와 난자가 결합했다 해도 영원한 생명이 없다면 합일이 되지 않는다. 달리 보면 주인공이란, 삼합이 공체로서 공존·공용·공식 하는 진면목이다. 〈주인공은 일체 만법을 들이고 내는 능력을 갖고 있다. 보이는 나는 안 보이는 나의 생리적 도구이다. 주인공은 빛깔도 없고 쥘 수도 없으나 자기를 움직이게 하는 주장자이다.〉

6. 영원한 생명과 생각을 낼 수 있는 분별, 그리고 움직이는 육신, 이것이 바로 법신이요 화신이니 삼위일체로 회전하면서 자기가 바로 선장이자 길잡이이자 그렇게 되어 있는 것이다. 〈그러므로 보이지 않는 나의 무전자와 더불어 유전자, 유전자와 더불어 물질인 육신이 삼합으로 공존하면서 광대무변하기 이를 데 없는 줄을 알아야 하는데 그러지 못하고 지금 살고 있는 이 몸뚱이, 생각, 의식들이 전부인 줄 알아 그냥 그렇게 살아서야 되겠는가.〉

7. 생명이 한데 합쳐서 돌아가는 그 에너지, 마음의 별이라 할 수 있는 그로부터 우리가 생겨난 것이다. 그래서 사람이 죽으면 "큰 별이 떨어졌구나." 하듯이 이 마음의 별이 아니고는

태양도 형성시키지 못했을 것이고 자기도 형성시키지 못했을 것이다.

    8. 소가 있고 마부가 있고 달구지가 있다. 달구지의 입장에서 보니까 자기를 끌고 다니는 소가 있다. 또 소만 있는 게 아니라 이리 가고 저리 가고, 섰다가 갔다가 하는 것을 조정하는 마부, 나침반을 쥔 운전수가 있다. 고로 달구지는 움직이더라도 소에 의해 끌려다니니 움직인 사이가 없다.

    소의 입장에서 보면 능력을 갖고 있으되 마부가 하자는 대로 능력을 내줄 뿐이다. 소는 잠재된 능력이고 마부는 현재 의식인 셈이다. 마부는 마음을 낼 뿐이다. 그런데 이 마부가 달구지와 마부를 자기라고 한다. 소가 있어 달구지를 끌고 다니는 줄은 모르고 있다. 50%밖에 모르는 것이다.

    현실 세계는 소와 마부와 달구지가 삼합이 되어 돌아간다. 그걸 아는 게 현명한 마부이다. 〈마부의 입장에서는 달구지에 실린 짐에 대해서도 잘 알고 소의 능력도 알아야 고삐를 쥔 채 "이랴! 이랴!" "워! 워!" 하면서 달구지를 잘 몰 수 있다. 오다가다 짐을 싣고 부리고 자재로이 할 수 있다. 고삐를 쥔 것은 '주인공이 다 하는 것이라는 믿음'을 말하고 "이랴 이랴", "워 워" 하는 것은 놓고 맡김을 뜻한다. 채찍은 주장자이다. 짐을 싣고 부리고 하는 것은 연방 돌아가며 생활하는 것과 같다. 달구지와 자기만을 전부인 줄 알았던 마부가 소와 둘이 아님을 알았을 때 소의 능력에 감사하는 것은 당연하다. 마부로 생겨났으면 마땅히 소를 부릴 줄 알아야 진정코 마부답다고 할 것이다. 소가 있고 마부가 있고 달구지가 있다. 삼합으로 돌아간다.〉

9. 참 나는 만법의 근원이라 마치 임금이 있어 신하들이 모든 일을 처리해 나갈 수 있듯이 참 나가 있음으로써 오관을 통해 움직이는 내가 있는 것이다. 말하자면 보이는 나는 안 보이는 나의 신하로서, 또는 시자로서 작용을 하고 있는 것이다. 육신이란 참 나의 시자일 뿐이다. 그러므로 거짓 나를 나로 알지 말고 참 나를 발견하라 하는 것이요, 모든 것을 참 나인 주인공에 일임하라 하는 것이다. 시자는 시자일 뿐이니 주인을 믿고 따르면 그뿐, 주인을 제쳐 두고 제가 나서서 주인 행세를 하는 한에는 고통과 액난이 따르게 마련이다.

원-3-4-10 (6-9)
행-2-1-7
행-2-4-1
행-3-2-11

제4장 둘 아닌 도리

1. 현상계

(1-1) 수-3-31
원-2-3-2
원-4-2-8
원-4-2-12
원-5-1-6
원-5-1-7
원-5-1-28
행-5-5
생-4-3-9

1. 세상은 거대한 한 그루의 나무이다. 그 근본은 뿌리, 즉 주인공이요 부처의 당체이다. 그 뿌리로부터 수많은 가지와 잎들이 나타난 것이 곧 현상계이다. 그러나 이것도 방편으로써 나누어 설명하는 말을 빌렸으니 그러할 뿐이지 사실은 하나라고 바로 알아야 한다. 각각의 잎을 생명체로 비유할 수 있지만 뿌리와 잎이 본래 따로따로인 것은 아니다.

(1-2) 수-3-71
원-1-1-8
원-1-1-10
원-1-1-12
원-1-2-5
원-1-5-6
원-2-1-4
원-2-1-5
원-2-5-2
원-2-5-6
원-2-5-9
원-4-2-13
원-5-1-17
원-5-2-7

2. 예를 들어 바다에 파도가 일어 물방울이 수없이 일어났다 하더라도 그것이 가라앉으면 다 바닷물 그대로이다. 이 경우에 물방울은 형상을 가진 중생이고 바다는 근본 자리라고 할 수 있다. 작은 물방울 하나가 튀어 오른 것은 중생의 태어남이고 스러지는 것은 중생이 몸을 벗고 근본으로 돌아간 것과 같다. 그와 같이 근본의 자리에서는 너와 나의 나눔이 없다. 네 조상 내 조상의 나눔이 없다. 생명의 근본은 그렇게 크고 넓으

면서 하나이다. 바다처럼 잔잔한 물로 한자리 하고 있다가 때에 따라 작게도 크게도 나투면서, 물방울이 바람 따라 나타났다 스러지듯이 그런 이치로 들고 나며 삶과 죽음이라는 것을 보여 주기도 한다.

3. 전체 물질이 모두 지·수·화·풍 사대에 의지한 것이니 우주 전체가 지수화풍의 집이다. 작은 찻잔 하나라도 사대가 아니면 이 세상에 출현할 수가 없다. 미생물도 그렇고, 나 자신도 그렇고, 허공에 꽉 찬 생명들도 그렇고, 저 우주의 별들도 그러하다. 〈그러므로 우주의 모든 것이 사대로 연관되어 나 아닌 게 없다. 모두가 한마음인 것이다.〉

4. 지·수·화·풍이 우리 육신을 구성한 근본이다. 우리는 지수화풍을 가지고 살며 이것을 먹고 산다. 지수화풍의 근원이 있어서 일체의 물질적인 것들이 나왔다. 지수화풍은 생명체의 고향이다. 〈지수화풍이 바탕이 되어 있기에 육신통이 가능하고 광력·전력·자력·통신력을 충만히 쓸 수도 있는 것이다.〉

5. 지혜의 눈으로 본다면 어떤 체계가 없는 것 같으면서도 일체 만법이 다 보이지 않는 하나의 체계 속에서 질서정연하게 쉼 없이 돌고 있는 게 우리들의 생활이기도 하다. 〈고로 틀 없는 틀을 볼 줄 알아야 하며 체계 없는 체계를 따를 줄 알아야 한다. 또 그것을 알았으면 행할 수 있어야 한다.〉

6. 모든 움직임이 바로 한마음에 있다. 모두가 지·수·화·풍을 바탕으로 하기 때문이다. 따라서 너와 나의 몸뚱이만 그런 것이 아니라 우주 전체가 나와 연관되어 있고 나 아닌 게 없다. 〈고로 사생이 둘 아니게 통신이 되고 안팎으로 법망이 쳐져 있으며 허공에도 길이 있고 우주 전체에 생명들이 꽉 찼다고 하는 것이다.〉

7. 사대가 원천이기에 생명과 생명, 우주 전체는 공생·공용·공식·공체라고 할 수 있다.

8. 사대가 원천이기에 또한 유위법 무위법이 같이 돌아가고 있는 것이다.

9. 모든 생명이 둘이 아니요 마음이 둘이 아니며 모습조차 둘이 아닌 까닭에 그토록 많아도 걸림 없이 돌아간다.

2. 근본은 불이(不二)

1. 부처님의 뜻으로는 모두가 자식이요 부모요 나이다. 모두가 내 아버지, 내 형제, 내 가족이다.

2. 부처님 마음과 내 마음이 둘이 아니고, 부처님 생명과 내

생명이 둘이 아니며, 부처님 몸과 내 몸이 둘이 아니다. 일체 만물의 생명과 나의 생명, 일체 만물의 마음과 내 마음, 일체 만물의 몸과 내 몸도 둘이 아니다.

수-4-31 (2-2)
수-5-13
법-1-26
법-2-19
심-1-30
심-1-138
원-2-5-3
원-3-5-10
원-5-1-15
원-6-3-8
원-6-3-11
원-6-5-6
행-5-5-1
행-5-5-2
행-7-2-7
행-11-3-3
행-11-3-15
생-2-1-19
생-2-1-27

3. 석가세존이나 단군 할아버지나 조상님들이 전부 한 분이지 두 분이 아니다. 나까지도 둘이 아니다. 내 조상이 본래 자성불이다.

4. 유정 무정과 역대 조상 모두가 다 나 아닌 게 없으므로 둘로 보지 말고 둘로 생각하지 말고 둘이 한다는 생각조차도 하지 말라. 한생각 안에 다 같이 공전하고 있다.

5. 내가 먹으면 부처님, 조사님이 다 먹고, 산신이 먹고, 용신이 먹고, 지신이 먹고, 토신이 먹고, 일체가 다 먹는다. 내가 차 한 잔 마시면 우주 전체와 함께 먹는 것이다. 내가 잘 먹으면 잘 먹는 대로 못 먹으면 못 먹는 대로 항상 함께한다. 〈내 중생 하나 구원할 수 있다면 남의 중생도 전부 구원이 된다. 나 아닌 게 없기 때문이다. 그러기에 한 몸이 청정하면 다른 사람이 청정하고 다른 사람이 청정하면 한 국토가 청정하고 한 국가가 청정하면 일체 중생이 청정하다 하는 것이다.〉

심-1-100 (2-5)
원-5-3-3
생-4-2-5
활-3-2-1
활-3-2-2

6. 일체 대상을 내 몸과 같이 보는 게 불심이다. 대상을 높게 볼 것도 없고 낮게 볼 것도 없다. 평등하게 보라. 같다고 보

원-5-1-15 (2-6)

라. 둘이 아니라고 보라.

7. 꽃 한 송이가 남이 아니고 풀 한 포기가 남이 아니다. 곤충 한 마리가 남이 아니고 새 한 마리가 남이 아니다. 모두가 나이다. 마음내기 이전의 마음, 나의 마음과 더불어 육신을 다 독거리는 이 마음이 있음으로써 한마음이 될 수 있고 모두가 다 남이 아닌 사랑이 되는 것이다.

8. 너와 내가 모습만 각각일 뿐 둘 아니게 돌아가는 것을 안다면 작거나 크거나 낮거나 높거나 다 받아들일 수 있으니 벽도 봇장도 없이 사방이 다 터진다. 너·나 없는 도리를 알 때에 너·나를 분명히 안다.

9. 한 배를 타고 있으면서 누가 어디서 왔느냐고 묻는다면 무어라 대답하겠는가.

10. 우주 일체가 모두 나와 더불어 둘이 아니다. 고로 내가 나를 해칠 수 없는 것이니 예를 들면 여느 풀조차도 약초가 된다. 문제는 마음자리에서 진정으로 깊이 응하느냐에 있는데 시비를 가리고 득실을 헤아리는 그런 마음자리로는 크나큰 한마음에 부응할 수 없다.

11. 일체는 같이 돌아가고 있기에 천지의 근본이 내 마음의

근본이니 둘이 아닌 까닭에 둘이 아니게 나툴 수 있어 나 아닌 게 없다.

12. 현상계에서 보면 뚜렷하게 둘이면서도 근본 자리에서 보면 둘이 아니다. 근본으로는 둘이 아니면서도 색으로는 둘이다. 그러므로 "산은 산이요, 물은 물이다"라고 하는 것이다.

13. 찰나로 돌아가는데 어떤 것일 때의 나를 나라고 할 수 없고 어떤 것일 때의 너를 너라고 할 수 없으니 둘이 아니요 공이라 하는 것이다. 가령 종을 쳤는데 소리만 났을 뿐 잡을 수도 없고 종을 친 사이도 없는 것처럼 어느 때의 무엇을 '이 것이다'라고 할 수 없으니 산은 산이요 물은 물이라고 하는 것이다. 예컨대 요리를 해서 접시에 담을 것은 접시에 담고 대접에 담을 것은 대접에 담을 때 물은 물이요 산은 산인 것이다.

14. 그런데 사람들은 앞면에 글씨 써 있는 것만 알고 뒷면의 백지는 모르니 한 종이인데도 뒤집어 쓸 줄 모른다. 우리가 사는 것도 앞뒤가 같이 붙어 돌아가는 것이라서 둘이다, 둘이 아니다라고 할 것조차 없이 무궁무진으로 닿지 않는 데 없고 쓰지 않는 데가 없다.
 산 사람과 영계의 문제도 그렇게 종이의 앞뒤처럼 되어 있다고 할 수 있다. 그럼에도 그것을 모르니까 산 위로 물 가고 물 위로 산이 간다고 뒤집어 놓기도 하는 것이다.

원-5-1-6 (2-14)
원-5-1-8
원-5-1-9
원-5-1-22
원-5-1-27

제5장 공의 나툼

1. 오직 나툼이요 공이다

(1-1) 수-3-52
수-3-53
심-1-7
원-1-2-10
원-2-3-3
원-2-3-4
원-2-5-1
원-2-5-2
원-2-5-7
원-2-5-9
원-3-4-5
원-4-2-13
원-5-1-10
원-5-2-2
원-5-2-3
원-5-2-8
원-5-2-9
원-5-2-11
원-5-3
원-6-1-2
원-6-2-13
원-6-2-17
원-6-4-36
원-7-2-2
원-7-3-11
행-4-1-1
행-4-3
행-4-3-2

1. 진리란 찰나도 멈추지 않는 흐름, 곧 흘러 통하는 것, 살아 있음을 말한다. 세상에 고정된 것은 없다. 오직 흐름이 있을 뿐이다. 시발점도 종점도 없이, 온다 간다도 없이 그냥 여여하게 걸림 없이 흐르는 유수 같은 흐름이 있을 뿐이다. 유수같이 흐르니 썩은 내 난다고 말할 사이도 없다. 〈그러므로 흐름을 붙잡아 두려면 죽이는 수밖에 없다.〉

2. 일체는 본래 공하여서 잠시도 쉴 사이 없이 나투며 돌아가고 있을 뿐이다. 만약 나투지 않는다면 이 몸이나 우주 법계가 형성될 수도 없고 또한 바뀔 수도 없다. 이렇듯 쉴 사이 없이 바뀌며 돌아가기에 어느 때를 꼭 집어서 "이것이다", "나이다"라고 할 수 없으니 공이요, 오직 나툰다고 할 뿐이다.

3. 둥근 톱니가 서로 맞물려 돌아갈 때에 어디에서 끊어지

고 어디에서 이어진다고 할 수 없듯이 진리는 그렇게 돌아가고 있다. 우리가 찰나찰나 생활하듯이 그렇게 돌아간다. 그러기에 우리가 살아가면서 한 걸음 내딛고 말하고 행하는 것이 그대로 여여하여 그대로 진리인 것이니 우리의 생활만이 그런 게 아니라 전체가 그러하다.

4. 우리는 진리 안에 살고 있다. 마치 물고기가 물에서 살듯이 우리의 살림살이 가운데 진리는 있다. 진리를 먼 곳에서 구하고자 한다면 그것은 물고기가 물 밖에서 그 무엇을 찾으려는 것과 같다. 한 번도 멈추지 않고, 쉬지 않고 돌아가는 이 시공 없는 진리는 마치 각자 숨을 들이쉬고 내쉬며 멈추지 않는 것과도 같다. 끊임없는 탑돌이라고 할 수도 있다.

법-2-58 (1-4)
법-2-119
법-3-46
심-1-102
원-1-2-2
원-2-2-7
원-3-1-4
원-6-1-3
원-7-1
원-7-1-9
원-8-2-13
행-1-4-5
행-3-5-12
행-9-2-2

5. 부동한 것도 부동치 않은 것도 항상 같이 나투기 때문에 부동하다 해도 아니 되고 부동치 않다 해도 아니 된다. 무엇이든 삼합이 되어 삼각 원형으로 돌아가고 있을 뿐이다. 앞뒤 없는 피리처럼 안이나 밖이나 어디에고 머무름이 없이 찰나로 돌아가고 있다.

6. 현상계의 모든 것은 맞물려 돌아간다. 이것이 있으면 저것이 있다. 생과 사, 남과 여, 선과 악, 높은 것과 낮은 것, 동과 서 등등이 따로 있는 게 아니다. 현상계에는 고정불변의 어떤 실체가 있는 것이 아니다. 다만 한마음 주인공이 개별적인

원-4-2-14 (1-6)
원-5-1-8
원-5-1-28

하나로가 아니라 포괄적인 하나로 돌아가고 있을 뿐이다. 고로 공했다고 하는 것이다.

7. 실상은 가리어져 있다. 아니, 본래로 가리어져 있다기보다 중생의 눈에는 가리어진 것처럼 보인다. 실상은 본래 태양 아래 드러난 사물처럼 명명백백한 것이지만 중생에겐 그런 실상이 보이질 않는 것이다. 〈알고 보면 불법이란 모든 사물의 실상을 바로 보는 것이 그 전부인지도 모른다. 부처님께서 팔정도를 가르치실 때에 맨 처음으로 '바로 보라'는 말씀을 하셨다. 바로 보면 반야요, 반야면 해탈인 것이니 중생이 바로 볼 수만 있다면 눈앞에 펼쳐진 수많은 고통과 번민, 부조리와 갈등은 사라지고 만다. 그런 것들은 본래 뿌리가 없어 공한 것이며 근본 모습은 소소영영하게 영원하다는 것을 알 것이기 때문이다.〉

(1-8) 원-3-2-7
원-9-1-10
행-5-2-9

8. 현실에서 보아도 무의 세계, 유의 세계가 따로 있는 게 아니다. 유에서 무로 갈 때, 무에서 유로 올 때가 한 찰나이다. 〈사람들은 모두 이 한 찰나의 교차로에서 막혀 있다. 그러므로 이 교차로의 막을 타파해야 하는데 이 막을 타파하려면 유나 무나, 긍정이나 부정이나 이 양쪽을 다 거머쥐고 돌려 둘 아닌 줄 알아야 한다.〉

9. 모든 이법(理法)이란 들이면 내고, 내면 들이고 한다. 그

래서 전체로 보자면 든 것도 낸 것도 없이 전체로 꽉 찬 것이다. 다만 그것을 말로 하려니까 들인다, 낸다 그러는 것이다. 그래서 이(理)와 사(事)를 한데 합치면 항상 켜 있는 마음의 등불인 것이다.

10. 퍼내어 써도 줄어듦이 없고 퍼부어도 결코 한 방울도 더 늘어나지 않는 무량 광대한 진리의 맛은 때로는 공공적적하여 고요하기가 이를 데 없다가도, 찰나에 이치에 응하여 모든 것을 바로 세운다. 평온한가 하면 소소영영하게 살아 있고 움직이는가 하면 어느 사이엔가 측량할 길 없는 무한으로 되돌아가는 것이 진리요 참 생명이다. 〈그러기에 죽는 것까지도 진리이며 자비인 것이다.〉

11. 주인공은 말없이 모습을 나투고 말없이 일을 한다. 마음은 체가 없기에 화해서 무엇이든 될 수 있다. 중생이 보기에는 고정적인 형상이 있는 것 같지만 절대라는 것은 없다. 오직 끝없는 나툼이 있을 뿐이다. 〈그러하기에 부처님은 삼십이응신이 구족하다 하는 것인데 중생의 마음에 따라 무엇으로든 나투신다.〉

법-3-53 (1-11)
원-2-4-4
원-3-6-6
원-6-1-6
원-6-2-2

12. 나온 자리, 형성된 자리도 공, 사라질 때도 공, 이러하다면 이 두 자리가 다 정통의 자리인데 어디 가서 또 찾을 데가 있다 하는가. 이것이 있으면 저것이 있고 저것이 있으면 이

것이 있고……. 너무 많아서 말로 이루 다 할 수 없기에 '공'
이라 한 것이다. 고로 '공'이라는 말 한마디에 우주 전체가 포
함된다. 〈그런데 공인 줄 모르고 '인'을 지으니 '과'가 있게 된
다.〉

(1-13) 수-3-52
수-3-53
법-3-75
심-1-52
심-1-81
원-2-2-12
원-5-1-18
원-5-1-19
원-5-1-20
원-5-2-1

13. 공은 무가 아니다. 유로 살리기 위한 공, 유나 다름없는
공이다. 유로 창조되어 머물지 않고 유로 나투는 공인 것이다.
살면서 죽고 죽으면서 사는, 그야말로 단 한순간도 고정됨이
없이 흐르고 도는 모습을 말하는 것이다. 공은 죽은 공이 아니
라 살아 있는 공이다. 〈텅 비었다 함은 꽉 찼다는 뜻이다. 너
무 다양하게 많으니 이루 다 말할 수 없어서 "무!" 하기도 하
고, 그것으로도 안 되니까 다시 또 "무!"라고 한 것이다.〉

14. 생과 사가 쉴 사이 없이 돌아가는데 어느 곳에 생이라
붙이고 어느 곳에 사라고 붙이겠는가. 그러기에 "생사에도 걸
림이 없다. 생사가 둘이 아니다."라고 하는 것이다.

(1-15) 수-5-15
법-2-26
법-3-11
법-3-48
원-1-4-1
원-4-2-6
원-6-2-16
생-2-1-10
생-2-1-19

15. 어느 구석이고 간에 헛된 데가 하나도 없다. 그러므로
내버릴 게 없거니와 가질 것도 없다. 일체는 공한 것이기에 차
별이 있는 가운데 차별이 없는 것이니 평등이요 불이(不二)인
것이다.

16. 처음과 끝이 따로 없다. 시발점이 종점이고 종점이 시

발점이다. 염주알을 돌릴 때 몇 번 굴리면 다시 제자리에 오듯이 처음과 끝은 둘이 아니다. 천부경 81자에선 처음에 "일시무시일"했고 나중에 "일종무종일"했다.

17. 찰나찰나 변한다는 것은 한편 찰나찰나 죽어 간다는 뜻이 되지만 다른 한편으로는 찰나찰나 되살아난다는 뜻도 된다. 어리석은 사람들은 찰나로 변하는 이치를 덧없이 죽여 가며 살지만 현명한 사람은 같은 이치를 갖고도 찰나로 살려서 자유롭게 써 가며 산다.

18. 세상에 고정된 것은 없다. 나는 지금껏 수많은 곳을 돌아다녔을 것인데 그 돌아다닌 걸음들은 지금 어디 있는가. 세상의 모든 흐름도 그와 같아서 고정된 바가 없다. 앞뒤 없는 피리처럼 안이나 바깥이나 어디에고 머물지 않고 찰나찰나 돌아간다. 이것은 진리이다.

19. 찰나로 살아 움직이기에 공이라 한 것이다. 고정되게 듣는 게 없고 고정되게 보는 게 없고 고정되게 말하는 게 없고 고정되게 가고 오는 게 없고 고정되게 먹는 게 없고 고정되게 만나는 게 없으니 생각해 보면 무엇 하나 공하지 않은 게 없다. 〈그러므로 생활 속에서 나도 공했고 법도 공한 이치를 똑똑히 알아야 한다.〉

20. 한 발을 떼어 놓으면 지나간 발걸음은 이미 없다. 오로지 지금 막 딛는 발걸음이 있을 뿐이다. 그런데 그 발걸음조차도 있는가 하였더니 순간 떼어 놓게 되어 또 잡을 길이 없다. 고정됨이 없는 법리는 이러한 발걸음과 같다.

(1-21) 원-8-3-2
원-8-3-4

21. 그릇 뚜껑을 뚜껑으로 쓰기 위해 내놓았을 때는 창조지만 수없이 덮어 주는 뚜껑이기에 창조가 아니라 나툼이다.

(1-22) 원-4-2-14
원-5-1-6
원-5-1-8

22. 유의 나툼이 무의 나툼이요, 무의 나툼이 유의 나툼이다. 소공과 대공은 넓이도 똑같고 크기도 똑같다.

23. 찰나 중에도 어느 것 하나 고정됨이 없고 오직 화하여 나툴 뿐이니 짊어질 것이 하나도 없다. 그러므로 자기 없는 자기에겐 고라는 것조차도 없다. 다만 하나도 짊어진 게 없음에도 의식에서 짊어진 게 있다 하여 고정관념으로 묶어 두고 있는 것이다. 모든 것이 공해서 찰나찰나 돌아가는 것을 안다면 붙들고 늘어질 게 없어, 색이 공이요 뜻이 공이요 말이 공이요 이름이 공이요 일체가 공인 것이다.

24. 일분일초가 멀다 하고 너무 빠르게 돌아가기 때문에 오고 감이 없다고 하는 것이다. 말로서는 뭐라고 표현할 수 없이 빠르게 돌아가니까 오고 가고가 없다고 한다. 그렇기 때문에 붙을 자리가 없다고 하는 것이다. 그런데도 사람들은 자꾸 생

각을 지어 내고 지어 낸 대로 자기가 걸려들고 있다.

25. 부처님께서 49년을 설하시고도 "나는 한마디도 설한 바가 없다." 하신 것은 프로펠러 돌듯이 막 돌아가는데 어디 이전이 있고 이후가 있겠느냐, 어디에 붙을 자리가 있겠느냐 는 말씀이셨다. 말하자면 공해서 돌아가고 있다는 사실을 알려 주기 위함이니 곧 평등 공의 가르침이다.

26. 색즉시공 공즉시색이라는 말은 고정됨이 없이 찰나찰나 나투며 시공 없이 돌아가는 진리를 표현한 것이다. 나 아닌 게 없기에 색이 공이요, 공이 색이라 하였다. 알고 보면 내 육신도 실존하는 것이 아니다. 몸뿐만이 아니라 모든 경계도 실은 마음의 그림자일 뿐이다. 모든 경계란 경험적으로는 있을 수 있는 것이지만 실상에서는 없는 것이니 만물의 상이 공이요 만물의 성품이 공이다.

생-2-1-10 (1-26)
생-2-1-11

27. 중생은 유에 사로잡혀서 현상계에 집착하므로 "색은 곧 공이다."라고 하는 것이다. 그러나 공을 아무것도 없는 것으로 잘못 알기 십상이기에 "공은 곧 색이다."라고 하는 것이다.

원-4-2-13 (1-27)
원-4-2-14
원-5-1-13

28. 나타난 일체의 형상에는 보이지 않는 그 짝이 있다. 눈에 보이거나 소리로 들리는 것을 부처나 진리로 보아서는 안 된다. 〈보이지 않는 데서 오는 것은 보이지 않는 데서 녹일 수

원-4-2-14 (1-28)
원-5-1-6
원-5-1-8

밖에 없다. 마음 작용이다.〉

29. 이 마음, 생명수와 같은 마음이 우주 전체를 싸고 돌아가니 한생각에 삼천대천세계로 벌어지기도 하고 삼천대천세계가 하나로 돌아가기도 한다. 그러기에 모든 것이 다 한곳으로 나고 든다고 하고 나고 드는 그것마저도 공하였다고 한다.

2. 나도 공이다

(2-1) 원-5-1-13

1. 이 세상에 태어났으면 모든 게 자기로부터 벌어졌는데 왜 나는 없다고 하는가? 고정되게 먹는 것도 없고 고정되게 보는 것도 없고 고정되게 듣는 것도, 말하는 것도, 생각하는 것도 없기에 어느 때의 나를 나라고 할 수 없어 없다고 하는 것이다.

(2-2) 원-3-1-6
원-3-1-12

2. 처음에 콩씨 하나로 나왔다고 하자. 그 콩씨 하나가 화해서 다시 수십, 수백의 콩씨로 나오니 콩씨 하나에는 지금 수백의 콩씨가 함께하는 셈이다. 그러할 때에 어떤 것을 집어서 "이것만이 콩씨다."라고 할 수 있겠는가. 어느 하나를 콩씨라고 내세울 수 없으니 없어서 공이 아니고 같은 콩씨가 너무 많아 공이라 하는 것이다.

3. 어느 때의 나를 '나'라고 할 것인가. 일어설 때 다르고 앉을 때 다르고 움직일 때 다르고 머물 때 다른데 어느 때의 나를 나라고 할 것인가. 친구를 만났을 때의 나와 형제를 만났을 때의 나가 다르니 어느 때의 나를 나라고 할 것인가. 어린애 적의 나를 나라고 할 것인가, 늙어서의 나를 나라고 할 것인가. '나'라는 것조차 고정됨이 없으니 그래서 한 물건조차 없이 공하다고 하는 것이다. 〈그러나 없어서 공한 게 아니라 꽉 차서 공하다고 해야 옳다.〉

4. 우리에게 따로따로 불리는 이름은 있을지언정 따로따로 있는 것이 아니다. 어느 때는 남편이 되어 "여보!" 하면 "응!" 하고 대답했다가 금세 아들이 되고 아버지가 되기도 한다. 행과 뜻이 자동적으로 여여하게 조금도 궁색하지 않게 돌아간다. 내가 그렇게 변하겠다고 해서 변하는 게 아니라 자동적으로 변하면서 움직인다. 고정됨이 없이 화해서 나투며 돌아간다.

5. 예를 들어 하루의 생활에서 밥 짓고 빨래하고 청소하는 일, 직장에 나가 궂은 일 좋은 일 닥치는 대로 하고, 이 사람 저 사람 만나고 먹고 마시고 하는 일 중에 자신이 여러 역할을 하는 것이 모두 한 주처에서 나온다. 자신이 신중 노릇, 칠성 노릇, 용왕 노릇, 부처 노릇 할 수 있는 것도 다 마음에서 비롯되는 것이다.

원-5-2-6 (2-5)
원-5-2-7
원-5-2-8
원-6-1-3
행-3-4-1
행-4-1-2
행-4-1-6
행-7-2-1
행-9-1-3

(2-6) 원-5-3-5

6. 몸은 똑같은 몸인데 아버지가 되었다가 아들이 되었다가 남편이 되었다가 사위가 되었다가 한다. 분주하게 돌아가고 있는 것이다. 보는 것, 듣는 것, 먹는 것, 입는 것, 자는 것, 만나고 헤어지는 것, 이 현상계의 여러 모습이 모두 고정된 모습이 있는 게 아니다. 그러기에 옛 물도 옛 산도 옛 사람도 없고, 너와 나도 없고, 다만 포괄적인 하나로 돌아감만이 있을 뿐이다. 〈거기엔 병 붙을 자리도, 업보가 붙을 자리도 없고 온갖 번뇌와 공포, 삶과 죽음 따위가 붙을 자리도 없다.〉

7. 그림을 그리는 화가가 이 물감 저 물감을 자재로이 쓰듯이 우리도 세상을 살아가면서 순간순간 이 생각 저 생각을 일으켜 가며 여러 가지로 일을 한다. 그러면 어떤 생각을 했을 때의 나를 나라고 할 수 있겠는가. 또한 내가 일상생활 중에 찰나찰나 나투는데 어느 때의 나를 진정한 나라고 할 것인가. 〈비유컨대 나는 아버지가 되었다가 금방 아들이 되고 형님, 동생이 되고, 또 남편이 되었다가 금방 사위가 되고 친구가 되고 한다. 내게는 그런 호칭이 많다. 그 많은 이름 중 어느 이름으로 불릴 때를 나라고 할 것인가.〉

8. 왜 공이라 했겠는가. 우리의 생활을 보면, 오는 대로 받고 버리고 받고 버리면서 돌아가고 있다. 어디서 흘러옴도 어디로 흘러감도 없이 그렇게 돌아가고 있는 것이다. 색은 공에게, 공은 색에게 서로 주고받으며 돌아가고 있는데 예를 들어

내가 어딜 가야겠다고 생각하면 육신은 벌써 옷을 입고 그냥 일어서는 것이 바로 공과 색의 주고받음이라 할 수 있다. 〈내가 무엇을 할 때에 하겠다고 마음 먹은 단계에서는 다른 사람들이 모른다. 그러다가 설계를 하는 단계에 몇몇이 알게 되고 완성하게 되면 모두가 알게 된다. 그러므로 무루에서 유루로, 유루에서 세상으로 나오는 것이 어찌 둘이겠는가.〉

9. 우주 삼천대천세계가 지금 나투며 돌아가고 있는데 왜 공이라 했겠는가. 멀리 볼 것도 없이 가까운 데를 보자. 우리가 하루 24시간 동안 고정된 생각 속에서 고정된 행을 하고 있는가, 아니면 이 사람을 만나면 이런 언행, 저런 대상을 만나면 저런 행동을 하고 있는가. 우리는 24시간 잠시도 고정됨이 없이 경계와 더불어 말하고 생각하고 행동하면서 마치 시계추가 일분일초도 머무름이 없이 움직이듯 가는 줄 모르게 가고 있는 것이다. 그렇게 나투며 화해서 돌아가기에 이렇다 저렇다, 있다 없다 할 것조차 없는 것이니 공이라 한 것이다.

10. 내 몸속에 헤아릴 수 없이 많은 모습들이 있지만 마음이야말로 그보다 더 다양하게, 마치 항하사 모래알처럼 많은 나툼이 있어 끝 간 데가 없다. 그러니 어느 것을 했을 때의 마음을 내 마음이라 하겠는가. 천차만별로 일체 만법이 꼬리에 꼬리를 물고 들고 나는데 어떤 것을 생각했을 때, 어떤 말을 했을 때, 어떤 행을 했을 때 내가 생각했고 말했고 행했다고

하겠는가.

(2-11) 원-5-1-1
원-5-1-2

11. 내 몸이 공했고 사생이 공했고 우주 삼천대천세계가 다 공했다고 하는 것은 멈춰서 공했다는 게 아니다. 심봉이 완벽하게 끼워져서 바퀴가 굴러가듯 하니 공한 것이다. 〈예를 들어 바람이 부는데 어디 끊어진 자리가 보이던가. 폭포수가 내리쏟는데 어디 끊어진 자리가 보이던가. 프로펠러가 돌아가는데 어디 끊어진 자리가 보이던가. 그와 같이 한시도 머무름이 없기에 '공하다' 하는 것이다. 그야말로 있는 것 같으면서도 없고, 없는 것 같으면서도 있는 것이라 할 수 있다.〉

3. 삼세도 공이다

(3-1) 원-4-2-13
원-5-1-17
원-5-1-19

1. 오직 나툼일 뿐이니 시공이 없다고 하는 것이다. 찰나에 수만 가지로 벌어지고 찰나에 수만 가지 행이 나오고 찰나에 나고 죽는데 그 어떤 것으로 나툰 것을 꼬집어서 무엇이라고 세울 수 없으니 시공이란 말조차도 붙지 않는다.

2. 한 찰나도 실은 없는 것이기에 한 찰나라고 한다.

(3-3) 법-3-69
심-1-115
원-6-2-6

3. 삼세 조상이 나와 더불어 같이하고 있다. 모두가 한자리요 한마음이다. 그러므로 세상 법으로는 할아버지가 아버지보

다 먼저 났다고 해야 맞지만 진리의 자리에선 선후가 없다. 근본 자리에서는 먼저 나고 나중 난 사람이 없이 모두가 할아버지요, 모두가 아버지요, 모두가 자손이요, 모두가 나이기 때문이다. 고로 진리의 자리에선 시공이 없다.

행-8-1-8 (3-3)
행-10-2
행-10-2-1

4. 과거는 몽땅 자신의 컴퓨터에 짊어지고 나왔으니 없고 미래는 아직 오지 않았으니 없고 현재는 찰나로 돌아가니까 없다. 고로 삼세가 공했으니 어느 때의 나를 '나'라고 할 수도 없고 어떤 일, 어떤 생각을 할 때의 나를 '나'라고 할 수도 없어 공했다고 하는 것이다. 〈그러므로 우리가 사는 것이 종소리 울린 것과 한가지라고 할 수 있는 것이다. 소리만 났을 뿐 잡을 사이가 없는 것이다.〉

원-7-1-7 (3-4)
원-7-1-8

5. 옛 사람도 따로 없고, 옛 물도 따로 없고, 옛 산도 따로 없다. 삼천 년 전 부처의 마음과 역대 조사들의 마음과 조상의 마음과 나의 마음이 고정되어 있지 않으니 옛 부처의 마음이 내 마음이다. 그대로 묵묵히 작용하면서 생명의 실상은 영원히 살아 있기에 옛것이다, 옛것이 아니다 하는 말이 붙지를 않는다. 사람들이 살다 보니까 이 육체를 기준으로 옛날이다, 지금이다, 조상이다, 자식이다 하고 말들을 해 놓은 것뿐이다.

원-1-2-1 (3-5)
원-6-1-7

6. 옛날이나 지금이나 똑같다. 벌레의 세계든, 짐승의 세계든, 인간의 세계든, 우주든 그 섭리의 살림살이는 똑같다.

(3-7) 원-3-1-6
원-3-1-12
원-3-2-9
원-5-2-2

7. 전생이 현생이다. 현생은 전생과 더불어 지금 같이 살고 있다. 사람들은 "나오기 이전의 본래면목을 찾아라." 하니까 어제의 나를 더듬어 찾는데 어제의 나는 이미 오늘의 나 속에 있으니 오직 오늘이 있을 뿐이다. 작년의 씨가 이미 화하여 오늘의 내 속에 올 씨로 있으니 어디 가서 씨를 찾을 것인가.

8. 오직 오늘만이 계속된다. 오직 오늘만이 있을 뿐이다. 석가모니 부처님께서 오신 그날이 곧 오늘이다. 옛날 부처가 없어진 것도 아니고 또 그 옛날 부처가 있기 이전에 부처가 없었던 것도 아니다. 부처님은 삼천 년 전에도 그러했고 삼천 년 후에도 그러할 것이다.

(3-9) 원-1-2-1

9. 순간이 곧 영원이다. 삼천 년 전 석가모니 부처님의 마음이 지금에도 살아 계신 것이며 우리의 마음 역시 삼천 년 전 석가모니의 마음과 함께 살아 있다. 그래서 과거다 현재다 미래다 하는 모든 것이 바로 영원한 오늘일 뿐이므로 석가가 곧 미륵이며 미륵이 곧 아미타인 것이다. 나투는 모습만이 다르고 나투신 장소만이 다르게 보일 뿐이지 그 근본은 하나이기 때문이다. 그래서 각자의 마음이 곧 미래의 마음이며 내 마음이다.

10. 우리는 하룻밤에도 몇 차례씩 시공 없는 세계에 머물러 있다가 아침에 눈을 뜨면 바로 시간을 따지며 살아간다. 따질 필요 없는 것인데 왜 따져야 하느냐? 여러 생명들이 천차만별

로 살아가니까 그렇게 하지 않을 수 없어 시간 정하고 날짜 정하고 햇수 정해 놓은 것뿐이다.

제6장 마음의 도리

1. 만법의 근본

(1-1) 원-1-5-5
원-2-1-1
원-2-1-9
원-2-2-12
원-8-3-2
원-8-3-4

1. 천지의 근본이 마음이요, 태양의 근본이 마음이요 인간이 일체 만법을 운영하고 행하는 것도 마음이 근본이다. 마음이야말로 선악을 초월해서 모든 것을 만드는 전지전능한 창조자이다.

(1-2) 원-3-1-7

2. 이 우주의 근본도 인간 마음이요 태양의 근본도 마음이요 세상의 근본도 마음이다. 마음의 씨가 아니라면 어느 것 하나도 형성시키지 못했을 것이다. 〈고로 이 마음을 깨쳐 알 때에 삼세에 공한 마음이 탁 터지게 된다. 그래서 과거도 알고 미래도 알 수 있는 것이다.〉

(1-3) 원-5-2-5
행-3-4-1
행-4-1-2
행-4-1-6
행-7-1-2

3. 마음이 있음으로써 태양도 형성되었고 지구도 형성되었고 우리 몸도 형성되었다. 그렇게 만들어 놓고 지구 안에다, 육신 안에다 마음으로 또 갖가지로 정원을 꾸며 놓은 것이다.

그러기에 이 세상 이치가 그대로 팔만대장경이요 진리라 하는 것이다. 그러기에 변화무쌍한 현실 속에 영원한 참모습이 있다고 하는 것이다. 그러하기에 생활을 떠나서는 진리를 찾아낼 수 없다고 하는 것이다. 〈사생의 모습, 자기 자신의 울고 웃는 생활 속에서 자기 자신이 실체로서 있는지를 자세히 살펴보라.〉

행-7-2-1 (1-3)
행-9-1-3
생-1-2-8

4. 모든 것은 마음이라는 바탕 위에 세워져 있다. 마음이 없다고 하면 하나님도 부처님도 없고, 마음이 없다고 하면 기쁨도 슬픔도 행복도 불행도 없다. 천국도 지옥도 다 마음이 있은 뒤에야 있는 것이다. 하나님이 있다, 부처님이 있다, 천국이 있다, 지옥이 있다 하는 것은 있느니 없느니 하기에 앞서 마음이 스스로 그러한 것들을 불러들인 결과이다. 〈문제는 있느냐 없느냐가 아니라 마음이 무엇에 묶여 있느냐 하는 것을 알아 그로부터 자유로워지는 데 있다.〉

원-6-4-5 (1-4)
원-7-3-22
행-1-5-7
행-3-5-11
생-4-7

5. 우주 삼라대천세계에 마음이 두루 하고 있으니 진수성찬이 마음에 있다. 천당도 지옥도 다 마음자리에 있다. 창조주다, 하나님이다, 신이다, 부처님이다, 보살이다 하는 이 모두가 다 마음 안에 갖춰져 있다. 마음이야말로 선악을 초월해서 모든 것을 가능케 하는 전지전능한 창조주인 것이다.

6. 마음으로부터 만 가지 법을 내놓을 수도 있고 들일 수도

원-5-1-11 (1-6)

있다. 마음으로부터 만 가지 모습을 할 수도 있고 거둘 수도 있다. 또 마음으로부터 내가 만 가지 사람이 될 수도 있고 만 가지 사람이 나 하나가 될 수도 있다.

7. 삼천대천세계와 삼계가 마음의 근본에 하나로 통하였으니 일체가 공체요 공생·공용·공식 하는 것이다. 마음은 수천 수만 리 밖이라도 어디든 걸림 없이 넘나들 수 있으니 우주 만물은 모두가 한 정원에 오손도손 모여 사는 것과 같다.

8. 앞뒤 없는 피리 소리가 우주 삼천대천세계에 두루 하면서 요리를 하고 있다.

2. 마음의 정체

(2-1) 수-3-63
법-3-53
심-1-25
원-2-4
원-3-6-6
원-5-1-11
원-6-3-5
원-6-3-6
원-6-4-16
원-9-1-8
원-9-1-11
행-3-5-6
행-11-3-9
행-11-3-18
예-8
예-92

1. 마음은 체가 없어서 못 미치는 곳이 없다. 아무리 깊은 곳 높은 곳이라도 못 갈 일이 없고 아무리 넓은 곳 좁은 곳이라도 들어서지 못할 일이 없다. 은산 철벽이라도 뚫지 못해 못 간다고 할 일이 없다. 다른 혹성이라 해서 멀다 할 것도 없다. 〈그러하기에 마음 도리만 알면 무궁무진한 자재권이 절로 갖춰진다.〉

2. 마음의 향기는 막을 수도 없고 더럽힐 수도 없다. 그것은

또 빛보다 빠르다. 그것이 도달하지 못하는 곳은 없다. 마음은 우주 전체를 감싸고도 남는다고 말할 수 있다. 마음은 무한대이다. 체가 없으므로 지붕도 없고 벽도 없으며 천지를 탐험해도 손색이 없다. 그런데 그런 마음의 향기는 모든 생명이 자기의 근본으로 이미 다 갖추고 있다. 그러므로 부처님께서는 이 도리를 알면 그대로 삼십이상이 구족하고 삼십이응신으로서 천백억 화신으로 나툰다고 하신 것이다.

3. 마음이란 눈에 보이는 세계든, 보이지 않는 세계든 도달하지 못하는 곳이 없다. 또 지상의 일이든, 천상의 일이든 하지 못하는 것이 없다. 마음의 향기는 모든 생명이 자기의 근본으로 다 갖추고 있지만 그것을 밝혀 쓰는 대장부와, 그것을 모른 채 어둠 속을 헤매는 미혹한 사람이 있을 뿐이다.

4. 저 태양은 굽은 구멍 속을 비출 수 없지만 인간의 마음은 아무리 깊은 물속이나 땅속, 깊은 구멍 속이라도 비춰 줄 수가 있고 둘 아니게 통신이 된다. 마음에는 길이 없고 문이 없고 구멍이 따로 없다. 마음에서 탁 트려면 트이고 오므리려면 오므려지고 열려면 열리고 막으려면 막히고, 그야말로 마음대로인 것이다. 이리 가도 문이요 저리 가도 문이고, 이리 가도 길이요 저리 가도 길이니 그대로가 왕래요, 그대로가 도량이요, 그대로 한자리인 것이다.

법-3-30 (2-4)
행-3-1-10
행-9-3-11

5. 마음이란 죽는 것도 없고 사는 것도 없다. 불 속에 들어가도 뜨거운 게 없고 물 속에 들어가도 빠져 죽는 게 없다. 차고 더운 것이 없다.

6. 마음이란 또 시공을 초월해서 본래로 있는 것이라 있다 없다 하는 의론은 중생들이 벌이는 소동일 뿐이다.

7. 마음이란 어디든 갈 수 있다. 사방에 일체의 걸림이 없다. 그럼에도 사람들은 그토록 위대한 것을 생각조차 하지 못하고 항상 가난한 마음으로 살아가고 있다.

(2-8) 수-3-68
수-3-69
수-3-82
심-1-24
심-1-28

8. 마음은 본래 신령해서 오고 감이 없이 오고 간다. 비유하자면 미국이라 할지라도 문지방 밖이요 저승이라 할지라도 문지방 너머이다. 그러나 말로 하자니 문 밖이라 할 뿐 안도 바깥도 없으니 그냥 이 자리가 바로 오고 감이 없는 자리인 것이다. 세계뿐 아니라 태양계, 이 우주가 동네 집이다.

(2-9) 원-2-4-11
원-6-3
원-6-3-13
원-6-4-17
원-7-1-7

9. 마음은 언제나 충만하여 마치 허공 중의 태양 빛처럼 항상 비출 수 있고 마음은 언제나 여여하고 원만하여 안으로나 밖으로나 그 능력이 끝 간 데 없다. 그것은 어느 누구도 꺾지 못할 것이요 파괴시킬 수도 없다. 일체 신이 다 있다 하더라도, 또는 부처님이 이 자리에 계신다 할지라도 내 마음의 근본은 파괴시킬 수 없다. 또 태양이 아무리 찬란하고 우주가 아무

리 광대무변하다 할지라도 내 마음의 빛만은 못할 것이며 내 마음의 능력만은 못할 것이다.

10. 눈 깜짝할 새에 혹성을 징검다리처럼 디디고 다닐 수 있고 눈 깜짝할 사이에 우주 전체를 알 수 있는 게 마음이다. 그러하기에 광대무변하다는 말이 오히려 군더더기인 셈이다.

11. 한 발짝 떼어 놓는 것이 바로 다른 별나라에 갈 수 있는 한 발짝이 될 수 있다. 마음은 빛보다 더 빠르다.

12. 마음의 촛불은 아무리 뇌성벽력이 치고 비바람이 불어도 꺼지지 않는다. 마음의 촛불, 마음의 향, 마음의 염주, 마음의 손이 제일이다.

13. 마음은 허공이다. 그러나 도리를 안다면 허공이라는 소리마저도 걸림이다.

14. 마음에는 벽도 없고 천장도 없어서 서로 합치면 그대로 하나가 된다. 만약 어떤 두 사람이 한마음이 되어 종일 이야기를 한다면 거기엔 너와 내가 없어 둘이 하나가 된 것인데 더 깊이 들어간다면 그 하나마저도 없게 된다. 마음에는 구멍이 없어도 구멍이 나 있다. 반면 구멍이 났어도 구멍이 안 난 것이기도 하다.

법-2-105 (2-10)
심-1-5
심-1-18
심-1-19
심-1-20
심-1-21
심-1-40
심-1-49
행-3-3-15
행-4-4-5
행-4-10-7
행-5-3-1
행-9-2-10
행-11-5-13
생-1-1-10
생-1-1-14
생-2-1-6
생-4-1-3
생-4-8-4

(2-15) 원-6-4
활-1-1
활-1-2

15. 마음은 하나라고 할 것이나 마음내는 것은 수억, 아니 이 우주 삼천대천세계에 꽉 찰 만큼 많다고 할 수 있다. 그렇기에 내가 어느 누구라도 될 수 있고 어느 누구도 내가 될 수 있다. 뱀도 내가 될 수 있고 개구리도 내가 될 수 있고 새도 내가 될 수 있고 대통령도 내가 될 수 있다.

16. 마음 도리란 스스로 물이 흐르듯 어디에고 손색없이 상응하는 것이니 시대 상황에 따라 사람으로서 살아가는 도리나 우주적으로나 차별이 없다. 얕은 데서도 똑같고 높은 데서도 똑같고, 아주 적은 데서도 똑같고 많은 데서도 똑같고, 없는 데서도 똑같고 있는 데서도 똑같아질 때 아주 다양하면서도 평등하다고 할 수 있다.

17. 마음은 색채도 없고 형체도 없고 위치도 없고 시작과 끝도 없다. 마음은 이런 것이다, 저런 것이다라고 말할 수도 없고 안에 있다, 밖에 있다라고도 말할 수 없다. 마음은 분리될 수도 없고 어디에 흡수되거나 파괴될 수도 없다. 시간도 초월하고 공간도 초월하고 모든 것을 초월한다.

3. 마음의 묘용

(3-1) 법-2-62

1. 마음 근본의 자가 발전소는 원자력 발전소라 할 수 있다.

아니 태양보다 더한 빛으로 충만해 있다고 할 수 있다. 용도에
따라서 무한으로 쓸 수 있다. 빛으로 쓰려면 빛으로 나가고 능
력으로 쓰려면 능력으로 나간다. 안팎으로 여여하게 해 나갈
수 있는 능력이 충만해 있다. 〈누구에게나 그런 원력이 주어져
있으니 이것은 부처님 법이기 이전에 우리의 법이기에 부처님
께서 그렇게 말씀하신 것이다.〉

법-2-99 (3-1)
법-3-47
법-3-67
법-4-3
심-1-17
원-6-5-5
행-3-5-2
행-3-5-3
행-3-5-8
행-9-1-10
행-9-1-15
행-9-1-20
활-2-3
활-2-3-3

2. 각자 마음의 능력이라는 것은 이 세상을 다 주고도 바꿀
수 없는 보배이다. 스스로 마음을 계발해서 자기와 자기가 계
합함으로써 무한 능력이 있음을 안다면 일체의 사생을 보살로
화하게 할 수도 있고, 나는 미사일도 떨어뜨릴 수 있다. 그럼
에도 많은 사람들은 마음의 능력을 믿지 못하여 '어떻게 해야
하나.' 하고 우왕좌왕하거나 회의감에 빠지곤 한다.

법-2-51 (3-2)
법-3-59
심-1-36
심-1-82
원-1-5-8
원-2-4-3
원-2-4-11
행-1-3-3
행-1-4
행-1-4-2
행-1-4-6
활-3-1-1

3. 마음 하나로 우주를 조절하고 세상을 조절하고, 세계 평
화, 남북 통일, 당면한 수많은 문제들을 조절할 수 있다. 정치
가나 과학자들에게 마음의 등불을 켜 주어 나라의 문제들, 인
류의 문제들이 아주 이익 되게 돌아가도록 조절할 수도 있고
새로운 역사를 엮어 나가게 할 수도 있다. 대자연의 문제도 해
결할 수 있고, 지구의 수명, 인류의 장래도 마음으로 좌우할
수 있다. 우주 법계가 모두 한마음인 때문이다.

법-2-96 (3-3)
법-2-112
심-1-158
원-9-1-6
원-9-1-8
생-4-10
활-2-3-7
활-2-3-8

4. 깊고 간절한 마음은 미치지 못하는 곳이 없다. 그것이야

행-3-5 (3-4)

말로 참된 에너지이다. 진화를 낳고 세상을 개선케 할 에너지이다. 그러나 믿지 않기 때문에 그런 에너지를 활용하지 못하고, 그러기에 현실로 발로가 되질 않아 실감하지 못하는 것이다.

(3-5) 수-3-63
　　　수-4-33
　　　심-1-25
　　　심-1-44
　　　원-2-4
　　　원-2-4-2
　　　원-2-4-6
　　　원-2-4-7
　　　원-2-4-11
　　　원-2-4-12
　　　원-6-2-1
　　　원-6-4-16
　　　원-6-4-25
　　　원-9-1-8
　　　원-9-1-11
　　　원-7-2-12
　　　행-3-5-6
　　　행-11-3-9
　　　행-11-3-18

5. 마음은 자력·광력·전기력·통신력을 다 갖추고 있다. 무한의 능력을 가졌기에 자력으로 끌어오기도 하고 통신력으로 통하기도 하고 자재롭게 주고받을 수 있는 것이다. 그러므로 나를 내세움이 없는 가운데 아주 역력하게, 당당하게 두루 할 수 있는 것이다. 하고 싶으면 하고, 안 하고 싶으면 안 하고, 하느니 못하느니에도 끄달리지 않는다. 그러므로 우리는 그대로 내 근본에서 빛보다 더 **빠른** 종합된 에너지가 나와서 법계에 두루 통하고 있음을 알면 된다. 그냥 컴퓨터의 키보드 누르듯이 자재롭게 하면 되는 것이다.

(3-6) 심-1-20
　　　심-1-24

6. 누구든지 자재롭게 살 수 있는 능력을 소유하고 있다. 따라서 마음공부를 하게 되면 우주 삼천대천세계를 다 볼 수 있고 상대의 속을 알 수 있고 오고 가는 도리를 알 수 있다. 나아가 만 가지로 나투며 조절할 수가 있다. 〈사대로 뭉쳤기 때문에 광력·전력·자력·통신력의 재료를 다 갖추었고 따라서 오신통도 갖고 있다.〉

(3-7) 수-3-69
　　　심-1-17
　　　원-3-4-8

7. 레이더망이 위에 있고 그 기둥 밑에 컴퓨터, 천체 망원경, 천체 무전통신기, 탐지기, 팩시밀리가 붙어 있다. 기둥은

제6장 마음의 도리 419

움직이지 않은 채 능력만 지니고 있고 나머지는 돌아간다. 각각 누진통, 숙명통, 천안통, 천이통, 타심통, 신족통을 이름이다. 돌아가는 까닭은 사대가 받치고 있기 때문이다. 일체의 모든 것은 지수화풍으로 되지 않은 게 없다. 사대가 뭉쳐 있음으로써 이차적으로 전력·자력·통신력·광력이 대두된다. 움직이는 이치가 마치 사장의 지시에 따라 직원들이 움직이며 물건을 만들고 사업을 운영해 가는 것과 같다. 마음을 내면 자동적으로 현실화할 수 있도록 재료를 갖추고 있는 것이다.

원-3-5-4 (3-7)
행-11-6-1
행-11-6-2
활-2-3
활-2-3-2

8. 에너지와 질량이 둘이 아니기에 우리는 천차만별로 되어 있는 법을 그대로 응용할 수 있는 능력, 원심력을 갖고 있다. 〈우리는 오관을 통해 연방 들이고 내고, 내고 들이면서 세상 살림살이를 보고 듣고 냄새 맡고 맛보고 느끼는데, 그렇게 하는 순간 즉각적으로 인식을 하고 있지 않은가. 그런 작용을 종합해서 가진 것이 인간이거늘 어찌 실상을 바로 보지 못할 것인가.〉

9. 중생은 중생이로되 빛이 있다면 남도 충전시킬 수 있고 자신도 언제 어느 때나 용량에 따라 충전해서 쓸 수 있다. 그렇게 마음대로 할 수 있는 능력을 누구나 다 지니고 있다.

10. 물 한 바가지 퍼 올리면 고작 한 바가지의 물일 뿐이다. 그러나 바다로 뛰어들어 보라. 전체가 물이니 그 힘이 가히 얼

원-2-1-14 (3-10)
원-2-1-18
원-4-1-6

마이겠는가. 내 마음 네 마음으로 나누는 좁은 소견을 버리고 한마음 속으로 뛰어들라. 내 마음이 그대로 한마음이니 그 능력이 광대무변하다. 〈고로 만일 어디가 아프다 하면 전체가 합쳐져서 의사가 되어 줄 것이다.〉

(3-11) 수-4-43
법-1-31
법-2-114
심-1-91
생-4-3-7
예-62

11. 어느 것 하나 이심전심으로 말 안 듣고 말 안 하는 게 없다. 그러하기에 우리가 부처님을 상징으로 모시고 한자리에 앉았을 때 모두 부처님에게로 합쳐지기도 하고 부처님이 내게로 합쳐지기도 한다. 또 모셔 놓은 영가의 위패를 내 마음에서 둘 아니게 한마음으로 돌린다면 영단을 치워 버릴 수도 있고, 목신·지신을 둘 아닌 마음에다 넣는다면 나무를 자르거나 산을 헐어 내도 아무 일이 없게 된다. 이러한 도리는 예를 들어 기계에도 통하니 내 마음을 기계로 합쳐 주면 나도 기계가 될 것이고, 기계를 내 마음으로 한데 합쳐 둘 아니라고 볼 때는 둘이 아닌 까닭에 무난히 작업이 잘될 것이다.

12. 우주 정거장을 세운다, 미사일을 띄운다 할 때에 물질이 그렇게 움직인 게 아니라 마음이 거기에 종합했기에 가능한 것이다. 새가 나는 것도 마음이 있기에 난다. 꽃도 마음이 있기에 피고 바람도 마음이 있기에 솔솔 분다. 일체 만물의 근원을 알면 마음으로 상응하고 감응할 수 있다. 〈고로 이 천지가 다 손 안에 들어 있다고 말할 수 있는 것이다.〉

13. 죽은 사람 산 사람, 유생 무생이 둘이 아니고 풀 한 포기에도 불성이 있으니 이를 응용하기에 따라서는 하나가 만이 될 수 있고 만이 하나로 될 수도 있다. 그러므로 오백이 일천을 당적하고 오만이 십만을 상대할 수 있는 이치가 있다. 마음의 손자병법인 것이다.

14. 기적이란 없다. 모든 중생이 본래로 전지전능한 능력을 다 갖추고 있다. 몰라서 못하고 몰라서 못 쓸 뿐이지 기적이 따로 있는 게 아니다. 병이 고쳐지고 안되던 일이 좀 이루어졌다 해서 능력을 받았다, 기적이 일어났다고 하지 말라. 좁은 소견에 불과하다. 기적은 없다. 모든 생명에게는 완전성이 있으므로 오히려 기적이 당연한 것이요, 유한하게 산다는 것이 오히려 기이한 것이다. 기적은 없다. 오히려 자유자재하지 못하는 중생이 대다수이기에 기적이 특별하게 보일 뿐인 것이다. 〈꽃이 피어 아름다우니 기적이요, 새가 지저귀니 기적이다.〉

법-3-29 (3-14)
법-3-46

15. 전체 생명들을 다 합쳐서 꽃꽂이를 해 놓는다면 어떻게 될까. 우리가 꽃꽂이를 할 때 이 꽃 저 꽃을 마음대로 골라 꽂듯이 천차만별로 되어 있는 마음의 꽃들을 한데 모아 한번 꽃꽂이를 해 보자.

4. 마음 쓰는 도리

(4-1) 원-6-5-1
원-7-3-4
원-8-1-3
원-8-1-8
원-8-2-4
원-8-2-5
원-8-2-6
원-8-2-10
원-8-3-1
원-8-3-2
원-8-3-4
원-9-2-7
행-1-2-1
행-9-3-4

1. 모든 존재는 마음의 차원대로 그 수준에서 각각 살아가게 마련이다. 아이들이 어른의 세계를 이해하지 못하듯이 같은 중생 간에도 더 높은 차원에서 사는 사람의 뜻을 낮은 차원에서 사는 사람들은 알지 못한다. 마찬가지로 중생은 보살의 세계를 이해하지 못한다.

2. 마음으로 사람이 지옥고에 떨어지기도 하고 바로 승천하기도 한다. 마음 한 번 잘못 쓰는 데서 바로 구덩이에 빠질 수도 있고 구덩이에서 나올 수도 있다. 그러나 중생들은 마음 씀씀이 하나하나가 얼마나 중요한지를 모르고 산다. 천상의 복, 지옥의 죄가 다 한생각에 의해 좌우된다.

(4-3) 행-5-2-1
행-5-2-5
행-5-2-7
행-5-2-8
행-5-3-3
행-5-3-10
행-5-4-9
행-5-4-12

3. 사람의 마음에는 수천만 가지의 층하가 있다. 그런데 사실 그 층하란 무엇이겠는가. 그것이 곧 관념이다. 자기의 생각 여하에 따라 마음의 차원이 달라지므로 한생각이 참으로 중요하고 중요한 것이다.

4. 중요한 것은 말할 나위도 없이 마음이다. 육신이 죽어도 죽어질 수 없는 마음, 자기가 지은 행위로부터는 그 어디로도 도망칠 수 없는 마음, 그래서 마침내 깨달을 때에 가서야 해탈이 되는 이 마음의 진화만이 가장 소중한 단 한 가지 일이다.

목숨과 바꾸어도 아깝지 않을 만큼 소중한 것이다. 〈그럼에도 거꾸로 마음을 타락시키느라 애쓰는 사람들이 많다.〉

5. 모든 고통과 기쁨은 마음에 있다. 중요한 것은 사실이 아니라 마음이다. 예를 들어 행복이란 잘나고 못나고에서 비롯되는 게 아니라 잘났다고 생각하거나 못났다고 생각하는 마음에 달려 있다. 잘나려고 하기보다는 그 잘나려고 하는 마음까지 내려놓고 푹 쉬어 보라. 참된 행복이란 잘난 기쁨 그 이상의 것이다. 양면을 초월한 중도의 기쁨이 참다운 기쁨이다.

원-6-1-4 (4-5)
원-7-3-22
행-1-5-7
행-3-5-11
생-4-7

6. 부처님 법에서는 현실 세계와 이상 세계가 둘이 아니다. 사바가 즉 정토요 번뇌가 즉 보리인 것이다. 내 마음이 청정하면 이 세상이 그대로 불국토인 것이며 번뇌와 보리를 둘로 보지 않고 그 실상을 직시하고 나면 본래로 번뇌가 없는 영원한 실상에 안주케 되는 것이다.

7. 마음 도리를 알면 모든 게 화평하게 돌아간다. 신체적으로는 누구나 다 자기를 이끌어 갈 능력이 있음을 발견하게 되니 그렇고, 가정적으로는 주인공의 발현으로 에너지가 조화를 이루게 되니 그렇고, 사회적이나 정치적으로는 질서와 조화 속에 앉은 방석을 지키는 이치가 밝게 이끌어지니 그렇다.

8. 부처는 어디 있으며 보살은 어디 있느냐 하는데 자기 마

수-3-62 (4-8)

음 가운데 있으니, 요술 주머니 속에서 오색 보물을 꺼내듯이 자기가 마음 쓴 대로 보살로도 나와서 자기를 친견하고, 부처로도 나와서 친견한다. 또 신장으로 나와 친견하기도 하고 마구니로 나와 친견하기도 한다.

9. 바로 지금의 내 모습이나 꿈에 보는 모습이나, 또는 부처님의 모습이나 관세음보살의 모습, 기도 중에 나타나 보이는 보살의 모습 등이 모두 자기가 화해서 나타나는 모습인 것이니 바로 자기가 생각 내는 그 마음자리에서 나타난 것이다.

또 사람이 산신이 있다고 생각하면 산신이 있는 것이고 신장이 있다, 용신이 있다고 하면 신장과 용신이 있는 것이다. 그러므로 "그대가 귀신 짓을 하면 귀신이 있고 귀신 짓을 안 하면 귀신이 없다."라고 말하는 것이다.

10. 마음이 앞에 가면 그 어떤 보화라도 뒤를 따른다.

11. 마음은 중생계인 이 육신, 즉 수없이 많은 생명과 오대양 육대주를 가지고 있는 그 세계를 형성하고 주재하는 주인이다. 모든 중생들을 이끌고 가는 선장이다. 따라서 선장이 마음 쓰는 대로 오장 육부의 중생들도 거기에 따르고 있다. 선장이 '죽겠다'고 하면 몸속의 생명체들도 '죽겠다'고 응하게 된다.

12. 우리 인간들도 삐뚤어진 사람, 똑바른 사람, 높게 올라

간 사람, 땅에 붙어 자라지 못하는 사람, 옆으로 누운 사람, 가지각색의 사람들이 허다하다. 모습은 그렇지 않은데 마음이 그래서 행동도 삶도 그렇게 돌아가는 사람이 많다.

13. 만약 군대의 장수가 지혜롭고 강하다면 그 부하들도 역시 강하고 지혜로워 외부의 적을 잘 막아 낼 수 있듯이, 자기의 마음이 금강과 같다면 자연히 육신을 구성하는 각 세포의 마음도 금강과 같아지므로 육신은 항상 빛을 발하게 되고 외부의 적들도 침범할 수 없게 된다. 이러한 이치는 육신에만 국한된 것이 아니라 한 국가, 이 지구나 우주에도 해당된다.

14. 자기 한 주먹 안에 오온이 들어 있고 십선이 들어 있고 팔정도가 들어 있다.

15. 마음이 항상 봄이라야 한다. 봄이라야 저 산천초목이 생동력 있게 푸르듯 마음이 항상 청새처럼 푸르면서 지혜로워, 강물이 도도히 흐르듯이 그렇게 당당하게, 삶의 보람을 느끼며 살 수 있다.

행-4-1-1 (4-15)
생-2-2-2

16. 마음에 모든 게 충족하게 있으니 마음내는 것도 자유고, 불을 켜는 것도 자유고, 끄는 것도 자유고, 같이 돌아가는 것도 자유다.

원-6-3-5 (4-16)
원-7-2-12
행-3-5-6
행-11-3-9
행-11-3-18

(4-17) 원-2-3-7   17. 마음이 육신을 끌고 다니는 것이니 마음과 몸은 마치 장갑을 낀 손과 같다. 고로 몸뚱이 탓을 하지 말라. 소가 달구지를 끌고 가는데 소는 놓아 두고 달구지를 친다 해서 소가 가겠는가. 〈그러므로 소의 능력을 믿어 마음자리에 모든 것을 놓아라. 몸은 마음의 시자일 뿐이다. 마음으로써 위로는 일체 제불과 일체 조상을, 아래로는 자손들과 수억의 중생들을 계합해서 주인공 자리로 돌려놓으라. 그래야 조상의 업도 녹고 자식의 업도 녹는다.〉

18. 육신을 아무리 씻어 본들, 먹을 것 못 먹을 것을 아무리 가려 본들 마음보다 더 깨끗하겠는가.

19. 바람이 불면 풍차가 돌듯이 마음이 일어나면 몸이 따른다.

20. 오직 마음이 아니고는 온갖 금은보화로도 부처님의 눈짓 한 번 훔쳐 낼 수 없다.

(4-21) 원-9-2-16   21. 이 지구에 사는 중생들은 이 지구대로의 생각이 꽉 박혀서 지구식으로 생각하게 된다. 예를 들어 지구식이라면, '공기가 있어야 산다, 물이나 불 속에 들어가면 어떻게 된다' 하는 생각에 묶여 있는데 보다 넓고 높은 의식 차원에 다다른 사람들은 다른 혹성, 다른 세계에 지구와 전혀 다른 삶의 방식이

있음을 알게 된다.

22. 굼벵이나 구더기들도 그들의 세계 안에서 나름대로의 보람과 즐거움을 느끼고 산다. 그리고 그것이 전부인 줄로만 알고 있다. 그런 사정은 인간의 경우에도 마찬가지이다.

23. 기어 다니는 벌레들은 땅 넓은 줄만 알았지 하늘 높은 줄은 모른다. 마찬가지로 인간은 이 지구 안에서만 살아 지구 방식의 습에 젖어 거기에 착을 둘 줄만 알았지, 지구를 벗어나 우주로 나가 지구를 볼 줄은 모른다. 또 이 중세계에서 체를 갖고 살기 때문에 체가 못 살면 생명도 못 사는 줄만 알았지 체가 못 살아도 생명이 사는 줄은 모른다. 그러기에 마음을 떠나서는 공부랄 게 하나도 없다고 하는 것이다.

심-1-37 (4-23)
원-6-4-1

24. 만약 사람의 마음이 차원에 따라서 즉시즉시 그림처럼 나타나거나 텔레비전 화면의 겉모습으로 비춰질 수 있다면 참으로 볼 만할 것이다. 아마도 그렇게 된다면 비슷비슷한 육신의 조건과는 달리 마음의 무게에 엄청난 차이가 난다는 사실에 많은 사람들이 놀라 자빠질 것이다.

25. 우리의 마음은 찰나찰나 바뀌면서 자동적으로 돌아간다. 어디에 뭉쳐 있거나 매여 있는 게 아니라 자유자재할 수 있는 여건을 가진 자동기이다. 과거의 습 때문에 얽매여서 쩔

수-3-28 (4-25)
수-3-29
수-3-42

쩔매고 있으나 본래는 어디나 걸림 없이 통과할 수 있다. 비유하건대 주장자 하나 들고 거기에 동그란 마음의 고리 하나 달면 어디에고 그대로 통과 통과 할 수 있다.

26. 이 세상에 안전한 피난처란 없다. 다만 마음이 바르면 그보다 더 좋은 피난처가 없는 것이다.

(4-27) 원-6-1-4
원-8-1-7
원-8-1-8
생-4-1-5

27. 마음에서 불이 치밀면 그것이 그대로 화탕 지옥이라 천당도 지옥도 마음자리에 있다. 집착하는 마음을 탁 놓았을 때가 바로 보살의 마음이요 부처의 마음이다.

(4-28) 원-3-3-4
원-3-3-5
원-3-3-7
원-6-5-2
원-6-5-3
원-6-5-4
행-3-4-24
행-5-2-14
행-5-3-16
행-8-2-2

28. 무명이 달리 무명이 아니다. 도리를 모르니까 무명이다. 무명도 내 마음에서 나오는 것이고, 무명이 붙지 않는 것도 내 마음에서 나오는 것이다.

29. 인간 세계에서 큰 파탄이 일어나고, 어느 때는 굶어 죽고, 싸워서 죽고, 화산이 터져서 죽고 하는 것은 보이지 않는 마음의 세계에서 싸움이 일어난 까닭이다.

30. 오랑캐를 물리치려면 장성을 두터이 쌓아야 하겠지만 생각이 좁고 마음이 어두운 것은 그렇게 해서 치료가 되지 않으니 실은 좁고 어두운 생각이 가장 두려운 오랑캐요 적인 것이다.

31. 마음이 밝으면 밝은 것일 뿐 운명 때문이 아니다. 마음이 어두우면 어두울 뿐 팔자 때문이 아니다. 부처님 법에는 팔자 운명이란 없다. 삼재니 팔난이니 하는 것도 없다. 부처님 법은 시원한 법이다.

심-1-110 (4-31)
심-1-133
원-7-3-7

32. 수억겁을 거쳐 오면서 끄달리고 메말라진 그 마음, 가난한 마음에서 가난한 살림살이를 해 나가고 있으니 무슨 풍족한 샘물이 솟겠는가. 그러나 가난한 중에도 샘물이 있는 것을 앎으로써 그 가난은 무너지고 풍부한 대진리를 깨달을 수 있는 것이다.

행-3-3-5 (4-32)

33. 낮아질수록 넓어진다. 마음도 그와 같아서 나를 낮추어 남을 더 생각하면 넓어져 더욱 향기로워진다. 실제로 그렇게 해 보면 흐뭇하고 기쁘고 보람된 것임을 알게 된다.

34. 우리가 천야만야한 낭떠러지 길에 우뚝 서 있다면 오금이 저려 한 발짝도 떼어 놓을 수가 없겠지만 평전에 서 있다면 아주 활보할 것이다. 바로 마음이다.

35. 원효 대사가 해골 속의 물을 마셨을 때 보지 못하고 시원하게 마신 게 옳은가, 보고 나서 구역질한 게 옳은가.

예-40 (4-35)

36. 마음이 흔들리니까 "깃발이 움직인다.", "아니다. 바람

이 분다." 하면서 서로 다투었다. 깃발도 공하고 바람도 공하고 마음마저 공했으니 그 자리가 무슨 자리인가.

5. 물들지 않는 마음

(5-1) 원-2-5-13
원-3-3-7
원-6-4-28
원-6-5-8
행-11-4-7

1. 마음속에 마음이 있다. 본래로 청정하여 물들지 않고 여여한 근본의 마음이 있는가 하면, 그러한 것이 있는 줄조차 모르고 생멸하는 번뇌 망상을 나의 마음인 줄로 알아 생사윤회의 근본 인이 되는 그런 마음이 있다. 그러나 이치가 그렇더라도 그것은 둘이 아니다. 본래로 마음이란 생겨나지도 없어지지도 않는 것이면서 현재 의식 가운데 여러 가지 생각으로 말미암아 차원이 갖가지로 달라지는 것일 뿐이다. 그러므로 마음 안에서 마음을 찾을 일이다.

2. 마음은 그 본성이 거울과 같아서 맑고 깨끗하다. 맑은 거울에 형상이 비칠 때 거울은 낱낱이 역력하게 응하다가 형상이 사라지면 아무 흔적도 남기지 않듯이 마음 역시 낱낱이 응하면서도 어떤 파문, 어떤 얼룩도 남기지 않는다. 다만 마음의 본성이 그러한 줄 모른 채 거울 위에다 여러 가지로 그림을 그려놓고 덧칠을 해서 중생들이 스스로 어려움을 겪는 것이다. 그러므로 가장 자연스러운 우리의 본성으로 되돌아가면 실상은 여여하게 절로 드러날 것이다.

3. 중생의 마음이라도 그 바탕은 아무런 더러움에도 물들지 않아서 밝아 있다. 예를 들어 아무리 때가 낀 거울이라 해도 바탕만은 오염되지 않은 것과 같다. 거울이 때만 닦아 내면 다시 밝듯이 본바탕의 성품도 밝고 맑다. 그러므로 중생의 마음이 아무리 탐진치에 물들고 온갖 죄업에 찌들어 있다 해도 본래의 자성불, 주인공은 청정하다. 실은 본래로 물들지 아니하므로 청정하다, 청정하지 않다고 말할 것도 없다.

수-1-66 (5-3)
수-3-47
심-1-70
원-6-5-11

4. 먹구름이 아무리 짙다 해도 하늘을 더럽힐 수 없듯이 나쁜 마음도 본성을 더럽힐 수는 없다. 먹구름이 아무리 두텁다 해도 걷히는 때가 있게 마련이고 그때에 보면 하늘은 구름 끼기 전과 다름없이 맑고 높다. 또 먹구름이 끼어 비를 퍼붓고 있을 때라도 하늘은 가리어져 있을 뿐 구름 뒤에서 맑고 푸른 채로 있다. 그와 같이 무명이 아무리 두텁다 해도 참마음은 물들지 않고 맑고 밝은 채로 있다.

원-3-3-4 (5-4)
원-3-3-5
원-3-3-7
원-6-4-28
행-3-4-24
행-5-2-14
행-5-3-16
행-8-2-2

5. 마치 텅 비어서 중심점이 사라진 빈 통 같은 거기에서 마음의 미묘한 작용이 일어난다. 텅 비었기에 헤아릴 수도, 묘사할 수도 없고 너, 나를 초월한다.

6. 잠재의식과 현재 의식이 둘이 아니다. 이를 불교적 표현으로는 불과 법이 둘이 아니고 마음과 몸이 둘이 아니라 그대로 불법승이라 하는 것이다.

원-3-3-8 (5-6)
원-3-5-3
활-1-1-18

(5-7) 원-7-1-7

7. 식(識)이라고 하는 것은 사물을 인식하는 주체로서 흔히 마음이라고 하는 것인데 5식이 경계를 비추면 6식이 분별하여 알고 7식이 그것을 '나'로 인식하여 8식을 요동케 한다. 그러나 이는 한편으로 모든 경계가 마음에서 비롯된 것임을 알지 못한 말이니 8식이 공하므로 9해탈이 되는 것이다. 그런데 해탈마저도 증득함이 없을 때 그 경지를 구경 열반이라 한다.

(5-8) 수-1-31
수-3-61
원-6-5-1

8. 자기 마음 가운데 마음이 또 있으니 마음과 마음 아닌 마음이 상봉을 해야 한다. 우리가 수천수만 가지로 마음을 낸다 하면 그것은 자의 마음이고 마음내기 이전의 마음은 주동자 격인 부의 마음이라, 부자가 상봉해야 한다.

9. 부 속에 자가 들어 있고 자 속에 부가 들어 있다. 그것을 증명해 줄 수 있는 근본은 주인공밖에 없다.

(5-10) 원-1-2-9
원-3-6-6

10. 가만히 있으면 생각 내기 이전 부처요, 생각을 냈다 하면 법신·문수요, 움직였다 하면 보신·화신이요 보현이다.

(5-11) 원-4-2-5
원-6-5-3
행-5-4

11. 마음의 병에는 두 가지가 있다. 하나는 나고 죽는 생멸이 어리석은 마음, 즉 중생심에서 비롯되고 있음에도 이를 알지 못하고 그런 마음을 본성이라고 아는 것이고, 다른 하나는 본래로 청정한 마음이 제게 갖춰져 있음을 알지 못하는 것이다.

제7장 인연과 업보

1. 진리의 그물

1. 이 우주에는 진리의 그물이 쳐져 있다. 비유하자면 그물 같고 체와 같은 법망이 있다. 그것은 곧 인연의 그물이요 업의 법칙의 그물이다. 우리가 하는 행위 하나하나, 말 한마디 한마디, 짓는 생각 하나하나가 빠짐없이 다 이 그물에 포착된다.

그 그물에는 귀가 없어도 한마디 놓치지 않고 빠짐없이 다 듣는 '귀 없는 귀', '귀 아닌 귀'가 있고, 눈이 없어도 하나도 빠짐없이 다 볼 수 있는 '눈 아닌 눈'이 있다. 천수천안으로 표현되는 그 신비한 원리는 곧 불법의 근본인 것이다.

법-2-55 (1-1)
원-1-3-4
원-4-1-5
원-4-1-6
원-9-1-11
원-9-1-15
행-3-5-9
행-5-5-4
활-1-1-6
활-1-1-7
활-1-2-14

2. 남들이 보지 않는 데서 남들이 모르게 했다고 해도 모르는 게 아니다. 자기가 한 것을 자기가 알고 있으니 이미 입력이 된 것이고, 내 속의 중생들이 다 알고 있으니 입력된 것이며, 그럼으로써 우주간 한마음 법계가 전부 아는 것이다. 일체 만물이 다 가설되어 있으니 '나만 아는 일'이란 있을 수 없다.

심-1-101 (1-2)
원-6-1-7
원-6-4-25
원-7-2-8
원-7-2-11
원-7-3-1
원-7-3-19
원-8-1-7
행-4-5-2
행-4-5-3

(1-2) 활-1-1-17

3. 낮 말은 새가 듣고 밤 말은 쥐가 듣는다 하였으니 무슨 뜻이겠는가. 새라 해서 새가 아니고 쥐라 해서 쥐가 아니다. 그것은 우주 법계의 귀와 눈을 말한다. 우주에는 진리의 통신망이 빈틈없이 가설되어 있다.

(1-4) 원-1-3-4
원-4-1-5

4. 우주와 인간계는 하나이다. 우리의 육신이 수많은 세포들로 그물을 짜 놓은 것처럼 그렇게 가설되어 있듯이 지구는 물론 우주 전체도 꽉 짜여진 그물처럼 질서정연하게 가설되어서 모두가 계합된 채 돌아가고 있다. 그러므로 내가 알면 우주 법계가 알고 부처가 알고, 그래서 전체가 안다.

5. 말 이전에 뜻이 앞서는 법, 이미 나의 참 주인이 먼저 알고 있다.

6. 내가 들이고 내는 그 일은 들여놓는 대로 한 치도 샐 틈이 없고 내놓는 대로 한 치도 샐 틈이 벌어지지 않는다.

(1-7) 원-6-2-9
원-6-3-1
원-6-3-13
원-6-4-17
원-6-5-7

7. 마음의 작용이란 거대한 컴퓨터에 비유할 수 있다. 한번 일으켜진 생각은 빠짐없이 수록이 된다. 생각한 사람은 그 생각이 사라졌으므로 그만이라고 여기겠지만 그 생각은 어디 밖으로 나가 버린 게 아니라 어김없이 자기 마음 안에 입력된다. 그렇게 해서 잠재되어 있다가 다음번 생각을 일으키는 데 동원된다. 그러므로 두 번째 생각은 첫 번보다 더 의지적인 생각이

되는데 가령 처음 생각이 나쁜 것이었다면 두 번째 생각은 조금 더 나빠진 것이 된다. 그와 같이 연거푸 입력되면서 꼬리에 꼬리를 물고 계속되는데 마음이란 이렇듯 자주 생각 내는 쪽으로 기울게 되니 스스로 다잡지 않으면 생각은 점점 자라 마침내 행동으로 옮기게 된다.

마음이 움직여 한번 생각을 일으킨 것이면 하나도 빠짐없이 수록이 되는 것이므로 모든 마음 작용은 현재 의식만이 그 전부는 아니다.

8. 숙명통을 컴퓨터라고 한다면 그 컴퓨터에는 이제껏 지내오면서 지은 모든 것들이 자동 입력 되어 있다. 알고 지은 것이나 모르고 지은 것이나 선한 것이나 악한 것이나 지은 그대로 뭉쳐 있다. 그러다가 인연 따라 하나하나 다시 나오게 된다. 불의 심판이란 마음의 심판, 인연법의 심판을 말한다. 안에서 일어나는 심리적 고통이나 갈등, 밖에서 부딪쳐 오는 병고액난은 모두 이 입력 작용에 의해 발생되는 문제들이다.

원-7-1-2 (1-8)
원-7-2-1
원-7-3-18
생-2-1-2
생-2-2-5
생-2-2-6

9. 마음은 하늘에서 알고 땅에서 알고 법계에서 안다. 거기엔 한 치의 오차나 한 치의 빈틈도 없다. 고로 마음이 진실하지 않다면, 한 치의 거짓이라도 있다면 용납되지 아니한다. 진실한 마음이 아니면 진리의 곳간 열쇠를 받을 수 없다.

수-2-2 (1-9)
수-2-45
심-1-85
행-1-3-2
행-11-5-19
활-2-1-9

10. 거짓이란 바로 자기가 자기를 속이는 것이다. 속이는

법-3-55 (1-10)

(1-10) 행-3-4-14
행-3-4-15
행-3-4-16

것도 자기고 속임을 받는 것도 자기이다. 주인공은 결코 속일 수 없고 속지도 않는다. 주인공이 바로 하늘이요 우주 법계이니 거기엔 티끌 하나만큼의 빈틈도 없다.

11. 생각 하나, 말 한마디, 행동 하나하나 공허한 것은 없다. 엄연하고 빈틈없는 게 법계의 원칙이다. 설사 천하의 사람들을 다 속일 수 있다 해도 법계의 눈은 속일 수 없다. 법망의 세밀함이란 차라리 두렵기 그지없다고 할 것이다.

12. 삼계는 법의 망으로 인연 지어져 있다. 그러므로 나무 한 그루라도 온 우주와 떼려야 뗄 수 없는 관계로 파악된다. 〈하나의 씨앗이 자라서 나무가 되려면 갖가지 인연 공덕이 있어야 가능하다. 땅과 물과 햇빛과 거름이 있어야 하고 그밖에도 헤아릴 수 없는 많은 인연이 서로 어울려서 한 그루의 나무가 자라고 꽃 피고 열매 맺으니 어찌 우주와 무관하다 하겠는가.〉

2. 인과의 철칙

(2-1) 법-1-11
원-6-4-4
원-7-1-1
원-7-3-12
원-8-1-8
행-4-4-9
행-4-5-1
생-2-1-1

1. 남의 따귀를 한 대 때렸으면 언젠가는 그 따귀 한 대가 되돌아온다. 남에게 밥 한 그릇을 주었으면 언젠가는 내게 밥 한 그릇이 되돌아온다. 그런 되갚음은 철칙이다. 철두철명한 법칙이다. 무심코 떨어뜨리는 생각 하나하나라도 결과가 없는

법은 결코 없다.

  2. 업이란 밖에서 안으로 들어와 마음속에 쌓이는 게 아니다. 그것은 한생각을 따라 일어나 채곡채곡 쟁여진 것이다. 본래 주인공 자리는 공하여 업이라는 실체가 없고 그럼으로써 업이 붙을 자리도 없건만 공한 사실을 모르기 때문에 놓을 줄 모르고 생각으로 지어서 제 등짐을 쌓아올리는 것이다. 〈그저 자기가 자기인 줄만 알고 '나' '나의 것' 하면서 쌓아올려 놓고서는 업에 치이고 윤회에 말리고 하는 것이니, 말하자면 제 손으로 제 살을 갈갈이 뜯어 놓고는 아프다 하고 약 발라야 한다고 하는 것과 같다.〉

  3. 불성이 있기에 만법에 응용이 되는 것이다. 그러니까 사람의 마음이 어떠냐에 따라서 자동적으로 원리 자체가 응보를 하고 사람의 행이 어떠냐에 따라서 자동적으로 원리가 응보하는 것이다. 사람이 되었다, 벌레가 되었다, 소가 되었다 이러는 것도 자동적으로 그렇게 되어지는 원리가 있기 때문에 그러는 것이다. 그러기에 마음이 중요하다.

  4. 세간을 이해하는 데는 '원인 없이 과보가 있을 수 없다'는 엄정한 인과 법칙처럼 정확한 것이 없다. 동시에 인연 법칙을 아는 것이 부처님의 가르침을 아는 것이다.

5. 오직 부처님만이 인과법 위에 영원의 길이 드넓게 열려 있음을 보시고 가르치셨다. 인연의 법칙은 곧 영원한 진리요 영원한 가르침이다. 〈인연법으로 그냥 쏜살같이, 그냥 직선으로 들어가라.〉

6. 자기가 먹은 것에 걸린다. 자기가 행한 것에 걸린다. 자기가 말한 것에 걸린다. 육체에 걸리고 삼독심으로 또 걸리고 하니 그렇게 쌓이고 쌓인 것이 어디로 가겠는가. 그러니까 코뚜레 뚫린 소가 되어 가지고 음매 음매 하면서 자기가 한 것을 다 되풀이하게 되는 것이다. 그러므로 소가 될 양이면 코뚜레 뚫리지 않는 소가 되라 하는 것이다.

7. 인과는 썩지 않는 씨앗과 같다. 선한 씨를 뿌리면 선과가, 악한 씨를 뿌리면 악과가 온다. 인과의 씨는 썩지 않고 나고 또 나며 돌고 또 돈다.

8. 업이라는 것은 머리카락 한 올만큼의 어긋남도 없다. 〈그러므로 제 앞에 닥친 고를 원망하고 탄식할 게 아니라 자신을 되돌아보는 마음을 가져야 한다.〉

9. 자기가 지은 대로 자기가 받는다. 그래서 옛 가르침에 "그릇에 삼독이 꽉 찼는데 어떻게 자비를 받을 수 있겠느냐." 한 것이다.

10. 번연히 알면서도 지키지 못하는 것은 알면서 받고, 몰라서 지키지 못하는 것은 모르게 받는다.

11. 선업도 업이다. 일단 기록된 이상 그 입력이 거꾸로 나를 지배하게 된다. 악업은 나쁜 과보를 낳고 선업은 선한 업보를 낳을 뿐이지 윤회에서 벗어나지 못한다는 점에 있어서는 선업과 악업에 아무런 차이가 없다. 비유해 보면 둘 다 노예이기는 마찬가지이다. 다만 한 경우는 나쁜 주인을 만나서 갖은 고생을 하는 노예라면 한 경우는 좋은 주인을 만나서 상대적으로 편안하게 살아가는 노예인 것이다.

원-3-3-2 (2-11)
행-8-2-3
행-9-1-4
행-9-2-3

12. 과거로부터 지고 나온 습을 채곡채곡 쟁여 놓는다면, 비유하건대 저 달나라까지 가기만큼 그렇게 많고 무거울 것이다. 그것을 짊어진 채로 살고 있으니 억겁 동안 쌓인 노비 문서에 짓눌려 사는 꼴이나 다름없다. 〈그럼에도 자기의 노비 문서가 제일이라 하고, 그것을 무거운 줄도 모르고 좋다고 애지중지하고 있으니 그것이 사는 모습인가. 중생들은 그게 사는 것이라고 하나 창살에 갇히고 천야만야한 벽에 갇힌 것이 어찌 사는 것이랴. 자유권을 갖고 자재롭게 살지 못하면서 닥치는 일마다 하나하나에 끄달려 지내니 기가 막힐 일도 많고 불이 날 일도 많은 것이다.〉

원-2-4-9 (2-12)
원-2-5-6
원-3-1-11
원-3-3-2
원-5-1-23
원-5-1-24
원-6-4-3
원-6-4-21
행-3-1-8
행-3-2-7
행-4-3-1
행-4-5-9
행-5-2
행-5-2-1
행-5-2-5
행-5-2-7
행-5-2-8
행-5-3-3
행-5-3-10
행-5-4
행-5-4-9
행-5-4-12
행-8-2-3
행-8-2-10
행-9-1-4
행-9-2-3

13. 수억겁을 거쳐 오면서 죄를 지었든 안 지었든, 좋은 일

을 했든 궂은 일을 했든 미생물에서부터 살아온 습으로 말미암은 업식이 뭉치고 뭉친 게 이 육신이다. 이 몸을 집 삼아서 수없는 생명이 지금 회전하고 있는데, 이 생명체들이 악업 선업으로 뭉쳐 천차만별의 경계를 만들어 내고 있다. 그러면서 인연 따라 내 앞을 탁탁 가로막고 나서니 때로는 고통이 따르고, 때로는 잠시 잠깐 웃을 일이 생기고, 싸울 일이 생기고, 흥했다가 망했다가 하는 것이다.

14. 과거로부터 인연 지어 온 업이 세포 하나하나, 위장·심장·간장·소장·대장·신장·척추 등 구석구석에 집을 짓고 소임에 따라 운행하는데 악업은 악으로만 나가는 반면 선업은 또 선업으로만 나간다. 그러니 악이 많고 선이 적으면 마음속에서, 몸속에서 악의적인 문제가 수없이 술술 나오게 된다. 하던 일이 잘 안되게 하고 남을 미워하고 싫어하게 하니 그것이 악행의 원인인 것이다. 〈악행이라면 남에게 해를 주는 것만 생각하기 쉬우나 항상 둘로 보아 남을 원망하여 내 탓으로 돌릴 줄 모르는 것도 마찬가지라 내가 괴로운 게 악업의 과보인 것이다.〉

15. 즐거운 것 괴로운 것, 잘되는 것 안되는 것, 기쁜 것 슬픈 것, 좋은 것 싫은 것, 잘생긴 것 못생긴 것, 똑똑한 것 똑똑지 못한 것, 우환과 액난, 행복, 그런 모든 일들은 다 자기가 마음으로 지은 결과이다. 자기가 저지른 것이 천차만별로 들

어 있다가 인과로서 솔솔 풀려 나와 살아가는 내 앞길에 가로 놓이는 것이다.

16. 배우가 역을 맡았을 때 연출가가 써 준 대본에 따라 대사도 외고 연기도 해야 하듯이 우리도 짊어지고 나온 인과응보의 대본에 따라 배우 역할을 하고 있는 것이다. 그러므로 대본이 싫든지 좋든지 간에 오늘의 나에게는 한 발짝 떼어 놓기 전까지의 습에서 한 치의 에누리도 허용되지 않는다. 〈그런데 전자의 습이 수미산만 하게 쌓여 있으니 이를 어찌하겠는가. 공부하는 사람들은 그 업보, 팔자 운명을 부수고 나가야 할 것이다.〉

3. 업이 녹는 도리

1. 우리 속에는 악업·선업이 다 들어 있다. 그리고 악업·선업의 의식들은 잘되고 잘못되고를 모른다. 고로 다스리는 사람의 생각이 거기까지 미쳐야만 같이 따라 준다. 그래야만이 모든 중생들이 보살로 화할 수 있고 현실의 재입력을 통해 과거의 업장이 다 무너져 자유인이 될 수도 있다.

원-3-5-12 (3-1)
활-3-1-4
활-3-1-5
활-3-1-10

2. 나쁜 인연은 질기기가 삼줄 같다. 그러나 좋은 인연은 부드럽기가 고요히 타오르는 불과 같다. 삼줄은 불을 묶을 수가

없으나, 불은 삼줄을 태워 버릴 수가 있다.

(3-3) 원-2-4-5
원-2-4-7
원-1-1-11
행-4-2-3
행-4-5-9

3. 금은 금끼리 은은 은끼리 금은방에 모이고, 무쇠는 무쇠끼리 무쇠전에 모이고, 넝마는 넝마끼리 넝마전에 모인다. 싸전에 가 보면 팥은 팥대로, 콩은 콩대로, 쌀은 쌀대로 모아 놓았다. 과거의 인으로 해서 현재의 과가 엮어지는데 이치가 그와 같아서 예를 들어 병을 앓는 사람과 그것을 지켜보고 고통 받는 사람이 다르지 않다. 그러나 주인공은 무쇠, 잡쇠 다 녹이는 용광로와 같아 주인공 자리에 되놓으면 업조차도 붙을 자리가 없는 법이다.

(3-4) 원-6-4-1
원-6-4-23
원-6-4-24
원-6-5-1
원-8-1-3
원-8-1-8
원-8-2-4
원-8-2-5
원-8-2-6
원-8-2-10
원-8-3-1
원-8-3-2
원-8-3-4
원-9-2-7
행-1-2-1
행-9-3-4

4. 모든 것이 한생각에 달려 있다. 이 한생각에 오장 육부의 생명의 씨가 형성된다. 그러므로 금이냐 넝마냐, 그것은 오직 생각의 차원에 따라서, 어떤 사람은 금처럼, 어떤 사람은 넝마처럼 그 과보를 받는다. 그리고 금은 금방에, 넝마는 넝마전에 모이듯이 차원에 따라 모여 사는 것이 바로 인간의 모습이다.

(3-5) 활-1-1
활-1-2

5. 수억겁 동안 쌓인 죄업이라도 한생각에 다 녹일 수가 있다. 왜냐하면 죄업도 본래는 공한 것이기 때문이다. 예를 들어 수억 년 동안 빛 한 점 들지 않던 컴컴한 동굴 속일지라도 어느 때 한 줄기 빛이 새어들면 어둠이 순간에 사라지는 것과 같다. 빛이 어둠을 몰아내는 것은 그 어둠이 얼마나 오래 되었느냐는 것과는 아무런 관계가 없다.

6. 내 몸 안에 수많은 생명들이 돌아가고 있으나 각기 인과가 같지 않다. 그게 모두 업식으로 뭉친 것이기에 때에 따라서는 화를 일으키고, 때에 따라서는 질병이 오게 만들고, 때에 따라서는 환난이 들게 하고 별의별 짓을 다 한다. 그러기에 나오는 대로 되놓고 되놓으라는 것이다. 한 번 놓는 데 지옥고가 찰나로 무너져 끝내는 수없는 지옥고가 다 무너짐으로써 밝은 본성이 드러나는 것이다.

7. 아버지의 뼈를 빌리고 어머니의 살을 빌려서 이 몸뚱이를 받아 가지고 나올 때 수억겁의 선업·악업이 뭉친 고의 덩어리를 짊어지고 나왔으니 모두 자기 탓이라 팔자 운명을 한탄할 것이 없다. 수많은 생명들이 의식의 차원에 따라 내 육신으로 결집되어서 입력되었던 대로 현실에서 나오는 것인데 차원이 높으면 높은 대로 낮으면 낮은 대로 얼마나 많은 업을 지었겠는가. 그 업은 독 안에 들어도 면치 못하는 법이니 모르고 지은 것은 모르게 받고 알고 지은 것은 알고 받게 된다.

심-1-110 (3-7)
심-1-133
원-6-4-31

그러나 그것을 주인공 자리에 합쳐 버리면 내가 따로 없기에 모든 업식도 한 컵의 물이 된다. 이 도리를 모르기에 팔자 운명이 있다고 하는 것이다.

8. 자기가 강도 짓 하고 자기가 붙들려 들어갔다면 누가 그 죗값을 치러야 하겠는가. 결국 자기가 했으므로 자기가 치러야지 누가 대신해 줄 수는 없다. 그런데 다라니 찾고 관세음보

살 찾는가. 관세음보살, 다라니가 없는 게 아니라 이름 아닌 이름이니 자기가 마음으로 마음을 비워서 부처를 만들었을 때 비로소 관세음보살도 다라니도 다 함께 돌아가는 것이다.

9. 업이 있다면 그것은 과거에 매여 있는 것도 아니며 미래를 결정짓는 것도 아니다. 확실한 지금의 내 안에 있을 것이다. 지금의 내 안에 과거의 모든 선업·악업이 잔뜩 실려 있으니 어떻게 해야 자유인이 될 수 있겠는가. 단번에 그 짐들을 다 부려 버리면 자유인이 될 것이다. 지금 크게 한생각 일으켜 진실로 놓아 버린다면 업의 테이프는 빈 테이프가 될 것이다.

10. 녹음이 되어 있는 테이프에 다시 녹음을 하면 앞서의 녹음 내용은 지워지고 새 내용이 녹음된다. 그러므로 악업보다는 선업을 녹음해야 한다. 그러나 선업을 녹음하기보다는 악업도 선업도 모두 쉬고 이 도리를 알아 진리에 맡겨 둠으로써 공 테이프를 만들어라. 비유하자면 그것은 오랜 세월 동안 먼지에 뒤덮인 거울일지라도 한번 닦아 냄으로써 당장 깨끗해지는 것과 같다.

11. 업을 짊어지고 나와서 지금 살아가고 있는데 나오는 대로 거기다 되넣고 또 되넣고 하면 앞서의 것은 새로 넣는 대로 없어진다. 그러므로 업이 붙을 틈이 없게 된다. 육조 혜능 선사께서 "먼지 앉을 틈이 없는데 어찌 털고 닦을 게 있느냐?"

하신 것은 몰락 되놓으면 공 테이프 본래의 모습일 뿐이라는 이야기이다.

짊어지고 나온 것을 몽땅 맡겨 놓아 그게 모두 없어지면 그 다음엔 채워지고 비워지고, 채워지고 비워지면서 채우고 비우고가 없이 본래로 맑을 뿐이니 더러운 그릇을 수돗물이 콸콸 쏟아지는 데다 갖다 놓았을 때 자연적으로 넘치고 또 넘치고 해서 더러움은 싹 가시고 맑은 물만 고이는 이치와 같다.

12. 업이라는 것은 터럭 한 올만큼의 어긋남도 없는 것이므로 자기 앞에 닥친 문제들에 대해 원망하거나 탄식할 것이 아니라 그 뿌리를 캐고 들 줄 알아야 한다. 조급하게 굴거나 안타까워할 것이 아니라 한 발 물러서는 여유와 겸허함을 가지고 자신을 되돌아볼 줄 알아야 한다. 〈설사 현실이 괴롭고 외롭고, 그래서 살고 싶지 않은 생각이 들더라도 현실의 내가 그렇게 하려고 해서 그런 것이 아니라 인과로 인해 그렇게 나오는 것이니 나오는 자리를 보고 거기에 되돌려 놓을 줄 알아야 한다.〉

13. 사람들은 인과응보에 얽힌 업을 사량심으로 풀려고 한다. 그것은 마치 추운 겨울에 커다란 얼음덩어리를 녹여 보겠다고 끓는 물 한 바가지를 들어붓는 것과 같아서 잠시 녹는 듯하다가도 이내 부은 물까지 덧얼어 얼음덩어리만 더 키우고 마는 것과 같다. 〈그러므로 모든 반연에 얽매이지 말고 스스로의

(3-11) 행-7-2-10
행-9-1-4
행-11-1-7
행-11-6-1
생-1-3-8
생-2-1-13
활-2-1-7

마음으로 돌아가 절로 녹게 해야 한다. 제아무리 큰 얼음덩어리라도 봄이 오게 되면 자연스럽게 다 녹을 것이니 마음의 근본으로 돌아가는 것은 추운 겨울을 보내고 봄을 맞는 것과 같다.〉

14. 잠재의식 속에 얽히고설킨 업의 거미줄, 수억겁 동안 쌓이고 쌓인 업의 뭉치들은 무위의 금칼이 아니면 도저히 끊을 수도 녹일 수도 없다. 그 인연줄이란 마음에서 나온 것이니 마음으로 끊을 수밖에 없는데 끊는다고 하면 또 주와 객이 있어 둘로 되는 경우가 나오니까 놓으라고 하는 것이다. 그것은 "당신이 한 것이니 당신이 해결하라." 하는 것과 같다. 무위의 칼로써만이 끊을 수 있다.

15. 그러므로 마음이 한생각 잘하고 잘못하느냐에 따라 더 무겁게 짊어지느냐, 아니면 수억겁 동안 잠재의식 속에 얽히고설킨 것을 몰락 벗어 던지느냐 하는 문제가 좌우된다. 내 앞에 닥쳐 오는 모든 경계를 주인공 자리에 공으로 되돌려 놓는다면 그것은 무이다.

(3-16) 법-2-55
심-1-93
원-2-4-6
원-7-1-1
원-7-2-2
원-7-2-8
원-7-2-11
원-7-2-12

16. 죄 붙을 자리도 없고 업 붙을 자리도 없고 팔자 운명 붙을 자리도 없다. 모르기 때문에 죄가 있고 팔자 운명이 있고 업이 있는 것이지 알고 보면 업이 붙을 자리조차 없다. 그러므로 모르는 게 약이 아니라 아는 게 약이다.

17. 전깃불이 항상 켜져 있다면 껐다, 켰다 하는 말이 소용 없다. 항상 밝아서 끄달리지 않는다면 윤회가 있느니 없느니 하는 말도 할 것이 없다. 한생각에 억겁의 얼음덩이를 녹일 수 있으니, 윤회가 있다 없다는 말을 잘 생각해 보라.

18. 불(佛)이란 글자는 사람 인(人), 칼 도(刀), 활 궁(弓)이 합해서 된 글자이다. 이 뜻은 사람이 본성인 칼을 선한 마음으로 쓰면 선한 칼이 되고, 악한 마음으로 쓰면 악의 칼이 되어 주니, 불법은 바로 활궁법이자 금강도검법이기도 하다는 뜻이다. 그러니 그 심판은 과연 누가 하는 것인지를 생각해 보라.

19. 시시때때로 닥쳐오는 모든 문제들을 어떻게 해야 하느냐 하면 자기에게서 나온 것이니 다시 자기 주인공에 일임하는 작업을 해야 한다. 그것이 재입력이니 나온 것을 다시 입력한다면 인과성·유전성·영계성·세균성 등의 고통이 무너지게 된다.

20. 모든 것은 근본을 축으로 해서 한마음으로 돌아가고 있으니 돌아가는 그 자리에 다시 놓는다면 자신의 인과 업보만이 아니라 부모·조상의 인과 업보도 몰락 없어질 수 있다. 그러므로 제도할 수 있다.

21. 자기가 땅에 엎어졌으면 엎어진 자리를 딛고 일어날 능력도 자기에게 있는 것이다. 자기가 지어 놓은 것 자기가 풀어

야 하고 자기에서 나온 것 자기가 거두어야만 한다. 달리 보면 우리는 고와 낙을 연방 만들어 내는 생산 공장이자 동시에 그것을 거두어들이는 수집가이기도 하다. 고로 나온 곳에 되돌려 놓으라는 것이다.

22. 팔자 운명이 따로 없다. 모든 게 마음먹기에 달려 있다. 집착을 떼지 못하니까 업이 되고 응보가 있고 유전이 있게 되는 것이다. 모든 것은 마음으로 짓고 받는 것이니 행복과 불행의 열쇠는 바로 마음먹기에 달려 있다.

제8장 윤회와 진화

1. 업식

1. 이 도리를 모르고 옷을 벗는다면 눈도 없고 귀도 없으니 '식'만 있지 분별이 없다. 눈 아닌 눈, 귀 아닌 귀가 있어야 하는데 그게 없으니 생시에 좋은 것만 찾던 식만 남아서 돌 틈을 보고도 그게 고래등 같은 기와집인 줄 알게 되고 굴 속을 보고도 대궐 같은 집인 줄 알아 그리로 들어가게 된다.

수-3-20 (1-1)
수-4-49
수-4-52
심-1-10
원-7-2-13
원-7-3-6
활-1-1-2
예-20
예-56
예-58
예-60
예-61

2. 일체 만물만생에 다 불성은 있으나 살아온 습과 인과로 인해서 자기 차원이 무슨 차원인지도 모른 채 그 차원대로 살게 된다. 왜냐하면 앞 못 보는 장님과 같기 때문이다. 캄캄하여 보지를 못하니까 잠재의식에 깃들어 있는 습대로 이리도 들어가고 저리도 들어가고, 저절로 차원에 따라 들어가 살게 된다.

3. 무쇠로 만든 연장이 못 쓰게 되면 어떻게 되는가. 무쇠전으로 모였다가 용광로로 들어가 다시 무쇠로 재생이 되어 나온

원-6-4-1 (1-3)
원-6-4-23
원-6-4-24

(1-3) 원-6-5-1
원-7-3-4
원-8-2-4
원-8-2-5
원-8-2-6
원-8-2-10
원-8-3-1
원-8-3-2
원-8-3-4
원-9-2-7
행-1-2-1
행-9-3-4

다. 금붙이라면 금방으로 모였다가 금 제품이 되어서 다시 나온다. 그와 마찬가지로 살아생전의 마음 그 차원이 금이냐 무쇠냐 깡통이냐 넝마냐에 따라 더하고 덜함도 없이 되나오게 된다. 영은 자기 차원대로만 보게 되므로 다 자기가 짓고 만들어서 그렇게 되는 것이다.

(1-4) 수-3-19
심-1-101
원-3-4-11
예-66

4. 마음공부를 하지 않은 사람은 죽게 되면 그 의식 그대로 눈 멀고 귀 멀어 캄캄한 가운데 전혀 분간을 할 수 없기에 돼지 집으로도 들어가고 까치 집으로도 들어간다. 그러나 마음공부를 한 사람은 밝디밝아서 온 방 안을 고루 비추니 자기뿐만 아니라 그 법을 모르는 같은 식구들도 밝게 살게 될 것이다.

5. 사후의 일이란 물을 것도 없다. 스스로 자기의 잠재의식이라는 일기장에 하나도 빠뜨리지 않고 꼼꼼하게 적어 놓은 그것이 바로 사후 문제를 결정한다.

(1-6) 행-1-1-3
행-1-2-14
행-1-2-18
행-5-2-13

6. 사대가 흩어져 원점으로 되돌아가도 몸이 있었던 인과로 인해 업식은 몸이 있는 줄 알며, 악업·선업으로 뭉쳐진 업고가 그림자처럼 확대되어 일어나기 때문에 거기에 걸려 한 발짝도 여여롭게 딛고 나가지를 못하게 된다. 불바퀴에 타 죽을까 봐 건너지 못하고 물바퀴에 빠져 죽을까 봐 한 발도 떼어 놓지 못한다.

'나'를 놓지 못해 업식에 밟혀서 꼼짝을 못하는데 수백 년을 기다려 보아도 물바퀴 건네줄 배가 오질 않으니 어찌할 것인가. 그것은 육신이 있을 때에 인연을 따라서 쌓이고 쌓였던 업이 일어나는 것과 같으니 귀신을 믿어 귀신의 환상이 나타나는 것과 조금도 다르지 않다. 그러하기에 육신 있을 때에 도리를 알지 못하면 몸 떨어지고 나서 그 도리를 알 수 없다고 하는 것이다.

7. 사람이 죽고 난 다음에 업식이라는 것은 사람으로 사는 것인지 구렁이로 사는 것인지 그것을 모른다. 새의 몸으로 사는 것인지 벌레의 몸으로 사는 것인지 그것을 모른다. 그래서 생전에 개 짓 많이 했으면 개로, 독사 짓 많이 했으면 독사 굴로 들어가는데 그냥 두 부부가 사는 줄로만 알아 그대로 들어가 뼈와 살을 빌려 태어난다. 그러니 그 모습을 어찌하겠는가.

원-6-1-4 (1-7)
원-6-4-2
원-6-4-27
원-7-3-6
원-8-2-9
원-8-2-10
생-2-2-5
생-4-1-5
예-24
예-64

벌레가 되었다면 벌레대로, 두더지가 되었다면 두더지의 몸으로 살아야 하겠지만 인간으로 살던 습이 남아 있으니 그 답답함이란 오죽하겠는가. 그게 바로 지옥이다. 그런가 하면 그 모습 따라 살면서 또 습이 붙으니 어느 때 그 모습에서 벗어날지 까마득하여 몇백 년이라 할까 몇만 년이라 할까, 그토록 헤어나기가 어렵게 된다.

8. 살아생전에 아귀 축생의 마음을 자주 냈으면 죽어서도 아귀 축생계를 면치 못할 것이고, 살아생전에 천상에 오래 있었던 이는 죽어서도 극락에 갈 것이다. 그것은 누가 보내고 싶

원-7-1-1 (1-8)
원-7-2-5
원-8-2-15

어서, 누가 가고 싶어서 그런 것이 아니라 자신이 짓는 대로 엄연한 법칙에 따라 그리되는 것뿐이다. 상천·중천·하천 세계가 체로 거르듯이 돌아가고 있으니 천당·지옥이 따로 없다. 인간이 하천으로 떨어져 두더지 집에 들어간 게 지옥이다. 그러므로 살아서 천상에 태어나지 못하는 사람은 죽어서도 천상에 태어날 수 없다.

(1-9) 원-8-1-1
행-5-2-13

9. 몸을 벗어도 의식은 남는다. 그러나 자기의 육신이 없다는 생각을 하지 못해 살아 있는 상대방이 보지도 듣지도 못하는 줄을 몰라서 제 욕심만으로 상대를 괴롭히는 경우가 있다. 그리되면 원인을 알 수 없는 병이 생기고 가정이나 사회에서 알 수 없는 불화가 일어나기도 한다. 육신을 가지고 살아 있을 때 진실로 마음 닦는 공부를 했더라면 갈 때도 홀가분하게 갈 수 있을 것이다. 그렇지 못하면 죽어서도 부모다 자식이다 하여 얽히고설킨 게 다 붙어 돌아가니까 오도 가도 못하고 중음신으로 떠돌게 되는 것이다.

(1-10) 원-3-6-1
원-3-6-2
원-3-6-3

10. 옷을 벗었다고 해도 옷만 벗었지 영혼은 그대로 있다. 그러다가 에너지가 부합되면 다시 옷을 입고 생산이 된다. 그렇게 다시 재생하려면 에너지, 즉 광자가 있어야 하는데 그것은 우리가 발전소에서 전력을 끌어 쓰는 이치와 같다. 이 도리에서 보면 모든 것이 에너지의 충만이니 내가 태양이 되었다가 태양이 내가 되었다가 할 수도 있는 것이다. 모든 별들도 한마

음으로 돌아가면서 다시 재생하려면 수명의 길고 짧음에 관계 없이 이 에너지가 충만해야 한다.

11. 스님네들도 한 생을 껍데기로 중노릇하며 말 한 마디, 생각 한 번 잘못하면 그냥 어느 틈으론가 들어가 구렁이 의복을 갈아입을 수도, 뱀이나 돼지가 될 수도 있는 것이다.

12. 하나의 업식이 인연에 의해 수많은 분신이 되기도 하고 또 하나로 결합되기도 하기 때문에 죽은 뒤에 영혼이 윤회하는 것을 개체 윤회라 할 수도 없고 다체 윤회라 할 수도 없다. 참으로 불가사의하여 공이라 한 것이다.

2. 윤회

1. 죽음은 육신이라는 옷을 벗는 것과 같고 태어남은 육신이라는 옷을 갈아입는 것과 같다. 헌 옷을 벗고 새 옷으로 갈아입는 것과 같다. 헌 옷을 벗고 새 옷으로 갈아입는 것을 싫어하는 사람은 없는데 헌 몸 벗고 새 몸 받는 것을 좋아하는 사람은 드물다.

죽음이란 변치 않는 나의 근본 마음, 주인공이 옷을 한번 갈아입는 것이다. 우리가 입던 옷이 낡아지면 새 옷으로 갈아입듯이 주인공도 쓰던 육신을 옷 갈아입듯이 바꾼다. 그러므로 죽음이 고통, 슬픔인 것은 헌 옷의 입장에서 그러한 것뿐이다. 새 옷의 입장에서 보면 죽음은 기쁜 탄생인 것이다.

2. 죽음은 탄생에서 오는 것이다. 우리는 태어났을 때 이미 사형 선고를 받고 나온 셈이다. 그런 만큼 사는 것은 즐겁고 죽는 것은 슬프다고 할 수는 없다. 사는 것이 귀하고 즐겁고 가치 있다고 하는 것은 반드시 죽음이 있기 때문이다.

3. 구름이 모였다가 바람 불면 흩어지고, 또 다른 구름하고 다시 모이듯이 우리는 이 집에서 한 철, 저 집에서 한 철 살아가는 식으로 돌아가고 있다. 자식이 되었다가 형제가 되었다가 부모가 되기도 한다. 지금 금방 내 부모가 돌아가셔서 바로 이웃집에 태어난다 해도 모를 것이다. 그러므로 같이 산다 해서 내 자식, 내 부모요, 따로 산다 해서 네 자식, 네 부모라 단정할 수도 없다. 찰나로 인연 따라 만나고 헤어지면서 그렇게 뒤섞여 가며 수억겁을 거쳐 왔으니 내 부모 네 부모, 내 자식 네 자식 가릴 게 없는 것이다.

4. 사람의 씨는 사람을 낳는다. 그렇게 얼마 동안을 가다가 사람의 모습으로 다시 나올 수 없는 때도 있다. 새가 알을 낳고 알이 새가 되기를 쳇바퀴 돌듯 하다가 모습을 바꾸는 수도 있다. 그 과정이 수삼 년일 수도, 수백 년, 천 년일 수도 있는데 자기 마음의 차원대로 바뀌게 되는 것이다.

5. 사람이 새가 되는 일도 있고 새가 사람이 되는 일도 있다. 마음 씀씀이에 따라 천차만별로 좌천하는 수도 있고 승진하는 수도 있다. 거기엔 식물에서 동물로, 미물에서 고등 동물로 별의별 층층이 다 있으니 모두 한집안 통속이라, 내가 잘났느니 네가 잘났느니 할 것도 없다. 문제는 지금 이 육신, 이것도 동물이니 여기서 벗어나야 한다는 점이다.

6. 마음이 물질 본위로만 돌아가니까 거듭거듭 다시 태어나야 하고 거듭거듭 무리지어서 나와야 하는 것이다. 상을 상으로만 보는 한은 축생 같은 하등 동물도 되었다가 벌레 같은 미물도 되었다가 사람도 되었다가 한다. 그래서 바로 중생이라 하는 것인데 물질에 얽매여 있으니 되나와서도 전자의 습에 따라 남의 것을 빼앗고 다투고 죽이고 하게 된다. 그렇게 하는 자기를 가다듬어 자재할 줄 모른다면 또 그런 업연에 따라 윤회의 길에 들어서 꼬리에 꼬리를 물고 풍덩풍덩 하는 꼴이 되고 만다.

7. 불보살들이 계속해서 중생을 제도하고 중생도 끊임없이 자신을 향상시키지만 여전히 밑으로부터 올라오는 중생, 올라오다가 도로 미끄러지는 중생이 있다. 감옥에 가 보면 계속 내놓지만 계속 가두어야 하므로 비어 있는 적이 없는 것과 같다.

8. 사람으로까지 진화되어 태어났으면 사람의 궤도를 지키

(2-8) 원-8-3-10
행-2-1-1

는 게 도리이다. 그렇지 못하고 옛날 살던 습을 놓지 못하면 다시 퇴화하게 된다.

(2-9) 원-8-1-7

9. 인간 이하로 사는 사생의 모습을 보라. 화탕 지옥이니 독사 지옥이니 오관 지옥이니 하는 것이 따로 있는 게 아니다. 한번 독사 굴에 들어가면 그것이 독사 지옥이요 짐승으로 태어났다가 끓는 물에 들어가면 그것이 화탕 지옥인 것이다. 수억 겁을 거쳐 오면서 여기 가서 태어나 한 철, 저기 가서 태어나 한 철을 살아오는 동안 독사 지옥, 화탕 지옥을 다 거쳐 인간으로 진화한 것이다.

(2-10) 법-3-31
행-1-1-3
행-2-1-1

10. 예를 들어 인간까지 올라온 것도 천 년의 공을 닦아서 온 것이다. 사람 하나 되기가 그렇게 어렵다고 하는데도 불구하고 사람이 되어서도 살던 습을 못 놓고 항상 자기 자신, 자기 것만 아니까 고가 끊일 새가 없다.

또 그렇게 살다가 진화해서 승진하기는커녕 끝 간 데 없이 세세생생을 쳇바퀴 돌듯 빙빙 돌거나 아니면 좌천하여 짐승의 허물을 뒤집어쓰기도 한다. 한번 짐승의 허물을 쓰게 되면 먹고 먹히는 처절한 삶을 살게 되므로 한생각 해 볼 겨를조차 없어 수억겁을 가도 그 허물을 벗기가 어려워진다.

(2-11) 법-2-91
원-1-1-2
원-8-3-7

11. 우리가 이 세상에 태어난 것 자체가 벌써 부처님의 뜻이다. 자성불의 뜻으로 왔으니 부처님의 뜻인 것이다. 그런데

부처로 나기는 났어도 예전에 살던 업연으로 인해서 자꾸 이 마음이 생겼다 저 마음이 생겼다 하며 때에 따라서는 순한 양과 같다가도 금세 악한 언행을 하기도 한다. 아직도 성숙되기엔 멀었기 때문이다. 그러므로 부처 되기까지는 거듭거듭 태어나야 한다. 나를 구성하고 있는 사생이 다 한마음으로 순응하게 되어야 한다.

12. 늙으면 늙어 가는 대로 다시 젊어지고 있다는 것을 알아야 한다. 바로 모습을 바꿔서 어린애로 탄생한다면 지금 우리는 삶을 통해 마음공부의 기초를 닦고 있는 것이 된다. 말하자면 새 집 짓고 옮겨 갈 준비를 하는 것과 같다. 닦아서 또 태어나고, 또 닦아서 다시 태어나고 하는 준비 과정인 셈이다.

13. 사람이 나고 죽는 게 윤회이지만 태어나서 늙는 것도 윤회이고 사계절이 돌아드는 것도 윤회이다. 물방울이 돌고 돌면서 천차만별로 생명체를 먹여 살리는 것도 윤회이다. 별들의 생성과 소멸도 윤회이다. 일체 만물만생이 다 그렇게 하며 산다. 살다가 그냥 없어지는 게 아니라 끝 간 데 없이 돌아가고 있다. 그런 윤회의 고리가 없다면 아마 진리라는 말도 하기 어려웠을 것이다.

14. 사람이 빛이 시들고 늙어 껍데기를 벗는다는 것은 마치 약해진 별성이 강렬해지고 다시 태어나는 것과 같다.

(2-15) 원-7-1-1
원-7-2-5
원-8-1-8

15. 윤회와 업은 나고 죽는 이 중생계를 지배하는 불변의 법칙이다. 그러나 불변의 법칙이기에 얼마나 다행스럽고 고마운 법칙인가. 만일 피와 땀과 눈물로 지내는 우리들의 삶에 윤회와 업의 법칙이 없다고 하면 얼마나 허망하고 한스럽고 무의미한 삶이 되었겠는가.

(2-16) 행-2-3-12
행-8-1-3
행-8-3
행-9-1-6
행-11-1-1
행-11-5-2
생-2-1-22
생-3-3

16. 중생계의 법칙으로서는 업과 윤회가 실재하는 것이지만 근본 자리에서는 그 또한 공한 것이다. 그러므로 그것들까지 모두 근본 자리에 놓고 가면 그대로 자유인인 것이니 거기엔 먼지 한 점 붙을 여지도 없기 때문이다.

텅 빈 자유의 세계, 우리는 그 자유를 믿어 성취해야만 하는데 그러한 성취로 가기까지 업과 윤회는 우리를 단련시키는 스승이요 길잡이요 벗인 것이다. 생과 사, 번뇌와 고통이라는 것도 우리를 진화시키는 벗이니 참으로 다행스럽다.

(2-17) 원-8-2-1
원-8-3-10
행-1-5

17. 윤회가 없다면 진화도 없다. 윤회는 성불케 하는 힘이다. 따라서 윤회는 업보에 의한 시달림이 아니라 진화의 과정이요 수행을 가능케 하는 바탕이다.

지금 살아가는 순간에도 죽고 나기를 되풀이하고 있는 것이니 죽음이란 것도 그런 윤회의 한 마디에 지나지 않는다. 언제나 죽었기에 오늘을 살게 되듯 산다는 것과 죽는다는 것은 언제나 동반 관계요 함께 일어나는 일이다. 그러므로 죽음 속에 이미 삶이 있고 삶 속에 이미 죽음이 있으니 찰나로 변해 돌아가는 이것, 윤회야말로 나를 갈고 다듬어 성불케 하는 힘인 것이다. 윤회가 없다면 부처가 될 수 있는 길도 없는 게 된다.

18. 인연의 법칙을 벗어나서는 발전도 없을 뿐 아니라 중생도 없고 성불도 없다.

19. 하나의 종자로 수만 생을 다 먹이고도 그 씨는 되남아서 또 이듬해 열두 달을 다 먹이고 되남으니 '윤회에 끄달리지 않는다'는 말을 음미해 보라. 그것이 철칙이 아닐까.

20. 깨달은 사람에겐 나툼이고 깨닫지 못한 사람에겐 윤회이다. 일체 만물만생이 잠시도 머무름이 없이 나투고 돌아감을 모르는 사람에게 그것은 윤회일 것이나 깨치면 나툼일 뿐이다.

3. 진화

1. 세상을 살펴보면 살아 있는 모든 것들은 쉴 새 없이 움직이고 있다. 새는 새대로, 산짐승은 산짐승대로 바삐 움직이고 온갖 벌레와 미물들도 나름대로 부산하게 움직이고 있는데 이는 모두가 좀 더 진보하고자 하기 때문이다.

모든 생명에게는 차원의 높낮이는 있다 할지언정 나름대로의 마음이 있다. 그 마음은 육신의 주인이요 자동차의 운전사

법-3-63 (3-1)
원-2-3-7
원-2-3-8
원-3-1-1
원-6-3-4
원-6-4-4
원-8-2-8
원-8-2-17
원-9-1-13
행-1-1-7
행-1-2-1
행-2-1-1

(3-1) 행-9-3-3
예-10
예-16

와도 같으니 육신은 다만 마음이 하고자 하는 대로 움직일 뿐이다. 그런데 그 마음은 어제보다 더 나은 오늘, 오늘보다 더 나은 내일을 바라며 노력하고 궁리한다. 그러한 마음의 공덕으로 생명은 진화를 거듭하게 된다.

(3-2) 원-1-1-7
원-5-1-21

2. 기어 다니는 벌레가 한번 날기를 바랐을 때에 그 날고 싶다는 마음은 진화력인 것이니, 마음의 차원이 높아져 육신의 기능이 발달하여 드디어 몸을 벗고 나비로 훨훨 날 수 있게 되었을 때 그러한 드러냄을 창조라 할 수 있다. 말하자면 마음의 설계에 의해 밖으로 내놓은 것이다.

그러나 창조되고서도 고정된 생각, 고정된 행에 머물지 않으니 창조는 그대로 나툼인 것이다. 마음이 진화와 창조를 이루는 것이니 진화와 창조는 둘이 아니다. 퇴화도 또한 마음이 하는 것이다. 다 마음의 나툼인 것이다.

(3-3) 법-2-69
법-2-81
법-2-96
원-2-1-2
원-2-1-16
원-2-1-18
원-2-4-8
원-3-1-7
원-5-1-29
원-5-2-5
원-5-2-10
원-6-1-1
원-6-1-4
원-6-1-5
원-6-4-4
원-6-4-6
원-6-4-33

3. 벌레나 축생을 볼 때 그러한 존재는 스스로 생각한 것이 그것밖에 안 되었기에 그런 그림을 그려 가지고 나온 줄 알아야 한다. 진화의 과정에서 보면 생물들이 환경의 영향을 받아 적응하는 일면이 있지만 보다 근본적인 것은 의식에 달려 있다.

예를 들어 꼬리가 있었는데 그 꼬리가 불필요하다고 느끼게 됨으로써 꼬리가 사라졌고, 날개가 필요하다고 느끼게 됨으로써 날개가 생긴 것이다. 참으로 신기한 일이 한두 가지가 아니다. 인간의 경우도 마찬가지인데 지금부터라도 우리가 현재의 모습을 싫어하여 변화를 바라는 마음이 강해지면 미래의 인간 모습도 변모할 것이다. 〈모든 존재의 형태는 마음에 의해 형성된 것인데 그렇게 할 수 있는 힘은 무엇이겠는가. 주인공의 참마음인 것이다.〉

원-6-5-1 (3-3)
원-6-5-8
행-5-2-3
생-4-7-6
활-1-1
활-1-1-4
활-1-1-18
활-1-2
활-1-2-3
활-3-1-18

4. 진화와 창조가 다 한마음의 나툼이다. 진화란 마음의 차원이 높아지는 것을 뜻한다. 마음의 차원이 달라짐으로 해서 육신의 기능도 발달하게 되고 모양 역시 달라지는 법이다. 옛날에 살던 몸집이 크고 흉하게 생긴 동물들이 없어진 까닭은 사는 동안에 마음의 차원이 밝아진 까닭이다. 창조란 곧 마음의 설계에 의해 밖으로 내놓음을 말한다. 마음의 설계가 있음으로 해서 진화된 몸이 겉으로 나온 것이니 진화이면서 창조요, 창조이면서 진화인 것이다.

수-3-71 (3-4)
법-4-11
원-1-1-8
원-1-1-10
원-1-1-12
원-1-2-5
원-1-5-6
원-2-1-4
원-2-1-5
원-2-5-2
원-2-5-6
원-2-5-9
원-4-1-1
원-4-1-2
원-4-2-13
원-5-1-17
원-5-2-7
원-5-3-2
원-6-1-6
원-6-2-2
원-6-2-15
원-8-2-20
원-9-1-6
원-9-1-14
행-11-6-4
행-11-6-5
활-2-1-4

5. 농약을 뿌려 벌레를 없앤다 했을 때 얼마 안 가서 그 약에도 죽지 않는, 면역성을 지닌 벌레가 등장한다. 약을 뿌려 죽이면 죽고 난 뒤에 다른 모습으로 나올 때 약에도 안 죽는 껍질을 쓰고 나온다고 할 수 있다. 그렇게 진화를 하기 때문이다. 〈그러므로 과학적으로 당적해 내는 데는 한계가 있다. 마음 도리를 알아야 당해 낼 수 있는 것이다.〉

6. 중생이 자기의 차원에 대한 부자유를 느끼는 순간, 차원을 바꿀 수 있는 진화의 가능성이 싹튼다. 쏘가리가 쏘가리의

마음인 채로 있는 한 쏘가리 모습을 바꾸지 못한다.

(3-7) 법-2-91
원-1-1-2
원-8-2-11
행-1-2
생-2-2-2
예-16

7. 무명에 의해 지·수·화·풍 사대를 좇아 생명체가 생겼고 그로부터 진화를 거듭하여 가장 늦게 인간이 되었으며 인간이 됨으로써 비로소 수억겁 세월 전에 있었던 불씨를 알아내게 된 것이다. 〈그러므로 인간으로 태어나 인간이 다인가 보다 하고 그냥 살아서는 안 된다.〉

(3-8) 법-3-31
원-3-5-2
원-3-5-3

8. 우리도 전자에는 미생물이었다. 벌레였고 구더기였다. 그로부터 수억겁을 거쳐 진화해 왔는데 그것은 육신 속에 수없는 중생이 존재하는 것만 보아도 알 수 있다. 몸속의 중생들이 운행하고 있기에 혹성 같은 이 큰 몸뚱이가 움직일 수 있는 것이다. 아무튼 우리가 인간이 되기까지엔 수없는 변모를 거듭해 온 것이므로 어떤 짐승을 보더라도 그것이 나의 진화의 한 단계, 과거의 나의 모습인 줄 알아야 한다. 〈그래서 그 모든 존재를 알아야 비로소 사생의 자부가 될 수 있는 것이다.〉

(3-9) 법-2-100
심-2-14
심-2-22
원-3-5
원-3-5-2
원-3-5-5
원-3-5-6
원-3-5-11
원-3-6-5
원-4-2-5
원-4-2-7
원-4-2-9
원-6-1-7

9. 인간의 입장에서 볼 때 쓸데없고 하찮은 것들이 왜 생겼을까 하지만 모든 존재는 진화의 과정에 있는 것이다. 따라서 그것은 우리의 과거 모습이자 옛 친구들이며 인간에 이르는 진화 과정의 증명들이다. 사생이 미물에서부터 진화되어 가는 것을 보면 연달아 줄을 잇고 있는 것과 같고 또 생명체마다 그 몸 안에 사생이 각기 있어서 몸 안에서 또 진화하고 있으니 어

디가 중심이고 누가 기준점이냐 하기도 어렵고 어디가 시발점 이고 어디가 종점이냐고 하기도 어렵다. 〈세상 모습을 보면 시발점도 종점도 없으니 그대로 중용이라 해야 옳다.〉

원-6-4-11 (3-9)
행-5-5
행-5-5-1
행-5-5-2
행-5-5-4
행-5-5-7
생-4-4-8

10. 때가 되면 왜 옷을 벗고 죽음에 드는가. 그것은 차원을 바꾸기 위한 절차이다. 애벌레가 자라서 나비가 되고 매미가 되는 과정처럼 더 차원을 높여서 제 몸을 형성시키고자 하는 절차인 것이다. 예를 들어 다리가 짧으면 더 길게 만들고 길면 짧게 만들기 위해 그렇게 하는 것이니 실은 자유자재로 해 나가는 것이다.

원-8-2-17 (3-10)

인간에 있어서 그러한 절차가 왜 필요하냐 하면 그것은 물리가 터지고 지혜가 샘솟게 하는 과정이기 때문이다. 사람이 경험을 통해 삶의 모든 것을 익히고 늙었을 때 벼 이삭이 익어 고개를 숙인 것과 같으니 살아가면서 불편했던 것, 하고 싶었던 것, 그런 것들을 모습을 바꿔 그대로 반영해 가지고 되나오게 된다. 〈그러므로 수억겁을 거쳐 인간의 몸을 받기에 이르렀는데 다시 좌천해서야 되겠는가.〉

11. 우리는 진화를 거듭한 끝에 마침내 이 귀중한 인간계에 태어났다. 그동안의 뼈아픈 나날들이야 오죽했겠는가마는 인간계에 태어나서 어찌 오밀조밀한 잔재미나 보면서 세월을 보낼 것인가. 지금 깨달아 이 세상을 제도하면 부처, 보살이 될 것이요 한생각 잘못 일으키면 축생, 아귀, 지옥계로 전락할 수

원-8-2-11 (3-11)

도 있을 것이다. 어찌 일분일초인들 헛되이 살 것인가.

(3-12) 생-2-2-10
생-2-2-11
생-4-2-5

12. 진화란 보다 나은 상태로 나아가는 것이다. 진화의 원동력은 욕구라는 마음 작용이니 그러한 진화에의 욕구가 없었다면 이 세상은 재미없고 삭막했을 것이다. 그러나 그러한 욕구 중의 마직막 욕구는 보리심, 즉 깨닫고자 하는 욕구이다. 그러한 욕구가 있어야 인간은 진화한다. 수억겁 동안 살아 볼 양으로 발버둥 치며 쫓고 쫓기면서 피나는 세월을 첩첩으로 넘겨 온 우리들이니 이제 인간의 몸을 받아서 어떤 마음을 가져야 하겠는가.

13. 진화는 활동력이다. 활동력이 없으면 자재력도 생기지 않는다. 창조력도 생기지 않는다. 그런데 중생들은 고정된 생각에서 헤어나지 못하는 경우가 많으니 마음도 계발 못하고 새 설계를 내놓을 줄도 모른다. 창조력도 없게 된다. 그러므로 부처님의 엄청난 말씀을 알지 못한다.

(3-14) 심-1-1-35
원-2-2-10
원-2-4-4
원-8-2-16
행-1-2-1
행-1-5-1
행-11-6-5
행-11-6-8

14. 진화의 완성은 대자유, 무량 공덕의 부처가 되는 것인 바, 그러므로 모든 생명은 그 완성으로 가는 과정에 있다. 따라서 모든 생명은 우리와 같은 구도의 형제들이며 삼계는 그런 구도자로 가득 찬 대도량이라 할 수 있다.

제9장 과학과 우주

1. 심성과학

1. 개구리 알 하나에서 원리를 찾더라도 그 가짓수는 무한이라고 해야 할 정도이다. 그러하니 인지의 과학이 그 원리를 모두 밝힐 수 있겠는가. 오로지 부처님 지혜의 심성과학만이 그 모든 것을 규명할 수 있다.

법-1-63 (1-1)
법-2-96
행-1-3-7

2. 현대 과학 문명이 아무리 고도화되었다 할지라도 지금 벽을 뚫고 나갈 수 없는 상황에 이르렀다. 기필코 마음을 계발해야만이 이 벽을 뚫을 수 있다. 마음을 계발하지 않는다면 점점 살기 어려운 시대가 다가오게 된다. 왜냐하면 물질과 정신의 발달이 병행해야 할 텐데 지금은 물질로만 치달아 막다른 골목으로 들어가는 형국이기 때문이다.

활-1-2-1 (1-2)
활-1-2-2
활-1-2-8
활-2-3-4
활-2-3-7

3. 의학이 발달되었다 해도 바로 말하면 문제를 30%밖에 해결하지 못하고 있다. 나머지 70%는 어디서 보충을 할 것인

활-3-1 (1-3)

가. 과학이란 어차피 반쪽만을 다루는 것이니 50%를 넘지 못한다. 그러므로 나머지 반쪽을 채우려면 마음법, 즉 과학이란 이름을 빌리자면 심성과학을 계발하여야 한다. 마음법은 심성의학, 심성 물리학, 심성 천문학이요 심성의 공학, 지리학, 생물학 등이 다 된다. 〈잠재의식과 현재 의식이 계합되어 일심으로 돌아가지 않고서는 완전한 연구를 해낼 수 없다.〉

(1-4) 원-6-1
원-6-3

4. 물질이 사람을 끌고 가는 게 아니라 사람의 마음이 물질을 끌고 가는 것이다. 이 근본을 모른다면 물질과학엔 한계가 있다. 그러기에 심성으로 되돌려 들어가야 한다. 각 분야의 과학의 바탕은 일체 마음으로부터 나오는 것이기에 아무리 많은 과학자들이 분야별로 다양하게 연구를 한다 해도 마음을 알아야만 계속해서 발전할 수 있다.

5. 과학의 힘도 무시할 수는 없겠지만 그러나 그것은 부처님 당시에 말씀해 놓은 것이나, 지금 우리가 생활 속에서 마음으로 대처해 나가는 것의 일부분을 설명하고 증명하는 데 불과하다.

(1-6) 심-1-158
원-1-5- 6
원-9-1-14

6. 지금은 육신 무예를 해야 할 때가 아니다. 예를 들어 축지법을 배우지 않더라도 누구든 차를 타고 쉽고 빠르게 가고 싶은 곳에 갈 수 있기 때문이다. 예전에는 육신으로다 한 시오리쯤 주름잡아도 괜찮았는데 지금은 어떻게나 바쁜 세상인지

날아다녀도 더디다. 빛의 속도로 간다 해도 더디다. 그전과 지금을 비교해도 진리는 다 같은데 사람의 마음이 돌아가는 게 그만큼 빨리 돌아가니 시대도 발전하고 변천하는 것이다. 참된 무예란 모든 존재의 궁극의 원소, 유전자의 그 이전을 찾아서 아는 것이다.

7. 지금 아무리 과학자들이 많다 해도 우리가 어디서 와서 어디로 가는지 그것을 모르기 때문에 신비적인 일이라고 생각하지만 심성과학에서 보면 그것은 신비가 아니다. 현대 과학은 보이지 않는 영적인 세계를 몰라 50%를 넘지 못하는 반쪽 과학이라, 마땅히 한마음 법을 공부해야 한계를 넘을 수 있다.

8. 이 세상에서 가장 **빠르다는** 빛도 마음보다는 **빠르지** 못하다. 그러므로 마음을 깨치게 되면 모를 것이 없고 닿지 못하는 데가 없다. 현대 과학이 낳은 훌륭한 발명품들로도 부처님의 위대하신 법력은 짐작도 하지 못하는 바가 있다. 지금 현대 과학이 맞닥뜨려 있는 한계도 마음의 신묘한 힘을 빌린다면 얼마든지 뛰어넘을 수 있을 것이다. 〈예를 들어 마음을 깨친 이들에게는 수성이나 화성, 목성, 금성 등을 가서 살펴본다는 게 그렇게 어려운 일은 아니다. 뿐만 아니라 불치병으로 분류되는 질병도 고치지 못할 바가 없고 차원도 사차원이 아니라 시공을 뛰어넘는 초차원의 경지를 넘나들 수 있다. 부처님께서는 그런 일이 사람들을 미혹하게만 할 뿐 아무 이득이 없음을

법-2-62 (1-8)
법-2-99
원-6-2-9
원-6-3
원-6-3-13
원-6-4-17
원-7-1-7
원-9-1-8
원-9-1-11

아시고 조심하셨던 것뿐인가 한다. 마음의 힘을 간절하게 믿고 깨쳐 들어간다면 육안으로 포착되지 않는 영의 문제나 신의 문제까지도 자세히 살펴질 것이다. 마음법이야말로 묘법 중의 묘법이다.〉

9. 부처님 법을 말하기 이전에 현대 과학 문명이 오신통은 한 셈이다. 단 한 가지, 마음을 계발하지 못하고 있다. 그러기에 물질을 만들어 놓고 자기들이 그 물질로 인해 죽거나 고통을 받고 있다.

(1-10) 원-3-2-7
원-5-1-8
행-5-2-9

10. 과학 문명의 발달로 물질을 쪼개는 기술 수준도 높아져 더 이상 쪼갤 수 없는 단계에 이르렀다고 하는데 인간이 유의 세계의 궁극에 이르러 무의 세계로 넘는 문을 발견할 수 있는 길은 부처님만 가르치신 게 아니라 단군, 성인들이 다 가르치셨다. 숨을 들이고 내쉬는 교차로에 삶과 죽음이 있듯이 물질문명이 고도로 발달된 지금은 거꾸로 돌아서 정신세계의 교차로를 넘어서야 한다. 그것은 한마음 도리에 달려 있다.

(1-11) 법-2-96
원-4-1-6
원-6-2-1
원-6-2-8
원-6-2-11
원-6-3-3
원-6-3-7
원-7-1-1

11. 지금 과학자들이 외계인과의 전파 교신에 큰 기대를 걸고 있다고 하지만, 우리는 물질세계의 50%를 가지고 장차 정신세계로 내디디려는 교차로에 놓여 있으니 전파를 통해 외계인과 연락한다 함은 근본 도리를 모르는 처사이다. 모름지기 나를 떠나서는 통로가 막혀 있으니 마음으로부터 나의 무선 전

화를 가설해야 통로가 바로 트이고 연락이 된다. 그렇게 물리가 터지면 두루 보고 두루 들을 것이며 두루 파악할 수 있게 된다. 〈스스로 마음속의 통로를 알면 벽도 천장도 없으니 그대로 부처님의 평발이다.〉

12. 사람들은 인간의 처음 모습은 어떠했으며 지구의 나이는 얼마나 되는가를 궁금해하는데, 우리가 비록 태생이지만 몸속의 온갖 중생도 태생이던가? 그림자 붙듯이 의식이 붙어 모두 화해서 태어난 것이다. 그러나 이 껍데기를 벗는다 해도 죽는 게 아니며 생명이 여기에만 있는 게 아니라 별들에도 있으니 그대로 불성이라. 생기고 돌아가는 이치가 같아서 이 우주를 한 회사라고 비유해도 과언은 아니다. 그러니 지구의 나이가 세 살밖에 안 된다고 해도 틀린 말이 아니다. 〈열심히 공부해서 스스로 어디 살고 있고 어디를 그렇게 돌아다니는지 정체를 알아보라.〉

13. 인간은 어떻게 모습을 드러냈는가? 사대가 뭉쳐 사생으로 나투는 중에 원숭이로부터 되었다, 고릴라로부터다, 곰으로부터다 하는 얘기가 있지만 어느 하나로 규정할 수 없다. 왜냐하면 유전자의 진화력에 의해 구르고 구르면서 억겁을 거쳐 갖가지 체로 나투었던 때문이다. 축생이라 해서 그 모습 그대로 있는 게 아니고 인간이라 해서 인간대로 고정됨이 없으니 마음으로 자기의 체를 자기가 형성케 한 것이다.

원-2-3-7 (1-13)
원-2-3-8
원-3-1-1
원-6-3-4
원-6-4-4
원-8-2-8
원-8-2-17
원-8-3
원-8-3-3
행-1-1-7
행-1-2-1
행-2-1-1
행-9-3-3

(1-14) 원-1-5-6

14. 사대가 다 독특한 맛을 가지고 있으나 그 자체로서만 있을 때는 암흑이라 했을 것이다. 그러다가 사대가 합쳐 공존 케 되자 아니 닿는 데 없는 그 에너지, 공기 또는 향기와 같은 에너지에서 유전자가 탄생하여 온 우주로 확산되었을 것이다. 그리고 거기에서 생명체들이, 수많은 별성의 체가 비로소 발생되었을 것이다. 동시에 유전자의 묘법이 차원대로 찰나찰나 나투며 돌아가게 되었을 것이다. 고로 사생이 벌어지고 진화력에 의한 유전이 시작되었을 것이다. 그러기에 지수화풍 사대가 뭉친 거기에 영원한 무전자의 능력, 유전자의 묘용이 다 들어 있는 것이다. 또 그러하기에 물질과학만으로는 전체를 알 수도 없고 움직일 수도 없다고 하는 것이다.

(1-15) 원-4-1-6
원-7-1
원-7-1-1
원-7-1-3
원-7-1-10
원-7-1-12
행-3-5-9
행-5-5-4
활-1-1-6
활-1-1-7
활-1-2-14

15. 사람들은 법망이라는 것을 모르나 법망은 엄연히 있어서 법계의 허가 없이 우주선을 띄웠다고 할 때는 분명히 잘못되는 수가 있다. 그것은 과학만으로는 해결할 수 없는 일이니 설사 과학으로 우주선을 허공에 띄울 수 있다 해도 마음법만이 문제점을 근본적으로 해결할 수 있다.

2. 우주

(2-1) 수-3-83
원-4-1-3
원-4-1-7

1. 팽이가 운동 중심이 잘못되면 똑바로 돌지 못하고 미치광이처럼 돌듯이 은하계도 무전자의 삼각 받침대가 없다면 똑

바로 궤도를 돌 수가 없다. 원-6-4-21 (2-1)
원-7-1-4
예-6

2. 가령 외계에서 지구에 생명체가 있는지 없는지 알고자 탐사하러 왔다가 북극 지방만 보게 되었다면 지구에는 생명체가 없다는 결론을 내리기 십상이다. 장님이 코끼리 만지는 격일 테니 지구는 얼음으로 뒤덮인 혹성에 불과하게 된다. 그와 마찬가지로 우리가 다른 혹성을 그렇게 보고 있다. 전체를 내려다보지 못하고 한쪽만 보고 있는 것이다.

3. 이 우주 안에는 버러지 수효만큼의 은하계가 있다. 〈그 원-9-1-15 (2-3) 무수한 하천 세계와 상천 세계에 상응하지 못한 채 말로만 떠든다면 무슨 일이든 무허가로 그치게 마련이다.〉

4. 은하계와 통하려면 상대를 하나로 통하고, 유생 무생을 행-11-6-5 (2-4) 다 통하고, 삼세를 다 통하고, 나아가서는 혹성까지 통하게 되 행-11-6-6 어야 전부를 통할 수 있는 것이다. 〈그래야 바람 쐬러 나갔다 하면 한생각에 억만 회순이라도 다 통하고 전체 구정토를 왕래하고 별성과 더불어 운행하고 공존할 수 있다. 또 그래야 손가락 하나 벌려서 다른 혹성을 옮아올 수도 있는 것이다.〉

5. 부처님의 손발은 아니 닿는 데가 없어 어느 혹성, 어느 원-1-3 (2-5) 은하계의 구석진 틈이라도 평등히 다 알 뿐 아니라 생명의 차원이나 발전 단계, 정신적 능력의 정도를 소상히 알고, 따라서

곳곳의 능력에 맞춰 발전시킬 수도 늦출 수도 있다. 우주가 아무리 크고 혹성들이 혹은 뜨겁고 혹은 차고 하더라도 다 생명이 있기에 서로 무심의 왕래가 있는 법이다. 〈예를 들어 마음을 깨친 이에게는 수성, 금성, 화성, 목성 등을 가서 살펴본다는 것이 그렇게 어려운 일은 아니며, 의학적으로 불치의 판정이 난 병이라도 고치지 못하는 병만은 아니게 된다. 뿐만 아니라 시공을 뛰어넘고, 과학의 한계를 넘어 지혜의 계시를 줄 수도 있다. 다만 세상 사람들을 미혹하게 하면 아무런 득이 없을 것이기에 그런 능력을 함부로 사용하지 않을 뿐이다.〉

6. 생명 하나하나의 삶은 저마다 참으로 눈물겨운 데가 있으니 모든 생명들이 다 제 차원이라고 하는 병 속에 갇힌 채 그것을 벗어나려고 저도 모르는 노력들을 하고 고통을 당하기도 한다. 그러나 이곳뿐이 아니라 까마득한 우주의 머나먼 저쪽에서도 이곳과 다름없는 살림살이가 펼쳐져 있으니 중생의 눈과 손과 생각이 미치지 않는 세계의 살림살이는 각양각색이다.

(2-7) 원-8-2-5   7. 어느 별의 살림살이는 이곳과 아주 달라서 아이를 낳는 데도 일일이 수태하여 낳지 않고 마음에 따라 만들기도 하며, 여럿이 할 일이 있으면 한생각으로 여럿이 되어 일하고 할 일이 없으면 다시 하나로 합쳐 버리기도 한다. 그들의 땅은 마치 보석처럼 빛나고 밤낮이 따로 없이 늘 휘황찬란하다. 〈거기에 비하면 지구는 마치 거르는 체와 같아 마음의 차원에 따라 상

천으로도 가고 하천으로도 가니 바로 중세계인 것이다.〉

8. 우주에는 보이지 않는 생명이 충만해 있다. 이 지구에만 우굴우굴한 게 아니라 다른 혹성에도 우굴거린다. 생명체에 있어서 동맥·정맥을 통해 피가 돌고 오장 육부가 다 맡은 바 책임을 다하듯이 은하계도, 지구도 그렇게 빈틈없이 운행하고 있다. 별 속에 별들이 있어 질서정연하게 돌아가고 있는 것이다. 서로가 서로를 의지해 안정할 수 있는 마음이 있기 때문이다.

9. 인간의 재생이나 별들의 재생이나 똑같다. 껍데기의 수명이 길고 짧은 차이가 있을 뿐이다. 어떤 사람의 내력을 알려면 이름을 대야 하듯이 우주의 각 성에 대해서 알려고 하면 역시 그 이름을 밝혀야 한다. 무정국, 오토국, 혹은 강서수기성 등……. 수성 너머에 있는 외성을 예로 들면, 크기는 지구의 1/3품쯤 되면서 길이로는 3배나 되는데 이것이 지그재그로 삼각형을 그리며 돌고 있다. 여기 말로는 수성의 외성이라 할 수 있는데 거기서는 이름조차 없는 공업국인 셈이다.

10. 우주 전체를 금강 자석이라 한다면 이 금강 자석의 힘에 의해 지구가 돌아간다. 그렇지 않다면 지구는 멸망한다. 다른 모든 혹성들도 같다. 〈그렇다면 자석과 같은 힘은 누가 가졌느냐? 우리 마음들이다. 우리 마음의 별성이다. 바로 우리의 능동적이고 활용적이고 움직일 수 있는 무한의 능력을 가진

원-1-1-5 (2-10)
원-1-2-12
원-1-4
원-1-4-1
원-1-4-3
원-1-5
원-1-5-1
원-1-5-7
원-1-5-9
원-1-5-10

(2-10) 원-1-5-11
원-2-1-1
원-2-2-4
원-2-2-7
원-2-2-9
원-4-2-2
원-7-2-3
행-2-1

이 생명줄이다. 그래서 불성이라 이름했다. 우주는 불성에 의해 균형을 잡아 안정되어 있는 것이다.〉

11. 사람들이 여기서 서로 빼앗고 빼앗기듯이 혹성 간에도 그런 상황이 벌어지고 있다. 그러나 빼앗기는 줄조차 모르고 있다. 못 배우고 어리석으면 당하고도 하소연할 곳조차 없으니 능력을 키워야 방어라도 해 볼 수 있을 것이다. 〈우리가 마음공부를 하면 여기서도 살고, 거기서도 살고, 하나로, 열로, 천으로, 만으로도 사니까 밖에서 무엇이 와도 비로소 나 아닌 게 없이 다 자비롭게 조절할 수 있을 것이다.〉

12. 우리가 사는 은하계는 크기가 중간치 정도이다. 도솔천의 은하계는 우리 은하계와 같은 것을 2,970개 정도 합쳐 놓은 것만큼 방대하다.

(2-13) 원-3-4
원-3-4-7
원-4-1-3
원-4-1-4
원-6-3-7
원-9-1-14

13. 과학자들은 단순히 지·수·화·풍이 모여서 삼라만상이 벌어졌다고 할지도 모르겠지만 '한 생명'이 없다면 이루어질 수가 없다. 바람이 불고 물과 먼지가 한데 합치면 마치 퇴비를 모아 놓았을 때 뜨거운 열과 가스가 나오고 쓰레기에서는 벌레가 생기듯, 생명 있는 것들이 한데 합치니 능력이 폭발되는 것이다. 이때에는 좋다 나쁘다도 없다. 그저 폭발되었을 뿐이다.

이렇게 해서 생긴 생명체들이 밝음을 알게 되고 그것이 반사되어 자기의 분수를 알게 된다. 이것이 진화이자 창조이다.

이러한 것이 불성의 조화가 아니라면 어떻게 될 수 있겠는가? 이렇게 지수화풍이 합치면서 큰 성주를 이루었다는 것은 지수화풍이 합쳐서 힘이 솟았다는 것이고, 힘이 솟았다는 것은 화(化)하였다는 것이다. 이렇게 화하고 나니 지수화풍이란 말도 나올 수 없게 된 것이다. 즉, 지수화풍이 바탕이 돼서 성주를 이룬 것이다. 곧 우주를 이루었다는 말이다. 그러다가 어느 날 홀연히 한생각을 하여 우주를 셋으로 나누었다. 그 가운데 부분이 우리가 통상 우주라고 하는 것이다.

14. 우리는 우주가 하나인 줄 알지만 실은 종합해서 대천세계, 중천세계, 소천세계로 나눌 수 있다. 비유로 계속 설명한다. 그 세 우주를 아들에게 나누어 주었는데, 세 아들이 바로 아버지이고 아버지가 바로 세 아들이다. 이것은 깨달은 사람이 아니면 알 수가 없다. 그 세 아들 중 첫째 아들은 칠 형제를 낳고, 가운데 아들은 삼 형제를 낳고, 셋째 아들은 오 형제를 낳았다. 그리고 그 가운데 아들이 낳은 삼 형제가 다시 칠 형제를 낳았는데 그 중 삼 형제는 생명을 불어넣어 주는 책임을 맡았고 나머지 사 형제는 물질을 만드는 책임을 맡았다. 처음에 물질을 만들 때는 경험이 없는 까닭으로 집을 짓더라도 길쭉하게 상투 하나 있는 것처럼 삼각형으로 모양만 겨우 냈었다.

그런 식으로 집을 짓고 생명을 불어넣고 하다가, 세 칸 집이 다섯 칸 집이 되고 방대해지니 길을 닦아야 할 필요가 생겼다. 길을 닦아서 그것에 생명을 불어넣으니 수많은 분야가 생기고 다양해지면서 수많은 자식들, 즉 수많은 별들이 생기게 된 것이다.

그러나 그 수많은 자식들이 서로 다른 것이 아니고 성주가 삼 형제이고, 삼 형제가 칠 형제이고, 칠 형제가 수많은 자식인 것이며 수천, 수십만이 되어도 성주 하나인 것이다. 이렇게 수없이 만들다 보니 모든 물질이 나오고 태양이 나왔다. 근본에서 근본이 나온 것이다. 이러한 은하계, 태양계는 수없이 많다. 우리는 우리의 태양계가 대단한 줄 알지만 그렇지는 않다. 우리 식으로 이야기하자면 시골의 변두리 정도이다. 〈그런데 그렇게 은하계가 많고 태양이 많고 별들이 많다 할지라도 바로 이 한 점의 생각으로 모든 것을 쌀 수 있다면 얼마나 위대한 것인가.〉

(2-15) 행-1-5

15. 중세계의 사람들은 부처 될 권리를 갖고 있다. 권리는 있지만 무한의 능력을 쓰지 못하기 때문에 못 쓰는 것뿐이다. 그러니 자기 깊숙이 있는 한 점의 자기를 찾았을 때 그 금궤를 찾게 되는 것이다. 지구에 사는 사람들은 지구에서 보았던 것밖에는 알 수 없고 그것밖에는 상상할 수도 없다. 다른 나라, 다른 물은 모르기 때문이다. 연못에서 놀던 고기가 바다를 알 수 없듯이…….

(2-16) 원-6-1
활-1-2
활-2-4

16. 어떤 혹성에서는 생각만으로 모든 것을 처리한다. 먹고, 입고, 만들고, 없애는 이 모든 것이 한생각으로 처리되는

데, 예를 들어 어린애를 갖고 싶으면 배로 고통스럽게 낳지 않아도 어린애가 생기고 없애려면 생각 한 번에 없어진다. 오장육부의 지저분한 피, 똥, 고름, 오줌을 배 속에 넣고 다니지 않아도 청정하고 깨끗한 인간의 모습을 여여하게 가지면서도 선신 세계의 맛을 볼 수 있다. 물론 그렇게 여여한 모습으로 선신 세계에 산다 해서 부처인 것은 아니다.

17. 목성에서는 지구의 사람들처럼 허리띠를 졸라매고 이렇게 처참하게 살지는 않는다. 그곳은 밤낮이 따로 없는데, 보석들이 반사되어 달빛처럼 밝게 비춰 준다. 투명한 밝음으로써 안에서 스스로를 밝힌다. 스스로에게 자가 발전소가 있는 것을 알기 때문에 자기 마음대로 켠다. 여기처럼 전기가 나갈 걱정이나 전기값을 걱정하지 않고 편리하게 살아간다. 그러니 그곳에는 '밤', '낮'이란 단어가 없다. 〈우리들이 왜 그렇게 하지 못하는가 하면 자기를 못 믿고 그 도리를 못 믿기 때문이다. 그 도리를 안다면 왜 여기서만 살겠는가? 여기서 이렇게 공부하면서도 저쪽 동네로 가서도 살 수 있는 것이다. 불성이란 어디에 가고 와도 가고 옴이 없다. 그 동네에 가서 살면서도 여기에서 또 산다. 나 아닌 것이 없기 때문이다. 그 수효는 모래알처럼 많다. 하나가 되려면 하나가 되고 둘이 되려면 둘이 되고 천이 되려면 천이 되고 만이 되려면 만이 된다. 또 하나도 없으려면 없다. 자유자재이다. 얼마나 좋은가?〉

심-1-18 (2-17)
심-1-19
심-1-20
심-1-22
심-1-23
심-1-24

18. 세 개의 우주 뒷면에는 도솔천국, 즉 어마어마한 범천이 있다. 범천이라는 것은 너무나 어마어마하고 광대하다. 우리가 사는 은하계는 아주 작은 지방 정도이다. 〈이런 것을 그냥 알 수는 없다. 내 마음을 두루 깨쳐서 다 성장되어 아주 하얗게 깨쳐 알아야 한다. 만약 범천이 있다면 범천과 더불어 같이할 수 있고, 대치해서 막을 수 있고, 뚫을 수 있고, 서로 상응할 수 있어야 한다. 이것의 속 내용은 일일이 말로 할 수는 없다. 가고 오는 사이 없이, 행하는 사이 없이 행하는 자연스러운 그것, 그것을 깨닫지 않고는 알 수 없다.〉

19. 그 은하계 안에는 양쪽으로 사람의 유방처럼 불쑥 나와 있는 것이 있다. 그것들의 역할은 모든 곳의 무전을 송수신 하는 것이고, 그 은하계를 돌고 있는 12개의 외성은 참으로 찬란하고 아름다운 것이다. 또 12개의 외성 하나하나에는 외성이 12개씩 돌고 있는데 아주 질서정연하다. 그곳의 별들은 이곳의 별처럼 생기지 않고 사각의 모양이면서도 한쪽은 부처님의 머리같이 생겼다. 그러면서도 위에서 보면 망같이 생기기도 하였고, 옆으로 보면 둥글게 도는 것 같기도 하고, 밑에서 보면 팽이 밑둥 돌듯 하니 참 묘하다 할 수밖에 없다.

20. 우주 한쪽에서는 아주 커다란 성을 이루고 있는데 그곳의 빛은 말할 수 없이 밝으나 열은 가지고 있지 않다. 남들이 보기에는 불같이 뜨거울 것 같지만 그렇지 않다. 또 지구의 나

무는 파랗고 싱싱한데, 범천의 나뭇잎들은 황금빛이며, 몸체는 분색이 난다.

또한 그곳의 돌들은 이곳의 돌처럼 오랜 세월이 흘러서 굳어진 것이 아니다. 그곳 사람들은 뜨거운 에너지를 빼서 마음대로 돌을 만들어 쓴다. 이런 일들은 힘이 안 들고 쉽게 할 수 있지만 상세계·중세계·하세계로 바람직하지 못한 영향이 가기 때문에 아무 데나 기분대로 하지 않는 법도를 지킨다.

21. 수성에서 좀 떨어진, 즉 지구에서 달의 거리보다 조금 더 먼 곳에는 이것저것 갖가지가 모여 하나의 성을 이루었는데 우리 식으로 이야기하면 공업국이라 할 수 있다. 그곳에서는 고슴도치같이 생긴 비행 물체를 띄워서 외계의 정보를 수집한다. 비행 물체의 형태는 각 혹성마다 틀리는데, 상세계에서는 삼각형 또는 원형이고, 길쭉하면서 부처님 머리같이 생긴 비행 물체는 도솔천에서 띄운 것이다. 그것은 생각만 하면 서고 뜨며, 어디쯤 가야겠다 하면 알아서 가게 된다.

수성에서 그 공업국까지의 거리는 지구에서 달까지의 거리보다 더 되지만 수성에서는 안방 문턱 건너듯 드나든다. 왜냐하면 그 능력이 대단하므로 다른 곳의 에너지는 빼앗아 올 수도 있지만 수성의 에너지는 다른 곳에 빼앗기지 않는다. 공업국에는 끝이 뭉툭하게 생긴 삼각형에 사각의 문이 있어 겉으로 보기엔 네 겹으로 되어 있는 것 같고, 삼각형 내부의 구조는 인간의 세포처럼 거미줄 얽히듯 얽혀 있다. 수명은 수성보다는 짧다. 또 그곳에는 네 개의 문이 있지만 한 문으로 들어갈 수밖에 없으며 나올 때도 그 문으로 나와야 한다.

22. 화성에는 생명체가 없다고들 하는데 사람이 보이지 않는다고 사람이 안 사는 것이 아니다. 생명이 우글우글하는데도 안 산다고 할 수 있겠는가? 중세계인 이 지구에서는 보이지 않는 생명들을 키로 까부르고 체로 걸러서 위로 던질 것은 던지고 아래로 보낼 것은 아래로 보낸다. 각 혹성에서는 이렇게 각자 맡은 소임을 하고 있는 것이다. 〈이 공부를 한다면 집주인이 엄연히 있으니 자기 정신을 빼앗기지도 않고, 내 능력을 남에게 빼앗기지도 않고, 남에게 실험을 당하지도 않는다. 우리는 삼차원에 살고 있는데 사차원의 세계 사람들에게는 실험 도구로 부려질 수도 있다. 지금까지 그렇게 되어 왔다. 그래도 괜찮은가? 또한 어떤 경쟁이 생겨서 능력의 공기를 흡수당하는 수가 있는데 그렇게 되면 병이 많이 든다. 그러나 누가 빼앗아 갔는지, 어디서 그랬는지 알 수가 없다. 만약에 유전자의 능력까지도 몽땅 빼앗긴다면 그것은 피를 몽땅 빼앗기는 것과 마찬가지이므로 껍데기만 남아 흙과 물로 변해 버리겠지만 주인이 있다면 감히 그렇게 할 수 없다. 그런데 어째서 농락을 당하면서 사는가? 왜 이러한 이야기를 하는가 하면 앞날을 위해, 연구하는 사람을 위해서, 또 수십 번 다시 태어날지라도, 수십억 년이 걸리더라도 이러한 도리를 모두가 알아야 하겠기에 하는 말이다.〉

수행(修行)편

제1장 불법 공부
제2장 믿음이 근본
제3장 물러서지 않는 마음
제4장 놓고 가는 삶
제5장 관념의 타파
제6장 의정
제7장 관하는 도리
제8장 안에서 찾자
제9장 무애의 발걸음
제10장 참선
제11장 깨달음

제1장 불법 공부

1. 한 철 인생

1. 인생이란 "응아!" 하고 고고성을 올리며 나왔을 때에 이미 예고 없는 사형 선고를 받는 가운데 일생을 꿈속의 일처럼 살다가 돌아가는 것이다. 또는 잠깐 이승에 소풍 나왔다가 가는 것과 같다. 우리의 육신·재산·권력·명예라는 게 본래 실체가 없어서 허망한데, 찰나 동안 살면서 가지고 갈 수도 없는 것을 놓고 서로 빼앗고 싸우고 울고불고하니 참으로 어처구니없는 일이다.

원-3-4-4 (1-1)
원-8-2-3
원-8-2-6
원-8-2-15
행-1-2-5
생-2-2-1

2. 사람은 태어나면서 이미 죽을 숙명을 안고 태어난다. 마치 사형이 확정된 죄수와 같다. 그러나 자기의 인생을 제 것이라 생각하지 않고 다만 나는 내 인생을 몇십 년 동안 관리할 뿐이라고 확철하게 안다면 마음은 생사의 걸림에서 벗어나 편안해질 것이다.

(1-3) 원-8-1-6
원-8-2-10
원-8-2-11
생-2-1-1
생-2-1-16

3. 우리는 한 철 살다 가는 나그네이다. 그러한 나그네 생활을 할 때에 어떻게 하느냐. 평등한 마음으로 웃으면서, 매사를 내 탓으로 돌리며 넓은 아량과 지혜를 가진 인간으로 사느냐, 아니면 무슨 짓을 해서라도 살아야 하겠다는 모진 마음으로 나가느냐. 각자 판단해 볼 일이다. 다만 한 철 나기 위해 이 세상에 와서 이 도리를 알지 못하고 간다면 언제 다시 와서 실현할 수 있을지 도저히 기약할 길이 아득하다는 것을 잊지 말라.

(1-4) 원-6-1-3
행-1-2-8
행-1-2-11
행-3-4-1

4. 인간이란 지구 안에서도 그렇지만 대천세계를 합친 자리에서 보면 티끌처럼 보잘것없다. 그럼에도 티끌 같은 존재가 티끌 같은 일을 가지고 옳으니 그르니 왈가왈부하며 화목하지 못한다. 그러니 공부한다 하기 이전에 말 한마디라도 오순도순 곱게 해야 하고 일을 해도 융화를 도모해야 하고 서로 마음을 거스르지 말아야 하겠지만 몸 떨어지면 그뿐이니 어느 때 삶의 의미를 알게 되겠는가.

5. 사람은 꿈이 꿈인 줄 모르는 까닭에 혹은 기뻐하고 혹은 괴로워한다. 꿈에서 깨어나야 한다. 그 쾌락의 꿈과 고통의 꿈에서 깨어나 크게 한번 껄껄 웃고 명철한 눈으로 이 세계의 참모습을 보며 살아야 한다.

(1-6) 원-7-1-8
원-7-1-9
원-7-2-1

6. '이 즐거운 세상, 수단 방법 가릴 것 없이 편케 살면 그뿐 아니냐.'라고 생각하는 사람들이 있다. 그러나 나 하나 편

한 것으로 영원한 평안을 얻을 수는 없다. 일시적인 향락이 근본 문제를 해결해 주지는 못한다. 우리의 삶은 이 생에서 끝나지 않음을 알아야 한다. 또한 나 혼자만 몰래 하는 일까지도 업이 되어 내게 되돌아온다는 법칙도 알지 않으면 안 된다.

7. 몸은 조만간 스러져 흩어질 것인데 자기를 어떻게 영원하다 하는가 하겠지만 나름대로 모습을 바꿔 옮길 뿐이지 죽는 것은 아니다. 그것은 비유하건대 애벌레들이 고치를 틀고 들어앉았다가 나방의 모습으로 화하여 공중을 나는 것과 같다. 그러하기에 우리의 삶은 생동력 있게 힘찬 발걸음을 내디딜 수도 있는 것이다.

법-3-63 (1-7)
원-2-3-7
원-2-3-8
원-3-1-1
원-6-3-4
원-6-4-4
원-8-2-1
원-8-2-8
원-8-2-17
원-8-3
원-8-3-3
원-9-1-13
행-1-2-1
행-2-1-1
행-9-3-3

2. 인생의 목표

1. 인생의 최대 문제는 지금 우리 인간이 사는 이 세계에서 위 차원으로 올라서느냐, 아니면 다시 지금의 차원을 되풀이하느냐, 아니면 아래 차원으로 떨어지느냐 하는 문제이다. 그 해답은 각자 마음먹기에 달려 있다. 〈참 나를 깨달으면 영원히 밝은 세계를 보게 된다.〉

원-6-4-1 (2-1)
원-6-4-23
원-6-4-24
원-6-5-1
원-7-3-4
원-8-1-8
원-8-2-4
원-8-2-5
원-8-2-6
원-8-2-10
원-8-3-1
원-8-3-2
원-8-3-4
원-9-2-7
행-9-3-4

2. 우리가 꼭 마음공부를 해야 하는 까닭은 무엇이냐? 유위의 세계를 넘어 움직이지 않으면서 움직이고 손 한 번 대지 않

486 수행편

(2-2) 수-2-22
수-5-23
법-1-55
법-2-30
법-2-74
심-1-117
원-1-1-1
원-1-1-2
원-3-4-11
원-6-4-23
원-7-2-4
원-7-2-5
원-8-1-4
원-8-1-6
원-8-1-9
행-1-3-4
행-1-4-1
행-1-4-9
행-1-4-10
행-2-2-6
행-3-2-1-9
행-3-2-3
행-3-2-5
행-3-4-13
행-3-4-24
행-5-2-6
행-6-2-4
행-8-1-1
행-8-1-12
행-8-4-8
생-1-1-7
생-1-2
생-2-1-17

으면서 손을 댈 수 있는 이치가 있으니 그 무위의 세계를 알아야 찰나에 마음으로써 유무를 상통 자재할 수 있기 때문이다. 그러나 대부분의 사람들은 유위 세계만이 전부인 줄 알기 때문에 유무 간에 단단한 벽이 가로놓이게 되었다. 〈은산 철벽이라는 게 그것이다. 이 공부는 이 은산 철벽을 뚫는 공부이다.〉

3. 인생을 꿈 같다고 하고 환(幻)일 뿐이라고 한다. 또 하늘에 떠다니는 저 뜬구름 같다고도 한다. 그래서 우리가 사는 이 세계를 환상천이라고 부르기도 한다. 마음공부란 다름 아닌 이 환상천을 뛰어넘는 공부이다.

4. 비유하자면 지구를 가루로 만들어 곱게 비벼서 그 한 티끌 떨어지는 게 우리의 한 생이라 할 수 있는데 그 한 생 던져서 삼천대천세계를 녹일 수 있다면 이 공부를 안 할 수 없지 않겠는가. 이 한 생의 인내가 소요된다 할지라도 생을 쾌척해 가며 기필코 이 공부를 해야 할 것이다.

(2-5) 예-61

5. 도대체 사람으로 태어나서 억만의 부를 쌓고, 까마득하게 높은 자리를 차지하고, 수십, 수백만의 사람들로부터 어마어마한 존경을 받은들 그것이 무엇이겠는가. 기껏해야 백 년도 못 사는 인생, 그렇게 집착하며 구하던 것들도 일단 병들어 죽게 될 때는 아무런 도움이 되지 못한다. 청산유수 같던 언변도 일단 몸을 여의면 아무 소용이 없고 다른 유위법적인 보람

도 무의미해진다. 그런 것을 바라고 마음 닦는 것은 정녕코 아니다. 고작 수십 년, 수백 년 동안 '위대했던 아무개'라는 소리가 전해진다 한들 뿌리 없는 일이니 그것이 무엇이겠는가. 자기의 참 주인과의 해후야말로 그 어떤 것보다 나은 일이다.

6. 어떤 사람들은 사는 데 급급해서 공부할 겨를이 없다고 말한다. 그 시간에 물건 하나라도 더 파는 게 중하다는 식이다. 또 어떤 사람들은 이 공부를 한다면서 마치 부업 하듯이 하는 경우도 있다. 하지만 그토록 바삐 살면서도 여전히 인생살이가 힘겹다고 한다.

7. 몸으로 뛰는 데는 한계가 있다. 그러나 무심으로 뛰는 데는 한계가 없다. 무심으로 뛰면 어디에 데려다 놓아도 천백억 화신이 여러분을 접견한다.

8. 지금 현실의 환난과 고통 때문에 죽을 지경인데 공부할 사이가 어디 있겠느냐고 하는 사람들이 있다. 그러나 그런 환난과 고통이 모두 나로부터 나온 것이니 나온 곳에다 되맡겨야 녹아내리지 그렇지 않고 엉뚱한 곳에서 답을 찾는다면 어떻게 그것이 변해서 돌아갈 수 있겠는가. 그러하기에 환난도 고통도 다 공부의 재료인 것이요, 생활이 그대로 이 공부라 하는 것이다.

9. 과학 문명이 발달된 덕분에 현대인들은 예전 사람들에 비해 더 많은 시간의 자유를 누리게 되었다. 그러나 생각해 보라. 현대인들은 그 여분의 시간을 어디에, 무엇하는 데 쓰고 있는가?

10. 이렇게 살기 좋은 노른자위 안에서 이 노른자위 공부를 못한다면 어떻게 하느냐.

(2-11) 원-6-1-3
행-3-4-1
행-5-3-7
생-1-1-8
생-2-1-8
생-2-1-9
생-2-1-10
생-4-3-4
생-4-3-5

11. 불법은 만 가지 맛이 나는 과일이요 만 가지 향기가 나는 꽃이다. 그리고 수행자들은 그런 과일을 키우는 농부요, 그런 꽃을 재배하는 정원사라 할 수 있다. 모든 생산 중에서 가장 맛이 나고 해 볼 만한 생산, 모든 농사 중에서도 가장 보람 있는 농사가 바로 불법 수행이다. 그리고 그 농사는 다른 모든 일상생활을 버리고서 하는 것이 아니다. 생업을 그대로 가지면서도 누구나 불법을 닦는 농사를 지을 수 있다. 오히려 생업이야말로 불법을 제대로 닦을 수 있는 연마재인 것이다.

(2-12) 법-2-64
법-2-74
법-2-100
원-3-1-1
원-3-1-2
원-3-1-6
원-3-3-1
원-7-3-12
원-7-3-21

12. 내 마음이 사단장이라면 위로 상신하고 아래로 명령하여 빈틈없게 지킬 줄 알아야 한다. 그것은 내가 나를 고난으로부터 보호하여 잘살자 하는 목적에서가 아니라 내가 뿌린 씨를 다 거두고 돌아서기 위해서이다. 그것은 자신이 어디서 와서 어디로 가는지를 모르고 걸어가야 하느냐, 아니면 어디서 와서 어디로 가는지, 그 실상의 길을 알면서 걸어가느냐 하는 문

제이기도 하다. 인생이 '고'라 하여 체념하며 살지 말고 '고'를 통해 도리를 체험하며 살아야 한다.

13. 인생이란 모르면 생존 경쟁이지만 알고 보면 공부이다.

14. 육신 받아 세상에 나왔으면 칼을 뺀 것과 같다. 그냥 가려는가? 내가 어디서 와서 어디로 가는지를 모르고 그냥 가려는가? 그럴 수는 없다.

수-5-26 (2-14)

15. 우리는 지금 사형 선고를 받고 막 사형대로 오르려는 찰나에 있다. 이러한 상황에서 이러니저러니 한가롭게 따질 새가 어디 있겠는가.

16. 내 육신, 내 자식, 내 사랑, 내 재산…… 하면서 애지중지하지만 육신 떨어질 때에 이르면 이 몸뚱이 끌고 갈 수도 없고 엽전 한 푼 들고 갈 수도 없다. 그러하기에 서로 가고 옴이 없이 에너지를 나누며 공생하고 공용할 수 있는 마음 도리부터 알아야 한다. 그래야 위 아래가 다 한자리가 되는 것이다.

행-1-2-5 (2-16)
예-61

17. 또 갈 때에 동전 한 푼 들고 갈 수도 없고 자식이 귀중하다, 부부지간이 애틋하다 해도 같이 갈 수 없다. 자신을 알아야만 자식도 가족도 조상도 오고 감이 없이 에너지를 서로 나누며 공생, 공용할 수 있는 것이다.

(2-18) 원-8-1-6
원-8-1-7
원-8-1-9

18. 육신 떨어지고 나서는 더하고 덜함도 없으니 부처가 될 수 없다. 오늘, 이 영원한 오늘 중에 부처가 되어라. 인간의 육신을 허무하다 하여 그 모습을 망가뜨리면서까지 불법을 알고자 하는 것은 잘못된 생각이다. 과거의 모든 업보, 유전성, 영계성을 짊어지고 앞날에 다시 안 올 것을 생각하면서 무겁게 걸어가는 사람이라면 오로지 내 마음에 달렸다는 것을 알아 오늘 그 짐 진 것을 몰락 내려놓을 것이다.

19. 서산에 해가 저무니 소꿉장난하던 아이들은 다 어디로 갔는가.

3. 가장 큰 이익

1. 부처·중생이 둘 아니게 항상 함께하고 있는데 그걸 모르기 때문에 우리는 중생으로만 산다. 인간으로 태어나서 이 공부를 하지 않고 그냥 간다면 끝 간 데 없이 윤회에 끄달리며 고통에서 벗어나지도 못하게 된다.

(3-2) 수-3-61
심-1-85
원-6-5-8
원-6-5-9
행-11-5-19
활-2-1-9

2. 보화가 그득한 창고의 열쇠를 제 손에 쥐어 주는 자기 아버지를 보고도 "내 아버지가 아니다."라고 하는 사람이 많으니 부모 없는 고아라, 깡통 들고 얻어먹으러 다니는 길밖에 없다.

3. 얼핏 생각하기에 참 보배라면 산 넘고 물 건너 온갖 고난을 겪은 뒤 어디 머나먼 낯선 곳에서 찾는 줄 알겠지만 그렇지 않다. 바로 내 안에 그 보배가 있기에 무식한 사람이든, 거지이든 누구라도 참 보배를 찾아낼 수 있는 것이다. 참 보배가 머나먼 은밀한 곳에 숨겨져 있다면 어찌 불법을 평등하고 광대무변하다 하겠는가. 그러므로 참 보배를 찾기 위해 문을 활짝 열어라. 문을 열려면 열쇠를 얻어야 한다.

심-1-64 (3-3)
원-1-1-5
원-1-4-4

4. 중생이 좇는 이익은 점점 좁아져 들어가는 깔때기 속과 같다. 그리하여 마침내 몸을 망치고 마음을 번뇌로 몰아넣는다. 그런가 하면 남에게도 피해를 준다. 그러나 불법이 주는 이익은 그 반대이다. 갈수록 넓어지는 길이며 내 몸과 내 마음을 평정과 환희의 대광명으로 이끄는 길이요, 이웃을 밝고 따뜻한 곳으로 이끄는 길인 것이다.

원-1-1-1 (3-4)
원-1-1-2
원-3-4-11
원-6-4-23
원-7-2-4
원-7-2-5
원-8-1-4
원-8-1-6
원-8-1-9
행-1-2-2
행-1-2-5
행-1-2-11
행-1-2-18
행-1-4-1
행-1-4-9
행-1-4-10
행-2-2-6
행-3-1-9
행-3-2-3
행-3-2-5
행-3-4-13
행-3-4-24
행-5-2-6
행-5-4-6
행-6-2-4
행-8-1-1
행-8-1-12
행-8-4-8
생-1-1-7
생-1-2
생-2-1-17

5. 이왕 이익을 추구할 바에는 모든 이익을 다 말아 버릴 단 하나의 이익, 모든 욕구를 다 태워 버릴 단 하나의 욕구, 그러한 참된 이익, 참된 욕구를 추구하라. 깨달음을 향한 열렬한 추구 앞에서는 수없는 모습으로 어른거리던 작은 이익들, 욕구들이 점차로 빛을 잃어 사라져 가고 말 것이다.

6. 이 공부를 하게 되면 위로는 육신을 주신 은혜를 갚게 되고 아래로는 인과를 만난 악업·선업들을 다 제도하여 보살로

화하게 하고, 자식들에게도 뿌리를 돋우어 줄기와 잎이 싱싱하게 대대손손 번창케 할 수 있다.

7. 한마음 주인공에 모든 것을 놓아 나가는 이 공부는 알고 보면 어마어마한 공부이다. 하나에 물리가 터진다면 모든 게 다 터지는데 거기엔 천체 물리학도 있고 원자 물리학도 있고 의학·공학·지리학·심리학 따위가 다 들어 있다. 이 공부는 모든 것에 통하는 길이다.

8. 우주 전체라는 자가 발전소와 나 사이엔 선줄이 이어져 있다. 본래 이어져 있는데 그것을 모르고 있으니까 마비가 된 것이다. 그것을 알게 되면 마비되었던 선줄이 터지게 된다. 이 공부를 하는 것은 그 선줄을 소통시키기 위함이다.

9. 먼저 '참 나'라는 보리를 구하라. 먼저 '거짓 나'라는 중생을 교화하라.

4. 마음속의 보화

1. 자기 마음속에 엄청난 보배가 있다. 흙 속에 진주가 묻혀 있듯이 그렇게 엄연히 있다. 그러니 예금 통장에 수십억의 돈을 넣어 둔 것과 같다. 뭐가 가난한가. 왜 없다 하는가. 내 마

음에 엄청난 보배가 있음을 믿고 그것을 발견하려는 것이 이 한마음 공부이다. 이 공부만이 세상에서 가장 큰 공부다. 허공처럼 탁 트인 마음으로 싱그럽게 살면서 항상 자비심이 콸콸 넘치니 이보다 더한 공부는 없다.

원-2-4-11 (4-1)
원-6-3-2
행-1-3-3
활-3-1-1
예-12

2. 누구나 열쇠를 가지고 있고 온 우주의 칠보가 가득 쌓여 있는 곳간을 갖고 있다. 왜 못 여느냐? 활짝 열어라! 마음의 문을 열어라! 적멸보궁의 문을 열어라!

심-1-85 (4-2)
행-1-3-2

3. 뿌리가 싱싱하면 잎이나 가지가 모두 다 싱싱하여 새삼 가지가 썩었네, 잎이 썩었네 하고 개탄할 일이 없다. 그와 마찬가지로 자기 마음으로부터 모든 것이 지어졌음을 알아 오로지 자기의 근본을 찾는다면 모든 것이 다 풀릴 것이다. 남에게 팔자 운명을 물어서 이러니저러니 할 것도 없고 누구더러 고쳐 달라고 할 것도 없다.

원-2-3-2 (4-3)

4. 평생을 가난과 고통 속에서 어렵게 살았다 할지라도 더러는 즐거움도 있었을 것이다. 중요한 것은 그렇게 살았다는 그 생각을 탁 털어 버리고 지금이라도 넓은 마음으로 외롭고 고달팠던 평생을 바로 잡는 데 있다. 그것은 얼마든지 되는 일이다. 마음만 크게 돌린다면 즉시로 되는 일이니 현실에 얽매인 좁은 생각에서 벗어나 영원한 세계를 살아 보라.

행-2-4 (4-4)
행-3-5
행-4-10
활-1-2

(4-5) 법-3-59
원-1-5-8
원-2-4-1
원-2-4-3
행-1-4-2

5. 천만금의 재화를 택하겠는가, 목숨을 택하겠는가. 천하를 덮는 명예를 택하겠는가, 진리의 기쁨을 택하겠는가. 천만금의 재화가 생명보다 귀할 수 없으니 갖기보다는 베푸는 일에 더 풍요로운 사람이 되어라. 자질구레한 금붙이나 귀금속 따위를 만지작거리며 희희낙락하는 소인이 되지 말라. 등 뒤에서 무량 광대한 참 보배가 지금 우리를 기다리고 있다. 진리의 기쁨이란 크고 커서 세상의 어떤 값진 것과도 비교할 수 없다. 제아무리 천하를 뒤덮는 영예라 할지라도 진리의 기쁨 앞에서는 티끌에 불과하다.

6. 도를 이루어 도인이 되려 함도 아니다. 내 마음 안에 있는 이 영원한 보배, 그 보배의 참맛을 아는 이라면 도인이라 불리든, 큰스님이라 불리든, 부처나 보살이라 불리든 무슨 상관이 있겠는가. 세간의 칭찬과 경배가 행복하게 하는 게 아니니 오직 마음의 샘, 진리의 맛만이 나의 목마름을 적셔 줄 뿐이다. 전 우주와도 바꿀 수 없는 것이 딱 한 가지 있다면 그것은 마음이라는 크나큰 안식처뿐이다.

(4-7) 법-2-85
법-2-91
법-2-98

7. 당장 물고기 한 마리가 아쉽더라도 먼저 잡는 법부터 배워야 평생의 양식이 구족하다.

8. 내 근본을 그대로 손 안에 쥐고 자재할 수 있게끔 하는 게 바로 이 불법 공부다.

제1장 불법 공부 495

9. 유위의 세계에서 큰일을 하는 사람들은 대개 한 분야를 10년이고 20년이고 외곬으로 파고든 사람들이다. 그러니 그 오랜 세월의 각고가 얼마나 벅찬 일이었겠는가. 그렇지만 무위법의 공부는 따로 시간을 쪼개지 않더라도 생활하는 가운데 해 나갈 수 있으니 한편 생각하기에 얼마나 쉬운 일인가. 그러면서도 그 공덕은 유위 세계의 10년, 20년의 노력보다 훨씬 깊고 크고 복된 것이다.

행-1-2-11 (4-9)

10. 참으로 다행스럽게도 불법 공부에는 일정하게 정해진 문도 없고 자격이 요구되지도 않는다. 빈부 귀천, 남녀 노소를 가리지 않고 학식의 많고 적음도 관계가 없다. 이 공부 하는 데는 승려가 따로 없고 속인이 따로 없다. 여자가 따로 없고 남자가 따로 없고 부처가 따로 없고 중생이 따로 없다.

원-1-1-5 (4-10)
원-1-1-6
원-1-4-4

5. 성불할 수 있다

1. 나무를 쪼갠다고 해도 그 속에서 꽃을 찾을 수는 없다. 그러나 꽃을 피울 수 있는 잠재된 힘이 그 속에 있다. 그러하듯이 깨달음을 얻어 성불할 수 있는 능력이 누구에게나 있다.

심-1-1 (5-1)
심-1-2
원-1-1-1
원-1-1-5
원-1-4-5
원-2-1-19
원-3-4-11
원-5-3-9
원-5-3-5
행-11-4-8

2. 일체 만법이 진리이자 빛이요 영원한 나의 성품에서 나오고 그곳으로 드니 그 성품이 곧 부처님의 성품이라, 내 마음

이 부처의 마음이다. 고로 꽃씨가 꽃으로 피어나지 않을 수 없듯이 내 성품도 그러하다.

3. 갓 태어난 어린아이라 해서 아무것도 모르는 게 아니다. 속에 있는 주인공은 늙으나 젊으나 마찬가지로 알고 있다. 주인공은 억만 년 전이나 지금이나 똑같다.

(5-4) 원-8-2-11

4. 우리는 수십억 년간 진화하여 여기까지 온 것이므로 모두가 다 부처 될 수 있는 승인을 받고 있는 것과 마찬가지이다.

5. 어느 벌레 하나라도 나올 자격이 있으니까 나온 것이다. 자격 없이 나온 것은 없다. 심지어는 미물까지도, 초목금수나 무정물까지도 마침내는 부처를 이룰 것이라고 부처님은 말씀하셨다. 하물며 인간이야 어떠하겠는가. 우리는 누구나 다 부처님의 자식이다. 그러니 근본적인 면에서 본다면 성불하지 않을 도리가 없다.

(5-6) 심-1-1
심-1-2
원-1-1-1
원-1-1-5
원-1-1-6
원-1-4-5
원-2-1-19
원-3-4-11
원-5-3-9
행-5-3-5
행-11-4-8

6. 물이 흐르고 흘러 결국 바다에 도달하듯 누구라도 결국은 성불하고 말 것이다. 물이 흐르다가 갖가지 용도로 쓰여져 흐르지 못하고 다시 거슬러 가는 경우도 있지만 끝내는 바다에 이르듯이 인간의 마음도 탐심, 진심, 치심, 망심 따위로 가던 길을 멈추고 온갖 우여곡절을 겪겠지만 마음인 이상 결국은 성불의 바다에 이르고 말 것이다. 〈그러기에 모든 마음 씀씀이가

헛된 것이 아니라 구도의 과정인 셈이니 놀랍게도 삼독심까지 수행이라고 말하는 가르침은 불교밖에 없다.〉

7. 바다에 합류하는 물은 더럽든 깨끗하든 다만 물이라는 그 점 하나로 합류하는 데 아무런 걸림이 없듯이, 우리가 불법이라는 큰 바다에 들기 위해서는 다만 한 가지, 마음이 있으면 그것으로 족하다. 그런데 세상에 마음 없는 사람이 없으므로 이 세상 모든 사람들은 이미 불법의 바다에 들 자격이 있는 것이니 크나큰 행복은 따 놓은 당상이나 다름없다.

8. 성불은 수행을 통해 달성되는 것이다. 그리고 그런 수행은 인간의 몸을 받았을 때 비로소 가능하다. 물론 육취의 중생들도 모두 수행을 할 수 있겠지만 인간계야말로 그중에서도 승진과 좌천이 가장 무쌍한 곳이다. 고로 중생이 인간의 몸을 받는다는 게 너무나도 고마운 일이 아닐 수 없다. 인간의 몸을 받음으로써 우리는 비로소 수행다운 수행을 할 수 있고, 성불이라는 존재 최후의 목표로 나아갈 수 있기 때문이다.

심-1-2 (5-8)
심-1-67
원-8-1-8
원-8-2-5
원-8-2-9
원-8-2-11
원-8-2-17
원-8-3
행-2-1-6
행-2-2-11
행-3-4-1
행-4-6-2
행-5-4-6
행-9-1
행-10-1-3
행-10-1-5

9. 미륵이란 후일에 주인 될 사람을 말한다. 전체를 놓고 볼 때는 돌아가는 법리 자체가 부처이고 보살이라, 내 안에 부처, 보살이 다 있는 줄을 어느 때인가는 알게 되겠지만 당장은 모르므로 후일에 부처 될 사람을 미륵보살이라 이름한 것이다. 부처님께서 "인연 없는 중생은 제도할 수 없다." 하신 것은 인

심-1-84 (5-9)
행-2-2-2

연이 없어서 없다 한 게 아니라 미래에 인연이 도래할 것임을 말씀하신 것이다. 지금은 해당되지 않는 어린애라는 의미이다.

제2장 믿음이 근본

1. 불성 있음을 믿고

1. 먼저 우리는 우리 속에 부처를 이룰 수 있는 힘, 불성이 있음을 믿어야 한다. 그런 다음에 정원사가 꽃나무를 가꾸듯이 불성을 살려 내야 한다.

그러나 사람들은 그 불성을 잊고 있다. 우리는 여러해살이 꽃나무가 계절 따라 피었다 져도 이듬해 다시 꽃을 피울 힘을 그 나무 안에 지니고 있는 줄 알지만 자신들에게 그와 같은 불성이 있다는 것은 잊고 있다. 불행하게도 인간은 일단 몸을 바꾸게 되면 전생의 기억을 까마득히 잊고 말기 때문이다.

만약에 우리가 다겁생을 거쳐 지금 진화의 위대한 순간에 와 있음을 살펴볼 수 있다면, 꽃나무에 꽃 피우는 힘이 있음을 믿듯이 우리 속에 부처 될 힘이 있음을 믿게 될 것이다. 우리는 진화의 원동력, 그 불성을 믿어야 한다.

법-3-63 (1-1)
원-1-4-5
원-2-3-7
원-2-3-8
원-3-1-1
원-6-3-4
원-6-4-4
원-8-2-8
원-8-2-17
원-8-3
원-8-3-3
원-9-1-13
행-1-1-7
행-1-2-1
행-9-3-3

2. 부처님께서 일체 중생에게 빠짐없이 다 불성이 깃들어

행-2-3-5 (1-2)

(1-2) 행-3-4-19

있다고 누누이 가르치셨음에도 그 말씀을 믿지 못하겠는가. 부처님께서 말씀하시기를 백 년을 호의호식하기보다는 깨닫고 하루를 사는 게 낫다고 하셨는데 그 말씀을 따르지 못하겠는가. 믿음이 부족해서는 진리를 보지 못한다. 부처님을 믿고 부처님의 말씀을 믿는다는 것은 우리가 본래 부처였음을 믿는 것이다.

(1-3) 수-5-14
법-2-100
행-3-1-4
행-3-1-7
행-3-1-8
행-3-4-6
행-3-4-7
행-3-4-21
행-11-1-7

3. 부처와 우리가 함께 꿰어져 있는데 이 부처님 자리를 믿지 못한다면 어떻게 부처님과 한자리 하기를 바랄 것인가. 먼저 자신을 믿어라. 부처님과 내가 하나의 염주처럼 꿰어져 있다는 것을 믿어라. 그리고 한 발 내디뎌라. 겁내지 말고 의심하지 말고, 잘되든 못되든, 죽든지 살든지 몽땅 내버린 채로 한 발 성큼 내디뎌라.

(1-4) 원-2-4-9
원-5-1-5
행-3-4-7
예-33

4. 누가 무엇이라 하든 나는 나로서 성불할 수밖에 없다는 믿음, 내가 혹은 거꾸러지고 혹은 일어서고 혹은 달리고 혹은 넘어지겠지만 마침내 도달할 곳은 부처님의 환희 광명 세계라는 믿음, 그러한 믿음이 대리석처럼 단단하다면 무엇을 두려워하겠는가. 그런 믿음이라면 무엇이 나를 흔들어 놓을 수 있겠는가. 믿음이란 시비하는 마음이 추호만큼도 없는 것, 이유를 달지 않고 무조건 죽는 것이다.

(1-5) 수-3-81

5. 갓난아기가 부모를 무조건 믿듯이 그렇게 믿어라. 갓난

아기가 부모에게 모든 것을 다 맡기고 살듯이 그렇게 맡기고 살아가라. 믿는다, 맡긴다 하는 생각조차 붙지 않는 그러한 믿음, 그러한 맡김이 되어야 한다.

6. 내가 본래 부처이기에 사실 수행이라는 것은 없다. 강한 믿음이면 그뿐이다. 내가 본래 부처라고 아는 믿음이 확고하면 그것이 전부이다. 그러나 중생의 근기는 매우 다양하므로 여러 가지 방편이 있게 된다. 수없는 가르침이 있게 된 것도 그래서이다. 하지만 그 많은 방편문도 실은 한생각 크게 돌려놓는 것을 근본으로 한다. 그래서 첫째로 믿음을 강조하고 다음으로 방하착을 말하게 되는 것이다.

7. 겁내지 말라. 두려워하지 말라. 의심치 말라. 의심하는 것은 자기가 자기를 의심하는 것이고 두려워함은 자기가 자기를 두려워함이니 그렇게 되면 결코 부처님의 뜻과 나의 뜻이 하나로 돌아가지 않는다. 나의 참된 근본은 곧 부처라, 나는 그 뜻을 따르는 수행자로서 하인처럼, 어린아이처럼 그대로 믿고 나아가라. 내가 하는 것이 그대로 법이 될 것이다.

2. 초발심

1. 알고 찾는 이는 어느 때인가 그 원을 이룰 날이 있다. 부

처님께서는 중생의 숭배를 받고자 오신 것이 아니라 중생에게 부처 되는 길을 가르치시려고 오신 것이니 믿음이 있으면 청정한 성품을 보게 된다. 그러므로 첫 발걸음이 중요하다. 첫 단추를 잘못 끼우면 줄줄이 잘못되듯이 '내가 어찌 감히 부처를 이루랴.' 하는 중생심으로 불법을 대했다가는 십 년, 이십 년이 되도록 참맛을 모르는 경우가 허다하다.

2. 부처님께서 '인연 없는 중생은 어찌할 수 없다' 하셨다. 불법을 받아들이는 믿음이 있고 스스로 공부하겠다는 발심이 있어야 한다. 우는 아이부터 안아 주게 되지 울지 않는 아이를 먼저 안지는 않는다.

3. 내 집부터 전화를 놓아야 남의 집 전화도 오고, 남의 집에 전화도 할 수 있는 것이지 내 집에 전화를 놓지도 않고 전화 오기를 바란다면 천년만년이 지나도 소용이 없다.

4. 내 안테나를 세우지 않는다면 한마음의 그 뜻을 상봉할 수 없다.

5. 마음에는 체가 없어 광대한 우주를 싸고도 남으나 내가 마음을 내지 않는다면 문은 열리지 않는다. 그러므로 온갖 보화들은 내가 마음대로 꺼내 쓸 수도 없고 내가 마음먹는 대로 줄 수도 없다.

6. 공부하는 이들은 모름지기 근본 이치를 잘 알아서 먼저 마음을 가다듬어야 한다. 나는 이미 부처님의 자식이라는 것, 나는 이미 깨달아 있다는 것, 물이 어떤 우여곡절을 겪더라도 결국은 바다에 도달하듯이 나도 결국은 불법의 바다에 도달케 된다는 것, 그리고 그렇게 바다에 도달하고 보면 지금 내게 안겨진 수많은 고통과 어려움이 눈 녹듯 사라진다는 것, 그리하여 영원한 세계가 펼쳐진다는 것을 먼저 깊이 믿어야 한다.

행-6-1-3 (2-4)
행-6-1-4
행-6-1-7
활-1-1-14

7. 마른 땅에서 싹을 틔우려면 아픔이 크다. 촉촉한 땅에서는 아픔을 느끼지 않고도 싹이 틀 수 있으니 촉촉하게 물 주는 방법이란 믿고 놓는 데 있다.

8. 고양이가 쥐를 노리고 배고픈 갓난아기 젖을 찾듯이 믿음의 한생각을 생명줄처럼 쥐고 나갈 때 초발심이 곧 변정각이다.

9. 깨달음은 불보살로서도 대신해 주지 못한다. 불보살, 선지식은 비유컨대 꽃씨가 꽃으로 피어날 수 있게 비를 내리고 햇빛을 비쳐 주는 역할을 할 수 있을 뿐이다. 꽃씨 속에 꽃으로 피어날 능력이 있듯이 누구에게나 불성이 있지만 스스로 자라오르려 하지 않는 데야 불보살도 어쩔 수 없다.

심-2-17 (2-9)
생-1-1-9
생-1-1-10

10. 계속해서 역경계가 닥쳐올 때에 그것을 어렵고 지겹고 고통스러운 것으로 느끼지 않고 공부의 기회로 생각하기란 쉬

운 일이 아니다. 그렇지만 수행이 처음부터 꼭 대단한 결심으로 시작되는 것만은 아니다. 마음이란 한순간에 천 리 안팎이라도 드나들고, 한순간에 이 생각 저 생각을 오가는 것이니 한순간에 마음을 돌린다는 것은 그렇게 어려운 일이 아니다. 이 생각 저 생각을 어깨 위의 백 근, 천 근의 짐처럼 여기면 어렵겠지만 한순간에 돌릴 수 있는 것이므로 우선 그 쉬운 '마음먹기'부터 시작하면 된다.

(2-11) 심-1-2
원-8-2-17
행-1-5-8
행-2-1-6
행-3-4-1
행-4-6-2
행-5-4-6
행-9-1
행-10-1-3
행-10-1-5

11. 수행이라는 것은 마치 번뇌라는 이름의 장작더미를 태우기 위한 불쏘시개와 같다. 장작이 아무리 산더미처럼 쌓여 있어도 불붙은 쏘시개 하나로 다 태울 수 있다. 물론 수행하겠다는 발심도 하나의 생각이요 번뇌도 생각이다. 그러나 발심은 불붙은 장작이라서 큰 장작더미를 다 태울 수 있다. 그리고 스스로도 타 버리는 장작이다. 보리심도 그와 같아 하나의 생각임에는 틀림없지만 마침내 모든 생각들을 다 없애고 마지막에는 깨닫겠다는 생각까지 비워 버리는 것이다.

3. 자성을 굳게 믿음

(3-1) 행-3-1-5
행-5-4-8

1. 부처님께서 이르시기를 '나를 보지 말고 네 자신 속의 너를 등불로 삼으라' 하셨다. 그 말씀을 듣는 이는 많다. 그러나 그 말씀을 그대로 믿는 이는 많지 않다. 그 말씀을 그대로 행

하는 이는 더더욱 귀하다. 부처님께서 목숨 얻기가 어렵고 불법 만나기가 더욱 어려운 중에 신심을 갖기란 더더욱 어렵다 하신 까닭도 거기에 있다. 믿고 물러서지 않는 마음이어야 부처님께서 함께하신다.

2. 오직 자기 자신이 본래로 성불되어져 있음을 기쁜 마음으로 믿어라. 자기 자신은 본래 아무런 부족함이 없는 존재이다. 〈따라서 근본으로 보자면 닦을 바도 없고 얻을 바도 없다. 그러므로 진리를 찾아 어디 다른 곳으로 헤매지 말라.〉

<small>행-2-1-5 (3-2)
행-2-1-7</small>

3. 자신의 본래 모습인 주인공을 철저히 믿어라. 절실한 마음으로 주인공을 믿고 거기에 모든 경계를 되돌려 놓아라. '주인공은 어디 있는가? 인격체인가? 텅 빈 것인가?' 하는 따위의 생각은 필요 없다. 오로지 간절한 믿음만을 앞세워라. 〈억천만겁 이전부터 자신을 끌고 다니며 공놀이를 해 온 근본을 어째서 믿지 못하는가.〉

<small>행-2-1-7 (3-3)
행-3-2-6</small>

4. 자기가 자기를 믿지 못하면 마음의 열쇠를 받을 수 없다. 믿지 못하는데 어떻게 보궁의 열쇠를 맡기겠는가. 내 속에 칠보가 가득 차 있으니 잘났다는 생각, 못났다는 생각 다 버리고 자기를 믿어라. 참 자기야말로 안 되는 것도 되게 할 수 있다. '되게 할 수 있다'고 믿는다면 돌 위에 세워 놓아도 산다. '주인공만이 모든 걸 하고 모든 걸 해결할 수 있다'고 믿으면 관

<small>행-3-1-4 (3-4)
행-3-1-7
행-3-1-8
행-3-4-6
행-3-4-21</small>

세음보살이 찰나에 드셔서 법을 설하기도 하고 약사보살이 찰나에 드셔서 또 법을 펼쳐 보이기도 한다. 〈그러므로 '부처님, 도와주십시오.', '관세음보살님, 살려 주십시오.' 할 것도 없다. 믿음 속에 제불보살과 역대 조사와 삼라만상의 온갖 조화가 다 깃들어 있다.〉

(3-5) 행-3-4-19

5. 스스로 '나는 중생이니까 고를 면할 길이 없겠구나.' 하는 경우가 많다. 그러나 절대로 그렇지 않다. 내게는 무한한 능력, 모든 것을 가능케 할 수 있는 재료가 다 갖추어져 있으므로 자신의 능력을 무시하거나 포기해서는 안 된다. 모든 게 나로부터 벌어졌고 나로 귀결되는데 자성을 못 믿어서야 되겠는가. 〈자성을 믿지 못하고 스스로 중생이라 자처하는 것은 겸손이 아니라 어리석음이다.〉

(3-6) 원-3-4-10
원-3-6-9
행-2-1-7
행-2-4-1
행-3-2-11

6. 충직한 하인은 주인을 믿고 따른다. 모든 일에 주인의 의향을 물어 그 뜻대로 처리를 한다. 잘된 일은 주인의 공덕이라고 기뻐하고 잘 안된 일은 그것까지도 주인이 알아서 하실 것이라 믿고 따른다. 주인공을 믿음에 있어서 충직한 하인이 되어라.

7. 자기가 자기를 믿지 못하면 이 도리를 체험할 수 없다. 자기가 어떻게 말을 하고 어떻게 한 발 떼어 놓을 수 있는지를 모른다면 실험조차 해 보지 못할 것이니 도리를 알 수 없게 된다.

8. 자기에게 자기가 미쳐야 한다. 사무치도록 애절하게 미쳐야 한다. 공부하면서 미쳤다는 소리를 한마디쯤 듣지 않고는 이 공부를 하기 어렵다.

9. 내가 성냥개비를 쥐고 그어야 불이 붙는다. 성냥이 있는 줄조차 몰라서 그을 생각조차 않는다면 어디 가서 불을 얻으려는가. 절실한 믿음에서 불이 붙는다. 절실하지 않으면 불이 붙지 않는다.

10. 참 나에 대한 믿음, 전체를 포괄하는 대공의 진리에 융합된 하나의 주처에 대한 믿음, 그것이 있어야 내가 태어나기 이전의 나와 현재의 나가 통하게 된다.

11. '나'라는 개별적이고도 사량적인 '나'만을 알고 포괄적인 대공의 나, 나를 있게 한 그 부(父)를 믿지 않고서 어찌 부자(父子)가 상봉하기를 바라겠는가. 대공의 부를 믿어야 그 아버지에게 이를 수 있다.

12. 허공을 믿고 이름을 믿을 것인가. 남의 그림을 믿을 것인가. 자성을 믿고 제 아비를 믿고 자기의 본래면목을 믿어라. 그 어떠한 구세주도 내 안에 있는 마음의 구세주만 못하고 그 어떤 성스러운 스승도 내 마음 안에 있는 스승만 못하다.

13. 자성 삼보에 귀의하는 것이 진정한 귀의이다. 자기의 청정법신불에 귀의하고 자기의 천백억 화신불에 귀의하고 자기의 원만보신불에 귀의하는 것이지 어디 삼보가 따로 있어 귀의한다고 하는 게 아니다. 따라서 법당에 가면 부처님 형상하고 내 형상이 둘이 아니요, 그 마음이 둘이 아니요, 그 생명이 둘이 아닌 것을 알아 스스로의 자성에 귀의하는 것이지 따로 부처가 있어 귀의한다고 하는 게 아니다.

4. 주인공 진짜 해결사

1. 자기를 형성시킨 그 주인공만 믿고 살면 그대로 아무 일이 없었을 것을 주인이 있는 줄조차 모르고 자기가 잘났다고 이일 저일 저지르곤 하니까 주인공은 뒷방 신세가 된 것이다. 주인공은 '어디 너 하는 대로 두고 보리라.' 하며 팔짱을 끼고 있는 격이다.

2. 무엇이 참으로 좋고 무엇이 좋지 않은지 중생은 모른다. 그러므로 주인공이 모든 것을 한다고 굳게 믿는 것 외에 중생이 할 일이란 없다. 그러나 많은 사람들은 '만약에 그렇게 믿고 맡겨 놓았다가 원하는 일들이 안 되면 어떻게 하나?' 하는 생각을 한다. 그것은 믿음이 아니다. 믿고 맡김은 찰나인데 그런 걱정 할 사이가 어디 있겠는가. 주인공은 결코 믿음을 외면

하지 않는다. 철석같은 믿음 속에 일체가 다 들어 있으니 믿음이면 그뿐이다.

  3. 자신의 진짜 해결사를 믿어라. 오로지 자신의 해결사를 믿고 모든 것을 거기에 맡겨라. 안 된다는 생각, 안 되는 사정을 붙들고 늘어질 게 아니라 해결사에게 놓아 버려라. 그 해결사는 이미 나의 생각, 나의 근심 걱정을 다 알아 해결할 준비를 해 놓고 있으니 해결사의 능력을 믿어라. 진실되게 믿어라. 믿음은 공덕의 어머니이니 믿음이 강하면 보고가 열린다.

  4. 주인공은 그대가 진심으로 믿고 맡겨 오기를 기다리고 있다. 그러나 세상 사람들은 흔히 '자기를 믿으라'고 하면 중생심, 이기심, 자만심에 빠진 자기를 믿으라는 줄로 잘못 아는 경우가 많다. 그러한 나, 즉 거짓의 나가 아니라 참된 나, 즉 주인공을 믿어라. 거짓 나를 비켜나게 하고 주인공이 드러나게 하라. 주인공만이 자유자재권을 갖고 있으니 거짓의 나를 앞세워 부자유와 고통을 자초하지 말고 주인공을 앞세워라. 주인공은 그대의 진실한 믿음을 고대하고 있다.

  5. 자기의 참 주인을 건성으로 믿으면서 일이 잘되기만 눈이 빠지게 기다리는 사람들이 많다. 주인공을 진실히 믿는데도 일이 잘 안된다고 하는 사람들도 많다. 그것은 진실한 믿음이 아니다. 무조건적인 믿음이 아니다. 처음부터 이름이나 외

는 조건 있는 믿음이다. 〈그런 믿음의 소유자는 조금만 비바람이 불어도 부처님을 의심하고, 가르침을 의심하니 어느 때 자기 등불이 밝혀지겠는가.〉

6. 주인공은 석가세존으로부터 일체의 부처님, 천백억 화신, 시방 삼세의 제불보살이 드는 집이다. 그럼에도 그것을 믿지 못하니까 바람 잘 날이 없고 이리 쏠리고 저리 쏠리면서 정신을 차리지 못하고 앞길을 내다보지도 못하고 이 자그마한 집 한 채를 그냥 불태워 버리게 된다.

(4-7) 원-3-2-4
원-3-2-6
행-4-7-5
행-7-1-2
행-7-1-5
행-7-1-8
생-2-2-15

7. 태양 앞에서는 한 점의 어둠도 용납되지 않는다. 본래의 나인 주인공은 태양이며, 그러하기에 주인공의 눈은 실상을 실상 그대로 볼 수 있다. 주인공의 힘, 주인공의 빛, 주인공의 덕, 주인공의 눈을 믿어라. 믿으면서 안으로 깊게 주인공을 향하라. 대상을 보되 대상에 말려들지 말고 놓으면서 주인공의 밝은 눈으로 자기 자신을 관하라. 〈그렇게 하여 모든 탐심과 집착과 갈애 따위가 본래 근거가 없는 것임을 체득하라. 그러면 '죄란 본래 자성이 없어 마음 따라 일어났을 뿐'이라는 말을 알게 될 것이다.〉

제3장 물러서지 않는 마음

1. 진심

1. 어떠한 고난이 닥쳐오더라도 강한 마음으로 무겁게 놓아라. 그리고 지켜보라. 믿음이 약해 안절부절하면 더 어지러운 일이 벌어진다.

2. 한시도 떠나지 않는 믿음, 그것은 몸짓·손짓·발짓을 넘어서는 진중한 마음을 말한다. 이 세상을 다 들어올렸다 놓는 것처럼 무겁게 한마음 주인공에 놓는 것을 뜻한다. 그런 믿음이라면 이 세상이 뒤집힌다 해도 흔들리지 않을 것이다.

3. 마음의 주춧돌이 튼튼치 못하다면 공부하기 어렵다. 집을 지을 때 주춧돌이 없이 기둥을 세울 수 없고 기둥을 세우지 못하면 대들보를 얹을 수 없듯이 마음의 주춧돌이 튼튼하게 바로 놓이지 못하면 공부하기 어렵다.

(1-4) 수-5-14
법-2-100
행-2-1-3
행-2-3-4
행-3-4-6
행-3-4-7
행-3-4-21
행-11-1-7

4. 강한 믿음, 물러서지 않는 강한 패기가 있어야 내 육신이 죽고 사는 것을 공의 소용돌이에다 그냥 내던질 수 있다. 그런 멋있는 대장부가 되어라.

(1-5) 행-2-3-1
행-2-3-2
행-2-3-4
행-5-4-8
행-7-2-4

5. '죽이든지 살리든지 만들어 놓은 당신께서 알아서 해결하시오!' 하고 일체를 턱 맡기는 게 믿음이다. 나고 죽는 것까지도 다 나를 있게 한 근본의 뜻이라는 믿음이 있다면 생활 중의 사소한 일 따위야 맡기지 못할 게 없다.

6. 진심으로 믿는 사람은 드물다. 내일 죽으면 어떻고 오늘 죽으면 어떤가 하는 사람은 아주 드물다. 여기 이 자리에서 내 자식이 죽는다 한들 그것이 뭐 그리 대단한 일인가 하는 사람은 더욱 드물다.

7. 믿음이란 원력, 능력, 지혜, 영원한 밝음의 시작이자 회귀처이다. 물러서지 않는 믿음이야말로 모든 것을 다 갖춘 참자기가 드러나게 하는 길이다. 그러나 우주의 구석구석을 다 보고 듣는다 해도 그것을 다시 놓지 않으면 안 되는 것이니 믿고 물러서지 않는 마음이어야 마침내 대장부다운 대장부가 될 수 있다.

8. 백척간두에서 한 발 내딛고 나서지 못하면 참 자기를 발견할 수 없다. 자기라는 관념이 없어야 한 발 뗄 수 있을 것이

나 자기라는 게 있으면 옴짝달싹도 할 수 없다. 죽고 사는 것을 몽땅 맡기고 믿는다면 내딛지 못할 까닭이 없다. 이 공부를 함에 있어서는 생활의 모든 것, 생과 사까지도 믿고 맡기는 게 필요하다. 설령 하늘이 무너진다 해도 오직 근본 자리에다 모든 것을 내맡겨야 한다.

9. 육신의 편안함을 추구하는 마음이어서는 벽을 뚫기가 어렵다. 배부르고 안락하면 게을러져서 참 생명수의 맛을 보기가 어렵게 된다. 공부하는 사람은 처지가 좀 외롭고 기댈 곳이 없고 배가 고파야 예컨대 수박이 좀 더 빨리 여물게 된다. 사실 따지고 보면 이 공부 하기가 어렵고 눈물겨운 일인데 '저 사람 돌았다'는 말을 들을 정도라야 수박이 쩍 갈라져서 씨만 홀랑 나오는 때를 만나게 된다.

10. 시공이 없이 프로펠러 돌듯 돌아가는 자리로 드는데 문을 찾아서 들어가려 한다면 이 공부를 할 수 없다. 문 찾을 생각 없이 무조건 하고 털퍽 뛰어드는 사람이라야만이 제 문으로 들 수 있다. 사실 문이 너무 많으니, 아니 문 아닌 데가 없어서 문이 없다 하는 것이니 문 찾을 생각 말고 그냥 뛰어들면 그대로 정통 문이 된다. 〈문만 많은 게 아니라 실은 화두도 닥치는 대로 화두요 불성도, 불법도 닥치는 대로이다.〉

법-2-47 (1-10)
법-3-30
원-6-2-4
행-4-8-7
행-8-2-9
행-9-3-11

11. 무조건 믿어라. 물러서지 말라. 하늘이 무너지더라도

믿음에서 물러서지 말라. 일체 만법이 바로 내 마음에서 나고 든다. 주인공을 진실로 믿는다면 걱정할 것이 없다. 주인공은 일체 만법을 해결할 수 있는 에너지이며 원소이며 핵이다.

2. 주장자를 쥐고

(2-1) 수-3-16
수-3-29
수-3-42
법-2-65
법-2-93
심-2-6
원-2-2-6
원-9-2-11
행-2-2-4
행-4-7-5
행-6-1-2
행-6-1-3
행-6-1-4
행-6-1-7
활-1-1-14

1. 컴퍼스로 원을 그릴 때 중심이 흔들리면 둥근 모양이 나올 수 없듯이 마음이 중심을 잡지 않으면 모든 일에 원만함이 없다. 탑돌이 하듯 지성으로 마음돌이를 하라.

2. 자기를 형성시킨 근본에다가 무슨 이름을 붙여도 좋다. 아빠라 해도 좋고, 엄마라 해도 좋고, 사랑하는 님이라 해도 좋고 하나뿐인 내 님이라 해도 좋고, 자성본래불이라고 해도 좋다. 그렇게 아무 이름으로 불러도 좋지만 입으로만 부르는 게 아니라 참으로 간절하게, 사무치도록 그리워하는 마음에서 불러야 한다. 항상 사모하는 마음, 진실한 마음으로 참 자기를 믿고 거기에 일임해야 한다. 그래야 샘물이 터지듯 솟을 수 있다.

(2-2) 원-1-2-5
원-2-5-13
원-6-5-1
행-4-3-2
행-5-2-12

3. 처음 공부할 때 아무 방편이 없으면 허망해서 어떻게 할 줄 모르기에 주인공이라고 한 것이다. 마음이 주인으로서 모든 것을 형성시켰어도 모든 것이 또한 실답지 않기에 주인이자 빌 공(空) 자 '공'이니 주인공(主人空)이다. 문이 열려질 때까지

는 주인공을 잡고 가라. 주인공은 대문 빗장이다.

    4. 성품을 보지 못해서 도저히 생각나기 이전에 부합되기 어려우니 나의 본성을 주인공이라고 세워 놓고 믿자. 아직은 모르니까 주인공이라고 하나를 세워 놓고 나가자. 그러고는 첫째로, 믿어야 한다. 둘째로는, 모든 것을 거기다 일임하여 놓아 버려야 한다. 셋째로는, 우리가 지금 하고 있는 모든 것이 바로 거기서 하고 있는 것인 줄을 철저하게 믿는 것이다. 그렇게 해야 된다. 〈일상의 생활 중에 늘 염하기를 이렇게 하라. "주인공! 당신이 나의 근본임을 잊지 않겠습니다. 주인공! 당신이 나의 모든 것을 다 한다는 것을 잊지 않겠습니다. 주인공! 일체 현상이 다 당신의 나툼임을 잊지 않겠습니다."〉

    5. 현대 과학 문명이 발달한 이 시점에서 십 년이고 이십 년이고 걸려서 공부하기가 어렵기에 즉시 들어갈 수 있는 길을 모색해서 주인공을 세웠다. 주인공 하나를 세워 놓고 모든 것이, 들이는 것도 내는 것도 모두 거기로 들고 나니 의심치 말고 주인공을 믿으라고 한 것이다. 〈그렇게 하면 의정이 절로 나와 어느 선지식으로부터 화두를 받을 것도 없이 내 속에서 의정을 내고 내가 토론을 하게 된다. 그래야 급속한 시대 변화 속에서 빠르게 공부할 수가 있다. 지금 이 자리에 부처님이 계셔서 화두를 주었다 할지라도 들이고 내는 주인공을 지켜보는 '나'에 부처님 마음이 계합되어 있으니 다른 화두 믿지 말고

주인공을 의심 없이 확고히 믿어야 즉시 들어간다.〉

(2-6) 원-2-5-10

6. '주인공이 무엇인가.' 하지 말고 주인공을 믿고 들어가라. '무엇인고?' 하는 생각만으로는 맛도 못 보고, 작년 씨가 올 현재로 온 것을 모르고 작년 씨만 찾다가 세월 다 보내게 된다.

(2-7) 원-2-5-11
원-3-3-2
행-5-4-3
행-8-2-12
행-9-3-7

7. 머리로써 주인공을 알려고 하지 말라. 학술적으로 출발하면 관념이 박혀서 그것을 지우기가 매우 어렵게 된다. 무조건 믿어야 한다. 무조건 그냥 믿고 나가야 한다. 자기가 갈기갈기 찢겨져 가루가 된다 해도 믿어야 한다.

8. 입으로만 '주인공! 이렇게 저렇게 해 주시오.' 하는 게 아니다. 이미 주인공이 모든 것을 다 하고 있는데 무엇을 해 달라고 할 것인가. 입으로 주인공을 외지 말고 굳게 믿으라 하는 것이다. 사량이 아니라 믿음으로써 마음을 깨닫게 된다.

(2-9) 원-2-5-12
원-3-1-5
원-3-4-10

9. 내가 독존(獨尊)이라 믿고 나가라! 처음부터 전체가 하나라고 보면 오히려 '전부 공했다'는 견해에 사로잡히기 쉽다. 내가 독존임을 확연히 안 다음이라야 남도 독존이요 일체가 다 독존임을 알게 될 것이다. 〈그러기에 주인공을 일컫는 것이다. 주인공은 주인이자 그대로 공한, 소소영영한 본래면목을 이름이다.〉

제3장 물러서지 않는 마음 517

10. 주장자가 바로 서지 못한 사람은 비유하자면 빈집과 같다. 빈집에는 온갖 사람, 짐승, 벌레들이 제멋대로 들락거리듯이 그 허술함으로 해서 갖은 풍파가 일어나게 된다. 그러므로 이 도리를 몰라서 집을 비워 놓는 꼴이 된다면 누가 들고 나도 도무지 가늠치도 못할 뿐 아니라 엉뚱한 놈이 주인 노릇 하면서 심신을 망가뜨려도 속절없이 당하기만 할 것이다. 즉 주인이 없다면 세균성, 영계성, 유전성, 업보성이 제멋대로 들어가 뒤집어 놓으므로 고에서 벗어나지 못하게 된다. 자기를 바로 알아 주장자를 쥐고 가야 한다. 〈머리는 깎아서 상투조차 없지만 동곳은 항상 꽂아야 한다.〉

심-1-117 (2-10)
심-2-25
원-6-4-25
원-9-2-11
행-4-7-5
행-8-2-7
활-1-1-14

11. 한 나라의 임금이 마음이 바르지 못하여 중심 없이 흔들리기만 한다면 그 밑의 신하들뿐 아니라 온 나라 백성들까지도 혼란 속에 빠져 뒤죽박죽 될 것이다. 그러면서도 계속 정신을 차리지 못하고 흔들린다면 마침내 그 나라는 망하게 될 것이다. 이와 같이 우리 몸도 자기의 한생각이 잘못되면 이 몸을 구성하고 있는 세포들의 살림이 뒤죽박죽이 되어 나중엔 몸이 고장이 나 병이 생기게 된다. 또한 안이 혼란하면 밖에서 외적이 침범하듯 자기 마음의 중심을 세우지 못하면 밖의 세균이나 악한 영혼들이 주인 없는 빈집인 줄 알고 침범하여 마침내 몸까지도 못 쓰게 되고 만다.

원-3-4-10 (2-11)
원-3-6-9
행-2-1-7
행-2-3-6
행-2-4-1

12. 마음법을 진실로 따르는 사람들은 그 모든 것이 나의

법-2-66 (2-12)

근본과 둘이 아님을 알기에 언제나 중심을 자기 자신에 두고 생활하게 된다.

그러므로 설사 병원에 가더라도 자기 근본에 응하면서 가게 된다. 그럴 경우 신묘한 치유 능력이 나타나게 된다. 의사가 잘 고쳤기 때문이 아니라 내 안에서 우러나온 신묘, 불가사의한 힘이 나를 치유한 것이다.

13. 주장자란 손으로 들고 다녀서 주장자가 아니라 마음에 중심을 세워서 주장자이다. 주장자는 누가 쥐여 주는 것이 아니라 스스로 얻는 것이다. 마음의 중심이므로 뿌리도 형체도 고정됨이 없이 도는 것이다.

14. 손아귀에 딱 들어맞는 방망이를 쥐듯 그렇게 주인공을 딱 쥐어라.

15. 달구지를 치지 않고 소를 가게 할 수 있고 쉬게 할 수 있는 그 방법을 알아라. 고삐를 딱 붙들어라. 그게 반야줄이다.

3. 믿고 맡김

1. 주인공을 우직스럽게 믿고 늘 그에게 되돌리고, 늘 그에게 감사하면 그것으로 그뿐인 것이다. 급하게 서두르거나 안

간힘을 쓰지 말라. 자유스러운 가운데 유장한 마음 자세로 닥치는 일들을 주인공에 믿고 맡기면서 살아가라. 믿음이 없으면 몽땅 맡겨지지 않고, 믿음이 없으면 돌려서 놓아지지도 않는다.

2. 어린아이가 처음 걸음마를 배울 때 잘 걸을 줄 알고 발걸음을 떼어 놓던가, 아니면 넘어질 줄 알고서도 떼어 놓나. 넘어지든 안 넘어지든 그런 생각 없이 그냥 걸음을 떼기 시작한다. 그렇게 걷다 보면 차차 잘 걷게 되고 뛰게도 된다.
　근본 불성에 다 맡겨 놓고 가라. 어린아이가 걸음 배우듯 그렇게 하라. 자기가 자기를 못 믿으면 누굴 믿겠는가.

법-2-63 (3-1)
법-2-68
법-2-76
법-2-94
법-3-20
법-3-21
심-1-56
심-2-15
원-3-6-9
원-7-3-10
행-3-5-7
행-4-4-1
행-4-6-10
행-4-9-3
행-4-9-4
행-7-2-4
행-10-1-2
생-2-1-12
활-2-1-7
활-3-1-4
활-3-1-8
활-3-1-9
활-3-1-11

3. 마음이 왔다 갔다 하면 살림도 왔다 갔다 한다. 내 집안이 산란해지고 우환 생기는 것을 누구에게 항의하겠는가. 주인공에 일임하고 차분하게 중심을 잡고 있으면 바람이 불어도 끄떡 안 하고 무겁게 걸어갈 수 있다.

4. 맡기면 된다. 몸이 아프든 가환이 닥치든 '아, 이것도 당신! 당신이 하는 것이니 당신이 알아서 하라.' 하고 턱 맡기고 무겁게 믿고 지켜보라. 맡기면 된다. 설사 해결이 안되었다 해도 절대로 물러서지 말라. 물러서면 안 된다.

행-2-3-5 (3-4)
행-3-2-4
행-3-4-19
행-6-1-6

5. 이 도리를 알아볼 양으로 어렵게 안간힘을 쓰지 말라.

행-3-2-4 (3-5)

(3-5) 행-8-1-6
행-10-1-5

'일상생활이 그대로 여여하게 근본 자리에서 하는구나.' 하고 믿고 놓으면 된다. 그렇게 믿고 맡겨 놓으면서 살아가라. '맡기는 게 무언가?' 하고 이치로 헤아리려 하지 말고 그냥 '잘되는 것도 거기, 안되는 것도 거기, 거기서 모든 걸 하고 있고 거기서밖에는 해결할 수 없다.' 하고 믿어라. 그것이 맡기는 것이요 놓는 것이다.

생활 가운데 늘 그렇게 하다 보면 큰 뜻을 이루게 된다. 정말이지 우주의 샘물 맛을 보게 된다. 그러나 그에 앞서 몸 건강하니 좋고, 생활 윤택해지니 좋고, 가정 화목해지니 좋고, 우환이 없어지니 좋고, 모든 게 다 좋아진다.

(3-6) 행-7-2-4

6. 믿고 맡기는 데는 잘된다, 잘될 것이다 하는 전제조차도 없어야 한다. 버렸다, 버린다도 붙질 않는다. '주인공이 다 하는 것이지.' 하면 그뿐이다.

(3-7) 심-1-64
원-1-4-3
원-3-2
원-6-5-1
행-8-1-5
행-8-1-12
생-3-2-3
생-3-2-6

7. 믿음이 투철하지 못하면 답답증이 생길 때 더 앞으로 나아가기가 어렵게 된다. 자기를 관하여 일어나는 의심덩어리를 깨뜨리기가 힘이 들며 사방이 꽉 막혀 어디로 뚫고 나가야 할지를 모르게 된다. 그러할 때면 흔히들 환경을 탓하고 스승을 원망하여 이곳 저곳을 기웃거리게 된다. 모름지기 수행자라면 이러할 때에 스스로 믿음을 점검해 볼 일이니 밖에서 답을 구하면 안 된다. 죽어야 나를 보리라.

8. 믿고 맡긴다는 것은 참고 기다리는 게 아니다. 믿음은 참는 마음이 아니다. 참는 마음으로 맡기고 놓는다고 한다면 그것은 이미 맡김이 아니요, 놓음이 아니다. 놓을 때는 아무런 찌꺼기가 남지 않아야 한다. 여한이 없어야 한다. 그렇지 못하고 참아 낸 것이라면 그 참음이 쌓였다가 뒷날 어느 때에 용수철처럼 튀어 나오고 말 것이다.

생-1-3-9 (3-8)
생-2-1-10

9. 찰나찰나 다가드는 경계를 사량으로 헤아린다면 땅에 떨어지고 만다. 순응해서 같이 돌아간다는 믿음, 일임하는 믿음, 물러서지 않는 믿음이 있어야 한다. 〈그런 믿음으로 맡겨 놓고 돌아간다면 그것이 바로 중용인 것이다.〉

10. '잘못하는 것이로구나. 잘못되어 가고 있구나.' 하는 것도 자기가 안다. '이러면 안 되는데.' 하는 것도 자기가 알고 있다. 회개도 자기가 한다. 그 모든 게 한군데서 나온 것이지 다른 데서 나온 것이 아니다. 잘된 것, 잘못된 것이 다 한군데로부터 나온 것이니 거기에 일임하라는 것이다. 〈그것이 바로 초발심이기도 하다.〉

11. 악의 과보도 자기가 지어서 받는 것이요, 선의 과보도 자기가 지어서 받는 것이니 무너뜨리는 것도 자기가 하는 것이다. 죄를 지은 놈이 죄를 풀 수 있는 것과 같다. 고로 주인공에게 일임하라. 〈그것이 회개이다. 그것이 고해성사요 참회이다.〉

수-1-51 (3-11)
법-3-26
행-8-3-3
예-29

(3-12) 원-6-5-1
원-6-5-4

12. 마음 깊은 그곳에 모든 원리가 숨어 있다. 모든 공포와 절망과 무거운 마음의 짐들을 다 쉬고, 다 맡기고, 다 털어 버려라. 일체의 분별심, 사량심, 삼독심을 다 맡겨라. 그렇게 함으로써 하늘과 땅과 사람과 미물에 한 점 부끄럼 없는 떳떳함으로 살아가라.

(3-13) 원-6-3-7

13. 모든 것을 맡겨 놓을 수만 있다면 두뇌를 통해서 사대로 통신이 되는데 한생각이 수십만의 입자가 되어 작용을 한다. 그렇게 무심과 유심이 작용을 해야만 불이 들어올 수 있다.

14. 내가 한다 안 한다, 이렇게 두 가지로 분별이 들 때에 이것이다 저것이다가 아니라 두 가지를 다 일임한 상태에서 내 앞에 닥치는 일을 그대로 하고 나가는 것이 유와 무를 한데 겸해 나란히 해 나가는 것이다.

(3-15) 수-3-81
수-4-50
수-5-2
수-5-10
법-1-9
법-2-71
법-2-73
법-2-75
법-2-92
법-3-20
법-3-21
심-1-1
심-1-3
원-2-2-11
원-2-3-6
원-3-6-8

15. 생활의 모든 것을 자기 뿌리에다 일임하라. 놓아라. 먹는 것 굶는 것, 잘사는 것 못사는 것, 할 수 있는 것 할 수 없는 것, 되는 것 안되는 것 등 그 모두를 뿌리가 하는 것이니 뿌리에다 맡겨라. 그렇게 하지를 못한다면 잠재해 있는 실상의 본래면목을 믿지 못하는 것이니 믿지 못하면 도와는 거리가 멀다. 믿음이야말로 도의 근원이다.

16. 이 공부의 핵심은 오직 한마음을 굳게 믿고 그 자리에 일체 경계를 놓아 나가는 것이다. 따라서 우리가 가야 할 길이란 그렇게 어렵거나 크거나 높은 것이 아니요, 오히려 단순하고 쉽고 빠른 것이다.

17. 주인공이 나의 근본임을 진실하게 믿고 관할 때에 모든 걸 주인공 자리에 놓을 수 있게 된다. 놓는다는 소리를 모르겠거든 맡겨라! 맡기는 걸 모르겠거든 아예 부숴 버려라. 그러면 화산이 폭발할 때를 만난다.

18. 벽에 틈이 벌어지면 바람이 나고 든다. 내 마음에 바람 구멍이 나지 않으면 바람이 들어올 리가 없다.

4. 정진

1. 우리는 수행하기 위해 태어났고, 수행하기 위해 살고 있다. 하루 24시간의 모든 활동 – 아침에 잠에서 깨어나 세수하고, 식사를 하고, 일을 하고, 사람을 만나고, 말하고 움직이고, 잠을 자는 그러한 모든 행위가 다 수행을 위한 것이어야 한다. 바로 진정한 나 자신에게 귀의하고, 나 자신을 회복하는 것이어야 한다.

2. 참다운 수행자라면 진리에 순응하는 마음에 틈이 있어서는 안 된다. 한시도 게을리하지 말고 일체를 맡겨 놓고 관해야 한다.

3. 초등학교 학생이 대학 과정으로 바로 가려 해도 안 되니까 열심히 해야 하듯이 모든 경계에서 한마음 주인공을 믿고 거기에 맡기기를 열심히 하면 알게 된다.

4. 나무를 비벼서 불을 얻고자 할 때 제대로 열이 나기도 전에 문지르기를 그만둔다면 어떻게 불을 얻을 수 있겠는가. 절실한 데서 불이 나오는 것이니 불이 붙을 때까지 정진해야 한다.

5. 고양이가 생선 가게를 노리듯, 어린아이가 엄마를 찾듯이 그렇게 자나 깨나, 앉으나 서나 자기 본래면목을 그리워하고 또 그리워해야 한다.

6. 말에 걸리고 상에 걸리고, 여기에 걸리고 저기에 걸리고 하면 공부하기 어렵다. 지옥에 떨어질까 겁나고 꽁지벌레 될까 겁나면 공부하지 못한다. 경계에 아랑곳없이, 천방지축이라는 소리를 듣더라도 밀고 나가라.

7. 모든 것을 다 걸고 해 보는 배짱과 당당한 포부가 있어야

한다. 좀 안다는 사람은 알아서 더는 못 나가고 모르는 사람은 알려고 하지 않아 못 나가니 모든 걸 다 내던지고 나갈 줄 알아야 한다. 한 철 살다가 가고 또 오고 또 가고 연방 돌아가는데 찰나 생에 알면 얼마나 더 알고 모르면 얼마나 모르겠는가. 모든 것을 다 걸고 눈 하나 깜짝 않는 태도로 믿고 맡겨라. 부처님께서 삼천대천세계를 다 집어삼켰듯이 이왕이면 전체를 도둑질하라.

8. 이 공부가 여간 대단한 공부가 아니다. 참으로 광대무변한 진리이며 끝없는 공부이다. 말로 표현할 수 없을 만큼 엄청난 법인데도 불구하고 수행한다 하면서 절에 다니는 걸로 '이만하면 그냥저냥 공부하는 것이지.' 하는 사람들이 많다. 진정 마음공부 할 수 있는 조건이 스스로 갖춰져 있다는 것을 절실히 생각지 않는 경우이다. 일체를 하나로 묶어 주인공에 열심히 믿고 맡기는 사람이 되어야 인과를 녹이고 습을 떼고 참 나를 발견하는 법이다.

수-2-43 (4-8)
수-3-24
수-3-40
수-3-41
행-4-1-11
행-4-6-8
행-4-8-1
행-4-8-3
행-4-8-5
행-7-2-4
행-7-2-5
행-8-4-7
행-10-2-2
행-10-2-3
행-10-3
행-10-3-3
행-11-2-6
행-11-5-1
생-1-1-14

9. 모르니까 공부해야 하고 알면 아니까 또 공부해야 한다. 항상 붙들 것 없는 것을 붙들고, 앉으나 서나 일을 하면서도 늘 주인공을 염해야 한다.

10. 아무리 사소한 생각이라도 허투루 하고 한데로 떨어뜨리면 안 된다. 한 번에 몰아서 하거나 크게 하겠다고 생각하지

말고 가능한 한 꾸준히 침착하게 해 나가야 한다. 아무것도 바라는 바 없이 그렇게 해 나가노라면 어느 사이엔가 마음에 여유가 생기고 세상이 밝고 아름답게 보이게 될 것이다.

11. 탑이 올라가는 것을 보라. 돌을 하나씩 쪼아 올릴 때 먼저 주춧돌을 놓듯이 주인공에 일체 경계를 놓고 믿음의 안테나를 세워야 한다. 〈그럼으로써 오신통이 풀려나오고 법계와 통신을 하게 된다.〉

12. 물이 흐르는 것을 보라. 가다가 구덩이를 만나면 채우고 다시 흐른다. 바위나 언덕을 만나면 끼고 돌아 흐른다. 참나를 찾는 공부도 그와 같아야 한다.

13. 마음공부는 어떤 학문을 전공하듯 그렇게 하는 게 아니다. 이 공부는 한시도 끊어질 수 없고 끊어져서도 안 되는 공부이다. 그러나 끊어지지도 않는 공부이므로 생활이 곧 불법이자 불법 공부임을 잘 살펴야 한다. 물고기가 물에서 온갖 살림을 다 짓듯이 우리는 주인공을 믿는 마음 속에서 온갖 일을 다 하는 것이기 때문이다.

14. 마음공부의 길에서는 도망칠 곳이나 피할 곳이 없다. 또 속이는 길도 없고 꾀를 내서 될 일도 아니다. 생각 생각으로 알음알이를 짓는다고 되지도 않는다. 우둔하다 할 만큼 오

로지 진실되게 나아가는 것뿐이다.

15. 수행자는 모름지기 자기 자신에 대해 정직해지지 않으면 안 된다. 왜냐하면 자신의 근본은 곧 부처님 자리요, 부처님 자리는 일체의 관념이 다 사라진 공성이어서 어떤 속임수나 변명, 합리화 따위가 통할 수 없기 때문이다.

법-3-55 (4-15)
원-7-1-10

16. 자기가 자기를 속이지 말라. 항상 자신을 돌아보아 어긋난 점이 있는지를 점검해야 한다. 속이고 속임을 받고 하는 게 모두 자기이지만 자기가 자기를 속이는 경우가 많다.

17. 모른다 하지도 말고 안다 하지도 말고, 닥치면 닥치는 대로 한군데 놓을 줄 알아야 정진이고 참선이다. 물불 가릴 것도 없고 범에게 잡혀가 먹히든 안 먹히든 가릴 것이 없다.

행-4-6-8 (4-17)

18. 살다 보면 앞뒤가 꽉 막혀 어떻게 해 볼 수조차 없는 진퇴양난의 처지에 빠지는 때가 있다. 이러할 때 믿음이 흔들리고 공부가 뒷걸음질치는 사람이 있는가 하면 반대로 더욱 정진하는 사람도 있다. 우리가 진퇴양난의 처지에서 생각해야 할 점은 언제 어디서나 자신을 이끄는 근본은 주인공뿐이라는 믿음이다. 그러한 믿음하에서는 직면한 난관조차도 주인공이 나를 위해 제공하는 공부의 기회가 된다.

행-3-3-1 (4-18)
행-7-2-4

(4-19) 행-2-3-5

19. 나같이 평범한 중생에게 어찌 본래로 무량한 공덕이 갖춰져 있을까 하고 행여라도 의심치 말라. 바로 그러한 퇴굴심이야말로 중생을 끝내 중생에 머물게 하는 것이다.

(4-20) 원-8-1-1
행-11-6-8

20. '모두가 부처라는데······.', '언젠가는 성불한다는데······.' 하며 게을리한다면 맛을 알 수 없을 것이니 죽어서도 맛을 몰라 한 걸음도 떼어 놓지 못하게 된다. 지금 장님이라면 죽어서도 장님이다. 지금 눈을 떴다면 죽어서도 눈을 뜬 것이다. 〈열반을 하려거든 살아서 열반을 하라.〉

(4-21) 수-5-14
법-2-100
행-2-1-3
행-3-1-4
행-3-1-7
행-3-1-8
행-11-1-7

21. '죽으면 그뿐'이라거나 '에이, 그냥 죽어 버렸으면 좋겠다.' 하지 말라. 죽는다 한들 몸뚱이만 없어졌다 뿐이지 도로 그 지경으로 또 살아야 하는 문제가 남는다. 그야말로 앞길이 까마득한 처지이니 이왕 칼을 뺐으면 죽든지 살든지 구애받지 말고 해 보라. 물러서면 죽는다.

22. 공부하기를 몇 년이 되었다, 몇십 년이 되었다 하는 세월 계산은 아무 의미가 없다. 50년간 공부했다 해도 5일 공부만 못한 경우도 있고 5일간 공부했다 해도 50년보다 나을 수 있다. 근본 자리에는 시공이 없는 것이니 인간이 만들어 놓은 시간의 많고 적음이 마음공부에는 해당될 일이 아니다.

23. 이 공부에는 길다 짧다의 기약이 없다. 삼천 년이 한 찰

나가 되는 공부이므로 빨리 해야 하겠다는 것은 부질없는 생각이다. 묵묵히 참구하라. 마음법에는 손자든 오자든 병법이란 것이 있을 수 없다.

24. 한 방울의 물이 흐르고 흘러 마침내는 바다에 이르기까지의 과정을 잘 알고 있다면, 한때의 침체 상태를 크게 두려워하지 않고 닥쳐온 어려움에 묵묵하고 의연하게, 여유 있게 대응하게 될 것이다. 그러나 대부분의 사람들은 당장 세상이 끝나는 것같이 생각한다. 지혜가 부족하고 마음이 들뜬 탓이다. 행-3-4-8 (4-24)

어려움 뒤에는 화평이, 이익 뒤에는 불행이 기다리고 있다. 행과 불행은 늘 그렇게 오고 그렇게 가 버린다. 그것을 따로 보지 말고 전체로 보라. 그래야 비로소 지혜의 눈이 밝아져 행과 불행, 어려움과 순탄함에 일일이 말려들지 않을 수 있다. 지혜로운 사람은 때로는 멀리서 관조하기도 하고 때로는 가까이 다가가서 세밀히 살피기도 한다.

25. 일시적으로 마음의 편안함을 느낄 수 있다고 해서 '아, 이것이 바로 무심이구나.' 하고 거기에 안주하려 든다면 이를 일컬어 공에 떨어졌다고 하는 것이다. 모름지기 수행자라면 편안함을 추구해서는 아니 되는 것이다. 믿고 맡기며 물러서지 않는 가운데 절로 무심이 되는 것이다. 행-4-7-2 (4-25)
행-4-7-7
행-6-1-2

5. 믿음의 공덕

(5-1) 행-1-3
행-4-10
행-9-1-9
생-3-1-5
생-3-1-19

1. 믿음은 불가사의한 힘을 갖고 있다. 어떠한 어려움에 봉착하더라도 완전한 믿음은 그 어려움의 얽힌 실타래를 깨끗이 풀어 버린다.

(5-2) 법-2-62
법-2-99
법-3-47
법-3-67
법-4-3
심-1-17
원-6-3
원-6-5-5
행-9-1-10
행-9-1-15
행-9-1-20
활-2-3
활-2-3-3

2. 믿음은 믿은 만큼 보답한다. 일체를 믿는 이에겐 일체를 주고 절반만 믿는 사람에겐 절반만 준다. 주인공에 대한 철저한 믿음이 강조되는 것은 바로 그러하기 때문이다. 그러므로 어려움이 닥쳤다 해서 좌절할 것은 아니다. 믿음이 있는 한 어려움을 준 거기에서 풀기도 할 것이기 때문이다.

3. 우리들 자신이 본래 부처라는 것, 그러므로 물들지 않는다는 것을 굳게굳게 믿는 것이 중요하다. 그 믿음의 크기만큼 본래 부처로서의 광명이 우리의 내부에서 뿜어져 나오게 된다. 그 광명 앞에는 어떤 어둠도 당해 내지 못한다. 온갖 더러움과 욕심, 어리석음이 일시에 사라질 것이다.

(5-4) 행-4-4-1
행-4-6-7
행-7-2-9

4. "당장 급한데 어떻게 주인공을 믿고 전부 맡기라 하는가?" 하는 말을 하지 말라. 뿌리가 싱싱하면 가지와 잎이 절로 푸르니 썩을 일도 없게 된다. 믿음은 결코 무너지지 않는 공덕의 탑을 쌓고 믿음은 결코 시들지 않는 지혜의 나무를 자라게 한다.

5. 주인공에게 믿고 맡길 때 주인공의 응답이 온다. 뒷전에 물러앉아 있던 주인공이 전면으로 나서게 된다. 주인공은 결코 믿음을 저버리는 일이 없다.

행-2-4-1 (5-5)

6. 진실하게 믿고 물러서지 않을 때 비로소 해결하면서, 체험하면서, 감흥을 맛볼 수 있게 된다. '아! 내게도 이러한 능력이 있구나.' 하는 것을 알게 되고 그럼으로써 단호하게 쥐고 들어가 맛을 보고 감흥이 되고 마침내 참 나가 드러나게 된다. 참 나가 드러나 부자 상봉이 이뤄지면 부와 자가 더불어 자재권을 행사할 수 있게 된다.

심-1-44 (5-6)
원-2-4
원-2-4-2
원-2-4-6
원-2-4-7
원-2-4-11
원-2-4-12
원-6-2-1
원-6-3-5
원-6-3-6
원-6-4-16
원-6-4-25
원-7-2-12
행-6-1-8
행-11-3-9
행-11-3-18

7. 주인공이 다 알아서 할 것이라고 안으로 다 일임해 버리면 마음 편하고 일은 착착 되어 간다. 얼마나 편안한가. 바둥거리고 애쓸 필요가 없다.

8. 주인공을 진실하게 믿고 그 자리에 일임하게 되면 왜 모든 일이 잘 풀리는가? 그것은 근본 자리에서부터 보이지 않는 힘이 우러나와서 유위의 법을 어루만져 주기 때문이다. 주인공은 때에 따라서 다보여래가 되기도 하고, 지장보살이 되기도 하며, 관세음보살·문수보살·보현보살이 되기도 한다. 또 신장이 되기도 한다. 주인공은 무엇이든 아니 되는 게 없으니 주인공 자리는 본래 공한 것이지만 그러한 묘법이 있다. 그러므로 일체를 주인공에 맡기고 놓는다면 주변이 화락해질 것이다.

법-2-99 (5-8)
법-3-67
심-1-17
원-2-4-1
원-2-4-2
원-6-3-1
원-6-3-3
행-9-1-16

9. 주인공에 모든 것을 맡겨 놓고 거기서밖에는 해결할 수 없는 그런 이치라고 굳게 믿었을 때, 에너지는 속사포같이 한 찰나에 전달이 된다. 또 그런 믿음으로 주인공을 부르면 우주 전체가 한꺼번에 듣는다.

(5-10) 원-2-2-1

10. 주인공밖에 할 수 없다고 믿어 진실로써 맡겨 놓는다면 믿고 맡기는 순간 마치 전등 스위치를 올리는 것과 같이 모든 게 밝아진다. 나만 밝아지는 게 아니라 내 가정, 내 사회, 내 국가, 이 세상이 다 밝아지게 되어 있다. 〈고로 믿고 맡기느냐, 않느냐의 한생각에서 천지가 벌어진다. 한생각 잘하면 무량의 밝은 빛을 낼 수 있을 것이고 한생각 잘못하면 무량수의 죄업을 뒤집어쓰게 된다. 이를 뒤집어 말하면 본래로 죄가 없기에 죄 붙을 자리 또한 없으나 한생각 잘못 일으켜 어둠에 빠져든다는 뜻이다.〉

11. 한마음 자리에 대한 굳은 믿음은 우리에게 희망과 기쁨을 준다. 우리가 짊어지고 있는 수억겁 이래의 업보도 그 행복한 마음 앞에서는 솜처럼 가볍다. 왜냐하면 한마음의 그 무한 광대한 복락에 비추어 볼 때, 중생이 짊어지고 있는 짐은 아무것도 아니기 때문이다.

(5-12) 심-1-82
원-5-1-4
행-11-6-3

12. 믿음이란 온갖 근심과 번뇌와 경계를 한 짐 부려 놓는 것과 같다. 믿으면 편안해진다. 나는 본래로 부처라, 죄업에

물들지 않고 인과에 얽매이지 않는 대자유, 대광명의 존재임을 알아서 자신의 근본 마음에 귀의한다면 마치 물고기가 물에서 놀듯 편안해진다. 나는 진리의 바다를 자재로이 헤엄쳐 다니는 물고기이다.

13. 믿으면 편해지고 믿지 못하면 편안하지 못하다. 마음 깊이 자신을 믿고 그대로 하면 되는 것인데 의심을 품거나 확고하지 못한 생각으로 하게 되면 전체로 와 닿지 않는다. 〈목마를 때 물 마시듯 즉응하는 게 중요하다.〉

14. 주인공을 믿고 거기에 맡겨 놓고 살면 공한 나도 발견할 겸, 집안도 편안할 겸, 내 육신도 건강할 겸, 주변도 다 화목해질 겸 여러모로 좋다. 그러므로 믿고 맡기면 팔자 운명 타령 할 일도 없게 된다. 그러나 이 도리를 모르면 시간 없는 중에 시간을 빼앗기니 여러모로 허덕이게 된다.

15. 지금 이 자리에서 죽게 된다 해도 여한이 없는 마음으로 부처님께 귀의했다면 생활 속에 어찌 잡다한 불안이나 걱정이 있겠는가.

행-2-3-8 (5-15)
행-3-1-6
행-3-4-6

16. 믿음이 자라면 즐거움이 나오고, 그 즐거움 속에는 죽음이 목전에 닥쳐도 태연자약할 만큼의 진실이 자리잡는다. 생활 속에서 마음의 힘을 체험해 보라. 믿음은 더욱 커질 것이다.

(5-17) 행-6-1-8
행-11-5-2

17. 주인공만이 해결할 수 있다는 물러서지 않는 믿음을 가질 때 자기를 발견할 수 있다. 주인공만이 해결할 수 있다는 굳은 믿음을 지닐 때 떳떳해질 수 있고 여여해질 수 있다. 한마음 주인공에 대한 믿음이 없다면 아무리 잘해 나가고 아무리 잘한다 할지라도 50%를 넘지 못한다.

뿌리가 튼튼해야 대가 굵고 대가 굵어야 씨가 여물다.

제4장 놓고 가는 삶

1. 삶 가운데 놓음

1. 우리들의 살림살이는 흐르는 물과 같다. 도도하게 흘러가니 담아 둘 것이 없다. 그대로 여여할 뿐이다. 먹으면 배설해야 하고, 일이 닥쳐서 겪었으면 그로써 흘러가 버려 아무것도 없게 된다. 발자국 떼어 놓고 걸으면서 내가 얼마를 걸어왔노라고 하지 않듯이 그렇게 흐르는 것이다. 그런데 그처럼 놓고 온 발걸음을 못내 아쉬워하고 집착한다면 그대로 마음의 짐이 되고 업이 되는 것이다. 그러므로 수억겁의 집착이 낳은 업을 몽땅 놓으라고 하는 것이다. 몰락 놓는다면 무이다. 공이다.

원-6-4-15 (1-1)
행-3-4-12
생-2-2-2

2. 한 발짝 내디디면 뒷발자국이 없어지고 또 걷고, 한마디 하면 뒷말이 없어지고 또 생각나고 연방 그렇게 돌아간다. 보는 것, 듣는 것, 가진 것이 모두 그러하다. 본래로 놓고 가는 것이다. 끝 간 데 없이 놓고 가는 중이다. 본래로 든 것이 없이 항상 놓고 흐를 뿐이다. 그럼에도 불구하고 시비곡직을 따지

고 이름을 따지니 따지는 대로 들러붙고, 붙으면 붙는 대로 떨어지질 않는다. 그러기에 다시 놓으라고 하는 것이다.

3. 차 한잔 마신 뒤에 마신 걸 생각하고, 찻잔을 생각하겠는가. 주면 마시고 마셨으면 비켜 놓는 게 그대로 생활이다.

(1-4) 법-3-62
행-3-5-13
행-4-8-4
행-10-1-1

4. 무슨 일을 할 때 무엇을 한다고 말부터 하고 이름부터 부르면서 하는 게 아니라 한생각 났다 하면 그대로 움직인다. 물 먹고 싶으면 그냥 물 마시듯이 즉석으로 할 뿐이다. 이름 부르고 말을 붙일 때는 단지 남을 가르치려는 부득이한 일이니 예를 들어 집을 지을 때 남의 손을 빌리고자 "벽돌 가져오너라. 서까래 가져오너라." 하겠지만 직접 할 때는 아무 말 없이 그냥 가져다 쓸 뿐이다.

5. 목이 말라 물을 마실 때 "마셔야 옳으냐, 안 마셔야 옳으냐?" 하고 묻지 않는다. 목마르니까 그냥 마실 뿐이다. 전등불을 켜려는데 "불을 켜야 옳으냐, 안 켜야 옳으냐?" 하고 묻지 않는다. 그것이 바로 불법이다. 〈나라는 것을 내세우지 않는 데서 바로 구경지를 이뤄 자유인이 되는 것, 그것이다.〉

(1-6) 심-1-71
원-5-1-3
원-5-2-4
원-6-2-9
원-6-3-1

6. 추우면 따뜻한 곳 찾고 더우면 시원한 옷으로 갈아입고 배고프면 밥 찾아 먹고 그렇게 자동적으로 살아가고 있다. 그렇게 하면서 '해도 되느냐, 안 되느냐' 따지지 않고 '살기 위해

먹나, 먹기 위해 사나.' 그런 생각을 하지 않는다. 생활 속에서 여여하게 이어지는 게 바로 진리요 불법이다.

행-4-3-5 (1-6)
행-4-6-11
생-2-1-28
예-81

7. 지금까지 해 나온 대로 어떤 일에 대해 서슴지 않고, 무심으로 그냥 응대해 줄 수 있는 그 성품 속에 자신의 본래면목이 있다.

8. 이미 밥을 다 지어서 그릇에 담아 놓았으니 그냥 떠먹고 배 두드리면 그뿐인 것을 쌀 씻고 밥 짓는 과정을 일일이 따진다면 얼마나 번잡하겠는가. 본래 앞뒤가 끊긴 자리요, 본래 자동적으로 먹고 가고 놓고 가는 것이니 이게 자동이냐 아니냐, 좋으냐 나쁘냐, 도냐 아니냐 하고 쟁론할 것이 없다. 그럼에도 밥 짓는 과정을 꼬치꼬치 따지려 하니 공한 마음을 알지 못하는 것이다.

행-4-6-8 (1-8)
행-7-1-10
생-1-3-5

9. 우리가 평상시에 밥을 먹는다, 말을 한다, 움직인다 하는 게 한 사이 없이, '내가' 무엇을 한다고 함이 없이 한 것이니 전부 빈 그릇의 꼭두각시 놀음이라, 공이 돌아가고 있는 것이다. 〈고로 평상심에서 볼 때에 불법이다 아니다 할 것도 없이 그대로 불법이며 그대로 생활이며 그대로 여여한 것이다.〉

10. 앞도 없고 뒤도 없이 놓고 나갈 때 비로소 앞생각도 끊어지고 뒷생각도 끊어져 놓는다는 생각도 없이 무심으로 놓고

법-2-108 (1-10)
법-3-45
행-4-9-3

(1-10) 행-9-1-5
행-9-1-14
행-9-1-16
행-9-2-13
행-11-6-1
행-11-6-3

가게 된다. 이렇게 되어야 비로소 오는 인연 막지 않고 가는 인연 잡지 않는, 어디에도 걸림 없는 도리를 알게 되고 함이 없이 하는 도리를 알게 되는 것이다.

11. 이미 무심이 되었다면 새삼스레 '주인공이다', '믿는다', '일임한다', '놓는다' 하는 말조차 붙을 수가 없다. 그대로 '즉(卽)'일 뿐이다. 옳으니 그르니 할 것 없이 그대로 그냥 '즉'인 것이다. 무심은 무심해지고자 해서 되는 것이 아니다. 만약 무심해지고자 해서 무심이 되었다면 그것은 이미 무심이 아니다.

12. 비유하여 우리가 책을 볼 때 아는 내용이면 그냥 덮고, 모르는 내용이면 읽어 보고, 잊지 않으려면 외우고 넘기며, 옮겨 쓸 것이라면 베껴 놓고, 그렇게 하는데 거기에 일일이 어떻게 '한다' 하는 꼬리가 붙는가.

2. 믿음으로 놓음

1. 놓는다는 것은 믿음이다. 믿지 않으면 놓아 버릴 수 없다. 되는 것 안 되는 것 모두 주인공이 한다고 몰락 놓아야 하는데 믿음이 없다면 몰락 놓아지겠는가.

2. 닥치는 대로 놓아 버려라. 이 방법 저 방법 따질 것 없다.

제4장 놓고 가는 삶 539

닥치는 대로 주인공이 하는 것이라 믿고 놓는 게 제일 편리하다.

　3. 광석을 불로써 제련하듯이 지혜로써 마음을 단련하여 허물을 없애야 하는 것이니 먼저 주인공을 철저히 믿고 놓아야 한다. 놓는다는 것은 다만 마음을 쉬는 것이 아니라 믿음의 불로써 허물을 태우는 것과 같으니 놓는다 함은 마음의 용광로에 일체를 넣는 작업인 것이다.

원-1-1-11 (2-3)
원-2-4-5
원-2-4-7
원-7-3-1
원-7-3-3
행-7-2-3

　4. '에이, 될 대로 돼라.', '어떻게 되겠지.' 하고 놓는 게 아니다. 믿음으로써 놓는 것이다. 모든 것은 주인공의 뜻이고, 모든 것은 주인공만이 할 수 있다는 믿음으로써 놓는 것이다. '잘 되게 해 주시오.'도 아니다. 그렇게 하면 벌써 둘이 된다. 오로지 거기서밖에는 해결할 수 없다는 일심으로 놓는 것이다.

행-3-2-8 (2-4)
행-3-3

　5. '될 대로 돼라!' 하는 식으로 팽개치듯 놓아 버리는 것은 모르고 놓는 것이다. 주인공이 들이고 낸다는 것을 모르는 것이니 그렇게 놓는 것은 놓는 게 아니다.

수-1-37 (2-5)
수-3-81
수-5-7
수-5-16
수-5-22
법-2-8
법-2-32
법-2-75
법-2-89
법-3-78
심-1-8
심-1-9
심-1-12
심-1-53
심-1-61
심-1-101
심-1-113
심-2-28
원-3-6-8

　6. 놓는다 함은 무엇인가. 첫째, 진실히 자기 자성 주인공을 믿어야 하고 둘째, 물러서지 않아야 하고 셋째, 그대로 믿고 활용하며 밀고 넘어가야 한다. 가만히 있으라는 게 아니다.

　7. 어떤 사람은 살려고 바둥바둥하면서 '나는 왜 다 맡겨 놓

는데도 안되나? 부처님! 주인공! 제발 살려 주십시오! 되게 해 주십시오!' 한다. 또 어떤 사람은 '아니, 한 번 죽지 두 번 죽나? 하늘이 무너져 내려 죽는다 해도 죽으면 죽는 대로 살지.' 한다. 큰 믿음을 가졌다면 앞뒤 없이 그냥 놓는 것이지 거기에 지저분한 꼬리가 붙을 수 없다.

8. 주인공에 놓고 쉰다는 것은 주인공에 놓고 쉰다는 그것마저 놓고 쉰다는 뜻이다.

9. 부처란 참되고 한결같은 진여 불성의 마음을 가리킴이요, 중생이란 변하고 거짓스러운 생사윤회의 마음을 가리킨다. 그러므로 일체 경계를 놓으라는 것은 중생심을 돌려 진여심에 들라는 의미이기도 하다. 귀의와 귀명도 곧 놓는 것을 뜻한다.

3. 공에다 놓아라

1. "맡겨라, 놓아라" 하니까 고정관념에 익숙해져 있는 사람들은 어디 한 곳에 고정되게 딱 점 찍어 놓을 곳이 있어서 거기에 놓고 맡기는 줄로 안다. 그러나 세상 살아가면서 누구나 그 역할과 이름이 때와 장소에 따라 달라서 며느리 되었다가 아내 되었다가 어머니 되었다가 딸이 되는 등 고정됨이 없

고, 시장 가면 고객이 되고 버스 타면 승객이 되고 그렇게 돌아가면서 살게 되어 있다. 그런데도 생각만큼은 자꾸 고정시키려 하니 참으로 억지스러운 일이 아닐 수 없다.

2. 어디다 놓느냐? 공에다 놓는다. 공은 어떤 것이냐? 모든 생명이 같이 돌아가는 곳이 공이다. 그러면 나는 빠졌느냐? 나까지 거기 있다. 그렇다면 전체가 공이요 나조차도 공인데 공에다 넣을 것은 어디 있고 뺄 것은 어디 있느냐? 전체가 공이라 본래로 놓아진 것이지만 도리를 모르니까 공에다 놓으라고 하는 것이다. 〈어차피 공한 도리이고 어차피 공한 내 몸이요 어차피 일체가 공해서 내가 하는 것조차 붙을 자리가 없이 공해 버렸는데 공에다 놓지 않으면 어떻게 하겠는가.〉

원-1-2-5 (3-2)
원-2-5-13
원-6-5-1
행-3-2-4

3. '내가 하는 게 아니라 주인공이 하는 것이니 공이 하는 것이다.' 하고 공에 놓는다면 착에서 벗어날 수 있다. 공에 다 놓으므로 걸리지도 않고, 인을 짓지도, 과를 받지도 않는다. 〈그래야 생사윤회를 뛰어넘을 수 있다.〉

수-3-52 (3-3)
수-3-53
심-1-7
원-1-2-10
원-2-3-3
원-2-3-4
원-2-5-1
원-2-5-2
원-2-5-7
원-2-5-9
원-2-5-14
원-2-5-15
원-3-4-5
원-4-2-13
원-5-1-2
원-5-1-7
원-5-1-12
원-5-1-13
원-5-1-19
원-5-1-23
원-5-1-25

4. 어디다 놓느냐? 내가 있음으로 해서 상대가 있고 일체가 있으며, 천지가 직결되어 보이지 않는 전력이 자동적으로 오가게 되어 있으니 마음속에 자가 발전소가 있는 격이다. 그 자가 발전소에 놓아라. 거기다 맡겨 놓으면 내가 써야 할 때에 저절로 온다.

(3-3) 원-5-1-26
원-5-1-27
원-5-1-29
원-5-2-2
원-5-2-3
원-5-2-8
원-5-2-9
원-5-2-11
원-5-3
원-6-1-2
원-6-2-13
원-6-2-17
원-6-4-36
원-7-2-2
원-7-3-11
행-4-1-1

5. "놓아 버려라" 하면 그대로 여여함이니 어디 부수고 들어갈 게 있어 부수고 들어가는가. 놓는다고 하면 놓지 않는 게 나오기에 공에다 몰락 놓아 버리라 하는 것이다. 그럼에도 '놓으라'는 소리에 끄달려 "다 놓고 뭘로 사느냐?" 하는 말꼬리를 붙이는데 놓는 것은 믿음이니 "놓아 버려라" 하면 놓는 대로 여여함이다.

6. 사대 오온이 나와 더불어 공했으니 모든 것이 공했다고 진실하게 믿는다면 그 믿음 속에 모든 수행이 다 들게 된다. 따로 놓는다, 안 놓는다 할 것도 없이 진실히 믿어 어떤 일이 생겨도 물러서지 않는다면 일체 만법을 운용하는 공의 자리, 주인공에 돌려놓는 것이 된다.

7. 밑 빠진 구멍에다 놓아라.
마음을 방생하라. 탐심·진심·치심을 방생하라.
텅 빈 곳에 던져 버리고 가벼운 걸음걸이로 걸어 나가라.

4. 무조건 놓아라

(4-1) 행-6-1-6
행-7-2-4

1. 놓는 데는 이유가 없다. 무조건 닥치는 대로 맡겨 놓고 가야 한다. 아는 것도 모르는 것도, 행도 불행도, 가난도 병고도 다 맡겨 놓으라. 무슨 일이 잘되지 않았다 싶을 때에도 그

것마저 놓아라. '주인공밖에는 길을 인도할 수 없지.' 하고 놓아라. 이와 같이 하는 것이 바로 자기 마음을 비우는 길이며, 억겁 전부터 짊어지고 온 무거운 짐을 내려놓는 작업이며, 억겁에 걸쳐 덕지덕지 붙은 마음의 때를 깨끗이 씻는 작업이며, 내가 죽는 작업인 것이다.

2. 싫은 경계는 놓아야 하겠다고 생각하면서도 좋은 경계에는 늘어붙는 경향이 있다. 좋아하고 싫어하는 그 마음을 쉬지 않으면 부처님 세계에 들 수 없다.

3. 일체 경계를 다 놓는다고 했을 때의 일체 경계엔 어떤 고귀한 것이라 하더라도 예외일 수가 없다. 돈이나 권력, 명예 따위의 세간적 가치는 물론이지만 신통 능력까지도 놓아야 할 일체 경계 중의 하나이다.

4. 닥치는 대로 놓아라. 알면 아는 대로 놓고 모르면 모르는 대로 놓고 감사하면 감사하게 놓아라. 또 오신통은 오신통대로 놓아야 한다. 〈주인공은 삼라만상이 다 포함된 합계라 필요에 따라 무엇이든 꺼내 쓸 수가 있다.〉

5. 고도 놔 버리고 집도 놔 버리고 멸도 놔 버리고 도도 놔 버리는데 뭐가 있어 붙겠는가. 도라는 이름도 놓아야지 그것을 쥐고 있다면 이미 도가 아니다.

수-1-10 (4-2)
수-1-18
수-1-43
수-2-30
수-2-32
수-3-2
수-3-14
수-3-15
수-3-43
수-3-51
수-4-7
수-4-8
법-2-20
법-2-63
법-2-64
법-2-74
심-1-10
심-1-54
원-2-3-6
원-5-1-26
원-6-5-7
원-7-2-13
원-7-2-14
원-7-3-15
행-3-4-18
행-4-5-2
행-4-5-4
행-4-5-8
행-4-6-1
행-9-1-7
행-11-1-1
생-1-3-9
생-2-1
생-2-1-7
생-2-1-17
생-2-2-7

6. 모든 것을 부수고 들어가라. 팔만대장경도 부수고 들어가야 하는 법이니 이 도리엔 따로이 용납하는 게 없다. 그렇다고 한마디 할 것조차 없다고 하지 말라. 한마디 할 게 없다 하면 그것이 또 붙게 된다.

7. 도리천, 도솔천 등의 천상 인간이라도 또 놓아야 한다. 그것에서도 벗어나야 한다. 놓고 맡기는 공부는 선이라 해서 짓고 악이라 해서 놓으라는 게 아니다. 비록 선업을 쌓았다 해도 그 과보엔 한계가 있으며 가다가 또 악을 짓는 수도 있고 그럼으로써 미해지기도 할 것이다. 산 사람과 영령이 다를 게 없으니 천상 인간이라 해도 놓아야 한다.

8. 그대의 것이니 그대에게 다시 돌려보낸다 하고 뒤도 돌아보지 말라. 모든 것은 주인공의 짓이요 주인공의 나툼이니 일체를 그에게 밀어 던져라. 그는 영원하며 그는 무한하다. 망상도 던져 버리고 분별심도 밀어 버려라. 온갖 더럽고 악한 것도 다 던져 버려라.

9. 경으로, 학으로, 말로, 이론으로 따져서 이것이 옳으니 저것이 옳으니 하지 말라. 그 대신 오직 주인공밖에는 해결할 수 없다고 믿고 놓아라. 한 번 놓고 두 번 놓고 자꾸 놓아 놓는 습이 붙게 하라. 마루로 올라설 때 무심중에 신발 벗고 올라서듯 그렇게 놓아지도록 하라. 〈그래야 인과도 녹고 유전도 녹고

업보도 녹는다.〉

10. 일단 알고 나면 믿는다, 맡긴다 할 것도 없지만 처음에는 무조건 자기 주인공을 믿고 놓아야 한다. 그것이 삼독심을 여의는 길이다.

11. 예를 들어 냄새나는 것은 나는 것이고 안 나는 것은 안 나는 것이다. 냄새나게 된 것은 거기서 다 그렇게 형성시켰기에 나는 것이고 냄새가 안 난다 하는 것도 다 거기서 하는 것이다. 그러므로 나면 나려니, 안 나면 안 나려니 하고 넘겨라. 걸리지 말라. 툭 튀어나오거든 나온 자리에 되놓아라.

5. 나온 자리에 되놓음

1. 일체의 모든 것, 즉 이 우주 천지의 모든 것이 나온 근본은 바로 모든 사람의 마음에 직결되고 있음을 알아야 한다. 그럼으로써 그 모든 것에 직결되어 있는 마음의 주인공을 믿고 거기에 모든 것을 되맡겨 놓아야 한다. 이렇게 진실히 맡겨 놓을 때 모든 것이 인과응보로 나온 것이니 나온 거기서 알아서 하게 되는 이치가 있다. 〈예를 들어 병도 인과응보이니 엎어졌으면 일어날 능력도 자기에게 있는 것이다. 자기가 지어 놓은 것이니까 자기가 풀어야 하고, 또 풀 수도 있는 것이다. 그래

원-2-5-14 (5-1)
원-2-5-15
행-6-1-1
행-6-1-5

서 되놓으라 하는 것이니 병을 예로 들면 '주인공에서 나온 것이니 주인공이 고쳐라. 주인공 당신만이 할 수 있다.' 하고 진정으로 믿는 것을 말한다.〉

(5-2) 심-1-101
원-6-4-25
원-7-1-2
원-7-1-7
원-7-1-8
원-7-2-6
원-7-2-11
원-7-3-1
원-7-3-10
원-7-3-19
원-8-1-7
활-1-1-17
예-37
예-48
예-84

2. 우리가 살아가는 모습을 비유하여 녹음테이프가 재생되는 것과 닮았다고 할 수 있다. 이미 전생에 녹음된 것들이 연이어 경계로 다가오는데 그것은 어쩔 수 없는 필연이다. 그것에 일일이 오욕 칠정으로 응하다 보면 또 내생에 다가올 업을 재녹음하게 된다. 그렇지만 다가온 경계 그 자리에서 놓고 쉬게 되면 어떻게 될까? 무심하게 경계를 맞고 보내면 녹음테이프를 지우는 것과 같아 공테이프가 되게 될 것이다. 이미 녹음된 것은 다가온 경계로서 끝나고 더 이상의 녹음은 없게 된다.

(5-3) 원-7-3-21

3. 길을 가다가 엎어졌으면 엎어진 자리에서 스스로 일어나야지 누가 일으켜 주는 게 아니다. 전생에 선업·악업을 지었다면 그 지은 자리에다 되놓아야 무너진다. 그것이 새롭게 컴퓨터에 입력하는 것이다. 과거에 입력된 것이 지워지는 것이다.

4. 주인공을 찾다가도 어떤 경계에 부딪치면 안으로 놓기 이전에 밖으로 끄달리는 사람들이 많다. 뿌리에 물을 주어야 줄기와 잎이 잘 자라듯이, 부딪치는 경계도 안으로 일어나는 것이니 안으로 놓아야 하는데 말로는 주인공에 놓는다 하면서 행은 그렇지 못한 경우가 많다. 행과 믿음과 구함이 진실해야

만 일체 만물이 다 내 스승 아닌 게 없게 된다.

5. 언짢은 일, 괴로운 일이 닥쳤다, 혹은 닥쳐올 것이다 했을 때 옷깃을 여미고 마음의 근본을 찾아 안으로 굴려 놓는 게 중요하다. 어떠한 괴로움이 있더라도 기복으로 나가거나 외부의 탓으로 돌리지 말고 안으로 놓고 나아가노라면 생수가 터져 바다를 이루게 될 것이다.

6. 마구니든 꼭두각시든 배척하지 말고 다 안으로 돌려라. 마구니를 볼 수 있어야 부처를 보게 된다.

7. "안으로 굴려라, 안에다 놓아라" 하지만 사실 주인공은 안도 밖도 아니다. 주인공은 삼라만상이 다 합쳐진 자리, 그것들이 있기 이전의 자리이다. 그러나 그 자리는 손잡이가 없으면서도 손잡이가 있다.

8. 생시에 기차를 보지 못한 사람은 꿈에서도 기차를 모른다. 생시에 불이 뜨거운 줄 알았기에 꿈에서도 불을 보면 뜨거운 줄 안다. 현실에서 집착하면 꿈에서도 집착한다. 현실과 꿈이 다르지 않다. 그러므로 꿈에 도깨비가 보이고 부처가 보이고 조상이 보이고 별의별 것이 다 보였다 해도 다 제 마음이 형상화한 것인 줄 알아야 한다. 따라서 생시에 보고 듣고 제 마음으로 그리고 했던 것이 다 마음의 나툼이라고 믿고 놓아

버린 사람은 꿈에 부처가 보이더라도 마음이 그려 보인 것인 줄 알기에 결코 속지 않을 것이다. 〈이와 같이 모든 것이 마음의 나툼이라고 관하면서 살다 보면 자연히 나쁘다 좋다, 높다 낮다, 예쁘다 보기 싫다 하는 분별심이 없어지게 되고 그러면 언젠가는 자기와 더불어 평등함을 맛보게 될 것이다.〉

(5-9) 원-7-2-12
원-7-2-14
원-7-3-3
원-7-3-11
생-2-2-4

9. 과거에 지은 것을 오늘에 녹이고 미래에 갈 것도 오늘에 녹여라. 과거에 지은 습을 오늘에 놓는다면 미래에는 습이 붙을 일이 없다. 현재에 붙을 것이 없다면 어찌 미래에 붙을 것이 있겠는가. 오늘 자기 멋대로 생각하고 판단하면 마치 벽을 향해 던진 공이 내게 되돌아오듯 자기한테로 되돌아온다. 공연히 속상해하고 꼬부장한 마음을 갖는다면 속상한 일과 꼬부장한 일만이 되돌아올 것이다.

6. 일체를 놓음

(6-1) 원-8-2-6
행-9-1-5
행-9-1-15
행-9-2
행-9-2-1

1. 지금 처한 당장의 경계부터 푹 쉬어 보라. 붙들고 씨름하는 것은 집착이다. 선과 악, 좋은 것과 싫은 것을 벗어나 푹 쉬어 보라. 지난날의 모든 업도 지금 이 순간의 내 속에 실려 있으니 지금 한생각 크게 놓는다면 그 모든 것을 다 비우는 셈이 된다. 그러다가 놓는다, 맡긴다 하는 것을 잊어버리는 때가 있다. 그때 그것까지도 포함해서 놓아 버려라. 당신의 잠재 컴퓨터는

점점 짐이 가벼워져 결국은 텅 빈 듯 홀가분하게 될 것이다.

2. 수행은 방하착이 근본이다. 방하착은 수행자 자신에게나, 주변 사람들에게나, 이 세상의 수많은 존재들에게나, 진리의 당체 그 자체에게나 가장 빛나는 공덕을 쌓아 나가는 첫 단계인 것이다.

3. 날이 궂었다 해서 항상 궂어 있는 줄 알고 볕이 든다 해서 항상 개어 있기만 한 줄로 아는 것은 어리석음이다. 궂었다가도 곧 볕이 든다. 놓고 가면 그뿐이다. 안 되는 것도 믿고 놓고 되는 것은 감사하게 놓아라. 그렇게만 한다면 싱싱한 몸을 가지고 내가 나를 끌고 다니면서 조금도 허탕하는 일이 없다. 안 되는 일도 되는 일도 다 놓아 버린다면 안 되는 일은 없다.

4. 생사를 알려거든 생사를 다 놓아라. 산다는 것의 진짜 뜻은 산다는 생각 죽는다는 생각에 사로잡히지 않을 때 비로소 드러난다. 생사에 얽매인 중생의 삶이란 부처님 자리에서 보면 물거품이요 꿈이니, 꿈을 깨기 위해서는 놓고 나가는 이 관문을 통과해야 한다.

5. 죽는 것은 두려워하고 살려고만 한다면 그것은 진리가 아니다. 죽는 것이든 사는 것이든 양면을 다 놓아야 한다. 살려고만 애쓰면 저울이 기울어진다. 양면을 다 놓아야 빛이 번

쩍인다. 믿음을 가지려면 양면을 다 놓는 작업을 해 보라.

　　6. 목마르면 물 마시듯이, 자고 싶으면 자듯이, 먹고 싶으면 먹듯이 그렇게 일체를 주인공이 길잡이 하고 있다고 믿어 일체를 주인공에 맡겨라. 죽든 살든 어차피 낙엽 떨어질 것인데 조막손처럼 웅크려 쥐고 어떻게 될까 보아 이러지도 저러지도 못하니 괴로움이 생기는 것이다. 죽고 사는 생사마저도 주인공에 놓고 맡겨라.

(6-7) 행-3-5-4
행-3-5-9
행-4-3-5
행-4-4-1
행-7-2-4

　　7. 사람들은 '놓으라'고 하니까 '놓고서 어떻게 살 수 있느냐?'고 되묻는다. 그러나 놓았기 때문에 참으로 살 수가 있는 법이다. 중생의 마음 씀씀이는 일일이 생각을 지어서 일을 해야만 이치에 맞는 줄로 여기지만 도인의 마음씀은 일일이 생각을 내지 않고 푹 쉬어 있으면서도 조금의 빈틈도 없이 법에 맞게 된다. 놓았기 때문에 생각을 지어서 하는 어떤 행보다도 더 원만하고 자연스럽고 깊고 아름답고 진실하고 이익 된 행을 하게 된다.〈그러기에 참된 수행자의 일상생활은 그대로가 도 아닌 게 없다고 하는 것이다. 행주좌와가 그대로 법에 맞기 때문이다.〉

(6-8) 행-3-4-17
행-4-1-11
행-4-8-1
행-4-8-3
행-4-8-5

　　8. 누구나 다 본래 그대로 놓고 가고 있다. 그래서 사실은 들고 있다, 놓고 간다 이러는 것도 없다. 그런데 무엇이 남아 있는 양, 실재하는 양 그런 생각을 함으로써 그만 그 생각에

걸려서 마음대로 움직이지도 못하고 숱한 고생을 하는 것이기
에 "놓아라, 놓아라" 하는 것이다. 〈마음이 편안해지도록 놓
쉬고, 그리고 편안하다는 것까지도 다시 놓고, 나중에 놓는다
는 것까지도 놓게 되면 그것이 바로 좌선이며 참선이며 생활선
인 것이다.〉

행-7-2-4 (6-8)
행-7-2-5
행-8-4-7
행-10-2-2
행-10-2-3
행-10-3
행-10-3-3
행-11-2-6
행-11-5-1
생-1-1-14
생-1-3-5

9. 가질 것이 없으니 버릴 것이 없다. 버릴 것이 없으니 가
질 것이 없다. 일부러 마음으로 짊어지고 다니지 말고 놓고 다
녀라. 어느 것 하나라도 빼놓지 않고 놓아 하나도 얻을 바가 없
고 얻을 것조차도 없다는 사실을 알아야만이 일체가 모두 한마
음으로 구성되고 한마음으로 조화를 이루는 것을 깨닫게 된다.

행-5-4-12 (6-9)
행-9-2-6
행-9-2-9
행-9-2-10
행-11-3-12
생-4-8-5

10. 몰락 던져라. 던지면 건진다. 겁을 낸다면 일임해도 되
질 않는다. 맡겨 놓는다 하는 것은 결과까지도 놓고 맡기는 것
이다.

11. 먹는 일, 배설하는 일, 잠자는 일이 매우 중요하듯이 받
아들이는 일, 경계를 놓는 일, 쉬는 일은 매우 중요하다. 여여
하게 먹고, 배설하고, 잠자듯이 여여하게 받아들이고, 여여하
게 놓고, 여여하게 살아가라.

행-10-1 (6-11)

7. 무기공

(7-1) 행-7-1
행-7-2

1. 주인공에 일임했다고 가만히 있으라는 게 아니다. 나의 육신이 하는 생리적인 작용, 계획을 세우고 일을 해 나가는 것들을 모두 '나'가 아닌 주인공이 하는 것이니까 나는 주인을 따라다니는 종처럼 현재 의식으로 지켜보면서 나가라는 것이다. 결국은 자기가 하면서 자기가 지켜보는 것이니 '나'가 빠지면 일을 하되 함이 없이 하는 것이다.

(7-2) 행-3-4-25
행-6-1-2

2. 모든 것을 놓는다 해서 손 턱 놓고 있는 게 놓는 게 아니다. 생각하면서 생각하지 않는 참선 중에 부지런하게 겸손하게 뛰어라. 가만히 앉아서 아무 생각이 없다면 공견에 빠진 것이다. 사람이 살아가면서 부지런히 한 발 놓고 한 발 딛고 그렇게 생동력 있게 살아가니 본래로 붙을 자리가 없거늘 어찌 아무 생각 없이 가만히 앉아 있는다 하겠는가.

3. 다 놓으란다고 해서 강도가 칼을 들고 덤비는데도 가만히 있는 것이 놓는 것은 아니다.

4. 부처님은 자비하기 때문에 이럴 것도 없고 저럴 것도 없다고 한다면 어떻게 내 몸, 내 가정, 내 나라, 이 세상이 돌아가는 것을 똑바로 보고 똑바로 발전시킬 수 있겠는가. 그것은 마치 전기가 있으니 스위치를 올릴 것도 내릴 것도 없다고 하

는 것과 같다.

5. 아무 생각이 없다면 나침반을 놓을 수가 없다. 중심을 딱 세우고 생각을 잘하라는 것이지 아무 생각도 말라는 것은 아니다. 아무 생각이 없이 어떻게 부처가 나겠는가. 좋다 나쁘다는 생각 없이 어떻게 부처가 나겠는가. 〈몰락 놓으라는 것은 아무 생각 하지 말라는 게 아니라 근본 자리를 관하라는 것이다. 관해서 돌리라는 것이다.〉

수-2-7 (7-5)
수-3-27
수-3-57
법-3-72
심-1-50
원-2-5-10
원-3-1-10
원-3-2-4
원-3-2-6
행-2-4-7
행-7-1
행-7-1-5
행-7-1-8
행-7-2
행-7-2-8
생-2-2-10
생-2-2-15

6. '나'부터 알기 위해서 모든 것을 주인공에 놓으라 하는 것이다. 마음은 일체와 직결되어 있으므로 나 하나만 알면 전체를 알게 된다.

7. 공견에 빠져 있으면 부처가 아니다. 때에 따라서는 한 계단 내려설 수도 있고 세 계단을 내려설 수도 있고, 진흙 땅에 설 수도 있다.

8. 놓음과 방편

1. 사람에 따라서는 놓는다는 것이 처음엔 아주 막연하고 어려운 것처럼 느껴지기도 할 것이다. 아무런 방편도 주지 않고 그냥 거두절미한 채로 맡기라고 하니까 도무지 가늠하기가

행-6-2-12 (8-1)
행-7-1-12
행-7-2-9
행-8-4-9

어렵다는 사람도 있다. 우선 틀고 앉는 방편이라도 있어야 공부가 될 것같이 보이기도 할 것이다. 그러나 몸이 앉는다고 마음이 앉는 것은 아니다. 몸이 참선을 해서 참선이 아니라 마음이 참선을 해야 참선이다. 문제를 마음에서부터 풀어서 시작해야지 몸을 움직여 마음을 잡으려 한다면 그것은 거꾸로 된 것이다. 시작부터 마음에서 하라. 그 마음도 거짓 나 아닌 참 나에서 하라. 밖으로 나가면 그것은 그림자를 붙잡는 것과 같아 헤매기만 할 뿐 이미 틀린 것이다. 〈그래서 따로 화두 방편을 쓰지 않는 것이다.〉

2. 특정한 방편을 세우게 되면 우선은 눈에 보이고 손에 잡히는 듯하겠지만 가면 갈수록 아물아물해져서 결국은 벽에 부딪치게 된다. 그러나 놓고 맡기는 공부를 경험해 보면 처음엔 좁아 보이기만 하던 길이 점차로 넓어져서 마침내는 큰 문이 되어 줄 것이다.

3. 내면에서 저절로 우러나오는 이것이야말로 참된 것이다. 그것은 이미 한다 안 한다, 지킨다 안 지킨다는 말을 뛰어넘은 것이다. 〈그대로 선이요 계행인 것이다.〉

(8-4) 수-3-44
수-3-45
수-3-68
법-3-62
심-1-126

4. 마음으로 무엇을 구하고자 한다면 그것은 벌써 즉시 응하는 게 아니라 무엇을 한다는 군더더기가 된다. 일차가 아니라 이차인 것이다. 자식이 물에 빠졌을 때 "아이쿠" 하면서 그

대로 물에 뛰어드는 마음, 구한다 어쩐다 하는 마음이 붙을 새도 없는 마음이어야 한다. 그러나 마치 구해야 할 법이 따로 있는 줄 알아 구하고자 하는 경우가 많으니 이는 믿음이 약한 때문이다.

"목마를 때 물 한 모금 떠 마시는 게 도다." 도는 백 마디 천 마디 말로 설명되지 않는다. 말로 하자면 이 한마디가 가장 적합할 것이다.

심-2-16 (8-4)
행-3-5-13
행-4-1-4
행-4-1-5
행-4-1-11
행-10-1-1

5. 수행을 함에 있어서, 참선을 함에 있어서 '나는 꼭 이렇게 해야 하겠다.', '빨리 알아내고 말겠다.' 하는 생각에 집착해서는 안 된다. 일을 하면서도 하는 줄 모르고 보면서도 본 줄 모르고, 발을 딛고 다니면서도 디딘 줄 몰라야 한다. 만 가지 법을 손으로 주무르고 일을 했다 하더라도 내가 한 줄 몰라야 하니 그것이 홀연히 깨닫는 지름길이다.

행-4-6-8 (8-5)
행-8-1-6

6. 꽃은 조건만 맞으면 절로 피어난다. 그럼에도 사람들은 꽃이 피어나는 조건을 알아서 그렇게 하려 하기보다는 어디 눈이 번쩍 뜨일 특별한 방법이 있는가 싶어 찾아 헤맨다.

먼저 마음에 중심을 세우고 그처럼 밖으로 도는 생각을 안으로 돌리도록 하라. 다른 사람의 깨달음에 황홀하여 달려가지 말고 내게서 깨달음의 꽃이 피어나도록 하라. 이미 갖추어져 있는 것이니 찾지 말고 절로 피어나도록 도와주기만 하라.

(8-7) 법-2-47
법-3-30
행-3-1-10

7. 불법을 공부하면서 문을 찾아 들어오려고 애를 쓴다든가 또는 문 찾아 나가려고 애쓰는 사람은 불자 될 자격도 보살 될 자격도 없다는 것을 인식해야 한다. 문을 찾아서 들고 나겠다 하는 사람이 어찌 일체 만 중생의 속을 알겠으며 부처님 뱃장 속을 알 수 있겠는가.

9. 놓는 자와 받는 자

1. 모든 것을 놓으라 하는 까닭은 내 내공이 일체와 한마음이요, 한뜻이요, 한 움직임이니까. 그리고 그것이 바로 나만 가진 것도 아니고 누구나 각각 다 소유하고 있어 그대로 여여하기에 그런 것이다. 〈그러므로 이리 기울고 저리 치우치고 할 게 아니라 부처님의 심오한 뜻 그대로 행하라는 것이다.〉

2. 영원하고 오묘한 한마음이 내 밖에서 나를 둘러싸고 있을 뿐만 아니라, 내 안에서 나를 포함하고 있다. 그러므로 한마음 주인공이 모든 것을 한다고 믿어 안으로 주인공을 관하면서 믿고 맡기라고 하는 것이다.

(9-3) 원-2-2-5
원-2-2-12
원-2-3-3
원-2-5-5
원-2-5-11

3. 주인공에게 일체를 맡긴다, 놓는다 해서 '맡기는 나'와 그것을 '받아들이는 나'가 따로 있다고 보아서는 안 된다. 주인공과 맡기는 나를 둘로 보아서는 안 된다. 그러므로 주인공

'에게' 맡긴다 하는 말보다는 주인공과 '함께'라고 해야 할 것이니 그대로 무심인 것이다. 모름지기 '되어 가는 대로 일체를 맡긴다'는 식으로 나아가라. 마음을 붙잡는다, 마음을 지킨다, 부처님을 생각한다 하는 것도 없이 그대로 주인공인 거기서 하는 대로 맡겨라. 믿고 놓아라.

원-2-5-15 (9-3)
행-6-1-7
행-11-1-4

4. 내가 생각으로 이걸 하겠다 하면 벌써 주인공 자리에서 한 것이다. 둘로 보아서는 안 된다. 시키는 자 따로 있고 하는 자 따로 있는 줄 알아서는 안 된다. 둘로 두면 빗나간다. 시키는 것도 아니요 시키지 않는 것도 아닌 내가 놓고, 믿고, 맡기고 하는 것이다. 놓는 자와 받는 자가 따로 있다고 보게 되면 주인과 노예의 관계가 되어 버린다.

원-2-5-12 (9-4)
원-2-5-14
원-3-4-9
원-3-6-4

자기가 "주인공!" 하고 자기가 "네!" 할 때 누가 부르고 누가 대답하는가. 자기가 대답하면서 몰락 놓고, 믿고 탐구해 들어가는 것이니 '주인공!' 한 것은 처음엔 몰락 놓기 위함이요, 나중엔 진심으로 믿는 것이요, 알고 나서는 자재롭게 나아가는 것이다.

5. 깨치고 못 깨치고를 떠나 진실로 믿는다면 믿고 맡기는 자와 맡는 자가 둘이 아니라서 이렇게 저렇게 '해 달라'고 말할 것이 없고 다만 '주인공! 당신이 다 하는 것이니 이런 것도 당신이 할 것이다.'라고 할 뿐이다.

수-4-50 (9-5)
수-5-2
수-5-10
법-1-9
법-2-71
법-2-73
법-2-75
법-2-92
법-3-20
법-3-21

6. 마음자리는 본래 청정하고 텅 비어 허공처럼 맑으니 새삼스레 '맡긴다', '일임한다', '놓는다'고 할 것이 없다고 말할 수도 있다. 그러나 본래 내가 절대의 공인 까닭에 놓을 수 있고 맡길 수도 있고 대화할 수도 있는 것이다. 만약 그렇지 못하다면 맡기는 자와 맡는 자를 둘로 보는 게 된다. 공한 자리에 놓고 공한 자리에 맡기고 공한 자리와 대화하니 본래의 면목 그대로이다. 놓고 맡겨 본 사람이라야 놓고 맡길 것조차 없다는 이치를 알 수 있다.

10. 놓음의 공덕

1. 다 놓고 돌릴 때 그 공덕은 무한량이다. 첫째로, 일체의 오무간 지옥이 무너진다. 둘째로, 인연 따라 억겁 전생부터 내려온 모든 습이 녹고 만다. 셋째로, 번뇌 망상으로 꽉 찼던 그릇이 비게 되면서 마침내 빈 것도 없고 담긴 것도 없는 그러한 위치가 되어 바로 '참 나'가 발견된다. 나가 발견된다는 것은 그때부터 기초가 튼튼해졌다는 뜻이니 바야흐로 집을 짓는 기둥을 세울 수 있는 것이다.

2. 돌아가는 근본 축에다 되놓는다면 어머니의 인과 업보도 없어지고 아버지의 인과 업보도 없어지고 자기의 인과 업보도 없어진다. 몰락 다 없어지는 까닭에 밝게 행할 수 있고 자율적

인 제도를 할 수가 있다.

3. 얽히고설킨 업의 실타래는 보이지 않는 데서 풀어야지 보이는 데서는 절대로 풀 수가 없다. 그냥 놓아 버리면 한순간에 풀릴 수도 있다.

4. 닥치는 대로 불바퀴에 맡겨 놓으면 부서지고 타서 시신조차도 건질 게 없어진다. 업보성·유전성·영계성·인과성 그런 것들이 다 타 버리고 녹아 없어진다.

5. 수천억 겁 동안 쌓인 업이라 해도 그 또한 공한 것이니 공한 것을 공한 데에 다시 놓는다면 수천억 겁이 바로 눈썹 아래이다.

6. 놓는 대로 지옥고가 찰나찰나 무너져 내린다.

7. 모든 걸 놓고 들어가면 업보로 뭉쳐진 중생들이 다 그대로 보살로 화해서 놓는 자에게 쫓아온다. 거기서 호법신도 생기고 수호신도 생기고 화신도 법신도 생기고, 수도 없이 생기니 무심으로써 다양하고 여여하게 쓸 수 있게 된다. 그러면 마음 편해 좋고 주위가 화목해지고, 하는 일마다 귀인이 생기고 마음이 떳떳하게 된다. 〈그것이 바로 도심이요 자유인의 경지요 부처인 것이다.〉

(10-8) 원-8-2-6

8. 유위심이 짓는 윤회는 끝이 없다. 하나에서 열까지 다 걸릴 뿐이다. 예컨대 제게 좋자고 생각을 지어 거짓말을 하고 그 거짓말을 덮으려고 또 거짓말을 하고, 그것을 숨기려고 억지 행동을 하게 되는 그런 악순환에 빠져든다. 거짓말뿐이 아니라 소유욕, 애착 따위도 그러하다. 그러나 놓고 가는 무위심은 갈수록 이익이 따른다. 정작 이익을 취하고자 한 노릇은 이익이 되질 않고 이익 되자는 생각 자체를 쉬어서 일체 경계를 다 놓고 가니 도리어 크나큰 이익이 있다. 사람들은 유위심과 무위심의 차이를 잘 모른다.

제5장 관념의 타파

1. 짐을 내려놓고

1. 놓는다는 것은 번뇌뿐 아니라 '생각으로 짓는 모든 관념을 타파하라'는 뜻이다. 너니 나니, 높으니 낮으니 하는 관념이 얼마나 많은가. 모두 자기가 지어 놓은 것들인데 그런 관념을 들고 있어서는 도무지 주인공과 계합할 수가 없다.

2. 모르면 안으로 굴려 다시 놓아야 하는데도 불구하고 사량적으로 이렇게 확답을 짓고 저렇게 결정을 내려 버리는 경향이 짙다. 그러한 버릇이 없어져야 한다. 모름지기 이 공부를 하려면 안으로 놓고 또 놓아야 한다.

3. 우리는 지금 산 정상을 향해 올라가고 있는 중이다. 이때 어떻게 해야 하겠는가. 무거운 짐을, 갈수록 더 짊어져 가면서 오른다면 정상까지 오를 수 있겠는가. 그와 같아서 '올라 갈 때는 다 놓고 올라가라!' 하는 것이다. 그럼에도 '나는 오직 몰

수-5-25 (1-3)
법-2-49
법-3-30
심-1-7
심-1-136
원-3-1
원-3-1-11
원-3-3-1

(1-3) 원-3-3-7
원-3-4-5
원-3-5-9
원-5-2-1
원-5-2-3
원-6-1-3
원-6-5-11
원-7-2-2
행-4-1-5
행-4-8-5
행-5-3
행-5-3-12
행-5-4
행-5-4-4
행-5-5-1
행-9-2-9
생-2-1-3
생-3-1-2
활-1-1-11
활-2-1-4
활-2-1-8
활-2-1-9
활-2-3-3

라서, 나는 아직 그만한 능력이 없어서, 내게는 어려워서'라고 생각하는 사람이 많다. '나'라는 애착을 떨쳐 버려야 놓고 가는 것이다.

4. 기독교에서 '무거운 짐 진 자들아 다 내게로 오라. 내게로 와서 짐을 벗어 놓고 편히 쉬라.' 하듯이 주인공에게 몽땅 놓아 버리면 마음으로 짓고 마음으로 받는 그 창살 없는 감옥에서 절로 풀려난다.

5. 나뭇잎이 나오는 대로 그것을 따 버리고, 나뭇가지를 자꾸 잘라 낸다면 결국 나무는 시들어 죽게 되겠지만, 더러는 뿌리가 살아서 새싹이 나오기도 할 것이다. 그러나 뿌리까지 뽑아 버린다면 그 나무는 필연적으로 죽을 수밖에 없다.
하근기의 수행자는 나뭇잎을 따내고 상근기의 수행자는 뿌리를 뽑아 낸다.

6. '나'라는 자체, '나'라는 것을 아는 것이 다 공했으니 놓는 자리가 그 자리다. 머리로 공한 줄 알고 놓는다 하지만 앞설 것이 뒤서고 뒤설 것이 앞서니까 공한 줄 알면서도 제대로 들어가지 못한다. 무지하여 무조건 들어가는 경우가 낫다.

7. 생각나기 이전을 알아야 한다. 그러나 생각나기 이전은 생각될 수 없다. 그러므로 사량심을 버리고 일체 경계를 다 본

래 자리로 맡겨 놓으라는 것이다.

8. 낳기 전에 이름 붙이는 것을 보았는가. 낳기 전으로 돌아가라. 낳기 전으로 돌아가 모든 것을 놓아 버리는데 거기에 이름 붙을 사이가 있겠는가.

9. "6식이 이렇다더라, 7식이 이렇다더라" 하고 따지려 하면 그런 데 끄달려서 끝내 볼일을 못 볼 것이다. 그러기에 그런 말 저런 말, 이런 이름 저런 이름 쑥 빼고 일체를 주인공이 내고 들인다 하며 바로 놓고 들라는 것이다. 주인공이 내고 들이고 하는 게 바로 인연법이니 그냥 일직선으로 쏜살같이 인연법으로 들어가는 것이다.

10. 나는 왜 신심이 부족할까? 나는 왜 이다지도 망상이 많을까? 나는 왜 공부가 늦나? 나는 왜 참선하는 열의가 부족할까? 나는 왜 주인공 참구를 곧잘 놓치는 것일까? 나는 왜 놓는 것이 잘 안되는가? 그런 모든 걱정, 겸손한 마음까지도 다 쉬어라. 그냥 믿고 놓으면 잘 가게 되는 것을, 공연히 생각을 지어서 걱정하고 조바심하고 용기를 잃고 하니까 오히려 갈 수 없게 된다. 공부가 안된다고 사생결단을 내겠다는 생각도 놓고 편안히 자연스럽게 가라.

11. 다리 많은 지네가 잘 가다가 문득 제 꼴을 보고는 '아

니, 다리가 이렇게 많은데도 어떻게 해서 서로 엉키지도 않고 잘 갈 수 있을까?' 하고 생각하는 순간부터 다리가 서로 엉켜서 갈 수 없다고 한다.

12. "환으로 보아라." 하는 것도 실은 걸리는 것이다. 본래로 환인 것이니 환으로 보고 말고 할 것도 없다.

13. 돌부처한테 시집, 장가가려면 어떻게 해야 하는가. 모든 것을 주인공에 놓아라.

2. 관념의 벽

(2-1) 심-2-23
심-2-30
심-2-31
원-2-4-9
원-2-5-6
원-3-1-11
원-3-3-2
원-5-1-23
원-5-1-24
원-6-4-3
원-6-4-21
원-7-2-11
원-7-2-12
행-3-1-8
행-3-2-7
행-4-3-1
행-5-3-3
행-5-3-10
행-5-4
행-5-4-9
행-5-4-12

1. 관념이란 허공과 같은 것인데도 사람들은 그러한 관념에 걸리기도 하고 사로잡히기도 한다. 허공에 걸려 넘어졌다거나 허공에 사로잡혀 있다고 하면 모두들 웃을 일이나 실제로 그러한 일이 수도 없이 되풀이되고 있다. 자기 마음으로 막을 지어 놓고 그 막을 깨뜨리지 못하고 있는 것이다. 본래는 막도 없고 걸려 넘어질 문지방도 없는 것인데 스스로 막을 짓고 문지방을 지어 놓고 있다.

2. 누가 고정시키려야 고정시킬 수 있는 게 본래로 없는데도 사람들은 마음으로써 대상을 고정된 것으로 인식해 놓고는

공연히 거기에 붙잡혀 있다.

   3. 통에서 벗어나야 통을 굴릴 수가 있다. 고정관념에 사로잡혀 있는 것은 통 안에 갇혀 있는 것과 같아 통을 굴릴 수 없게 된다. 그러므로 자기 생각에서 훌쩍 벗어나 보면 그동안 애지중지해 오던 나의 생각, 나의 법이 얼마나 우스운 것인지도 알게 된다. 〈마음이란 체가 없기에 우주로 벗어날 수도 있는 것이니 넓고 지혜롭게 생각한다면 통에서도 벗어나고 굴레에서도 벗어나고 창살 없는 감옥에서도 벗어날 수 있는 것이다. 벗어나지 못하고 어떻게 굴릴 수 있겠는가.〉

   4. 고정되게 붙들고 있는 관념을 부숴 버려라. '내가 죄를 지었다, 나는 죄를 짓지 않았다' 하는 따위의 관념을 다 버려라. 그것을 붙들고 있다면 그것이 바로 벽인 것이다.

   5. 세상에 그 어떤 감옥보다도 더 무서운 감옥이 있다면 그것은 바로 생각의 감옥이다. 세상에서 가장 넘기 어려운 벽이 있다면 그것은 곧 관념의 벽이다. 수행이란 어떤 측면에서 보면 바로 그러한 생각의 벽, 관념의 차이를 벗어나는 것이다. 따라서 '나야 중생이니까.' 하고 생각한다면 생각한 그대로 중생 노릇밖에 할 수 없는 것이니 한생각의 차이가 실로 엄청나다는 것을 깊이 느껴야 한다.

(2-6) 행-11-3-1   6. 누구나 부처 자리에 한자리 한 것이요, 그대로 부처님 법을 활용하는 것이요, 그대로 한마음으로 돌아가는 것이라, 그대로가 견성성불이지 어찌 따로 있는 것이겠는가. 그러나 마음으로 가로 긋고 세로 그어 놓고 끄달리고 있으니, 가로 그으면 가로 그은 대로 자기가 걸리고 세로 그으면 또 그대로 자기가 걸려서 빠져나오지도 못하고 여여하게 나아가지도 못하고 있는 것이다. 불법이란 본래로 여여하고 당당한 것이니 곧 마음으로 지은 감옥을 마음으로 허물어 가는 것이 불법 공부이다.

(2-7) 수-3-61   7. 본래로 벽은 없다. 사방이 탁 터져 있어 뚫어야 할 은산 철벽은 없다. 그러면 본래 막힌 것도 아닌데 왜 단단한 벽이 있다 하는가. 스스로 벽을 쌓아 올린 탓이다. 마음으로 그렇게 한 때문이다. 그러기에 본래로 벽이 없음을 알려면 먼저 마음을 알아야 한다. 〈그러나 마음은 내놓을 수도 없는 반면 유위·무위로 갈라진 것도 아니라 막혔다, 막히지 않았다 할 것도 없으니 마음을 알면 벽은 애초부터 있지도 않았음을 알게 된다.〉

(2-8) 수-3-61
원-6-5-8
원-6-5-9
   8. 마음속 부와 자가 있는 양면의 백지장 하나를 넘어야 한다. 백지장을 사이에 두고 부자가 상봉을 못한다면 그것은 참 공부가 아니다. 백지 한 장 뚫으면 태산 준령이나 은산 철벽이 무색해지지만 백지 한 장 뚫지 못하면 은산 철벽에 가려 마음을 알지 못한다. 이것을 뚫을 때 전체 우주를 꿰어 들 수 있는 도리가 나온다.

제5장 관념의 타파 567

9. 교차로에서 꽉 막혀 있다. 사람들은 한결같이 이 교차로 에서 막혀 있으니 거기서 타파해야 한다. 긍정과 부정을 다 거 머쥐고 돌려야 한다.

원-3-2-7 (2-9)
원-5-1-8
원-9-1-10

10. 벽을 뚫어서 아비 자리를 찾아내야 하는데 그러질 못하 니 사람들은 항상 바가지 들고 얻어먹으러 다니게 되는 것이 다. 그나마 길 모르는 장님과 같으니 이 구덩이 저 구덩이에 연방 빠지게 된다. 누가 "이리로 가면 좋다더라." 하면 따라가 다가 넘어지고 빠지고 하니 늘 울고불고 장탄식하면서 살게 되 는 것이다.

11. 동서남북이 탁 터져 있는데 누가 서쪽으로 가서는 안 된다, 동쪽은 막혀 있다고 하면 그대로 속고 만다. 마음으로 막혀 있다면 막힌 것이고 가서는 안 된다 하면 못 가는 것이 다. 그러나 마음에 얽매임이 없다면 내가 가고 싶은 대로 가는 게 그대로 법이다. 누구나 부처 될 가능성을 100% 가졌다고 하는 것은 그렇게 자율적으로, 자유롭게 무심 중용 할 수 있기 에 부처 될 자격이 있다고 하는 것이다.

12. 오온이란 이름에 걸리고 육바라밀이란 이름에 걸리고 팔정도라는 이름에 걸리지 말라. 모두가 한생각에서 나오는 것인데 여러 가지로 이름을 붙여 놓은 까닭에 이런 때는 이렇 게 행하고 저런 때는 저렇게 행해야 하니 도대체 걸리는 데가

원-1-2-5 (2-12)
원-2-5-13
원-6-5-1
행-3-2-2

한두 건이 아니다. 이름이 붙으니까 내가 잘해야겠다, 이래서는 안 되겠다 하는 게 붙는다. 그냥 무심으로 넘어갈 일도 '잘해야지' 하는 바람에 걸려서 넘지를 못한다.

(2-13) 원-8-1-4
원-8-1-6
원-8-1-7
원-8-1-9

13. 고정관념에 빠져 있기 때문에 죽어서도 그 의식 그대로 환상천을 뛰어넘지 못한다. '저 불구덩이 소용돌이를 어떻게 빠져나가나, 타 죽을 텐데. 저 창강을 어떻게 건너나, 빠져 죽을 텐데.' 하는 관념에 묶여 헤매게 된다. 체가 없으니 한생각하면 갈 것을 생전의 의식 때문에 넘어가지 못하고 건너가지 못한다.

14. 무명도 마음에서 나오는 것이고 무명이 붙지 않는 것도 내 마음에서 나오는 것이니 무명이 달리 무명이 아니라 도리를 모르니까 무명이다. 둥그런 그릇에 네모난 뚜껑을 덮으려는가.

3. 아상을 버려라

(3-1) 수-5-25
법-2-49
법-3-30
심-1-7
심-1-136
원-3-1
원-3-1-11
원-3-3-1
원-3-3-7
원-3-4-5

1. 내세울 게 없어야 벗어나지 내세울 게 있다면 벗어날 수가 없다. 그러므로 첫째도 몰락 놓아야 하고 둘째도 몰락 놓아야 한다. 다 놓는다는 것은 내세울 '나'가 없다는 뜻이다. 다 놓아야 윤회의 원통을 벗어난다. 〈하나조차도 세울 게 없을 때 도는 있다. 나라고 세울 게 없을 때 도가 있다. 그렇게 내세울

게 없기에 오히려 둥두렷하다고 말하는 것이다.〉

2. '나', '나의 것'이라는 이기심을 버리는 것이 제일 중요한 문제다. 그러자면 일체 경계를 둘로 보지 말고 자기의 깊은 내면에 던져 버리는 수행이 반드시 필요하다. 주인공은 비유컨대 뜨거운 용광로와 같아서 거기에 던져 넣은 모든 무쇠, 잡쇠, 고철이라도 녹여 버린다. 녹여서 순금을 만들어 낸다. 변치 않는 영원한 순금을 만들어 낸다.

원-3-5-9 (3-1)
원-5-2-1
원-5-2-3
원-6-1-3
원-6-5-11
원-7-2-2
행-4-1-5
행-4-8-5
행-5-1-3
행-5-4
행-5-4-4
행-5-5-1
행-9-2-9
생-2-1-3
생-3-1-2
활-1-1-11
활-2-1-4
활-2-1-8
활-2-1-9
활-2-3-3

3. 주인공은 죽은 세상 산 세상을 넘나들면서 돌아간다. 그러니까 '나다', '내가 아니다'를 몽땅 그 자리에 맡겨 놓으면 죽은 세상 산 세상을 같이 회전하면서 살아갈 수 있다. 그것이 자연의 이치인데도 사람들은 주인공과 함께 회전할 줄 모르고 '나'라는 좁은 소견에서 고정된 마음으로 살려 하니까 문제가 되는 것이다. 나를 고정되게 세우지 않고 자유로이 넘나드는 게 중도요 지혜이다.

4. 내가 공부를 한다, 내가 일을 한다, 내가 잘했다, 내가 주었다, 내 것이다, 나이다 하는 아집·아만·아상·욕심을 쑥 빼어 놓아라. '나'가 들어가면 이미 걸린 것이니 당장 죽음이 눈앞에 닥쳤다 해도 "탁!" 넘어설 줄 알아야 제대로 놓는 게 된다. 그쯤 되어야 거기에서 생수 맛을 볼 수 있고 부와 자가 상봉을 할 수 있다.

행-5-4-1 (3-4)

5. 유위법에 한 치라도 착을 두었다 하면 부처를 이룰 수 없다. 부처를 이룬다는 생각마저도 놓아야 한다. 어떤 경우라도 '내가 무엇을 한다', '내가 이렇게 한다'는 생각을 한다면 그것은 착이다.

6. 살아나가는 게 그냥 그대로인데 '줬다' 하면 벌써 걸리는 것이다. 실은 준 사이도 없으니 '받았다' 하는 것도 걸리는 것이다. 24시간 살아가면서 '내가 했다'고 한다면 일일이 걸리는 게 얼마나 많겠는가. 매듭 짓기는 쉬워도 매듭 풀기는 어려우니 짓지 말고 주인공에다 놓아라.

(3-7) 행-1-2-11
생-1-1-8
생-2-1-8
생-2-1-9
생-2-1-11
생-4-3-4
생-4-3-5

7. 참된 수행자는 자기를 사랑하는 법이 없다. 중생으로서의 자기에 얽매이거나 집착하지 않는다. 왜냐하면 그는 중생인 나로서 세상을 보지 않고 나의 근본인 참 나로서 세상을 보며 그 입장에서 너와 나의 구별이 없음을 알기 때문이다.

8. 살아나가는 데는 생활 속에서 여러 가지 이름이 필요하다. 그러나 그 이름을 '나'라고 하고, '너'라고 한다면 그르치게 마련이다.

9. 고정됨이 없이 돌아가는 이 우주에 자기를 세우려는 것은 마치 천체의 운행을 멈추게 하려고 허공에 말뚝을 박는 것과 같다.

사람들은 '내가 살고 있다', '나는 다른 존재와는 별개로서 존재한다'고 믿는다. 그렇지만 그러한 '나'는 결단코 없다. 허공에 무엇을 세울 수 없듯이 본성은 본래로 텅비어 '나'를 세울 데가 없다. 〈그러므로 섣부르게 '나'를 세우려 하지 말고 마음의 대해에 '나'를 던져 버려라. 그것이 끊임없이 돌고 도는 윤회도를 벗어나는 길이다.〉

10. 나의 소유, 나의 생각, 나의 명예, 나의 가치 이런 것들이 다 나를 통 속에 가두고 있다. 중생들은 그런 것들을 경계에 부딪쳤을 때 싸워 나갈 수 있는 방벽으로 생각한다. 그러므로 갈수록 점점 높고 두텁게 쌓으려 한다. 그러나 그럴수록 내 마음은 위축되고 추워지는 법이니 결국 그러한 방벽이란 나를 보호하는 방벽이 아니라 나를 해치는 방벽, 나의 감옥이 되는 것이다.

행-5-2-5 (3-10)
행-5-2-7

11. 내가 공해서 없다는데도 불구하고 온종일 '나'를 붙들고 헤매다 어느새 해는 저물어 저녁이 되니 그만 옷을 벗고 잠자리에 들게 된다.

12. '나'가 있다는 생각이 나가 없는 것에 대한 불안과 공포를 낳는다. 죽음이 그래서 두렵고 무섭게 느껴지는 것이다.
'나의 것'이 있다는 생각이 나의 것이 없는 데 대한 불안과 공포를 낳는다. 소유에 집착하는 마음이 그것이다. 참 나는 생도 멸도 없다. 생멸이 있는 것처럼 보이는 것은 쉼 없이 찰나 찰나 나투며 돌아가기 때문이다. 〈생멸이 없으니 '나' '나의 것'이 있음도, '나' '나의 것'이 없음도 없다. 오직 나툼일 뿐이다.〉

(3-13) 활-1-1-4
활-1-2-5

13. 생각 한 번에 엄청난 문제가 따른다. 지금까지 살아오면서 스스로 지어서 창살 없는 관념의 감옥을 만들어 놓고 자기가 그 안에서 발버둥치고, 스스로 구덩이를 파 놓고 그 속에 들어가 허우적대고 방황하고 고통받기가 이루 다 말할 수 없었을 것이다. 생각 한 번 잘못함으로써 스스로 감방에 갇힌 꼴이 되니 육신과 마음의 고생이 이만저만이 아니었던 것이다.

14. 일체가 공하여 자기도 본래 한 배를 타고 있건만, 자신은 배 밖에 있는 줄 알아 말을 해도 둘로 보고, 정진을 한다 해도 둘로 보고 있으니 어느 때 한 배에 탄 줄 알겠는가.

(3-15) 수-5-25
법-3-35
법-3-40
법-3-60
법-3-61
법-3-74
원-2-5-12
원-4-1-2

15. 무아가 되면 모든 사람이 내가 되어 준다. 그러나 나를 세우면 세울수록 사람들이 곁에서 떨어져 나가게 된다.

16. 지혜란 무아를 아는 것이다. 육신과 물질이 한낱 꿈속의 그림이요 파도 칠 때의 물보라와 같은 것인 줄 아는 것이 지혜이다. 어리석음이란 다른 것이 아니라 개별적인 나가 있다고 고집하는 것이다. 육신과 물질은 필경 멸하고 마는 것임

을 잊고 내가 있다고 고집하는 것은 어리석음이다. '나' 하나를 버리면 일천만 가지가 다 잠을 자게 된다.

17. '나' 하나 죽는다면 아무것도 붙을 자리가 없어 욕심을 낼 것도 착을 둘 것도, 남을 원망하고 싸우고 할 것도 없다. '나'가 살았기에 나로 인해 밖에서 들러붙고 안에서 일어나고, 착이 붙고 욕심이 붙는다. '나'를 불바퀴에 그대로 내동댕이친다면 무엇이 두렵겠는가. 하늘이 무너져 내리든지 내가 뭉개지든지 상관 않고 무조건 내맡겨야만 업식을 항복받을 수 있다. 그렇게 '나'가 없기에 나의 불기둥은 우주와 직결된다.

18. 저절로 너·나가 없고, 사견을 여의고, '나'라는 생각이 들지 않는 것이지 '아상이 없어져야 할 텐데······.' 이렇게 해 가지고는 없어지지 않는다. 만 가지 법을 손으로 주무르고 일을 했다 하더라도 한 줄을 몰라야 하니 그것이 홀연히 깨질 수 있는 지름길이다.

19. 발 없는 발이 있어야 길 없는 길을 디딜 수 있다.

4. 마음공부의 장애

1. 마음이 부처라 해서 나도 부처 될 자격을 가졌다고 아만 원-5-1-25 (4-1)

(4-1) 원-6-5-11
원-6-5-3
행-5-1-3
행-5-3-4
생-4-4-10

심을 내면 '나'라는 욕심이 들어가서 더는 공부를 못한다. "자기 마음을 닦아라." 하는데 "닦을 게 뭐 있어서 닦느냐." 한다면 말이 청산유수라도 공부는 어렵다. 점차로 다스려서 실오라기 하나 걸칠 게 없이 마음을 비워야 실오라기 하나 버리지 않는 뜻을 구할 수 있다.

(4-2) 생-2-1-21

2. 자신의 마음 안에 미묘하게 숨어 있는 아만을 발견할 줄 알아야 한다. 그렇게 하는 것이 정직한 마음이며 슬기로운 마음인 것이니 마음을 닦으면 닦을수록 자기라는 껍질이 하나하나 벗겨져 모든 사람, 모든 생명과의 벽이 사라지게 된다. 〈일체를 평등하게 보는 마음은 결코 아만에 빠져들지 않는다. 그런 마음은 점점 넓어져 가는 길 위에 있는 것이다.〉

(4-3) 원-2-5-11
원-3-3-2
행-3-2-7
행-8-2-12
행-9-3-7

3. 마음이 무엇인지 알기도 전에 알음알이를 지어 '내가 알았다', '이만하면 되었다'고 한다면 그것은 한낱 아만이요 아집에 불과한 것이다. 이론으로 '마음이란 이런 것이다' 해도 그것은 마음을 증득한 것이 아니니 그쯤으로 어떻게 물 깊은 줄 알며 땅 깊은 줄 알겠는가. 어떻게 물바퀴, 불바퀴를 넘나들겠는가. 〈학술적으로 마음이 무엇인지를 알려고 하기 이전에 책을 보고 달달 외우려 드는 그 일을 바로 누가 하는가부터 알아야 한다.〉

4. 내가 나라는 아집을 벗어 버려라. '나'라는 게 있다면 강

물도 건너가지 못한다. 요단강 건너지 못하고, 아제 아제 바라아제의 그 강도 건너지 못한다. 불바퀴도 넘어서지 못한다. 깨쳤다 하더라도 그 깨쳤다는 생각조차 없어야 한다. 〈수행하는 데 세 단계가 있다고 얘기했다고 해서 그 단계를 염두에 두지도 말고 모든 경계를 안으로 맡겨 놓고 '한마음 주인공!' 하라.〉

5. 자기 습은 떼지 않은 채 걸리지 않는 여여한 법 도리만 따지고 있으면 될 일인가. 먼저 자기를 알지도 못한 채, 배우지도 않은 채 그게 뭘까 하거나 공이겠거니 하고만 있다면 천년만년을 그렇게 해도 아무 소득이 없다. 자기가 자기를 모르는데 어떻게 남의 뱃장 속을 알 것인가.

6. 너와 내가 서로 다르다는 것에 집착하여 '큰 하나'를 생각하지 못하는 게 바로 부처님 세계에 동참할 길을 막는 근본 장애이다. '나'에 집착한다면 우선은 자기의 좁다란 이익을 지켜 주는 것 같지만 그것이야말로 위대한 부처님 세계의 크나큰 이익에 참여할 기회를 가로막는 악의 근본이다. 둘 아닌 도리를 알게 되기 전까지 우리에게 영원한 안식이란 없다. 〈그러므로 수행자는 모름지기 어떤 경계든 둘로 보지 말고 무겁고 진실하게 자기 근본 자리에 되돌려 놓고 가지 않으면 안 된다.〉 행-1-3-4 (4-6) 행-1-3-5

7. 공부를 하다가 조금 콧김이 더워지니까 내가 나라고 막 수-3-5 (4-7)

고갯짓을 하는 경우가 있다. 이때가 아이들의 사춘기처럼 어려운 법이니 누가 길잡이 노릇 하기도 이때는 힘이 든다. 알면 자기가 알았지 남이 안 게 아니니, 쓰되 썼다 하지도 말고 보고 듣되 보았다 들었다 하지도 말며 오로지 굴린 자리에 되놓아야 한다. 참 나가 나를 가르치기 위해 뜻으로써 조금 보게 했다고 자꾸 장난을 한다면 그것은 알았어도 아는 게 아니다.

8. 이 세상에 혼자 태어났다가 혼자 간다고 하는 사람들이 많다. 그런 사람들은 참 자기도 믿지 못하고 진리의 가르침도 믿지 못한다. 마음이란 체가 없어서 우주 전체를 탐험할 수도 있고 일체와 둘 아니게 돌아갈 수 있다 해도 믿지를 않는다. 그런 사람들은 자기 마음으로 창살 없는 감옥을 만들어 놓고 그 속에 빠져 지옥고를 면치 못하면서도 그것이 마음으로 옹쳐맨 결과라는 사실을 거부한다.

9. 일체가 공심으로 돌아가고 있는데도 공심이 아니라 각자 자기가 한다는 관념에 빠져 있다. 그러므로 예컨대 만 명이 같이하면 쉬울 일을 항상 제 혼자서 하겠다는 격이니 그 살림살이란 얼마나 힘겹겠는가.

10. 귀머거리가 언제 천둥이 쳤느냐고 부득부득 우긴다.

11. 중생의 자기 사랑이 바로 번뇌의 씨앗이자 마음공부의

장애이다. 고로 중생들의 자기 사랑이란 참다운 자기 사랑이 아니라 한낱 뒤집힌 꿈일 뿐이다. 진정으로 자기를 사랑하려거든 먼저 아만·아집·아상을 여의라. 빈 그릇이 되어라.

원-3-3-4 (4-11)
원-6-4-6
행-2-2-11
행-5-1-10
행-9-4
행-9-4-7
행-11-3-2
생-2-1-3

12. 빈 그릇에 새 것이 담긴다. 무언가 채워져 있는 그릇에는 새 것을 담을 수 없다. '나'라는 생각, 내가 제일이라는 자만심, 집착, 애욕 따위가 채곡채곡 담겨져 있는 그릇에는 아무것도 넣을 수가 없다. 그릇이 비워져야 새 것이 담기는 소득이 있다. 우리의 배 속도 비워져야 음식을 맛있게 먹을 수 있다. 배 속이 꽉 차 있으면 산해진미라도 맛있는 줄 모른다. 텅 비워져야 가득 채울 수 있는 법이다.

행-4-6-9 (4-12)
행-9-1-5
행-9-1-9
행-9-2-6
행-9-2-9
행-11-3-12
생-4-8-5

5. 상대성과 공생

1. 개별적으로 '나'라고 고집할 수 있는 절대적인 나는 없다. 모든 것이 상대적이라 일체 만물만생이 도반인 것이다. 한방 식구인 것이다. 천 리를 간들 만 리를 간들 가깝고 멀고가 없이 한방 식구이다. 나의 한생각이 일체 중생의 생각이고 일체 제불의 생각임을 잊어서는 안 된다. '나'라고 하는 아집에서 벗어나 한마음 원리를 바로 알아야 한다.

법-2-100 (5-1)
심-2-14
원-3-5
원-3-5-2
원-3-5-5
원-3-5-6
원-3-5-11
원-3-6-5
원-4-2-5
원-4-2-7
원-4-2-9
원-6-1-7
원-6-4-11
원-8-3-8
원-8-3-9
생-4-4-8

2. 우주 법계가 돌아갈 때는 항상 너와 내가 없이 돌아가게

되어 있다. 일체가 하나의 법망 속에 있어서 상대성 원리 아닌 것이 하나도 없다. 그러하기에 내가 무엇을 했다 해서 자기 혼자 한 것이 아니라 우주 법계와 함께한 것이다. 가령 내가 돈 한 푼을 벌었다고 할 때 혼자 번 것이 아니라 우주 법계와 함께 번 것이다. 만약 남이 없다면 어찌 한 푼인들 벌었겠는가. 모든 것이 함께 작용하였기 때문에 비로소 자기가 무엇을 할 수 있었던 것이다. 그러므로 내가 살기 위해서는 반드시 남을 살리게 되어 있다. 혼자 살고 혼자 먹는 게 아니라 여럿이 더불어 살고 더불어 먹으며 우주와 함께 살고 우주와 함께 먹는 것이다.

3. 이 세상 일 중에 내가 했다, 네가 했다 할 수 있는 것은 없다. 가령 모르는 사람이 있으니 아는 사람이 있고 제자가 있으니 스승이 있고, 스승이 있으니 배울 수 있는 것처럼 서로가 서로를 살리니 모두가 함께한 것이다. 자기가 살기 위해 일을 하고 월급을 받지만 그것이 또 월급 주는 상대를 위한 것이고, 그 상대가 없다면 내가 나를 위해 일하고자 해도 할 수 없는 것처럼 같이 일해서 같이 먹고 사는 것이다. 〈그러니 내가 이것을 하겠다, 내가 이것을 지키겠다 하는 말은 내 속에 상대가 포함되어 있고 상대 속에 내가 포함되어 있는 줄을 모르는 소치이다.〉

4. 미생물이나 식물이 우리에게 마실 공기를 공급해 주고

우리는 그들에게 이산화탄소를 제공한다. 숨 한 번 들이쉬고 내쉬는 데에 벌써 모든 생명체들이 서로 주고받으며 먹고 사는 이치가 있으니 어찌 공생·공심·공용·공체·공식 하고 있음을 모른다 할 것인가. 나는 남을 위해, 남은 나를 위해 상대와 상대가 이렇게 연결되어 돌아가는 세상의 이치만 보아도 따로따로 산다고 말할 수 없을 것이다. 입는 것, 먹는 것, 돈 버는 일 어느 것 하나 혼자의 힘만으로 할 수 있는 게 없다. 〈사생이 다 거들어야 이뤄지는 것이니 모두가 한마음이라 감사하지 않을 수 없다. 누구나 주인공에 감사할 일이다.〉

5. 만약 지·수·화·풍 이런 것을 다 제각기 구해서 살라고 한다면 한시인들 어떻게 살겠는가. 본래로 부처님 마음, 내 마음, 네 마음, 사생의 마음이 다 한데 합쳤기에 태양도, 지구도, 우리 몸도 형성된 것이다. 갖가지로 정원 꾸미듯 형성된 것이다.

6. 밥 한 그릇 지어 놓고 고맙다 할 때 어디에 감사하는 것인가? 농사짓는 사람들이 씨 뿌리고 들에 나가 일하고 또 거둬다가 여러 사람에게 돌아가도록 하는, 많은 일손을 거쳐 내게 이른 것이니 전체가 같이하고 같이 먹는 것이라 전체에 감사하는 것이다. 그러니 어찌 한마음이 아니겠는가. 〈밥 한 그릇 놓고 먹을 때 내가 예를 갖추면 전체가 다 감사를 받는 것이다.〉

7. 모두는 나를 위해 나는 모두를 위해 서로가 서로를 위하

고, 서로가 서로를 살리고, 서로가 서로를 먹이고 있다. 세상 돌아가는 모습을 보면 그것이 혼자 살고 혼자 먹고 혼자 입고 혼자 했다고 할 수 없다. 공전·공생이 있을 뿐이다.

(5-8) 수-5-4
법-2-33
법-2-34
법-2-35
법-2-36
법-3-3
심-1-55
원-4-2-7
생-4-3
생-4-3-8

8. 하나가 있으면 하나가 없고, 그 없는 것을 갖기 위해 또 있는 것을 주어야 하니 그러기에 이 공부는 서로 아끼며 서로 사랑하며 내 몸같이 생각하고 내 아픔같이 생각하면서 생활하는 가운데 이루어지는 것이다.

9. 아무렇든 나 하나만 배우면 된다고 하겠지만 내가 배우기 위해선 다른 사람들도 그렇게 여건을 만들어 주어야 내가 배울 수 있는 것이지 그렇지 않고 어떻게 나만 배울 수 있겠는가. 함께 돌아가고 있으니 독불장군은 없다.

제6장 의정

1. 하나로 몰아감

1. "주인공에다 놓아 버려라." 하는 것은 하나로 뭉쳐질 때까지 완벽하게 몰고 들어감으로써 절로 대의정이 나도록 하는 작업이다. 그럼으로써 한데로 모아서 버리는 결과가 된다. 그러기에 놓는 것마저도 없다 하는 게 나올 때까지 다 놓으라고 하는 것이다.

수-1-33 (1-1)
수-1-45
수-1-63
수-2-4
수-2-13
수-2-27
수-3-40
수-3-41
수-3-43
수-3-46
수-3-64
법-2-65
행-3-2-5
행-6-1
행-6-2
행-6-2-1
행-6-2-7
행-6-2-9
행-6-2-11
행-11-1

2. 공부하는 사람으로서 자기의 주장심이 잡힐 때까지는 주인공에 놓고 맡겨야 한다. 중심이 있어야 수레바퀴가 돌아갈 수 있듯이 만약 심봉도 세우지 않고 이것도 아니다, 저것도 아니다 한다면 그것은 다만 이론일 뿐이요 공에 떨어진 것이다. 그렇게 되면 자칫 자기를 허망하게 느끼게 되고 좌절하기 쉽다. 그것은 자기를 못 믿기 때문이다. 그러나 내가 없이 어떻게 부처를 이룰 것이며, 내 가정을 파괴하고 어떻게 부처를 이룬다고 할 것인가.

수-3-16 (1-2)
수-3-29
수-3-42
법-2-65
법-2-93
심-2-6
원-2-2-6
원-9-2-11
행-2-2-4

(1-2) 행-3-2-4
행-3-2-13
행-4-7-5
활-1-1-14

3. 본래면목을 알고 들어가면 무엇을 맡기고 말고 할 것도 없지만 사람들이 그것을 모르니까 "믿어라", "맡겨라", "놓아라" 하는 것이다. 믿고 놓고 맡기라 할 때 중심을 딱 세우고 생각을 잘해야지 아무 생각도 하지 말라는 것은 아니다. 생각을 빼 버린다면 나침반이 없는 격이니 어떻게 부처가 나겠는가. 모든 것이 본래면목 자리에서 나고 드는 것이니 잘 생각해서 그 자리에 놓고 돌리라 함이다.

4. 내 속에서 독 안에 들어도 못 면할 인과로서의 업이 자꾸 나오는데 다 주인공 자리에서 나오는 것이니까 거기다 놓으라는 것이다. 그냥 놓으라 하면 허무로 돌아갈까 봐 공의 자리를 중심 기둥으로 삼아 그 하나에 다 놓으라고 한 것이다. 바람개비가 돌아갈 때에 중심 막대기에 의지해서 돌아가듯이 그렇게 심봉을 꿰어 들어야 생동력 있고 여여하게 돌아갈 수가 있다.

(1-5) 행-4-3
행-4-5-1
행-4-5-7

5. 빠져나갈 틈이 없이 모는 게 몰락 놓는 것이다. 그렇다고 '모든 게 공했다더라.' 하면서 놓으면 그냥 공으로 빠져 몰아지질 않는다. 그러기에 공도 아니고 색도 아닌 데서 주인공 하나를 세워 놓고 전부를 주인공으로 몰고 들어가라고 한 것이다. 그렇게 몰다 보면 답답해져서 빠져나오지 않을 수 없게 된다. 마치 젖을 쥐어짜서 유선이 터지게 하거나 혹은 구멍 하나 남겨 놓고 사방에서 토끼를 몰아 들어가는 것과 같으니 주인공 이름 하나 딱 붙여 놓고 몰아 가면 그 이름으로 인해 빠지게 된다.

6. '주인공! 네가 전부 하는 것이지. 네가 들이고 내는 것이지. 나쁜 일이든 좋은 일이든, 울든 웃든 네가 하는 것이지.' 그렇게 한군데로 자꾸 몰아라. 주인공이 모든 것을 한다고 믿어 그 한군데로 몰아라. 색이 공이고 공이 색이라 했으니 몰아 붙이는 놈도 공이요 놓는 그 자리도 공이라 '나'는 쑥 빠지고 모는 그것만 남게 몰아붙여라. 그렇게 몰다 보면 나온다.

7. '주인공!' 하면 우선 나를 이끌고 다니는 주인공이 우선이다. 그렇다고 하여 '내 속에 그 스승이 들어 있다. 그 스승만 믿는다.' 하는 데에 그치는 것도 아니고 반면에 '스승도 다 필요없다. 다 나라는데…….' 하는 것도 아니다. 오로지 역대 부처님뿐 아니라 풀 한 포기라도 내가 중심을 잡아서, 나와 더불어 돌아가는 것임을 굳게 믿어야 한다. 그러기에 내면으로부터 그 스승의 소리가 나왔다고 해도 내가 있고서 스승이기에 '주인공! 당신이 알아서 하라.' 하고 맡겨야 한다. 또 내가 중심을 잡더라도 더불어 돌아가는 것이니 '다 나인데…….' 하는 생각도 주인공에 맡겨야 한다. 〈공부한다면서 삿된 생각을 내서 긁어 부스럼 만들지 말고 모든 생각을 주인공에 놓아라. 그러면 바로 일체 신이 되고 일체 법이 되고 일체 행이 되고 청수가 되고 일체 감사함이 되는 것이다.〉

8. 이렇게 하는 게 옳은가, 저렇게 하는 게 옳은가 하고 자꾸 생각을 하는 것은 허공에 돈을 뿌리는 것과 같다. 에너지를

헛되이 소모하지 말고 한군데로 몰고 들어가라. 그러면 어느 때 '그래, 나한테 다 일임하고 너는 쑥 빠지는데 그래, 나왔다. 어쩌겠느냐.' 하고선 참 나가 나온다.

9. 깨닫는다 못 깨닫는다 하는 관념도 없이 모든 것을 주인공으로 한데 귀결 지어 가다 보면 언젠가는 자기 스승은 자기한테 있다는 것을 알게 된다. 삼독심도, 환희심 따위도 다 맡겨 놓고 안 되는 것은 '주인공이 나를 시험하려 하는구나.' 하고 감사하게 놓고 여일하게 가기만 하면 된다.

10. 내가 하느니 당신이 하느니 그런 생각조차 없어질 때까지 몰고 들어가라. 오갈 데가 없을 때 탁 터진다.

2. 샘솟는 의정

1. 주인공에 일임하고 가다 보면 어느 때 의정이 떠오른다. 주인공이라는 이름에서 의정이 나오는 게 아니라 불현듯 내면으로부터 의정이 나오게 된다. 도대체 어떻게 해서 이렇게 할 수 있는가? 어떻게 해서 이렇게 돌아가는가? 이렇게 와 닿는 게 있는데 왜 둘이 아니라 하는가? 왜 모든 게 비었다고 하는가? 왜 내가 하는 게 아니라 참 나가 한다고 하는가? 별의별 의정이 다 나온다.

주인공 하나만 쥐고 가다 보면 의정이 저절로 나온다. 이것이 진짜 의정이요 대의정이다. 새롭게 샘솟는 의정이다. 일부러 지은 의정은 빈 맷돌을 돌리는 격으로 아무런 맛도 없이 스스로 곤고할 뿐이다. 일부러 지은 의정과 절로 일어나는 것은 천지차이로 다르다.

2. 주인공에 다 놓고 가다 보면 비로소 참 의정이 나오는데 '발이 없이 걸어야 한다', '손이 없이 집어야 한다', '눈이 없이 봐야 한다' 하다가 홀연히 내가 드러난다.

3. 사량으로 의정을 지어 보았자 그것은 풀리지도 않는다. 다 놓아 버렸을 때 의정이 솟고, 그것마저 다시 놓았을 때 속으로 풀려 나간다.

4. 예전에 조사님들이 하신 것을 흉내 내는 사람들도 많다. 그러나 그런 사람들이 하는 소리는 원숭이가 나무에서 떨어져 궁둥이가 아프다고 하는 소리밖에 안 된다. 마음법을 믿고 가다 보면 스스로 알게 되는 때가 있으니 "이 도리는 무슨 도리인고?" 할 때에 선연하게 답이 나와 무릎을 치게 된다.

수-2-42 (2-4)
행-4-8-1
행-6-2-12
행-8-4-9

5. 싹을 틔우려면 흙에다 묻고 물을 자주 주어야 한다. 씨를 한 줌 탁자 위에 올려놓고 들여다보면서 '이 뭣고?' 한다고 싹이 트지는 않는다.

(2-6) 수-5-26
　　　심-1-74
　　　심-1-80
　　　원-2-5-4
　　　원-3-1-3
　　　원-3-1-4
　　　원-3-1-6
　　　원-3-1-12
　　　원-3-2-4
　　　원-3-2-6
　　　행-3-2-5
　　　행-8-4
　　　행-8-4-1
　　　행-8-4-8
　　　행-8-4-11

6. '이 뭣고'로 가자면 놓기가 어렵다. 반면에 '주인공!' 하면 놓기가 쉽다. 주인공이라는 이름 자체가 공한 것이기에 공한 자기에다 믿고 일임하는 것이니 다 놓는 게 된다. 다 놓고 가다 보면 진짜 화두가 거기서 나온다. 역대 선지식의 화두가 잘됐다, 잘못됐다 논할 것 없이 잘났든 못났든 제 주인공을 믿어야 빠르다.

7. 본래로 뚫린 구멍을 막아 놓고서는 '이 뭣고?' 하려는가. 번연히 박카스 병인 줄 알면서 '이 뭣고?' 하면 거기서 무엇이 나오겠는가. 아는 것은 아는 대로 놓아 버려라. 화두란 방편에 불과한 것인데 아는 것을 다시 들고서 '이 뭣고?' 한다면 머리만 복잡해질 뿐이다. 놓고 가다 보면 정말로 모르는 것, 무위법의 의정이 나온다. 〈씨가 이미 싹을 틔워 나무로 자라고 있는데 어디 가서 예전 씨를 찾으려는가? 어디 가서 예전 씨의 능력을 달라고 하는가?〉

(2-8) 행-4-4-11
　　　행-4-5-7
　　　행-11-1-4

8. 자연적으로 의정이 나오는데 그 해답을 모르면 모르는 대로 놓고 가라. 언젠가는 해답이 나온다. 그런데 그렇게 놓음으로써 안으로 편안하게 돌아가는 것이지 '내가 놓았으니까, 망상을 끊었으니까 편안하다.' 하는 것은 아니다. 모든 게 공한 나를 기준으로 해서 돌아가니까 거기에다 놓으면 절로 돌아가고 돌아가다 보면 풀리기도 한다. 〈그러기에 나라는 존재가 그대로 화두요 뿌리 없는 나무라고 하는 것이다.〉

9. 내 나무에서 내 열매가 무르익어야 만 가지 맛을 내지 그렇지 않으면 한 가지 맛도 제대로 낼 수 없다. 남이 준 화두는 강제로 의정을 내는 것이라 실답지도 못하고 제 의정도 아니다. 의정이란 절실한 속에서 스스로 생겨야 대의정인 것이다. 우리가 하루 24시간 수없이 나투며 돌아가는 중에 안팎 경계에 부딪쳐 절로 의정이 솟게 되는데, 그럼으로써 거기에 곧바로 들어갈 수 있는 길이 열린다.

행-8-4-10 (2-9)

10. 생명을 탁 끊어도 눈 하나 깜짝 안 하는 의정이 진짜 의정이다. 그것은 자기한테서 나온다.

11. 대의심이 큰 깨달음을 낳는다. 대의심은 모든 경계를 다 조복받아 참 나가 드러나고 난 다음에라야 내면에서 절로 우러나온다. 억지로 지어 낸 것이 아니라 저절로 우러나오는 것이다. 대의심은 참 나가 나를 가르치기 위해 던지는 최선의 질문이다. 그런데 그것 또한 놓고 가다 보면 그 즉시, 또는 시간이 경과한 어느 때에 홀연히 깨쳐지게 된다.

심-1-108 (2-11)
행-11-2

12. 한마음에서 천칠백 공안이 다 나가고 마음을 알면 천칠백 공안이 다 풀린다. 문이 없어 문 찾기 어렵고 문이 많아 문 찾기 어려우니 혜가는 어디 있고 달마는 어디 있느냐?

수-2-42 (2-12)
수-2-47
행-4-8-1
행-8-4-9
예-72

제6장 의정 587

제7장 관하는 도리

1. 지켜보라

(1-1) 수-2-7
수-3-27
수-3-57
법-3-72
심-1-50
원-2-5-10
원-3-1-10
원-3-2-4
원-3-2-6
행-2-4-7
행-4-7-1
행-4-7-5
행-7-2
행-7-2-8
생-2-2-10
생-2-2-15

1. 이 세상을 천차만별로 만들어 놓고, 천차만별로 움직이게 해 놓고, 마치 꼭두각시 놀음을 구경하듯 구경하는 자는 누구인가? 그것을 알아야 한다.

2. 수많은 일을 하는 것을 누가 하고 있는가. 지켜보라. 잘 하든 못하든, 하든 안 하든 누가 그것을 하고 있는가를 지켜볼 때, 그 생각하기 이전에, 행동하기 이전에 한군데로 나고 드는 주처가 있는 듯이 느껴질 것이다. 한 치도 놓치지 말고 단단히 지켜보라. 생각하기 이전의 그 주처가 대공의 주처이다.

3. 지켜보라. 자기 발걸음을 지켜보라. 말하는 건 누가 하고, 듣는 건 누가 듣고, 보는 건 누가 보는지 지켜보라. 자기 하나 있어 이날까지 모든 것을 해 오고 있는 것을 지켜보라. 생활을 떠나서 진리를 찾으면 끝내 찾지 못한다. 울고 웃고 괴

로워하고 기뻐하는 자기 모습 그 자체를 자세히 살펴보라. 거기에 울고 웃을 것이 진정으로 있는가. 울고 웃는 자신이 실체로서 있는가. 자세하고 자세히 관해 보라.

4. 누가 했느냐? 온 것은 누구고 간 것은 누구냐? 누가 구덩이에 빠졌고 누가 나오려고 하느냐? 누가 울고 누가 웃느냐? 그렇게 하는 근본은 누구이고 그것을 지켜보는 근본은 누구냐? 이렇게 생활 속에서 오직 '누가 하느냐'를 탐구하고 들어갈 때 공한 자리를 생각하게 되고, 그랬을 때에 주인공을 붙들고 늘어질 수가 있다. 〈주인공 하나를 쥐고 일념으로 들어가다 보면 비로소 활연히 참 나가 드러난다. 물러서지 않는 마음이면 나를 발견하기란 어렵지 않다.〉

5. '자기'라는 욕심을 세우지 않고 거울에 사물이 비치듯이 지켜보라. 나는 무엇을 따라 움직이는가, 나는 지금 왜 미혹한가, 나는 어째서 싫어하고 좋아하는 마음을 내는 것인가……. 자기 마음의 움직임을 정직하게 살피면서 중생으로서의 자기를 영원한 자기, 무아인 주인공에 던져 버려야 한다.

6. 자기를 형성시켰고 수억겁의 진화를 이끌었고 지금의 자기를 움직이게 하는 본래면목이 있는 줄은 아는데 '도대체 정체가 무엇인가. 있다면 대답하라.' 하는 것이 곧 관이다. 〈모든 것을 주인공에 놓으면 마음이 편해짐을 알 수 있다. 이때 진짜

로 관해야 한다.〉

　7. 마음을 악하게 쓰면 악업이 돌아오고 선하게 쓰면 선업이 쌓인다. 그러나 선하다, 악하다를 따지기 전에 그 모든 것을 누가 하는가 그것을 지켜보라. 지켜보고 나가다 보면 좋게 하는 것도 자기가 지켜봤고 나쁘게 하는 것도 자기가 지켜봤기에 좋은 것 나쁜 것을 알게 되고, 그것을 누가 하는지도 알게 된다. 누가 하는지를 알 때에 자유인으로서의 극락을 맛볼 수 있는 것이다.

(1-8) 행-5-4-1
행-5-4-2
생-4-1

　8. 살아가면서 누가 돈을 갖지 말라 하는 것도 아니요, 사랑하지 말라는 것도 아니고, 화가 날 때 내지 말라는 것도 아니다. 그대로 하라. 다만 그것을 누가 했는가, 그것을 아는 게 중요하다. 나, 나의 것이라는 집착에서 그렇게 한 것인가를 보라. 〈모두가 나 아닌 게 없다고 알아 그렇게 둥글게 산다면 이 세상의 모든 것을 도구로 삼아서 한 마디, 한 행위 그대로가 법인 채 생동력 있는 삶을 살게 되는 것이다.〉

(1-9) 행-11-4

　9. '나'라는 조건을 한번 돌아다보는 계기가 있어야 하고, 한번 돌아다봤으면 믿어야 하고, 믿었으면 맡겨야 한다. 맡겼으면 바로 거기서 일체 만법이, '내가 나왔기에 상대가 있고 세상이 벌어졌구나. 그러니까 나는 내가 끌고 다니고, 나는 내가 있기에 모든 것을 감지할 수 있고 알 수 있고 내놓을 수 있

는 것이구나.' 하는 것을 진정으로 알아야 한다. 아뇩다라 삼먁삼보리에 이르기까지, 무의 세계·유의 세계를 합쳐 중용하는 것까지, 구경각지에 이르는 것까지, 열반 세계에 이르는 도리까지 다 배워서 안다 하더라도 그 전부를 누가 하는 것인가 확연히 꿰뚫어야 한다.

10. 무슨 차원이 어떻다든가, 오계니 십선이니 육바라밀이니 12인연법이니, 그런 것을 공부의 기초 자료라 해서 읽어 가지고는 고집을 부려서는 안 된다. 잘못하면 문자에 치우치기 쉽다. 이 공부의 기초는 다른 데 있는 게 아니라 바로 공한 마음의 자리에 있다. 즉, 우리가 억천만겁을 돌아온 것이나 앞으로 갈 것이나 현재나 전부 삼합이 되어 공했다는 것을 알고, 아는 그 마음도 공했다는 것을 알아 모든 것이 거기로 들고 남을 믿는 데 있다. 말하자면 누가 있어 여직껏 살아왔고, 누가 있기에 생각하고 말하고 움직이는가를 아는 게 우선이다.

11. 자기 소견에 있는 내공을 타파 못하면 과거심·현재심·미래심의 삼세심 내공을 타파 못한다. 삼세심의 내공을 타파 못하면 사공법을 모르고, 사공법을 모른다면 원심력을 기르지 못해 원통 자활 하지 못한다. 이것이 바로 자기한테 부 있고, 자기한테 스승 있고, 자기한테 부처 있고, 자기한테 법신 있고 한 것을 모르는 까닭이니 수박씨를 밖에서 찾으면 백 년을 가도 천 년을 가도 안 된다.

12. 활을 쏘려거든 자기한테로 똑바로 쏘아라. 지켜보는 자와 행하는 자가 합일이 되면 견성이다.

2. 관

(2-1) 행-4-2-2
행-4-4-1
행-4-4-9

1. 닥치는 대로 놓고 지켜보는 게 관이다. 설사 하늘이 무너지는 일이 있다 해도 놓고 지켜보라. 일체를 놓고 관하라 하는 것은 일체가 같이 돌아가기에 그러는 것이다. 사실 일체 경계를 관한다 하지만 그 경계 또한 한마음 안의 일이니 경계가 따로 있지를 않지만 그러면서도 지켜볼 경계가 있으니 놓고 관하라는 것이다. 그러다 보면 놓고 보는 게 문제가 아니라 안팎 경계를 지켜보는 자기를 보고자 하게 된다.

(2-2) 행-3-3-3
활-3-1-8

2. 관한다 함은 '없는 중심'을 그냥 지켜보는 것이지 무엇을 해 달라고 기도하는 것이 아니다. 내 주인공에게 '해 달라'고 하는 것은 비는 것이지 관하는 게 아니다. 주인공을 믿고 맡겨 놓기만 하라. 그리고 오직 지켜보기만 하라. 마음의 컴퓨터에 모든 것을 입력해 놓고 밖으로 나오는 것을 지켜보라. 자부처의 자리에 코드를 꽂아 놓고 자동적으로 여여하게 돌아가는 것을 지켜보라. 〈상대를 두고 구하는 데는 공덕이 하나도 없다.〉

(2-3) 원-1-1-11

3. 지켜볼 때에 자꾸 망상이 든다 해도 망상조차 '주인공 자

리다!' 하고 놓아라. 믿음이 약한 탓에 망상 끼어 드는 것이지만 놓고 관하라. 그것을 따로 구분해서 보면 안 된다. 행하는 그대로를 '누가 하는가' 지켜보라. 놓는다는 것은 용광로에 무쇠·잡쇠 등을 닥치는 대로 집어넣는 것이요, 관하는 것은 넣는 대로 용광로에서 재생되어 나옴을 지켜보는 것이다.

원-7-3-3 (2-3)
행-4-2-3
행-9-4-6
행-9-4-8

4. 설사 자기 능력으로는 도저히 감당할 수 없다고 여겨지는 급박한 상황에 직면했다 해도 주인공 자리에 놓고 지켜보라. 관한다 함은 믿음으로 지켜보는 것이요, 결코 둘로 보지 않고 지켜봄이다. '주인공만이 주인공을 증명할 수 있다.' 그것을 굳게 믿고 들어가는 것이 참선이자 관이다. 주인공에다 믿고 맡겨 놓고 무엇이 나오는지를 지켜볼 뿐 해결해 달라고 하지 말라. 〈수억겁을 거치며 입력된 것이 솔솔 풀려 나오지만 닥치는 대로 놓으면 입력된 것이 지워지니 그것을 지켜보라는 것이다.〉

수-3-40 (2-4)
행-3-1-5
행-3-3-6
행-3-4-18
행-4-4-1
행-4-6-7

5. 관한다 함은 평등한 마음으로 비춰 보는 것이고 텅 빈 마음으로 내면을 향해 주시하는 것이다. 그것이 참선이고 화두이다.

6. 알고 있는 것을 관하면 빈 맷돌 돌아가듯 해서 힘이 쓰이질 않는다. 예를 들어 이 육신은 죽으면 썩는다는 것을 알면서 그것을 관하는 것과 같다.

행-6-2-1 (2-6)

(2-7) 행-4-9-3
행-4-9-4
행-6-1-7

7. 안으로 관한다 해서 관해지는 주인공과 관하는 내가 나뉘어지는 것은 아니다. 본래 하나이다. 맡긴다고 해도 맡는 것도 나이기에 맡기고 맡는 구별이 없으며 지켜본다 해도 보고 보이는 구별이 없다. 만일 보는 자와 보여지는 자가 있다면 그것은 참된 관이 아니다. 둘로 보면 기도를 하게 되지만 둘로 보지 않는다면 관할 뿐이다.

8. 관에도 놓는 관, 둘 아닌 관, 내 일심으로의 관, 일심도 없는 무심관이 있다. 관한다 함에도 고정됨이 없다. 그러나 처음부터 무심관이 되기는 어렵다. 먼저 일체 만법을 주인공 자리와 둘 아니게 보는 일심관이 성숙된 이후에 무심관이 되는 것이다.

(2-9) 행-3-5-4
행-4-4-1

9. 아직 주인공 자리를 알지 못하고 믿음도 약한 사람들에게 한마디 이르노니, 아주 급한 경우에 '그대가 한 일이니 그대가 해결해야 할 것이 아닌가!' 하고 관하라. 지금 내가 있다는 것을, 영혼과 불성이 있다는 것을 증명하는 것은 한마음 주인공밖에 없다고 믿어 '그대만이 해결할 수 있다. 거기서만이 이끌어 줄 수 있다. 되게 하는 것도 거기, 안 되게 하는 것도 거기.'라고 믿고 관하라.

(2-10) 행-3-5-14

10. 모든 것을 주인공에 놓고 관하다 보면 그때 인과도 무너지며, 습도 녹아지며, 나를 발견하게도 되고, 일체를 항복받

을 수도 있다. 주인공은 우체통이다. 넣고 지켜보면 배달되고 답장이 온다.

제8장 안에서 찾자

1. 내면으로의 귀로

(1-1) 원-3-4-9
원-3-6-3
원-3-6-8
행-6-2-9

1. 모든 것을 자기 자신에게 물어 보면 가장 잘 안다. 내가 가슴을 치며 아파 울면서 그것을 잘 모른다고 할 텐가? 우리 살림살이가 모두 불법이니 살림살이에서 불법을 알아야지 '이 뭣고?'를 노래하듯 왼다고 해서 알아지는 게 아니다. '나'라는 존재는 참 나와 이 운전하는 마음과 육신이 삼각으로 계합된 것이므로 나의 정체를 알려 하면 안으로 밝혀야 한다. 자기 자신을 배신하고 무모하게 남의 것이나 찾아다니고 남의 나무에 과일 익은 것이나 쫓아다니면서 공부가 된다 하면 그것은 어불성설이다.

2. 밖으로 세우거나 짓거나 보태어서 진실이 성립되지는 않는다. 오히려 거짓된 것을 되돌려 내면으로 돌아가 보면 거기에 진실이 넘실거리고 있음을 알게 될 것이다.

3. 밖으로 찾아서도 절대 안 되고 밖으로 돌아서도 절대 안 된다. 오로지 성품을 스승으로 삼고, 또 성품으로서 만법이 돌아가는 이치를 꿰어 든 마음의 기둥을 스승으로 삼아야 한다.

행-2-3-12 (1-3)
행-8-3
생-3-3-3

4. 밖으로 찾는 것은 마치 허공 중에 방귀 뀌는 것과 같다. 밖으로 흩어져서 그뿐이니 진실되게 내면으로 향해야 한다. 한마음 주인공을 찾는 것도 이름이 아니라 뜻으로 새겨야 하는데 사무치는 마음으로 '당신만이, 당신밖에는 할 수 없다!' 할 때 주인공은 임도 되고 부도 된다.

행-2-3-6 (1-4)
행-2-3-8
행-2-3-9
행-2-4-2
행-2-4-5
행-3-1
행-3-2-7
행-3-3-4
행-3-4-4
행-3-4-14
행-4-5-4
행-10-3-1
행-11-3-4
행-11-5-1
생-3-1-6
생-3-1-16

5. 불성을 밖에서 찾으려고 아무리 애를 써 보아도 찾아지지 않는다. 그것은 열매 속의 씨와 같아서 마음내기 이전의 과거 씨이자 현재의 씨요 미래의 씨이니 지식으로나 학식으로 알아지지 않으며 절대로 밖에서 찾아지지도 않는다. 밖으로 찾는다면 아무런 공덕도 이익도 없다.

6. 공부를 해 보겠다는 생각에서 안간힘을 써 가며 부처님 모습을 언제나 보나, 부처님 말씀을 언제나 들나 하며 지낸다. 그러나 설사 보고 들어도 그것은 관념 속의 상상일 뿐이다. 부처님을 찾는다고 아무리 애를 써도 밖으로 찾는다면 그것은 소용이 없다. 나부터 깨끗이 하고, 나 자신부터 밝히고, 나 자신부터 경배하고, 나 자신부터 잘 섬겨라.

행-3-3-5 (1-6)
행-4-8-5
행-8-2-10
행-9-3-10

(1-7) 수-2-5
수-3-52
수-3-62
법-2-80
심-1-2
심-2-2
원-3-1-6
원-3-1-12
원-5-2-2
예-75

7. 수박씨는 바로 수박 속에 들어 있다. 현재의 수박 속에 들어 있는 수박씨는 과거의 씨이자 미래에 또 먹을 씨이다. 부처님께서 밥 한 그릇으로 유의 생명들과 무의 생명들을 다 먹이고도 되남느니라 하셨듯이 봄이 오면 수박씨를 심어 내내 먹고, 내년에 또 심어서 먹고 그렇게 하기를 거듭하니 현재의 씨가 과거의 씨이자 미래의 씨인 것이다. 그러므로 과거·현재·미래를 말할 것 없이 현재의 수박 안에 들어 있는 수박씨를 찾아야 한다.

8. 수박은 씨에서 생겨났고 수박 속에는 씨가 있듯이 나는 과거로부터 왔으나 내 속에 미래가 있다. 그러므로 과거·미래를 문제 삼을 게 없다. 지금, 여기, 내 속에 모든 것이 살아 있고 모든 것이 갖춰져 있다. 우리가 그것을 모르면 세균에 끄달리고 영계에 끄달리고, 육체에 끄달리고, 유령에 끄달리고, 유전성에 끄달리고, 인과 업에 끄달리고, 윤회에 끄달리고, 생사에 끄달리고, 그야말로 만방에 끄달리게 된다. 그러므로 자성을 찾으라 하는 것이다.

(1-9) 심-1-64

9. 예전에 어떤 시인이 봄을 찾아 산과 들로 헤매다가 끝내 찾지를 못하고 집으로 돌아와 보니 앞뜰에 복숭아꽃이 만발해 있었다고 한다. 저 산 너머에 행복이 있다고 미루어 짐작하는 사람들이 많다.

10. 오직 마음이다. 믿음도 마음, 삶도 마음, 죽음도 마음, 시간도 공간도 마음일 뿐이다. 그러므로 자기 마음 안에서 찾을 일이다. 마음 안에다 예경하고 마음 안에다가 놓을 일이다.

11. 심안이 열리지 않아 사물을 육안으로밖에는 볼 수 없다 하더라도 한번 내면으로 굴려서 보게 되면 아무 뜻 없이 그냥 보는 것과 비교할 수 없는 묘리가 있다.

12. 형상으로 보이는 부처님과 내가 둘이 아니라는 것을 알 때까지, 형상의 부처가 진짜 부처님으로 보이는 그때까지 일체가 자기로부터 비롯되었기에 내 탓으로 돌리는 공부를 해 나가야 한다. 그렇지 않고 밖으로 찾는다면 부처님의 골수는커녕 살 한 점도 알아내지 못한다.
   안으로 돌이키면 돌아가 열반을 증득하는 것이며 밖으로 뻗으면 번뇌를 키우는 것이다.

원-1-2-6 (1-12)
원-1-2-13
생-3-1-14
생-3-1-19

2. 밖으로 돌지 말라

1. 부처님께서 '나를 섬기지 말고 자성불에 귀의하라'고 가르쳤음에도 중생들은 '거룩하신 부처님' 앞에 엎드려 빌기를 계속한다. 스스로를 비천하게 여겨서 자성본래불을 믿지 못한 채 '신묘 불가사의한 부처님의 경지에 도달하자면 억겁 년

수-1-60 (2-1)
수-5-11
법-2-52
법-2-59
법-2-91
법-2-98
법-3-68
원-1-2-1

(2-1) 생-3-1-5
　　 생-3-1-25
　　 생-3-2

을 수행해도 될 듯 말 듯하다'는 생각에 그냥 '복이나 내려 주십시오.' 하고 만다. 〈그러한 신앙은 대장부의 신앙이 아니다. 부처님을 경배하지 말라는 게 아니라 '나 또한 근본은 부처'임을 믿어 당당한 주체성을 가지라는 것이다.〉

(2-2) 원-6-3-2
　　 원-6-3-5

　　2. 각자의 마음 능력이라는 것은 누가 그것을 알 수도 없고 쫓아갈 수도 없고 세상을 다 주고도 바꿀 수 없는 그런 보배인 것이다. 그럼에도 불구하고 사람들은 자꾸 밖으로 돌아 '내가 이렇게 해야만 살 수 있지 않겠는가.' 하는 생각에 그만 거기에 매여 눈이 어둡고 귀가 밝지 못하게 되고, 또는 '내가 이렇게 살아서 뭣하나.' 하는 생각에 회의에 빠지기도 한다. 눈 밝게 알지 못한 탓이다.

(2-3) 심-1-110
　　 심-1-111
　　 심-1-112
　　 원-3-3-2
　　 행-9-1-4
　　 행-9-2-3

　　3. 오관을 출중하게 갖춰 사람으로 태어났으면서도 떡 해 놓고 빌고, 밥 해 놓고 빌고, 부적 만들어 벽에 붙이질 않나, 베개 밑에 넣질 않나, 몸에 지니고 다니질 않나, 온갖 미신 짓을 다 한다. 이사를 가는데도 어디 가서 물어보니 삼살방이 어떻다, 손이 있으니 못 간다 하며 끄달린다. 갈대처럼 남의 말에 이리 끌려다니고 저리 끌려다닌다. 어째서 그토록 노예로만 살려는가. 안으로도 노예, 밖으로도 노예가 되어 벗어나지 못하면 살아서도 노예요 죽어서도 노예이기를 면치 못한다.

(2-4) 법-2-59

　　4. 허공을 쳐다보며 '나를 구원해 주소서.' 한들 백 년, 천

년이 가도 소용이 없다. 이름을 부르며 구원의 손길을 기다려 보아도 그것은 헛일에 불과하다. 신은 제 안에 있으니 밖으로 청해 보았자 대답이 있을 리 없다. 안으로 불을 켜지 않고 밖으로 찾는다면 깜깜해서 천방지축이 될 뿐이다. 밖으로 '하느님 아버지시여, 부처님이시여, 관세음보살이시여' 하고 아무리 찾아도 대답이 없다.

5. 밖으로 찾으려 하니까 좋은 이름 찾아야지, 높다는 자리 찾아야지, 훌륭하다는 사람 찾아야지, 일일이 눈 따로 입 따로, 오른발 왼발 따로 찾는 격이다. 내 요구대로 되지 않으면 속상하고 비참해지고, 그러다가 병이 들게 되기도 한다.

6. 앞을 다투어 가면서 내가 향촉을 밝혀야 하고, 내가 공양을 올려야 하는 줄 알고, 또 그것도 모자라 밖으로 '산신이 돕지. 용왕신이 돕지.' 하면서 찾아다니니 그 마음이 얼마나 어지럽고 무겁겠는가. 가뜩이나 사는 게 복잡한 세상에 머리에다 잔뜩 짐을 이고 다닌다면 그것을 어찌 불교라 하겠는가. 〈불교란 결단코 그런 것이 아니다. 아주 성스럽고 광대무변하고, 더하지도 덜하지도 않으면서 좋고 또 좋기만한 법이다. 더럽히지 말라.〉

7. 신을 설정해 놓고 그 신에게 모든 것을 맡기도록 가르치는 경우도 있다. 그러나 그렇게 되면 나와 신이라는 대립, 상

대되는 두 인격체가 나온다. 둘로 나뉘어져서는 안 된다. 또 밖으로 그렇게 추구하거나 형상에 들이대다가는 정작 자신의 집은 비워 두는 격이 되니 빈 집은 침입을 받게 마련이다. 〈형상이 형상한테 절을 하니 꼭 허수아비 놀음이구나.〉

8. 과학이 고도로 발달하고 유전공학을 하는 시점에서 부적 따위나 해다 놓고 자기의 고귀한 생명을 거기에 의지하려 한다면 그처럼 어리석은 일이 또 있겠는가. 남들이 돈 벌 욕심으로 만들어 놓은 종이쪽에다 어떻게 제 생명, 제 가족의 삶을 맡긴다 하는가. 그것은 외도요 미신이다.

(2-9) 법-2-4-7
법-3-30
원-6-2-4
행-3-1-10
행-9-3-11

9. 밖으로 지팡이를 삼는 게 있으면 절대로 근본이 드러나지 않는다. 왜냐하면 문이 아닌 것을 문이라고 생각해서 열려고 하기 때문이다. 고로 남이 준 화두는 화두가 아니다. 내가 하는 일이 모두 고정되지 않기 때문에 '내가 곧 주장자이며, 뿌리가 없는 것이로구나.' 하는 걸 느껴야 한다. 밖으로 지팡이를 삼는 게 있으면 환상이 많이 보이고 누가 어떻다, 내일이 어떻다 하는 소리가 들리는데 그러다 보면 잘못되기 십상이다.

(2-10) 행-3-3-5
행-4-8-5
행-8-1-6

10. 부처님 뵈려고, 부처님 말씀 들어 보려고 이제나저제나 찾다가 상상으로 보고 상상으로 듣게 되는 경우엔 더욱더 위로 위로 모시며 찾으려 한다. 그것은 관념이 지어 낸 것이니 안으로 굴려서 몽땅 놓아야 한다. 그리하여 마음을 비웠을 때

부처도 관세음도 다라니도 다 내 마음과 함께 돌아가는 줄 알
게 된다.

11. 자기가 지은 대로 받는 게 법이다. 자기가 지은 대로 자기의 잠재 컴퓨터에 어김없이 기록되어 자기가 그대로 다시 받는 것이다. 그러니 어디에다 대고 복을 주십사 하고 빌겠는가. 복을 주는 것도 자기요, 화를 주는 것도 자기이니 복을 받고자 한다면 자기에게 우선 복을 지어라. 〈감나무 밑에 입 벌리고 누워 익은 감 떨어지기를 기다려도 소용없다. 익은 감 먹으려거든 제 손으로 따서 먹어야 한다.〉

원-7-1-7 (2-11)
원-7-3-10

12. 잠재의식 쪽으로는 한 번도 생각을 해 보지 못해 주인공을 믿지 못하고 현재 의식 쪽에서만 판단을 내린다면 우환이 오거나 병고가 오거나, 어떠한 걸림이 있어도 해결을 못한다. 한다는 게 고작 돈으로 해결하거나 남에게 기대어 보려고 한다.

원-2-5-11 (2-12)
원-3-3-2
원-3-3-8
원-6-5-6
원-7-3-13
행-5-4-3
행-9-3-7
생-1-1-1
생-1-1-5
생-1-1-11

13. 마음을 증득하지 못하면 자기 안에서 스스로 밝혀져 나오는 빛이 없기 때문에 항상 남의 지식, 남의 생각들만을 자기 머리에 넣어 놓고 있게 된다. 이러한 사람은 진정한 대장부, 대자유인으로서 자유스러운 자기 삶을 사는 게 아니라 부자유한 남의 삶을 사는 것이요, 그래서 속고 사는 인생이요 예속된 삶일 뿐이다. 이래서야 세상에 인간으로 태어난 보람이 하나도 없을 뿐 아니라 부처님의 제자라고 감히 말할 수도 없는 것

이다. 이것이야말로 혀를 깨물고 죽어도 시원치 않을 일임을 알아야 한다.

14. 내 아비 찾지 못하고 남의 아비만 자꾸 찾으니 사랑을 알 수 없다.

3. 자기 속의 스승

(3-1) 수-1-51
법-3-26
행-2-3-12
행-3-3-11
행-8-3
생-3-1-2
생-3-1-3
생-3-3-3

1. 일체의 대상으로 흩어지는 마음을 모아들여서 내면으로 던져라. 수행이란 스스로 공부를 가르치고 스스로 공부하고 스스로 항복하고 스스로 항복받는 것이다.

2. 이 공부는 자기가 가르치고 자기가 배우는 것이다. 자기가 놓고 자기가 받는다. 자기가 항복하고 자기가 항복을 받는다. 이와 같이 마음을 닦는 일은 결국 자기와 자기의 일인 것이다. 밖을 이야기하고 밖으로 끄달리지 말라.

3. 회개하는 것도 자기요, 잘못을 저지르는 것도 자기요, 후회하는 것도, 행을 고치는 것도 자기다. 누가 있어서 고쳐 주고 회개를 받아 주고 하는 게 아니다. 이리 가라, 저리 가라 일러 주는 사람이 있다 해도 길 안내자일 뿐이다. 정말로 나를 깨닫는 길을 가려면 부처님도 없다 하고 들어가야 하는데 그게 무

엇이냐 하면 내 마음 근본 주인공에 그대로 상응하는 것이다.

4. 나를 깨닫고 나서 안으로 굴리는 수행자가 있고 안으로 굴려서 나를 깨닫는 수행자가 있다. 이 둘의 공통점은 모두 다 안으로 굴린다는 점에서 찾을 수 있다. 모든 경계를 마음 안으로 관하라.

5. 자기 내면에 일체 제불의 심인이 있다.

4. 내가 곧 화두

1. 내가 있기에 남한테 따귀도 맞고, 내가 있기에 불교를 찾고, 내가 있기에 우주가 있다. 내가 나오지 않았다면 '고'도 없고 '멸'도 없고 '도'도 없고 세상도 없다. 내가 있기에 모든 게 있다. 일체 만법이 나로부터 벌어지고 나로 인해 생겼다. 내가 이 세상에 나온 그때가 태초이고 내 몸 난 것이 화두이다. 〈그러므로 나를 근본으로 잡아서 놓고 또 놓으면서 나투고 돌아가는 공의 이치를 공부해야 한다.〉

수-1-33 (4-1)
수-2-27
수-5-26
심-1-9
심-1-74
심-1-80
원-2-5-4
원-3-1-3
원-3-1-4
원-3-1-6
원-3-1-12
원-3-2-4
원-3-2-6
행-3-2-5
행-6-2-5
행-6-2-6
행-6-2-7
행-6-2-9

2. 몸 자체가 화두다. 태어난 자체가 화두다. 일 자체가 화두다. 이 공적한 우주의 모습이 화두다. 여기에 다시 화두를 덧붙인다면 어느 때 저 무한으로 깊은 세계를 다 보겠는가.

(4-3) 행-7-1-4
행-7-1-6

3. 참 나와 생각, 육신의 삼합이 이뤄져야 어긋남이 없이 온전히 돌아갈 수 있다. 이 삼합이 아니고는 사람 하나 태어날 수 없다. 영원한 생명의 근본이라 할 참 나가 아니었더라면 태어날 수 없고, 업식이 아니었더라면 태어날 수 없고, 부모의 정혈이 아니었더라면 태어날 수 없었을 것이다. 그래서 자신이 나온 소식을 알려면 '나온 자리로 다시 한번 들어갔다가 나오라'고 하는 것이다. 따로 화두를 들 것이 없다고 하는 것이다.

4. 운전수가 없어도 안 되고 차가 없어도 안 되고 기름이 없어도 안 된다. 생명이 없어도 안 되고 분별이 없어도 안 되고 마음내는 게 없어도 안 된다. 그러니 어느 게 높다, 어느 게 더 중요하다 하겠는가. 통틀어 그냥 들고 나는 대로 일심이요 화두인 것이다.

5. 영원한 생명의 근본이 있음으로써 생각을 낼 수 있고, 생각을 낼 수 있음으로써 움직인다. 이보다 더 분명한 증명이 어디 있겠는가. 자신이 곧 화두임에도 화두에 화두를 거듭 든다면 껍데기에 껍데기를 덧씌우는 것과 다름없고 긁어 부스럼 만드는 꼴이 된다.

(4-6) 행-6-2-1
행-6-2-3
행-6-2-7

6. 사람에게 불성이 있다는 것을 안다면 아는 것을 두고 '이 뭣고?' 하지 말고 뛰어넘어라. 생활이 그대로 진리이고 도이고 여여함이고 심성의 과학이다.

7. 흔히들 나를 찾는다고 한다. 그러나 본래 나로서 살고 있는데 그것을 확인하게 되면 자기가 자기를 깨닫는 것이지 따로 무엇이 있어 찾는다고 하는 게 아니다. 그러므로 찾는다느니 망상을 끊는다느니, 또는 이놈이 무엇인고 하며 거기에 매인다면 몇천 년 전으로 되돌아가는 격이 되기 쉽다. 〈지금 그대로가 삼매이고, 그대로가 참선이고, 그대로 화두인 줄을 알아야 한다.〉

8. 살아가는 생활이 화두이자 참선이기에 누구에게서 화두를 받을 것도 줄 것도 없다. 자신의 존재가 바로 화두인데 따로 화두를 받아 가지고 들었다 놓았다 하다 보면 참 나를 생각해 볼 여지가 없게 된다. 남이 준 화두는 빈 맷돌 돌리는 것이요 헛바퀴 도는 것이다. 시대가 변천해 가는 대로 아는 것도 많아지고 있으므로 따로 화두를 들고서는 급변하는 지금 세상에 대처해 나갈 수 없다. 과학적으로 아는 게 너무 많아진 현대인에게 과거와 같은 화두 참선은 오히려 마음공부 하는 데 큰 걸림돌이 된다. 행-6-2-1 (4-8)

9. 천칠백 공안 중에 한두 가지 알았다고 대답을 해 보았자 별 게 아니다. 다른 것 볼 것 없이 이 육신 뭉쳐진 것을 보아라. 공부하려면 그것부터 알고 들어가야 한다. 행-4-8-1 (4-9) 행-6-2-12 행-7-1-12

10. 석가세존 당시에 화두 주는 것 보았는가? 그대로 사방 행-6-2-9 (4-10)

(4-10) 행-5-2-3 이 툭 터져 내가 들어가는 데로 들어가고 나오는 데로 나오는 것이지 왜 남이 주는 화두를 들고서 들지도 나지도 못하는가.

통 밖으로 벗어나야 통을 굴릴 수 있고, 몸 밖으로 벗어나야 몸을 굴릴 수 있고, 지구 밖으로 벗어나야 지구를 굴릴 수 있다. '이 뭣고?' 하면서 언제 자기를 생각해 보겠는가.

11. 화두란 본래 모든 걸 거기에 넣어 다 돌리라는 뜻이다. 화해서 나투고 돌아가는 게 실상의 이치이거늘, 그렇기에 돌리라 했는데 돌리기는커녕 화두라는 것을 들고 놓지조차 못하니 맛을 볼 수가 없다. '이 뭣고?'를 주었으되 사량으로 고정관념을 짓지 말고 돌리라고 한 것인데 돌리지는 않고 들고 있으니 안 되는 것이다.

(4-12) 행-5-3-5
행-5-3-6
행-9-2-2
12. 돌과 돌이 부딪쳐야 불이 번쩍 난다. 그런데 돌을 양손에 들고 '이 뭣고?' 하면서 이리 굴리고 저리 굴려서 무엇에 쓰려는가. "번쩍!" 하고 내려놓고 또 "번쩍!" 하고 내려놓으면 되는 것을 '어느 큰스님이 주셨다'는 생각에 내려놓지도 못하고, 놓치지 않으려고 애를 쓰니 벌써 나와 화두가 둘이 되었고 집착이 붙어서 잘못 들어가는 것이 된다.

13. 남이 준 씨와 내 씨를 함께 마음속에 묻어라. 하나로 넣고 돌리면 인과 연이 계합되어 싹이 튼다.

14. 한마음 공부는 마치 공을 쥐어서 벽을 향해 힘차게 던지는 격이라. 화두 작법과 어떤 것이 더 즉발 효과를 낳겠는가. 경전을 토대로 어렵게 설법하는 말을 듣고서, 또는 화두를 들고 앉아서 언제 깨달으려는지 안타깝다. 무위법, 유위법의 설명이 붙지 않는 그 이전을 붙들고 자기가 행하는 것, 생각하는 것, 움직이는 것을 지켜보면서 굴려서 되넣기를 반복할 때 바로 길에 들어설 수 있으니 쉽다고 하는 것이다.

제9장 무애의 발걸음

1. 수행은 쉼이다

1. 수행은 쉼이다. 어서 성불해야지, 빨리 중생고에서 벗어나야지 하는 마음이 뭉게뭉게 일어나면 여유로워야 할 마음이 도리어 반대로 흐르게 된다. 잡으려고 하면 갈수록 멀어지고 푹 쉬면 제 발로 찾아오는 게 수행의 묘법이다.

(1-2) 수-5-9
수-5-17
법-3-20
법-3-21
심-1-35
원-6-2-3
원-7-3-9
행-3-3-12
행-3-5-12
행-7-1-7
행-9-2-6
행-9-2-13

2. 인간답게, 그냥 뚜벅뚜벅 걸어가는 사람다움의 삶, '모든 것을 오직 주처에서 하는구나!' 하고 믿고 가는 삶, 그것이 자유인의 삶이다. 〈가볍고 힘찬 걸음걸이로 나아가라. 세상은 화택이요 고해라 하지만 부처님이 가르치신 세계는 환희와 충만의 세계이다. 오늘을 밝고 아름답게 살아가라.〉

3. 아무 자취도 남기지 않는 발걸음으로 걸어가라. 닥치는 모든 일에 대해 어느 것 하나 마다하지 않고 긍정하는 대장부가 돼라. 무엇을 구한다, 버린다, 안 버린다 하는 마음이 아니

라 오는 인연 막지 않고 가는 인연 붙잡지 않는 대수용의 대장
부가 돼라. 일체의 것에 물들거나 집착하지 않는 대장부가 돼
라. 가장 평범하면서도 가장 비범한 대장부가 돼라.
  대장부 걸음걸이는 한 걸음에 천 리를 뛰는데 졸장부 걸음
걸이는 백 리를 뛰어도 한 걸음 뛴 것만 못하느니라.

  4. 놓아 버린 자는 살고 붙든 자는 죽는다. 놓으면 자유요 집착하면 노예이다. 왜 노예로 사는가. 태산같이 든든한 믿음으로 푹 쉬게 되면 그 과정 중에 닥쳐오는 모든 어려움이 해결될 것은 해결되고 물러날 것은 물러나게 마련이다. 더러는 쉽게 해결되지 않을 때도 있고 설상가상인 경우도 있을 것이다. 그렇다고 해서 흔들린다면 아직도 부처님의 원리를 모르는 것이다. 그것도 중간 과정일 뿐이라고 확고부동하게 믿고 나아갈 때 그 설상가상으로부터도 훨훨 자유롭게 되는 것이다.

  5. 이 세상에 빈손 들고 나와서 나그네 생활로 살다가 다시 빈 몸으로 간다. 그런데 무엇이 중요하냐? 빈 몸으로 왔으니 빈 마음으로 살아라. 집착, 욕심, 증오, 아집, 아상 따위를 다 여의고 빈 그릇이 되어라. 그러면 비었기 때문에 무엇이든, 삼천대천세계의 천하도, 무량수 같은 사생의 공덕도 다 담아 손색이 없을 것이다. 일체 만물만생을 다 담는다 해도 좁지 않을 것이다. 놓고 가면 그릇은 항상 비어 있기에 무엇이든 담을 수 있다.

6. 산은 말없이 산같이 살라 하고, 물은 말없이 물같이 살라 하고, 꽃도 말없이 꽃같이 살라 하고, 모진 땅의 풀뿌리도 우리를 보고 지혜롭게 살라 한다. 일체 만물이 다 자기같이 살라 한다. 〈고로 스승 아닌 게 없다.〉

7. 주인공 자리에 놓는 것을 수행법으로 삼아 자유인이 돼라. 중생이 보고 살아가는 이 유위법의 세계와, 중생에게는 보이지 않는 더 높은 차원의 세계를 한꺼번에 보며 사는 그런 사람이 돼라. 두 세계를 단절시켜 놓고 살기에 자기도 모르는 고를 당하는 것이 중생이라면 자유인이란 그런 고로부터 벗어난 사람이니 높은 차원을 '볼' 수 있을 뿐만 아니라 '할' 수 있는 능력도 그에게는 있다. 그 할 수 있는 능력이란 물론 중생들이 무엇을 한다 할 때의 그것과 달라서 찰나로 부딪쳐 오는 모든 것들과 하나 되어 여여하게 돌아가면서 제도함을 말하는 것이다.

(1-8) 심-1-22
심-1-23
심-1-24
심-1-35

8. 우주의 주인으로 살라. 비굴하고 왜소한 마음을 놓고 떳떳하고 당당하게 살라. 한마음은 온 우주를 덮고도 남음이 있으며, 자신은 온 우주를 덮고도 남는 그 한마음의 자녀인 것이다. 〈일체를 다 내려놓는다 함은 곧 삼천대천세계를 다 들어올린다는 뜻이다.〉

(1-9) 행-5-4-12

9. 마음으로 아상을 여의어서 항상 슬기롭고 항상 자비롭고 겸손하면 참으로 복이 충만하고 덕도 충만해진다. 공덕이 수

미산처럼 쌓여 간다 함은 그릇이 빈다는 말이다.

   10. 자연스럽게 이뤄지는 일이 가장 좋다. 사량으로 계획을 세워 무엇이 되게 하기에 앞서 오직 믿고 맡김으로써 진리의 근본 원천으로부터 샘이 솟아나게 해야 한다. 그것은 누구에게나 가능하다. 누구나 체험할 수 있다. 체험을 하게 되면 당신은 당신 자신의 무한한 능력에 눈을 뜨게 되고 자신에게 저절로 깊은 감사를 느끼게 될 것이다.

   11. 텅 빈 마음이기에 삼라만상이 다 내 것이기도 하고 또한 내 것이 아니기도 하다. 그렇기에 아무 일도 인위적으로 하지 아니하나 어느 때는 한생각 일으키면 어떤 일이든 할 수 있는 법이다. 텅 빈 마음이야말로 최대의 자유요 최대의 평화이다.

   12. 바다에 그물을 치면 물고기가 걸려든다. 그러나 물은 걸리지 않는다. 물고기 같은 사람이 되지 말고 물과 같은 사람이 되어라.

   13. 두 팔을 쫙 벌리면 우주 천하가 다 내 품에 들어와야 한다. 바다를 보면 그 한바다가 내 물 한 모금 마시는 것과 같아야 한다.

   14. 마음을 쉬어라. 쉬는 까닭에 모든 일체의 것이 내게로

수-2-37 (1-11)
수-2-38
수-3-67
수-4-9
수-5-3
수-5-9
수-5-25
법-3-20
법-3-45
심-2-18
행-3-3-12
행-4-1-10
행-4-1-11
행-5-3-15
행-10-1-1
행-10-1-3
행-10-1-4

상응하게 하는 것이지 쫓아다닐 것은 아니다. 일일이 쫓아다
니려면 고달프기도 하려니와 다 쫓아다닐 수도 없는 일이다.
말을 탈 때 내가 말을 타야지 말에 업혀 다니거나 꼬리에 붙어
다닌다면 얼마나 고달프겠는가.

15. 일체를 다 놓고 가다 보면 자동적으로 무심이 된다. 그
렇게 되면 모든 것에 무심이니까 오히려 다 뚫리게 된다. 사방
이 다 뚫리면 모든 것이 다 들어온다. 비로소 한 덩어리로 쓰
려면 한 덩어리로 쓰고 만으로 쓰려면 만으로 쓸 수 있게 된
다. 반면에 경계를 붙들고 놓지 않는다면 우선 내가 움직일 수
가 없으니 전체를 움직이지도 못한다.

(1-16) 법-2-108
　　　　법-3-45
　　　　행-4-1-10
　　　　행-4-9-3
　　　　행-11-6-1
　　　　행-11-6-3

16. 일체를 주인공에 믿고 놓으면 스스로 무전 통신이 된
다. 전화통을 내려놓아야 벨이 울려서 오는 전화를 받을 수 있
듯이 일체를 놓아야 전체와 통신이 된다.

(1-17) 행-5-3

17. 보통 사람들은 내가 한다, 내가 준다, 내가 좋은 일 선
한 일을 해야지, 악한 일을 해서는 안 되지, 내가 잘 보여야지,
남들이 잘못 보면 어쩌나 하는 생각에 사로잡혀 있다. 그러나
도를 배우는 사람이라면 그냥 무심으로 할 뿐이다. '내가.'라
는 생각이 없는 것이다. 그러할 때에 무수한 능력이 샘솟기도
한다.

18. 내가 무량 공덕을 지었다고 하더라도 주인공의 것이니 내가 자만할 일이 아니다. 내가 아무리 무거운 죄업을 지었다 하더라도 그것을 참회심과 더불어 주인공에 놓는다면 무로 돌아간다. 그러므로 어떠한 일에도 두려움이나 자만심이 없고 거리낌 없는 자유로움으로 임할 수 있다. 나를 있게 한 그, 나를 움직이게 하는 그, 생각을 하게 하는 그는 나의 모든 것이다. 그에게로 다 되돌려 버리면 두려움도, 자만심도 사라진다.

19. 우리들의 자성은 업과 죄에 물들지 않고 본래 뚜렷이 밝아 있다. 우리는 비록 남루하고 지치고 부족하다 할지라도 그러한 진리로서의 우리들이다. 불법은 그러한 가르침이기에 감로법이다. 불법의 궁극에서 볼 때에 이 세상은 이미 구원되어 있으며 중생은 벌써 해탈되어 있는 것이다. 그러한 진리 속에서 청정하고 자유스러운 마음으로 살아가는 게 생활 속의 참 수행이다.

20. 불심을 무심통으로 삼을 때 전체 우주가 들린다. 무심법행을 할 때에 일체 만물만생이 같이 돌아가면서 용도에 따라 닥치는 대로 법이 되어 실천궁행하는 도리가 있다.

법-2-99 (1-20)
법-3-47
법-3-67
법-4-3
심-1-17
원-6-3
원-6-5-5
행-3-5-2
행-3-5-3
행-3-5-8
활-2-3
활-2-3-3

2. 방하착

(2-1) 행-4-6-9
행-5-4-12
행-9-1-18
행-11-3-12
생-4-8-5

1. 내가 소유하는 것은 아무것도 없다. 일체의 소유에서 벗어나라. 모든 것은 '거짓 나'의 것이 아니라 '참 나'의 것이니 나는 단지 관리인일 뿐이다. 그러므로 소유하되 소유에서 벗어나야 한다. 소유한다는 집착에서 벗어나야 한다.

(2-2) 행-5-3

2. 부처님께서 이르시기를 "너희가 서 말 서 되의 밥을 먹고 있으면서도 어찌 배가 고프다 하느냐? 너희 자신이 다 가지고 있으니 배고프면 밥 먹고 목마르면 물 마시고 자고 싶으면 잠을 자는 게 진리이니라." 하셨다. 그와 같이 무슨 일을 하되 신발 벗어 놓고 올라서듯 착을 두지 말고 해야 도에 맞는다. 〈자기라는 게 공했는데 무엇을 내세울 게 있어서 자기가 했다고 하겠는가.〉

(2-3) 행-5-2

3. 권위 때문에, 값비싼 옷 때문에, 혹은 그 무엇 때문에 부자유스러운 경우를 보자. 누가 주인인가. 나인가, 권위인가, 명예인가, 돈인가. 그 무엇이 나를 위해 존재하지 않고 내가 그 무엇을 위해 있어야 하겠는가. 〈중생은 애착과 탐욕과 노비문서에 얽매인 노예와 같다.〉

(2-4) 원-5-1-27
원-7-3-22
행-8-4-12

4. 인과를 짓지 않아야 과보를 받지 않는다. 과보를 받지 않아야 윤회에 말리지 않는다. 윤회에 말리지 않아야 생사에서

벗어날 수 있다. 그러므로 집착을 두지 말라. 내가 하느니 안 하느니, 아느니 모르느니, 줬느니 안 줬느니 하고 사연들이 너무도 많은데 머무르지 않는 마음, 마음 두는 데 없이 내는 마음이어야 불도에 들 수 있다.

행-9-3-8 (2-4)
생-2-1-6
생-2-1-21

5. 육신에도 착을 두지 말라. 착을 둔다면 평생을 살다가 내 집을 떠날 때 어떻게 이걸 두고 훌쩍 떠나지겠는가? 그러니 몇 년이고 아픔을 겪게 된다. 마치 콩깍지를 까는데 잘 안 떨어져 애쓰는 것과 같다. 콩이 다 익으면 절로 홀랑 벗겨지듯 착을 두지 않아야 가고 싶을 때 훌쩍 갈 수 있게 된다.

6. 가지면 가질수록 불안해진다. 버리면 버릴수록 더욱 편안해진다. 내 것이다 네 것이다 하고 나누기 때문에 오히려 내 것이 줄어든다. 이 우주에 꽉 찬 모든 것이 내 것 아닌 게 없는데 다만 왜소한 마음에서 내 것 네 것을 가르려 하니 내 것이 줄어들 수밖에 없는 것이다. 그러나 도리를 아는 사람은 소유하려는 좁은 소견에서 벗어나 자유롭게 다 소유하며 산다. 좁은 소견의 사람은 좁은 유리병 안에 갇혀서 밖을 바라보며 내 것 네 것에 애태우게 된다.

행-4-6-9 (2-6)
행-5-4-12
행-11-3-12
생-4-8-5

7. 버릴 수 있는 데까지 버리고, 쉴 수 있는 데까지 쉬고, 비울 수 있는 한까지 비워라. 가지려는 생각, 쌓아 두려는 욕심에는 한계가 있으니 크게 버려라. 텅 빈 마음엔 한계가 없다.

행-9-1-11 (2-7)

참 성품은 그처럼 텅 빈 곳에서 스스로 발현되는 것이다.

(2-8) 심-1-12

8. 먹으면 배설해야 하고 또 먹으면 또 배설해야 산다. 먹기만 하고 배설하지 않는다면 살 수가 없다. 이치가 그러하다. 갖는 도리를 좇지 말고 주는 도리를 좇아야 한다. 철저하게 100%를 준다면 100%가 다시 있다. 다시 오는 것도 생각하지 말고 그냥 다 버려라. 버리면 있다. 다 버리면 다 있다. 다 항복받을 수 있다. 다 항복받아 내 도량 아닌 게 없게 될 때 한생각에 모든 것을 제도할 수 있으니 내가 제도되고 중생이 제도되고 국토가 제도된다.

(2-9) 행-4-6-9
행-5-4-12
행-9-1-5

9. 부처님께서는 "모든 것을 다 버려라." 하셨다. 그러나 내 앞에 닥친 의무까지도 버려야 하는 것일까? 버리라는 말씀은 '버리지 않으면서 버려야 하고 버리되 버리지 않아야 한다'는 것이니 '나', '나의 것'이라는 애착은 버리되 인연은 저버리지 않아야 한다. 애착을 버리면 곧 모든 것을 버린 것이다. 그러면서 인연을 거둘 때 그것이 버리되 버리지 않는 보살행인 것이다.

10. 선 도리에서는 하나도 가질 게 없는 반면 하나도 버릴 게 없다. 가질 게 없다는 것을 알면 버릴 게 없다는 것을 알게 된다. 만약 가질 게 있다고 생각했을 때는 하나도 얻을 것이 없다. 누구든 버린 것만큼 얻게 마련이고 가진 것만큼 빼앗기

게 마련이다. 선 도리에서 이것은 철두철명한 법칙이다. 〈머리를 깎았어도 더부룩하게 기르고 다니는 사람이 있는가 하면 머리를 안 깎았어도 말끔히 깎고 다니는 사람이 있다.〉

11. 세상천지가 내 것이기에 내 것 아닌 게 없고, 내 것 아닌 게 없기에 바로 내 것이 없다. 모든 것을 놓고 간다면 내가 가난하고 외롭고 고독하고 속상하고 할 것이 없다. 그대로 잔잔한 물이 돌고 도는 것 같고 화창한 봄날에 만방에 꽃이 핀 것과 같을 것이다.

12. 등짐을 지고 간 사람은 굶는 일이 있을지언정, 먹을 것 입을 것 아무것도 없이 떠난 사람이 자연으로부터 버림받는 일은 결단코 없다. 끌어다가 쌓아 두고 쓰려 하지 않고 그 자리에 그대로 놓아 두고서도 쓰려면 언제든지 쓸 수 있다. 하다못해 날아다니는 새들도 둥우리를 틀고 다 먹고 살게 되어 있거늘 어찌 사람으로서 먹고 살 걱정을 하겠는가. 이 마음, 자기를 깨달으면 어디를 가든 다 있다. _{수-5-7 (2-12)}

13. 이쪽 방에 있던 내 물건을 저쪽 방으로 옮겼다고 해도 그 물건은 내 것이다. 그처럼 내 집 안에서는 이 방과 저 방의 구별이 없다. 그와 같이 내 것과 네 것이라는 구별이 없는 사람에게는 소유도 없고 소유를 잃어 버림도 없다. 그런 사람에게 소유한다는 의미란 고작해야 이쪽 방에 있던 물건이 저쪽 _{행-4-6-9 (2-13)}

방으로 옮겨진 것에 불과하기 때문이다. 모두 내 방이라면 이쪽 방에 있든 저쪽 방에 있든 무슨 상관이 있으랴. 자유인의 마음 씀은 그와 같기 때문에 필요할 때면 언제나 그 필요성에 상응하는 소유가 주어지게 된다. 또한 그렇기 때문에 우주와 더불어 노니는 자유인인 것이다.

3. 분별하지 말라

(3-1) 수-4-57
행-4-5-8
행-9-4-2
행-11-3-5
생-2-1-6
예-36

1. 옛 선사께서 이르시기를 "진리의 길은 어렵지 않으니 버릴 것은 오직 간택하는 마음뿐이다. 좋아하고 싫어하는 마음이 없으면 도는 절로 탁 트여 대낮처럼 환하니라." 하셨다. 이 공부를 하려거든 분별하여 취사선택하는 마음을 떠나야 한다. 일체가 둘이 아닌데 무엇을 분별할 것인가.

2. 옛 말씀에 이르기를 "분별하면 통달하지 못한다." 하였다. 상을 상으로 밝게 보되 물들고 집착하지 않아야 하거늘 상을 상으로 분별하여 집착하면 통할 수 없다는 것이다. 예를 들어 벌레 속에 들어가거나 돼지 속에 들어가도 낮다거나 어리석다는 생각에 걸림이 없어야 하고 부처님과 한자리에 앉았다 하더라도 흔쾌하다는 생각에 걸림이 없어야 한다.

(3-3) 행-5-3

3. 이것은 내가 잘했고 저것은 내가 못했고, 이것은 좋고 저

것은 나쁘고 하는 식으로 갈라 놓는다면 하천 세계로 떨어지는 것을 절대로 면치 못한다. 경전이나 몇 권 보고서 무엇을 안다고 분별하는 말이나 일삼는다면 하천 세계로 떨어진다. 〈떨어질 자체가 없다는 것을 알아 한생각 돌리지 못한다면 수많은 부처님, 역대 선지식들이 생을 불사르며 직설하신 그 노고를 한 치도 생각하지 못하는 사람이 되고 말 것이다.〉

4. 차원을 따지지 말라. 낮은 차원이 있기에 높은 차원이 있는 것이니 낮다 높다를 따지면 이 공부를 할 수 없다. 내가 안다 해서 안다는 마음을 내지도 말고 내가 높다 해서 높다고 생각 말고, 누가 낮다 모른다 해서 또 그런 것에 끄달리지 말아야 한다.

5. 세상에 작은 나무가 없다면 큰 나무가 없고, 삐뚤어진 나무가 없다면 곧은 나무가 없으니 이를 일컬어 조화라고 한다. 사람도 그와 같으니 그 모든 것을 보되 텅 빈 마음 안에 던져 놓고 쉬어라. 무엇 때문에 그 시비곡직을 마음에 담아 두고 무거워하는가. 텅 빈 곳에 던져 버리고 가벼운 걸음걸이로 걸어 나가라. 이것이 부처님의 가르침이다.

6. 둘로 보지 않는 마음은 업보를 짓지 않는 마음이다. 차별심이야말로 중생심의 큰 특징이다.

(3-7) 원-2-5-11
원-3-3-2
행-3-2-7
행-5-4-3
행-5-4-4
행-8-2-12

7. 학식이 많고 머리가 좋으면 바깥의 환상만 보고 자꾸 주워 담는 경향이 있다. 이것인가 저것인가 하고 알음알이를 짓기 쉽고 이 길인가 저 길인가 하며 따라다니느라 공부하기가 어렵게 된다. 학식이 높다 해도 먼저 백지를 알아야 한다. 백지를 알지 못하고서는 그 학식을 올바로 쓰지 못할 것이니 백지를 알고 난 뒤에 써도 얼마든지 쓸 수 있다.

8. 지금 이 시점에서 본다면 잘못되고 잘되고가 분명한 것 같지만 과거·현재·미래를 다 종합해 볼 때는 잘못되고 잘되고가 없다.

(3-9) 행-7-1-10
생-1-1-1
생-1-1-5

9. 아는 게 없는 것이 진리요 길이다. 아는 게 있다 하면 벌써 안다는 고정관념이 붙기 때문에 그 역시 끄달림이요 상을 짓는 것이 된다. 앞뒤를 두지 말라. 항상 밝으리라.
　낙숫물이 떨어지는데 '퐁당 퐁당'이 맞느냐, '봉당 봉당'이 맞느냐, '찰박 찰박'이 맞느냐?

(3-10) 행-3-3-5
행-4-8-5
행-8-1-6
행-9-1-10

10. 분별을 끊어야 한다, 망상을 버려야 한다 하면서 끊지 못하고 버리지 못해 애를 쓰는 이들이 많다. 그러나 끊자고 해서 끊어지고 버리자고 해서 버려지는 것이 아니다. 억지로 끊겠다, 버리겠다 하면 더 일어나고 더 달라붙는다. 분별이다 망상이다 하지만 그것은 본래로 공해서 따로 실체가 있는 게 아니다. 그것이 자기가 마음으로 지은 환인 줄 안다면 녹아 버리

고 말 것이나 실체가 있는 것처럼 착각하여 애를 쓰니 그것이 오히려 다시 분별심이 되고 망상이 되는 것이다.

11. 문은 문 안쪽과 문 밖을 나누는 표지이다. 안팎을 여의고 자타의 분별을 쉰 사람에게는 그런 문이 있을 수 없다. 무문이 문이다. 수행법이라는 문은 결국 무문을 알게 하는 데 뜻이 있다.

법-2-47 (3-11)
법-3-30
원-6-2-4
행-3-1-10
행-8-2-9

4. 번뇌를 녹임

1. 이 생각 저 생각이 난다 하여 망상이라고 끊으려 애쓰지 말라. 끊으려고 하는 마음이 망상이지 생각나는 게 망상은 아니다. 만약에 이 생각 저 생각 나지 않는다면 바로 목석이나 송장이지 그게 산 사람이겠는가. 그러므로 망상이라는 관념에서 벗어나야 한다. 벗어나는 길은 '이 생각이 뭣고?' 하기 이전에 그냥 주인공 자리에 놓는 데 있다.

원-6-4-6 (4-1)
행-2-2-11
행-5-1-10
행-5-4-11
행-9-3-10
행-11-3-2
생-2-1-3

2. 공부하면서 분별이나 망상을 겁내지도 걱정하지도 말라. 분별은 바로 우리가 성장하는 데 필요한 밑거름이라 마음을 진화시키는 촉진제로서 구실 하니 그것이 있음으로써 지혜가 밝아지고 마음이 넓어져 부처를 이룰 수도 있는 줄 알아야 한다.

수-4-57 (4-2)
행-4-5-8
행-9-3
행-11-3-5
생-2-1-6
예-36

3. 잡념이 꼬리를 문다 해서 걸리지 말라. 잡념은 바로 성숙의 과정이다. 밖에서 오는 것도 안에서 나는 것도 오관을 통해 들고 났기에 생기는 것이니 그것도 주인공 자리에서 하는 것이라 그냥 맡겨 놓아라. 이열치열 하듯이 잡념이 있기에 부처가 될 수 있는 것이다.

(4-4) 원-6-5-1
행-5-1-10
행-7-2-3
예-13
예-86

4. 망상을 억지로 끊으려 한다면 끊어지기는커녕 더욱더 커진다. 끊으려는 생각조차도 망상이기 때문이다. '끊는다' 해도 붙어 돌아가는 것이고 '끊지 않는다' 해도 붙어 돌아가는 것이다.

5. 바다와 파도가 근본에서 둘이 아니듯 보리와 망상도 둘이 아니니 망상이다 아니다를 분별하지 말고 모두 놓아라. '나'도 없고 분별 망상도 없어지게 된다.

6. 번뇌를 '끊어라' 하면 둘로 보는 경향이 있기에 '녹여라' 하는 것이다. 둘로 보는 한은 끝내 끊어지지 않는다. 그것을 싸안아 녹여 버리는 적극성이 필요하다. 사실 끊으라 해서 말 끊고 생각 끊는다면 무엇이 남아서 부처를 이루겠는가. 망상이 없다면 목석과 무엇이 다르고, 번뇌가 없다면 어떻게 부처를 이룰 것인가. 번뇌의 바다에 들어가지 않으면 보물을 얻을 수 없다.

7. 백팔번뇌란 무엇인가. 백은 무이다, 무. 팔은 사무 사유가 한데 합쳐져서 무의 세계 유의 세계가 같이 돌아간다는 뜻이다. 같이 돌아가면서 생각 생각이 꼬리에 꼬리를 물고 돌아가는 것을 번뇌·망상이라 하는데 그것은 부처를 이룰 수 있고 법신을 이룰 수 있는 수련의 채찍인 것이다. 번뇌니 망상이니 욕망이니 하는 것도 사실은 깨닫고 보면 지혜요 자비요 공덕이 된다.

8. 망상이 있기에 부처를 이룰 수 있다. 망상이 없고 사량이 없으면 무엇이 있어 부처를 이루겠는가. 그래서 끊으라는 게 아니라 놓아라, 돌려라 하는 것이다.

행-4-2-3 (4-8)
행-7-2-3

9. 길들여지지 않은 소는 주인을 들이받고 사람을 해치지만 길들여진 소는 주인에게 이익을 준다. 그와 같이 번뇌, 망상, 욕망 따위도 깨닫고 보면 지혜요, 자비요, 공덕이기에 번뇌, 망상 등을 끊는 게 문제가 아니라 길을 들이는 게 문제이다. 풀어 놓아도 도망가지 않고 이익을 주는 소가 되게 해야 한다.

10. 망상도 주인공이 하는 것이니 몽땅 주처에 놓아 버려라. 망상·번뇌를 마음 안으로 굴려 놓을 때 마음의 진화력이 나오게 된다.

11. 연꽃은 진흙 속에서 피고 불법은 번뇌 속에서 핀다.

제10장 참선

1. 평상심

(1-1) 수-3-44
수-3-45
수-3-68
법-3-62
원-6-4-15
행-3-4-12
행-3-5-13
행-4-1-1
행-4-1-4
행-4-1-5
행-4-1-11
행-4-8-4
생-2-2-2

1. 오직 주인공에 의해서만 살아가라. 닥치는 모든 일에 당당하게 척척 응해 나가면서 활달하게 살 수 있는 것은 거짓 나로서가 아니라 주인공으로서 살기 때문이다.

2. 주인공에 놓고 맡기는 삶은 참으로 뚜렷하게, 분명하게, 명쾌하게 사는 삶이다. 주인공은 부처님과 함께하기에 아무런 두려움도 거리낌도 망설임도 없어 모든 일에 거칠 것이 없으며, 사심이 없기에 사태의 실상을 완벽하게 파악한다. 주인공에게 안팎의 경계를 다 맡기고 살라 하니까 그렇다면 목석이 되라는 것인가 하고 반문하는 사람이 많지만 주인공을 모르는 삶이야말로 오히려 꿈결 같고 바람결 같고 어렴풋하게 사는 것이다.

(1-3) 수-3-67

3. 시종여일하게 자기 본래 모습인 주인공을 관하면서, 아

무 여한이 없고 거리낌이 없고 바라는 바도 없이 유유하게 살아가는 그것이 바로 평상심이다. 수행이란 바로 평상심으로 살아가는 것을 말한다. 두려워할 일도, 속상해할 일도, 괴로워할 일도 없이 배고프면 먹고 졸리면 자는, 참으로 일없는 삶의 경지인 것이다.

수-4-9 (1-3)
수-5-3
수-5-9
법-3-45
심-2-18
행-3-3-12
행-4-1-10
행-5-3-15
행-9-1
활-1-1-3
예-36

4. 목표에 도달하기 위해 계획을 세워 도전하는 것은 세간법일 뿐 마음공부와는 다른 바가 있다. 참된 수행은 수행 그 자체가 목표요 목적이다. 마음을 쉰다는 것은 깨닫기 위한 것도, 완성되기 위한 것도, 백 점짜리가 되기 위한 것도 아니다. 그냥 그러하고 그러해야 하기 때문에 그러할 뿐인 것이다. 그렇게 알아 푹 쉬고 나면 오히려 바라지도 않았건만 완성이, 목표가, 깨달음이 다가오게 된다.

5. 마음이 급해서 잘되는 일은 없다. 마음을 닦는 일일수록 중도가 요구된다. 용맹하면서도 여유롭고 부드러우면서도 금강석처럼 견고한 수행인이 되어라. 서두르지 말고 한결같이 꾸준한 마음으로 믿고 놓으며 여여한 마음가짐으로 보살행을 할 때 그것이 곧 참선이요 올바른 수행인 것이다.

행-3-3-1 (1-5)
행-3-3-5
행-8-1-6

6. 누구나 늠름하게 밝아서 미리 근심 걱정 하지 않아도 살 수 있다. 그러니 남이 장 보러 간다고 덩달아 따라 나서는 사람이 되지 말라. 세상 사람들이 모두 바쁘게 뛰어다니고 여러

모로 계획을 세우고 전전긍긍하며 산다고 나까지 그래야 하는 법은 없다. 바쁘고 걱정스러운 것은 제 욕심에 쫓겨서 그런 것 뿐이다. 어차피 주어진 인생, 여러 가지 문제가 매일매일 닥쳐올 것이니 마음 푹 놓고 담담하게 하루하루 살아가는 게 어떠하겠는가.

(1-7) 수-5-14
수-5-21
행-3-4
행-3-4-4
행-3-4-8
행-3-4-18
행-4-2-6
행-5-4-7
행-7-1-4
행-11-2-5
예-32

7. 나쁘면 어떻고 나쁘지 않으면 어떠랴 하는 마음으로 내 걸음 걷는 것을 다스려 가면서 진실하게 꾸준히 걸어가라. 그러노라면 인연 지어진 주변 사람들이 언젠가는 착해지고 잘못된 생각을 다 떼어 버리게 된다. 다만 더디고 빠를 뿐이다.

8. 없으면 없는 대로, 있으면 있는 대로, 있다 없다를 논하지 말고 닥치는 대로, 오는 것 막지 않고 가는 것 잡지 않으면서 내 분수에 맞게 행동하라. 생활이나 내 행이나 욕심부리지 말고 분수에 맞게 절제해 나가면 어떤 무리한 일이 닥쳐 나를 해친다 할지라도 움쩍하지 않게 된다.

9. 죽음이 다가온다, 곧 종말에 이른다 할지라도 바른 길을 가야 한다. 미래의 자기를 위해 바른 길을 가야 한다. 죽는다 해도 뿌리는 없어지는 것이 아니어서 낙엽 졌을 뿐 봄이 오면 다시 새순이 돋게 된다.

(1-10) 행-9-3-1

10. 어떤 위대한 것을 보아도 비천한 것을 볼 때와 다름없

이 무겁고 평온한 마음, 흔들리지 않은 채 더러운 것과 아름다운 것들을 볼 수 있는 마음이 확고하여야 한다. 그래야 크게 이룬다.

행-9-3-4 (1-10)

11. 수행자는 오신통도 도가 아니라는 점을 철저히 알지 않으면 안 된다. 그것을 모른다면 더 나아갈 수도 없을 뿐더러 자유는커녕 오히려 부자유에 빠져 버리게 된다. 수행자는 모름지기 신비하고 위대하고 찬란한 것을 항상 조심해야 한다. 그 속에 나의 이기심이 숨어 있고 그것 때문에 나의 어리석음이 덜어지지 않는다.

행-5-3-7 (1-11)
생-2-1-9
활-2-3-2

2. 지금 여기

1. 수행자에게는 내일이 없다. 오직 '지금 여기'가 있을 뿐이다. '내일은 좋아지겠지. 모레면 잘되겠지.' 하고 미루어서는 안 된다. 오늘을, 지금 이 순간을 깨어 있는 정신으로 직시하면서 묵연한 코끼리 걸음으로 걸어가야 한다. '지금 여기'가 바로 삼천대천세계의 근본 자리이며, 바로 오늘이 부처님 오신 날이자 영겁의 시간을 머금고 있는 자리이다. 고로 수행자가 맞이하는 하루하루, 순간순간은 그대로 영원이요 무한이다. 오늘 이 세상에 났으면 오늘 알아야 한다.

법-2-110 (2-1)
법-3-51
법-3-69
심-1-64
심-1-115
원-5-3
원-5-3-1
원-5-3-3
원-5-3-4
원-5-3-8
원-5-3-9
원-6-2-6
행-8-1-8

(2-2) 행-1-2-11
행-5-3-7
행-10-1-11
생-1-1-8
생-2-1-10
생-4-3-4
생-4-3-5

2. 수행자는 하루살이로 산다. 하루살이라니까 찰나주의, 향락주의인 줄 알지 말라. 수행자는 그때그때 처한 상황에 최대의 관심을 기울이며 최선을 다할 뿐, 지나간 일이나 다가올 결과에 대해 아무런 여한도 기대도 우려도 없다.

3. 수행자란 오늘을 영원한 오늘로 살아가는 사람, 새롭게 닥쳐오는 오늘을 여유롭게, 기쁘게, 묵연히 사는 사람이다. 그런 사람은 완성되지 않은 상태로 이미 완성되어 있고 도달하지 않은 상태로 이미 도달해 있는 사람이다. 초발심이 곧 정각이라는 참뜻은 거기에 있다. 언제 그 길고 긴 수행이 끝나서 성불하기에 이르겠는가. 그것까지도 다 놓고 쉬었을 때 그는 곧 참된 수행자인 것이다.

(2-4) 수-3-65
심-1-111
심-2-22
생-3-1-26
생-3-2-9
생-4-1-8

4. '지금, 여기'가 그대로 도량이다. 자성이 그대로 사찰이다. 세속을 떨치고 입산해야만 입산이 아니고 몸을 움직여 집을 나가야만 출가가 아니다. 자기 마음의 산, 마음의 도량으로 입산하고 출가하여야 한다. 밖으로 끄달리며 집착하는 마음을 거두어 내면으로 향하는 것이 그대로 귀의이다.

5. 중생의 가정과 일터가 곧 여래의 처소이다. 지금 살고 있는 이 자리가 바로 구정토요 구경계이다. 자기의 일거수일투족 닿는 곳마다 여래의 처소로 알고 청정케 한다면 참된 수행자라 할 수 있다.

3. 참선

1. 간절하고 지극한 마음, 믿음이 끊어지지 않는 묵연한 수행이 곧 참선이다. 이런 참선이 진짜 참선이라 내가 한다, 내가 앉았다는 생각조차 없고 어묵동정에 구애됨이 없는 활선인 것이다.

수-2-7 (3-1)
수-2-43
수-3-40
수-3-41
행-3-4-8
행-3-4-17
행-4-1-11
행-4-6-8
행-4-8-1
행-4-8-3
행-4-8-5
행-7-2-4
행-7-2-5
행-8-4-7
행-10-2-2
행-10-2-3
행-11-2-6
행-11-5-1
생-1-1-14

2. 앉고 싶으면 앉고 서고 싶으면 서고, 일하고 싶으면 일하고, 뛰면서 생각하고 생각하면서 뛰는 게 그대로 참선이다. 좌선한다 했을 때 그것은 무엇이냐 하면 일체 만법이 주인공 자리로 나고 드는 것을 믿어 일체를 놓아 마음이 흔들리지 않는 것을 말한다. 그러므로 언제 어디서나 좌선은 가능하다. 믿음으로 놓고 맡기는 한 일상생활이 그대로 참선인 것이다.

3. 앉기는 앉되 앉았을 때와 일어섰을 때가 다른가. 좌선이나 입선이나 행선이나 와선이 다르지 않으니 자기 자리가 그대로 부처님 자리인 것을, 앉을 때와 설 때를 구별할 것인가. 부처님 전에 나아갈 때가 있고 또 물러설 때가 있지만 들고 나는 것은 마음이 아니라 몸이다. 우리 마음은 언제 어디서나 선정에 들어 있어야 하며, 또 들어 있는 것이다. 그러기에 몸으로는 입선이 있고 방선이 있어도 실제로는 항상 입선인 것이며, 몸으로는 불전에 들고 남이 있지만 근본 마음에서는 항상 부처님과 함께하고 있는 것이다.

행-2-3-6 (3-3)
행-2-3-8
행-2-3-9
행-2-4-2
행-2-4-5
행-3-1
행-3-2-7
행-3-3-4
행-3-4-14
행-3-4-25
행-4-5-4
행-11-3-4
행-11-5-1
생-3-1-6
생-3-1-16

(3-4) 생-2-1-9
생-2-1-10

4. 업식으로 인해 인연 따라 내게 나타나는 유전성, 영계성 등의 경계를 공부의 재료로 삼아 주인공에 맡겨 놓고 관찰하고 체험하며 돌아가는 게 참선이다. 하나하나 지켜보며 체험하고 돌아가는 게 진정한 참선이다.

5. 일하는 것도 참선, 먹는 것도 참선, 사랑하는 것도 참선, 모두 참선 아닌 게 없다. 가정을 이루고 살아가는 게 바로 참선이요 종교이다. 흔히들 무릎 꺾고 앉아야 참선이고 절에 간다 하면 목욕해야 하고 백팔 배 해야 하고 비린 것 먹지 말아야 하고 부부간에 잠자리도 달리해야 한다는 등 일상생활 아닌 그 무엇이어야 하는 줄 안다. 이래서야 어찌 생활 속의 불교라 하겠는가.

(3-6) 생-3-1-21
생-3-1-22
생-3-1-23
활-3-2-3

6. 마음의 인등을 밝혀라. 날마다 마음의 인등을 켜라. 선이 따로 있는 게 아니다. 우리가 살아나가면서 '나'라는 상을 세우지 않고 모든 것을 주인공에 맡겨 놓고 삼계에 있으면서도 마음이 동요치 않는 것이 바로 참선이다. 참선은 믿음이 근본이다. 자기 주인공, 본성에 대한 믿음이 근본인 것이다.

7. 주인공에게 갈구하며 그 자리에서 알아내기 위해 안으로 굴리는 것을 명상이라 하기도 하고, 조용한 곳을 택해 가만히 앉아서 명상하는 것을 참선이라 하기도 한다. 그러나 일상생활이 그대로 참선인 것이니 24시간 중에 주인공을 잊는 때가

있다 해도 자기를 움직이게 하는 마음의 원동력이 있음을 알아 문득 떠올리면 그대로 잊은 사이 없이 이어진 것이라 참선인 것이다.

8. 아침에 생각하고 하루 종일 잊고 있다가 저녁에 생각이 났다 하더라도 간격은 없는 것이다. 그대로 한 찰나이니 하루, 이틀, 한 달 두 달, 작년 재작년 하는 시간에 걸리지 말라.

9. 자비의 마음이 끊어지지 않는다면 그것이 참선이다. 다리를 접고 앉아 있어서 참선은 아니다.

10. 숨을 들이쉬고 내쉬는 것이 바로 참선이다. 참선은 잠시라도 숨이 끊어지지 않음에 있다.

11. 수행 방법이야 천차만별로 많이 있을 수 있겠지만 마음으로 하는 방법이 아니라면 몸 떨어지면서 다 떨어지는데 무엇이 있어 끝 간 데 없이 남겠는가. 이 도리를 체득한 뒤라야 요가는 요가대로, 명상은 명상대로, 좌선은 좌선대로 하고 싶으면 하는 것이지 이름 있고 방법 있어 해야 하는 것은 아니다.

수-2-28 (3-11)
행-4-8-1
행-4-8-2
행-4-8-3
행-6-2-6
행-8-4-7

12. 달마의 면벽은 움직이지 않으면서 움직인 것이다.

13. 결제 해제란 없는 것이다. 참선의 참된 의미를 안다면

따로 결제가 없고 해제가 없다. 그것은 다만 율법 수행의 질서를 지키기 위한 것일 뿐이다.

(3-14) 수-5-28
생-1-3-2
생-1-3-3
생-1-3-5

14. 계정혜가 따로 있는 게 아니다. 정에 들면 계요, 정에 들면 혜이니 놓고 맡기면 정이라 그대로 계정혜인 것이다.

제11장 깨달음

1. 시키는 자

1. 이 공부를 하다 보면 간혹 마음속에서 엉뚱한 것이 튀어 나올 때가 있다. '내가 부처다!' 할 때도 있고 무슨 귀신 단지 같이 비치는 수도 있고, 한 번도 생각해 본 일조차 없는 괴상한 일이나 말이 들려올 때도 있다. 그것은 내가 아직 모르니까 가르치려고 그러는 것이지 괴롭히고자 함이 아니다. 그러나 그것을 둘로 보고 놀라거나 괴로워한다면 넘어서질 못한다. 하나도 체가 없는 것이거늘 둘로 본다면 말이 되겠는가. 절대로 둘로 보아서는 아니 된다. 〈그런 일들은 마치 파도가 쳐서 물방울이 인 것에 불과해서 가라앉으면 그냥 한 물인 것이니 나오는 데다 밀어 놓으면 그뿐이다.〉

수-1-34 (1-1)
수-1-60
수-2-4
수-2-5
수-2-6
수-2-12
수-2-20
수-3-28
수-3-44
수-3-45
수-3-46
수-3-54
수-3-55
수-3-61
수-3-62
수-3-64
수-3-65
수-3-67
수-3-68
법-2-65
행-6-2-1

2. 처음 배우는 과정에서는 나오는 대로 그냥 따라 해서는 안 된다. 나오는 대로 그냥 말을 내뱉어서도 안 된다. 안으로 굴려서 점검할 줄 알아야 한다. 그것은 싹이 나오는 것이지만

아직은 밖으로 삐져나올 단계가 아니므로 안으로 굴려 먼저 내 마음에서 계합이 되어야 한다.

<small>(1-3) 수-3-10
심-1-68
심-2-6
원-2-1-13
행-5-3-3
생-4-8-7</small>

3. 처음 공부하는 단계에서는 내면의 소리가 볼썽사나운 일을 하라고 하는 경우가 있다. 그러할 때에 몸뚱이를 인형 놀리듯 하지 말고 마음으로 돌려놓을 줄 알아야 한다. 안에서 나오는 대로 행동한다면 정신세계에 끄달려 사는 것이니 마치 그 이전 물질세계에 끄달려 사는 것과 같다. 고로 중도를 잃지 말아야 한다.

<small>(1-4) 행-4-4-11
행-4-5-7
행-4-9-3
행-6-2-8</small>

4. 시키는 자와 하는 자가 둘이 아니다. 하는 나 말고 시키는 나가 따로 있어 그것이 참 나라고 한다거나 주인공이라고 하여서는 안 된다. 공부하는 중에 어느 때 홀연히 '이렇게 하라, 저렇게 하라' 하는 경우가 있는데 이는 자기가 자기를 시험하는 것이니 스스로 점검하여 돌릴 줄 알아야 한다. 예를 들어 생활 중에 우리가 배고프면 먹고 배부르면 안 먹고 하는데 고파도 '먹지 마라', 불러도 '먹어라' 하는 경우가 있다. 그러나 배불러서 안 먹는다 하는 것도 나요, 배불러도 먹으라 하는 것 역시 나이니 내 현재 마음과 둘 아니게 돌려 여여하게 하나로 딱 맞춰 놓을 줄 알아야 한다. 〈그래야 아비가 자식을 알아보고 자식이 아비를 알아서 아비와 자식이 둘 아니게 된다.〉

5. 기도나 좌선 중에, 또는 꿈속에서 해나 달이 환히 비추었

다든지 흰 새가 나타났다든지 하는 것은 다 자기 성품 속에서 나오는 것이다. 앞으로 정진을 거듭하면 밝아질 수 있음을 예고하는 것이니 거기에도 걸리지 말고 계속 나아가야 한다.

6. 또 수행 중에는 별의별 일이 다 있어서 신통이 열리기도 하고 부처나 옛 조사, 혹은 조상, 귀신이 보이거나 심지어는 허공에서 설법하는 소리까지 들리기도 한다. 이때 그 모든 것을 다 다시 놓아야 한다.

원-6-4-9 (1-6)
행-4-4-7

7. 닥치는 대로 뚫고 나가라. 닥치는 대로 집어삼키고 나아가라. 작은 것이 오면 작은 대로, 큰 것이 오면 큰 대로, 부처가 오면 부처를, 마가 오면 마를, 물 마시고 그릇 내려놓듯이 닥치는 대로 마셔 버려라. 작다 크다, 옳다 그르다, 부처다 마구니다 하는 분별까지도 모두 먹어 치워라. 그것이 바른 길이다.

2. 계단 없는 공부

1. 굳은 신심을 지닌 수행자라면 마음공부에 단계라는 것은 없다.

수-3-78 (2-1)
수-4-60
수-5-29
심-2-1
원-6-3-12
행-5-4-7
행-7-1-9
행-11-4-4
행-11-5-10
행-11-5-23

2. 평등한 진리이기 때문에 계단이 없다. 그러나 계단이 없는 반면에 또 계단은 엄연히 있다. 그것을 게으르지 않게 밟고

가야 한다.

3. 비유하자면 나를 발견한 단계는 '물이 얕다' 할 수 있고, 둘 아닌 도리를 안 단계는 '물이 좀 깊다' 할 수 있고, 나툼까지 통한 단계는 '깊은 물에 용이 뛰논다' 할 수 있다. 얕은 물에는 아직 송사리밖에는 뛰놀 수가 없다.

4. 너와 내가 있는 데서 너와 내가 없는 데로 들어가 무심도를 깨쳐 다시금 너와 내가 있는 데로 다시 나오는 것이 이 공부이다.

(2-5) 행-8-1-6
행-8-2-10

5. '남들은 보인다는데, 남들은 듣는다는데, 안다는데 나는 이래서 되겠는가.' 하는 생각, 혹은 보이고 들린다 해서 '공부가 되었지.' 하는 달콤한 생각, 그 모두를 놓아야 한다. 보기만 해도 쓸데없고 듣기만 해도 쓸데없다. 내 마음 계발되면 유유히 스스로 먹고 먹게 하고, 영원토록 마음의 빛과 향기를 주고받을 수 있으니 말없는 가운데 맛을 보고 말없는 가운데 도리를 알게 된다.

(2-6) 행-3-4-8
행-3-4-17
행-4-1-11
행-4-6-8
행-4-8-1
행-4-8-3
행-4-8-5
행-7-2-4

6. 선을 닦으면 맨 먼저 편안함이 온다. 그러나 편안해졌다고 거기에 머무르면 안 된다. 그 다음부터 참 공부를 시작해야 한다. 그러나 선이라는 것은 '빨리 해야지', '급하다' 해서 되는 것이 아니다. 내가 한다는 생각조차 할 줄 모르는 중에 하는

것이다.

7. 이 도리를 조금 알았다 해도 계속해서 적응해 보고 탐구해 보게 되는데 그러다 보면 자기 자신도 없다는 결론에 이르게 된다. 진짜 부처라면 고정되어 있지 않은 게 부처이다. 그런데 어떻게 '내가 안다' 하고 '내가 부처다', '이만하면 되었다'라고 할 단계가 있겠는가. 부처란 대자유인이다.

8. 염주를 쥐고 돌린다 해서 염주를 돌리는 게 아니다. 보이지 않고, 쥘 수 없는 염주를 쥐고 굴릴 줄 알아야 진실로 염주를 돌린다 할 수 있다.

9. 오신통만으로는 도가 되지 못한다. '나 아닌 나', 모두의 아픔을 함께하는 나가 되었을 때, 진정으로 '우리 함께'가 되었을 때, 비로소 도라 할 수 있다. 거기엔 이유가 없다.

10. 겉 눈이 아니라 속 눈으로 보라. 그러다 속 눈까지도 사라지는 때가 온다. 그때는 각성 자체로 보게 된다. 각성은 우주 자체이다. 그러므로 그때는 삼라만상이 다 그대로 깨달음이다. 거기엔 지옥도 없고 극락도 없고 삶도 죽음도 없다.

11. 어머니 배 속 문을 열고 자기 육신의 문을 열고 보니 또 지구의 문을 열어야 하고 우주의 문을 열어야 한다. 문 없는

문이 이렇듯 많으니 우주 전체의 나툼을 알아야 한다.

(2-12) 수-2-48
심-1-76
행-11-5-12

12. 모든 것을 무조건하고 주인공에 놓다 보면 나를 발견하기에 이르니 이는 내가 죽어 나를 보는 것이다. 그러나 여기에서 또다시 크게 죽지 않으면 안 된다. 나를 발견하고 난 다음에는 어떠한 신호가 올 때도 있고 혹은 어떤 것이 보이거나 들릴 때도 있는데 결코 거기에 속아서는 아니 된다. 비록 오신통이 열렸다 해도 그것은 도가 아닌 때문이니 혹은 보이고 혹은 들린다 하여 '내가 보았노라', '내가 들었노라' 한다면 거기에 걸려서 죽은 줄 알았던 내가 되살아나게 된다. 그렇게 되면 더욱 어두워지는 수가 있다.

13. 손 없는 손, 발 없는 발, 눈 없는 눈, 몸 없는 몸, 길 없는 길이 되어야 비로소 만법에 활보할 수 있게 된다.

3. 깨달음이란

(3-1) 행-5-2-6

1. 깨닫는다는 것은 중생인 나를 버리고 따로 부처인 나를 찾는다는 뜻이 아니다. 내가 곧 부처이니 버릴 나도 찾을 나도 없다. 다만 미망을 여읨으로써 내가 부처임을, 내가 본래로 나임을 아는 것뿐이다. 그렇게 깨닫고 보면 내가 바로 나 자신이 되기 위해 얼마나 애를 썼던가 하고 웃음을 터뜨리게 될 것이

다. 그러나 그것은 허무의 웃음이 아니다. 자유롭고 평화스러운 웃음이다.

2. 생멸의 세계에 있으면서도 생사에 물들지 않는 것, 이 세상 버리고 다른 세상에 가는 게 아니고, 번뇌를 끊어 새로운 깨달음을 여는 게 아니라 번뇌가 곧 깨달음인 줄 아는 것, 지금 번뇌 망상 하고 걱정하는 나 이외에 어떤 절대아가 있는 게 아니라 생각하고 듣고 망상 떨고 하는 이 자체가 한마음인 줄 아는 것, 그것이 깨달음인 것이다.

원-3-3-3 (3-2)
원-6-4-6
행-2-2-11
행-5-1-10
행-5-4-11
행-9-4
행-9-4-7
생-2-1-3

3. 닥쳐오는 모든 고난과 질병, 이득과 찬사, 모든 영계성·유전성의 일들을 수행의 재료로 삼아 놓고 맡기면서 하나씩 체험을 해 나가다 보면 홀연히 밝아지게 된다. 홀연히 밝아지면 그때는 어느 하나 독불장군이 없고 모든 게 따로따로가 아니니 성씨도 한 성씨요 본도 한 본이요 조상도 한 조상인 줄 알아 느끼고 보고 듣는 대로 그냥 제도가 된다.

4. 일심으로 주인공을 찾는다. 그러나 찾고 보면 주인공도 없고 찾는 그 일심도 없다. 그 공한 곳에서 오히려 묘용이 나오게 된다.

5. 내가 없기에 내가 바로 선다. 깨친 바가 없기에 깨친 것이다. 만약 '나는 깨치겠다', '나는 깨쳤다, 얻었다' 한다면 깨

수-5-33 (3-5)
법-3-46

친 바도 얻은 바도 없다. 그것은 분별로 깨친 것이요, 분별로 얻은 것에 불과하다. 부처님의 위대함도 내세울 게 없는 위대함인데 하물며 너는 너대로 깨달아 위대하고 나는 나대로 각을 얻었으니 위대하다고 하겠는가. 그러기에 항상 "형상을 부처로 보지 말고 너로 보라. 그래야 부처님의 뜻을 알고 세상 법을 안다."라고 하는 것이다.

6. 둘 아니기에 없다고 했다. 삼계가 한마음이요 삼세심이 일심이라, 삼천대천세계가 바로 원심이다. 모든 것을 포용한 원심, 원심력이다. 전체 구정토를 왕래하고 일월성신과 더불어 같이 운행하고 공존할 수 있는 원심. 바로 그러한 위치가 되면 그냥 '불'이라 해도 좋고 '자유인'이라 해도 좋다.

(3-7) 법-4-14
심-1-17
행-11-6-3
활-2-3-3

7. 대뇌의 잠재의식 쪽과 현재 의식 쪽이 계합되는 그런 자리가 깨달음이다. 누진이다.

8. 백지 한 장 사이를 넘어선다면 정말로 대인이 되어 우리의 남북통일도 가져올 것이고 세계를 융화시킬 수도 있을 것이다.

9. 우주 법계의 성주가 부처님 자리인데 그 성주와 두루 뜻이 통하게 된다면 어느 누구도 건드릴 수 없는 자재권을 쥐게 된다. 그러므로 내 씀씀이에 의해서 내 몸이 열도 되고 백도 되고 천도 될 수 있다. 또 하나도 없으려면 하나도 없고, 하나

가 되려면 하나가 된다. 모습이란 형상일 뿐 실재가 아니므로 무엇이든 더불어 구를 수 있다.

10. 자기를 알게 되면 심안으로 전체를 보게도 되고, 듣게도 된다. 그래서 가섭 존자가 어디서 온 줄도 알게 되고 가섭 존자의 속을 파 볼 수도 있게 된다. 예-37 (3-10)

진정으로 자기를 안다면 본래로 일체가 다 한마음으로 통해 있음을 알게 되고 가고 옴이 따로 없음을 알게 된다. 그래서 아난 존자처럼 가고 옴이 없이 열쇠 구멍으로 들락날락할 수 있다.

11. 모든 것을 역력하게 눈 밝게 보고 귀 밝게 듣고 그러면서 순간에 뛰어넘을 수 있는 그런 능력을 가지고 있어야 한다. 그래야만 얽히고설킨 악조건들을 풀어 나갈 수 있으며 밀치고 뛰어넘을 수 있으며 유유히, 여여하게 생활할 수 있으며 아주 당당히, 도도하게, 물 흐르듯이 살 수 있는 것이다.

심-1-94 (3-11)
원-6-2-9
원-6-3-14
행-9-1-10
활-1-2
활-1-2-3
활-2-1-8
활-2-3
활-3-1-1

12. 생활의 모든 것을 앞뒤, 둘 아니게 전부 납득하게 되면 이것이 즐겁고 좋아서가 아니라 너무도 엄청나서 그냥 옷자락 하나 걸치지 않고 다 내버리는 그런 이치가 생긴다.

행-4-6-9 (3-12)
행-5-4-12
행-9-2
행-9-2-6
생-4-8-5

13. 마음을 깨닫는다면 만법의 원리가 내 심원 안에 들어 있기에 모든 게 문 아닌 게 없고 시(詩) 아닌 게 없고 법 아닌

게 없고 보배 아닌 게 없다.

14. 나를 발견하게 되면 자기 마음에서 벌써 남의 마음을 알게 된다. 사람뿐만 아니라 초목하고도 입 한 번 떼지 않고 대화로 통할 수 있게 된다. 그렇게 또 가다 보면 수없이 쫓고 쫓기며 진화해 온 도리를 알게 된다. 그리되면 풀·벌레들의 살림살이 돌아가는 게 전부 우리 생활과 같다는 것이 알아지고 과거·현재·미래가 둘이 아닌 도리를 알게 된다.

15. 자기 소리를 진짜로 들을 수 있다면 남의 소리를 들을 수 있고, 부처님의 마음을 헤아릴 수 있다면 유생 무생의 마음을 다 헤아릴 수 있다. 그러므로 전체가 내 벗, 아니 나 아닌 게 하나도 없다 하는 것이니 날아다니는 새나 산천초목이 그대로 나인 것이다.

16. 시자와 주인이 둘 아니게 될 때 친구도 될 수 있고, 부인도 될 수 있고, 할아버지도 아버지도 될 수 있고, 조상도 부처도 될 수 있다.

17. 내 실상을 알면 남의 실상이 둘이 아니고 유생 무생이 다 같이 공하여 돌아가는 이치를 알게 되는 것이니 어찌 아픈 데만 나투고 고독한 데는 나투지 않겠는가. 어찌 부모 자식 간에만 나투고 다른 모든 것에는 나투지 않겠는가.

18. 이 도리를 알면 인과에 끄달리지 않고 윤회에 끄달리지 않아 가벼우니 자유롭고, 안팎의 경계에 구애받지 않으니 자유롭고, '나'로 고정되지 않으니 자유롭다. 어느 때는 의사가 되고 간호원도 되고, 어느 때는 판검사, 변호사로도 되고, 어느 때는 대통령도 되었다가 농부도 되었다 하고, 어느 때는 술 따르는 여인도 되는 등 변하지 않으면서 그렇게 할 수도 있다. 수만 가지로, 무궁무진으로 화해서 만법을 굴리고 응용해도 걸릴 게 없고 탓할 게 없고 누가 추궁할 일도 없으니 자유인이라 하는 것이다.

수-3-63 (3-18)
수-4-33
심-1-25
심-1-44
원-2-4
원-2-4-2
원-2-4-6
원-2-4-7
원-2-4-11
원-2-4-12
원-6-2-1
원-6-3-5
원-6-3-6
원-6-4-16
원-6-4-25
원-7-2-12
행-3-5-6

19. 한 가지 수학이 풀어지니 만 가지 수학이 풀리고, 그래서 부처님의 자비 광명은 온 누리에 가득하다고 한다.

4. 죽어야 보리라

1. 이 공부는 죽는 공부다. 중생인 내가 죽어 사라져야 부처가 산다. 중생에게 죽음이란 두려움, 허망함이겠으나 거짓 자기가 죽어야 참 자기가 산다. 죽음은 곧 삶이다. 당혹할 것도 아까울 것도 망설일 것도 없다. 〈우리의 근본은 부처라서 결코 죽어도 죽어지지 않는다. 아무리 수십 번을 죽는다 해도 결코 죽어질 수 없는 것이 나의 근본이다.〉

수-2-23 (4-1)
수-2-25
원-3-2-8
행-11-2-12

(4-2) 행-4-5

2. 나온 구멍으로 다시 들어가는 게 이 공부다. 죽는 공부다.

3. 세 번 죽어야 도를 이룬다. 첫 번째로 내가 죽어야 한다는 뜻은 '나를 버려서 나를 얻는' 소식이다. 두 번째로 또 내가 죽어야 한다는 뜻은 '나와 더불어 일체를 버려서 일체를 얻는' 소식이라. 이 소식은 너무 광대무변하기에 말로 다 할 수 없다. 그리고 세 번째로 다시 또 내가 죽어야 한다는 뜻은 '나와 더불어 일체를 버려서 일체로 나투는' 소식이다. 역시 말로 할 수 없으니 옛날 선지식들이 다만 법상을 침으로써 소식을 전하고자 했던 것이다.

(4-4) 수-3-78
수-4-60
수-5-29
심-2-1
원-6-3-12
행-5-4-7
행-7-1-9
행-11-2
행-11-5-10
행-11-5-23

4. 세 번 아닌 세 번을 죽어야 나를 통달하여 도에 이른다. 한 번 죽어 나를 발견하고 두 번 죽어 둘 아님을 알고 세 번 죽어 둘이 아니게 나툼을 안다.

계단 없는 계단을 세 계단 넘어야 한다. 먼저 모든 경계를 마음의 근본 자리로 돌려놓고, 그게 되면 자심을 무심으로 돌려놓고, 그럼으로써 무심조차 녹아져 공에 이르는 것이다. 그러나 차원은 달라도 길은 하나이니 마음 안으로 향하는 것, 둘로 보지 않고 일체를 나로 보는 것, 그리고 그것까지 놓아 나가는 것이다.

(4-5) 행-4-3
행-5-3

5. 열 번 죽으면 어떠한가. 몸으로 죽으라는 게 아니라 마음으로 죽으라는 것이니 죽으면 오히려 산다. 육신이 건강해지

고 사는 도리가 절로 열린다. 〈그러기에 타력에 의지하지 말고 내 마음의 도리를 배우라는 것이다. 그래야 공덕이 있다.〉

6. 이 공부는 희생의 공부가 아니라 완성의 공부이다. "죽어야 너를 보리라." 할 때의 죽는 작업은 희생의 작업이 아니라 완성을 향한 발걸음이다.

7. 마음속의 마음내기 이전의 마음, 즉 참마음을 깨달아야 참 공부로 들어가는 것이다. 고로 먼저 내 마음속에 갇혀 있는 내 마음을 벗어나게 하라. 그러기 위해서는 내 마음을 가둬 놓고 있는 그 마음을 놓아야 한다. 자신으로부터 벗어나 자신으로 돌아가라.

원-2-5-13 (4-7)
원-6-5-1
원-6-5-2

8. 생각나기 이전을 믿고 가다가 그것을 깨치면 그때를 이름하여 견성이라 한다. 견성한 후에 나와 전체가 같이 돌아간다는 대공의 이치를 알아 행할 수 있다면 그때를 성불이라고 한다. 거기서 다시 계단 없는 계단을 올라가 나를 세울 게 없는 줄 확철히 알아 그대로 나툼으로 돌아가면 그때를 열반이라 한다. 불교의 가르침은 살아서 구경에 이름을 제시하고 있다. 살아서 부활하라는 것이다.

원-6-5-7 (4-8)
행-11-5-5
행-11-6
행-11-6-1
행-11-6-7

5. 참 나와의 상봉

(5-1) 수-2-20
원-1-5-5
원-7-3-6
원-7-3-13
행-3-5-6
행-3-5-17
행-5-3-18
행-7-1-12
행-11-4-8

1. 이 공부는 세 단계로 나누어 생각할 수 있다. 첫 번째 단계는 '중생으로서의 나'를 되돌려 주인공 자리에 놓음으로써 '참 나'를 알게 되는 데까지이다. 이때 수행자는 한 번 죽는 것이고 동시에 새로이 태어나는 것이다.

첫 단계에서 모름지기 수행자는 마음의 중심을 주인공에 두고 밖으로 확산되는 사량심을 거두어들여 일체 경계를 주인공에 맡겨야 한다. 주인공이야말로 나의 시작이요 끝이요, 그야말로 영원하고 무한함을 알아 주인공에 모든 것을 귀일시켜야 한다. 고로 이 단계에서는 신심이 가장 중요하다. 지극하고 간절해야 한다. 또 경계에 끄달리는 마음을 순간순간 놓아 버리는 것인바 용기가 필요하다. 나를 죽이는 것이기 때문이다.

이 단계는 사량심이 짓는 '거짓 나'라는 환상을 깨뜨리는 공부이다. 그것이 여일하게 된다면 일컬어 참선이다. 거짓 나를 내던지는 공부가 깊어져서 지극하고 순수하게 된다면 삼매 중에 참 성품이 저절로 발현된다. 마치 잉태되었던 아기가 태어나는 것과 같다. 이때 '중생으로서의 나'의 입장에서 보자면 일체 경계를 다 맡기고 집착을 버린 것이니 그것이 곧 죽음이지만, 주인공의 입장에서 보면 죽음이기는커녕 탄생이 된다. 그리하여 참 성품이 발현된다면 형언할 수 없는 법열을 느끼게 된다. 그러나 그것이 끝은 아니다. 이제부터 주인의 입장에서 세상을 살아가야 한다. 비로소 진정한 공부가 시작되는 것이다.

2. 참 나가 드러날 때 "나 여기 있다." 하고 드러나는 게 아니다. 자기 마음으로 스스로 느끼고 알고 대답하고 대답을 듣는 것이다. 참 나가 마음속으로 말을 하고 말을 듣는 그때에 비로소 나와 참 나가 서로 상봉하게 된다. 그러면 참 나가 나를 지도하기 시작한다. 그렇게 해서 참 나를 따르다 보면 나와 참 나가 하나로 계합이 되고 그로부터는 내가 곧 참 나가 되어 스승·제자의 차이가 없어진다. 참 나가 비서도 되고 의사도 되고 신장도 되고 무엇이든 다 하게 되니 이름하여 천백억 화신인 것이다.

수-1-31 (5-2)
수-3-61
원-6-5-8
원-6-5-9
행-2-3-11
행-3-5-17
행-5-3-4
행-6-1-8

3. 주인공을 믿고 몰락 놓고 들어간다면 어느 때 눈물이 비 오듯 한다. 그 눈물 흘러 바다로 스며들 때 눈물이 눈물이 아니라 피요, 에너지요, 생명수요, 밝음이다. 체가 없는 마음의 밝음이요 같이 융합된 밝음이라 만 강에 점을 찍어도 손색이 없다.

원-3-4-9 (5-3)
원-3-6
원-3-6-3
원-7-1-4
행-5-1-1

4. 그릇이 비워지면 자기의 싹이 보이고 봄이 오고 얼음이 녹아 물이 흐르듯 발로된다.

5. 내가 나를 발견했다 해서 깨달은 것은 절대 아니다. 내가 깨달았다는 망상을 짓지 말라. 나를 발견했다면 그것은 이제 겨우 싹이 터서 한들한들 고개를 쳐들고 나오는 격이다. 그 싹이 다 자라서 세상 만물과 둘 아니게 이심전심 조화를 이루며

돌아가게 되었다 해도 깨달았다는 말은 못한다. 열매 맺어 온 누리를 두루 먹이면서 씨가 세세생생에 끝 간 데 없이 먹일 수 있게 되어야 구경에 이르렀다고 한다. 열매 익어 온 누리가 주고받으면서도 영원히 없어지지 않아야 삼세를 통달한 자유인이라 할 수 있다.

6. 견성했다 해도 견성했다는 말을 하지 말고 안으로 굴려 지혜를 넓히고, 그럼으로써 내 마음이 온 누리 어느 곳이든 닿지 않는 데가 없이 될 때까지 닦아야 한다. 그렇게 됐을 때 일체 만물, 동식물은 물론 무정물하고도 대화를 할 수 있는 것이니, 물고기나 풀 한 포기와도 너와 내가 없는, 네 목소리 내 목소리 한 목소리를 낼 수 있다. 그래서 천수천안이요, 관자재라 하는 것이다.

(5-7) 수-2-20
원-1-5-5
원-7-3-6
원-7-3-13
행-3-5-6
행-3-5-17
행-5-3-18
행-7-1-12
행-11-4-8

7. 한 소식 얻었다 하나 막 새싹이 돋고, 아기가 갓 태어난 것과 같다. 소식 얻었다 할 것도 없지만 얻었다고 결론지어 꽂아 놓지 말라.

8. 아이를 낳기 전에는 낳기 전이라서 몰랐지만 낳고 나서는 낳았기 때문에 어렵다. 낳아만 놓으면 자식이 아니라 올바르게 키워야 하는 것처럼 깨닫고 나서 또 어렵다. 잡을 것이 있을 때는 잡을 게 있어서 좀 나은 편이었는데 잡을 것조차 없을 때는 잡을 게 없으니 또 어렵다.

9. 어린애 낳아 놓았으면 길러야 한다. 공부시키고 길러야 한다. 한 소식 얻었다고 거기 머물면서 경전하고 합쳐 그냥 통했노라고 하다 보면 곧 한계에 직면한다. 그리되면 경전이 없이는 말이 나오질 않는다. 설사 설법을 한다 해도 법이 되질 않고 한데로 떨어지게 된다. 그러니 제게는 무슨 이익이 있겠으며, 말없는 가운데 충전을 시킬 수도 없으니 사람들에겐 무슨 이익이 있겠는가.

10. 자기를 알고 나서부터 참 공부가 시작된다. 처음에는 주인공을 잡고 나가다가 자기를 찾고 나면 그때부터 만행이 시작된다. 일체 만생과 더불어 함께 구르고 생활하는 육도 만행이 시작된다. 이 과정은 마치 어린아이에게 누가 장난감을 갖다 주면 그것을 뜯어 보고 맞추고 하다가 다 알고 나니 시시하여 손을 떼는 것에 비유할 수 있다.

처음 견성하기 전에는 오직 한 주처에 모으는 공부를 해야 한다. 주처란 본래 공하여 지팡이다, 주머니다, 주인공이다 이름하지만 한군데로 몰고 들어가 마침내 그 하나까지 놓게 될 때라야 비로소 견성이 되는데 견성하고 나서도 보이는 중생, 보이지 않는 중생, 보이는 국토, 보이지 않는 국토를 다 보고 행하고 시공이 없는 자리에서 일체와 더불어 화하여 나투는 공부를 하여야 한다.

11. 태어나기는 했는데 어른이 되기까지 배우고 성장하는

과정이 어렵듯이 마음공부도 그러하다. 그래서 "견성하기 어
려워라 하였더니 더불어 같이 인간 되기 어렵더라. 인간 되기
어렵다 하였더니 더불어 같이 열반하기 어렵더라." 하는 얘기
가 있다.

(5-12) 수-2-48
심-1-76
행-11-2-7
행-11-2-11
행-11-5-17
행-11-5-23

12. 몰락 한꺼번에 깨치기는 매우 어렵다. 왜냐? 갖가지로
살아오면서 짊어지게 된 습이 너무도 많아 한꺼번에 뗄 수 없
기 때문이다. 그러므로 한꺼번에 놓는다는 생각도 말고 닥쳐
오는 대로 그냥 놓음으로써 체험하고 보임할 줄 알아야 한다.
주인공에 맡겼다 하면 벌써 업이 녹고 습이 떨어져, 놓고 또
놓는 중에 성장하게 되는 것이다. 그러하기에 홀연히 깨쳤다
해도 깨쳤다고 일 만들지 말고 경계와 더불어 둘 아님이 없이
또 죽을 줄 알아야 한다고 하는 것이다.

13. 어쩌다가 문을 열고 들어오기는 했는데 다시 나갈 줄
모른다면 그게 무슨 소용이겠는가. 들어올 줄 알았으면 나갈
줄도 알아야 여여한 것이지 들어오거나 나갈 줄밖에 모른다면
아무것도 아니다. "들어오는 게 도입니까?" 해도 아니고, "나
가는 게 도입니까?" 해도 아니다. 마음대로 들고 날 줄 알아야
그냥 법인 것이다.

14. 사람이 알아도 설익으면 나무 꼭대기에서 아래로 내려
오질 못한다. 과일나무에서 과일이 무르익으면 사람들이 따

내리거나 아래로 떨어지게 마련이며, 그런 다음엔 여러 사람의 입으로 들어가 돌고 돌게 된다. 설익은 과일은 누가 따지도 않고 절로 떨어지지도 않는다.

15. 보기만 하고 듣지 못한다면 텔레비전 화면은 나오는데 말이 안 들리는 것과 같고, 듣기만 하고 보지 못한다면 소리만 들리고 화면은 나오지 않는 것과 같으니 무슨 재미가 있겠는가. 보고 듣는다 하더라도 마음을 모른다면 한마음이 될 수 없다. 상대가 돼지라면 돼지의 마음 그릇하고 똑같이 되어야 한마음이 되고, 물이라면 물 같은 마음을 가져야 한마음이 된다. 태양, 혹성, 식물, 무정물 할 것 없이 일체가 다 그러하니 '심즉시불'이라 한 것이다. 꺼내도 줄지 않고 넣어도 두드러지지 않는다 한 것이다.

16. 나를 알았다 해도 거기에 속지 않고 맡겨 놓으면 보임하는 것이고, 보임을 잘해 사방이 툭 터지면 증득하는 것이다. 마음자리를 발견해서 맛을 알게 되면 자꾸 이것저것 맛을 들이게 된다. 그럴 때 다시 이것도 맡기고 저것도 맡겨야 한다.

행-11-5-12 (5-16)

17. 깨치고 나서도 둘 아닌 도리를 터득하기 위해 모든 것을 또 몰아서 실험하고 체험해야 한다. 그런데 그렇게 보임하기가 더 어렵다. 깨달아서는 그 생각마저 놓아서 보임해야 하고 또 우주와 더불어 같이 보임해야 하니 어렵다.

(5-18) 행-11-8
행-11-6-5

18. 주인공은 '큰 하나'이다. 모든 생명들이 다 그것을 근거로 하고 있다. 그렇다면 진정으로 주인공을 사무치게 안 수행자가 자기 혼자만의 기쁨과 편안함에 머물 수 있을까? 그리되면 또한 '나'가 있는 것이니 이는 아직도 삼라대천세계의 모든 생명과 일체가 되지 못했다는 말이 된다. 고로 참 나를 알고 나서 수행자는 모름지기 크게 또 한 번 죽어야 한다. 첫 단계에서 작게 죽은 것이라면 이제 비로소 크게 죽어야 한다. 전체 생명과 함께 죽어야 한다.

(5-19) 수-2-2
심-1-85
행-1-3-2
활-2-1-9

19. 무엇보다도 자기한테 자기가 인가를 받아야 한다. 자기를 몰락 죽이고 인가를 받아야 모든 사람으로부터 인가를 받게 되고, 나아가 더불어 죽어서 또 인가를 받아 내는 것이다. 소궁에서 인가를 받아야 대궁에서 인가를 받을 수 있고, 대궁에서 인가를 받아야 나와 대상이 일체가 되는 것이다. 그래야 사차원, 오 차원……, 차원을 넘어 묘용을 할 수 있는 대인, 대자유인이 된다.

20. 일 불을 알아야 만 불을 알고 만 불을 알아야 나 아닌 게 하나도 없고 내 아픔 아닌 게 없다는 소리가 나올 수 있고, 주먹 하나 내밀 수 있는 것이다. 그렇지 못하면 낭설이요 허깨비가 된다.

21. 처음에는 한 팔이 없고 한 다리가 없고 한 눈이 없고 한

귀가 없어 지팡이에 의지해야 하지만 모든 것을 일임해서 다 놓게 되었을 때 쥐었던 지팡이마저 놓게 되니 깨침이라, 대의 정이 솟고 나 아님이 없음을 알게 된다. 그럼으로써 내 소공의 샘물만 물인 줄 알았던 게 사방에서 물이 나오니 어떤 샘물을 내 샘물이라고 할 수 없는 데까지 도달하게 된다.

22. 나 자신을 발견하고서는 그 다음으로 몸속의 중생들을 둘로 보지 않고, 부처와 나를 둘로 보지 않고, 일체 중생과 나를 둘로 보지 않는 것을 터득해야 한다.

23. 나를 발견하여 참 나와 계합되었다 해도 그렇게 참 나를 안 입장에서 다시 닦아 나가야 한다. 이때가 상당히 어려운 시기이다. 참 나를 알고 경계에 걸림이 없으니 고를 넘어서 아주 편안한 상태에 이르지만 그래서 '이뿐인가 보다' 하고 거기에 머물기가 쉽다. 무엇보다도 그 상태가 아주 기쁘고 반가우니까 고통 속에서 헤매고 있는 사람들은 꿈도 꾸지 못할 달디단 생명의 샘물을 마시며 사는 격이라, 스스로 대견할 뿐 아니라 더 높은 차원이 있다는 생각을 하기 어렵게 된다. 더 높은 차원은 아직 보지도 듣지도 못했으므로 생각도 해 볼 수 없지만 아래를 보면 많은 사람들이 보이니 거기서 자기가 제일인 줄 알고 우쭐하기가 쉽다. 위쪽은 어둡고 아래쪽만 환하여 이때 수행을 그르칠 가능성이 많다.

6. 열반의 자리

(6-1) 수-3-69
심-1-17
원-3-4-8
원-3-5-4
원-6-3-3
원-6-3-5
원-6-3-6
원-6-3-7
활-2-3
활-2-3-2

1. 두 번째 죽음의 단계에서 수행자는 신묘한 능력을 지니게 되나 그것까지도 놓아 버려야 할 경계 중의 하나이니 오신통이 오면 오는 대로 자기 근본에 놓고 가게 된다. 이미 무엇이 다가오든 무심으로 놓아 버렸으므로 흔히 말하는 영통자와는 다르다. 수행의 결과로서가 아니더라도 소위 신통력을 지니는 경우가 있으나 영통자들은 둘 아닌 도리를 모를 뿐 아니라 근본에 놓아 버리는 데도 익숙지 않으므로 '이거야말로 보물을 지니게 되었구나.' 하게 된다. 결국 점쟁이나 미치광이가 되고 말 뿐이다.

(6-2) 법-3-46

2. 천 리 밖에 있는 찻잔을 보았다 해도 그게 무슨 대단한 일인가. 내 앞에 놓인 찻잔을 들어 한 모금 마시는 것만 못하다. 천 리 밖의 소리를 듣는다 해서 무슨 소용인가. 듣고도 해결 못할 소리를 들으면 무엇하겠는가. 가고 온다 하더라도 가고 올 줄만 안다면 일없이 오고 가는 게 무슨 소용이겠는가. 그러하기에 나 아님이 없이 나툴 줄 알아야 하는 것이니 확철대오를 이름이다.

(6-3) 심-1-82
행-3-5-12

3. 모든 것이 결국 내 마음인 줄 알아 신통력까지도 자심으로 돌려놓으면 무심이 된다. 마음이 없는 무심이 아니라 있기는 있으되 스스로 고요하니 무심인 것이다. 이 무심의 경지가

깊어지면 이미 내가 있느니 없느니 하는 문제가 붙질 않는다. 그때의 나는 중생들이 생각하는 것과는 아주 다른 나이므로 차라리 없고, 그러면서도 생활하고 있으니 있는 그런 상태가 된다. 말하자면 무심하다는 그것마저도 없는 텅 빈 상태, 아무것도 없어서 텅 빈 게 아니라 스스로 자재로워 텅 빈 상태인 것이다. 그야말로 무심까지 녹은 공이라 그대로 누진통인 것이다.

4. 두 번 죽고도 다시 또 죽어야 한다. 그리고 비밀을 지켜야 한다. 여기에 이르면 너와 나는 분명히 있으면서도 너와 내가 없이 네가 내가 될 수 있고, 내가 네가 될 수 있는 그러한 막강한 나툼의 도리를 알게 되는 것이다. 그렇게 될 수 있는 것은 본래로 마음은 체가 없어서 수천수만의 모습으로 나올 수 있기 때문이다. 그래서 천백억 화신이라고 하는 것이다.

5. 크게 죽고 난 뒤에야 나툼의 경지가 열리는데 그야말로 묘용인 것이다. 부처님께서 오백 개의 일산을 모아서 한 개로 만드셨다는 경전의 이야기는 전설이 아니라 사실이다. 그 우산에 삼천대천세계가 두루 비쳤다는 것도 사실이다. 그때에는 고요히 앉으면 부처요, 일단 생각을 일으키면 보살이 되어 중생을 보살피고 삼계를 어루만지니 그런 경지는 감히 이야기할 바가 못 된다.

원-8-3-14 (6-5)
원-9-2-4

불법이란 귀로 일체 중생의 원을 세세하게 듣고 손 없는 손으로 일체 중생을 알뜰하게 제도하는 묘법이다. 홀홀히 자기

한 몸이나 생사 해탈 하는 것이 불법의 궁극은 아니다. 그리고 물질계에 대해서도 항상 자재할 수 있는 게 불법의 힘이다. 중생이 보기에는 물질계의 원리가 분명하다고 하지만 그 또한 부처님의 손바닥 안에 있다. 부처님께서 응하시지 않는 일이 현상계에 일어날 수 없으니 그 크나큰 뜻은 헤아리기가 지극히 어렵다.

6. 크나큰 죽음의 끝에서 마침내 온 우주가 한마음임을 증험하게 된다. 그때에 비로소 높고 낮음도 없고 닿지 않는 데가 없으며 이루지 못할 일이 없는 대용이 발현한다. 일체와 더불어 크게 죽은 뒤에야 일체와 더불어 희비애락을 함께 나누는 묘법이 발현케 된다.

(6-7) 원-6-5-7
행-11-4-8
행-11-5-5

7. 아무것에도 걸림이 없는, 나투고 응해 주고 불바퀴를 굴릴 수 있는 절대적인 자유, 한생각에 삼천대천세계를 녹일 수도 있고 한생각에 삼천대천세계의 업을 짊어질 수 있어야 이름하여 열반이라 한다. 그러나 그 열반의 경지에 이르렀다는 생각조차 놓아 버렸을 때가 무여 열반이니, 무여 열반에 이르러야 유여 열반으로 돌아올 줄도 아는 것이다. 뼈도 없고 살도 없고 아무것도 없는 자리, 그 자리를 증득해야 한다.

8. 열반이라 함은 이 몸이 늙고 젊고 간에 이 몸을 지닌 채로 자재권을 가지고 생각 있는 중생, 생각 없는 중생을 다 포

함해서 둘 아니게 나툴 때, 그 어떤 것으로 나툰 것을 꼬집어 나라고 세울 수 없으니 그것이 열반이다. 말하자면 살아서 열반하는 것이지 죽어서 열반하는 게 아니다. 육신을 살려 놓은 채 이승 저승을 회전할 수 있어야 열반 경지라 이름할 수 있다. 〈육신 떨어지면 말 떨어지고 입 떨어지는데 살아서 못한 것을 어떻게 죽어서 하겠는가.〉

9. 예수님은 아버지 하나로 몰아 세웠고 부처님은 그 아버지 하나마저도 놓아 버렸다. 그 점이 다르다. 예수는 하나로 돌렸기에 예를 들어 죽을 때도 '아버지의 뜻'이라고 했다면 부처님은 열반에 임해서 '산 사이가 없으니 죽을 것도 없다.' 한 것이다. 부처님은 부처라는 의식까지 놓아 버렸으므로 예수님은 '한 것'이 있지만 부처님은 한 것이 없다. 일체가 두루 자기이기 때문에 했다, 안 했다 하는 말이 붙질 않기 때문이다. 배꼽까지 둘러 빠져야 만(卍) 자가 된다.

10. 자루 없는 도끼로 뿌리 없는 기둥을 다듬어 하늘을 받칠 수 있어야 한다.

7. 중도

1. 깨달은 세계, 깨닫지 않은 세계가 둘이 아니게 평등하고, 수-3-10 (7-1)

(7-1) 심-1-68
심-2-6
원-2-1-13
행-5-3-3
행-11-1-3
생-4-8-7

또 그 두 세계를 원융하게 같이 굴릴 수 있을 때 그것이 중도이다.

2. 중도란 결국 주인공 자리이다. 주인공 자리에서 무엇을 알아도, 알고 응용해도 응용할 때 중도라 하는 것이다. 무위법, 유위법이 그대로 자동적으로 회전이 되어야 할 것이다.

3. 허무하다고 생각할 것도 없고 허무하지 않다고 볼 것도 없다. 양단을 다 놓아 버려라. 긍정으로만 들어갈 일도 아니고 부정으로만 들어갈 필요도 없다. 관념 속의 긍정·부정을 다 포섭하라. 양면을 같이 해라. 왼발도 아니고 바른발도 아니다. 두 발 그대로이다. 부처님께서 옆구리로 나왔다는 것은 중도를 말한다.

4. 이것을 가졌다고 저것을 버리거나, 저것을 가졌다고 이것을 버리거나 할 필요는 없다. 이것과 저것을 동시에 가질 수 있어야 한다. 양자택일은 아니다. 공에 떨어져도 안 되고 색에 떨어져도 안 된다. 유의 50% 무의 50%를 계합해야 한다.

5. 공한 도리만 알고 색을 외면한다거나, 무상이다 무아다 하면서 현실을 무시한다면 그것은 중도가 아니다. 어느 한쪽만 보고 다른 면을 보지 못한다면 깨달음의 씨줄이자 날줄인 중도를 벗어난 것이다.

6. 중도란 위도 아래도 아닌 전체 대공을 말한다. 미물과 축생과 내가 한마음으로서 서로 응할 수 있을 때 중도라 할 수 있다.

7. 깨쳤다 하면 중도이고 깨치지 못했으면 중심이다. 깨쳤다 하면 중용이고 깨치지 못했으면 활용이다.

8. 보살

1. 한 사람이 깨치면 수없는 선지식의 씨가 온 세상에 다 퍼지게 되어 있다. 한 사람 이룩하기 어렵다 해도 한 사람이 깨치면 수없는 생명의 씨가 이 세상은 물론 다른 국토로도 퍼지게 된다.

2. 자기가 곧 부처님의 상속자임을 깊이 믿어 스스로 법열에 젖어든 사람만이 남을 불법에 들게 할 수 있다. 그는 구태여 입을 열지 않는다 해도, 구태여 논리로써 설득하지 않는다 해도 이미 그는 불법의 참된 홍보자인 것이다.

3. 보살은 마음의 법으로 세상을 건진다. 몸이 아픈 자에겐 약사여래가 되고, 고통받는 중생에겐 관세음이 되고, 지옥 중생에겐 지장보살이 되는 등 모든 중생과 더불어 평등하게 나투

수-5-30 (8-3)
원-6-4-8
원-6-4-9
생-4-4-9

면서 중생을 마음으로 제도한다. 보살은 무엇을 해도 중생들로 하여금 자기 자신의 참모습을 보게 하는 일뿐이다. 그것이 단 하나의 기준이라면 기준이다.

4. 보살은 가르침을 받고자 하는 사람만 제도하는 게 아니다. 보이지 않는 중생들도 제도하면서 하늘이나 땅이나, 허공이나 바람이나 유생·무생을 막론하고 같이 돌아갈 수 있는 여건이 되어 있어야 한다. 그것이 이름하여 마패요, 열쇠요, 해인이라 할 수 있다. 각이라고도 할 수 있다.

(8-5) 심-1-139

5. 중생이 앓고 있으면 보살도 앓는다. 중생의 병이 나으면 보살의 병도 낫는다. 보살의 마음은 대자대비한 마음이기 때문이다. 유마힐 거사가 일체 중생의 병이 나아야 내 병도 나을 것이라고 한 것이 바로 그것이다.

(8-6) 법-3-64
행-3-3-9
활-2-3-7
활-2-3-9

6. 어쩌다가 유마 거사 같은 분에게 고기 한 점의 인연이 되어 걸린다면 그 고기는 그대로 천도가 된다. 그러니 어찌 짐승들이라고 버리고 백정이라고 외면하겠는가. 사생을 송두리째 마셔야 불법이라, 이것 싫고, 저것 싫고, 이것은 빼놓고, 저것은 빼놓고 해서는 송두리째 마실 수 없다. 둘 아니게 가지각색으로 나투면서 행을 하는 것이 보살행이요 부처의 중용인 것이다.

7. 어리석고 욕심이 많아 남에게 해를 끼치는 사람이 있을

때 불보살의 보이지 않는 손이 법의 철퇴를 들어 그를 내리치는 경우가 있다. 그러나 그것은 그에게 화가 아니라 복인 셈이다. 설사 죽이는 철퇴일지라도 그것은 살리는 손길이니 보살은 그의 무명을 친 것이지 참 생명을 친 것은 아니기 때문이다.

8. 법 안에는 따로 뜻이 없다. 보살도 이름해서 보살이다. 내가 건졌다, 내가 건질 수 있다, 내가 건지겠다고 하는 사람은 보살 될 자격이 없다.

생활(生活)편

제1장 행 속의 지혜
제2장 경계와 고
제3장 예경과 기복
제4장 생활 불법

제1장 행 속의 지혜

1. 실참

1. 행함이 없는 공부, 실천이 따르지 않는 공부는 생명이 없는 지식을 쌓는 데 불과하다. 백 번 보는 것이 한 번 행하는 것만 못하니 참 지혜란 실천을 통해 얻어지는 것이다. 〈가령 올챙이가 개구리에게 흙 냄새에 대해 물었을 때 개구리가 수천 마디의 말로 설명했다 하더라도 나중에 올챙이가 개구리 되어 뭍에 올라가 보는 경우만 못한 것이다.〉

원-2-5-11 (1-1)
원-3-3-2
원-7-3-13
행-5-4-3
행-8-2-12
행-9-3-7
행-9-3-9
예-44

2. 부처님 법이 아무리 어마어마하고 광대무변하다 하더라도 생활 속에서 체험하지 못하면 그림의 떡이다. 열 번 아니라 백 번을 보더라도 내가 집어 먹을 줄 모르면 보나마나이다. 자기 생활, 자기 몸, 자기 마음으로의 체험을 하찮게 여기고 어디 가서 불법을 찾았다 할 것인가. 실천이 아니라면 부처님께서 정법을 가르치시지 않았을 것이다.

수-5-5 (1-2)
수-5-18
법-2-50
법-4-18
심-1-45
생-1-2-1
생-1-2-4
생-1-2-10
활-2-2
예-75

3. 부처님께서 아무리 좋은 말씀을 해 놓으셨어도 지금 시대의 여러분들이 알아듣지 못한다면 무슨 소용이겠는가. 진수성찬이 내 앞에 차려져 있어도 직접 먹어 보지 못하여 그 맛을 모른다면 그 음식이 무슨 소용이겠는가.

4. 남의 목장에서 놀고 있는 젖소를 하루 종일 세어 본다 하더라도 내게 무슨 이익이 있겠는가. 밤낮을 가리지 않고 남의 보물을 세고 있다 하여도 스스로는 한 푼어치도 가질 수 없다면 그 또한 무엇이겠는가.

(1-5) 행-7-1-10
행-9-3-7
행-9-3-9
생-1-1-1

5. 팔만대장경을 달달 외우고 이론으로 가로 꿰고 세로 꿴다 해도, 멋진 비유와 경구를 아무리 많이 기억한다 해도 가르침을 단 한 번 실천한 사람만 못하다. 목이 마를 때 어떤 물이 몸에 좋고, 어떤 그릇으로 떠 먹어야 마시기 좋다는 것을 아는 것보다 한 모금 시원하게 마실 수 있어야 한다.

(1-6) 수-3-31
법-1-30
법-2-53
법-2-56
법-2-58
법-2-118
원-6-1-3
생-1-2
생-1-2-8

6. 경전의 구절들은 영원한 진리이지만 그것을 얻어듣고 앵무새처럼 되뇌이는 사람에게는 유한한 지식에 불과하다. 마음 안으로부터 얻어야 비로소 말다운 말, 행다운 행을 할 수 있는 것이니 얻어들은 지식은 몸 떨어지고 입 떨어지면 함께 떨어진다.

7. 집을 짓는데 벽돌, 기둥, 대들보, 서까래 등 재료의 이름

은 줄줄 외면서 막상 집을 지을 줄 모른다면 그 재료들이 무슨 소용에 닿겠는가. 불법은 행하는 데 목적이 있는 것이지 아는 데 목적이 있는 게 아니다.

8. 부처님의 거룩하심에 진실로 감동했다면 그분이 하신 대로 해야 할 것이다. 역대 조사들이 초개같이 몸을 던져 공부하신 것이 숭고하다 하면 그분들이 하신 대로 따라야 할 것이다. 그러지 못하고 그냥 기분만 좋고, 알음알이로만 참되고 아름다운 듯이 보이는 그런 불제자가 되어서는 안 된다. 부처님이나 선지식들은 진리를 이해한 것이 아니라 체험한 것이다.

행-1-2-11 (1-8)
행-5-3-7
행-10-1-10
행-10-1-11
행-10-2-1
행-10-2-3
생-2-1-8
생-2-1-9
생-2-1-10
생-4-3-4
생-4-3-5

9. 스스로 행하지 않으면 아무 소용이 없다. 부처님이 내 앞에 계신다 할지라도 내가 먹고 배부르지 않으면 그분의 배부른 도리를 알 수 없다. 부처님이라도 대신해 줄 수 없다. 그러므로 마음내지 않는 중생은 제도할 수 없다. 제 나무에서 열매 익어야 맛을 알게 된다.

행-2-2-9 (1-9)
심-2-17

10. 석가모니 부처님께서 바로 곁에 계신다 할지라도 자기 자신부터 알아야 한다. 그분의 육신에 의지할 게 아니라 가르침을 좇아 자신의 마음을 깨달아야 한다. 부처님은 길을 인도해 줄 뿐이니 스스로 배를 채워야 한다. 일거일동이 다 제 마음에서 나고 드는데 어찌 부처님을 졸라 제 마음 깨닫게 해 달라고 할 것인가.〈역대 선지식들이 마음 도리를 가르쳐 주려고

한 그 마음, 그 진심이 도이자 부처 자리이지 따로 무엇이 있어 도라고 이름하지 않는다. 그분들이 몸으로 뭔가를 보여 주어서 가르치고자 했다면 그것은 사람을 현혹시키는 술수에 불과했을 것이다. '제 밥 제가 찾아 먹어야 제 배 부른 법'인데 대신 먹어 주는 게 되기 때문이다.〉

11. 체험을 해 보지 못하고 역대 조사나 선지식들의 말을 응용하여 이러저러하더라고 한다면 설사 말이 당당하다 해도 허공으로 떨어진 것이니 빈 맷돌질과 같다.

12. 남의 집 보물을 탐내지 말고 내 집안 보물부터 찾아 간수하고 닦고 빛내라.

13. 남이 가르쳐 주는 것을 듣고 '그게 이렇더라' 하는 것은 모래로 밥을 짓는 것과 같다. 스스로 느끼고 스스로 납득하고 스스로 발견해야 참으로 아는 것이다. 가려운 데를 긁을 때 내 손으로 긁는 게 가장 시원하다.

(1-14) 행-3-3-5
행-3-3-15
행-3-4-13
행-4-1-8
행-5-1-6
행-8-3-2

14. 마음 도리에서는 직접 '하는' 것이 말하기보다 쉽다. 말에는 오해가 따르고 불충분한 점이 있지만 '하는' 것은 실질이기 때문에 하면 그뿐 번잡하지 않다. 그런데도 사람들은 말에 끌리고 시비를 논의할 뿐 법을 곧바로 체험하려 하지 않는다. 이론을 캐지 말고 아무 말 없이 직접 맛을 보라. 수박이 잘 익

었느니 안 익었느니 말로 하기보다 직접 쪼개서 한 입 베어 무는 것이 그대로 참선이자 행선이다. 일체 만법이 다 행선이니 도와 생활이 따로 있다고 하면 결코 도를 이룰 수 없다.

15. 이 세상이 이렇게 돌아가는 것을 보지 못했더라면 어떻게 생각할 여지인들 있었겠는가. 그러므로 눈도 필요하고, 코도 필요하고, 귀도 필요하고, 입도 필요하다. 실천궁행이 필요한 것이다.

16. 고정되어 있지 않다고 생각하면서도 어느 때에 이르면 자기도 모르게 고정된 관념 속에서 헤어나지 못하게 된다. 그러기에 이해하는 게 문제가 아니라 실천이 중요하다 하는 것이다.

17. 불제자로 수십 년을 쫓아다녔다 해도 좋은 샘물을 보고 떠 먹지도 못하고 떠 주지도 못하면 언제 어느 때 묵은 빚 갚고 빛을 비춰 주겠는가. 99% 부처 될 가능성이 있어도 행을 하지 않는다면 중생을 벗어나지 못한다.

18. 온 우주를 한 번에 꿰어 들 수 있는 진실, 그것이 아니고서는 천만 마디의 아름다운 말과 생각이 폭포수처럼 쏟아져 내린다 해도 부처님의 뜻과는 동떨어진 것이다.

2. 경전 공부

(2-1) 수-3-31
법-1-30
법-2-53
법-2-56
법-2-58
법-2-118
원-6-1-3
행-7-1-10
행-11-5-21
생-1-1-5
생-1-1-6

1. 부처님께서는 "강을 건넜으면 뗏목을 버려라." 하셨다. 이 세상에는 강을 건너신 분들의 뗏목, 즉 가르침이 많이 남아 있다. 그렇지만 그 뗏목들은 강 이쪽의 것이 아니라 강 저쪽의 것이다. 손짓을 해서 부른다고 건너편 뗏목이 내 앞으로 오지는 않는다. 그러므로 우리는 각자의 뗏목을 스스로 만들어 건너야 한다. 나의 뗏목이란 무엇인가. 내 참마음이 나의 뗏목이다. 모든 것을 나의 근본에다 맡기고 가는 것이 나의 뗏목을 타고 강을 건너는 것이다.

2. 경을 보되 그 경에서 참뜻을 놓치는 사람은 마치 창밖의 꽃을 보고 유리에 머리를 부딪치다 죽는 벌과 같다.

3. 말에는 한계가 있다. 글에도 한계가 있다. 우선 바로 알지 못하기 쉽고, 설사 바로 안다고 해도 사물의 이치는 너무 세세하므로 다 설명할 수 없기 때문이다. 그러므로 말을 듣되 마음으로 들어야만 한다. 비유하자면 경을 읽는다는 것은 나무의 잎새를 세는 것과 같고 경배한다고 함은 나뭇가지를 만지는 것과 같다. 부처님께서는 잎새와 가지를 말씀하심으로써 뿌리가 있다는 사실을 일러 주셨다. 고로 뿌리에 물을 주어야 한다. 뿌리가 아니라면 나무는 죽는다. 꽃 피고 열매 맺는 도리도 뿌리에 있다. 일심으로 뿌리에 물을 주어야 한다.

4. 금강경을 달달 외웠다 해도 무위법의 뜻을 모르면 글자만 보고 따른 것이지 부처님의 참뜻을 따른 게 아니다. 불교는 행이다. 경·율·론 삼장이 모두 행을 위한 설명인 것이다.

5. 팔만대장경을 모두 다 배우려면 재능 있는 사람도 20년이나 30년쯤 걸릴 것이다. 그러나 인생은 짧다. 고로 곧바로 마음 닦아라 하는 것이다.

법-2-50 (2-5)
법-2-51
법-2-52
법-2-53
생-1-1-5

6. 주장자가 서서 자유로움을 느끼게 되었을 때는 경전을 보되 반야심경, 금강경, 법화경, 화엄경 등을 보아라. 내 마음을 바로 밝혀 역력하게 나를 보았다면 옛 성현들이 말해 놓은 가르침의 방편을 참고해도 된다. 경을 보되 보지 않고, 경을 보지 않되 보라고 하는 것은 그런 의미이다. 내면세계의 참 자기를 알고 보아야 경전을 보더라도 글과 백지를 둘 아니게 거머쥐고 볼 수 있다.

원-4-2-14 (2-6)

7. 사람들이 올바로 안다면 과거에 선조들이 그렇게 많은 방편과 설법을 하지도 않았을 것이고, 부처라는 이름조차도 없었을 것이다. 그러나 바로 알지 못하니까 설법도 하고 염불도 있어야 하고 촛불도 밝혀야 했다. 현재도 그러한 방편을 다 따르는 게 예의로 되어 있지만 그 뜻을 바로 알아야 한다. 왜냐하면 비단이 개발되어 진작에 유통이 되고 있는데 무명 짜는 방법을 고집하는 격이 되어서는 안 되기 때문이다. 요는 모든

심-1-9 (2-7)
심-1-122
행-2-1-6
행-4-8
행-4-8-1

사람들에게 성불의 길을 가르쳐 주어야 하는데 오히려 방편을 덧붙여 짐이 되게 해서는 안 될 것이다. 〈로케트 타고 나는 세상에 차도 없어서 걸어가던 그때의 그 걸어간 얘기를 계속해야 할 것인가.〉

(2-8) 원-6-1-3   8. 팔만대장경에 문자로 기록되어 있어서 진리가 아니다. 병풍 둘러치듯 지금 세상이 이렇게 돌아가고 있는 게 팔만대장경의 근본이자 진리인 것이다. 그러므로 돌아가는 실상 속에서 즉설이 되어야 하고 즉행이 되어야만 즉여라 할 수 있다. 그러하기에 말 한마디 인도하기가 쉽지 않다. 스스로 실상 속에서 터득을 해야 자신이 들어가 본 곳에 남도 끌고 들어갈 수 있듯이 피안의 길을 인도할 수 있는 것이다. 만약 자신이 물의 깊이를 알지 못했을 때는 고작해야 시늉만 내는 길잡이가 될 뿐이다.

(2-9) 원-6-1-4   9. 경전이란 이 세계를 말해 놓은 것이다. 그런데 경전이 나타나자 사람들은 경전을 보느라고 실상을 보지 않게 되었다. 그래서 예전의 선사 중에는 수좌들에게 처음에는 오히려 경전을 보지 못하게 하신 분도 있었다. 경 속에 빠져 헤어나지 못한다면 경전 벌레밖에 될 게 없다.

10. 역대 부처님들이 방편으로서 수많은 말의 덫을 놓았지만 그렇게 가르치고자 한 뜻을 가벼이 볼 수는 없다. 흔히들

겉핥기에 치우쳐서 "본래 공인데 있기는 뭐가 있으며 붙을 데가 어디 있느냐." 하지만 함부로 그렇게 말할 수는 없는 것이다. 참으로 그것을 느낀 사람이라야만이 서슴없이 그렇게 할 수 있지, 느끼지 못한 사람이 흉내나 낸다면 그 업은 수억겁을 거쳐도 벗기 어렵다. 〈그러하기에 나로부터 상구보리 하화중생 해야 한다. 내 몸속에 있는 그 의식, 마음들을 한마음으로 뭉쳐서 요리한다면 그때에 바깥으로 남을 유익하게 조절할 수 있는 것이다.〉

3. 계행

1. 더러우면 닦고 흐트러져 있으면 가다듬고 망가지면 고치고 하는 게 계행이니 생활 속에 하나부터 열까지 계율 아닌 것이 없다. 올바르게 살고 올바르게 행하며 사는 것이 계행이다.

2. 부처님의 계율은 '이렇게 저렇게 하지 말라'가 본 뜻이 아니다. 아무리 좋은 것이라 해도 많이 하다 보면 나빠지는 경우도 있고 아무리 나쁜 것이라도 용도와 분수에 따라서 한다면 재고의 여지가 있다. 예컨대 오계만 해도 '하지 말라'로 일관되어 있지만 요즘에 와서는 긍정적으로 "살생하지 말라"를 "평등한 자비심으로 생명을 사랑하라"로, "도둑질하지 말라"를 "보시를 행하여 복덕을 지어라"로, "사음하지 말라"를

수-5-28 (3-2)
행-10-3-14

"몸과 마음으로 청정행을 닦으라"로, "거짓말을 하지 말라"를 "진실만 말하고 신뢰를 지켜라"로, "술 마시지 말라"를 "언제나 밝고 바른 지혜를 가져라"로 해 놓으니까 계율이란 안 함으로써 지키는 게 아니라 부처님 뜻을 받아 행해서 지키는 것이 된다. 근본 마음이 청정하고 바르면 따로 세울 게 없다.

3. 계율을 세우려면 250개가 아니라 수천 개도 세울 수 있다. 세상 전체가 계율 아닌 게 어디 있는가. 문제는 겉으로 세워 놓은 계율이 아니라 근본 마음이다. 가령 남을 조금이라도 해롭게 하는 행을 한다면 계율을 범한 것이고, 그러한 생각을 한번 일으켰다면 그것 또한 계율에 어긋나는 것이다. 모든 계율이 한군데서 나고 드는 걸 알면 계율이 몇 개든 전체 계율을 다 지키는 것이고, 그것을 모른다면 전 계율에 다 어긋나는 것이다. 250계다 348계다 할 것이 없이 전체가 계율이니 한마음으로 지키고 행해야 한다.

4. 계율은 주어지면 짐이다. 그러나 일체 경계를 다 근본 주처에 놓아 가면 구태여 계율의 자로 재지 않아도 저절로 계율이 지켜진다. 그때의 계율은 자유의 날개이다. 계율에 자기를 맞추려 하지 말고 내 안에 이미 갖춰져 있는 계율이 우러나오도록 하라.

5. 모든 것을 주인공 자리에 맡겨 놓는다면 구태여 팔정도

니 육바라밀이니 사성제니 십이인연이니 따지지 않더라도 계율을 다 지킬 수 있고 더불어 다 같이 유익하게 살 수 있는 그러한 계기가 된다. 만약 그렇지 않고 일일이 따져서 이렇게 보아야 한다, 이렇게 들어야 한다, 이렇게 정진해야 한다는 식으로 모든 소리를 다 해야 하고 그렇게 행해야 한다면 복잡해서 언제 자기를 알 수 있게 되겠는가. 그러기에 이론 따지고, 경전 따지고, 학식 따지고, 옳고 그름 따지고 할 사이 없이 "곧바로 들어가라!" 하는 것이다.

행-4-6-8 (3-5)
행-7-1-10

6. 중생인 나를 못미더워한 나머지 나를 부정하며 계율로 얽어매기보다는, 부처인 나의 근본을 믿어 자유롭게 살아가도록 하라. 그것이야말로 계율을 초월하여 계율을 지키는 긍정의 방법이다. 본래 부처인 우리들은 자신의 빛으로 사는 것이다.

7. 불법은 자유인이 되기 위한 공부이다. 자유인이 되기 위한 방법으로 계정혜가 세워졌다. 그러므로 자유인이 되기 위한 계정혜가 새로운 굴레가 되어 부자유의 원인이 되어서는 안 된다. 그렇게 된다면 이것은 주객이 뒤바뀐 일이라 아니 할 수가 없다.

8. 계율이 이러하고 청규가 이러하니 이렇게 해야만 한다, 저렇게 해서는 안 된다고 하는데 계율을 들고 있는 사람보다는 계율을 다 놓은 사람이 진실로 계율을 지키게 된다. 그렇다고

계율을 지키지 말라는 게 아니다. 인연줄이 얽히고설킨 데서 일어서려면 먼저 관념의 굴레를 벗어던지는 작업부터 해야 하기 때문이다. 우리는 누가 시켜서가 아니라 상대와 때와 장소에 따라 말하고 행동하는데 자기 마음으로 자기를 다스려야 하지만 내 속에 있는 중생들은 모르니까 때에 따라서 이렇게 하라, 저렇게 하라 하고 나온다. 그때에 다시 굴려서 되놓고 또 놓고 가면 바로 굴레에서 벗어나려 애쓰지 않아도 벗어나게 되는 것이니, 따라서 남이 주는 계율에 매이기 전에 먼저 안으로 놓는 작업부터 하라는 것이다. 그것이 직접 들어가는 순리이다.

(3-9) 행-3-3-8
생-2-1-10

9. 마음으로부터 계율이 우러나오려면 모든 경계를 하나로 보아야 한다. 예컨대 누구로부터 까닭 없이 한 대 맞았다 하더라도 그것을 마음 안으로 굴려서 녹여야 한다. 그때야 자연스러운 계율이 우러나오는 것이다. 고로 마음법에서는 인욕이 이미 인욕이 아니다. 그것은 참는 게 아니라 이미 '참을 것도 없음'이다. 그렇게 크나큰 마음, 대장부의 마음으로 세상을 보아야 하고 살아가야 한다. 그것이 곧 불법의 생활화인 것이다.

10. 원통을 벗어난 사람인 경우에는 자재로이 통 안팎을 들고 날 수가 있으니까 무슨 짓을 해도 걸림이 없다. 그러나 통 안에서 벗어나지 못한 사람에 한해서는 통 안의 이치로 보고 듣고 행동하고 느끼고 하니까 걸림이 많다. 따라서 제가 걸리지 않더라도 다른 사람의 눈에, 귀에 거슬려 그로 하여금 마음

에 걸림이 있게 해서는 안 된다. 제아무리 저 언덕을 넘나든다 해도 일체는 개별적이 아니라 포괄적으로 돌아가므로 모르는 사람에게 죄업을 지어 주어서는 안 된다.

11. 나 하나 죽는다면 계율은 절로 다 떨어진다.

제2장 경계와 고

1. 경계

(1-1) 원-3-1-2
원-3-1-3
원-3-1-4
원-3-1-5
원-7-1-8
행-1-1-3

1. 세상을 살아가다 보면 우리는 많은 경계에 부딪치게 된다. 그 경계는 밖으로부터 오는 것도 있고 안으로부터 일어나는 것도 있다. 그렇지만 그 모든 경계가 어디서 일어났든 간에 결국에는 그 경계란 바로 자기 자신인 것이다. 나와는 아무런 관계가 없이 오는 것처럼 보이는 경계들도 우선은 내가 거기에 있음으로써 겪게 되는데 내가 겪게 되는 경계란 결국 내가 수억겁 전으로부터 지어 온 것의 결과로서 나의 다른 모습이라 할 수 있다. 〈말하자면 어제의 업이 경계가 되고 오늘의 경계가 업이 되어 내일의 경계로 다가오는 것이다. 그러므로 오늘의 경계 속에서 그것을 싫어하거나 좋아하고, 미워하거나 사랑하고 한다면 그 경계는 다른 모습으로 바뀌고 무게를 보태어 미래라는 창고에 저장되었다가 나를 향해 안팎으로 다시 다가오게 되는 것이다.〉

2. 경계를 결코 둘로 보지 말라. 나와 상대, 주와 객으로 나 눠 보지 말라. 어떤 아름다운 모습에도 현혹되지 말고 어떤 위대한 것에도 굴하지 말라. 내가 있기에 세계가 있는 것이다. 내가 있기에 온갖 경계가 있는 것이다. 모든 경계는 필경 나와 다르지 않은 것이니 우주 일체가 한마음인 때문이다.
결코 동요하지 말라. 부처든 마왕이든 신중이든 모든 것은 나의 다른 모습일 뿐이다.

3. 알고 보면 경계가 경계로 되는 것은 바로 거짓 자기 때문이니 '나', '나의 것'이라는 관념이 없다면 그 어떤 경계도 맑은 거울에 비친 풍경과 같을 것이다. 오직 비춰 보일 뿐 애증이나 호오의 판단이 따르지 않으면 미혹과 번뇌도 붙을 자리가 없는 것이다.

수-5-25 (1-3)
법-2-49
심-1-7
심-1-136
원-3-1
원-3-1-11
원-3-3-1
원-3-3-7
원-3-4-5
원-3-5-9
원-5-2-1
원-5-2-3
원-6-1-3
원-6-5-11
원-7-2-2
행-4-1-5
행-4-8-5
행-5-1-3
행-5-3
행-5-3-12
행-5-4
행-5-4-4
행-5-5-1
행-9-2-9
생-3-1-2
활-1-1-11
활-2-1-8
활-2-1-9
활-2-3-7

4. 다가온 경계에 쩔쩔매지 말라. 다가온 경계를 붙들고 끙끙거리지 말라. 그것이 비록 세상 사람들의 모습이긴 하지만 그렇게 하여 두 번 괴로워할 것인가. 경계가 닥치니 괴롭고 그 경계에 얽매이니 또 괴로운지라 무엇 때문에 괴로움을 자초하려는가.

5. 역경계에 부딪쳤을 때 '내게는 왜 이렇게 어려운 일이 닥치는가.' 하고 의기소침할 일은 아니다. 그럴 때일수록 '이제야 성숙할 기회를 맞았구나.' 하고 생각해야 한다. 이 두 가지

중에서 어느 편을 선택하느냐는 문제가 곧 자기의 미래를 좌우한다. 결정권은 바로 지금 자신에게 주어져 있다.

(1-6) 행-4-5-8
행-9-3
행-9-4-2
행-11-3-5

6. 역경을 싫어하고 순경을 반가워하는 것은 바로 간택하는 마음이니 중생심이다. 주인공으로서의 마음은 툭 틔어 밝은 허공과 같아서 어떤 경계에도 집착하는 바가 없다. 〈고로 순경에 애착을 두어 주인공과 만나고자 하는 생각은 도리어 중생심을 북돋울 뿐이니 공한 도리를 알지 못함이라. 도에는 군더더기 하나 붙을 자리가 없다. 도는 활발하고 드높고 시원시원하다고 말할 수 있다.〉

7. 나쁜 환경이란 사실은 나를 가르치려는 주인공의 다른 모습인 것이다. 그러므로 환경에 치여서 본래의 마음을 잃어버리는 것이 변명이 될 수도 없고 당연시되어서도 안 된다. 그것은 알고 보면 주인공의 배려이니 그렇게 해서라도 나를 가르치려는 그 사랑에 감사하지 않을 수 없는 것이다. 사실 지나치지만 않는다면, 아니 지나치다 그렇지 않다 할 것도 없지만 역경계가 닥쳤을 때 공부하는 바가 더 많다. 고로 역경계가 닥치거든 공부하는 기회로 알고 넘기도록 해야 한다. 넘기 힘든 고개가 넘고 나면 더 보람된 법이다.

(1-8) 행-10-1-10
행-10-1-11

8. 모난 돌을 쪼는 데 정을 쓰듯이 경계란 것은 나로 하여금 둘 아닌 도리를 알게 하는 것이다. 주인공이 나를 둥글게 다스

리기 위해 이심전심으로 상대를 통해 나를 치는 것이다. 그러니 어떤 경계가 닥쳐온들 감사하지 않을 수 있겠는가. 참으로 감사하고 또 감사해야 할 일이니 남을 증오할 것도 배신할 것도 없다. 오직 주인공에 감사하는 환희의 웃음 띤 얼굴만이 공부하는 이의 모습일 것이다.

9. 깨닫지 못한 사람은 순경계가 오면 좋아하고 깨달은 사람은 역경계가 닥치더라도 껄껄 웃어 버린다. 깨닫지 못한 사람은 역경계가 닥치면 슬퍼하고 안절부절하지만 깨달은 사람은 순경계가 와도 묵연히 흘려보낸다. 닥쳐오는 경계는 같건만 그것에 응대함은 어찌 이리도 서로 다르겠는가. 실로 수행자의 도덕은 경계에 닥쳐서야 분명하게 드러난다.

행-10-3-8 (1-9)

10. 경계를 묵연히 수용한다 함은 참는 마음이 아니다. 그것은 경계조차도 본성이 공하다는 것을 알고, 또 그 경계는 자신이 유발한 것임을 알고, 나아가 그 경계란 곧 나를 단련시키는 길잡이로서 나는 그것을 통해 진화한다는 사실을 아는 것이지, 억울하지만 꾹 참고 나아간다는 뜻은 아니다. 경계를 마음으로 거부하지 않는 것이 수행자의 묵연한 자세인 것이다.

행-3-3-8 (1-10)
생-1-3-9

11. 어떠한 경계도 그 실체를 찾아보면 공이다. 어떠한 번뇌도 그 실체를 찾아보면 공이다. 어떠한 탐욕, 죄업, 갈애도 그 실체를 찾아보면 공이다. 본래 텅 빈 허공에 환으로 생긴

원-5-1-18 (1-11)
원-5-1-23
원-5-1-26

신기루처럼 일어난 것이다. 흰구름처럼, 번갯불처럼 일어난 것이다. 〈눈병 난 사람이 멀쩡한 허공에 꽃보라가 날리는 것으로 보이는 것처럼 모든 안팎의 경계는 그러한 것이다.〉

12. 모든 경계가 필경은 나와 다르지 않다. 자기에게 닥쳐오는 숱한 문제들은 결코 피하려 한다고 피해지지 않는다. 결코 둘이 아니라는 믿음으로 놓고 맡길 때 모든 경계에 대한 두려움이 사라지고 그것을 직시할 수 있게 된다. 그리하여 그 경계를 통해 불멸의 실상을 바로 볼 수 있게 된다.

(1-13) 행-4-5-8

13. 안팎으로 닥쳐오는 모든 경계를 번뇌다, 고통이다, 마다, 적이다 하고 생각하지 말고 짐짓 놓아 버려라. 기쁨이다, 행복이다 하고 생각지 말고 놓아라. 모든 경계를 결코 둘로 보지 말라. 그 모든 경계 또한 한마음 본바탕을 여읜 게 아니니 그 또한 나이다.

14. 닥치는 경계가 업보냐 아니냐 하는 문제보다는 거기서 벗어나느냐 못 벗어나느냐는 문제가 더 중요하다. 그러므로 부딪쳐 오는 모든 것을 나를 일깨워 주기 위한 스승으로 알아 감사하게 생각하며 송두리째 놓으라 하는 것이다. 무엇이 되었든, 알고 했든 모르고 했든 자기가 한 결과이므로 누구를 탓할 것도 원망할 것도 없다고 생각해서 몰락 놓아 버려라. 그래야 그 속에서 벗어날 수가 있다.

15. 모든 문제를 자기에게 돌릴 줄 알아야 한다. 나에게 닥쳐오는 모든 괴로움과 장애, 이런 것들이 과거로부터 본래 자기가 지어 내려온 과보라 생각하고 남을 원망하지 말고, 남을 욕하지 말고, 그리고 남에게 미루지 말아야 한다. 모든 것을 자기 탓으로 돌려서 자기 스스로 나의 공에 놓을 줄을 알아야 한다. 그것이 바로 모든 고통, 과보, 인과, 유전에서 벗어나는 길이다.

16. 내가 있으니까 상대가 있는 것이니 모든 경계를 너그럽게 모두 내 탓으로 돌려서 놓고 간다면 바로 내 속에서도 중생들이 한마음 한뜻으로 좇아가게 되므로 그대로 천백억 화신으로 나툰다. 〈그 많은 보살들이 용도에 따라서 관세음이 되었다가, 지장이 되었다가, 산신이 되었다가, 지신이 되었다가, 의사가 되었다가 하면서 안팎으로 고정되지 않게 다 조절하고, 다 처리하면서 너그럽게 순환을 하게 된다. 그러니 유전성·업보·지옥고·팔자 운명 따위가 다 무너지고 만다.〉

원-3-1-2 (1-16)
원-7-2-14
행-1-1-3
생-2-1-1

17. 내가 세상에 나왔기 때문에 좋은 것, 나쁜 것이 내 앞에 닥친다. 그러므로 누구를, 무엇을 원망할 것이 없다. 모든 것을 내 탓으로 돌려야 한다. 설사 남이 나를 괴롭힌다 해도 내 탓으로 돌리면서 상대와 나의 주인공이 둘이 아니니 '주인공 당신만이 해결할 수 있다.'라고 한생각 돌려놓아야 한다. 남이 내게 나쁜 짓을 한다 해도 그것은 나의 부족할 때의 모습인 줄

법-2-74 (1-17)
원-7-2-2
원-7-2-8
원-7-2-10
원-7-2-14
원-7-3-6

알아야 한다. 또 남이 나를 못살게 괴롭혔다 해도 나로 인해 그에게 수고를 끼쳤으니 오히려 미안한 일이요, 그로써 내 공부가 익어 가니 감사할 일이다. 그렇지 못하고 상대가 나를 괴롭힐 것이다, 괴롭혔다, 나를 속였다, 내게 해를 가했다는 따위로 생각한다면 설사 공부할 마음을 내었더라도 모두 허사가 된다. 고로 이 공부는 첫째도 나로부터, 둘째도 나로부터, 셋째도 나로부터, 그렇게 귀결 지어 나가야 한다.

(1-18) 행-4-5-8

18. 꿈이 생시요 생시가 꿈이다. "꿈은 꿈이고 생시는 생시다."라고만 안다면 깊은 곳을 알지 못한다. 꿈과 생시를 따로 볼 것이 아니라, 꿈속에서도 경계를 둘로 보지 않아 끄달리지 않을 만큼 되어야 한다. 꿈이 꿈인 줄 알면 놀아나지 않듯이 번뇌가 꿈인 줄 밝히 아는 사람은 번뇌에 속지 않는다.

(1-19) 원-4-1-9
원-4-2-6
원-5-1-15
행-9-3-4
생-4-4-10

19. 대상을 높게 볼 것도 없고 낮게 볼 것도 없다. 훌륭하다 해서 훌륭한 게 아니고, 높다 해서 높은 게 아니며, 낮다 해서 낮은 게 아니니 평등하게 보라. 대상을 내 몸과 같이 보라. 그것이 불심이다. 부처님이 지금 내 앞에 계신다 하더라도 높이 보지도 말 것이며 개미 새끼 한 마리, 풀 한 포기라도 업신여기지 말아야 한다. 벌레를 보고 징그럽다 하고, 똥을 보고 더럽다 하지만 그것은 다 내가 가지고 있는 것이기도 하다. 상대를 보고 어떻다고 할 것이 아니라 그 형상, 그 마음이 둘이 아니니 주인공 자리에 계합시킬 수 있어야 한다.

20. 높은 산 위에 올라서서 마을을 내려다보라. 그러면 크다 작다의 구별에 앞서서 평평함을 느끼게 될 것이다. 그와 같이 생활에서도 그 이치를 활용해 보라. 모든 경계의 높고 낮음, 좋고 싫음의 차이가 달라 보일 것이다. 나아가 모든 경계를 텅 빈 마음으로 대해 보라. 빈 배처럼 되어 보라. 바람이 부는 대로, 물이 흐르는 대로 내세울 '나'가 없기에 부딪침도 고도 없게 될 것이다. 빈 배와 같은 자유인이 돼라.

법-2-26 (1-20)
법-3-11
법-3-48
원-1-4-1
원-4-2-6
원-5-1-15
원-6-2-16

21. 수행 중에는 특히 안으로부터 많은 경계가 일어남을 경험하게 된다. 그러할 때에 그 경계에 집착하지 않고 놓아 나가야 하는데 그러지 못하고 그것을 붙잡게 되면 그 경계가 그대로 마가 되는 것이니 바로 중생심 가운데 미묘하게 숨어 있는 '좋은 것을 좋아하는 마음'의 유혹인 것이다. 그러한 유혹은 아주 은밀한 만족감을 낳게 되는 바, 그 마를 물리치기가 쉽지 않을 것이나 좋은 경계든 싫은 경계든 집착하는 것은 바로 마에 사로잡힘이 된다.

원-5-1-27 (1-21)
원-7-3-22
행-5-4-2
행-8-4-12
행-9-2-2
행-9-2-4
행-9-3-8

22. 부처님께서는 중생을 기르시기 위해 마구니로 나투시기도 한다. 의심하여 속지 말라. 마구니로 보이고 악인으로 보일 때는 '이것은 부처님의 나투심이다. 부처님께서 나를 가르치시려고 몸 빌리고 손 빌려서 그렇게 하시는 것이다.'라고 생각하라. 부처님께서는 법계에 두루 하며 찰나에 나고 드심이 쉴 사이 없으니 내게 닥치는 일체의 경계도 부처님의 나고 드심이라

생-2-1-17 (1-22)

나를 다지려 함이다. 그러기에 스승 아닌 게 하나도 없어 말없는 풀 한 포기라도 나를 주장자로 내리치는 스승이라 하는 것이다.

23. 누가 꾸지람을 한다든지 마구 욕을 해 댈 때 어떻게 생각하는가. 서로가 다 부처라서 서로서로 가르치기 위해 부처님이 상대방으로 화하여 하는 일인 줄 알아야 한다. 부처님은 이처럼 한순간에 쉴 사이 없이 나고 드시니 법계에 두루 하신 것이다.

24. 소도 비빌 언덕이 있어야 비빈다고 하듯이 경계가 있음으로써 진화, 발전할 수 있느니 경계는 나를 수행케 하는 힘이다.

(1-25) 심-1
행-4
생-3
생-3
생-4

25. 일체를 둘로 보지 말라. 꿈이든 생시든 환상이든, 부처가 나오든 귀신이 나오든 일체를 둘로 보지 않아야 어떤 것에도 속지 않고 항복을 받을 수 있다. 일체를 나로 보게 되면 모든 경계에서 놓여 난다. 일체의 움직임, 일체의 모습을 다 나라고 보아 내게 수렴이 될 때에 무심이 되고 물러서지 않게 된다.

26. 설사 각을 이룬 분이 있다 해도 나와 같이 봐라. 그 마음을 내 마음같이 봐라. 부처님과 중생 사이가 얼마나 가까운데……, 아니 항상 같이하고 있으니 달리 보지 말고 나와 같이

봐라.

27. 전체가 한마음이니 건드릴 상대가 어디 있고 대립할 대 수-4-31 (1-27)
상이 어디 있겠는가. 내가 포섭하는 게 있고 버릴 게 있으니 수-5-13
대립할 상대가 있는 것이다. 버릴 게 없다면 건드릴 게 어디 법-2-19
있겠는가. 내가 상대 속으로 들어가지 못하고 상대를 내 속에 심-1-138
넣지도 못하니 대립이 있는 것이다. 그러기에 삼천대천세계를 원-2-5-3
집어먹지 못하게 된다. 원-3-5-10
원-4-2-4
원-4-2-6
행-5-5-2
행-11-3-3
행-11-3-15

28. 안으로 자기 마음의 본성을 보면 밖으로 집착할 게 없
다. 옛말에 이르기를 상을 여의면 여래를 본다 하였는데 일체
가 공인 줄 알면 그대로 여여하여 이것이다 저것이다 집착할
게 없게 된다. 경계란 한낱 분별하는 마음에서 비롯된 것이므
로 마음의 본성을 보면 만물은 평등할 뿐이다.

2. 고

1. 인생은 '고'가 아니다. 생사가 있다고 하나 생사를 여의 법-2-64 (2-1)
는 불생불멸의 열반이 있으니 고가 아니다. 만나고 헤어지는 법-2-74
슬픔이 있다고 하나 만나고 헤어짐의 근본이 텅 비어 고요하니 법-2-100
고가 아니다. 원-5-1-23
원-7-3-7
원-7-3-21
행-1-2-12
행-2-4-6

(2-2) 원-6-4-15
행-4-1-1

2. 삶에 있어서의 온갖 고통과 번뇌도 깊이 생각해 보면 누구든지 스스로 그것을 견디거나 극복해 갈 수밖에 없다. 물론 나의 가족, 벗, 이웃들이 덜어 주고 함께 나누기도 하지만 그럼에도 그것은 자기 짐일 수밖에 없다.

부처님께서는 그래서 삶이 곧 고라는 것을 가장 확실하게 지적하셨다. 하지만 동시에 고로부터 벗어날 수 있는 길을 제시해 주셨다. 뿐만 아니라 직접 성취해 보여 주셨다. 부처님께서 성취하여 보여 주신 삶은 고가 아니라 완전한 자유이고, 영원한 즐거움이다. 그러므로 인생은 사실 고가 아니다. 다만 고라고 느끼며 속박되어 살고 있을 뿐이다. 그러기에 인생의 목표는 그 고로부터 벗어나 부처를 이루어서 완전한 삶을 사는 것이라 할 수 있다.

(2-3) 원-7-1-6
원-7-1-8
원-7-2-2
원-7-2-13

3. 세상 사람들은 고에서 벗어나려고만 하지 그 고의 참된 원인을 살피려 하지 않는다. 그러기에 한 가지 고에서 벗어난다 해도 또 다른 고가 닥쳐오는 것을 면할 길이 없다. 나라는 존재는 따지고 보면 쉴 새 없이 고락을 만들어 내는 생산 공장과 같다. 그러므로 내가 생산해 낸 것은 내가 수집해 들여야 한다.

(2-4) 수-3-4
법-3-66
심-1-110
심-1-112
원-6-4-3

4. 고의 경계들이 다가오는 원인을 모른다면 만방으로 끄달리게 된다. 그러나 그 원인들을 안다면 수억겁의 업고로부터 단숨에 벗어날 수도 있다. 평생을 고에 시달리느냐, 벗어나느

냐는 한생각의 차이로 판가름 난다.

원-7-3-5 (2-4)
행-3-2-11
행-3-5-10
행-4-5-9
행-5-3-13
활-1-1-5

5. 내가 인연 따라 태어난 것부터가 인과의 산물이니 그대로 고이다. 이전에 살던 업이 쌓이고 뭉쳐 오늘의 내가 되었기 때문이다. 그러나 이를 부정적으로 생각해서 업보라고 괴로워 한다면 한없이 괴롭겠지만 그 모든 것을 수련 과정이라고 생각을 돌린다면 오직 참 나에게 감사하지 않을 수 없다. 생각을 돌리는 것은 모처럼 나온 새싹에 물을 주는 격이고, 그냥 업보라 해서 괴로워함은 물을 주지 않고 말라 죽게 만드는 격이다. 그래서 모르면 지옥고이고 알면 극락인 것이다.

6. 과거에 입력된 것이 현실의 과보로 다시 나오기에 살다 보니까 고초가 따르고 서로 쫓기고 쫓는 고통이 이루 다 말할 수 없다. 그러나 그렇게 하다 보니까 계발이 되기도 한다. 그 것이 산 교훈이요 산 진리이니 지금도 그렇게 하고 있다는 사실을 잊어서는 아니 된다.

7. 지금 내게 닥치는 고의 경계들은 사실 언제인가 내가 벌레로 살다가, 새로 살다가, 짐승으로 살다가, 혹은 인간으로 살면서 지었던 모든 행위의 결과이다. 그러므로 고의 경계가 다가왔다 해서 이를 피하려거나 나쁜 생각을 하지 말고 '나를 일깨워 수행하게 하고 다지는 것이니 참으로 감사한 일이다.' 하는 마음을 갖도록 하라. 그런 마음이라면 고는 이미 고가 아

니니, 절로 놓고 돌아가는데 고집멸도가 어디 있겠는가.

8. 현실의 고통이란 알고 보면 순간순간 자기를 밝음으로 인도하는 과정이요 밑거름이다. 본래로 밝아 있음을 모르는 나를 일깨워 성숙시키고 종내는 해탈로 이끌려는 수련의 과정인 셈이다. 그러므로 부처님께서는 현실이 아무리 고통스럽다 하더라도, 혹은 아무리 즐겁다 하더라도 거기에 속지 말라고 당부하셨다. 사성제의 가르침이 그것이다.

(2-9) 활-2-2

9. 우리의 삶이 고라고 하지만 동시에 제도의 과정이니 고라고만 생각해서는 안 된다. 삶을 고라 한 것은 그것을 넘어서게 하기 위해서 한 것이라 실은 자기를 알아 가는 과정인 것이다. 흙탕물에 빠져 본 사람은 자기가 해 보았으니까 다시 빠지지 않고 남도 건질 수 있지만 빠져 보지 않은 사람은 그때를 알 수도 없거니와 남을 건져 주지도 못한다. 고 속에서 굴러 본 사람이라야 굴러 보지 않은 사람에게까지 감응할 수 있는 것이다.

(2-10) 법-2-16
생-4-2

10. 고라는 것도 나를 성장하게 하기 위해 닥치는 것이니 감사하게 받아들여야 한다. 첫째는, 인간으로 형성시킨 게 고마운 것이요 둘째는, 그렇게 분별해서 모든 것을 알게 만들어 주니 고마운 것이다. 자기가 이 세상에 태어났기 때문에 부딪침도 오는 것이지 자기가 나지 않았다면 무슨 부딪침이 있겠으

며 무슨 상대가 있겠는가. 〈그러하기에 고다 업보다 하기 이전에 참 나에다 일체 경계를 맡겨 놓고 관하는 것이 우선이다.〉

11. 사람 되기 어렵고, 정법 만나기 어렵고, 부처 되기 더더욱 어렵다고 한다. 사람이 되었으니 감사할 일이다. 모든 것을 '내 주인공이 나를 성숙되게 둥글게 이끌어 주는 과정이로구나.' 하고 믿고 놓아라. 그때는 고에서 그냥 타파해 버렸기에 집도, 멸도, 도도 없다. 고라는 것을 잘 요리해서 맛볼 수 있다면 그것은 아주 좋은 맛이 되고 감사할 일이기도 하다.

원-8-3-12 (2-11)

12. 현실의 자기 모습을 보면 과거에 어떻게 했는지를 짐작할 수 있고, 지금 자기가 하고 있는 것을 보면 미래의 자기 꼴을 알 수 있다. 그러기에 자기를 돌아보라 하는 것이니 현실의 고나 인과 등은 그대로 수련 과정인 셈이다. 바람이 불고 비가 내리치면 오히려 나쁜 공기와 먼지 그리고 불결한 것들을 다 청소시켜 주니, 현실의 고는 오히려 자기를 정화시켜 주는 부처요 보살이다.

13. 근본적으로 나쁜 일이란 처음부터 있을 수 없다. 어떤 나쁜 일이 닥쳤을 때 그것을 '업보다 죄다' 하고 말하는 사람들도 있으나 사실은 우리에게 닥쳐오는 모든 것은 자성 부처님이 우리를 이끄시는 과정인 것이다. 그러하기에 내게 닥치는 어떤 일도 긍정 아닌 게 없다. 업보다 죄다 해서 짐스럽게 떠

안아야 하는 게 아니다.

14. 과거에는 주인공의 은혜를 모르고, 주인공을 무시하고 산신·용신한테 제사를 지내는 경향이 컸었다. 때로는 스님네들도 동조하곤 했는데 그러면 어떠한 불화가 일어나느냐? 마음을 그렇게 쓰고 행동을 그렇게들 하니까 주인공이 오방신장이 되어서는 눈을 부릅뜨고 몽둥이로 치는 경우도 있다. 그래서 어디서 치는지, 어떤 철퇴에 맞는지조차 모른다. 칼로 자르고 에고 해도 그것이 어디서 오는지를 분간하지 못한다.

15. 고가 닥치거든 내가 하는 것이 아니라 주인공이 하는 것이니 '주인공으로 인해서 오는 것, 주인공이 알아서 하라, 영원한 친구야.' 하고 돌려놓아라. 그리고 관하라.

16. 우리는 각자 자성불을 모시고 있다. 어찌 솟아날 구멍이 없다고 하겠는가.

제3장 예경과 기복

1. 예불

1. 마음이 주인공과 더불어 하나일 때는 부처님께 경배하는 것이 구도가 된다. 마음이 주인공을 떠나 있을 때는 부처님께 드리는 경배가 기복이 되어 참 공덕이 없다. 마음이 주인공과 더불어 하나일 때는 부처님을 공경하는 것이 나를 공경하는 것이 된다. 마음이 주인공을 떠나 있을 때는 부처님을 공경하는 것이 나를 멸시하는 게 된다.

심-1-62 (1-1)

2. 부처님 마음과 주인공 마음이 둘이 아니기에 경배를 올리는 것이다. 그리고 그것은 자기 육신, '나'라는 의식이 항복을 하는 것이다. 그러므로 경배하는 마음은 항상 숙연하면서 겸손해야 하고 정성이 지극해야 한다. 또 일체에 감사하는 마음이어야 한다.

심-1-108 (1-2)
생-2-1-25
생-4-4-10

3. 둘 아닌 도리를 알고 내공의 이치를 안다면 경배는 경배

대로 올리면서도 항상 향기와 빛으로 온 누리를 감쌀 수 있겠지만 그러기 전에는 부처님 마음과 주인공 마음이 함께하는 그 자리에 지극한 마음으로 항복을 해야 한다.

(1-4) 행-2-3-13
행-2-4-4
행-2-4-5
행-4-2-9
행-10-2-4
생-3-3-3
생-4-4-10

4. 삼 배라는 것은 부처님의 마음, 스승의 마음, 자기의 마음에다 모든 것을 다 같이 넣고 굴려서 합장 경배 하는 것이다. 일체의 마음과 둘이 아닌 데다가 일 배를 올리고, 일체 만불이 돌아가는 데다 일 배 올리고, 둘 아니게 행하며 돌아가는 데다 일 배를 올리는 것이다. 〈나무불 나무법 나무승이라 하면 곧 공심의 평등법 또는 평등의 공심법을 말한다.〉

(1-5) 법-2-59
법-2-91
법-3-68
원-1-2-1
행-8-2-1
행-8-2-3
행-8-2-4
생-3-2-1

5. 참된 예경은 나를 낮추고 불보살과 선지식을 높이는 마음이지만, 동시에 일체 한마음과 더불어 둘이 아닌 꿋꿋함과 의연함을 잃지 않는 데 있다. 따라서 그것은 지극한 정성으로 불보살의 가피를 비는 중에도 그 중심을 깊이 내 안에 두는 것이다. 밖에서 찾는 한은 정성이 제아무리 지극해도 그것이 복덕을 지을 수는 있겠지만 무한하고 참된 공덕이 되지는 못한다.

6. 무겁고 진실하게 모든 것을 포함하여 '한 번' 절할 수 있는 당당함을 가져 보라. 그러지 않고서야 이 우주 법계 전체에다 어떻게 일일이 절을 할 수 있겠는가. 칠성각에 절하고 산신각에 절하고, 또 어디에 절하고 하는 마음이 애틋하지 않은 것은 아니지만 무겁고 진실한 절이 진짜 절이다.

7. 어디를 가나 부처님과 내가 둘이 아니기에 주인공이 내고 들이고 하는 줄 안다면 항상 예를 올리고 항상 배를 하는 것이며, 항상 향을 피우고 항상 탑돌이를 하는 것이다.

8. 부처님과 선지식께 드리는 경배는 바로 나 자신의 참 성품에 드리는 경배이며, 부처님과 선지식께 드리는 공양은 바로 나의 주인공에게 드리는 공양이다. 필경은 부처님 마음도, 보살 신중의 마음도, 역대 조사님네들과 선지식들의 마음도, 조상님들과 온갖 중생들의 마음도 다 나의 주인공, 그 한마음 속에 함께하고 있다. 그러므로 한마음과 함께하는 경배, 공양은 일체 제불, 일체 중생과 더불어 올리는 경배요 공양인 것이니 언제나 나의 근본인 주인공 한마음을 잊지 말아야 한다.

수-5-24 (1-8)
법-1-43
법-2-52
법-2-90
심-1-114
원-1-2-1
원-1-2-7
원-1-3-4
원-2-2-7
원-2-2-8
활-3-2-1

9. 부처님 앞에서 일체를 굴려 일 배를 할 때 바로 현재심 과거심 미래심이 일심으로 돌아가기에 일 배가 만 배를 능가할 수 있는 것이다. 부처님 앞에서 이마를 땅에 대고 절을 할 때에 부처님 마음과 내 마음이, 부처님 형상과 내 형상이 둘이 아닌 것을 뜻함이니 바로 내 육신 고깃덩어리가 내 주인공에 절을 한 것이다.

10. 한생각이면 삼천 번 절한 것이 되고, 한 번 절한 것이 삼만 번 절한 셈이 될 수도 있다. 시공의 제한을 받는 마음이라면 일 배는 일 배요, 삼천 배는 삼천 배이겠지만 전체의 근

본 자리가 인간 마음에 직결되어 있음을 믿는다면 일 배든 삼천 배든 다 한생각인 것이다. 부처님께서는 내 마음 한가운데 계신다고 할 수 있으므로 빌었다 하면 이미 멀어진 것이다. 여기에 빌어야 하고 저기에 빌어야 하는 마음이라면 그것은 부처님을 진실로 믿지 못하는 것이 된다.

(1-11) 심-1-122

11. 백팔 배를 하라, 삼천 배를 하라 하고 절을 시키는 것은, 제 나무에서 실과가 무르익어 갖가지로 맛을 내고 그 씨를 되심어서 또 익어 영원한 제 맛을 보라고 시킨 것이다.

(1-12) 심-1-95
심-1-72

12. 처음부터 안으로 경배하라 해도 쉽게 믿어지지 않기에 밖으로 세워 놓는 데는 일면 수긍되는 점이 없지 않다. 그러나 지금 시대는 고도로 발달된 시대라 알 만하니까 안으로 붙잡고 나아가야 한다. 더구나 생각하면서 뛰고, 뛰면서 생각해야 하는 바쁜 시대에 꼭 백팔 배를 해야 하고 삼천 배를 해야 한다면 어떻게 따를 수 있겠는가. 시공 없는 마음, 체가 없는 마음, 자유스러운 마음이니 일 배가 삼천 배라 하면 어떻겠는가. 한마음으로 일 배를 지극하게 했다면 그것은 삼만 배가 넘을 수도 있다.

13. 소원이 있어 불 켜고 경배 올리고 싶으면 그대로 하라. 그러나 일체가 공체로서 공식하고 있으니까 누구한테 하느냐 하면 일체가 한 울로 계합된 자기 주처, 시공이 없이 대공의

이치와 함께하는 자기 주처에다 경배하라. 개별적인 나가 아니라 포괄적인 나에게 하라. 보시하는 것도 그렇게 하라. 경배를 하면서 일체가 나의 주처와 계합되어 있음을 굳게 믿어라. 참된 경배는 밖으로 나가지 않고 안으로 드는 법이다. 그리고 참된 경배는 부처님에게, 조상에게 하는 것이면서 주인공에게 하는 경배이다. 〈그러하기에 부처님에게 했다 해도 맞지 않고 조상에게 했다 해도 맞지 않는다.〉

14. 오분향이라는 것도 밖으로 향을 켜서 향이 아니라 내 마음 안으로 아름다운 향을 켜는 것이다. 일체 만법을 행함에 있어 뜻과 말과 행에 사견이 없어 한데로 떨어지지 않는 것이 계향이며, 안으로 근본 주처에 놓고 가니 정향인 것이며, 스스로 걸림이 없어 집착하지 않고 자성의 빛으로 비추니 혜향인 것이다. 그리하여 버린다, 얻는다는 생각 없이 중도로서 한 주먹에 꿰어 들 수 있으니 해탈향이며 나와 전체가 더불어 밝아서 걸릴 게 없으니 해탈지견향인 것이다. 우리가 부처님 전에 예를 올릴 때 바로 마음공부를 하는 것이 오분향이다.

15. 부처님을 모신다고 하면서 반대로 가는 사람들이 많다. 부처 형상만 공양할 줄 알았지 자기부터 귀한 줄 모르는 사람들이 많다. 불자로서 부처님 잘 모시겠다고 하며 역으로 부처님을 욕되게 한다면 크나큰 모순이 아닐 수 없다.

(1-16) 법-2-90
법-2-103
심-1-98
활-3-2-1
활-3-2-2

16. 콩 한 쪽을 부처님 전에 놓을 수밖에 없었다 할지라도 주인공에 모든 걸 종합해서 공한 도리로 함이 없이 놓았다면 우주 전체의 일체 유생 무생이 다 먹고도 그 콩 한 쪽은 다시 남아서 또 먹을 수 있다. 부처님 전에 돈을 놓지 못했다, 공양을 넉넉히 올리지 못했다 해서 개운치 않게 생각할 것이 아니라, 혹은 남보다 많이 놓았다 해서 든든하다 할 것이 아니라 주인공에 놓는 도리를 알아야 한다. 그래야 향 한 개를 꽂아도 그 향기가 우주를 다 쌀 수 있는 것이다.

17. 부처님께서 나를 믿고, 나를 따르고, 내게 정화수 떠 놓고, 내게 돈 놓고, 내게 공양 올리라고 가르친 게 아니다. 부처님 앞에 갖다 놓고 빌어야 나 잘되고 가족 잘되는 줄 안다면 그것은 정말 부처님 법을 모르고 죄업을 잔뜩 짊어지는 게 된다.

18. 많은 불자들이 '관세음보살'을 염송하지만 대부분의 경우 자기 가슴에는 불을 켜지 않고 바깥으로만 불을 켜려 하니 밝아지질 않는다. 본래로 밝은 것을 모른다면 어떻게 자기를 제도하고 주변을 윤택케 할 것인가.

(1-19) 법-2-76
심-1-72
심-1-90

19. 경배는 주인공을 믿는 데서 시작된다. 그리고 그렇게 된 사람만이 독경을 해도 그 독경 소리가 삼라대천세계에 모두 퍼지게 된다. 그런 마음으로 경을 읊조리면 불보살께서 들으시고 온 누리에 두루 퍼지게 된다. 둘이 아니기 때문에 둘이

아닌 마음으로 경을 읽고 주를 송할 때 진정한 공덕이 그 속에 있다. 그런데 어떤 이들을 보면 그저 주는 주고 송은 송일 뿐이다. 그 깊은 이치를 모른 채 입으로만, 생각으로만 외고 있다. 그러니 보이지 않는 세계의 법망에는 그 정성이 걸리지 않고 그저 자기나 들을 뿐이다. 〈반야심경을 외울 때나 천수경을 외울 때면 우리는 찰나찰나 여여하게 돌아가는 유위법과 무위법을 외우는 것이고, 생활 속에서 그대로 그 법을 따라 가고 옴이 없이 가고 옴을 배우는 것이다.〉

20. 어떤 사람은 잊지 않고 꼭 해야만 염불인 줄 아는데 세울 게 없는 사람에게는 한생각이 곧 염불이 될 수 있다. 한생각이 그대로 활용이요, 그대로 법륜이니 어찌 그 법을 어기고 입으로 외워야만 맞는다 하겠는가.

21. 지극한 정성으로 불을 켠다면 그 불은 우주와 더불어, 내 마음과 더불어 하나로 합쳐서 항상 켜져 있는 것이다. 그러므로 따로 인등을 켜야 한다 하고, 석달 열흘 그렇게 밝혀야 한다고 하지 말라. 그것은 인등이 아니다. 일상생활 중에도 마음의 불을 켜면 항상 인등을 켜 놓는 것이니 사람의 마음이 인등이다. 마음이 밝아야 항상 밝은 것이지 인등을 켜 놓았다고 밝아진 것은 아니다.

심-1-137 (1-21)
행-10-3-6
활-3-2-3

22. 인등을 백 일간 켠다, 천 일간 켠다 하는데 이 지구가,

심-1-137 (1-22)

(1-22) 행-10-3-6 아니 우주가 백 일만 돌아가나, 천 일만 돌아가나? 또 우리는 백 일만 밝게 살 것인가, 천 일만 밝게 살 것인가? 지금 우리는 일 초도 머무름이 없이 항상 불을 켜 가지고 있는 것이니 인등을 켠다, 안 켠다 하면서 긁어 부스럼을 만들지 말라.

23. 식구 숫자대로 인등을 켜 놓고 잘되기를 빈다고 하는데 그것을 어찌 불 켜 놓은 것이라 하겠는가. 불은 이미 자나 깨나 마음의 불로 켜져 있는데도 불구하고 켰다가 꺼지는 그 불로 정성을 들인다고 하니 그 불 꺼지고 나면 그 후로는 그만 빌고 그만 살겠다는 것인가.

24. 법당에 촛불을 천 개 밝히는 것이 마음에 촛불을 한 번 밝히는 것만 못할 수가 있다. 마음의 불을 켜면 우주 전체가 알지만 촛불을 촛불로만 켜면 그 켜는 곳에서밖에 모른다.

(1-25) 수-5-11
법-2-59
행-8-2-1
행-8-2-3
행-8-2-4
생-3-2
생-3-2-1

25. 잘되고 잘못되고, 좋고 나쁘고가 전부 나로 인해서 생긴 것이니 주인공에게 '잘되게 해 주시오.' 하는 게 아니다. 일체가 그 자리라 일심이 만법으로 나고 만법이 일심으로 드니 함이 없이 하는 것이지 둘로 보아 "해 주시오." 하는 게 아니다.

26. 마음 한번 내면 일체 제불이 다 아는 것이라 따로 법당이 없고 기도처가 없으니 생활 가운데서 일체를 평등하게 보고 진실하게 관한다면 생활이 그대로 기도요 수행인 것이다.

27. 내 안에 관세음보살이 있다, 예수가 있다, 하나님이 있다 그렇게 말로만 해서는 안 된다. 이 도리를 완벽하게 알아서 주장자 하나 탁 던질 때 어디에고 적응될 수 있게 되어야 한다.

2. 타력 신앙

1. 해 달라고 하면 벌써 둘이 된다. 그렇게 해서는 아무리 빌어 본들 공덕이 없다. 수만 냥을 내고 불을 켜도 만약 그것이 기복이라면 공덕이 하나도 없고 불을 켠 일도 없다.

 내가 농사짓고 부지런히 뛰어서 내 밥을 내가 지어 먹는 것이다. 누가 나에게 주는 것도 아니고 누가 대신해 줄 수 있는 것도 아니다. 그러므로 자기 마음을 계발하는 데 역점을 두어야지 깡통 들고 다니면서 도와 달라고 해 보았자 채워지지 않는다. 〈수억겁을 거쳐 이날까지 나를 끌고 온 주인공의 뜻을 배신하지 말라.〉

법-2-59 (2-1)
법-2-91
법-3-68
심-1-99
원-1-2-1
행-8-2-1
행-8-2-3
행-8-2-4

2. 대부분의 사람들은 문제가 발생하면 그 해답을 자기 자신이 아닌 다른 곳에서 찾으려 한다. '육신은 의사와 병원에 의지하고, 가난은 남의 도움에 기대어 해결하려 하고, 운명은 사주 관상쟁이에게 묻고, 교육은 학교에 맡기고' 하는 식이다. 그러나 그것은 임시방편이 될 수는 있어도 궁극적인 해결책은 되지 못한다. 옷이 날개라고도 하지만 아무리 좋은 옷을 입어

도 그 옷이 내 몸이 될 수는 없듯이, 아무리 그럴싸해 보이는 방책이라도 나 아닌 곳에서 찾은 것은 참 해결책이 아니다. 그래서 자기 자신을 찾으라고 말하는 것이다. 자기 자신 속에는 모든 것이 다 들어 있다. 자신 속에서 병원을, 의사를, 해결책과 치유책을 찾아야 한다. 밖으로 돌면 무한한 내면의 해결책을 끌어내지 못한다. 〈극락이란 힘겹게 찾아가는 곳이 아니다. 극락이 우리를 찾아오게 해야 한다.〉

(2-3) 수-3-30
법-1-27
법-1-43
심-1-64
원-1-4-3
원-3-2
원-6-5-1
행-3-3-7
행-8-1-5
행-8-1-12

3. 사람들은 여러 것에 의지한다. 부모, 친구, 친척이 혹시 도와주지 않을까 기대하고 돈, 권력, 명예, 학벌, 젊음 따위를 믿기도 한다. 그러나 그 모든 것은 밖에 있다. 그러한 것이 도움을 주기도 할 것이고 가령 의사나 약사처럼 병에 대해서 더 잘 알기도 할 것이나 모름지기 밖의 것들에 의지하는 만큼, 아니 그보다 훨씬 더 진지한 관심을 가지고 내면을 관하지 않으면 안 된다.

(2-4) 법-2-91
법-3-68

4. 남이 주는 것은 언제나 부족하기 마련이다. 남이 물 한 바가지를 줬으면 그 물을 먹는 동안에 또 물을 퍼야 할 텐데 남이 준 것만 먹으면 곧 빈 바가지가 된다. 내 깊은 골짜기에서 나오는 샘물을 떠 먹을 수 있으면 항상 든든하고 당당할 것이다.

5. 남에게 베풀고 살아야지 항상 배고프다고 애원하며 남의

집 머슴 노릇만 할 것인가.

6. '관세음보살!' 하고 부르면 벌써 밖으로 모시는 마음이 된다. 그러기에 '주인공!' 하고 안으로 들이대라 하는 것이다. '주인공이시여! 여여하고 원만해서 삼천대천세계를 두루 다 비출 수 있고 여여하게 능력을 주실 수 있지 않습니까!' 하고 안으로 하라.

7. 기복으로만 맹종하고 타력 신앙으로만 나아가는 사람이라면 광대무변한 인간의 가능성을, 법신으로서의 부처 이룰 자격을 상실했다고 볼 수 있다. 인간이라면 모름지기 더할 수 없는 고등 동물로서, 만물의 영장으로서 자기 자신을 돌아볼 줄 알아야 한다.

원-2-4-11 (2-7)
행-8-2-3
행-8-2-8

8. '저 높은 하늘'이란 어디쯤인가. 북극성이나 삼태성에 사는 생명체들이 보기에는 지구 쪽이 '저 높은 하늘'에 해당될 것이다. 그렇다면 그쪽에서 이쪽을 보고 '하늘 높은 곳에 하느님이 계셔서 우주를 지배한다'고 생각할 수도 있을 것이다. 마치 여기에서 그런 일들이 벌어지고 있듯이 말이다.

9. 우주 삼천대천세계가 내 자리 아닌 곳이 없으니 법당에 있으나 변소에 앉아 있으나 내가 그곳에 있기에 참 나가 같이 있고 부처님도 함께 계신 것이다. 그럼에도 주인공 자리를 무

수-3-65 (2-9)
심-1-111
심-2-22
행-10-2-4
생-3-1-26

(2-9) 생-4-1-8 시하고 밖으로 돌면서 '더 좋은 기도처가 없나. 더 좋은 스님은 안 계신가.' 하고 찾는 사람들이 많다. 자기 법당을 자기가 갖고 있고, 그 법당 안에 항상 불이 켜져 있고 항상 부처님이 계신 것을 모르는 것이다. 〈정원사는 죽은 나무에 꽃을 피우는 사람이 아니다.〉

(2-10) 행-3-5-10 10. 허공에 코드를 꽂아 놓고 불이 들어오기를 기다리려느냐?

11. 타의에 의해서 들어오는 것도 바로 내가 있기 때문에 들고 나고 하지 않는가. 참 나는 모든 것을 알고 있는데도 스스로 모른다 하니까 시달리게 되는 것이다.

(2-12) 법-2-103
행-4-10-2 12. 내 몸에 붙은 불부터 꺼야 부모의 묵은 빚도 갚고 뿌려 놓은 자식들도 건질 수 있다. 그런데 이 도리를 공부할 생각은 않고 기복으로 돌아 귀신 놀음이나 하는 경우가 많으니, 제 자신만 귀신이 되고 말면 좋겠는데 자식들까지 귀신 노릇을 하게 하니 딱한 일이다.

13. 이곳 저곳 장소 따지고 이 종교 저 종교 이름 가리고 한다면 전체가 둘이 아닌 도리를 어떻게 감득할 수 있겠는가. 이 신 저 신 찾다가는 이 신, 저 신, 내 신까지 잃어버린다.

14. 종교란 이름이다. 한 지붕 밑에 사는 사람들이 각각의 살림살이에 따라서, 지역에 따라서 이름을 지어 놓은 것뿐이니 종교를 가지고 싸울 일은 아니다. 인간들이 제각각 마음먹기를 그렇게 해서 싸우는 것일 뿐 하느님이 싸우라고 시킨 것도, 예수가 싸우라고 시킨 것도 아니다. 부처가 그렇게 시킨 것도 아니고 알라신이 그렇게 시켰을 리도 없다. 인간들이 그렇게 해 놓고 공연히 하느님의 이름으로, 알라의 이름으로 싸우는 것뿐이다.

법-2-59 (2-14)
법-2-109
심-1-102
심-1-104
생-4-1-3

3. 스승

1. 매사에 은혜를 느낄 줄 알게 되면 돌이 굴러가는 것을 보고도 배울 게 있다. 삼라만상 어느 것 하나 스승 아닌 것이 없으니 물 한 방울, 돌멩이 하나, 나무 한 그루, 풀 이파리 하나, 흙 한 덩이, 바람 한 줄기도 버릴 수가 없다.

수-5-19 (3-1)
수-5-20
행-9-1-6
생-1-2-8

2. 눈이 먼 사람에게는 지팡이가 필요하고, 다리를 다친 사람에게는 목발이 필요하듯 공부하는 사람에겐 스승이 필요하다. 장님이 눈을 뜨고 나면 제 눈이 있어 지팡이가 필요치 않듯이 참 나가 발현되면 스승이 따로 없어도 된다. 그러나 그때까지는 스승을 믿고 따라야 한다.

법-2-1 (3-2)
법-2-22
법-2-48
심-1-3
심-1-47

(3-3) 행-2-3-12
행-8-1-3
행-8-3

3. 승보에 귀의한다 함은 스님을 믿으라는 것이 아니다. 믿을 것은 자기 주인공뿐이다. 다만 스님들의 행과 말과 뜻이 일치하여 이치에 어긋나지 않는다고 생각될 때 스승으로 알아 따르라고 하는 것이다. 공부하는 중에는 안 스승만이 아니라 스스로 체험한 것을 더듬어 줄 바깥 스승도 필요하다. 원효 대사에게 대안 대사가 있고 혜가 대사에게 달마 대사가 필요했던 것과 같다.

4. 스승을 잘 만나야 된다. 장님을 따라가다가는 구덩이에 빠지고 만다. 결코 남을 좇지 말고 자기 독존을 먼저 발견할 일이다. 자신이 스스로 자기를 제도할 수 있어야 한다. 자기가 자기를 제도하지 못하고는 남도 또한 제도할 수 없다. 〈속인도 중도 아닌 박쥐 중과 머리만 깎은 거사가 있다.〉

제4장 생활 불법

1. 삶이 곧 불법

1. 생활을 떠나서 불법을 따로 구하지 말라. 생활을 잃고 따로 그 어떤 것이 있다고 결코 믿지 말라. 살아가는 모든 것이 곧 불법이니 내가 있는 것이 불교요, 내가 살아가는 것이 불교다. 생활을 불교식으로 바꾸는 것이 작은 일이라면 생활과 존재 그 자체가 불법, 그것임을 깊이 깨닫는 것은 큰 일이다. 불교를 생활화하기보다 생활이 진리임을 알라.

법-2-40 (1-1)
법-2-56
법-2-97
법-3-19
심-1-51
심-1-57
심-1-72
심-1-95
심-1-126
행-4-1-5
행-4-1-6
행-9-1-19
행-10-3-5
생-1-3-1
생-1-3-9

2. 불교를 믿든 안 믿든 간에, 자세히 세상 이치를 살피고 고요히 인생과 세상에 대해서 명상하게 되면 점차 부처님 법에 가까워지게 마련이다. 인간 세계에는 없는 게 없다. 성현의 이치가 있는가 하면 중생의 이치가 있다. 그런데 왜 살펴보지 못하는가.

3. 불법이란 현실의 법, 생활의 법이다. 부처님의 뜻에 진정

으로 계합하기만 한다면 개개인의 생활은 말할 나위도 없고 국가와 사회의 당면 과제도 능히 타개할 수 있는 묘리가 나오게 된다. 생활을 떠나 종교가 있는 게 아니다. 평상의 생활을 떠나 도가 있는 게 아니다.

(1-4) 심-1-63
행-8-2-6

4. 생명이 있기에 마음 있는 것을 알고, 마음이 있기에 생각하고 움직인다는 것을 부정하지 못한다. 그래서 우리가 사는 것, 평상심으로 이렇게 살고 있는 것을 그대로 불법이라 한다. 어디에 국한되어 있는 게 아니다. 〈가령 우리가 집을 짓고자 할 때 생각을 하니까 설계가 나오고 집이 올라가게 되듯이 일상생활 중에서 생각을 하니까 말하고 움직이고 하는데 그렇게 돌아가는 마음의 이치를 발견하는 것, 그것이 바로 불교인 것이다. 내가 날 알아보기 위한 것이 곧 불교다.〉

5. 범천이 따로 있는 게 아니다. 이 세상에 지옥도 있고 이 세상에 범천도 있으며 천당도 있다. 세상살이를 가만히 보라. 잘못을 저질러 감옥에 갇히질 않나, 마음으로 죄를 지어 마음 지옥에서 살지를 않나, 환난 고통에 울부짖지를 않나. 그런 반면에 그런 굴레에서 벗어나 기쁘게, 당당하게 사는 사람들도 있다.

6. 불법은 내가 행하고 살아가면서 한 걸음 걷고 말하고 움직이는 것을 모두 포함한다. 고로 부처님 법이 법당에만 있는 게 아니라 안방에도 있고 부엌에도 있고 직장에도 있다. 대중

이 살림하는 것이나 스님들이 중노릇하는 것이나 공부하기는 마찬가지이다.

7. '불교란 기복이 고작이다.'라고 인식한다면 첨단 세상을 사는 지식인이라 할 수 없고 자유인으로서의 자격도 없다. 불교를 부정적, 은둔적인 종교로 보는 경향도 잘못된 것이다. 불교는 "일체 생명에 다 불성이 깃들어 있으니 일체가 다 부처"라는 대긍정, 대평등의 가르침이다. 시대가 바뀐 지금, 활발하고 긍정적인 불교의 참모습이 그 어느 때보다도 절실하다.

8. 풀 한 포기라도 불법 아닌 게 없다. 이 세상 존재하는 것은 모두가 불법이다. 그러하기에 이 세상 전부 어느 바닥이라도 법상 아닌 곳이 없다고 하는 것이다. 우리가 딛고 다니는 이 터전이 전부 한 법상이자 한 방통이자 여래의 집이다.

9. 통이 둥글면 뚜껑도 둥글어야 하듯이 불법 공부도 내가 처해 있는 환경을 수용해 가면서 해 나가야 한다. 건너뛰거나 무엇을 버릴 생각을 하지 않고 자기 길을 가는 중에 마음이 몸을 제도하고 몸이 마음을 제도하면서 나아가야 한다.

2. 감사하는 마음

(2-1) 법-2-5
법-2-25
심-1-83
행-9-1-18

1. 물 한 모금 마시고 밥 한술 떠 넣어도 더불어 먹고 더불어 감사하는 원리를 알아야 한다. 일부러 '부처님, 감사합니다.', '부처님께 회향합니다.' 하는 생각을 지어서 회향치 않아도, 깊은 감사와 믿음이 있으면 자동적으로 모든 행이 일체 중생, 일체 부처님과 같이하는 것인 줄 알아야 한다. 그러면 살아가는 것이 그대로 회향인 것이다.

(2-2) 법-2-104
원-4-2-1
생-4-9
생-4-9-3
생-4-9-4

2. 자신을 낳고 길러 주신 부모의 은혜를 작은 일이라고 무시한다면 어찌 부처님 법의 그 은혜로운 이치를 알 수 있겠는가.

(2-3) 법-2-104
원-1-3-6
행-5-5-4
행-5-5-6
생-2-2-10

3. 아침 예불 쇳송에 "오종대은 명심불망"이라는 말이 나온다. 국가의 은혜, 부모의 은혜, 스승의 은혜, 베푸는 이의 은혜, 좋은 벗의 은혜를 알라고 하는 것인데 어찌 그 다섯뿐이겠는가. 국민의 은혜, 땅의 은혜, 물의 은혜, 바람의 은혜, 불의 은혜 등 모두 감사하지 않은 것은 없다. 모든 것의 은혜를 아는 사람이라면 나 하나 잘나서 독불장군이라 할 것이 없으니 둘 아닌 도리를 납득할 수 있을 것이다.

4. 우리가 여기에서 헤어나지를 못한다면 이날까지 오랜 세월 동안 한국에서 중국으로, 중국에서 인도로 도를 구하러 다니며 애를 쓰다가 스러져 간 수백 수천의 역대 조사들이 기울

인 노력, 부처님께서 49년간 설하신 가르침이 모두 허무로 떨어지지 않겠는가.

5. 예로부터 불교에서는 세 가지 어려움을 이야기해 왔다. 인간의 몸 받기가 어렵고, 불법 만나기가 어렵고, 수행해서 보리과를 얻기란 더욱 어렵다고 했다. 그러나 한편으로 시작이 반이라고도 한다. 우리가 인간으로 태어났다는 것, 그것으로 우리는 부처 되는 길의 반을 이룬 셈이라 보아도 좋다. 그런데 그렇게 복된 이 시점에서 우리를 여기 세워 주신 분이 누구이겠는가. 우리는 당연히 부모님, 조상님들께 고마운 마음을 지녀야만 한다. 이것이 바로 조상님들의 차례상 앞에 머리를 숙이는 이유일 것이다. 그러나 생각해 보자. 그분들을 더 잘 공경하는 방법은 없는 것일까. 있다. 그것은 바로 내가 참답게 수행하는 것이다. 몸을 받드는 효자가 있고 뜻을 받드는 효자가 있다.

원-8-3-12 (2-5)
생-2-2-11

3. 따뜻한 마음

1. 진실이 담기지 않은 겉치레 말은 그럴듯하고 멋지다고 하더라도 볶은 씨앗과 같아서 아무리 기름진 땅에 심어도 싹을 틔우지 못한다. 모름지기 수행자라면 말이 말에 떨어지게 해서는 안 된다. 일단 입을 열어 법을 이야기한다면 그 말을 듣

법-2-33 (3-1)
법-2-34
법-2-35
법-2-36
행-5-5-8

는 이에게는 물론 자기 자신에게도 공덕이 있어야 한다. 그런 말을 하는 참 수행자가 돼라.

2. 말 한 번 잘못하고 행 한 번 잘못하면 그것의 누(累)가 내게만 미치는 게 아니라 역대 조사들한테도 미치고 석가모니 부처님에게도 미친다. 그것은 참으로 광대무변한 불성, 그 능력을 지닌 인간의 존엄성을 더럽히는 일이기 때문이다.

3. 어머니가 도둑질한 자기 자식을 말없는 슬픔으로 감싸듯이 다른 사람의 행업을 마음으로 감싸면서 자비심을 내도록 하라. 정법이니 사법이니 가리느라 신구의로 업을 짓지 말고 다만 그윽한 마음을 내도록 하라.

(3-4) 행-1-2-1
행-5-3-7
생-1-1-8
생-2-1-8
생-2-1-9
생-2-1-10

4. 대비심이 없는 공부는 작은 공부이다. 자기만의 기쁨과 편안함을 넘어서서 모두가 함께 편안한 차원으로 나아가야 한다. 그러자면 수행자는 모름지기 풀 한 포기라도 버리지 않는 대비심이 있어야 한다. 그리고 물러서지 않는 패기가 있어야 한다.

5. 올바른 수행자라면 결코 어긋나지 않을 것이니 자연스럽게 대비심을 일으키게 될 것이다. 그리하여 위대한 마음의 길, 마음법의 다음 차원을 터득하고 체험하여 다양한 방편을 얻게 되고 나·너를 떠난 경지에서 크나큰 마음을 지니게 된다.

6. 희로애락이 뒤엉킨 생활 속에서의 작은 불씨 하나, 작은 자비심 하나가 불법을 살린다. 높다랗게 앉아 있는 부처님과 위엄을 갖춘 큰스님네에게서가 아니라 하찮고 비루한 속에서 실로 고상함이 나온다. 모든 생명이 그렇고 정법이 그러하다.

7. 상대방에게 해롭거나 상대가 역정을 낼 기세가 보일 것 같으면 말로 하지 말고 주인공에 일임하여 안에다 놓으면, 자석과 자석이 감응하듯 그쪽으로 염파가 통하게 된다. 〈이 우주간 법계는 허공에 거미줄을 쳐 놓은 듯이 다 통하게 되어 있다.〉

법-4-29 (3-7)
원-6-3-11
원-6-3-12

8. 부부지간에도 그렇고 부모 자식 간도 그렇고 제 보기에 잘못하면 밉고 잘하면 예쁘다고 한다. 또 듣기 좋은 말 속삭여 주면 좋다 하고 진실로써 잘못을 지적하면 듣기 싫다고 한다. 마음에 들면 예뻐하다가도 마음에 안 들면 벌컥 화를 내기도 한다. 이런 일들은 자기를 깎아 먹는 것이니 모두를 주인공에 놓고 항시 좋은 말, 부드러운 얼굴로 대하라. 그렇게 하면 참나 자성불이 무전 통신으로 모두의 마음을 조절해서 화합하게 한다. 진실한 믿음이 있기 때문이다.

9. 부처 속에서 중생이 나오고 중생 속에서 부처가 나왔으니 모두가 한마음이다. 남을 원망치도 말고 남의 것을 탐하지도 말며 아집을 버리고 항상 겸손하면서 뜻 보시와 법 보시,

부드러운 말 보시를 하라. 말로든 마음으로든 항시 자비롭고 인의롭게 남을 대하라. 우리 모두는 언제나 상대성 속에서 살아가고 있으니 회사로 치면 사장이 있어야 직원이 있고, 직원이 있어야 사장이 있다. 고로 서로가 서로를 아껴 폭넓게 살아감으로써 자신도 아낄 수 있는 것이다.

4. 진정한 사랑

(4-1) 수-5-31
법-2-15
법-2-17
법-2-18
법-2-21
법-2-29
생-4-3

1. 자식이 물에 빠질 때 부모는 그냥 뛰어들어서 건진다. 자기가 죽는지를 모른다. 거기 무슨 이유가 붙겠는가? 그와 같이 순간에 뛰어들어 건지는 마음, 그 마음이 부처님의 마음이고 자식을 생각하는 부모의 마음이다. 그래서 조상의 마음이 따로 있고 부처님의 마음이 따로 있는 것이 아니다. 내 모든 것을 버려서라도 너를 살리겠다는 그 마음은 똑같다. 보답을 바라지 않는 부모의 참사랑, 그것이 바로 자비이다.

2. 정말로 사랑한다면 자비롭게 대하라. 그리고 놓아 주는 것이 사랑이다. 사람들은 조그마한 사랑을 가지고 죽네 사네 야단들이지만, 큰 사랑은 죽여도 사랑이요 살려도 사랑이다. 그것이 자비다. 죽이는 것이 없기 때문이다.

3. 사랑하기 이전에 내 아픔이요, 내 몸이요, 내 자리요, 바

로 나이기 때문에 '사랑한다, 안 한다' 하는 언어가 붙을 수가 없다. 그대로 자비심이다.

4. 자비란 죄가 있든 없든, 거지든 부자든, 벌레든 짐승이든 따지지 않고 내줄 수 있는 마음이다. 진실한 사랑은 그를 위해 내가 모든 것을 내줄 수 있는 사랑이다.

5. 마음에서 스스로 우러나와서 마음을 같이하고 오고 가는 사이 없이 에너지가 오고 갈 수 있는 두터운 한마음, 그것이 자비다.

6. 상대가 하찮아 보이고 못나 보이고 밉게 여겨질 때는 '저 것이 바로 내가 몰랐던 시절의, 못났던 시절의 나의 모습이지!' 하고 넓은 아량과 지혜로써 사랑과 자비를 베풀 줄 알아야 한다. 수억겁을 거쳐오면서 갖가지 모습을 해 가지고 살았던 나인데 어찌 잘못이 있다거나 하찮은 짓을 한다 해서 상대를 보고 "너는 아니다."라며 버릴 수 있겠는가.

생-2-1-17 (4-6)

7. 내가 사랑을 하지 않으면 꽃도 나를 사랑하지 않는다. 내 마음이 가지 않는데 상대가 응해서 나를 받아 주겠는가. 내가 지극하게, 사무치도록 어떤 사람을 사랑하지 않으면 그 사람도 나를 그렇게 사랑하지 않을 것이다. 마음 작용이 그러하다. 마음이 상응하는 것은 물과 물을 섞는 것 같으니 놓고 믿는 중

에 한생각 일어나면 그대로 같이 돌아간다.

(4-8) 법-2-19
법-2-26
심-1-14
심-1-138
심-2-24
원-4-2-6
원-8-3-9

8. 높다고 높게 생각하지 말고 낮다고 업신여기지 말고 항상 자비스럽게, 항상 같이할 수 있는 넓은 마음, 같이 사랑할 수 있는 그 마음, 같이 피를 나눌 수 있는 그 마음, 같이 먹을 수 있는 그 마음, 그 마음이야말로 이 세상을 통치하고 이 세상을 덮고도 남음이 있는 것이다.

9. 아집 아만을 버리고, 욕심을 버리고, 집착하는 마음을 쉬고, 투기를 하지 말고, 모든 악한 것을 마음으로 안아서 내 물그릇에 넣어 한 그릇으로 만드는 것이 보살의 사랑이요 행이다. 그렇지 않다면 그것은 값비싸고 진실한 사랑이 아니라 욕심이요 집착이요 망상에 불과하다.

(4-10) 법-2-107
심-1-108
원-5-1-3
원-5-3-4
원-5-4-1
행-9-3-4
생-2-1-25
생-3-1-2
생-3-1-3

10. 자기의 고정관념을 고집하지 말라. 고집이란 자기만의 좁은 마음이니 마음이 넓으면 세상을 다 안고도 남음이 있지만 마음이 좁으면 바늘도 안 들어 간다. 그러기에 항상 하심하고 널리 공경함으로써 세상을 다 안아 들일 수 있게 된다면 그것이 곧 불법에 귀의하는 것이요 자유인이 되는 과정인 것이다. 항상 자기를 밑으로 내려 세워 마음의 고개를 숙이도록 하라. 〈겸손하라. 내 마음이 넉넉하면 그 향기가 상대의 마음을 녹이게 된다.〉

11. 새도 깃을 다듬고서야 난다. 사람도 마음을 가다듬고 나서야 무엇이든 하게 된다. 남을 위해 무엇이든 하려면 먼저 내 마음 안으로 남을 위하라. 그것은 전화를 걸려면 먼저 내 쪽에서 송화기를 들어야 하는 것과 같다. 무슨 일이든 나로부터 닦고 내 마음 안으로 순화시켜 나가는 것, 그것이 모두를 살리는 진리이다.

5. 생명 사랑

1. 남의 생명을 내 생명과 같이 생각한다면 살생할 일이 없다. 남의 물건을 내 물건같이 생각한다면 도둑질할 일이 없다. 분수를 지키고 남의 것을 탐하지 않는다면 내 몸 건강하고 내 가정 화목할 것이니 얼마나 좋은 일인가. 　수-3-60 (5-1)
수-4-33
원-3-5-10
생-4-3-6
생-4-4

2. 생명은 다 같다. 개미 생명이나 사람 생명이나 마음 쓰는 차원이 다를 뿐이지 생명은 똑같다. 그럼에도 어떤 사람들은 자기에게 아무런 해를 끼치지 않는데도 재미로 생명을 죽이기도 한다. 종교를 떠나서 말하더라도 그것은 다시 생각해 볼 일이 아닐까. 　행-1-5-5 (5-2)

3. 사람이 고통을 싫어하는 것이나 축생과 미물들이 고통을 싫어하는 것에 무슨 차이가 있겠는가. 모든 살아 있는 것들은 　수-3-56 (5-3)

무엇보다도 자기의 생명을 가장 소중하게 여길 뿐 아니라 평안과 자유를 위해서 아픔을 견디며 피눈물 나는 노력과 투쟁을 하고 있다. 사실 차원의 높고 낮음에 있어서는 사람과 축생, 미물이 서로 다를망정 하나의 생명이 겪는 근본적인 아픔에 있어서는 동일한 것이다.

4. 살생을 하지 말라, 육식을 하지 말라 하는 것은 모든 생명체가 평등한 반면에 다 제 몸뚱이에 강한 애착을 갖고 있는 까닭이다. 물론 마음 도리를 아는 경우라면, 피치 못해 생명체를 취한다 할지라도 무명만을 친 것이다. 참 이치에서 보면 살리는 것이 되기도 한다. 그렇더라도 섣부른 합리화는 절대 금물이니 한 방울의 눈물로 온 세상을 다 적실 수 있는 사람만이 이 진실을 이해할 것이다.

5. 불가에서는 예로부터 살생을 가장 큰 죄악으로 꼽아 왔다. 그러나 한편으로 우리는 어떤 생명체를 취하지 않고는 살아갈 수 없는 형편이기도 하다. 생명이라는 근본에서 보자면 소나 돼지나 풀 한 포기가 서로 다를 것이 없다. 그런 점에서 우리는 끊임없이 직·간접으로 살생을 하고 있다 해도 과언은 아니다.

6. 생명을 죽여서는 안 되지만 급할 때에는, 가령 토끼를 잡더라도 그 토끼가 내 몸이요 내 생명이며 내 마음인 줄 굳게

믿어야 한다. 그래야 죽여도 죽이는 게 아니라 자비의 천도가 된다. 그래야 토끼가 나로 환생되는 것이니 나를 원망하기보다는 '이렇게 만나기가 얼마나 어려웠던가.' 하는 생각에 환희를 느낀다.

심-1-92 (5-6)
생-4-5-4
생-4-5-7

7. 둘 아닌 마음의 도리를 알아야 고기 한 점을 취할 때 그 마음이 내 마음이 되어 오히려 차원을 향상시키는 게 되지만 예를 들어 소는 소고 나는 나라고 한다면 그 죄업에서 헤어나지 못하게 된다.

8. 고기의 살도 내 살이요, 고기의 마음도 내 마음이요, 고기의 생명도 내 생명일 때, 약으로도 쓰이면서 인도환생하게도 하니 비로소 살생이 아니게 된다.

9. 물에도, 불에도 생명이 있어 우리가 마음 쓰는 것을 다 알고 있다 해도 과언이 아니다.

10. 물이 없는 곳에서 물고기가 퍼덕퍼덕 뛸 그때에 그 물고기를 물에 넣어 주는 것이 참된 방생이다. 물에서 잘 노는 물고기를 잡아오게 되면 잡을 때도 죽이고 넣어 줄 때도 죽이게 된다. 그러니 이것은 방생도 보시도 아니고 오히려 죄다. 흥부의 방생이 아니라 놀부의 방생인 것이다.

심-1-11 (5-10)
심-1-97

11. 생물 모두가 스스로 살아갈 물이 없을 때에 그것을 물에 집어다 넣어 주는 것이 방생이다. 자식 학비도 못 내고 집이 없어 내쫓겼을 때 돈을 줘서 방에 들여놓는 것이 방생인 것이다.

6. 보시

(6-1) 수-1-24
수-2-14
수-2-15
수-4-40
심-1-16
심-1-96
심-1-97
생-4-6-6

1. 마음을 함께하면서 일체를 내 몸과 같이 생각하고 내 아픔같이 생각하며 내 자리와 똑같이 생각한다면 어찌 내 생명은 아깝고 남의 생명은 아깝지 않겠는가? 그런 마음이 곧 보살의 마음이요 진정한 보시이다.

2. 모든 것을 용서할 수 있는 아름다운 마음의 향기로 전체 생명체와 더불어 시공이 둘이 아니게 돌아가는 한마음의 도리를 그대로 함께할 수 있을 때 무주상 보시를 할 수 있다.

3. 내가 그 사람이 되고 그 사람이 내가 된다면 그것이 무주상 보시이다.

4. 전체 대공이 돌아가는 이치에 내 한생각을 계합해 주는 것이 무주상 보시이다.

제4장 생활 불법 723

5. 굶주린 자를 먹여 주고 살려 주어서 한마음의 도리를 알게 해 주는 것이 무주상 보시이다.

6. 보시는 함이 없이 해야 한다. 보시하는 것도 주인공에 맡기고 지극정성으로 놓아라. 보시란 우리가 돈을 가지고 가게에 가서 물건을 사 오는 것과 같은 것이다. 그러니 보시를 했어도 남을 준 것이 아니라 나를 위해 받은 것이다.

7. 남에게 어떤 이익을 많이 주었다 해도 탐탁치 않은 생각, 찌푸린 얼굴로 주었다면 곧 마음에 찌푸림이 있었으니 공덕이 되지 못한다. 또한 아무리 좋은 일을 하거나 물질적으로 보시를 한다 하더라도 내가 무엇을 했다고 하는 한 그것은 공덕이 될 수 없다. 〈유·무를 한데 합쳐 손가락 하나만 들어도 우주 전체가 들릴 때라야 공덕이 될 수 있다.〉

8. 내가 괴롭지 않기 위해 주었으니 내가 준 것은 하나도 없다. 나를 준 사이도, 내가 준 사이도 없는 도리가 보시이다.

9. 보시는 부모의 은혜를 갚을 수 있고 자식들에게는 햇빛을 줄 수 있고 뿌리를 길러 줄 수 있는 기반을 닦아 주는 것이다.

10. 안 주는 것도 보시요 주는 것도 보시이니 다만 남을 이익 되게 하라.

7. 행복

1. 누구나 자기가 잘되고 내 집이 잘되고 내 국가가 잘되기를 원한다. 그럼에도 사업에 실패하고 전쟁이 일어나 망하기도 한다. 어느 한 부분만 보기 때문에 일어나는 일이다. 높이와 넓이, 둘레를 다 보고 상응이 되어 한마음으로 돌아간다면 어떠한 것을 해도 계합이 되기 때문에 조화가 이뤄진다.

(7-2) 원-6-1-4
원-6-4-5
원-7-3-22
행-1-5-7
행-3-5-11

2. 행복이란 잘나고 못난 것에서 비롯되는 게 아니다. 잘났다는 생각, 못났다는 생각과 같은 분별에서 기쁨과 고통이 교차한다. 잘나게 보이려 하기 전에 그 마음까지 내려놓고 푹 쉬어 보라. 참된 행복이란 잘났다는 생각에서 오는 기쁨 그 이상의 것이다. 그것은 양면을 초월한 중도의 기쁨이기 때문이다.

3. 행복이란 자기가 만든 것이지 누가 가져다 주는 게 아니다. 가져다 준다고 기대하거나 믿지도 말라. 거기에 착을 두면 온갖 번뇌가 따른다.

4. 슬픈 생각을 하면 슬프게 살고 옹졸한 생각을 하면 옹졸하게 살게 된다. 그러나 불법의 진리는 그런 게 아니니 믿어 발랄하고 생동력 있게 산다면 스스로 풍요로워진다. 혼자 사는 게 아니기 때문이다.

5. 세상살이 하고 많은 일들을 보고 듣고 겪으며, 일일이 언짢아하고 원망하고 분개하고 울고 웃다 보면 넝마밖에는 될 것이 없다. 시대를 탓하고 나라를 탓하고 부모를 원망하고 주위 사람들을 못마땅해한다면 스스로 갈갈이 찢긴 넝마가 될 뿐이다.

6. 밥 한 그릇을 몇이서 나눠 먹어야 할 형편이라도 화목하다면 즐거움이 있을 것이고, 산해진미라도 서로 아웅다웅, 티격태격한다면 편치 않을 것이다. 지옥을 누가 만드는가. 재물이 많아서 부처님 전에 쌓아 놓고 불사를 하고 공양을 올린다 해도 마음이 좁아 욕심으로 가득 찼다면 공덕은커녕 현실의 즐거움조차도 없을 것이니 마음이 근본이라, 자기를 구원하느냐 못하느냐는 마음에 달려 있다. 〈돈 많은 가난뱅이가 되느냐, 가난한 부자가 되느냐는 문제는 각자 마음먹기에 달려 있다.〉

7. 부잣집 하인 노릇을 하니 마음도 부자요 물질도 부자다. 풍요롭고 배부르고 마음 편하다. 그러나 부자는 부자인데 마음이 가난한 사람을 만나면 일 년 새경도 제대로 못 받으니 살기조차 어렵다. 마음이 서로 좋으면 풍요롭고 봄이 온 것이지 달리 무엇이 더 있겠는가.

8. 남들이 장 보러 간다고 덩달아 따라 나서는 사람이 되지 말라. 세상 사람들이 모두 바쁘게 뛰고, 전전긍긍하면서 산다

고 자신까지 그래야 한다는 법은 없다. 사실 생활 속의 여러 가지 걱정이란 알고 보면 자기 욕심 때문인 것이니 하지 않아도 좋을 것을 하고 있는 것이다. 이왕 주어진 인생이니 매일매일 여러 가지 문제가 닥쳐오더라도 마음 푹 놓고 하루하루 담담하게 살아가는 게 현명하지 않겠는가.

8. 재화

(8-1) 행-1-2-5
행-1-2-16
행-1-2-17

1. 재산을 쓰는 사람이 돼라. 재산에 쓰이는 사람이 되어서는 안 된다. 재산에 쓰이는 사람에게는 재산이 곧 짐이라 온갖 풍파의 원인이 된다. 그러나 재산을 쓰는 사람에게는 재산이 편리한 가축이 되어 자꾸 새끼를 치게 된다.

2. 평상시에 돈을 벌면서 살되 그 돈에 애착을 두지 않는다면 바로 깨침의 길이라 해도 과언이 아니다. 본래로 내가 공하였으니 나는 다만 돈의 관리자일 뿐이라고 한다면 항상 겸손하여 재물이 풍족함을 자랑 삼지 않을 것이고, 주었다 받았다 하는 마음이 없이 내가 쓰는 물질로 생각한다면 둘 아닌 공덕이 될 것이다.

3. 내게 거금이 생겼다 해도 그 돈은 언제고 나갈 것이니 내 것이 아니라 내가 관리한다고 생각하라. 내 돈도 아니고 네 돈

도 아니라 돌고 도는 돈이니 집착하는 마음을 밑 빠진 구멍에 다 놓아라. 〈돈을 갖지 말라는 것도 아니고, 사랑을 하지 말라는 것도 아니다. 분수를 알고 분수를 지키면서 착을 두지 말고 모두가 나 아닌 게 없다고 알아 둥글게 살라는 것이다.〉

4. 재화를 움켜쥐려는 마음의 무게만큼 도의 마음은 반대로 적어진다. 영예를 따르는 발걸음이 바쁘면 바쁜 만큼 도의 마음에서는 멀어지게 된다. 가는 것 붙잡지 않고 오는 것 막지 않으며 지혜롭게 둥글게 살아야 한다.

5. 일단 호수로 흘러 들어온 물이 흘러 나가지 못하게 되면 썩게 마련이다. 또 배불리 먹고 나면 배설해야만 산다. 모든 소유는 이와 같다. 모든 재물을 흘러가는 강물로 생각하라. 지금 당신은 그것과 마주쳤지만 그것은 어느 사이엔가 흘러가 버린다. 그리고 흘러가야만 한다. 그러므로 흐르게 내버려 두어라. 흐름을 막으려고 하지 말라. 잠시도 멈추지 않는 이 우주의 법리에 따라 소유도 끝없이 흘러가는 것이다. 흘러간 뒤에는 다시 다음 것이 흘러온다. 강물에 끊어진 자리가 없듯이 그렇게 흘러온다. 〈물이 고여 있으면 썩어 악취가 나고 나중에는 메말라 버린다. 마음도 그와 같아서 서로서로 주고받으며 상조하지 않는다면 이끼가 끼고 썩어 악취를 내게 마련이다.〉

행-4-6-9 (8-5)
행-5-4-12
행-9-2
행-9-2-6
행-11-3-12

6. 돈이란 것도 마음이 맑고 흔쾌한 곳에 가기를 좋아한다.

음울하고 찌푸린 곳을 좋아하지 않기는 인간이나 돈이나 다를 바 없다.

7. 이익을 보지 말라는 게 아니다. 손해만 보고 살라는 것도 아니다. 이익과 손해는 동전의 앞뒷면 같은 것이어서 짝으로 다니지 결코 혼자서 다니지 않는다는 것을 알고 늘 그 뒷면을 볼 줄 알아야 한다. 이익을 보아도 이익에 빠지지 않고 손해를 보아도 손해에 낙담하지 말라. 자기 마음의 중심 자리를 묵연히 지키면서, 이익과 손해 때문에 울고 웃는 사람들 속에서 인연의 자리를 알아 침착할 수 있다면 그것이 중도의 길을 걷는 사람의 발걸음이라 할 것이다.

9. 가정

(9-1) 법-2-104
원-4-2-1
생-4-2-2
생-4-2-3

1. 내 가정, 내 주변을 살리는 속에 부처로 가는 길이 있다. 지금 내 앞에 닥친 일부터 녹여 나가라. 내 앞에 닥친 일을 놓아 두고 먼 데 일을 이야기하고 걱정하는 것을 일컬어 욕심이라고 한다. 가정과 생활에서 닥치는 문제를 이겨 내지 못한다면 불법을 말할 단계도 되지 못한다. 〈모든 것을 다 버려야 한다는 것은 버리지 않고 버려야 하고, 버리되 버리지 않는 도리를 이름이니, 애착은 버리되 인연은 저버리지 않아야 한다. 인연을 따라 거두는 것이 보살행이다.

2. 죽고 사는 데 걸림이 없어야 하지만 가정적으로나 사회적으로나 책임을 완수하지 못하면 그 허물을 어떻게 하겠는가. 예를 들어 자녀들을 그냥 놓아 두고 간다면 건져 줘야 할 것을 건져 주지 못한 것이 되고, 나 하나로 인해 여럿이 희생이 된다면 그것 또한 도리가 아닌 것이다. 고로 갈 때 가더라도 책임을 다하고 갈 수 있게끔 해야 한다.

3. 자녀들에게 애착을 두지 말라. 그 아이들까지 에너지 속에다 넣어 버리고는 그냥 같이 돌아가라. 돌아가다 보면 장차 그 아이들도 틀림없이 불보살이 될 것이고 부처가 될 것이다.

법-2-104 (9-3)
원-4-2-1
생-4-2-2
생-4-2-5

4. 물질과학이 고도로 발달된 지금 시대엔 마음 세계로 들어가지 않으면 안 되게 되어 있다. 그러기에 영력으로 마음을 좌우할 수 있어야만 자식들도 제대로 키울 수 있다. 육체적으로 아무리 강요한다 할지라도 마음으로써 북을 돋아 주고 뿌리에 거름을 줄 수 있어야 하는 것이니 그런 어머니, 아버지가 되는 게 불법이다.

5. 내 전화통 있고 자녀의 전화통 있고, 내가 그 번호를 잘 알고 있는 이상은 말로, 몸으로 다그치고 욕하고 때리면서 가르치기보다는 둘 아니게 통신하면서 인도할 수 있다. 스스로 밝히고 스스로 올바른 길을 가게 할 수 있는 것이다. 그것이 뿌리에다 물 주는 이치요 에너지를 넣어 주는 것이다. 색으로

행-2-2-3 (9-5)
행-9-1-16

만 보고 안타까워하기보다 한 걸음 더 디뎌서 넓게 생각할 줄 알아야 한다.

  6. 만약 가정에서 남편은 남편대로, 자식은 자식대로 빗나간다 해도 결코 입으로, 몸으로, 물질로 상대하지 말라. 오직 마음에 맡기고 관하고, 오직 마음에 놓아 버려라. 그러면 서로 통하게 마련이다. 그렇게 할 때 전화번호를 이쪽에서 돌리면 신호는 저쪽에서 울리는 것처럼 마음의 진실이 전해지게 된다. 이것이 참된 사랑이요, 이 시대의 불법인 것이다.

  7. 아내는 남편의 여종이면서 동시에 남편의 어머니이다. 남편은 아내의 머슴이면서 동시에 아내의 아버지이다. 아내는 아내대로 때에 따라서 여종도 되었다가 어머니도 되었다가 해야 할 것이요, 남편 또한 경우에 따라서 능수능란하게 머슴과 아버지 역할을 해야 할 것이다. 그 말은 곧 감싸 줄 때와 타이를 때가 있어야 하고, 져 줄 때가 있는가 하면 권위가 서야 할 때도 있다는 말이다. 그런데 대부분 사람들은 그 역할을 뒤집어서 한다.

  그렇다면 이런 다양한 역할을 잘해서 말 한마디로 천냥 빚을 갚을 수 있는 현명한 아내, 현명한 남편, 현명한 사람이 되려면 어떻게 해야 할까. 마음을 거두어들여서 자성에 깊이 맡기고 맑고 티 없는 자세로 모든 상황에 임하는 것이 중요하다. 그런 자세로 생활을 해 나가다 보면 인간의 삶이 그 얼마나 크

나쁜 삶인지 알 수 있을 것이다. 부처님 법은 인간에게 그런
슬기의 싹을 움틔워 준다.

8. 나의 몸이라고 해서 내 것이 아니다. 부모로부터 색신을
받았으니 몸을 잘 간수하는 게 바로 효도이다.

10. 호국 불교

1. 불국토가 따로 있는 게 아니다. 마음을 닦아 놓으면 저절
로 불국토가 이루어진다. 예컨대 모든 사람들이 벌레의 생명
도 내 생명과 같이 아낄 수 있다면 무질서한 일, 악한 일이 일
어나지 않을 것이고, 내가 공하여 나를 버린다면 혼란, 범죄가
있으려야 있을 수 없을 것이다.

2. 인간은 인간만의 입장에서 자연을 대상으로 파괴와 건설
을 한다. 그 대부분의 경우가 자기를 세우고 진행되기 때문에
언젠가는 그 결과가 악업이 되어 돌아오게 된다. 그러므로 자
기를 세우지 않는 선의의 개발을 하지 않으면 안 된다. 그래야
만 자연도 살리고 인간도 살릴 수 있다.

심-1-155 (10-2)
심-1-156

3. 우리 생활이 곧 불법임을 아는 것이 곧 호국 불교이다.
만법을 청룡도검처럼 쓸 줄 아는 것이 진짜 호국 불교이다. 생

활 가운데 자기 자리를 참으로 지킬 수 있는 사람이라면 한국을 지킬 수 있고 세계·우주를 지킬 수 있다. 〈단추 하나만 누르면 어떤 전쟁도 막을 수 있는 이치가 불법이다.〉

(10-4) 심-1-158
원-9-1-8
원-6-3-3
활-2-3-7

4. 지금은 몸으로 호국 불교 하는 때가 아니다. 몸은 비록 움직이지 않더라도 내 가정과 사회와 국가를 지킬 수 있는 도리가 필요한 때이다. 그 도리는 불법밖에는 없다. 불법의 위덕은 중생의 사량으로는 헤아리지 못할 만큼 심오하기 때문이다. 불보살의 차원에서는 한 국가의 안위까지도 자재할 수가 있다.

5. 시대가 급변하는 대로 우리가 앞장서서 마음에 촛불을 켜고 밝게 나갈 수 있어야 한다. 그것이 불법이지 따로 불법이 있겠는가.

6. 호국 불교라 역설만 한다 해서 호국 불교가 되는 것은 아니다. 공한 그 자리를 믿고 거기에 모든 걸 놓을 줄 모른다면 땅에 떨어지는 말이 될 뿐이다. 그러므로 자기가 앉은 자리는 자기 스스로 지킬 수 있어야 호국 불교지, 자기 방석 하나도 지키지 못한다면 어찌 남의 방석인들 지킬 수 있겠는가.

활용(活用)편

제1장 한생각
제2장 용
제3장 치병과 천도

제1장 한생각

1. 마음내는 도리

1. 마음 도리를 모르면 백 보를 뛰어도 종종걸음에 불과하고 이 도리를 알면 앉은 자리에서 한생각에 천만 리를 드나들 수 있다. 마음이 주인이자 부처이므로 한생각 일으키면 문수요, 움직이면 보현인 것이니 한마음 자리에는 부처·문수·보현이 따로 없다.

수-3-69 (1-1)
수-4-29
수-5-8
법-2-69
법-2-81
법-2-96
법-3-71
심-1-49
심-1-154
심-1-155
원-2-1-16
원-2-4-8
원-3-1-7
원-5-1-29
원-5-2-5
원-5-2-10
원-5-3-5
원-6-1-1
원-6-1-4
원-6-3
원-6-4
원-8-3-1
원-8-3-3
원-9-1

2. 인간은 업식으로 뭉쳐진 한 혹성, 한 우주이다. 그 우주 속에서는 별들이 반짝이면서 정맥, 동맥을 따라 돌기도 하고 오장 육부, 세포를 이루기도 한다. 그런데 업식이 그렇게 돌아가고 있는 이 도리를 인간인 선장이 잘 알아서 한생각 낸다면 그 많은 업식의 별성들도 다 같이 한마음이 되어 선장을 따를 것이다. 그러나 선장이 자꾸 이랬다 저랬다, 이러면 될까 저러면 될까 하고 생각한다면 별성들도 요럴까 조럴까, 그렇게 따라 한다. 질서가 문란해지고 파동이 일어나지 않을 수 없게 된다.

수-3-20 (1-2)
수-4-49
수-4-52
심-1-10
원-7-2-13

(1-2) 원-7-2-14
원-7-3-4
원-7-3-6
생-2-1-16

3. '생각을 바르게 내라', '마음을 바르게 내라' 하는 것은 무엇인가. 주인공을 믿고 모든 것을 다 주인공에 맡겨 놓고 묵묵히 한 발 떼어 놓는 것, 무심 법행으로 생활해 나가는 것, 이것이 바름에 이르는 길이다.

'마음을 잘 쓰라'는 것은 어떠한 것인가. 모든 경계를 내 탓으로 돌려 남을 원망하지 말라는 것이다. 남을 원망하고 경계에 착을 두어 욕심을 낸다면 그 생각 하나에 모든 게 잘못되어 간다. 그러므로 한생각 선(善)으로 돌리면 곧 지혜가 생기며 그대로 부처요, 화신인 것이나 한생각 잘못하면 중생이다.

(1-4) 생-4-5-1

4. 마음을 낸다 함은 물질처럼 쓰면 없어지거나 줄어드는 게 아니다. 또 물질로써 몸이나 편하게 돕는 것도 아니다. 그것은 보살의 사랑이다. 자기와 둘 아닌 자리에서 아픔을 같이 하면서 한생각 일으키는 자비심인 것이다. 그것이야말로 우리 자신을 진실로 이끄는 힘인 것이다.

(1-5) 심-1-8
행-3-2-7
행-3-3-4
행-3-5-1
행-3-5-8
행-3-5-9

5. 한생각 내고 들인다 함은 사량으로 생각하는 게 아니다. 한생각이란 자체도 없는 것이 한생각이다. 우리가 무엇을 낸다 들인다 하는 것과 마음을 낸다 들인다 하는 것은 다르다. 마음을 내고 들이면서 한순간도 주인공을 여읜 일이 없고, 또 모든 번뇌와 경계를 되돌려 놓는다 하지만 그 노릇 또한 주인공이 할 따름이다. 우리가 어떤 말을 하든, 행동을 하든 주인공에 대한 그러한 믿음이 있다면 마음의 중심이 바로 섰다는

뜻이니, 마음의 중심이 바로 선 거기에서는 낸다 들인다 하는 사이에 한 치의 틈도 없는 것이다. 그러므로 한생각 낸다 들인다는 생각이 붙으면 그것은 걸린 것이다.

6. 한생각 내는 것은 중계자의 역할과 같다. 즉 이 육신에게도 중계자이고 나의 본래면목한테도 중계자의 역할을 한다. 비유하건대 통신을 하는 것이라고 할 수 있다. 그냥 한 찰나에 법계 전체로 전달되는 천체 무전 통신을 하고 있는데 그 빠르기란 빛보다 더해 가깝고 멀고가 없다.

7. 흔히들 한생각을 대수롭지 않게 여기는데 한생각 던져 놓으면 언젠가는 되돌아나오게 된다. 그야말로 자동 과학이라 할 수 있다. 그대로 여여하다 하는 것은 바로 한생각이 자동적으로 그렇게 돌아감을 의미한다.

원-7-1-2 (1-7)
원-7-1-6
원-7-1-7
원-7-2-2
원-7-2-8

8. 주인공에 놓고 쉰다는 것은 나의 본래 자리로 돌아가는 것이다. 만법이 그 한자리에서 출현하였으니 그 자리로 돌아가 한생각 내면 그것이 그대로 법이 된다. 그때의 한생각은 곧 자동 작동기의 버튼을 누르는 것과 같다. 모든 것이 생각대로 되어진다. 왜냐하면 그 일체 법이 근본 자리에서 일으킨 생각이기 때문이다. 다 놓았을 때 비로소 한생각에 천 리도 갈 수 있고, 한 찰나에 저승에 갈 수도 있고, 미래로 갈 수도 있고 과거로 갈 수도 있는 것이다.

행-3-5-10 (1-8)
행-4-2-1
행-4-6-10
행-4-10-4

9. 머무르지 않는 데서 생각을 내는 것이지 머무르는 데서 생각을 낸다면 바깥 경계에 끄달려서 유의 세계의 노예가 될 것이다. 그렇다고 바깥 경계를 무시한다면 그 또한 머무르는 자리에서 생각을 낸 것이므로 무의 세계의 노예가 된다. 모름지기 영원한 친구, 바로 자기의 불성 자리를 진실로 믿는다면 생각 내는 자리를 알게 된다.

(1-10) 원-7-1-5
행-4-9-5

10. 아무 집착 없이 한생각 일으키기에 온 우주의 마음이 함께하게 된다. 그런 마음을 현실에서 확인해 보라. 그러면 스스로 마음으로써 우주 일체의 마음과 하나임을 느끼게 될 것이다. 그렇다고 구태여 말을 지어서 '이렇게 저렇게 해 달라'고 하는 것은 아니다. 말 이전에 참 나가 먼저 알고 있으니 진실한 믿음에서 한생각 일어났으면 그뿐이다.

(1-11) 행-5-3-1
행-5-3-3
행-5-3-12

11. 생각이 났다 하면 이미 자동적으로 돌아가고 있는 것이다. 그러한 것을 내가 한다, 내 것이다, 내가 산다 하고 걱정하고 방황한다. 주인공이 어엿하게 하고 있는데도 사량을 지어 스스로를 복잡하게 얽어매고 있다. 생각을 했다 하면 벌써 우주 법계가 전부 안다. 생각을 내려 해서 내는 게 아니다. 예를 들어 길을 걷다가 누가 따귀를 딱 때렸다고 했을 때 생각을 내려 해서 나겠는가. 정신이 "번쩍!" 했으니 한생각 난 것이다.

12. 왜 그렇게 되었는가? '그렇게 되려니까 그렇게 됐지.'

이러는 것보다는 '그렇게 하니까 그렇게 되었지.' 하고 무겁게 굴려 놓아야 맞는다. 둘이 아닌 까닭에 그렇게도 될 수 있는 것이고 저렇게도 될 수 있는 것이지만 마음먹기에 달렸기 때문이다. 이것이 한생각의 중요성이다.

13. '안 된다, 안 되겠구나' 하는 부정적인 생각이 드는 순간에 바로 되받아쳐라. 바로 그때 '안 되긴 뭐가 안 돼! 이것은 바로 주인공이 하는 일인데!' 하고 긍정적으로 되돌려라. 그 일이 되어지는 속에서 마음의 능력, 마음의 묘법을 알게 될 것이다.

14. 한생각 잘못되면 이 몸을 구성하고 있는 세포들의 살림살이가 뒤죽박죽이 되어 나중엔 몸이 고장이 나서 병이 든다. 또 안이 혼란스러우면 외적이 침입하듯이 자기 마음의 중심을 세우지 못하고 우왕좌왕하거나 허하다면 바깥에서 세균이나 악한 영혼들이 '아! 이 집은 빈 집이로구나.' 하고 침입하여 마침내 몸을 못쓰게 되고 만다. 예를 들어 악한 습을 가진 것을 먹게 되면 그 속의 수억, 수십억 사생이 모두 악의 습에 젖어 있기 때문에 그대로 악에 오염된 수억, 수십억의 씨를 먹는 것이 된다.

그러므로 그 오염된 씨가 수없이 돌면서 전체로 퍼지게 되니 그로부터 파생되는 문제를 어떻게 이루 다 말로 하겠는가. 마치 독약을 마셔 기능이 마비되는 것처럼 악을 낳고 악하게

원-6-4-25 (1-14)
원-9-2-11
행-3-2-10
행-4-7-5

행동하게 만든다. 그런데 육신이 또한 수많은 사생으로 가득 차 있으니 그 악의 씨는 얼마나 많겠는가. 그와 마찬가지로 한생각에 의해 안 보이는 데서 영령의 씨는 수천수만 가지로 따라 나서게 된다. 한생각에 수십억을 그냥 건지기도 하고 못하기도 한다.

(1-15) 행-5-2-5   15. 한생각 잘못하면 팔만 사천 번뇌가 털구멍을 통해 들락거리고, 한생각 잘 내면 팔만 사천 부처가 들락거린다. 생각이 일어나지 않고 가만 있으면 부처라 공한 자리이나, 한생각 일어나면 만법이 들고 나니 악한 일을 생각하면 화하여 지옥이 되고 착한 일을 생각하면 화하여 천당이 된다. 한생각에 상천·하천을 오르락내리락한다.

(1-16) 심-1-101
원-6-4-25
원-7-1-2
원-7-1-7
원-7-1-8
원-7-2-6
원-7-2-11
원-7-3-1
원-7-3-19
원-8-1-7
행-4-5-2
행-4-5-3
  16. 우리의 마음이 한생각 잘못 낸다면 그로 인해 몸을 망치기도 하고 가정을 망하게도 한다. 나아가 사회·국가·지구·우주를 망칠 수도 있다. 모두가 한 몸이며 한 집이며 한 동네, 한 우주인 것이다. 내 마음속에 우주며 지구며 부처님이며 세상 돌아가는 모든 이치가 다 들어 있는 것이다. 그러므로 우리 몸도 한생각으로 돌아가게 해야 몸속의 중생들이 보살로 제도되어서 건강체가 된다.

  17. 잠재해 있는 생각 하나가 일생을 망쳐 놓을 수도 있고 일으켜 세울 수도 있다. 돈이 들고 나는 원리, 화목, 지혜, 건

강 따위가 모두 잠재된 한생각의 차이로 벌어진다. 예컨대 부모 자식 간에서 보아도 어른들의 행동이 아이들의 뇌리에 알게 모르게 입력되어 그 아이의 장래를 좌우하게 된다.

18. 식과 생명, 영원한 그 나의 주인공은 한생각 속에 수천 수만 가지로 나고 드니 시급한 문제는 한생각에 애벌레 하나, 풀 한 포기 버리지 않느냐 하는 것이다. 체 없는 마음이라 식이 식을 먹고, 식이 식에 먹히니 한생각 돌려 전부 주인공에 놓으라 하는 것이다. 〈주인공 자리에 믿고 놓으면 천차만별의 지옥고가 무너져 내리고, 밭에서 싹이 트듯이 마음의 근본이 모락모락 나오게 된다.〉

행-4-10-2 (1-18)
행-4-10-5

2. 한생각의 힘

1. 한생각이 곧 법이라, 마음의 중심을 쥐고 한생각 낼 때 우주 법계가 들썩들썩하는 이치가 있다. 마음 도리를 알면 우주 방방곡곡이 앉은 방석이라 손발이 두루 하지 않는 데가 없음이다.

심-1-94 (2-1)
원-6-2-9
원-6-3-14
행-9-1-10
행-11-3-11
활-2-1-8
활-2-3
활-3-1-1

2. 눈 한 번 치켜 뜨고 내려 뜨는 그 사이 한생각에 삼천대천세계의 소용돌이 얼음이 한 번에 녹을 수도 있다. 반면에 수억겁을 끄달리며 돌아가는 수도 있다. 한생각에 자기를 구덩

원-6-2-9 (2-2)
원-6-3-3
원-6-3-6

이에 넣기도 하고 한생각에 자기를 건져 낼 수도 있다. 그 마음의 도리, 한생각이 그렇게 중요하다.

(2-3) 원-7-1-1
원-7-1-12
원-7-3-5
원-7-3-20

3. 어떤 생명이든, 벌레 하나라도 다 한 줄에 연결되어 있기 때문에 내 마음의 주처만 잡았다 하면 한생각에 어떠한 문제라도 송수신이 이루어진다. 예를 들어 '바람이 안 불어야 할 텐데…….' 하는 생각이 들면 찰나에 말 없이, 발 없이도 전체가 전하고 받게 된다. 내 몸에서 일어나는 일뿐만 아니라 생명 간에, 법계 간에 어떠한 문제라도 다 송수신이 가능하다. 그러므로 개별적인 나 하나로서 마음을 내는 것이라면 힘이 없지만 포괄적인 하나로서 마음을 내는 것은 무궁무진, 광대무변하다. 그래서 마음내는 게 그대로 법이 되는 것이다.

4. 중생의 한생각, 한 행위가 모두 법망에 포착되어 기록되지 않는 바가 없지만 특히 주인공을 믿는 마음에서 남을 위해 한생각 냈다면 그 공덕과 위덕은 그지없다. 굳은 신심을 지닌 수행자가 한생각 일으키는 힘은 법계가 들썩거릴 정도이다.

(2-5) 원-6-2-1
원-6-3-5

5. 한생각이면 가난도 면할 수 있고, 한생각이면 질병도 낫게 할 수 있고, 한생각이면 남들도 이익하게 거두어 줄 수 있다. 마음은 체가 없어 우주를 싸고도 남는 것이니 둘 아닌 도리를 안다면 무엇이든 한 아름에 안을 수 있다. 내 상을 내세우지 말고 그야말로 무주상으로, 예컨대 잔잔하고 고귀하고

겸손한 그런 마음으로써 한생각을 낸다면 그대로 법이 되고 그 대로 약이 된다. 에너지가 같이 돌아가게 된다.

6. 너와 내가 둘이 아닌데 딱 한생각 넘기면 그냥 다 보살로 화하고 부처로 화할 것인데 이 한생각을 내지 못하기에 넘어가 질 못한다.

7. 한생각 활달하게 돌리면 지견이 바로 서서 내 앞에 사랑도 오고 행복도 찾아온다. 한생각 옹졸하면 고통이 따를 뿐이다. 육신도 마음을 따라 건강하기도 하고 병이 들기도 한다. 한생각에 부자이면 일체가 부자이고 한생각에 가난하면 일체가 가난하다. 돈이 많고 적어서가 아니라 마음에 달린 것이다. 〈마음은 시공 없이 돌아가는 것이니 그 자리에서 그냥 유무의 교차로를 건너뛸 수가 있다.〉

8. 한생각에 의사가 될 수도 있고 산신이 될 수도 있고 보살이 될 수도 있고 무엇이든 될 수 있다. 마음은 체가 없어 한생각에 무슨 그림이든 그릴 수 있다. 부처님께서는 한생각으로 동방에 아촉을 세워 놓으셨고 서방에 아미타를 세워 놓으셨고 사바세계엔 관세음보살을, 지천국엔 지장보살을 이름으로 세워 놓으셨다.

원-9-1-2 (2-8)
원-9-1-5
활-2-3-4
활-2-3-7

9. 선장 한마음에 수십억 사생이 천백억 보살로 화한다는

것을 알아야 한다. 전자가 원자를 끼고 바깥으로 들락날락하면서 갖가지 용도로 나투듯이 지장을 청하면 지장으로 화하고, 관세음을 청하면 관세음으로 화하니 모두 마음의 나툼인 것이다.

10. 수억겁을 두고 얽히고설킨 뿌리가 바로 바라밀로 돌아갈 수 있는가 하면 육적으로, 업보로, 윤회로 돌아갈 수도 있다. 그러나 얽힘 없이 얽혀 있다면 그 자리가 우주간 법계요 만법의 이치가 되니 어찌 업보라 할 것인가.
한생각에 수미산만 한 업을 지을 수도 있고, 한생각에 수미산만 한 것을 없앨 수도 있는 것이다. 한생각이 지옥을 만들고 한생각이 극락을 만든다.

(2-11) 원-3-5
원-4-10

11. 불보살이 아니더라도, 설사 수행의 경지가 깊지 못하더라도 주인공을 믿는 깊은 신심의 바탕 위에서 한생각 일으키면 마치 산울림처럼 우주 법계에 다 울려 퍼지면서 메아리가 되어 내게 돌아온다.

12. 마음이 지극하고 착하고 올바르다면 불법을 알고 모르고를 떠나서 수천, 수만 번 절을 하며 빌지 않아도 한생각이 곧 법이 되어 버린다. 그러나 미진한 마음이라면 되는 둥 마는 둥 하게 된다.

13. 대통령에 의해서 장관도 있고 검사도 있고 수사 기관, 정보 기관, 행정 기관도 형성되는 것이다. 따라서 여기저기 찾아다니며 말하고 부탁하지 않아도 대통령이면 전부 해결할 수가 있다. 그와 마찬가지로 내 한생각에 모든 게 따라오게 만들어야지 여기저기 쫓아다니며 일일이 부탁한다면 그것처럼 어려운 일이 어디 있겠는가. 마음으로 한생각 낼 수 있다면 몸은 유유하게 사랑할 건 사랑하고, 보시할 건 보시하고, 조금도 어김없이 질서를 지키며 지혜롭게 살면서도, 모든 것을 여여하게 함이 없이 할 수 있을 것이다. 〈그렇게 함이 바로 공한 도리, 대공의 이치요, 진리요, 종교가 아니겠는가. 외도란 다른 게 외도가 아니라 형상에 팔리고 이름에 팔리는 게 외도이니 내 마음이 미신적으로 돌면 미신이 되는 것이다.〉

14. 모두가 한마음이기에 손가락 하나를 들어도 일체가 다 함께 들린다는 사실을 알아야 한다. 천·지·인이 다 마음의 통로로 연결되어 있음을 알아야 한다. 삼천대천세계, 연화장의 그 세계가 다 연결되어 있으니 내 마음에 안테나 하나 세워 놓으면 우주 법계의 통신이 다 나고 든다. 그러므로 한생각 내면 그대로 법이 된다.

법-3-66 (2-14)
법-3-67
심-1-28
심-1-33

제2장 용

1. 체와 용

(1-1) 법-2-112
법-3-64
심-1-42
심-1-88
심-1-158
원-7-3-18
행-5-4-12
행-11-6-6
활-1-2

1. 활용법이 따로 있는 게 아니다. 용이란 어느 것 하나를 세워 놓고 하는 말이 아니고, 그릇으로 비유하자면 완전히 빈 그릇으로서 그 어떤 언어도 붙지 않는, 나·너도 세울 게 없는 그 자리에서 그대로 나가는 것이다. 그렇다고 아무 생각조차 하지 말라는 것은 아니다.

마음내지 않으면 송장이고 한생각 일으키는 것은 발전이다. 근본 마음에 놓아진 상태에서 그대로 하면 바로 용인 것이다. 용이란 일상생활에서 할 것 다 하면서도 놓고 하는 것을 말한다. 〈그릇이 비었다면, 주인공이다 아니다를 떠나서 그대로 활용이고 그대로 참선이다. 그릇이 비었다는 말조차 붙지 않는 그 자리에서 한생각 일어나면 전체가 같이 돌아가기에 그대로 묘법의 활용인 것이다.〉

2. 태양은 언제나 자기 자리에 스스로 있을 뿐이면서 그 빛

으로 만물에 이익을 주고 희망을 준다. 그 이익은 태양이 그러 하자고 해서 그런 것이 아니라, 자기 자리에 자기로서 있음이 낳은 공덕인 것이다.

그와 같이 체로서 용도 절로 우러나온다. 그러므로 자기 자신을 밝힘은 그대로 만 중생에 빛을 주고 이익을 주며 공덕은 저절로 이루어진다. 구태여 마음을 쓴다 하지 않아도 절로 이루어진다.

3. 체와 용이 본래 둘이 아니다. 그 본래면목과 생각을 내는 나와는 둘이 아니다. 주인공 자리에는 체도 있고 용도 있다. 눈 가는 데 귀 가고, 귀 가는 데 눈 간다.

4. 우리가 태어난 게 바로 활용법의 근본이다. 그대로 생명이요, 그대로 마음이요, 그대로 고정됨이 없이 나투고 돌아감이니 그대로 용인 것이다. 그렇게 전부 공한 줄 안다면 거기에 따로 무엇을 세워서 활용한다고 말하겠는가. 그냥 보고 싶으면 보고, 먹고 싶으면 먹고, 일하고 싶으면 하는 것도 다 용인데 그것을 모르고 아상을 세우는 마음이 문제인 것이다.

심-1-7 (1-4)
원-4-3-2
원-4-5-1
원-5-1-8
원-5-3-1
원-5-3-9

5. 가을이 되면 추수해서 거둬들이고 봄이 되면 다시 씨로서 나가게 된다. 그렇게 나고 들고 하는 게 씨이자, 그대로 법이고 용인 것이다. 바다로는 구정물, 흙탕물, 깨끗한 물 다 들어온다. 거기서 다 가라앉혀서 다시 대기 중으로 나가게 된다.

들고 나는 게 그대로 법이자 용이다.

   6. 들이고 낸다는 그 이름에 걸리지 말라. 일체 만법을 들이고 내는 것이 함이 없이 하는 것이다. 무심의 용인 것이다. 예컨대 목이 탄다, 물이 먹고 싶다 할 때에 자동적으로 물을 찾는 게 쓴다 함이 없이 쓰는 것이다.

(1-7) 원-4-5-1
원-4-5-7
원-7-2-4

   7. 그러나 먹고 자고 일하고 하는 게 그대로 용이라고 해서 "이게 그냥 용이 아니겠느냐." 하고 만다면 생각나기 이전을 볼 사이가 없다. 도리를 알면 그대로가 '용'이지만 그것을 모르기에 처음에는 그냥 용이라고 하는 그 모든 경계를 한군데로 몰아 "누가 하는 것인가. 용이 나오기 이전, 말 나오기 이전, 생각나기 이전을 참구하라." 하는 것이다. 믿고 놓고 맡기라는 것이다.

(1-8) 심-1-16
원-6-2-9
원-6-3-14
행-9-1-10
행-11-3-11
활-1-2
활-1-2-3
활-2-3
활-3-1

   8. 사람이 살다가 화급한 상황에 처하게 되면 술법을 쓸 수도 있을 것이다. 그러나 무심으로 해야 도인데 그 뜻을 모르고 술법에만 역점을 두어 자기 능력이라고 내세운다면 그야말로 술수에 불과한 것이다.

   9. 내 몸과 네 몸이 둘이 아닌 것을 모르고, 내 자리 네 자리가 둘이 아닌 것을 모르고, 내 아픔 네 아픔이 둘이 아니라는 것을 모르고, 내 아비 내 자식, 네 아비 네 자식이 둘이 아니라

는 걸 모른다면 한마음의 열쇠를 받을 수 없다. 자신이 자신을 더 잘 알아서 자신이 자신에게 열쇠를 맡기는 것인데 능력이 조금 붙었다 해서 그 능력을 이용해 "너 맛 좀 봐라." 하는 식으로 나간다면 결코 열쇠를 받을 수 없다.

10. 뜻을 모르고 쓰면 술이요 알고 쓰면 도이다.

2. 주인공의 체험

1. 작은 일에서라도 참 나의 힘을 체험해 보라고 함은, 생활 가운데서 만나는 어려움들을 사량심에 의존하거나 다른 권위와 방편에 의지하지 말고 내 안에 깃들어 있는 무한 동력의 발전소에 의지해 보라는 뜻이다. 그렇게 함으로써 조금씩 내면의 힘을 느낄 수 있기 때문이다. 마음 도리란 오직 실참 한 사람만이 실참으로 알 뿐 말로써는 알 수 없는 것이다.

수-5-16 (2-1)
법-2-51
법-2-53
법-2-56
심-1-78
생-2-2-9

2. 수행 과정 중에 점검과 체험을 위해 마음을 내 보는 경우가 있다. 신심이 깊어 일체를 놓고 맡기는 무심의 상태에 이르면 따로 '마음을 낸다', '용이다' 할 것도 없지만 수행 과정에서는 체험이 필요할 때가 있다.

3. 아무리 운전 연습을 열심히 해서 면허증을 받았다 할지

라도 차량이 붐비는 도로에 나가 굴려 보지 않으면 제대로 알 수가 없다. 그러기에 사람에 따라서 '운전 실습을 해 보라'고 이르는 것이다.

(2-4) 행-6-2-1
행-6-2-9

4. 내가 맛을 보고 쓴지 단지를 알아야 마음을 낼 수 있다. 맛을 모르면서 움직인다 하면 아무것도 넣지 않고 빈 맷돌을 돌리는 것과 같다.
 잘생긴 남의 어머니보다 못났어도 내 어머니가 소중하다. 다른 나무에서 무르익은 열매보다 내 나무의 열매가 낫다.

(2-5) 심-1-42
심-1-43
심-1-156
원-6-2-2
원-6-2-9
원-6-4-16

5. 자기에게 열 사람의 일꾼이 있든 백 사람의 일꾼이 있든 쓰지 않는다면 있으나마나이다. 그와 같이 나의 근본에는 무한량의 능력이 있지만 쓰지 않는 사람에게는 아무 소용이 없다. 능력을 믿고 쓰면 부처가 되고, 능력을 믿지 못해 못 쓰는 사람은 중생인 것이다. 〈광대무변한 부처님 법을 왜 좋게, 넓게 쓰지 못하고 적게, 용렬하게 써야 하는가. 부처님의 가르침을 왜 미신적으로 받아들인단 말인가. 이 도리를 알면 내 몸의 털구멍을 통해서도 수만의 불보살을 수호신으로, 화신으로 쓸 수 있고 더 나아가 뒹구는 가랑잎 하나라도 수호신으로 쓸 수 있는 것이다.〉

6. 사실은 지금 중생들이 살아가고 있는 그 자체가 그대로 신묘한 용이다. 다만 중생들이 그것을 모르고 신기한 것만 찾

는 병에 걸려 있으니까 이 도리를 공부해야 하고 신묘한 용을
스스로 확인해 보라 하는 것이다. 그렇더라도 용의 근본은 절
대 선을 바탕으로 삼는다. 물론 진실의 과보로써 얻어진 법의
힘이라면 잘못 쓰여질 까닭이 없겠지만 말이다.

3. 신통 묘용

1. 도 안에는 신통이 있으니, 텅 비어 고정된 바가 없고 내
세울 바 없는 그것에서 참으로 묘용이 나온다. 그러나 신통에
매달려서는 안 된다. 오신통도 도가 아니라 함은, 같은 신통이
라도 공적한 데서 나오면 묘용인 것이지만 신통만을 위한 것이
라면 삿된 길이기 때문이다. 본분은 텅 비어 공적한 것이다.

법-2-62 (3-1)
법-2-99
법-3-47
법-3-67
법-4-3
심-1-17
심-1-150
원-6-3
원-6-5-5
행-3-5-2
행-3-5-3
행-3-5-8
행-9-1-10
행-9-1-15
행-9-1-20

2. 오신통을 다 통했다 해도 도가 아니다. 우리는 오관을 통
해 항상 오신통을 부리고 있고 하고 있지 않은가. 그렇게 여여
하게 하면서도 자기가 하는 줄 모르고, 자기가 어떻게 어디서
와서 어디로 가는 것조차 모른다면 어찌 부처님 제자라 할 것
인가. 오신통을 죄 알아도 도가 아니니 그것은 우리가 부리는
것이기에 말려들지 말라 해서 도가 아니라고 하는 것이다. 〈오
신통은 마음의 부속품이라 할 수 있다. 그러하기에 오신통을
통해도 도가 아니다.〉

행-5-3-7 (3-2)
행-10-1-11
생-2-1-9

(3-3) 법-4-14
심-1-17
행-11-3-7
행-11-6-3

3. 과학 발명품을 다루는 것은 역시 인간이어야 하듯이, 그리고 그런 발명품을 잘못 이용하면 오히려 인간에게 폐해를 주듯이, 오신통 또한 그를 다룰 줄 아는 참 주인이 있어야만 하며 그것을 참되게 부릴 줄 알지 않으면 안 된다. 자신이 오신통을 부리느냐 말려드느냐는 매우 중요한 문제이다. 고로 나라고 내세울 바 없는 공적한 나를 깨쳐야만 한다. 나 없는 도리를 깨친 누진이 바로 오신통의 주재자이다. 누진의 신통은 묘용이라 하나 그렇지 않은 신통은 술에 불과하다. 〈통에서 벗어나야 자재로이 통을 굴릴 수 있다. 오신통에서 벗어나 누진이 되어야 오신통을 자재로이 굴릴 수 있다.〉

(3-4) 원-9-1-2
원-9-1-3
원-9-1-7

4. 도의 체험을 해 본 사람만이 보이는 50%에 안 보이는 50%를 충전할 수 있다. 그런 사람만이 오신통의 재료를 마음대로 굴리면서 천백억 화신으로 응하여 털구멍으로 들고 나며 줄 것은 주고 뺏을 것은 뺏는 자비로서 중생을 모두 건질 수 있다.

(3-5) 원-6-3-1
원-6-3-9
행-3-5-2
행-3-5-10

5. 신통 묘용이란 마치 코드를 꽂아 전기를 사용하는 것과 같다. 전기는 같지만 쓰임새는 다양하다. 그런데 그런 무의 전기가 이 허공계에 항상 여유 있게 흘러넘치고 있다. 오직 믿는 자만이 그것을 쓰는 것이다. 오직 눈 뜬 자만이 그것을 쓰는 것이다. 〈자기 마음의 자가 발전소를 완벽히 돌려야 불이 들어오면서 자기와 더불어 남들도 환하게 비출 수 있다. 사실은 모

든 중생이 스스로 켤 수 있는 발전소가 설치되어 있건만 그것을 켤 줄을 모른다. 아니 본래 밝혀 있는데 그것을 모를 뿐이다. 놔 버리는 과정 없이는 그 귀중한 보물을 얻을 수 없다.〉

6. 되는 것 안 되는 것, 죽는 것 사는 것 등 모든 것을 한데 묶어 주인공에 다 넣었을 때에 용도에 따라서 작으면 작은 대로 크면 큰 대로 꺼내 쓸 수 있다. 많은 것을 담으려면 큰 그릇을 꺼내야 하고 적은 것을 담으려면 작은 그릇을 꺼내 쓰듯이 모든 것을 몽땅 놓고 가면 전체가 그대로 한 그릇이라 무한량으로 담을 수도 있고 무한량으로 꺼내 쓸 수도 있게 된다. 그리되면 크고 작은 게 없으니 '작은 것은 되는데 큰 것은 안 된다.' 하는 법이 없다. 마치 전기를 끌어 쓸 때에 전기 자체엔 크고 작은 게 없어 끌어 쓰기에 달려 있는 것과 같다.

행-4-10-1 (3-6)

7. 우주의 근본과 나의 근본이 둘이 아닌 까닭에 둘 아니게 나툴 수 있으니 태양이 내가 되고 내가 태양이 될 수 있어야 지구적인 문제를 조절할 수 있다. 가령 나라의 문제라 한다면 지구적 차원에서 조절할 수 있어야 문제를 풀 수 있을 것인즉, 조절한다 함은 둘 아니게 나툴 수 있음을 말하는 것이다. 〈어떤 사람이 될 때를 나라고 부를 수 없고, 어느 미물이 될 때를 나라고 할 수 없고, 어느 목신·지신·용신이 될 때를 나라고 할 수 없이 일체 만물만생으로 화하여 돌아가니 그래서 부처라 이름하여 부르는 것이다. 이런 각을 이룬 마음이라야 무심

법-2-96 (3-7)
법-2-112
법-3-64
심-1-158
원-9-1-8
행-3-3-9
행-11-8-6
생-4-10

의 도리, 중용을 스스로 할 수 있고 자유자재할 수 있다. 그러므로 대자유인이라고 한다.〉

(3-8) 원-4-10   8. 바가지를 엎으면 바로 전체를 덮는 것이고, 제껴 돌리면 그대로 전체를 담고 쏟고 할 수 있는 게 이법의 활용이다. 한 생각에 삼천대천세계의 업 덩어리를 녹일 수도 있고 짊어질 수도 있는 게 부처님 법의 무궁무진한 도리이다. 다양하게 돌아가는 마음을 한마음으로 꿰어 쥔다면 어떠한 조건이라도 다 풀어 낼 수가 있고, 다양하게 꺼내 쓸 수도 있고 다양하게 조절할 수도 있다. 따라서 과학의 문제, 인류의 문제, 나라의 문제도 다양하게 조절하며 살림을 꾸려 갈 수 있는 것이다.

9. 일심으로서 원심력을 얻는다면 시방을 다 지배하고, 들이고 낼 수 있다. 그때는 빙긋이 웃고 한 발 떼어 놓아도 온 법계가 다 울린다. 그렇게 그냥 찍는 대로 법이 되어야 활궁공법으로서 평화를 얻을 수 있고 죽은 세상, 산 세상을 자재할 수 있는 중용을 하게 된다. 그것은 에너지와 질량이 천차만별로 되어 있다 할지라도 둘이 아닌 까닭에 그대로 응용할 수 있는 능력이 있기 때문이다.

10. 글씨는 백지 위에 쓰여진다. 대용은 텅 빈 마음에서 발현한다.

제3장 치병과 천도

1. 치병의 도리

1. 모든 문제를 주인공에 맡겨 놓으면 병의 원인을 알고 치료법 또한 알고 있어서 마치 안 보이는 중에 전력이 오고 가듯이 무엇이든 스스로 와서 약이 되어 준다. 급할 때는 동물, 식물도 약이 되어 주니 마음속의 보배는 그야말로 능력이 무한하여 자동적이다.

심-1-94 (1-1)
원-6-2-9
원-6-3-14
원-9-1-2
원-9-1-4
행-9-1-10
행-11-3-11
활-1-2
활-1-2-3
활-2-1-8
활-2-3

2. 예컨대 병에 걸렸을 때 그 병을 나와 따로 보면 각각이 되어서 병이 나를 해치지만 그것의 근본이 나와 둘이 아닌 줄을 알아 믿고 나아가면 병도 나를 해치지 않는다. 왜냐하면 내가 나를 해치는 법은 없기 때문이다. 병도, 가난도, 번뇌조차도 다 나 아닌 게 없다. 그 또한 주인공의 일이니 주인공에 맡겨 놓아라. 그러한 이치는 다른 모든 면에서도 마찬가지이다. 일체를 둘로 보지 않고 나로 받아들여 포용하면 일체가 바로 내가 되는 것이니 둘로 보지 않는 수행이야말로 그처럼 위대한

법-2-66 (1-2)
법-2-67
법-2-71
법-2-73
법-2-88
원-2-4-1
원-3-5-11
원-6-3-10
행-3-2-12
행-3-3-4
행-4-5-1
활-1-1-14

힘을 낳게 한다.

(1-3) 법-2-63
법-2-68
법-2-76
법-2-94
법-3-20
법-3-21
심-1-56
심-2-15
원-3-6-9
원-7-3-10
행-3-3
행-3-3-5
행-3-3-8
행-3-5-7
행-4-4-1
행-4-6-10
행-4-9-3
행-4-9-4
행-7-2-4
행-10-1-2
생-2-1-12
활-2-1-7

3. 진실되게 믿는다면 주인공에게 '이것 좀 잘되게 해 달라, 저것 좀 잘되게 해 달라' 부탁할 것도 없다. 잘되는 것 안되는 것 모두 주인공이 더 잘 알고 있을 것이니 '해 달라'가 아니라 '주인공밖에는 할 수 없다'가 된다. 말로써가 아니라 뜻으로써이니 마음으로써 한생각 내는 것이다. 병도, 가난도, 괴로움도 마음으로부터 일어나고 지옥고도 마음으로부터 일어나는 것이므로 예를 들어 병고가 닥쳤다면 "이 병고도 전부 내 주인공밖에는 없앨 수 없지." 하고 밀어 넣는 것이다. 그러면 일체 보살이 한 찰나에 와서 든다.

4. 가령 어느 부위에 고장이 났다고 할 때 주인공으로부터 해결하려 하지 않고 잘못될까 걱정하여 사량으로써 이렇게 저렇게 온갖 의심을 하게 되면 마치 한 배에 선장이 둘이 있는 꼴이 된다. 너도 선장이고 나도 선장이고, 이렇게 되면 문제는 더 심각해진다. 거짓 나가 중간에 끼어들어서 일을 더 어렵게 만들게 된다.

(1-5) 원-3-5-2
원-3-5-3
원-7-2-14
원-7-3-1
생-2-1-16

5. 거대한 공장 속에 또 많은 분공장들이 있어도 주인이 제대로 끌고 간다면 종업원들의 능률이 올라 잘 돌아갈 것이다. 마찬가지로 오장 육부 안에 수많은 공장이 있지만 주인이 진두 지휘를 하면 일에 능률도 오르고 몸도 건강하게 유지된다. 그러나

자기 주인을 믿지 못하고 이 말 저 말에 휩쓸려 갈대처럼 흔들린다면 어느 때 뿌리째 썩어 들어가는 경우를 만나게 된다.

6. 병원의 치료도 중요하지만 먼저 스스로 치료해야 한다. 의학적으로 부족한 부분은 보이지 않는 데서 충당해야 하는데 업식으로 뭉쳐진 그 속에서 일어난 것은 속에 있는 것들을 이용해 치료해야 한다. 누구에게나 광력·전력·자력 등이 갖추어져 있으므로 그렇게 해야 한다.

7. 마음의 약이 제일이다. 만약 오장 육부 중에 어느 한 부위에서 파업이 일어나도 병이 든 것인데 한마음의 지배인이 한 생각 일으켜 이열치열식으로 '거기서 일어난 것 거기서 알아서 해라.' 하고 놓으면 치유된다. 그러할 때에 단번에 나을 수도 있으나 조금씩 조금씩 끌고 가는 경우도 있으니 그것은 주인공이 공부하라고 숙제를 내는 것과 같다. 그러므로 좀 괜찮아졌다고 그냥 해이해져서는 안 된다.

8. 몸이 아플 경우에 '주인공! 낫게 해 주십시오.' 하는 것은 기도이다. 기도하는 자와 받는 상대가 따로 있는 것이다. 그러하기에 '주인공! 다 주인공이 하는 것이니 이래도 되는 것인지 알아서 하시오.' 하고 관하라 하는 것이다. 이것은 기도와는 달라서 나의 이기심, 나의 아상이라기보다는 뭐라고 말할 수 없는 진하고 아픈 심정에서 내가 나에게 말 없는 말을 하는 것

행-7-2-2 (1-8)
행-7-2-4
행-7-2-9

이다. 마치 거울에 사물이 비치듯이 비쳐지는 그런 마음의 말을 하는 것이다.

(1-9) 활-3-1-2
행-3-3-4

9. 자기가 부리는 심부름꾼이 병에 걸렸다면 고쳐 주지 않고 버려 둘 것인가. 당장 불편하기 이를 데 없으니 고쳐 주지 않고는 못 배길 것이다.

육신은 참 나의 시자이다. 육신에 병이 들었다면 주인인 참 나에게 맡겨라. 수억겁을 거쳐서 여기까지 끌고 온 주인인데 안 고쳐 줄 리가 없다. '네 시자이니 네가 고쳐라.' 하고 주인에게 맡겨라. 믿고 맡기면 된다. 참 주인이라고 믿지를 못하니까 고아 신세처럼 전전하게 되는 것이다.

(1-10) 원-3-5-1
원-3-5-2
원-3-5-3

10. '거기서 나온 것이니까 거기에다 되놓는다.' 하면 인과응보로 뭉친 모든 세포 생명들이 이때를 맞아 활개를 펴고 당당하게 움직이면서 필요한 모든 것을 잘 공급해 주니 비로소 병 증세가 낫게 된다. 그러나 주인공을 믿지 못하면 탈이 났어도 제대로 대처하지를 못한다. 마치 배가 고장이 났을 때 능력 있는 선장이 있는 줄 모르고 선원끼리 우왕좌왕하는 꼴과 흡사하다.

11. 기계가 고장이 나면 어디에 가서 고쳐 달라고 하는 게 빠른가? 바로 기계를 만든 사람에게 부탁하는 게 가장 빠른 길이다. 마찬가지로 육신에 고장이 났다면 먼저 육신을 있게 한

근본을 찾아야 한다. '한마음 주인공이시여, 당신이 이렇게 항상 해 놓았으니 당신이 알아서 하시오.' 하고 맡기는 도리를 알아야 한다.

12. 안수 기도나 그 밖의 수단으로 병을 고친다 하는 것은 외도에 지나지 않는다. 부처님 법은 마음으로 오고 감이 없이 오갈 수 있거늘 손으로 만져서 낫는다 함은 단 세 치만 알아도 할 수 있는 것이다.

13. 서로 때리고 치고 받은 게 악의 업보가 되어 돌아왔으니 내 마음을 자꾸 충동질하고 그래서 우환이 끼고 몸이 아프고 어려움에 직면케 된다. 그렇게 꼬리에 꼬리를 물고 가는데 그것을 놓는다면 병이 되었다가도 바로 약사로 화한다.

14. 이 지구가 사계절의 영향을 받고 대기의 영향을 받듯이 인체도 움직이는 인연 따라, 생각하는 인연을 따라 영향을 받는다. 또 지구 한구석에서 전쟁이 일어나 서로 죽이고 죽는 일이 벌어지면 세계 평화가 흔들리듯 오장 육부의 평화도 그러하다. 지구의 살림살이나 육신의 살림살이가 같아서 만약 병이 들었다 하면 내부의 생명들이 회의를 열고 대처하느라 분주하게 돌아간다.

15. 한생각에 수많은 세포가 하나하나 따르고 있는데도 그

것을 모르고 그냥 사량대로 해 나가다 보면 질서가 문란해지고 파업이 일어난다. 오장 육부가 다 파업을 일으킨다. 그러나 왜 파업이 일어났는지 그것을 모르니까 마음으로 가라앉힐 수 없게 된다.

(1-16) 원-3-5-11 　16. 모든 음식이 약 아닌 게 없다. 마음이 제일의 약이지만 그 다음으로 음식이 약이 된다. 그리고 그 음식은 내 속에서 달라는 대로 줄 때에 동물성이든 식물성이든 저절로 약이 된다. 좋은 것, 나쁜 것 가려서 먹으려 애쓰지 않아도 내 속의 중생들이 달라는 대로 주면 된다. 그러면 아무 탈이 없다.

　17. 절에 가서 아무리 많은 절을 하고 아무리 오래 앉아서 좌선을 한다 해도 안으로 향한 마음이 아니라면 큰 효과가 없다. 자기 속의 빛으로 병을 낫게 할 수 있다면 그것이 불법의 활용인 것이니 스스로 맛을 보아야 한다.

　18. 상대의 불성이나 내 불성이 똑같다. 그러므로 마음을 낸다는 게 일부러 그렇게 하는 게 아니라 간절히 한마음의 도리를 믿는 데 있다. 예를 들어 어머니의 병환이 지중하다 할 때, 마음속으로 '어머님이나 나나 주인공이 형성시켰고 그 마음이나 내 마음이 한마음인데 내 마음이 이러하다면 어머님의 병환인들 낫지 않을 리 없다.' 하고 굳게 믿어 일임하고 놓는다면 그것이 곧 마음낸 것이다.

19. 육신 속의 중생들을 보살로 화하게 할 수 없으면 그 업보성을 해결할 수가 없다. 또 그렇게 할 수 없으면 보이는 것과 보이지 않는 것 100%를 작용하면서 굴리는 중용을 할 수가 없다. 내 중생 하나 구원할 수 있다면 남의 중생도 전부 구원이 된다. 나 아닌 게 없기 때문이다.

2. 천도

1. 생활하는 중에 모든 일에서 간절하게 마음 안으로 고하면 마음 안에는 부모 조상이 다 계시고 보살 신중이 다 있으니 삶이 그대로 부모 모시는 제사요 부처님께 공양 올리는 재가 된다.

법-2-90 (2-1)
법-2-103
심-1-100
원-4-2-3
원-5-3-3
생-3-1-16
생-3-1-17
생-4-2-5

2. 형식으로만 조상님을 공양한다면 조상님의 중생적 모습만 보고 조상님의 참 근본인 부처님의 모습, 모습 아닌 그 모습은 보지 못하는 것이 된다. 참 수행자라면 조상님께 감사하는 생각을 하되 늘 자기와 더불어 해야 한다.

그러므로 마음으로부터 나와 조상이, 나와 부처가 하나인 줄 안다면 제사를 지낼 때도 내 마음의 떡이 있으니 그것으로 족하다. 마음의 떡 하나에 인등이 있고 향이 있고 청수가 있다. 하지만 마음의 도리를 몰라 일일이 상 차려야 제사를 지낼 수 있다고 한다면 그것은 조상을 숭배하는 게 아니라 모독하는 것이요 스스로를 우습게 만드는 것이 되고 만다.

3. 모든 것을 맡겨 놓고 천도를 할 때 일체 제불의 마음과 조상님들의 자식 위하는 마음이 한데 합쳐져 큰 밝음이 되어 한 찰나에 천도가 된다. 또 마음의 도리를 알아 원력이 당당해졌을 때는 조상의 마음도 한자리에 하는 것이라 그대로 천도가 된다. 촛불 하나 안 켜 놓아도 마음으로 밝은 인등을 켠 것이니까 그 인등 속에서 다 이루어진다. 그러나 천도재를 하면서도 제도해 주는 부처님이나 기도드리는 사람의 마음이나 또 그것을 받는 조상의 마음이 한자리인 줄을 믿지 못한다면 그 마음이 믿지 못하는 것만큼 거리가 멀어진다.

4. 천도에는 세 가지 단계가 있다. 첫째는 마음 도리를 모르면서 과거에 '이렇게 하라'고 한 말씀을 따라 외우면서 하는 것이다. 또 하나는 스님네들이 마음 도리를 알아 일체를 다 맡겨 놓고서 천도할 때 마음내는 능력의 차원에 따라 이루어지는 것이다. 또 한 단계는 일체 제불의 마음과 모든 조상들의 마음이 둘이 아닌 까닭에 한자리에서 모든 것이 이뤄지고 나고 드는 줄을 알아, 따로 재를 지내고 말고 할 것도 없이 천도되는 경우이다.

5. 마음 도리를 알아서 함이 없이 했을 때 비록 떡 한 그릇, 물 한 그릇 올려놓고라도 영령들이 그 마음 안으로 들어온다.

그렇게 마음과 마음이 합쳐짐으로써 아주 큰 밝은 불이 되어 한 찰나에 천도가 되기도 한다.

6. 깨달은 분이 영식을 본다 함은 어떤 고정된 모습을 보는 게 아니라 살아생전의 마음자리를 보는 것이다. 사람은 몸이 떨어져도 생전의 의식 차원 그대로 걸리기 때문에 그 차원을 보다 밝은 차원으로 이끌어 가는 게 천도재이다. 눈 뜬 사람이 장님을 이끌어 가는 도리와 같다.

원-8-1-9 (2-6)

7. 부모 형제 조상이 이 도리를 모르고 죽었다 할지라도 내가 알면 통신이 된다. 주인공에 모든 것을 일임하고 일체 만법이 나고 드는 것을 믿고 나아간다면 천도가 된다.

법-2-103 (2-7)
행-4-10-2
행-4-10-5
생-3-2-12

뜻으로 본다면 조상과 부처가 함께한 근본 자리는 항상 충만하여 법 양식으로 가득 채워져 있다. 그 자리엔 일체가 갖춰져 있어 항상 밝고 명랑하니 내 마음의 참뜻으로부터 잘 정돈이 된다면 조상님들도 다 올바르게 된다. 그러기에 한 집안에서 진짜 중이 한 사람만 나와도 위 아래로 십 대, 아니 이십 대까지도 복덕이 간다고 하는 것이다.

8. 예수재를 지내는 것은 부모에게 무의 통장을 해 드리는 것이다.

9. 모두를 내 몸같이 생각하고 내 아픔같이 생각하면서, 죽

은 사람이라도 한마음으로 안아 나로 만들어 다시 내놓는다면 그것이 바로 천도이다.

    10. 입자와 반입자가 한데 융합되어 반응할 때 두 입자의 질량은 다 없어지고 광력, 즉 에너지 광만 나온다. 마음과 마음이 둘 아닌 데서 불이 번쩍 할 때에 네가 불을 들어오게 했다고 할 수도 없고 내가 불을 들어오게 했다고 할 수도 없으니 어느 쪽에서 일을 했다고 하겠는가. 누가 누구를 위해 낫게 하고 해결했다고 하겠는가. 마음 도리를 공부하는 사람들은 이와 같이 해 나가지 않으면 성사되지 않는다.

3.

게송·선시편

- 계송·선시
- 선법가
- 뜻으로 푼 경전

게송·선시

내가 이미 죽으니
이름 없는 그 이름이여

자타가 함께 죽으니
이름 없는 이름이여

자타가 더불어 두루 나투니
이름 없는 그 이름이여

안과 밖이 없이 텅 비어 고요하니
이름 없는 이름이여

(날짜 미상, 마음공부의 단계를 표현함)

◇   ◇   ◇

삼월 보릿고개 넘으려니
넘을 길이 아득하다
칡뿌리 캐어다 절구통에 퐁퐁 찧어
떡 하나를 먹었더니 모두 다 죽었네
칠월에 오곡이 무르익어
다시 먹고 다시 살아
구월에 추수하여 곡식이 풍족하니
가만히 앉아서 밥 지어 먹는구나!

(1986. 2. 24. 담선 법회 중에 읊으심)

◇   ◇   ◇

참 나는 일체가 같이하고 있건만
이름만 알고 높았으니 어찌 편하리
일체가 내 몸 아닌 것이 어데 있을까마는
주고받음 없이 전달하지 못해
이름이 더욱 새로워 큰 걱정이로세

(1984. 3. 9. 담선 법회 중에 읊으심)

◇   ◇   ◇

한천 같은 달빛은 빛만 안고 온 누리를 도누나
내 마음 네 빛과 다르지 않고 함께 돌거늘
어찌해 웃는 것도 없고 우는 것도 없이
이렇게 그냥 묵묵히 걸어가는 것을
적적함을 그대로 아무 생각 없이 말없이
달빛이 가는 것처럼 비치는 것처럼
꽉 차 버리고 꽉 차 버리고
웃을 것도 없고 울 것도 없고
또 생각할 것도 없고 생각 안 할 것도 없이
그냥 꽉 차 버리니
심심해서 적적해서 어쩌겠나

(1984. 3. 9. 담선 법회 중에 읊으심)

◇   ◇   ◇

음지 양지 없는 땅에
뿌리 없는 나뭇잎을
온 누리에 서신 띄워
유생 무생 모든 생명들이
같이하고 같이 돌고 있으니

어찌 나툼이 아니리오
내세울 게 뭐 있는가
모두가 나일 뿐이네

너무도 즐거워서
백학은 슬기롭게 놀았노라
어떤 새가 제일 큰가 했더니
깜짝 새가 제일 크노라

(1984. 4. 1. 담선 법회 중에 읊으심)

◇   ◇   ◇

한 상이 아니라 두 상도 아니요
두 상이 아니라 한 상도 아니라
어찌 한 상이다 두 상이다 하겠소

음지 양지 없는 골짜기에
뿌리 없는 나무가 서신을 통해
동서를 오가니 어찌 한 자 두 자 찾겠소

심월이 밝으면 온 누리에 빛을 비추거늘
꽃은 꽃이로되 수만 가지가 피고 있으니

어찌 한 자 두 자 찾겠소

(1984. 4. 12. 담선 법회 중에 읊으심)

◇   ◇   ◇

더럽고 깨끗한 것 수많이 늘어져 있는데
백설이 뒤덮으니 보이지 않고
앙상한 가지마다 눈이 덮여
목마른 그 고통을
한 모금 물방울로 뿌리에 내려
푸른 가지마다 꽃이 피네
하얀 꽃이 피네
바람 불어 살을 에는 그 아픔을
물 한 방울로 참으며
뿌리로 내리는 나무들
내 꿈은 어떻던가, 오솔길의 꿈은
꿈길 속에 지속되는 그 꿈길
장승은 우뚝 서 있기만 하누나

(1985. 1. 26. 헌인릉 숲에서 읊으신 것을 담선 중에 소개하심)

◇   ◇   ◇

백설이 휘날려 지붕이 되고
그 지붕 밑에 누각이 되니
누각 속에 새들 지저귀고
꽃은 피고 바람 불어
그 향 내음 아주 향기로우니
어찌 즐겁다 하지 않으랴
만 강에 달이 비춰 밝은 것을
어부가 다 몰고 들어와
모든 꽃 향 내음 피우듯
너와 나와 둘이 아닌
그 마음 전달하며
이렇게 펼쳐지누나

(1985. 3. 16. 담선 법회 중에 읊으심)

◇   ◇   ◇

우주 만물의 근원은 만물만생의 근원이며
만물만생의 근원은 만인의 한마음이로다
일체 제불의 마음이
우리들의 한마음과 공존 공용 하니

만생의 마음이 내가 되고
만물의 몸이 내가 되어
일체가 둘이 아니다
이 소식 바로 알고 한마음 발현하여
색깔 없는 오색 기둥 높이 세우고
평등하게 사시사철 푸르게 살라

(1985. 8. 18. 본원 청년회 심청회 발족에 즈음하여 읊으심)

◇　　◇　　◇

꽃은 피어 화창하고
꽃이 지니 열매 맺어 무르익으니
이 세상 만 실과가 만 가지 맛이 나고
만 가지 맛을 보니
어찌 이 맛이 좋다 저 맛이 좋다
말할 수 있으랴

(1986. 1. 31. 담선 법회 중에 읊으심)

◇　　◇　　◇

천지는 스스로 푸르고

만물은 조화를 이루면서
산이 높더라
이 모두가
세상살이가 그러한 거라
그래서 돌고 도는
있다 없다도 돌고 도는 물이라

(1986. 2. 2. 담선 법회 중에 읊으심)

저울이 없으니 달 것도 없어라
폭포수 꽝꽝 흘러
깊숙이 스며 흘러 도는구나
봄이 오니 봄빛은 밝아
온 누리를 비추누나

(1986. 2. 2. 소동파의 깨달음에 관한 법문을 설하시고 나서 읊으심)

오경대죽 온 누리 푸르르고
정든 님 내 집 불빛 항상 밝아 비추는데

가을 흉년 거둘 것 없다 하지 마오
사월 남풍 솔바람에 오곡 무르익었다오(쯧!)

무라 하여 백지인 줄 알지 마오
사월 남풍 봄바람에 누루 무르익은 보리
맛이 좋아 배 두드려 맛이 좋고 좋았다네(쯧!)

둘 아니다, 둘 아닌 것 알지마는 둘 아닌 데 빠지리다
비호같이 말을 달려 천둥 번개 번쩍번쩍
채찍 채찍 채찍(쯧!)

이산 저산 눈 덮인 산
언제나 봄이 와서
푸른 잎들 소생하나

(1986. 2. 12. 법회 중에 읊으심)

손가락이 잘려진 것은 평등이요
피가 흐르는 것은 만인의 작동이라
붉은 빛은 만인의 마음의 꽃이로다
오월에 떡 한 시루 익었고……

(1986. 2. 15. 법회 중에 읊으심)

◇   ◇   ◇

꽃이로다 꽃이로다
만민의 꽃이로다
왜 이 세상살이가 이렇게도 좋았던가?
물이 흐르고
새가 울고
만민에 꽃이 폈으니
이 좋을시고 좋을시고 좋을시고

(1986. 2. 15. 법회 중에 읊으심)

◇   ◇   ◇

본래로 체와 죽이 둘이 아니어라
서로 먹고 있는 것을 나는 알았네

온 천하에 물이 흐르고
새가 울고 꽃이 피어
스스로 먹고 있네

아! 본래 배고프지 않은 것을
배 한번 두드리자

탕! 탕! 탕!

(1986. 2. 20. 한 신도와의 선문답 중에 답시로 읊으심)

◇　　◇　　◇

산이 물 위에 또 물은 산 위에
이렇게 같이 돌고 푸른 산은 푸르르니
바람이 솔솔 부는데
봄이 되니
꽃이 화창하게 피었다
꽃이 화창하게 핀 것은
보살행을 하는 그 보살들의
얼굴과 같은 것
행하고 웃고 즐기는 것이
그 꽃이 아니겠는지요

(1986. 2. 22. 법회 중에 읊으심)

◇　　◇　　◇

네 절 내 절이 어디 따로 있나
비구 비구니가 둘이던가

형상은 다를지언정
마음이야 어찌 둘이랴
계율 계율 계율 지키다
몸 떨어지면 입도 떨어질 것을
고목나무에 꽃은 언제 피리까

(1986. 2. 22. 한 학승과의 선문답 중에 읊으심)

◇   ◇   ◇

이전 이후 없는
한 점의 동곳
천지 만월
꿰어 들었도다

한 손 들어 삿갓 쓰고
한 손 내려 석장 굴려 들고
이산 저산 푸른 한 산
한 발 들어 내려 딛고
물 한 그릇 떠 마시니
대장부 살림살이
이만하면 족하도다

오월 단오 밝은 달 떡
무루(無漏) 유루(有漏) 한 시루 떡
만 가지 맛이 나도다
탕!

(1986. 3. 4. 법회 중에 읊으심)

◇　　◇　　◇

한 시루의 대중이여!
이 내 말씀 들어 보소
문이 많아 문 찾기 어렵고
문이 없어 문 찾기 어렵도다
작년 콩씨 올봄에 심어 콩나무로 화했건만
어리석은 콩나무는 작년 콩씨 되찾으니
이만저만 잘못인가
제 나무에 있는 것을!
쯧쯧

억겁부터 모습 모습 바꿔 가며
살던 습의 종 문서를
태산같이 짊어진 것 몰락 태워 버린다면
창살 없는 감옥에서 홀연히 벗어나

자유인이 되리로다
쯧!

강이 없는데 배가 있으며
배가 없는데 건널 게 있으랴
그래서야 어찌
은산 철벽 한 찰나에 뚫어 넘나

나무 장승 임신해서
해산하길 주야 일심 관해 볼 때
나무 장승 신 한 짝을 되찾아야 하리로다

(1986. 3. 4.)

◇   ◇   ◇

이 산 저 산
한 산 푸른 산
한 발 들어 내려 딛고
한 손 들어 천지 삿갓 쓰고
해와 달을 주장자에 꿰어 들고
물 한 그릇 떠 마시니
대장부 살림살이

무얼 더 바라랴

이 산 저 산
한 산 푸른 산
한데 모아 상투 틀고
주장자를 동곳으로
상투 끝에 꿰니
대장부 살림살이
이만하면 됐노라

(1986. 3. 5. 법회 중에 읊으심)

◇　　◇　　◇

세상은 유주(有主) 무주(無主) 조화를 이루어
모두가 공(空)하여 나투며 돌아 도는데
만물의 마음이 내 마음이거늘
무엇을 찾으려나
끝없는 꿈의 거리를

눈 뜨고 잠자고
눈 감고 일어나
밥 먹고

발 한 짝 들고 똥을 누니
이렇게 시원한 것을!

(1986. 3. 12. 법회 중에 읊으심)

◇   ◇   ◇

내가 죽은
이름 없는 이름이여

나와 남이 두루 같이 죽은
이름 없는 이름이여

나와 남이 두루 나투는
이름 없는 이름이여

해산봉은 화산 터져
두루 불이 이름 없는 이름이로세

(1987. 1. 18. 법회 중에 읊으심)

◇　　◇　　◇

올 때도 빈 손
갈 때도 빈 손
합친 한 손
그대로 두루 쓰는 손
올 때도 빈 발
갈 때도 빈 발
합친 한 발 딛고
그대로 두루두루 걷는 발

올 때도 흙에서 오고
갈 때도 흙으로 가는
합친 한 몸
한 몸 깊은 가운데에
정에 들어 죽은 몸
들이쉬고 내쉬는 숨결 음은 영원해
그대로 여여하리

청산에 흐르는 물은 강을 이루고
강을 이룬 한 방울은
세상을 준다 해도 바꾸지 않으리

음지 양지 없는 나무
만 가지 꽃이 피니
향기 두루 그윽하여
만 가지 열매 열리고
만 가지 맛이 나니
더불어 만물만생은
그 만 가지 맛을 볼 뿐이로세

(1987. 9. 20. 법회 중에 읊으심)

◇   ◇   ◇

사람이 삿갓을 쓰고
죽장을 짚고 땅을 디뎠으니
바리때 하나면 족한 것을
어떤 것을 더 바라랴

하늘 쳐다보니 청정하고
내려다보니 땅은 잔잔하더라
산천초목은 우거져서 무성하나
바닷물은 잔잔하게 흐르더라

그러나 쳐다보고 울고 내려다보고 웃는

그런 맛은 어디로 가고
사생의 눈물은 바다를 메우고
바다를 메우는 그 한 방울의 눈물은
어디 있는고?

(1988. 9. 18. 정기 법회 중에 읊으심)

◇   ◇   ◇

하늘 보고 땅을 치니
불꽃 기둥 하늘을 뚫어
돌고 도는구나

도리천 일체 생을
사자의 불꽃 끝은
예리하게 뚫어 꿰었구나

죽은 세상 산 세상을 넘나들며
찰나의 살림살이
떳떳하도다

(1988. 10. 16. 법회 중에 읊으심)

◇   ◇   ◇

해수관음의 빛

천척의 평발
백두 위에 올려놓고
부처 중생 둘 아니어
가락 맞춰 춤을 추니
흘러 도는 물바퀴에
우뚝 솟은 연꽃 향기
두루두루 맛을 내네

천지의 평발
용두 위에 얹어 놓고
일체 중생 둘 아니어
가락 맞춰 노래하니
흘러 도는 불바퀴에
우뚝 솟은 한마음은
두루두루 빛을 내네

(1989. 10. 4. 동해 낙산에서 해수관음상을 돌아보시고 읊으심)

◇　　◇　　◇

이 삼천 리 강산 봉에

평신을 얻었으니
부처 중생 따로 없이
춤을 추고 노래하네

흘러 도는 물 가운데
우뚝 솟은 연꽃 향기
두루두루 맛을
갖가지로 내는구나!

(1989. 10. 21. 법회 중에 읊으심)

◇   ◇   ◇

물은
깊이 흐르고
물새들은
떼를 지어 날고
깊은 뿌리의 나무는
뿌리를 지키기 위해
가지마다 봄이 오기를
기다리누나

(1989. 11. 11. 법회 중에 읊으심)

◇   ◇   ◇

노송 번개 치니
온 누리에 비 내리네
비 되어 깊은 바다 메우니
크고 작은 고기들
노래하고 춤을 추네

(1989. 10. 15. 정기 법회 중에 읊으심)

◇   ◇   ◇

해양 줄기 끊임없이 이어 가고
산하대지 푸르름은 바람 불어 나부끼며
백설 같은 흰 학들이
곳곳마다 너울너울 춤을 추니
대장부 살림살이 이만하면 족하다

(1989. 12. 24. 알래스카지원에서 청풍학우 그림을 보시고 읊으심)

◇   ◇   ◇

구이팔아 너는 알겠지

유구한 역사 속에 세월 따라 물 흐르니
도도하게 흐르는 세월
산천초목 무성한데 동문 열려
동이문 열리니 동이문이 어찌
울긋불긋 푸른색 나비들이
열린 문을 서로서로 오고 가며
춤을 춘다네
얼씨구 좋다 좋을씨구
십중팔구 좋을씨구

(날짜 미상)

◇   ◇   ◇

백화꽃이 두루두루 만발하니
깊은 뿌리 뿌리 이어 가고
불법승 푸른 물은 흘러 흘러
깊은 속에 용이 들고 나니
새 물결 끊임없이 이어져서
일체 마음의 꽃은 붉게 익어
활짝 피었으니
산천초목이 푸르러
서로서로 화합하여

생동력 이어 가며
춤을 추고 노래하니
역사가 달라질까 하노라

(1990. 2. 18. 정기 법회 중에 읊으심)

◇　　◇　　◇

어젯밤에 눈 오더니
날이 밝아 동이 트고
가지마다 백 송이 꽃 피고
뿌리마다 이어 가니
천상 저 높은 산 위에는
하얀 눈이 덮이고
골짜기마다 칡뿌리 이어 가고
칡꽃이 만발했으니
길을 걷던 나그네의 대피리 소리는
온 누리에 임의 소식 전달하니
만 꽃이여!
임의 소식 들었는가 하노라

(1990. 4. 8. 뉴욕지원 법회 중에 읊으심)

◇　　◇　　◇

바람은 불고 꽃은 나부끼고
봄이 오길 기다리면서
모든 시냇물이 소리치면서
한 손을 높이 들며
산도 멀리 있고
산은 산대로 들은 들대로
잔디는 잔디대로
서로 다복하게 지내는 것을

(1990. 4. 15. 오하이오 주 법회 중에 읊으심)

◇　　◇　　◇

쌀쌀한 냉기 오는구나
눈서리 오면
하얀 눈꽃이 온 누리를 덮겠네
눈 없는 사람 보지 못해
얼마나 막막할거나
듣지 못하는 사람 듣지 못해
얼마나 답답할거나
손 없는 사람 놓고 들어 먹지 못해

얼마나 배고플거나
발 없는 사람 가고 오지 못해
얼마나 쓸쓸할거나
저 산 너머 봄길에는
돌장승 눈물 흘려
봄소식을 전하는데
아! 만공의 꽃 익은 소식
어찌 모르나

따뜻한 봄이 오는구나
봄꽃 피면 누리 누리에
꽃향기가 퍼지리
눈 뜬 이들이 몰라보니
얼마나 좋아할거나
귀 뜨는 사람들은
얼마나 자유할거나
손 많은 사람들은 놓고 들어
자유롭게 두루 베풀었네
평발인들은 가고 오는 데
얼마나 자유할거나

저 산 너머 골짜기에
칡넝쿨 꽃이 피어

봄소식을 전하노라
아! 백두에 붉게 익은
붉게 흐르는 물
걷고 듣고 보는 것도
한 발 땅에 딛고
한 발 들어 놓기 전
아무것도 없는 것을
만 강에 비친 달은
내 한 손에 걷어 잡고
에헤야 데헤야
다시 편들 가고 옴이
어디 있으랴

(날짜 미상)

◇　　◇　　◇

깊은 물 돌고 돌아
수증 되어 오르고 내리면서
만물만생과 더불어
산천초목도 두루 적신다
저 둥근 달은 우리들의 마음을
청정하게 밝게 비추어 주니

스스로 여여하고
스스로 그대로 실상인 것을!

(1990. 11. 18. 정기 법회 중에 읊으심)

◇   ◇   ◇

높은 산 누리에 하얀 눈 덮이고
가지마다 배꽃 피어 만발했는데
골짜기마다 칡뿌리는 넝쿨 지어 뻗어 나가고
서리 위에 칡꽃 피어 만발하였으니
그윽한 향내는 두루 하는구나
경허 선사 앞뒤 없는 대피리 소리
온 누리를 덮고 굴리니
중생들의 마음속에 들고 나며 나투셨노라

(1990. 11. 18. 정기 법회 중에 읊으심)

◇   ◇   ◇

만공에 핀 꽃은
청산을 울리고
서천봉에 흐르는 물은

동쪽에 봄을 주니
한쪽 편의 누각 속에
임의 꽃이 만발했고
봄 나비들은 춤을 추고 돌아가니
찻잔 한 그릇에 시름을 엮어
간직하도다

(1991. 3. 31. 시카고 법회 때 읊으심)

◇   ◇   ◇

만 봄에 연꽃 피어 싱긋 웃으니
삼라만상 대천세계 다 집어넣었더라
한마음 도리에 근본이 들었으니
삼라만상 대천세계 모든 생명 모습들
한마음 한 법 한 마당 바로 한 발로 디뎠노라

(1991. 6. 28. 마산 법회에서 읊으심)

◇   ◇   ◇

바다 깊은 물
얼은 것도 파도도 관계없이

도도히 흘러 도니
청산의 푸른 잎
낙엽 졌다 말 없이
돌부처 도리천에
연꽃 머리 위에 얹어
끝 간 데 없이 걸어 도누나
검은 구름 활짝 밝아지니
그 모두가 밝고 밝았노라
쾅! 쾅! 쾅!

(1991. 8. 18. 정기 법회 중에 읊으심)

◇　　◇　　◇

삼천대천세계와 우주 천지도 없으니
사생과 사계절도 없으며
동서와 시간도 없으며
공한 것도 없고 없는 것조차 없는데
곳곳마다 바람과 물 없는 곳 없고
꽃 안 피우는 곳 없고
두루 푸르지 않은 곳 없으니
앞산 뒷산 오고 감이 없이
오고 가며 화하여 나투는데

발은 발대로 있고 손은 손대로 있더라
어찌 광대무변하다 아니 하리

(1991. 12. 15. 정기 법회 중에 읊으심)

◇   ◇   ◇

이 푸르름인가
이 푸르름의 노래는
공기님과 더불어
누각 사이 사이로 스며들고
나비와 꽃은 서로 어우러져 춤추는데
일체 제불의 한마음은 태양 빛처럼
우리들의 마음 깊이 스며들게 하고
그 마음이 두루 하여
모든 한마음의 식구들과
사랑을 베풀며 길 가십시다

(1991. 12. 15. 법형제회 송년의 밤에서 읊으심)

◇   ◇   ◇

푸르름은 가득 차고

돌사람들 질서 있게 오고 가네
눈보라가 온 누리를 뒤덮어
푸른 가지마다 흰 꽃 피고
잡초든 아니든 하얗게 덮었으며
돌사람들 흰 모자 썼어라

앙상한 북산 나뭇가지마다
설학 되어 남산을 대하니
남산 푸른 나뭇가지마다
백학 되어 설학을 대하도다

(1992. 1. 어느 눈 오는 날에 읊으심)

◇　　◇　　◇

동천의 청새는 서천을 대하고
서천의 쪽새는 청새를 대하니
만공의 피리 소리 온 누리를 뒤덮는데
앞뒤 중간도 없는 것
한 땅 디딘 한 발도 없어라
탕!

(1992. 2. 16. 정기 법회 중에 읊으심)

◇   ◇   ◇

월정사

상원에 오르니 찬 바람 병풍 두른 듯
공한 인연에 따라
아버지, 아들, 손자란 이름은 간 곳 없이
무와 유의 수레공이 되었구려
온 곳이 없으니 간 곳이 없겠지

만공의 뿌리 없는 소나무 영원한 푸르름일세
이름 없는 초당 자리 그 모습이 아롱지네
옛 산은 그대론데 옛 모습은 간 곳 없고
석탑만 반기는 듯 우뚝 서
주먹 쥐고 내밀어 보이는 듯하구나

과거도 미래도 현재도 다 공하여
한마음에 간직하니
간직한 마음조차 없더라

상원사

채찍!
"상원이란 높고 낮음이 없는지라
발 없는 발로 길 없는 길을
자유로이 두루 가고 옴이 없이 오고 가야
한 발 딛고 한 기둥 세워
하늘 받쳐 자재로이
활궁공법 함이 없이 하게 되면
서천의 샘물 젖지 않는다 하리라"
하시네
채찍!

적멸보궁

채찍! 적멸! 적멸!
"옷 벗기 전에
내가 죽어야 열반이며
내가 한 일이 없어야 열반이며
대천세계의 바닷물이 젖지 않아야 적멸이라"
하셨노라
채찍 채찍 채찍!

중대

채찍!
"중대란 땅이 하늘이요
하늘이 땅이라
앞뒤 없는 작대기 거꾸로 꽂아
우주 만물만생을 평범하게 싸고 도는 나무
앞도 뒤도 중간도 없는 통 속을 벗어나야
통을 굴릴 수 있다"
고 설하셨다
채찍 채찍 채찍!

(1992. 2. 28~29. 방한암 큰스님의 설법을 회상하시며 오대산 월정사, 상원사 적멸보궁, 중대(한암 스님이 나무 막대 꽂은 곳)에서 차례로 읊으심)

◇   ◇   ◇

한 번 죽어 내가 나를 보라
인연 따라 업식 뭉쳐 육신 되니
육신 속의 수십억의 중생들은
찰나찰나 들고 나며 육신 고통 주는구나
천차만별 고통 경계
한마음에 일체 뭉쳐 놓는다면

내 몸 안의 중생들은 보살로서 화하여서
내 몸 안의 중생부터 제도되리

인생 백 년 산다 해도
한 철밖에 아니 되고
허겁지겁 평생 다하더라도
찰나 생활 끊임없네
생명·마음·육신 삼위일체 공존하니
이름하여 주인공일세
일체 행과 관념 고정됨이 없어
나마저 없는데 화두 덧붙일 게 있으랴
안과 바깥 경계 주인공에 놓는다면
대나무 방귀씨를 얻으리라

(날짜 미상, 법담 중에 읊으심)

◇   ◇   ◇

물에서 물 찾기 어렵고
꽃 속에서 참 꽃 찾기 어려워라
일체 상대성과 절대성, 양자성을
둘 아니게 보임하여 두 번 죽어 놓는다면
이 세상과 저 세상이 둘 아님을 알게 되며

우주 삼세 일체 사생 둘 아니게 여여하여
만 가지 꽃이 만 가지로 다가온다 하더라도
갖가지 맛을 내리라

문이 많아 문 찾기 어렵고
문이 없어 문 찾기 어려우니
생명·마음·모습·환상이
우주 삼세 일체 나로 인해 온 것이니
나와 더불어 죽고 또 죽어 놓는다면
주장자 있는 데는 내 주장자를 주기도 하고
주장자 발견 못한 데는 천백억 화신으로 화하여서
털구멍을 통하여 천차만별의 용도에 따라
들고 나며 제도하리

(날짜 미상, 법담 중에 읊으심)

◇   ◇   ◇

일체가 둘 아님을 알았으니
우주 천지와 더불어 같이 죽어
천차만별 차원에 따라
용도대로 응하여 주며
우주 개공 두루 하며

내 자리 아님이 없어
내 몸 아님이 없고
내 아픔 아님이 없어라
부처님이 없기에
부처님 아님 없이 모두 계시니
각자 내 주인공이 부처이자 근본일세

세 번 죽어 두루 밝아 솟았으니
영원한 봄 소식은
산천초목 푸르르고
산골마다 물 흐르고
유루 무루 각양각색 꽃이 만발하니
무상 심법 깨달아서 무르익은 열매 맛은
갖가지로 맛을 내고 맛을 알아
무상 심행 건곤 대법으로 아름다운 한마음은
이승 저승 왕래하며 보람 있게 살아 보세

(날짜 미상, 법담 중에 읊으심)

◇   ◇   ◇

지난 세상 만석 씨 뿌렸던 터
오는 세상 불가사리 불꽃 속에서

홀연 만석 몽땅 한 입에 삼켰을 때
산천초목은 한결같이 슬피 우네

사방의 물줄기는 한데 모여 바다가 되었으니
바다 위에 배 한 척만 우뚝 서
물속을 바라보니
삼계의 중생들은 드문드문하더라

음지 양지 없는 땅에 뿌리 없는 나뭇잎은
시방 삼계에 스스로 서신 전하여 알려 주며
메아리도 없고 말도 없는 빈 골짜기에
한 기틀 돌려 기둥 세워 공놀이나 하여 보세
깜짝할 새 오는 것을 깜짝할 새 막으리라

(날짜 미상, 법담 중에 읊으심)

◇   ◇   ◇

꿈도 생시도 그러하며
영혼 일체 적고 큰 그릇 채워 넘쳐 흐르네
물 위로 산이 가고 산 위로 물이 흘러
바늘구멍 사이로 들고 나며
미투리 한 짝은 온데간데없더라

산 위로 물이 흘러
지렁이 해골 속을 들고 나며 춤추더라
고목나무 가지 끝에 짚신 한 짝 얹었으니
팔팔 공치기는 십중팔구 좋을시구

(날짜 미상)

◇   ◇   ◇

온갖 것 참으로 있음 아니요
참마음 오직 홀로 머물러 있다

그러나 참마음도 실체가 없어서
인연 따라 온갖 것 지어 내나니

지어진 모든 것에 집착 없으면
부처님 그대로 현전하리라

(날짜 미상)

◇   ◇   ◇

천지인 우주의 천차만별이

한 찰나에 벌어졌다
한 찰나에 모였다 흩어지는
이 광대한 산하대지에
산천초목은 장단 맞추어
음파를 두루두루 전달하고
나의 노랫소리와 더불어
전 우주 봉우리마다 허탈하게 웃으며
이래도 한세상 저래도 한세상
일체 색과 모든 생이
한꺼번에 끝없이 이어지며
나의 한마음의 웃음소리
삼천대천세계 우주를 흔들고
물방울마다 향기 내음 되고
꽃송이마다 열매 되어
유루 무루 제대로 익어서
일체 생들이 그릇대로 끝없는 삶을 노래하네
이러해도 한세상 저러해도 한세상인데
나로부터 상대의 우주 섭유의 정신계에
광대한 마음과 마음이 이어지는 도리를
한데 합쳐 깨달으면
끝없는 자유인이 되리라

(1993년 8월 7일 금강경을 완역하신 후 읊으심)

◇   ◇   ◇

언덕이 어디 있나
이름만이 저 언덕이고
이 언덕 전부 다 가면이다

탐심 진심과 탐욕 번뇌를 다 잊으면
고해는 말라 버려 평지대로 되는 것을
공연히 이름 지어 그 이름에 걸려든다

(날짜 미상)

◇   ◇   ◇

백 년의 인간사는 하룻밤 꿈 같고
만 리에 뻗친 모든 강산은 한 노름판 같다

올 때는 한없이 기뻐하더니
갈 때는 한없이 슬퍼하네

속절없이 인간에게 와서 한 바퀴 돌았구나
당초에 오지 않았다면 갈 일조차 없을 것을

(날짜 미상)

◇   ◇   ◇

하늘이 맑으니 달은 명랑하고
물결은 고요하여 일지 않으니
무궁화가 동서남북을 경계하고 있네

(날짜 미상)

◇   ◇   ◇

색(色)이란 잔 물방울과 같고
수(受)란 뜬 물거품과 같은 것이다
상(想)은 아지랑이 같은 것이고
행(行)은 파초 잎과 같은 것이요
식(識)은 허수아비와 같은 것이다

(날짜 미상)

◇   ◇   ◇

한 번 죽기 어려워라 하였더니
두 번 죽기가 더 어렵고
두 번 죽기가 어려워라 하였더니

크게 다시 나투기가 또한 어렵네

(날짜 미상, 마음공부의 단계를 표현함)

◇   ◇   ◇

물이 맑으면 달이 나타나 보이지만
물이 흐리면 달은 숨어 버리고 만다
맑은 물을 따라 달이 오는 것이 아니고
흐린 물을 따라 달이 가는 것이 아니다

부처님 진리도 그와 같은 것이므로
마음이 청정하면 부처가 나타나며
마음이 어두우면 부처가 보이지 않으나
부처가 다른 곳에서 온 것도 아니요
부처가 다른 곳으로 가 버린 것도 아니다

모든 번뇌를 여의고 마음이 고요하여
맑고 청정한 마음이 생기면
부처는 저절로 나타난다

육진의 도적을 잘 막아 내고
육근의 작용이 걸리지 않으면

중생이 바로 부처가 되는 것이다

청산은 말이 없고 유수는 터가 없는데
자연과 같이 마음이 정중하여 변하지 않으면
그 마음이 바로 부처가 되는 것이다

(날짜 미상, 담선 법회 중 공부의 기초에 대해서 읊으심)

◇   ◇   ◇

부처님은
오신 것도 가신 것도 공하였기에
영원한 부처님 오신 날일세
우주 땅 새 둥지 없이 둥지 속을
쉴 사이 없이 들고 나며
깊은 뿌리 부동지는 줄기줄기 뻗어 나고
가지마다 푸른 잎은 성성함이 무량하네

앞뒤 없는 불바퀴는
행함 없이 두루 밝혀 빛을 내며 행하시니
외도 사견 걸림 없이
삼십칠도(道) 구각 무심도법으로
천차 만상 끊지 않고 열반으로 넘나들며
무심 유심 한마음은

찰나 생활 자재함을 인도하셨노라

억만 분들이 각을 이루어도
끝없는 한 도량의 한 부처님이시라
한마음 부처님은 말씀하신다
한마음 제 뿌리에 제 나무 과일 무르익어
이름 없는 만 가지 맛을 내면
세계 평화와 일체 중생들의 마음 병을 고치느니라

그 까닭에
내 국토, 내 사회, 내 가정, 내 육신
일체 이끌어 가리니
부처님은 말씀하신다
항상 상대에 서서 살며
아집과 모든 물질에 도취하여 마음을 내지 말 것이며
일체 걸림 없는 데서 마음을 낼 것이며
집착과 모든 것을 내 탓으로 돌리고
뜻 보시, 법 보시, 부드러운 말 보시 하라
거짓말하지 말고
자기 한 말을 지키며
등불을 켜면
이것이 불공덕이라 하셨네

(1991. 5. 21. 초파일 봉축 법어)

◇　　◇　　◇

탕!
이 소리는
서천골의 참 나를 발견하는 소식이요

탕!
이 소리는
앞산과 뒷산이 함께 동결되어
화산이 일어나는 소식이요

탕!
이 소리는
우주 법계 세상, 일체 제불과 일체 중생이
같이 더불어 나투며 돌아가는 소식이요

탕!
이 소리는
삼세와 삼심이 한데 공하여
돌아가는 불바퀴의 한 점

그 한 점도 없어라
없는 것도 없어라

세상만사는 그대로 여여한 소식이로세

(1992. 5. 10. 초파일 봉축 법회 중에 읊으심)

◇　　◇　　◇

달은 밝아 고요한데
없는 구름이 흩어지니
사방이 문이로세

뜰 아래 샘물
없는 손으로 바가지 들어
물 한 그릇 마시니
맛이 좋아 시원한데
음지 양지 없는 오경대(五鏡臺)
뿌리 없는 소나무 한 그루
빙긋이 웃으니
마주 웃었어라

(1984. 6. 12. 운문사 명성 스님께 보내신 서신에서)

◇   ◇   ◇

황금 쟁반 위에서
황금 밥 그릇 안에 밥 한 그릇을
황금 수저로 다 자시고
한 그릇의 밥이 되남아 있는 것을 본
황금 새는
너울너울 춤을 추었더이다

어느 것을 기둥이라 내놓아
말할 수 없기에
뿌리 없다 하였으며
가고 옴이 없이 가고 오면서도
해를 놀려 운전하여 되었기에
잎이라 하였나이다

(날짜 미상, 수덕사 혜암 큰스님께 보내신 서신에서)

◇   ◇   ◇

천지인 미분전
숭산 대선사께서는
서천 중천 함이 없이

도량에 콩씨 뿌려 선맥 추수
선사 법좌 대단하십니다
뿌린 씨 청안(靑眼) 없어
더불어 아쉬운 듯
만공의 푸름도
흰 구름을 한생각 돌린 뜻이
감개무량합니다
숭산대원심혜명(崇山大願心慧明)
춘하추동 만백화

육조 선사
본래 한 물건도 없더라는 게송
본래 있다 없다 돌고 도는 물
네 방귀, 내 방귀, 귀신 방귀
방귀 내음 향기 온 누리에 두루 하네
일 불(一佛)이 만 불(萬佛)
만 불이 일 불이요
일 불도 찰나, 번개불탕이어라

물 위에 청산 가고
산 위에 물 가니
숭산대원심혜명 찰나 선(禪)
어제도 오늘, 내일도 오늘

오늘의 봄은 화창하여서
꽃 피고 꽃 지면 열매 되어
제 나무에 익은 실과 맛이
만 가지 맛이 나더라

(1986년 숭산 스님께 보내신 서신에서)

◇   ◇   ◇

육조(六祖) 게송에 대해

만물은 더불어 고정됨이 없이
찰나찰나 나투며 화하여
끊임없이 옮겨 놓은 생활이니
어찌 보리라 이름지으리까

생사가 둘 아니며 악과 선이 둘 아니고
일체 만법이 찰나에 나투는
천차만별의 생활, 즉 청정함을
어찌 명경이라 이름 지으리까

무(無)가 일(一)이며 일이 무인고로
세울 게 없으니

어찌 물건이라 이름할 수 있으리까

찰나찰나 나투어 전후가 없으니
티끌도 세워 이름할 게 없으니
스님 배꼽에서 소 한 마리 나오매
네 귀에 기둥 세우고 네 발 한데 묶어
불을 질러 구워 대중이 다 먹고
되남는 소 한 점
한 그릇에 보내오니 맛있게 드시옵소서

스님 배꼽은 몇 개나 되는지 일러 주소서

(1986. 4. 15. 美 숭산 스님께 보내신 답신에서)

◇　　◇　　◇

사여(四如)에 대해

우주 천체 근본이 부동하여 무변하니
어찌 무여가 아니리까

일체 만법이 걸림 없이 일심으로 들고 나니
어찌 일여가 아니리까

유루·무루 균등하여 일심조차 세울 게 없으니
어찌 여여가 아니리까

일체가 법 아님이 없으니
어찌 즉여가 아니리까

그러나 어찌 사구(四句)가 따로 있으리까
선사 배짱 좇아 나온 것이라
스님의 대장 길이는 몇 자나 되는지 일러 주소서

(1986. 4. 15. 美 숭산 스님께 보내신 답신에서)

본래 밝은 달은 달이 없음에
어찌 털어 버릴 몽둥이가 있으랴
모두가 모습이며 이름일 뿐일세
스님의 참다운 끊임없는 자비에
참맛을 이루노라

아차 고개 한 찰나에 보리 맛 좋더니
아차 고개 넘어올 때 밀 맛 좋으네
찰나찰나 쓴맛 단맛 흘러가누나
크다 작다 가릴 것이 없으련만

끊임없는 스님의 생수 맛은
더욱 좋아라

산은 산 물은 물이로되
산과 물이 조화를 이루어
숭산 법음 나왔네
그러나 스님의 심월봉(心月峰) 원자력에
눈 밝은 사자도 눈 먼 개도 육조(六祖)도
일체 몰락 닥치는 대로 파 버리거늘
무엇을 가리고 밀치고
한 물건이 있으리

(1986. 6. 5. 美 숭산 스님께 보내신 답신에서)

◇   ◇   ◇

두루 푸른 천
두루 누른 천
백발이 성성
두루 각각 맛이 좋으니
유루 무루 두루 중생
듣고 보는 대로 건져지니
끝 간 데 없는 행원 선사심이로세

(1987. 3. 19. 美 숭산 스님께 보내신 답신에서)

◇   ◇   ◇

천지인 미분전
한암선맥 탄허선맥
한 발 한 길 딛고
뿌리 없는 기둥 되어
하늘 받쳐 돌고 돌며
손 없는 한 손 번쩍 들어
한 붓대 드니
만물만생의 눈 귀
뜨게 하셨도다

무루 유루 두루 능력(能力)
유생 무생 영원토록 건지시며
도(道) 학(學)을 겸비하신 이 장부
대붕(大鵬)의 자비의 큰 뜻을
누가 감히 알랴

대덕 탄허 큰스님의 눈물은
우주를 덮고 담고 굴리며
끊임없이 밝았네

학(學)이라 편견해 착(着) 두지 말라

붓 한번 들었다 내리면
4월 남풍 솔바람에
오곡 무르익어
만 가지 맛이 나는구나

물새도 울고
청새도 울고
돌새도 울고
나도 울었네

큰스님은
나지 않으셨기에
가신 것도 없어라

(1986. 2. 19. 탄허 스님 열반 후 지으심)

심우송(尋牛頌)

1. 소 찾기(尋牛)
푸른 들판 끝이 없네
깊은 풀숲 헤쳐 가며

소를 찾아 헤매는 길
이름 없는 강물 따라
머나먼 산길 따라
기진맥진하였건만
소는 감감 보이지 않고
땅거미 진 숲 속에
귀뚜라미만 홀로 우네

2. 자취를 보다(見跡)
문득 강가의 나무 밑에
소 발자취 보이네
아니 향기로운 물 밑에도
소 간 자국 뚜렷해
저 멀리 이어져 가네
이제야 나의 코 보듯
그 자취 분명하여라

3. 소를 보다(見牛)
두견새 노래 들려오고
따스한 햇살 아래
바람도 잔잔한데
강기슭 버드나무 마냥 푸르네
여기 어느 소인들

숨을 수 있을까
저 육중한 머리
저 장엄한 뿔
무슨 재주로 끌어내랴

4. 소를 얻다(得牛)
그 싸움 어려웠어도
내 마침내 소를 잡네
그 억센 기질
구름 위로 솟을 듯하고
그 한량없는 힘
태산도 뚫으려는가
그러나 마침내 멈추었고나
오랜 방황을 멈추었고나

5. 소를 길들이다(牧牛)
채찍과 밧줄이 있어야겠네
고삐 꿰어 손에 잡고
회초리질 아니 하면
그 소 멋대로 날뛰어
흙탕 수렁에 빠지겠구나
그러나 잘 길들인다면
본성이 어진 소라

고삐 없이도 나를 잘 따르리

6. 소 타고 집에 오다(騎牛歸家)
소를 타고 집으로 돌아오는 길
제가 먼저 알고 찾아드네
소 등에 피리 소리
황혼을 노래하며
고운 가락 장단 맞추어
온 누리에 울려 퍼지니
마을 사람 모두 나와
회답하며 반기네

7. 소를 잊다(忘牛存人)
마침내 소 타고 집으로 왔네
내 마음 끝없이 편안하고
소 또한 쉬니
온 집에 서광이 가득하여라
초가삼간에 근심 걱정 없으니
내 마침내 채찍과 고삐를 내버리네

8. 나도 소도 다 잊다(人牛俱忘)
회초리도 밧줄도 소도
나 자신까지도

모두가 공하여 느낌이 없네
넓고 넓은 이 하늘
끝도 가도 없어서
티끌 하나도 머무를 곳이 없네
내 마음이 이와 같으니
무엇엔들 걸리리

9. 근원에 돌아오다(返本還源)

이 뿌리에 돌아오기까지
숱한 고개를 넘고 넘었네
이것이 참된 나의 거처
그 모양 허공과 같아서
막힘도 트임도 없으니
시냇물은 졸졸 흐르고
꽃들은 마냥 아름답고나

10. 골목에 들어 손을 드리우다(入鄽垂手)

비록 누더기를 걸쳤어도
언제나 모자람이 없고나
길거리와 장터에서
뭇 사람과 섞인 채
그들의 고통은 절로 사라지니
이제 내 앞에서는

죽은 나무도 살아나는구나
깊은 골에 물줄기도 젖지 않는다 하리

(날짜 미상)

◇   ◇   ◇

온 누리 물줄기
돌고 도는 한가운데
연꽃 한 송이 피어
온 누리에 한마음 향기
공덕 세우시고

한 송이 꽃은
만 가지 꽃으로 화하여
만 가지 열매 익어
만 가지 맛을 내어
두루 주었으며

온 누리에
이재형, 즉 이 무장심이
두루 밝아
일체 푸르름 가득하니

무량수의 광명이며
일체 도량에
무량수 공덕을 내렸도다

이재형은
무량심이며 도심이도다
장하도다
무심종이도다

아! 색신이 아쉬워라
가정의 식구들과
선원의 식구들을 위하여
좀 더 있다 가셨으면 좋을 것을
그렇게 빨리 서둘러 가셨나이까?

아쉬워라!
뼛속에 사무치는 한마음의 눈물은
강을 이루며 돌아 흐르네
아쉬워라!
색신이 아쉬워라!

(1990. 1. 23. 故 이재형 사무장의 덕행을 기리며 읊으심)

◇   ◇   ◇

고요한 대지에 백설이 덮이고
앙상한 나뭇가지마다 바람에 나부끼는
추위와 아픔을 견디면서
봄이 오기를 기다리는데

사계절을 무시한 청정한 푸르름은
두루 넓게 얼굴을 내밀어
웃음으로 춤을 추고

혜월 눈 두루 밝았으니
린다의 목소리는
바람의 리듬 따라
누리에 끊임없이 흐르리!

(1990. 3. 27. 알래스카 앵커리지에서 혜월 거사와 린다 부부에게)

◇   ◇   ◇

한마음의 발길은 사뿐사뿐 가벼웠네
바람 찬 누각 안에 주고받은 물건들이
색색 다양 놓여 있고

우정 어린 솔바람은 온몸에 스며드니
가을 단풍 청새 되어 봄이 오길 염원하며
창공의 봄 햇빛은 한마음에 드는구나

(1986. 1. 한 신도의 모친 칠순을 축하하며 읊으심)

◇   ◇   ◇

영원한 자유인

천지 만물과 만생(萬生)은
너와 더불어 같이 있으니
유정(有情) 무정(無情)이 화합하여
한마음으로 이루어질 때
내 몸 아님이 없나니
만생 만물은 내 한생각에
일체 움직이리라

부처와 더불어
일체 만생 만물은
모두가 공(空)했으니
공하여 평등하면
열반이자 부처요

한생각 냈다 하면
일체가 법이요
일체 만물이 움직이는 용(用)이라

병고액난에 걸리어
허덕이게 되는 것은
내가 천지 만물만생과
한마음으로
화합되어 있지 않은 까닭이라
평소에 부모 형제 이웃을 냉대하여
화목하지 못한 자
불단(佛壇)에서
아무리 차려 놓고 빌어도
각자 내 마음이
너를 구원하지 않으리라

공기, 바람, 흙, 물, 태양 온 안에
만물만생이 너와 함께
각각 용법에 따라
유생 무생이 살고 있거늘
여러 사람들은
그 고마움을 모르도다
마땅히 감사함을 알아

진정한 자비로서 미신 기복을
정법으로 전도하라

잘못된 것을 바르게 전도하며
서로가 서로를 감사할 때에
천지 만물만생을 합한
부처님께서도 감사하며
너도 감사함을 받으리라
부처님은 돕고자 하여도
싸움의 염파(念波) 들으면
화목하게 구원을 받을 수 없노라

일체 높고 낮음이 없이
감사하라
감사하는 마음 속에서만
너는 참 나를 보리라
그리고 너는 참 나에게
구원을 받으리라

모두가 혼일통체라
만사 만생과 상응하는 자
오늘의 불가득(不可得) 자리 위에
영원하리라

영원한 생명의 실상을
깨달아 앎으로써
삼천대천세계를 지배할 수 있노라

부처님은 한 분이로다
일체 중생이 다
깨달음에 이른다 하더라도
한자리 한 분이로다

한 분의 빛으로
만사 만생이 화합하여
나왔으며
뿌리 없는 기둥은 우주 만물을
한마음으로 한 울을 받쳐
여여히 흐르니
여러분의 믿음으로
믿는 것만치 되리라

자신의 주인공을 믿으라
그러면
일체 부처님의 마음을 헤아려
모두가 둘이 아님을 알 뿐만 아니라
우주간 법계 모든 인류에게

수신 전달 할 시기가 되리라
생명의 참 주인공을 알고
진리를 앎으로써
전 세계를 움직이는 보당의
자재권을 포착하리라

그리하여
우주를 한마음으로 관하고
일체의 타심(他心) 숙명
만물만생 소리를
몽땅 듣고 보고 알고
가고 옴이 없이 가고 오며
당당히 탕탕하리라

너의 주인은 부처님이고
너의 육신은 중생이니라
내 마음은 심 막대기
내 주인은 부처
내 육신은 중생
부처도 중생도 아닌
실상의 중심 내 심주
즉 화합한 한마음이라

내 영원한 생명의 주인공을
절대 믿으라
스스로 화합하여 조화되어
이루어 소생하며
저마다 적소를 얻어
다투는 자 없고
무생 유생으로 괴로운 자 없고
궁하지 않으리라

둘이 아닌 부처님 외에
다른 존재 없으리
자신을 알면 부처요
부처님으로 아니 되는 게 없노라
마음으로 일체를
뜨게 하고 지게 하니
만능의 불가사의한
묘법이 아닐 수 없도다

마냥 끝없이 흐르는구나
참마음만이 전능의 부처이며
아니 계신 곳 없도다

물질은 진정한 것이 아니요

물질은 실상 심주의 그림자이며
너의 종이로다

육신을 참 나라고 하면
미련한 자
주인공 한마음은
영원하며
생사윤회에 끄달리지 않는도다

물질은 허무의 대상이요
삽시간에 변모되어
사라지고 무너지나니
참 주인공 너는
자재력으로 생활을 윤택하게 활용하여
고뇌가 없으나
형상 형태에 매여 말리우는 자
환난과 고해에 허덕이리라

물질은 가상이라
참 심공(心空)은
모든 것을 초월하여
그냥 그대로 여여하느니라
내 영안이 열리어

영체를 본다 하여도
심안으로 실참을 본 것이 아니니라

사량과 감각으로 보이는 것은
다 마음의 그림자며 환각이라
영체 유체 유령 악령
여러 가지 형태 있나니
살아서 모르면
죽어서도 모르므로
유령 악령한테
인연 따라 괴롭히고
괴로움을 받느니라

이 모두가
잘못된 한생각으로 인하여
유전의 끄달리는 현상이라
형상에 거듭 끄달리어
헤매이는 어리석은 마음은
그 집착이
갖가지 환(幻)의 형태로 변하여
사람들에게 보이지도 않고
말소리 들리지도 않게
매달리며 괴롭히느니라

마음의 주인공으로 방편 하여
실상의 너를 보라
너를 발견하면
평등하며 환희하여
평화를 얻을 것이다

부처로부터
선신 선녀 유령 악령
일체 유주 무주를
너의 주인공 감로수에
한데 부어 녹이라

참을 모르는 자는
참되게 인도하라
암흑에서 허덕이는 자는
슬기로운 빛으로 인도하라

네 주인공의 힘으로
가고 옴이 없이 가고 오며
잘못된 귀신 소굴에서
빠져나오도록 인도하라
기복은 바로 가는 길이 아니며
정의의 도리가 아니로다

부처는 통체이신 고로
너에게 병이 나면
의사가 되어 주시고
어려운 때에는
관세음이 되어 주시고
극락에 가고자 빌 때에는
지장이 되어 주시고

관청 일이나 생남 빌 때에는
산신 신중까지도 되어 주시며
명이 짧으면
칠성님 되어 주시고

일체 합한 부처님은
빛으로 거두시고
화신으로 거두시고
법신으로 거두시니
명심하여 방황하지 말라

잠재해 있는
부처님 마음이 내 마음
현재 중생 마음이 내 마음
구원을 받으려거든

내 주인 부처한테
항상 마음으로
고하고 청하라
용도에 따라
아니 됨 없으리라
내 잠재해 있는
마음 속에
일체의 부처
산신 독성 칠성 신중 신장 예수 하나님
다 그 속에 있은즉

현재 마음으로 정성 다하여
불단에서나 가정에서나
잠재해 있는 내 마음 속
합한 한 분의 부처님한테
용도에 따라 구원을 청하라
내 소원 아니 됨 없으리라

일체 생명들이
진리를 알고 깨달아
일체 근원이 된
한마음에 주하면 되리라

각자 내 주인공을 발견하라
모든 색신, 즉 육신이
자기라고 생각하는 사람
가상에 속지 말라

불단에 섰을 때
신중 산신 칠성 예수 하나님
부처는 한 분으로
잠재해 있는
부처님 마음과 내 마음 속
전체에 들어 있나니
오직 믿고 행하라

누구나
칠성 독성 신중 용왕 산신 하나님
예수 부처 한 분인 것을
하나로 마음의 중심 서지 못하여
각각 다른 분으로 알고
방황한다면
결코 구원받지 못하며
자기 마음자리
발견하기 어려우리라

모두가
부처님 마음과 내 마음
한데 합하여
여러 가지 환상을 그리고
묘용을 내어
법당 칠성당 산신각 성당 교회
만들어 놓은 것이니라
형상을 보고 방황치 말고
체 없는 마음에
소공(小空)과 대공(大空),
부처 마음 내 마음
한데 합친
심주 주인공한테서
각자 소원 이루는 것은
내 마음 씀에
달려 있노라

내 중심
심주만 세우면
아니 됨 없나니
나의 영원한
심 작대기는
세상을 초월하여 영묘무궁한

길고 짧음 없이 당당한
한마음의 자유이니라

실상을 자각하라
부처와 너와 한마음은
무변 불로 불사
함이 없이 충만하여
이름하여
도라 하느니라

일체 만사 만생의 생명이
한 생명이니 차별 두지 말라
한마음으로 함께
존재하고 있으니
서로가 서로를 자비로서
내 몸같이 내 아픔같이
서로 사랑하며
서로 감사하게 생각하라

그리하면
덕과 복을 받으며
생멸이 없이
윤회에 끄달리지 않느니라

위로는
내 심주를 발견하고
아래로는
부처님의 계법 질서 지키며
육신을 올바르게
제도하라

삼천대천세계 우주 진리가
대공이라
광대무변한 능력의
만능 컴퓨터
스스로 소공 생명의 무선 줄이
일체 연결되었도다

양심을 속이지 말라
참 주인공은
무한 법계에
가고 옴이 없이
송수신이 가고 오며
일체 만생과 화합하여
서로 송수신 주고받는
평화한 대인이며
자유인이니라

자신을 깨달으라
불단에
여러 가지 환상 집착하여
그르치면
부처님 마음 내 마음
둘 아닌 한마음
부처님의 묘력은
끝내 알지 못하리
그리하면
세상에는 환난이 오고
고가 많아지리라

자신을 보고
부처님 찾는 자만이
금광(金鑛)에 모여
한자리 할 것이고
여러 가상을 좇는 자는
넝마전으로 모여
한자리 할 것이로다

일체 생명 한데 합한
한마음 깨달으면
넝마와 금이 평등하여

팔자 운명 따로 없이
부모의 묵은 빚
효도하며 갚게 되고
자라는 자녀들엔
햇빛을 주게 되리

자유인으로 사는
행복한 삶의 보람
영원히 살지 않았기에
영원히 죽지도 않으리

삼천 년 전의 부처도
내 마음의 부처요
삼천 년 후의 부처도
내 마음의 부처로다

선법가

• 중복을 피하기 위해 게송·선시에 나와 있는 가사는 싣지 않았습니다.

일체 제불의 마음

일체 제불의 마음은 내 한마음이다
일체 제불의 법이 내 한마음의 법이며 생활이다
일체 제불의 몸은 일체 중생의 몸이다
일체 제불의 자비와 사랑은 일체 중생의 자비와 사랑이다
선행하는 것도 악행하는 것도 다 내 한마음에 있다

안에서 찾자

1. 자기의 주인공이 바로 부처요
   자기의 이 육신은 중생이어라
   이 뜻 깨달으면 바로 부처요
   밖에서 찾지 말고 안에서 찾자

2. 내 주인은 부처요 내 육신은 중생
   부처와 중생은 언제나 한마음
   이 뜻 깨달으면 바로 부처요
   밖에서 찾지 말고 안에서 찾자

부처님 계신 곳

1. 부처님 어디 있나 내 맘 속에 계시네
   중생은 어디 있나 내 맘 속에 있다네
   내 맘은 어디 있나 한마음 속에 있으니
   한마음 어디 있나 찾는 맘에 있어라
   아, 찾는 맘에 부처님 성품 보이네

2. 보고 듣고 말하게 하는 자 그가 누군가
   육신을 참 나라 알면 정말 어리석어
   육신을 관장하는 그 자가 내 주인
   내 주인 어디 있나 찾는 그 맘 속에 있네
   아, 찾는 맘에 부처님 성품 보이네

부처님 오신 날도 영원한 오늘일세

1. 눈을 뜨면 광명세계 눈 감으면 암흑세계
   맘의 눈을 바로 뜨면 불국정토 아닌 곳 없구나
   내 한마음 깨우치면 오늘의 내 마음이
   영원한 오늘이요 부처님 오신 날일세
   찬미하세 찬미하는 그 나를 찬미하세
   부처님 오신 날 영원한 오늘일세

2. 고요하고 고요하네 즐겁고 즐거워라
   부모 형제 이웃 모두 내 얼굴 아닌 사람 없으며
   누리의 주인 부처님 나툼 아님 없으니
   내 마음은 영원한 오늘 부처님 오신 날일세
   찬미하세 찬미하는 그 나를 찬미하세
   부처님 오신 날 영원한 오늘일세

마음으로 삼독을 벗어나 보세

1. 옛 물 옛 산 옛 사람 따로 없어 시대 따라 한마음 내어
   온 누리에 걸림 없이 일체 만법 자재하며
   따로 없는 내 식구 되어 굳건하게 지켜보세

2. 억조창생 마음으로 둥글으니 불성이자 사람일세
　 오관 통해 들고 나며 나 아니게 천지 만물 둥글려
　 자재하여 내 가족 따로 없이 지켜보세

삼세심을 전달하니

1. 겨울 눈 하얗게 온 누리에 지붕 되니
　 그 아래 누각에는 오색 꽃들 향기 내음
　 파랑새들 지저귀며 삼세심을 전달하니
　 팔팔 공치기는 십중팔구 좋을시고
　 그대로가 한마음의 진리라고 노래하네

2. 한여름 파랗게 옛 산 앞산 둘 아니게
　 솔잎 사이사이 바람 솔솔 부는 대로
　 산 위에 물이 가고 물 위에 산이 가며
　 지렁이 해골 속을 들락날락하니
　 온 누리에 부처님 아니 계신 데 없네

한곳으로 나고 드니

1. 문수 보현 따로 없고 관음 지장 다름 없어

삼천 공덕 일만 나툼 한곳으로 나고 드니
진실로 간절하게 그렇게만 안다 하면
일체가 하나이니 한마음이요
무한하고 영원하여 한마음이라

2. 부처 중생 따로 없고 극락 지옥 다름 없어
  분별 망상 선악업이 한곳으로 나고 드니
  진실로 사무치게 그렇게만 깨달으면
  일체가 하나이니 한마음이요
  무한하고 영원하여 한마음이라

마음의 불씨

1. 동그랗게 텅 빈 마음속에
  한 점 영원한 불씨가 있어
  아, 간절하게 나를 이끄는
  조촐한 등불 하나 고이 켜들다
  이 등불 켜들고 세상 밝히며
  가없는 자비의 길 걸어가리니

2. 깊고 깊어 미묘한 한마음 속에
  일체를 싸안는 원리가 있어

아, 지극하게 중생 살리는
진실한 눈물의 힘 샘이 흐르다
이 샘물 마시고 생사 넘어서
모습 없는 진리의 길 함께 가리니

스스로 갖추었네

1. 만인은 제각기 금강자석신을 지녔어라
    무위 정법 능력으로 일체 마음 한데 뭉쳐
    스스로가 갖추어져 온 누리에 향운공은
    일 초라도 쉬지 않고 만물만생 나투면서
    행함 없이 행하는데 그 무엇이 두려우랴
    세울 것도 버릴 것도 가질 것도 없는 것을
    공한 자리 관한다면 모든 의단 절로 나네

2. 삼세에 살던 습을 녹이지 못한다면
    생사 윤회 고통 바다 벗어나지 못하리라
    사대 오온 공하여서 생활이 곧 참선이며
    내 육신이 부처님의 법당이자 화두인데
    무슨 화두 덧붙여서 본래 모습 찾을소냐
    부처 몸이 내 몸이요 부처 맘이 내 맘이니
    그대로가 여여함을 소소영영 알아보세

선종관문 알아보세

1. 일체는 한마음이 근원 되어 생겼어라
   부처 중생 같이 있고 천지 만물 둘 아닌데
   어리석은 사람들은 바깥 경계 끄달려서
   삿된 길에 빠져들어 스스로가 괴롬 받네
   몸 벗기 전 정신 차려 길 아닌 길 자유롭게
   만 가지 법 만 가지 행 향운공을 양식하여
   선종관문 알아보세 선종관문 알아보세

2. 일체는 한마음이 나투어서 이뤘어라
   극락세계 여기 있고 남녀성품 평등한데
   분별심을 갖는다면 공한 이치 어찌 알랴
   인생은 태어나면 창살 아닌 창살 속을
   벗어나지 못하면서 목숨 다해 끌려가네
   자기라는 고정관념 빗장문을 뛰어넘어
   선종관문 알아보세 선종관문 알아보세

영원한 오늘

1. 자취 없는 마음이 참마음이요
   모습 없는 진리가 영원한 진리

법등명 자등명 깊이 새기며
안으로 구하리니 자성 밝혀서
부처님 오신 그날 오늘 속에 영원하리

2. 일어나 물결치는 모든 생각을
   파도 일기 그 이전 공한 그곳에
   무겁게 들어서 다시 놓으면
   생사윤회 인연 업과 문득 넘어서
   부처님 오신 그날 오늘 속에 영원하리

내 한생각에 일체 움직이리라

1. 천지 만물 모든 생명 너와 함께 있으니
   유정 무정 화합하여 한마음을 이루면
   언제 어디서나 내 몸 아님이 없나니
   모든 것 내 한생각에 모두 움직이리라

2. 부처와 더불어 일체 만생과 만물은
   모두가 공했으니 공하여 평등하면
   열반이자 부처요 한생각을 냈다 하면
   그대로가 법이며 움직이는 용이라

생명의 실상

1. 영원한 오늘에 사는 것이 생명의 실상이니
   삼라만상 모든 것 한마음의 나툼 아님이 없네
   인간으로 태어남도 한마음의 나툼이며 방편이니
   이 도리 깨달아 윤회의 고해 벗어나 자유인이 되세

2. 과거다 미래다 할 것 없이 오늘이 바로 영원
   이 세상 모든 것 모든 것이 부처님 나툼 아님이 없네
   하늘과 땅 어디에도 부처님 아니 계신 곳 없으니
   일체가 한마음 펼침이며 자비 광명일세

누가 하는가요

1. 그 누가 있어 우리가 볼 수 있게 하는가요
   그 누가 있어 우리가 들을 수 있게 하는가요
   그 누가 있어 우리가 말할 수 있게 하는가요
   그 누가 있어 우리가 살아갈 수 있게 하는가요
   지켜보고 지켜보고 또 지켜보세
   지켜보는 당신이 바로 참 나이라네

2. 두 눈이 있어 본다지만 과연 정말 그런가요

두 귀가 있어 듣지만 과연 정말 그런가요
입이 있어 말하지만 과연 정말 그런가요
육신이 있어 산다지만 과연 정말 그런가요
지켜보고 지켜보고 또 지켜보세
지켜보는 당신이 바로 참 나이라네

내 마음의 주인

1. 마냥 끝없이 흐르는 참마음이시여
　삼라만상 허공 중에 아니 계신 곳 없는데
　참마음 당신만이 전능한 부처이시고
　모든 것 당신에게 맡기니 만사가 형통 자재 하네
　오, 참마음 당신은 내 마음의 주인, 주인이시네

2. 시작도 끝도 없이 흐르는 참마음이여
　빛깔도 냄새도 형체도 없는 공허한 당신이지만
　우주를 운행하시며 모든 생명 어버이시네
　태어나고 없어지는 육신과 삼계는 당신의 화현이니
　오, 참마음 당신은 내 마음의 주인, 주인이시네

세 번 죽어야 나를 보리라

1. 우주 만유 크고 많으나 한마음의 그림자라
   본래 공한 자리에서 공한 것이 나오고
   공해 사라지는 것이니 나와 함께 들이고 내는 것
   전부가 공함을 알면 한 번 죽음이라
   일체 만법 들이고 내는 내 한마음이 주인공이니
   죽어야 살리라 세 번 죽어야 나를 보리라

2. 삼세의 부처님 조사님과 선지식
   풀 한 포기에 이르기까지
   일체 만물만생을 버리지 않고
   공한 나와 함께 더불어 함께 죽었으니
   그대로가 진리임을 안다면 두 번 죽음이라
   일체 만법 들이고 내는 내 한마음이 주인공이니
   죽어야 살리라 세 번 죽어야 나를 보리라

   일체 만물 유정 무정 나 아님 없으니
   너와 나 우리 모두 한자리 한 몸일세
   일체 만유 모두가 자불의 나툼이니
   유생 무생 자재면 세 번 죽음이라
   일체 만법 들이고 내는 내 한마음이 주인공이니
   죽어야 살리라 세 번 죽어야 나를 보리라

불교 호국가

1. 우주의 근원은 만물만생의 근원이며
   그 근원은 우리들의 마음일세
   일체 제불 마음이 우리와 한마음으로
   공심 공존 공용 하네
   우리 민족 어떻게 걸어왔던가
   아픔의 피를 이어 끊임없는 길
   우리 모두 한마음 한뜻으로 호국 정신 가져 보세

2. 부처님 삼세심이 우리들의 마음 되어
   둘 아닌 능력으로 우주 법계 왕래하네
   우리 겨레 어떻게 이어 왔나
   면면히 맥을 이어 다함없는 길
   만물만생 내가 되어 일체가 둘 아니게
   우리 모두 한마음 한뜻 되면 호국 정신 가능하리

3. 오색 기둥 하늘 받쳐 악한 무리 항복받고
   선각자들 해탈하며 일체 만물 군사 되고
   일체 만물 무기 되어 한생각이 우주 세계 상응하며
   일체 만물 손발 없는 손발 되어
   불국 정토 이룩하고 우리 모두
   한마음 한뜻으로 평등하게 사시사철 푸르르세

통일의 노래

1. 분단되어 온 한민족이
   얼마나 아팠던가
   얼마나 울었던가
   한 서린 슬픔도 모자라서
   분단되어 서로가 쓰라림을
   감당하기 어려웠네
   눈물로 엮어진 한마음에
   불씨는 밝아졌는데
   남한산 북한산 한데 어우러져
   산천이 밝았으니
   무궁화 국화꽃이 만발하여
   일체 만물 색색 꽃은 춤을 추고
   천차만별 나비들은 이산 저산 넘나들며
   가을 추수 해 들이네

2. 벽이 없는 한민족을
   얼마나 기다렸나
   얼마나 길었던가
   슬픔도 미움도 사라지고
   다가오는 역사야! 빛나거라!
   동이 트네 온 누리에

웃으며 엮어진 한마음에
사랑이 싹트고
남한강 북한강 한데 어우러져
한 줄기 물 따라서
고기들은 춤을 추고
깊은 물에 용머리는
둘 아니게 나고 들고 두루 하니
금강산은 일산이라
구이팔은 가을 추수 해 들이네

삼세가 둘 아닌 노래

1. 흘러 흘러 헤일 수 없는 겁을 지난 동안에
   부모가 자식 되고 자식이 부모 되어
   거듭거듭 형성됨을 이루 말로 다 하랴
   과거 생활 산 것대로 끼리끼리 인연 되어
   이 세상에 태어나서 한 철 살기 어려우나
   일체가 내 부모 내 자식 아님 없거늘
   어찌 끝없는 흐름에 평등공법 아니랴

2. 흘러 흘러 헤일 수 없는 겁을 지난 동안에
   거듭거듭 모습 바꿔 형성될 때마다

과거 자기가 어떻게 산 것대로 몸속에
인과로 인해 유전되어 내 몸을 집을 삼아
그 속에서 더불어 살며 안과 밖을 괴롭히는
생명들을 둘 아니게 조복받아 공심이면
자유권을 자재하는 평등공법 아니랴

공법의 살림살이

1. 일체가 둘 아님을 알았으니
   우주 천지와 더불어 같이 죽어
   천차만별 차원에 따라 용도대로 응하여 주며
   우주 개공 두루 하여 내 자리 아님 없어
   내 몸 아님 없고 내 아픔 아님 없네
   부처님이 없기에 부처님 아님 없이 모두 계시니
   각자 내 주인공이 부처이자 근본일세

2. 세 번 죽어 두루 밝아 솟았으니
   영원한 봄 소식은 산천초목 푸르르고
   산골마다 물 흐르고 유루 무루 각양각색 꽃이 만발하니
   무상심법 깨달아서 무르익은 열매 맛은
   갖가지로 맛을 내니 그 맛을 알아서
   무상심행 건곤대법으로 아름다운 한마음은

이승 저승 왕래하며 보람 있게 살아 보세

공심 공체 둘 아닌 노래

1. 산은 물을 안고 온갖 중생 다 안고서
   꽃과 나비 얼싸안고 춤을 추며 이어 가네
   깊은 물속 온갖 보배 끊임 없이 간직하여
   한마음의 근본 따라 오고 감이 전혀 없이
   물 바깥을 왕래하며 주해신을 본받아서
   물같이 여여하게 평등공법 살라 하네

2. 물은 산을 안고 온갖 중생 다 안고서
   꽃과 나비 어우러져 꽃이 피고 열매 되네
   제 나무는 제 뿌리를 간직하여 믿는다면
   제 나무에 익은 열매 가고 옴이 전혀 없이
   산 바깥을 왕래하며 주산신을 본받아서
   산같이 여여하게 평등공법 살라 하네

꽃이 핍니다

1. 꽃이 핍니다 깊고 깊은 마음 속에

깊고 깊은 마음 속에 꽃이 핍니다
꽃향기가 그윽하게 두루 두루 두루 펼쳐서
남과 북이 한 끈 되길
불종님께 원을 세워 드리오니 받으소서
드리오니 받아 주소서

2. 새가 웁니다 허공 중에 나무에서
   허공 중에 나무에서 새가 웁니다
   남과 북이 둘이 아니게
   두루 두루 두루 날으게
   한마음이 되어가길
   제불님께 원을 세워 올리오니 받으소서
   올리오니 받아 주소서

내가 없는 이름의 노래

1. 내가 없는 허공길에 봄이 왔건만
   수많은 공심들은 공체로서 봄이 온 줄 모르는가
   나뭇가지 뿌리마다 육통 안을 벗어나서
   온갖 중생 연결되어 끊임없이 화하는데
   고정된 게 하나 없이 찰나찰나 나투면서
   여래의 한생각이 우리들의 마음하고 연결되니

여래의 공심으로 한 손 튀기는데
온갖 중생 공기 자루 안을 벗어나 자유권을 얻으리라

2. 내가 없는 허공길에 봄이 왔건만
   수많은 공체 몸은 공용으로 여여한 줄 모르는가
   제 나무에 제 뿌리가 둘 아니게 벗어나서
   우주 삼세 만물만생 근본마다 집결되어
   서로서로 통신 되니 찰나찰나 나투면서
   공심의 한생각이 앞뒤 없이 둘 아니게 돌아가고
   한겨울 나뭇가지 봄을 기다리며
   한마음 같이 공체로서 자유권을 얻으리라

내 한생각 법이 되어

1. 한 철 살림 하면서 마음 닦아 깨달으면
   내 한생각 법이 되어 내 나라 살리고
   온 누리에 얼음 녹아 만 골짜기 흘러 흘러
   고기 떼 춤을 추고 꽃 피고 새 울어
   스스로 열매 익어 만 가지 맛 알게 하리

2. 찰나 생활 하면서 마음 닦아 깨달으면
   내 한생각 지혜 되어 지구촌 살리고

온 누리에 천차만별 생명들이 눈을 뜨고
마음의 바다 위에 여여히 밝아서
스스로 빛이 되어 본래 자리 눈 뜨리니

대 장 부

아무 자취도 남기지 않는 발걸음으로 걸어가라
닥치는 모든 일에 대해 어느 것 하나 마다하지 않고
긍정하는 대장부가 되라
버린다 안 버린다 하는 마음이 아니라
오는 인연 막지 않고 가는 인연 붙잡지 않는
대수용의 대장부가 되라
일체의 것에 물들거나 집착하지 않는 대장부가 되라
가장 평범하면서도 가장 비범한 대장부가 되라

백화는 만발하여

1. 백화는 만발하여 온 산에 두루두루
   삼계는 뿌리 뿌리 서리어 이어 가고
   불법승 푸른 물은 천지에 흘러 흘러
   바다 깊은 속에 용으로 들고 나니

역사여 세계여 다른 모습 아니 되리

2. 마음꽃 활짝 피어 열매로 붉게 익어
   시방계 산천초목 나날이 푸르르고
   불법승 여여함이 우주에 가득하여
   시공 이어 가며 춤추고 노래하니
   역사여 세계여 다른 모습 아니 되리
   역사여 세계여 어찌 아니 달라지리

서천의 푸른 나무

1. 서천에 푸른 나무 광야도를 이룬 그 가운데
   높이 뜬 백학은 동방에 이르니
   앙당한 가지마다 제 뿌리를 간직한 채
   봄이 오길 기다리며 푸른 잎새 사이마다
   온갖 꽃이 다 피어서 한자리 공체로서
   공심으로 웃어 보세

2. 동방에 제 나무 제 뿌리를 이룬 그 가운데
   높은 뜻 한나무 열매가 무루한
   익어서 각계각층 먹고 먹고 되남아서
   영원토록 되남으니 한마음인 천차만별

마음꽃이 다 피어서 한 도량 공체로서
공심으로 먹어 보세

선법가는

선법가는 남을 건질 수 있고 남을 이롭게 할 수 있고
평화롭게 할 수 있는 가사를 통해서
전 우주 법망에 정신계와 물질계가 둘 아니게
두루 공심으로 무주상 보시가 되어
전체 마음들이 개선되고 지혜로워지게끔 하여
영원한 삶을 얻게 해 줄 수 있습니다
선법가를 노래라고 하지만 자꾸 부르면
지극하게 염원하는 관이 됩니다.
그리고 단합이 될 수 있고요
남의 아픔을 내 아픔과 같이 생각하고
내 몸과 같이 생각하고 모두 나 아님 없다 생각하면
진실하게 상대를 둘 아니게 생각하면
나와 남이 건져지고 함이 없이 내가 한단 말 없이
내가 산단 말 없이 내가 죽는다 산다는 생각 없이
그냥 놓고 간다면 그것이 벗어나는 길입니다.

우리가 지금 마음공부를 해서 무엇에 쓸 것인가

우리가 지금 마음공부를 해서 무엇에 쓸 것인가
첫째는, 나로부터 상구보리 하화 중생의 실천을
즉 내 몸속에 있는 그 의식
마음들을 한마음으로 뭉쳐서 요리할 것
둘째, 그 요리를 한다면 바깥으로 항상 남을
이익하게 전부 조절할 것
셋째, 우리가 그 마음이 충만하다면
어떠한 이유든지 이 세상에 나타나는
모든 여건들이 모두가 내가 되어서
즉 가고 옴이 없이 나툼으로써 바로 내가 되어서
그것을 내가 조절할 수 있는 여건이 되기 때문에
세계 평화도 가져올 수 있는 것입니다
그러한 여건과 더불어 이 우주의 근본이 마음이라고 그랬는데
마음공부를 하게 되면 우주도 조절할 수가 있죠

정신 발전의 길

1. 이 세상만사가 고정된 게 하나 없이
   찰나찰나 나투면서 연결되어
   공생 공심으로 함께 돌고 돌아 서로서로 통신되니

공체의 몸 속에서 뛰어나서 정신계와 물질계가
둘 아니게 모두 알면 둥근 내 집 양식 떨어지면
허공 양식 이끌어서 내 집 식구 먹고 먹고 되남아서
끝없는 공식으로 걸림 없이 길 걸어가리니

2. 삼세가 없는, 없는 이 세상에서
   현실 그대로 찰나찰나 나투어 돌며
   들이고 냄도 모두 공한데
   업과 고가 붙을 데가 있으랴
   공체의 몸속에서 용무의 선장은
   공기통 속을 뛰어 넘어 평등한 공법으로
   온갖 에너지 허공에서 이끌어서
   지구의 내 집 식구 끝없는 길 걷는 데
   먹고 쓰고 되남아서 끝없는 공식으로
   걸림 없이 길 걸어가리니

제불의 한마음

1. 제불의 한마음은 어두운 저녁을 비춰주는 달님처럼
   한바다에 가득 찬 달빛을 싣고 끝없이 도는 선장은
   고요히 잠든 마음들 속을 밝게 이끄시니
   천차만별의 한마음들은 육신통을 벗어나

제불과 함께 구름 타고 놀았노라

2. 제불의 한마음은 응달진 아침을 밝혀 주는 해님처럼
   한누리를 가득히 햇빛을 싣고 끝없이 도는 선장은
   산하대지에 만물만생을 길러 내시니
   한마음따라 길러지는데 육신 몸을 벗어나
   제불과 함께 바람따라 놀았노라

지계의 노래

1. 사대 평등 알고 보면 사대 평등 알고 보면
   생명 사랑 나눔 보시 모두 다 내 일이니
   우리 모두 원을 세워 자성불을 만나 보세
   우리 모두 원을 세워 불국토를 이뤄 보세

2. 마음 등불 밝혀들면 마음 등불 밝혀 들면
   청정 신행 진실한 말 부처님 뜻 아님 없네
   우리 모두 원을 세워 자성불을 만나 보세
   우리 모두 원을 세워 불국토를 이뤄 보세

3. 맑고 바른 지혜 닦아 맑고 바른 지혜 닦아
   자리이타 실천하니 감로 법문 절로 나네

우리 모두 원을 세워 자성불을 만나 보세
우리 모두 원을 세워 불국토를 이뤄 보세

천지 만물 모든 생명

1. 천지 만물 모든 생명 너와 함께 있으니
   유정 무정 화합하여 한마음을 이루면
   언제 어디서나 내 몸 아님이 없나니
   모든 것 내 한생각에 모두 움직이리라

2. 부처와 더불어 일체 만생과 만물은
   모두가 공했으니 공하여 평등하면
   열반이자 부처요 한생각을 냈다 하면
   그대로가 법이며 움직이는 용이라

푸르게 살라

1. 인연 따라 업식 뭉쳐 육신을 이루니
   육신 속에 들어 있는 수십억의 중생들
   찰나찰나 들고 나며 육신 고통 주는구나
   천차만별 고통 경계 한마음에 뭉치면

내 몸 안의 중생들 보살로 화하여서
　　　내 몸 안의 중생부터 제도되리

2. 일체 제불의 마음이 우리들의 한마음과
　　　공존하고 공용하니 만생 마음이 내 마음
　　　만물의 몸이 내 몸이 되어 일체가 둘이 아니다
　　　이 소식 바로 알고 한마음을 발현하여
　　　색깔 없는 오색기둥 높이 세우고 관하여서
　　　평등하게 사시사철 푸르게 살라

뜻으로 푼 경전

1. 뜻으로 푼 반야심경

두루 차고 깊은 지혜
한마음은 밝았으니
저 세상과 이 세상을 두루 살펴
자재로이 행하시는 한마음이
죽은 세상 산 세상 한데 비추어 보시니

모든 중생들은 본래부터
공생(共生)·공심(共心)·공용(共用)·공체(共體)·공식(共食) 하며
고정됨이 없이 나투고 화하여 돌아가건만
그것을 몰라서
일체 고(苦)의 길을 걷나니라

사리자여

물질과 마음이 다르지 않고
마음은 모든 물질적 현상과 다르지 않나니
모든 물질적 현상은
곧 한마음으로 좇아 있나니라.
느끼는 생각과 행하는 의식도
또한 둘이 아니어서
이와 같나니라

사리자여
우주 생명과 모습은
본래 생겨났다 없어졌다 함도 없으며
더러운 것도 깨끗한 것도 없으며
늘지도 줄지도 않느니라

이런고로
고정됨이 없는 차원의 물질도
둘이 아닌 까닭에 없나니
감각·지각·의지적 행동·인식 작용도
따로 없느니라

눈·귀·코·혀·몸·뜻도
따로 고정됨이 없으며
형상·소리·냄새·맛·감촉·법도

따로 고정됨이 없으며
보이는 세계와 의식 세계까지도
따로 고정됨이 없느니라

죽지 않는 것도 죽는 것도
또한 둘이 아닌 고로 없으며
늙고 죽음도 없고
또한 늙고 죽음이 다함까지도 없느니라

온갖 괴로움의 원인과
괴로움을 벗어나는 방법까지도 없으므로
지혜도
깨달음도
얻을 바가 없으니
없는 까닭은
일체 고정된 것이 없이
화하여 찰나찰나 나투는 까닭이니라

자유인의 한마음은
깊은 무의 세계에 회전하며
일체 걸림이 없느니라

마음에 걸림이 없는 고로

두려움이 없으며
뒤바뀐 헛된 꿈 같은 생각을 떠나서
본래부터 영원한 밝음의
구경에 이르렀나니라

과거
현재
그리고 미래의 모든 부처님들도
이 마음자리를 깨달아
가장 높고 밝은 지혜를 얻어
생사를 초월하고
자유자재의 경지를 성취하셨나니

마땅히 알라
깊은 미지의 지혜로운 한마음이야말로
가장 신비하고
가장 밝고
가장 높고
가장 당당한
위없는 심경이므로
이 깊은 미지의 주문은 진실하여
허망치 않음을 알라
일체 고난에서 벗어나리라

이에
깊은 한마음을 깨닫는
주문을 설하노니

발 없는 발로 길 없는 길을
어서어서 벗어나세
우리 함께 벗어나세
이승 저승 없는 마음
어서어서 벗어나세
한마음의 깨달음은
그대로 여여하게 밝았으니
우리 함께 어서어서 벗어나세(세번)

2. 뜻으로 푼 천수경

- 정구업진언

진실한 말을 하면 진언이 되고 하치 않은 말을 하면
구업이 되도다

- 오방내외안위제신진언

온 법계에 두루 하온 내 한마음을 끊임없이 따르리다
진정코 믿으오리다

- 개경게

일체 모든 부처님의 마음은 내 한마음에 깊고 깊어
한 찰나에 부처님의 마음이요
한 찰나를 몰라서 끊임없는 억겁에 끄달리네

일체 모든 부처님의 마음이 내 마음이요
듣고 보고 행하는 그 모든 것 부처님 법 아님 없어
내 한마음이 바로 부처님의 법이며 생활일세

- 개법장진언

들이고 내는 모든 것을 내 한마음에 맡겨 놓으니
거기에서 모든 것을 전부하네

- 천수천안관자재보살광대원만무애대비심대다라니계청

관음보살님 내 한마음에 계시오니 항상 감사하옵니다

일체 제불 원력이 내 한마음 원력 되어
항상 일상생활 걸림 없이 해 나가게 해 주시니 감사하옵니다

일체 제불 자비한 손 내 한마음 손이어서 내 한마음 손으로
유위법과 무위법을 둘 아니게 항상 움직이니
이 감사함을 어찌 말로 다 하리까

일체 제불 밝으신 눈 내 한마음의 눈이어서
한마음의 눈으로 전 우주를 두루 살펴 죽은 사람 봄으로써
산 사람을 바로 보니 두루두루 정확함이라

일체 제불 진실하신 마음이 내 한마음 진실하온 마음이니
무위·유위로 항상 길을 밝게 인도하시어

안 보이는 무위심 속에 일체 만법 귀중함을 베푸시네

일체 제불 마음이 내 한마음 법이오니
그 만족함 광대무변하도다
삼심이 일심되니 몰락 전부 놓는다면 일심조차 세울 게 없도다

천지의 근본도 내 한마음이 근본이요
태양의 근본도 내 한마음이 근본이라
어찌 모든 세상 두루 살피지를 못하리오

온 우주의 근본도 내 한마음이 근본이니
둘이 아닌 세상을 똑바로 지도하도다

일체심이 곧 일심이니 찰나찰나 나투며 길을 밝히도다

우주의 근본은 내 한마음이 근본이니 찰나찰나 나투면서
일체 모든 유생·무생의 길을 밝게 인도하도다

내 한마음 온갖 것의 근본 되니 근본에서 나온 것을
근본에다 몰락 놔서 밝은 마음 이루리다

본래부터 마음에는 문이 없어 넘어들 것 없으므로 넘어갈 것
또한 없어 한마음이 근본이니 그대로가 생활이며 법이도다

일체 제불 마음이 곧 내 한마음인 것인 줄 알았으니
내 한마음 지극하게 믿으오며 한마음의 진실한 뜻 따르오리다

내 한마음 믿으오며 한마음의 진실한 뜻 따른다면
자유자재하리이다

내 한마음 그대로 관세음이신 고로 내 한마음에 귀의하오니

이 한마음 믿고 믿어 원을 세우오니 일체가 다 이루어지이다

내 한마음 그대로 관세음이신 고로 내 한마음에 귀의하오니

내 한마음 믿고 믿어 따른다면 지혜 물리 터져 나와
자유법을 얻으리라

내 한마음 그대로 관세음이신 고로 내 한마음에 귀의하오니

오로지 내 한마음 믿고 따르면
찰나찰나 나투는 모든 중생 그대로 건지리다

내 한마음 그대로 관세음이신 고로 내 한마음에 귀의하오니

오로지 내 한마음에 모든 원을 세운다면 성불하리라

내 한마음 그대로 관세음이신 고로 내 한마음에 귀의하오니

오로지 내 한마음에 모든 원을 세운다면
사방에 문이 없어 본래 내가 없기에
건널 것도 없는 것을 알 것이니
건널 것도 없다 하는 그 님을 찾으리라

내 한마음 그대로 관세음이신고로 내 한마음에 귀의하오니

산다 죽는다 하는 것은 고정된 참모습이 아니기에
이승 저승 없는 한마음 되오리다

내 한마음 그대로 관세음이신 고로 내 한마음에 귀의하오니

마음의 공덕 계율 법행을 하루속히 이루오리다

내 한마음 그대로 관세음이신고로 내 한마음에 귀의하오니

본래 밝아 생과 사에 걸림 없는 길 없는 길
한마음이 하루속히 이루어지이다

내 한마음 그대로 관세음이신 고로 내 한마음에 귀의하오니

원하건대 일체 제불이 도량의 집 내 한마음에 계시옴을
알게 하소서

내 한마음 그대로 관세음이신 고로 내 한마음에 귀의하오니

마음은 고정됨이 하나 없이 평등하니 일체의 법성신이
내 한마음인 줄 알게 하소서

내 마음의 칼산 지옥도

한마음 능력 두루 하여 스스로 무너지게 하소서

내 마음에 화탕 지옥 일으킬 때

한생각이 스스로 꺼지어 저절로 무너지네

내 마음의 지옥도

한생각이 스스로 꺼지어 저절로 무너지네

내 마음이 귀신 행을 한다면은

내 한마음이 귀신 항복 받아 충만하리

만약에 아수라의 마음 일으킨다면

스스로 내 마음에 조복되리

만약에 축생의 마음 일으킨다면

스스로 큰 지혜로 둘 아닌 도리를 알게 하소서

유무 세상 관하시어 보살피며 건지시는 부처님께
한마음으로 귀의하리다

끝이 없는 대천세상 유생 무생 부처님과 한마음에 귀의하리다

끊임없이 천수로써 보살피는 한마음에 귀의하리다

끊임없이 보살피며 여여하신 한마음에 귀의하리다

둥그런 큰 마음을 내시어서 두루두루 건지시는
한마음에 귀의하리다

우주 세상 일체 생명 자재로이 보살피는 한마음에 귀의하리다

시공 없는 한생각에 일체를 다 거두시는 한마음에 귀의하리다

끊임없이 만물만생 항상 비춰 주시옵는 한마음에 귀의하리다

끊임없는 생명들의 줄어듦도 늘어남도 본래 없는 밝은 길을
인도하는 한마음에 귀의하리다

끊임없이 전 국민을 보호하며 맛과 이익 주시옵는
한마음에 귀의하리다

없는 고로 큰 시방에 두루두루 한생각을 내시어서
보살행을 하심같이 한마음에 귀의하리다

걸림 없이 일체 모든 크나크온 보배 자비 한마음에 귀의하리다

유무 없는 중심 근본 스승하여 각 이루는 불성에 귀의하리다

- 신묘장구대다라니

이 소리는
나와 내가 같이
이 경지에 오고 감이 없이
부동지(不動智)의 큰 지혜를 굴리어
걸림 없이 굴리어

큰 바다와 같으니
진정 그 뜻을 알라

고요한
물 흐름과 같이
제 마음을
한마음으로 이끌어 주옵소서

오고 감이
근본에 있어
고요한 마음으로 이루오리다

우리들의
염하는 소리
온 누리에 퍼지나니
살피소서

부처님의 마음과 내 마음이
둘 아니게 인도하여
눈 아닌 눈의 지혜로
두루 이루어
살피고 살피소서

눈이 없어
관하고 관하고
또 부지런하오리니
가고 가고
돌아 돌아
모든 고난이 큰 뜻으로
모든 액난이 몰락
사라지이다, 사라지이다

모든 망상도 부동심으로
스스로 스스로
마음, 정진하는 마음
부지런히 지혜의 혜가 밝아서
부동심을 이루도록 하옵소서

눈이 눈이
우주에 가득 차
두루 밝아 밝아 또 밝아
모든 중생
한자리 한자리
한마음 한마음
한 몸 한 몸
만물이 함께

고에서 벗어나 벗어나
자유인이 되게 하옵소서

세상을
바로 보게 하옵소서

큰 뜻을
이루게 하옵소서

세상 계율 무위법을
벗어나지 않게 하옵소서

한 손 되게
하옵소서

나의 욕심을
떠나게 하옵소서

육신의 모든 습성을
녹이게 하는
능력이 생기게 하옵소서

큰 능력으로

나라를 돌보게 하옵소서

모습 없는
일체 영령들도
물질과 둘 아님을 알게 하옵소서

자성신의 뜻으로
모든 생활에서
항복받게 하옵소서

일체 제불이시여
만 가지 꽃이 피고 만 가지 열매 익어
맛을 알게 하옵소서

- 사방찬

한마음에 세상 도량 전부 들어 있으니
상대 경계 모두 놓아 이 마음이 구공이면
본래면목 계합되어 삼세가 다 구정토라
마음 비워 청정하면 세세생생 평안하리

- 도량찬

일체 모든 부처님의 한마음은 더러웁고 깨끗함이
본래 없는 내 한마음일세

삼세심이 일심 되니 천지 세상 그대로가
내 한마음 생활일세

더럽다 깨끗하다 본래 없는 내 한마음
그대로가 여여한 법이로세

부처님의 한마음은 유위법과 무위법을
한 손 안에 거머쥐고 만 중생에게 대자비를 베푸시네

- 참회게

제가 지은 모든 악업죄

선행 없는 모든 탐심죄

몸으로 입으로 뜻으로 지은 죄

일체 모든 잘못을 참회합니다

- 참제업장십이존불

두루두루 겸손하온 마음 공덕 계율 법행 불

한마음의 보배로서 따뜻이 관하시어 살피시는 불

일체 모든 향기롭고 따뜻하온 마음의 불

광대무변 크신 뜻을 결정하온 불

두루두루 위대하온 마음의 공덕 불

마음을 굳혀 세워 일체 모두 항복받아 태산 같은 업장들을 멸하신 불

넓고 밝은 한마음의 묘법음 법존 불

밝고 기쁜 마음의 손길 닿지 않는 곳 없는 불

무변하고 두루 한 마음의 향 갖추신 불

사무 사유에 밝으신 불

밝고 밝은 마음 중심 걸림 없는 주 불

한마음의 보배는 두루 걸림 없이 굴림이 여여한 주 불

- 십악참회

살생한 큰 죄 오늘 참회합니다

도둑질한 큰 죄 오늘 참회합니다

사음한 큰 죄 오늘 참회합니다

거짓말한 큰 죄 오늘 참회합니다

삿된 말 한 큰 죄 오늘 참회합니다

이간질한 큰 죄 오늘 참회합니다

나쁜 말 한 큰 죄 오늘 참회합니다

탐애한 큰 죄 오늘 참회합니다

성낸 큰 죄 오늘 참회합니다

어리석은 큰 죄 오늘 참회합니다

백겁 천겁 쌓인 죄업 한생각에 사라지고
마른 풀이 불에 타듯 남김없이 소멸되네

죄는 본래 자성 없고 마음 따라 일어나니
마음 만일 없어지면 죄업 또한 스러지네

죄와 망심 모두 놓아 마음 모두 공하여야
이를 일러 이름하여 진실한 참회라 하네

- 참회진언

우리들의 삶의 길을 깨닫게 하여 주옵소서

한마음의 크신 공덕 적정하게 항상 관하면

이 세상의 모든 재난 침범하지 못하리니

천상이나 인간이나 부처님의 복덕 받아

이 여의주 만난 이는 최상의 법 얻으리다

천지의 만물 소생케 하는 도리천지 어머니이신
한마음에 귀의합니다

- 정법계진언

진정 올바른 행을 하리다

- 호신진언

진정 끊임없는 길

- 관세음보살본심미묘육자대명왕진언

진정 내 마음으로 모든 악을 물리치게 하소서

- 준제진언

끝이 없는 마음의, 계단 없는 계단을 넘어 진정코
마음의 구슬 굴리오리다

제가 일체 한마음에 지성으로 관하오며

보리심을 내어서 크고 넓은 원을 세우오니

원컨대 저의 선정 지혜 속히 밝아지이다

원컨대 저의 공덕 다 이루오리다

원컨대 저의 복력 두루 장엄하여지이다

원컨대 모든 중생 함께 성불하여지이다

- 여래십대발원문

마음과 마음으로 삼악도를 여의옵기 원입니다

마음의 탐·진·치를 어서 끊기 원입니다

마음의 불·법·승을 항상 듣기 원입니다

마음의 계·정·혜를 힘껏 닦기 원입니다

둘 아닌 부처님 법 늘 배우기 원입니다

마음에 보리심을 항상 내기 원입니다

마음속의 극락세계 태어나기 원입니다

마음속의 아미타불 속히 뵙기 원입니다

온 세상에 나투기를 원입니다

모든 중생 제도하길 원입니다

- 발사홍서원

가없는 중생을 다 건지오리다

끝없는 번뇌를 다 녹이오리다

한량없는 법문을 다 배우오리다

위없는 불도를 다 이루오리다

마음속의 모든 중생 맹세코 건지오리다

마음속의 모든 번뇌 맹세코 녹이오리다

마음속의 모든 법문 맹세코 배우오리다

마음속의 모든 불도 맹세코 이루오리다

- 발원이 귀명례삼보

시방에 항상 한마음으로 계신 부처님께 귀의합니다

시방 세계 항상 계신 진리에 귀의합니다

시방 세계 항상 계신 도량에 귀의합니다

예화편

스님께서는 대중 설법 중에 간혹 옛이야기를 인용하실 때가 있었다.
초심자들에게 비유로써 도리를 일러 주고자 하심이었다.

1. 나무와 소년

옛날에 한 그루의 나무와 그 나무가 사랑하는 한 소년이 있었다. 그 소년은 매일 나무에게 찾아와서 얘기를 나누며 즐겁게 놀았는데 시간이 흘러 점점 나이가 들자 나무와 노는 것이 시들해졌다. 그래서 나무는 혼자 있을 때가 많았다.

그러던 어느 날 소년이 나무에게 찾아와서 물건을 사고 신나게 놀 돈이 필요하다고 말했다. 나무는 사과를 따다가 팔면 되지 않겠느냐고 속삭였고 소년은 나무 위로 올라가 사과를 따선 가 버렸다.

나무는 다시 혼자였다. 그런데 어느 날 돈을 다 쓰고 나서 소년은 다시 나무에게 돌아왔다. 그러고는 행복한 가정생활을 꾸미기 위한 집이 필요하다고 했다. 나무는 기꺼이 나뭇가지를 내주었다.

오랜 시간이 흐른 뒤에 다시 나무에게 돌아온 소년은 이번엔 먼 곳으로 여행하기 위한 배 한 척이 필요하다고 말했다.

수-1-35
수-1-36
수-1-37
수-1-38
수-1-39
수-1-59
수-2-5
수-2-20
수-3-48
수-3-49
수-5-2
수-5-10
법-2-97
법-2-115
심-1-3
심-1-54
심-1-55
원-1-5-8
원-2-2
원-2-3
원-2-4
원-2-5
원-2-2-12
원-2-5-15
원-3-1-8
원-3-1-9
원-3-1-12
원-3-2-2
원-3-2-3
원-3-2-8

원-3-5-1
원-5-1-11
원-6-4-7
원-6-5-3
원-7-1-5
원-7-1-10
원-7-3-7
행-1-5-3
행-2-3-3
행-2-3-4
행-2-4
행-3-2-3
행-3-5-8
행-4-5-7
행-6-1-5
행-7-1-4

나무는 또 몸뚱아리를 마저 내주었다.

이제 나무에게 남은 것은 밑둥치뿐이었다. 어느 날 소년이 노인이 되어 다시 돌아왔지만 나무가 소년에게 줄 것이라고는 아무것도 없었다. 그러나 늙어 버린 소년에게는 편안히 쉴 자리가 있으면 그것으로 족했고 나무 밑둥치가 그에게 좋은 휴식처가 돼 주었다.

스님께서 말씀하셨다.

"여기서의 나무는 넓은 의미에서 볼 때 전체가 포괄된 하나의 우주요, 작게 보자면 각자의 주인공에 비할 수 있다. 마음으로 같이하고 요구하는 대로 나투면서 잎과 사과 그리고 가지와 몸통마저 다 주어 버리는 그 나무의 행이 바로 주인공의 나툼이자 관세음의 자비인 것이다.

그러나 우리는 이 세상을 살아가면서 자기의 근본 주처인 주인공이 지혜를 내고 온갖 것을 다 해 주고 있다는 사실을 알지 못한다. 마치 소년이, 결국에는 자신과 둘이 아닌 나무의 자비를 깨닫지 못한 채, 물질적인 온갖 것을 요구하며 이 세상을 질주해 왔듯이.

소년을 사랑한 그 나무처럼 내 마음의 근본 자리에서 주인공이 나 자신을 위하여 얼마나 헌신하고 있는가를 생각해 보라. 믿고 맡기며 감사해야 되지 않겠는가."

2. 벽계 스님 3년 설법

이조(李朝)의 불교 탄압이 극에 달하여 스님들이 할 수 없이 절을 떠나 깊은 산속에 은둔하거나 일부는 눈물을 흘리며 환속을 하던 그런 때였다.

이즈음 벽송(碧松)스님도 절에서 쫓겨나 선지식을 찾아 이리저리 배회하고 있었다. 마침내 벽송은 어느 산골짜기에 이르러, 토굴에 숨어 살면서 정진을 계속하고 있던 벽계 선사를 만나게 되었다.

벽송은 그날부터 선사의 제자가 되기로 마음먹고 토굴 하나를 더 지어 선사와 같이 생활하였다. 날마다 두 사람은 산에서 나무를 해서 그것을 장에 내다 팔아 하루하루 연명해 갔다. 그런데 벽송이 산에 오를 때마다 선사에게 도(道)에 대해 여쭈었건만 그때마다 선사는 "내일 해 주지." 하고 설법을 미루기가 일쑤였다.

이렇게 하루하루 설법을 미루어 나간 지 어느덧 3년이란 세월이 흐르자 벽송은 더 이상 참지 못하고 떠날 결심을 하게 되었다.

어느 날 벽송은 선사가 자리를 비운 사이에 "스님께서 3년이 지나도록 설법을 미루기만 하시니 더 이상 기다릴 수 없다." 하는 말을 시봉자에게 남기고 그곳을 떠나갔다.

이때 선사는 나무를 한 짐 해서 토굴로 돌아오고 있었다. 토굴에 당도해 시봉자의 얘기를 전해 들은 선사는 "왜 안 가르쳐

수-3-31
법-1-30
법-2-53
법-2-56
법-2-58
법-2-118
심-1-4
원-6-1-3
행-7-1-10
생-1-1-4
생-1-1-5
생-1-1-6
생-1-2
생-1-2-8

주었겠느냐. 자고 나서 인사할 때도 가르쳐 주었고 산에 가서 나무할 때도 가르쳐 주었건만…….”하고 중얼거리며 곧장 토굴 바깥으로 걸어 나갔다. 그러고는 산 밑을 돌아 나가는 벽송을 큰 소리로 불러 세웠다. 선사의 부름에 벽송이 뒤를 돌아다보자 선사는 주먹을 불쑥 내밀면서 다시 한 번 소리쳤다.
"내 법을 받아라!"
이때 벽송이 크게 깨쳤다.

스님께서 말씀하셨다.
"일체가 한마음으로 돌려지니 주먹 하나 내민 그것에도 수많은 경전이 한꺼번에 들어 있고, 삼천대천세계가 운행되고 우주 만물이 들고 나는 이치가 그 속에 스며 있다. 말로 하면 그 말이 떨어지니 그냥 주먹을 내밀었던 것이다.”

3. 조주와 오대산 노파

수-3-16
수-3-29
수-3-42
법-2-65
법-2-93
심-1-117
심-2-6
심-2-25
원-2-2-6
원-6-4-25
원-9-2-11
행-2-2-4

문수보살의 정토인 중국의 오대산(五臺山)을 참배하는 길 가에 조그만 찻집이 하나 있었다. 그런데 이 찻집 주인인 80여 세의 할머니는 보통 할머니가 아니었던지 길을 묻는 수좌들에게 곧잘 수작을 걸곤 했다.
어느 날 한 중이 이 찻집에 들러 "오대산을 가려면 어떻게 가야 합니까?" 하고 노파에게 물었다. 할머니는 "곧장 가시오.”

하고 대답했다. 그런데 그 중이 할머니가 가리키는 곳을 향하여 몇 발자국을 떼어 놓는 순간 "저 중 좀 봐. 어디로 가는 거야." 하고 야유를 하는 것이었다. 그러니 할머니의 말대로 길을 가던 중은 순간 멈칫하고 서서 어리둥절해질 수밖에 없었다.

　오대산을 찾는 수좌가 번번이 이런 일을 당하자 하루는 어느 중이 이 사실을 조주 스님에게 얘기했다. 그러자 즉석에서 조주 스님은 "그렇다면 내가 그대를 위하여 그 노파의 잘못을 바로잡고 오리라."라고 했다.

　이튿날 조주 스님은 그 할머니를 찾아가 전의 중이 물은 대로 "오대산으로 가려면 어떻게 가야 합니까." 하고 물었다. 할머니의 대답은 역시 "곧장 가시오."였다. 그러고는 조주 스님이 등을 돌려 몇 걸음 발을 떼어 놓자 등 뒤로 똑같은 수작이 걸려 왔다. "저 노장 스님 좀 봐. 어디로 가는 게야." 하고 야유를 보내는 것이었다.

　그런데 조주 스님은 그 길로 부랴부랴 되돌아와서 의기양양하게 대중들에게 이르기를 "내가 직접 가서 오대산 노파의 잘못을 바로잡고 왔다."라고 했다.

　스님께서 말씀하셨다.
　"어리석은 자는 바람 부는 대로 휩쓸리지만 자기와 참 자기가 충전이 된 자는 길을 묻지 않고 길을 간다. 중심이 없는 자는 남의 말에 갈대 날리듯 휘둘리고 나서 찻집 할머니를 원망하게 되지만, 그것은 살아가는 이 자체 모든 것을 자기가 들고 내는 도리를 모르기 때문이다.

조주 스님과 찻집 할머니가 둘이 아닌 까닭에 잘못을 바로잡고 왔다고 해도 바로잡은 것이 아니면서 바로잡은 것이다."

4. 효부가 된 며느리

옛날에 어느 효자가 부모를 모시고 살았는데 시집온 아내가 욕심이 많고 불효막심해서 자기 어머니에게 여간 못되게 구는 것이 아니었다. 먹을 것도 제대로 챙기지 않아 어머니는 하루가 다르게 야위어 갔다.

어느 날 보다 못한 아들은 한 달 내내 고민하던 끝에 이런 꾀를 내었다. 장에 가 보니 살이 찌고 건강한 어머니들을 내다 파는데 천 냥씩이나 받고 팔더라면서 "우리도 한 3년간 잘 봉양을 해서 어머니가 다시 살이 찌고 건강해지면 장에다 내다 팔아 천 냥을 벌어들일 수 있지 않겠느냐." 하는 제안을 했던 것이다.

그때 돈 천 냥이면 무척 많은 돈이었다. 욕심 많은 며느리는 천 냥을 벌어들일 수 있다는 말에 그만 솔깃해져서 그날부터 시어머니를 살찌게 하느라고 온갖 정성을 다했다.

두세 달 후에 기운을 차린 시어머니는 아무런 영문을 모르고 손자를 등에 업고 다니면서 온 동네에 며느리 자랑을 하고 다녔다. 그렇게 3년이 되던 해에 그 소문은 고을 밖으로까지 퍼져서 원님까지 알게 됐고, 그 고을에서는 효부비를 세워야 한다며 온 동네가 떠들썩했다.

큰돈을 벌 속셈으로 시어머니에게 온갖 정성을 다했지만 그렇게 되고 보니 며느리도 어쩔 도리가 없었다. 그렇게 해서 불효막심했던 그 며느리가 나중에는 진짜 효부가 되었다는 것이다.

원-6-5-8
원-7-2-3
원-8-3-1
원-8-3-3
원-9-1
행-5-2-3
생-4-7-6
활-1-1
활-1-1-4
활-1-1-18
활-1-2
활-1-2-3
활-3-1-18

스님께서 말씀하셨다.

"일체의 근본은 마음이다. 그러나 아무런 노력 없이 내 보배를 내가 찾을 수 있는 것은 아니다. 아내를 효부로 유도한 이 남편처럼 지혜와 더불어 피나는 노력을 기울일 때 늘지도 줄지도 않는 무한량의 에너지가 그 속에 담긴다."

5. 함정에 빠진 여우

어느 날 호랑이에게 쫓기던 여우가 깊숙한 웅덩이에 빠져서 옴싹달싹 못하게 되었다. 그런데 쫓아오던 호랑이도 거기까지는 들어갈 수가 없었다. 여우를 잡아먹을 수는 있겠지만 결국엔 자기도 빠져나오지 못할 테니까 그냥 가 버리고 말았던 것이다.

수-3-78
수-4-60
수-5-29
심-2-1
원-6-3-12
행-5-4-7
행-7-1-9
행-11-2
행-11-4-4
행-11-5-10
행-11-5-23

한편 웅덩이에 갇힌 여우는 몇 날 며칠을 굶으며 생각에 잠겼고 그러다 보니 법안정(견성)을 하는 경지에까지 이르게 되었다. 그러자 그 광경을 본 제석천왕이 하늘에서 내려와서 "비록 여우의 몸을 했으나 법안정을 했다."라며 그 여우에게 큰절을 올렸다.

영문을 모른 여우는 "절을 할 게 아니라 나를 밖으로 꺼내줘야 될 거 아니냐." 하고 소리쳤다. 제석천왕은 기꺼이 여우를 웅덩이 밖으로 꺼내 주었고 좋은 옷까지 건네주었다.

그러나 밖으로 나온 여우는 "그 옷이 내 몸에 무슨 필요가 있겠느냐." 하며 그 자리를 떠나 버리고 말았다.

스님께서 말씀하셨다.

"육근에 끄달리지 않는다면 호랑이와 여우, 제석천이 셋이 아닌 줄을 알 것이다. 여우를 사람에 비유한다면 호랑이는 법이고 제석천은 깨달음이다. 호랑이가 "모든 것을 놔 버려라." 하듯 여우를 함정에 빠뜨렸고, 고생 끝에 여우가 견성의 경지에 이르렀으나 깨달음을 얻지는 못했다. 무수한 경을 읽었어도 진리를 보지 못했다면 총명해진 여우에 불과하다 할 것이다."

6. 목성 탐방

수-3-83
원-4-1-3
원-4-1-7
원-6-4-21
원-7-1-4
원-9-2

목성 탐방을 계획한 세 사람이 있었다. 어느 날 두 사람은 목성 탐방을 위해 지구를 떠났고 한 사람은 지구에 남아 망을 보기로 했다. 지구에서 목성을 보고 있다가 무슨 낌새가 보이면 그 두 사람에게 신호를 해 주기로 했던 것이다. 그렇게 해서 두 사람이 목성 탐방을 끝내고 지구로 돌아왔는데 와서 보니 그들은 셋이 아니라 한 방석에 앉은 한 사람이었다. 한 사람이면서 세 사람이었다.

그런데 두 사람의 이야기는 매우 진기했다. 십 리 밖에서 그들이 오는 줄 알고 목성 사람들이 마중 나왔는데 눈 깜짝할 사이에 이미 그들 집에 도착해 보니 집집마다 안테나 같은 것을 설치해 놓았다는 것이다. 그리고 그곳에서의 돌은 금은보화로 만들어진 것들이어서 한밤중에도 보름달보다도 더 밝은 빛을 반사해내 마치 대낮 같은 곳이었다고 했다. 또 산을 보면 휘황찬란한 광채를 발하고 있어서 나무가 없는 것 같으면서도 나무가 존재해 있었고 지구에서는 몇 해 동안 공들여야 할 정원도 하루아침에 이루어질 수 있었다는 것이다. 또 그곳 사람들은 잠자리 날개 같은 옷을 입고 있었는데 그 생김생김도 가지각색이었으며 생로병사가 존재치 않는 곳이었다고 했다. 한마디로 지구와는 전혀 다른 차원의 세계가 펼쳐져 있었던 것이다.

두 사람의 이야기를 듣던 한 사람은 목성을 직접 눈앞에서 보고 싶다고 했다. 그러나 목성을 떼어 가지고 온다는 것은 몇만 년이 걸릴지도 모르는 일이었다. 그래서 그들은 한눈에 겨자씨만 한 것에 넣어 가지고 오기로 했다. 그렇게만 한다면 그 일은 한순간에도 가능한 일이었다.

이번엔 다섯 사람이 목성을 향해 지구를 떠났는데 그들은 정말로 순식간에 목성을 떼어 내어 지구로 돌아왔다. 목성을 떼어 가지고 온 그들은 서로가 자기 공이라고 주장했지만 사실 그들 모두를 합쳐야 한 사람이었다.

스님께서 말씀하셨다.
"나는 그냥 예전에 친구들과 나눈 얘기를 한 것뿐이다. 듣는 사람은 듣고 못 듣는 사람은 못 들을 수밖에 달리 도리가 없다."

7. 텅 빈 복주머니

행-1-3
행-3-5
행-4-10
행-9-1-9
생-3-1-5
생-3-1-19
예-48
예-93

옛날에 마음은 착했지만 너무 가난해서 굶어 죽은 한 사람이 있었는데 이 사람은 저승에 올라가서야 자기 복주머니가 텅 비어 있음을 발견했다. 후대로 내려오면서 조상 대대로 선행을 쌓아 지어 놓은 복까지 다 써 버렸던 것이다.

그런데 다행히도 그곳의 관리를 맡고 있는 사람은 그 사람의 9대조 할아버지였다. 자손의 일을 안타깝게 생각한 그 관리인은 8년 후에 쓸 다른 사람의 복주머니를 그 손자에게 빌려 주었다. 그러고는 8년 후에 반드시 갚으라는 당부와 함께 손자를 다시 이승으로 내려보냈다.

죽었다고 생각했던 사람이 깨어나자 사람들은 모두 깜짝 놀랐다. 저승에서 10년을 보냈지만 이승에서의 그 기간은 단 하루에 불과했던 것이다. 그런데 그 주머니를 빌려 가지고 나온

후부터 그 사람은 하는 일마다 잘되어 아주 큰 부자가 되었다.

그렇게 8년이 지난 어느 날이었다. 어떤 거지가 문전에 찾아와 머슴으로라도 살 수 없겠느냐고 간청하는 것이었다. 그런데 부자가 된 그 사람이 그 거지의 얼굴을 쳐다본 순간 9대조 할아버지의 모습이 언뜻 스쳐 갔다. 그는 그 거지가 바로 그 복을 쓸 사람이라는 것을 알아차리고 9대조 할아버지와의 약속대로 자기 재산의 절반을 나눠 주었다.

그러고는 마지막까지 좋은 일을 하고 죽었는데 그 이후로 대대손손 물려 가며 큰 복을 지어 그 집안 땅을 안 딛고서는 그 고을을 지나갈 수 없을 정도로 많은 재산을 이루었다고 한다.

스님께서 말씀하셨다.

"과거를 못 보거든 현실을 보라. 과거에 빚진 만큼 고난이 닥쳐오니 모르고 지은 죄 모르고 받게 마련이고 알고 지은 죄 알고 받기 마련이다. 또한 네가 현실에 어떻게 하고 있는가를 지켜본다면 미래가 어떻게 다가온다는 것을 알게 될 것이다.

현실 통장의 예금은 할 줄 아는데 어찌해서 세세생생 살아나갈 수 있는 복주머니 예금은 할 줄 모르는 것일까."

8. 환생한 순종

옛날 어느 절에 득도한 두 도반 스님이 살고 있었는데 어느

원-6-5-7

날 왕가의 한 사람이 그들에게 찾아와서 아들을 낳게 해 달라고 생남 발원을 했다.

불교 탄압이 극심한 때인지라 한 스님이 절을 지어 주면 태자가 생남 되게 하겠다고 선뜻 대답을 하고 말았다. 그런데 말을 해 놓고 아무리 둘러봐도 그 사람 문중의 산 사람이나 죽은 사람들의 혼이나 쓸만한 사람이 보이질 않는 것이었다.

두 스님이 불공을 드리던 어느 날 생남을 약속한 한 스님은 다른 스님에게 "자네밖에 갈 사람이 없으니 자네가 죽어 줘야겠네." 하고 부탁했다. 그러자 부탁을 들은 스님이 "또다시 40년 동안 그 망건을 쓰고 어떻게 살아가려는지 깜깜하군." 하고 중얼거리며 그날로 방에 들어가서 열반에 들었는데 그 스님이 바로 훗날 순종 임금이 된 태자로 환생하게 되었던 것이다.

스님께서 말씀하셨다.

"열반에 든 그 스님은 순종 임금으로만 산 게 아니라 그분은 그분대로 상천 세계에 계시면서 순종 임금으로도 나툰 것이다. 이처럼 공부를 해서 그 도리를 깨치게 되면 살아서도 천국과 지옥을 맛볼 수 있다. 사방으로 문이 터져서 가고 옴이 없이 가고 올 수 있으니 그 경지에 든 자가 바로 자유인이다."

9. 학과 사미승

옛날에 일찍이 부모를 여읜 한 소년이 있었는데 이리저리 돌아다니다가 산중에 들어가 어느 스님에게 가 있게 되었다. 그런데 스님이 보기에도 그 어린 소년은 아주 총명해 보였으므로 일찍부터 출가를 하게 되었다.

다만 그 스님은 한 번도 책을 놓고 가르친 예가 없었다. 항상 그저 귀에 못이 박히도록 "네 마음을 발견해라."라는 한마디만 되풀이해서 들려주는 것이었다.

그러던 어느 날 그 소년은 농사에 쓸 똥지게를 지고 산길을 오르고 있었다. 그런데 소년은 나이 어린 탓으로 그만 돌부리에 걸려 지게를 엎어 버리고 말았다. 소년이 개천에서 똥 묻은 옷과 상처를 씻어 내고 막 일어나려는 순간이었다. 난데없이 학 한 마리가 그 소년 앞에 뚝 떨어지는 것이었다. 자세히 보니 다리가 부러진 학이었다.

소년은 그 학을 불쌍히 여겨 다리를 동여매어 주고 수풀에 감추어 놓고는 콩 한 움큼이라도 가져다 주어야겠다고 생각했다. 그러자니 자연히 시간이 지체되었고 쏟아진 똥통을 다시 채우고 절로 되돌아간 소년은 사연을 말할 사이도 없이 스님에게 호되게 얻어맞았다.

입술이 부르트고 온몸에 멍이 들었지만 소년은 학이 배고플 걸 생각하며 아픈 것조차 잊고 있었다. 학에게 가서 콩을 주고 나서야 온몸이 쑤셔 오기 시작했던 것이다. 순간 소년의 뇌리

수-1-34
수-2-36
수-3-30
법-1-27
법-1-43
심-1-64
심-1-84
원-1-4-3
원-3-2
원-6-5-1
행-3-3-7
행-8-1-5
행-8-1-12
생-3-2-3
생-3-2-6
예-37

에 스치는 한생각이 있었다. 비로소 모든 게 마음의 조작이라는 사실을 깨닫게 되었던 것이다.

스님 말씀의 깊은 뜻을 헤아리게 된 소년은 너무도 기뻐서 학이 자기에게 오색 구슬을 가져다 준 셈이라며 좋아했다. 소년은 감사한 마음으로 뛰다시피 절로 되돌아가 다시 콩 한 움큼을 학에게 가져다 주었다. 그러고는 소년이 막 돌아서려는데 학이 말하는 소리가 들려왔다.

"나는 너의 아버지니라. 너에게 구슬을 던져 주었으니 이제 이 몸을 벗고 가느니라."

소년은 학을 껴안고 눈물을 흘리며 삼 배를 올리고는 절로 되돌아왔다.

그 이후로 소년은 다시는 학을 볼 수 없었는데 그 소년이 바로 성장해서 정감록을 쓴 분이라고 한다.

스님께서 말씀하셨다.

"마음이 곧 부처를 만든다. 부처는 허공이나 형상에서 오는 것도 아니요 문자를 세운다고 이루어지는 것도 아니다. 마음의 눈을 뜨지 못한다면 억만 겁을 거쳐 나오는 그 도리를 알 수 없거니와 참 나를 발견할 수도 없다. 물질적인 허망한 문제들에 집착해서 서로 싸우면서 삼독을 빼 버리지 못하는 이유도 거기에 있다.

그래서 나는 항상 모든 것을 자기 주인공에 놓으라고 하는 것이다. 잘났든 못났든 자기가 형성시켜 자기가 난 것이니 바깥에서 구원받으려고 애쓸 필요가 없다. 나한테 인연이 있어 닿은 모든 일들을 스스로 주인공의 자리에 놓고 거기에서 굴릴 수 있는 마음의 여유를 갖는다면 크나큰 일도 그대로 성취할 수 있다."

10. 아들이 된 곰

옛날 어느 부부가 어린애를 기르면서 곰 새끼를 함께 길렀는데 힘든 일은 죄다 그 곰이 거들어 주어 한 식구처럼 지내오고 있었다.

그러던 어느 날 그 부부가 아이를 재워 놓고 모두 밭으로 나간 사이에 곰이 짐을 지고 돌아와 보니 어린애가 깨어서 울고 있는 것이었다. 아기가 울 때마다 다독거리던 사람들의 모습을 떠올린 곰은 방으로 들어가 어린애를 다독거리기 시작했다. 그런데 손에 힘이 너무 들어가서인지 그만 어린애가 질식해 죽고 말았다.

부부가 집에 돌아와 보니 그때까지도 그 곰은 죽은 어린애를 계속해서 두들기고 있었다. 그 모습을 본 부인은 곰이 자기 아이를 죽였다며 난리법석을 떨었지만 마음씨 착한 남편은 "곰이 곰 행을 하지, 뭣 때문에 나무라느냐. 우리의 잘못이다."라며 조금도 곰을 원망하지 않았다.

그런데 그 부부의 모습을 지켜보던 곰이 자기의 잘못을 알

법-3-63
원-2-3-7
원-2-3-8
원-3-1-1
원-6-3-4
원-6-4-4
원-8-2-8
원-8-2-10
원-8-2-17
원-8-3
원-8-3-3
원-9-1-13
행-1-1-7
행-1-2-1
행-2-1-1
행-9-3-3
예-16

아차렸는지 그 후로 마치 사람처럼 행동하기 시작하는 것이었다. 어느 날은 곰이 반찬을 챙겨서 밥까지 밭으로 날라 오기도 했다. 그 모습을 본 남편은 어린애는 죽었지만 곰이 사람으로 됐다면서 아기가 다시 태어나면 아주 훌륭한 사람이 될 거라고 부인을 위로했다.

그런데 그 다음 날 아침 곰의 기척이 없어 부부가 찾아 보니 뜻밖에도 곰이 앉은 채로 죽어 있었다. 반면에 그날부터 부인에게 태기가 있어 다시 아기를 갖게 되었는데 그 아이가 커서 당대에 명성을 떨친 훌륭한 장군으로 성장했다고 한다.

스님께서 말씀하셨다.
"우리가 지금 인간의 모습을 하고 있다고 해서 반드시 다음 생에 인간의 몸을 하고 나오는 것은 아니다. 마찬가지로 지금 가난하다고 해서 다음 생에 부자로 살지 말라는 법도 없다. 우리는 한순간에 인간이 되었다가 한순간에 짐승이 되기도 하고 한순간에 부자가 되었다가 한순간에 가난해지기도 한다.

돈이 많든 적든 생각을 가난하게 내면 일체가 가난해질 것이고 생각을 부유하게 내면 일체가 부유해질 것이다."

11. 불락인과

법-1-11   옛날 백장 스님이 수좌들을 데리고 한 도량에 살고 있을 때였다.

　백장 스님이 설법할 때마다 한 노인이 있어서 늘 청중들 뒤에서 열심히 듣고 있다가 대중이 물러나면 그 노인도 물러나곤 하였는데 어느 날은 설법이 끝나고 수좌들이 다 물러났는데도 이 노인만이 버티고 서 있었다.

　스님이 이상히 여겨 "면전에 서 있는 사람은 누구냐?"하고 물었다. 그러자 노인이 대답했다.

　"저는 사람이 아닙니다. 가섭 존자가 있던 시절 이 사찰의 주지였는데 그때 어느 학인이 "공부를 많이 했으면 인과에 떨어집니까, 떨어지지 않습니까?"라고 물어 와서 "불락인과(不落因果: 인과에 떨어지지 않는다)"라고 대답했는데 그 때문에 5백 생 동안 여우의 몸이 되고 말았습니다. 청컨대 스님께서 진리를 설하여 이 여우의 몸을 벗게 해 주십시오." 하고 묻기를 이번엔 스님께서 그 질문에 대답해 보라고 했다.

　그러자 백장 스님은 "불매인과(不昧因果: 인과에 매이지 않는다)"라고 대답했는데 그 순간 노인이 홀연히 깨닫고 인사하며 말하기를 "저는 이미 여우의 몸을 벗어나서 뒷산에 있으니 바라건대 스님께서 죽은 승과 같이 장례식을 치러 주시오." 하고 사라졌다.

　백장 스님이 "식후에 죽은 승의 장례가 있다."라고 대중에게 고하자 대중들은 "모두 편안해서 열반당에 한 사람의 병자도 없었는데 어째서 죽은 승의 장례가 있다고 할까." 하고 모두 수근거렸다.

식후에 스님은 대중을 데리고 뒷산 바위 밑에 이르러 지팡이로 죽은 여우를 끄집어내고 장례식을 올렸다.

그리고 그날 밤에야 백장 스님은 법당에 대중을 모아 놓고 지금까지 있었던 일에 대해 일일이 설명했다.

이때 대중 가운데 황벽이란 수좌가 벌떡 일어나 "옛 어른이 대답을 잘못하여 5백 생을 여우로 보냈는데 그때 만일 조금도 틀림없이 대답을 바로 했더라면 무엇이 되었겠습니까?" 하고 물었다. 백장 스님이 말하기를 "앞으로 가까이 오라. 그대를 위해 가르쳐 주리라." 하자 황벽이 앞으로 나아가 스님의 뺨을 한 대 후려갈겼다.

그러자 스님이 껄껄 웃어 가로되 "오랑캐의 수염이 붉다 하더니 붉은 수염의 오랑캐도 있었구나."라고 했다.

스님께서 말씀하셨다.

'공부를 많이 하면 인과에 떨어지지 않는다.'라고 올바르게 얘기를 해 주었는데도 불구하고 왜 여우의 몸을 받았는가. 이것이 첫째 관문이다. 불락인과와 불매인과가 어떻게 다른가. 이것이 둘째 관문이다. 또 '오랑캐의 수염이 붉다 하더니 붉은 수염의 오랑캐도 있었구나.' 즉 쉽게 말해서 '꽃이 붉다 하더니 붉은 꽃도 있었구나.'라고 한 이 말의 뜻이 무엇인가. 이것이 셋째 관문이다.

그러나 관문이라 했다 해서 문을 찾아 들려고 하는 사람은 참 자기의 보배를 찾을 수 없다. 사방이 터져서 문이 없는데도 문이 있고, 문이 많으나 한 문도 없는 까닭이다."

12. 구저의 손가락 법문

　일찍이 무주의 금화산에 평소 "구저다라니경"을 즐겨 읽어 구저라고 불리는 주지승이 살고 있었다.
　어느 날 실제라는 비구니가 스님을 찾아왔다. 그런데 이 비구니는 인사 한마디 없이 들어와 삿갓 쓰고 석장을 짚은 채 스님이 앉은 주위를 세 번 빙글빙글 돌면서 "한마디 말을 하면 갓을 벗고 인사하리라." 하는 것이었다. 구저 스님은 일언반구도 대답하지 못했으나 비구니가 돌아가려고 하자 "해가 이미 서산에 졌으니 하룻밤 쉬어 가는 게 어떠냐." 하고 머물기를 청했다. 그러자 비구니가 다시 이르기를 "한마디 대꾸하면 자고 가리라."라고 했으나 스님은 역시 묵묵부답이었다.
　대장부로서 큰 뜻을 품어 머리 깎고 출가하였으나 비구니에게 참패를 당하고 난 구저 스님은 일개 절의 주지라는 명색이 부끄럽기 짝이 없었다. 그는 그날 밤으로 선지식을 찾아가 수행할 것을 굳게 맹세하고 절 내외를 정돈하고 보따리를 꾸리기 시작했다. 그러던 중 밤이 이슥해져서 깜박 잠이 들었는데 꿈에 백의 단장의 산신이 나타나서 "그대가 그처럼 결심했다면 가도 그 자리가 이 자리이니 멀리 갈 것 없다. 머지않아 그대를 지도해 줄 대덕 스님이 오실 것이니 그때를 기다리라."라는 말을 남겨 놓고 사라졌다.

　　꿈을 깬 구저 스님은 크게 기뻐하며 보따리를 풀어 놓고 날마다 절 문 밖으로 나가 대덕 스님이 오시기를 손꼽아 기다렸다. 그러던 어느 날 마침내 대선사로 이름난 천룡 스님이 그 절을 찾아왔다. 구저 스님은 천룡 스님을 높은 자리에 모시고 큰절을 한 다음 며칠 전 비구니에게 참패당한 일을 자세히 여쭙고 나서 "청컨대 자비로써 소승을 지도하여 주시오." 하고 흐느꼈다. 이때 천룡 스님은 아무 말 없이 다만 손가락 하나를 번쩍 쳐들었는데 이에 구저 스님이 대오했다.

　　그 이후로 구저 스님은 누가 무어라고 물어 오든지 손가락을 번쩍 들었다. 불법을 물어 와도 손가락을 들었고, 공양을 드셨느냐고 물어 보아도 손가락을 들었다. 그야말로 천지간에 손가락 하나밖에 없는 구저 스님이었다. 그러나 구저 스님은 천룡의 일지두선(一指頭禪)을 얻어 평생 두고 활용하여도 남음이 있다 하였다.

　　그러던 어느 날 스님이 출타한 중에 외인이 찾아와 동자에게 이르기를 "스님이 어떤 법을 설하던고?" 하고 묻자 동자 역시 손가락을 번쩍 들었다. 후에 이 일을 알아차린 스님이 동자의 손가락을 잘랐다. 동자는 피가 흐르는 손가락을 붙들고 절 밖으로 도망치기 시작했다. 그런데 동자의 등 뒤에서 스님의 호령 소리가 들려왔다. 동자가 돌아선 순간 스님이 손가락을 번쩍 들어 보였다. 이때 동자도 홀연히 깨우쳤다.

스님께서 말씀하셨다.

"손가락이 잘려진 것은 평등이요/ 피가 흐르는 것은 만인의 작동이라/ 붉은 빛은 만인의 마음의 꽃이로다/ 오월에 떡 한 시루 익었고……

모든 사람들이 공한 줄만 알았지 오곡이 무르익어 누렇게 된 것은 모른다. 모두가 무(無)로만 통하니 문이 많다고 해도 아니요 문이 없다고 해도 아니다.

내 보배가 부처님의 보배이니 둘이 아니요, 둘이 아닌 속에 작동하는 하나하나가 그대로 참선이요 진리다. 나 자체를 모르고서야 어찌 남을 알며 남을 모르는 데서 오는 시비가 얼마나 많았던가."

13. 쥐 꼬리 풍덩

옛날 어느 고을에 욕심 많기로 소문난 어느 원님이 살고 있었다. 그런데 그 원님은 자기 딸이 성장을 해서 시집갈 나이가 되자 유능한 사위를 얻어야겠다는 욕심으로 "내가 싫다고 할 때까지 옛날이야기를 할 수 있는 선비라면 딸을 주겠다." 하는 묘한 조건의 방을 붙이도록 했다.

그러나 그 방을 보고 수없이 많은 선비들이 다녀갔지만 그 원님이 싫다고 할 때까지 이야기를 끌어가는 사람은 아무도 없었다.

원-6-5-1
행-5-1-10
행-7-2-3
행-9-4
행-9-4-1
예-86

법-3-39
원-3-1-2
원-3-1-10
원-7-2-11
원-7-3-17
원-8-1-3
원-8-1-8
원-8-1-10
원-8-1-12

원-8-2
원-8-2-6
원-8-2-10
원-8-2-13
원-8-2-17
행-1-3-1
행-4-3-3
행-4-10-8
행-5-3-1
행-5-3-9
생-4-5-6
생-4-5-8
예-7
예-13
예-16
예-22
예-43
예-68

그러던 어느 날 어느 가난한 선비가 그 마을을 지나가다가 방을 보고 껄껄 웃고는 그 집 대문으로 들어섰다. 원님은 선비의 초라한 행색을 보고 눈쌀을 찌푸리며 '또 얼마나 하다가 나갈까.' 하는 생각만을 하고 있었다. 그러나 그 선비는 원님의 그러한 태도에는 아랑곳하지 않고 이야기를 하기 시작했다.

"옛날 어느 곳에 쥐 마을이 있었는데 흉년이 들어 강 건너로 이사를 가게 되었습니다. 그래서 강을 건너게 되었는데 증조부 할아버지가 먼저 강물에 풍덩 빠졌습니다."

"그래서?"

"증조모 할머니가 또 꼬리를 물고 풍덩 빠졌습니다."

"그래서?"

"이번에는 조부께서 또 꼬리를 물고 풍덩 빠졌습니다……."

이렇게 이야기가 시작되어서 "꼬리를 물고 풍덩, 꼬리를 물고 풍덩……." 하는 소리가 일주일째 계속되었다. 나중에는 고을 원님이 듣기 싫으니 그만해 달라고 애원을 해도 선비는 "풍덩, 풍덩……." 하는 소리를 끊임없이 외워 댔다.

결국 원님은 그 선비의 이야기에 손을 들고 말았는데 그 이야기에서 인연법을 깨닫게 되었던 것이다. 원님은 그 선비에게 감사하다는 말과 함께 딸을 내주었고 그 이후로 인연법의 소중함을 되새기며 그 고을을 잘 다스렸다고 한다.

스님께서 말씀하셨다.

"쉴 사이 없이 '꼬리에 꼬리를 물고 풍덩' 하는 이 이치를 잘 생각해 보라. 우리가 어저께 꼬리를 물었는데 오늘 꼬리를 물고 풍덩 하고 내일 또 꼬리를 물고 풍덩 할 것을 생각할 때 어저께가 어디 있으며 내일이 어디 있는가. 꼬리에 꼬리를 물고 풍덩풍덩 하다 보니 풍덩풍덩이다.

이 도리를 모르면 우리가 아무리 지혜를 넓혀 시비에 말려들지 않으려 해도 시비가 안 나올 수 없다. 너와 내가 있기 때문이다."

14. 좁쌀 훔친 스님

옛날에 어떤 스님이 길가에 탐스럽게 익은 조 이삭을 보고 들추어 보다가 손에 좁쌀 세 알갱이가 떨어진 것을 무심코 입에 털어 넣고 길을 갔다. 그런데 그것 때문에 그는 다음 생애에 그 좁쌀을 심은 주인 집의 소로 태어나 3년 동안 일을 하며 좁쌀 훔친 대가를 톡톡히 치러야 했다.

그 소는 3년을 거의 다 살았을 때쯤에야 자신의 사연을 주인에게 털어놓았다. 그러고는 모레 저녁에 마적 떼가 이 동네를 덮칠 테니 미리 오백 명이 먹을 음식을 준비해 두라고 알려주었다. 매우 신기한 일이라서 주인은 소의 말대로 동네 사람들과 함께 음식을 차려 놓고 기다리고 있었다.

아니나 다를까. 그로부터 이틀 후 마적 떼가 그 마을을 습격해 왔다. 그런데 미리 숫자까지 파악해 준비해 놓은 음식을 보

법-1-11
원-6-4-4
원-7-2
원-7-2-7
원-7-3-12
행-4-4-9
행-4-5-1
생-2-1-1
생-2-1-15
예-11
예-16
예-17
예-29
예-41

고 그 마적 떼는 모두 놀라지 않을 수 없었다. 마침내 마적의 우두머리가 그 연유를 캐어묻자 주인은 사실대로 소에 대한 이야기를 들려주었다. 그러니 그 이야기를 들은 마적의 우두머리는 '좁쌀 세 알갱이를 훔친 죄로 스님이 소가 됐다면 우리는 뭐가 될 것인가?' 하는 깊은 회의와 불안에 빠져들지 않을 수 없었다.

결국 마적의 우두머리는 부하들과 함께 마음을 고쳐먹고 귀화했는데 그들이 바로 오백 나한이 되었다고 한다.

스님께서 말씀하셨다.
"좁쌀 세 알갱이 때문에 스님이 소가 됐다고 하면 '큰스님네들이 그저 가르치는 방편이겠지.' 하고 생각할 수도 있겠지만 그게 방편이자 실지임을 알아야 한다.
한 손으로 천지를 쥐고서/ 삿갓으로 삼아 쓰고/ 해와 달을 석장에 걸고/ 푸른 산 한 발 디디니/ 이 푸른 산 모두가/ 한 잎 한 잎이 전부/ 일체 만물만생이 아니겠는가."

15. 강원도 소

수-1-67
수-3-60
수-4-33
법-2-14
법-2-35

강원도 어느 마을에 공부를 많이 한 어느 불제자가 아들 내외와 함께 가난하지만 행복한 삶을 꾸려 나가고 있었다. 그런데 어느 날 그 불제자는 뜻밖에 아들을 잃게 되었고 얼마 안 가서 자신마저 죽을 운명에 처하게 되었다.

그는 올망졸망한 5남매를 둔 며느리가 혼자서 농사를 지으며 살아갈 생각을 하니 앞길이 막막했다. 그래서 그는 자기 집에 소로 태어나서라도 며느리를 도와야겠다는 생각을 하며 죽게 되었다.

그러던 어느 날이었다. 그 집의 소가 새끼를 낳게 되었는데 며느리가 보기에도 예사 소가 아니었다. 그 소는 점점 자라면서 집안의 온갖 일을 자기가 알아서 챙기는가 하면 심지어 며느리가 뱀에 물려 꼼짝 못하고 있었을 때 등에 태우고 나가 신비한 샘물에 발을 담그게 하여 병을 낫게 한 일도 있었다.

그렇게 20년이 지난 어느 날 저녁 며느리가 이상한 꿈을 꾸게 되었다. 시아버지가 나타나서 "나는 지금 아무 암자에 살고 있지만 너희 고생이 하도 딱하여 소의 모습을 가지고 또 나왔느니라. 나의 길을 따르겠거든 아무 절로 오너라."라고 하는 것이었다.

꿈에서 깬 며느리는 맨발로 외양간으로 뛰쳐나가 보았으나 소는 이미 죽어 있었다. 죽음을 초월한 시아버지의 보살핌에 탄복하여 눈물을 흘리던 며느리는 날이 새자 시아버지가 산다는 그 절을 찾아가 보기로 했다. 실제로 그곳에는 20세쯤 되어 보이는 젊은 스님이 살고 있었는데 얼굴에 있는 점까지 시아버지의 모습을 닮아 있었다.

스님께서 말씀하셨다.

"이와 같이 마음에서 스스로 우러나와서 그 에너지가 오고 감이 없이 서로 오고 갈 수 있는 두터운 한마음이 바로 자비이다. 자비는 죄가 있든 없든, 못났든 잘났든, 사람이든 짐승이든, 소든 말이든 개든 이런 걸 따지지 않는다.

일체 만물만생이 둘이 아니니, 바로 나라고 세울 게 없는 공한 이 소용돌이 속에 모든 것을 놓고 가라. 잘된 것은 감사하게 맡겨 놓고, 또 안되는 것도 '주인공만이 해결할 수 있다.' 하고 믿고 놓아라. 그 두 가지만 철저하게 할 수 있다면 어떤 어려움도 문제 되지 않을 것이다."

16. 사냥꾼과 궁예

옛날에 불도에 정진하여 차원 높은 경지에 이른 어느 여인이 한 아들과 함께 살고 있었다. 그런데 그 여인은 아들이 온갖 살생을 저지르며 말을 듣지 않아 항상 아들 걱정만 하다가 죽음을 맞이하게 되었다.

혼자 남은 아들은 어머니가 죽은 뒤에도 이산 저산 다니면서 사냥으로 생계를 이어 가고 있었는데 어느 날 날이 저물어 산에서 하룻밤을 보내게 되었다. 그런데 그날 밤 그 사냥꾼의 꿈에 어떤 스님이 나타나서 "너는 이 세상에 나면서 벌써 삼생을 두고 살생을 많이 했으니 삼 일 후 너는 호랑이로 될 것이다. 남이 너를 죽일 때의 아픔을 견디어 봐라."라고 하는 것이었다.

　꿈에서 깬 사냥꾼은 그때서야 온갖 짐승을 죽인 것에 대한 후회가 들어 한없이 울었지만 이미 때는 늦어 있었다. 그 사냥꾼은 그로부터 삼 일 후 곰에게 목숨을 잃게 되었고 그 즉시 호랑이로 태어나 오랜 세월 동안 사냥꾼에게 이리저리 쫓기는 비참한 생활을 해야만 했던 것이다.

　그러던 어느 날 그 호랑이의 꿈에 어머니가 나타났다. 그러고는 "너의 인과를 벗기기 위해 나는 이렇게 산천초목과 더불어 불을 밝히면서 천 년을 살아야만 하느니라." 하는 것이었다. 그 후로 그 호랑이는 어느 동굴에 들어가 손톱 발톱이 다 해어지도록 풀뿌리를 파헤쳐 씹어 먹으며 다시는 동굴 밖을 나오지 않았다.

　그렇게 천 년째 되던 어느 날 또 스님이 꿈에 나타났다. 그러고는 "다음 생에 인간으로 태어나면 삼국 통일을 돕는 데 전념하라. 그러나 너는 살생을 많이 했으니 한 눈으로 그 일을 성취해야 한다."라고 말하는 것이었다. 그래서 천 년 만에 그 호랑이가 인도환생을 하게 되었는데 그가 곧 궁예였던 것이다.

　스님께서 말씀하셨다.
　"천 년이라면 얼마나 긴 세월인가. 우리가 그만큼 마음을 갈고 닦아 인간이 되었다는 것을 알아야 한다.
　하찮은 나방이 되기 위해서도 쐐기벌레는 나뭇가지 끝에 매달려 실을 만들고 스스로 자기 몸을 옹쳐매어 얼마 동안을 견며 낸다. 하물며 억겁을 거쳐 나온 우리가 인간의 탈을 쓰고서도, 바람에 휘날려 어디론지 가 버리는 나뭇잎에 지나지 않는다면 얼마나 가슴 아픈 일인가. 쐐기벌레가 자기 몸을 옹쳐매고 견뎌 내어 나방이 되듯 우리의 삶 또한 또다시 집을 짓고 나갈 준비를 하는 과정이다."

17. 구렁이가 된 주지

옛날 어느 절에 주지 스님이 살았는데 그 스님은 시주를 받은 돈을 항아리에다가 모아서 숨겨 두는 버릇이 있었다. 그런데 새 절을 지을 만큼의 돈이 모아졌는데도 그 스님은 돈에 욕심이 나서인지 머뭇거리기만 했다.

그러다 그 스님은 절도 짓지 못한 채 그냥 죽고 말았는데 그것이 업보가 되어 다음 생에 그 절의 큰 구렁이로 화하고 말았다. 게다가 그 구렁이는 세포 속에 온통 그 시주자들의 인연이 모여 있어서 아주 고통스러운 삶을 살아야만 했다. 견디다 못한 구렁이는 스님들이 지나다니는 길목을 지키고 있다가 도인 스님을 만나면 하소연을 해서 구렁이의 몸을 벗어야겠다는 생각을 하기에 이르렀다.

마침내 어느 날 그 구렁이는 그 길을 지나가던 한 도승을 발견했다. 구렁이는 그 도승에게 사연을 이야기하고 구렁이의 몸을 벗을 수 있도록 도와줄 것을 간청했다. 자신이 묻어 놓은 항아리 속에 돈이 있으니 그것을 꺼내어 절을 다시 짓고 동네 어려운 사람들에게 선행을 베풀어 달라고 부탁했던 것이다.

그 후 도승은 구렁이의 부탁대로 그 돈으로 절을 짓고 선행을 베풀었는데 그 인연으로 해서 구렁이는 다시 사람으로 화하게 되었다. 그리하여 다시 불도를 닦게 된 주지 스님은 그 이후로 중생의 아픔을 전부 자신의 아픔으로 생각하면서 도를 닦아 대선지식이 되었다고 한다.

스님께서 말씀하셨다.

"마치 배우들이 배역을 맡아 무대에서 활약하듯, 우리는 지금 우리 몸속에 수많은 인과를 얻어서 그 인연에 따라 살고 있다. 몸속에 든 대로, 자기가 지은 대로 나오는 것이니 불행한 일인들 누구 탓을 할 것인가.

남이 나를 못살게 굴어 죽였다 할지라도 자기 탓이다. 오히려 그 사람에게 수고를 끼쳤으니 감사히 생각해야 할 일이다."

18. 도승과 도적

옛날 어느 산중에 한 도승이 살았는데 그곳 산중의 도적들이 보기에는 도대체 도승으로 보이질 않았다.

그래서 어느 날 도적들은 그 도승을 시험해 보기로 하고 길목을 지키고 있다가 도승이 나타나자 그 앞을 가로막았다. 그러고는 그중의 우두머리가 칼을 뽑아 들고 나서면서 "비록 네가 도승일지라도 내 칼을 피할 수 있겠느냐? 네 가슴을 찔러 그 속에 뭐가 들었는지 내가 볼 것이다." 하고 도승을 위협했다.

그러자 그 도승이 껄껄 웃으면서 되묻기를 "추운 동절기에 고목을 잘라 보았던들 거기서 꽃이 나오더냐?" 하고 응수했다. 그리고는 그 마적의 우두머리가 아무런 대답을 하지 못하자 "네 마음이 봄이 된다면 꽃이 필 수도 있겠지."라는 한마디를 덧붙이고 가던 길을 유유히 걸어갔다.

순간 도승의 말끝에 문득 깨친 도적의 우두머리는 칼을 집어던지고 그 스님을 따르는 제자가 되었다.

스님께서 말씀하셨다.

"비록 강도를 만났다 해도 누구나 한 찰나에 그 사람의 마음에 봄이 오게 할 수 있는 그런 능력을 갖추고 있다. 모든 것이 보살이 화한 것이므로 침착하게 믿고 맡겨 놓으면 보살이 가고 옴이 없이 그쪽으로 가서 그 사람이 되기 때문이다."

19. 새색시 술값

옛날에 5남매를 둔 어느 부부가 살았는데 그 중 셋째 딸이 아버지를 닮아 불도를 깨치는 데 남다른 노력을 보였다.

어느 날 아버지가 딸에게 이르기를 "부처님 방귀를 먹여야

소가 잘 자라지, 그러지 않으면 자랄 기회가 없느니라."라고 했다. 그 말을 들은 딸이 또 어느 날은 부처님께 불공을 드리고 와서 "하인들이 소를 먹일 풀을 뜯으러 간 사이에 제가 그 소 한 마리를 네 귀퉁이에 묶고 동네 사람들과 함께 전부 구워 먹고 왔습니다." 하는 것이었다. 그 이야기를 들은 어머니는 부녀가 무슨 말을 주고받는 것인지 도무지 이해가 되지 않았지만 아버지는 "부처님 방귀가 거름이 잘 되어서 소가 빨리도 자랐구나." 하며 즐거워했다.

그러던 어느 날 그 딸에게 청혼이 들어와서 시집을 가게 되었다. 그런데 가마 타고 가던 색시가 어느 주막에 이르러 멈추라고 이르더니 술 한잔을 시켜 먹고 가마꾼들에게도 전부 술 한잔씩을 권하는 것이었다. 그러고는 하인에게 쪽지를 써 주면서 시아버지에게 술값을 받아 오라고 일렀다. 그런데 인편에 보내온 그 쪽지를 보고 껄껄 웃던 시아버지가 "망하면 망하고 흥하면 흥하겠구나." 하면서 술값을 주어 보냈다.

그 색시가 시댁에 들어가서 처음에 딸을 낳고 두 번째 아들을 낳았는데 그 아들이 바로 커서 암행어사로 명성을 떨친 박문수였다고 한다.

스님께서 말씀하셨다.

"스스로를 잘 이끌어 나갈 수 있는 길잡이가 된다면 위로는 묵은 빚을 갚고 아래로는 햇빛을 주어 뿌리에 에너지가 충만할 것이니, 그 나무가 잘 자라 만 가지 꽃을 피우고도 그 내음이 우주에 두루두루 퍼지게 할 수 있는 그런 역할을 하게 되는 것이다.

지금도 늦지 않다. 자기가 낳은 자식에게 일체가 자기로부터 나고 든다는 것을 알게끔 하고, 비록 밥 먹을 때라도 부모의 고마움을 일깨워 주어라. 그렇게 함으로써 효도를 알고 효도를 앎으로써 사회를 알게 될 것이다."

20. 이성계의 꿈

어느 날 이성계가 이상한 꿈을 꾸었다. 방 위에서는 까마귀가 까르르 울고 아래서는 거울이 와르르 깨지는데 밖을 내다보니 꽃이 피었다가 사르르 지고 또 대문을 보니까 허수아비가 대롱대롱 매달려 있는 것이었다.

꿈을 깬 이성계는 매우 괴상한 꿈이라고 생각하며 심히 불쾌했다. 그러던 어느 날 이성계가 무학 대사를 찾아가 간곡한 마음으로 그 꿈의 해몽을 청해 듣게 되었는데 그것으로 온갖 불안을 말끔히 씻어 낼 수 있었다.

무학 대사의 꿈 해몽은 이러했다.

"까마귀가 우는 것은 왕궁에 들어갈 징조고 거울이 와르르 깨진 것은 백성이 와르르 추천을 한다는 뜻이며, 꽃이 피었다 졌으니 열매를 맺을 것이고, 밖에 허수아비가 있으니 왕궁에 있으면 모두가 우러러볼 것이다."

스님께서 말씀하셨다.

"무학 대사는 꿈으로 따져 해몽을 한 게 아니라 자기 생각 나는 대로 그냥 말해 버린 것뿐이다. 그러니 꿈에 머리를 풀어 산발한 귀신을 봤다 해도 좋은 생각을 내도록 하라는 말이다.

꿈도 생시요 생시도 꿈이다. 혹 꿈에 나오는 어떤 모습들이 기괴하다 할지라도 전자의 업식으로 인연 된 그 모습이니 그것도 내 모습이다. 모든 것은 주인공이 화해서 나오는 것이니 속지 말고 맡겨 놓으면 항복받을 수 있다. 일체가 둘이 아닌 나툼을 하는 까닭에 천백억 화신이라 하지 않는가."

21. 시어머니 부처

옛날에 어떤 며느리가 시어머니를 모시고 살았는데 시어머니와 남편이 일자무식이라고 해서 여간 심하게 구박을 하는 것이 아니었다. 며느리의 구박이 얼마나 자심했던지 시어머니는 내다 버린 음식 찌꺼기를 주워 먹으며 연명을 해야 할 정도였다.

그런데 몇 해가 지나도 그 며느리에게는 자식이 생기질 않는 것이었다. 어느 날 고민하던 며느리는 음식을 장만하여 절을 찾아가 부처님께 불공을 드려 달라고 스님에게 간청했다. 그런데 그 스님은 뜻밖에도 "집에 부처님이 계시니 그분에게 공양을 잘하면 아들을 얻게 될 것이다."라고 하는 것이었다. 며느리가 의아해하자 스님이 다시 한마디 일렀다.

수-2-6
수-3-26
수-3-32
수-3-33
수-3-34
수-3-35
수-3-36
수-3-37
수-3-38
수-3-61
수-4-31
수-5-13
법-1-26
법-2-12
법-2-19
법-2-62
법-2-67
법-2-77
법-3-31
심-1-30
심-1-138

원-2-5-3
원-3-5-10
원-4-2
원-4-2-4
원-4-2-6
원-4-2-10
원-5-1-15
원-6-3-8
원-6-3-11
원-6-5-6
행-5-5-1
행-5-5-2
행-7-2-7
행-11-3-3
행-11-3-15
생-2-1-19
생-2-1-27
예-6
예-15
예-22
예-26
예-35
예-43
예-56
예-58
예-62
예-69
예-71
예-82
예-93

"오늘 집에 가 보면 신발을 거꾸로 신고 허둥지둥 마루로 올라갔다 내려왔다 하는 분이 계실 텐데, 그분이 부처님이니라."

스님의 말뜻을 헤아릴 수 없었으나 어쨌든 며느리는 집을 향해 터덜터덜 발길을 옮기지 않을 수 없었다. 그런데 집으로 돌아와 보니 다름 아닌 시어머니가 스님 말씀 그대로 신발을 거꾸로 신고 마루를 오르락내리락하는 것이었다. 사실 시어머니는 늘 허기져 온 탓으로 며느리가 절에서 돌아오기 전에 부엌에서 음식 찌꺼기라도 집어 먹고 자식에게도 갖다 주느라고 신발을 거꾸로 신은 줄도 모르고 허둥거렸던 것이었다. 그러다가 며느리 소리가 밖에서 나자 다급한 나머지 신발을 거꾸로 신은 채 마루로 뛰어 올라갔던 것이다.

그러나 며느리는 스님이 말씀하신 부처님이 자기 시어머니라는 것을 믿어 의심치 않았다. 그날부터 며느리는 시어머니에게 정성껏 공양을 올리며 선행을 했는데 얼마 안 가 아들을 낳게 되었고 그 아들이 자라서 정승의 자리에까지 올랐다고 한다.

스님께서 말씀하셨다.

"마음은 체가 없어 우주를 싸고도 남으니, 우리는 한생각에 가난도 멸할 수 있고 질병도 낫게 할 수 있고 남들도 유익하게 거둬 줄 수 있다. 또한 그런 지혜로운 마음으로 살림살이를 한다면 네 아픔 내 아픔이 둘이 아닌 줄을 알게 될 것이며, 그 속에서 사랑과 자비가 일게 될 것이다. 또 그런 마음을 갖게 될 때 정원의 나무 한 그루도 다름이 아닌 바로 나라는 것을 알게 될 것이다."

22. 김대성

옛날 어느 양갓집에 청년이 다 된 아들 하나를 둔 머슴 내외가 살고 있었다. 그런데 비가 억수같이 퍼붓던 어느 날 그 머슴은 논물을 보러 갔다가 그만 급류에 휘말려 목숨을 잃고 말았다. 그리고 그 일을 안타깝게 여긴 양갓집에선 그 머슴의 자식에게 논 서 마지기를 위로의 뜻으로 전했다.

그런데 뜻밖에 아버지를 여읜 그 청년은 비록 논 서 마지기가 생겼으나 아버지의 뒤를 이어 머슴살이를 하며 어머니 봉양하기를 마다하지 않았다. 그러던 어느 날이었다. 한 스님이 집으로 찾아와 시주를 하라고 권하자 청년은 논 서 마지기를 선뜻 시주하겠다고 나섰다. 어머니는 앞일을 걱정해 아들을 말렸지만 아버지가 돌아가신 연유로 논 서 마지기가 생겼으니 마땅히 아버지를 위해 시주하고 싶다며 뜻을 굽히지 않았다. 어머니는 한편 서운하기도 했지만 그래도 '아들이 잘되겠지.' 하는 마음으로 자신을 위로하고 있었다. 그러나 뜻밖에도 그로부터 사흘째 되던 날 그만 아들이 죽고 말았다.

한편 스님은 착하고 아름다운 마음씨를 가진 이 머슴의 장래를 밝게 해 주어야겠다고 생각했지만 종 문서에 이름이 올라

법-1-45
법-2-7
법-2-23
법-2-24
법-2-25
법-3-51
심-1-84
원-1-1-7
원-7-1-8
원-7-1-12
원-7-2
원-7-3-2
원-7-3-14
원-8-2-3
행-9-2-9
예-35
예-41
예-49
예-71

있어 어찌해 볼 도리가 없었다. 그래서 사흘 만에 이 청년으로 하여금 머슴의 옷을 벗게 하였던 것이다. 그리고는 어느 정승의 꿈에 나타나 "아무개가 오늘 죽었는데 너희 집에 태어날 것이니 그런 줄 알라." 하며 선몽을 하게 하였다. 3일을 계속 같은 꿈을 꾸게 된 정승은 사람을 시켜서 진상을 알아보게 했는데 정말 같은 이름의 머슴이 그 마을에 죽어 있었다.

훗날 불국사를 세운 김대성은 이런 인연으로 해서 이 세상의 빛을 보게 되었는데, 그 인연을 소중히 여겨 전생의 어머니와 이생의 어머니 두 분을 모시고 살았다고 한다.

스님께서 말씀하셨다.

"일체가 고정됨이 없이 화하고 나투며 돌아가니 한 발짝 디딘 순간이 벌써 전생이다. 우리가 이렇게 바꾸어 돌아가는 그 도리를 알면 그냥 놓고 가는 이치를 깨닫게 될 것이다. 이것이 불가사의한 법이요 진리요 길이요 도인 것이다.

내 형제 부모도 따로 있는 것이 아니다. 억겁 광년을 거쳐 오면서 우리 모두가 그렇게 바꾸어 돌아가며 살아왔으니 어느 분이 내 부모이며 어느 누구가 내 형제인가. 이 집에서 태어나든 저 집에서 태어나든 전체가 내 부모요 내 형제인 것이다."

23. 다보탑과 석가탑

김대성이 불국사를 세운 후에 탑을 짓기로 원을 세웠으나 진실한 석공을 만난다는 일이 여간 어려운 일이 아니었다.
김대성은 백 일간의 기도 끝에 부처님으로부터 백제에 가면 아사달이란 석공이 있으니 그 사람을 만나도록 하라는 꿈의 계시를 받고 백제로 향한다. 무주공처의 아사달을 찾아 몇 날 며칠을 헤매던 김대성은 어느 산골짜기에 이르러 아사달을 만나고 탑을 지어 줄 것을 간청했다.
마침내 아사달이 신라로 건너와 수 해에 걸친 노력 끝에 다보탑과 석가탑을 지었는데 다보탑을 세울 때는 관하기를, 밖으로는 사섭심의 그림을 그렸고 안으로는 무량심의 그림을 그렸다. 즉 다보탑의 오밀조밀한 네 기둥은 무주상 보시심, 화목심, 남을 위하는 마음, 그리고 일체가 둘이 아닌 마음의 조화를 나타낸다. 또 석가탑을 세울 때는 삼독의 근원인 욕심을 버리고 오직 견성성불 하는 마음으로 하나하나 다듬어 나갔으니 그대로 여여한 모습을 지니게 된 것이다.

스님께서 말씀하셨다.
"아사달이 사섭심으로 관하며 견성성불 하는 마음으로 탑을 세웠듯이, 우리에게 각양각색으로 부딪쳐 오는 모든 일들을 하나하나 공부하는 과정으로 돌린다면 이 세상에 두려울 것도 없고 물러설 일도 없다."

법-2-13
법-2-40
법-2-41
법-2-56
법-2-97
법-3-19
심-1-51
심-1-57
심-1-59
심-1-72
심-1-95
심-1-126
행-4-1-5
행-4-1-6
행-9-1-19
행-10-3-5
생-1-3-1
생-1-3-9
생-4-1
예-73
예-78

24. 지옥 간 훈련대장

원-6-1-4
원-6-4-2
원-6-4-27
원-7-3-6
원-8-1-7
원-8-1-8
원-8-2-9
원-8-2-10
생-2-2-5
생-4-1-5
예-64

옛날에 왕의 신임을 받아 권세가 높은 훈련대장이 있었는데 권력은 있으나 지혜롭지 못해 그의 칼에 쓰러져 간 사람이 부지기수였다. 그가 생전에 잘한 일이라고는 사냥 도중에 산적들에게 둘러싸여 절 지을 시줏돈을 빼앗기고 있는 어느 스님을 구해 내 무사히 절을 지을 수 있게 한 일밖에 없었다.

결국 이 훈련대장은 죽어서 다음 생애에 독사의 소굴에 떨어지게 되었다. 자기 모습이 흉악한 줄도 모르는 그 독사는 사람과 짐승에게 잡아먹히고, 밟혀 죽고, 찢겨 죽는 고난을 5백 년이나 되풀이했다.

그러던 어느 날은 그 뱀이 땅속에 새끼들을 오밀조밀하게 낳아 놓고 다복하게 지내고 있는데 약초 뿌리를 캐어 먹던 산돼지들이 그곳을 파헤쳐 내어 자식들과 아내를 모두 밟아 죽인 일도 있었다. 그의 칼에 죽은 사람들이 마음에 원망이 서려 오다 원수를 갚기 위해 산돼지로 화했던 것이다.

어느 날 그 뱀은 휘적휘적 걷다가 살모사 굴에 들어가게 되었다. 그런데 그것을 인연으로 해서 그 뱀은 또 다음 생에 살모사로 태어나는 악순환을 거듭했다. 그리고 자신의 새끼들이 어미를 잡아먹는 비참한 모습을 지켜보아야 했다. 그 때문에 다시 능구렁이로 화한 이 뱀은 비로소 자신의 삶이 허망함을 느낀 나머지 풀섶에 걸터앉아 회한의 눈물을 흘리기 시작했다.

그때 그에게 도움을 받았던 스님이 열반에 들어 도솔천에 계시다가 그 소리를 듣게 되었다. 스님은 한 찰나에 선재 동자를 어느 스님의 몸으로 내려보내 그 뱀을 제도하도록 했다.

스님으로 화한 선재 동자가 그 뱀을 향해 걸어가면서 보니 훈련대장 밑에서 악행을 일삼던 부하가 두꺼비가 되어서 눈물을 흘리며 그 뱀의 약을 올리고 있었다. 그러나 능구렁이는 두꺼비를 삼키게 되면 자신의 몸 마디마디에서 두꺼비가 태어나 몸을 버리게 되지만 그 또한 두꺼비의 생을 벗어날 수는 없다는 사실을 알고 이러지도 저러지도 못하고 있었다.

그 광경을 본 선재 동자가 뱀에게 이르기를 "두꺼비를 삼키고 들판을 내려가면 암자가 있으니 거기 아궁이에 걸어 놓은 가마솥에 들어가 모두 타 없어지는 것만이 너도 살고 두꺼비도 사는 길이다."라고 했다. 그 뱀은 스님이 시키는 대로 두꺼비를 삼키고 독이 온몸으로 퍼지는 고통을 참으며 암자로 내려갔다. 그리고는 가마솥 속에서 불에 타 죽는 끔찍한 고통을 견디어 내고 나서야 다시 사람으로 태어나게 되었다.

스님께서 말씀하셨다.

"'천상 인간도 벗어나야 한다'는 말이 있듯이 선행을 지었다 하더라도 놓아야 한다. 선으로서 선을 짓게 되면 선으로 가다가 또 악을 지을 수도 있다. 그러기에 미해질 수 있고 그러기에 길지가 못하다. 그러니 모두 놓으라고 하는 것이다.

우리 마음의 근본 주처인 주인공을 자꾸 믿고 놓아 들어가면 몸속에 업보로 뭉쳐진 모든 중생들이 다 보살로 화하게 되니 거기에서 화신도 생기고 법신도 생긴다. 마음이 편안해지고 가정이 화목해지며 하는 일마다 귀인이 생기고 발이 넓어지며 모든 두려움이 없어지고 떳떳해진다."

25. 두꺼비가 된 모성

수-4-43
법-3-53
심-1-14
원-2-4-4
원-3-6-6
원-5-1-11
원-6-2-2
원-7-3-8
행-11-6-4

옛날 어느 바닷가에 한 부부가 외동딸을 낳아 애지중지 키우며 살고 있었다. 그런데 그 마을에는 이상하게도 사람들이 자꾸만 죽어 가 열아홉 살 된 처녀를 산에 재물로 바쳐야만 하는 풍습을 지니고 있었다. 그래서 그 부부는 딸아이가 점점 나이가 들면서 안절부절하며 걱정하기 시작했다.

그러던 어느 날 그 딸의 어머니가 불공이라도 드려야겠다며 절을 찾아 나서게 되었는데 그곳 스님께서 이르기를 "여기 이 소나무에도 부처가 있고 저기 저 돌에도 부처가 있는데 그 도리를 모르고는 딸을 건질 수가 없다." 하는 것이었다. 그 이후로 그 부인은 소나무를 보거나 돌을 보거나 흙을 보거나 "내 딸을 살릴 수 있게 나를 좀 도와줘." 하고 간절히 염하고 다녔다.

그러다가 문득 일체가 둘이 아닌 도리를 깨닫게 된 부인은 그날부터 좌선에 들어가 일주일간 식음을 끊고 있더니 열반의 길로 들어섰다. 그러고는 자신의 장례를 치르기 전날 딸의 꿈에 나타나서 자신의 시신을 바다에 던져 넣어 물고기들의 밥이 되게 해 달라고 당부했다.

꿈을 깬 딸은 영문을 몰라 어리둥절했지만 어머니가 시킨 대로 친척들 몰래 시신을 지게에 지고 가서 바다에 빠뜨렸다. 그런데 그로부터 삼 일 후 두꺼비 한 마리가 부엌으로 슬슬 기어 들어오더니 눈물을 주룩주룩 흘리는 것이었다. 그리고 그날 밤 꿈에 어머니가 다시 나타나 "너를 살리기 위해 두꺼비가 되었으니 그렇게 알라." 하는 것이었다. 그래서 딸은 사람들 몰래 부뚜막에 밥을 올려 주곤 했다.

마침내 그 부인의 딸은 열아홉 살이 되었고 불행하게도 산의 재물로 뽑히는 운명에 놓이게 되었다. 그런데 그날 밤 다시 딸의 꿈에 나타난 어머니는 "산중으로 들어갈 때 나를 반드시 앞치마에 싸 가지고 가거라." 하고 당부하는 것이었다.

그 다음 날 산으로 끌려가 재물로 바쳐지게 된 딸은 밤이 되자 서까래만 한 큰 지네가 나오는 것을 보고 깜짝 놀라 주저앉았다. 그때 치마폭에 싸여 있던 두꺼비가 보꾹을 향한 채 연기를 뿜어 대기 시작했다. 서너 시간 동안 지네와 두꺼비의 싸움을 지켜보던 딸은 그만 까무라치고 말았는데 날이 밝아올 즈음 무엇인가 꿍 하고 무너져 내리는 소리에 깨어나 보니 바로 지네가 죽어 있었다.

그날 밤 다시 어머니가 딸의 꿈에 나타났다. 그러고는 "나는 이제 두꺼비의 옷을 벗고 가니 그 옷을 태워 버려라."라고 말하면서 홀쩍 하늘로 올라가는 것이었다. 다음 날 아침 딸이 깨어나 보니 두꺼비는 죽어 있었다.

스님께서 말씀하셨다.

"만약에 사람을 건질 때 두꺼비로 화해야만 그 사람을 건질 수 있다면 부처님은 두꺼비로 화한다. 마찬가지로 돼지를 건지려면 돼지 속에 들어가야 하듯이 일체 어떠한 모습으로도 되지 않는 때가 없으니 부처님이라고 하는 그 이름도 없는 것이 바로 부처님이다."

26. 대안 대사와 늑대 새끼

수-4-49
수-4-51
법-2-102
법-2-103
생-4-5-6
활-3-2
활-3-2-3
활-3-2-4
예-46

어느 날 대안 대사가 길을 가다가 죽어 있는 늑대 새끼를 위해 염불을 해 주려고 하는 어느 스님의 모습을 보게 되었다.

그런데 대안 대사는 그 늑대를 가로채더니 젖 한 사발을 얻어 오게 하고 얻어 온 그 젖을 죽은 늑대 새끼에게 먹였다고 한다.

스님께서 말씀하셨다.

"염불을 한두 마디 했다면 이미 한마디 한마디가 전부 과거가 되고 마니 벌써 백 년은 흐른 것이다. 목마른데 물은 주지 않고 염불로 들어가면 천도는 언제 되겠는가.

대안 대사가 죽은 늑대 새끼에게 젖을 먹인 것이야말로 직통으로 천도시키는 염불이다. 그 순간 늑대 새끼는 무명을 벗고 대안 대사가 됐다. 다시 말해 젖을 먹인 것은 방편이므로 내가 만약 그 죽은 늑대 새끼의 의식의 물방울을 내 마음의 바닷물에 넣었다고 본다면, 그래서 둘이 아니게 되었다면 그 늑대 새끼는 무명만 벗었지 바로 내가 된 것이라는 말이다.

그렇게 마음은 틀이 없어서 넣어도 두드러지지 않고 꺼내도 줄지 않는다고 하는 것이다."

27. 임금의 암행

어떤 임금이 평복을 입고 고을을 암행하는데 어느 마을 담 밑을 돌아서려는 순간 이런 소리가 들려왔다.

"아이구, 추워. 대대로 내려오면서 이게 무슨 꼴이람. 위로는 묵은 빚 갚으랴, 아래로는 햇볕을 주랴. 정말 추워 못 견디겠구나."

알고 보니 그 소리는 대장장이가 풀무질을 하며 중얼거리는 소리였다.

그런데 임금이 궁에 돌아와서 아무리 생각해도 그 말의 의미를 알 수가 없었다. 그래서 어느 날 임금은 신하를 시켜 그 대장장이를 불러오게 하고 그 뜻을 물어보았다. 그러자 대장장이가 대답했다.

"아침에 불씨가 꺼지면 불 살리기가 상당히 어렵습니다. 그래서 혼자 나와 풀무질을 하는데 위로는 노부모가 계시고 아래로는 자식들이 7남매나 되니 '위로는 묵은 빚 갚으랴, 아래로

법-2-104
원-4-2-1
생-4-2-2
생-4-2-5
생-4-9
생-4-9-3
생-4-9-4
예-63
예-65
수-1-24
수-1-25
수-1-26
수-2-10
수-2-11
수-2-14
수-2-15
수-2-16
수-4-40
법-1-14
심-1-16
심-1-97
심-1-98
행-5-3-6
생-4-3-9
생-4-6
예-48
예-54

는 햇볕을 주라.' 그랬던 것입니다."

대장장이의 이야기에서 전체가 모두 하나로 계합이 된다는 소중한 진리를 깨닫게 된 임금은 그 이후로 선정을 베풀어 백성들을 편안히 보살폈다고 한다.

스님께서 말씀하셨다.

"아무리 좋은 일을 많이 하고 물질적으로 보시를 많이 한다 해도 그건 공덕이 될 수 없다. 유무를 한데 합쳐 또 계합이 되어 가지고 들어야 손가락 하나를 들어도 우주 전체가 들리니 그것이 공덕이다. 그렇게 될 때 우리는 밥 한 그릇을 놓고도 전체 위로 공양을 하고 그 밥 한 그릇이 되남아서 수백 중생을 다 먹일 수 있는 것이다.

그런 이치가 있듯이 묵은 빚을 조금이라도 갚으려는 그 마음을 갖고 위로는 부모를 섬기고 햇볕을 주는 그 마음으로 아래로는 자식을 돌보아야 그 가정이 화목할 수 있다."

28. 농부의 뱀 살생

수-3-56
법-2-77
심-1-91
심-1-92
생-4-5
예-46

옛날 어느 농촌에 한 농부가 살았는데 어느 날 논에 물꼬를 트러 가다가 길가에서 큰 뱀을 만났다. 순간 농부는 삽으로 그 뱀을 찍어 죽였는데 뱀의 머리가 토막 나면서 펄쩍 뛰어오르더니 그 농부의 앞가슴을 치고 떨어져 꿈틀거리며 죽어 갔다.

그런데 그로부터 삼 일이 지난 후 그 농부에게 정신 이상 증세가 나타나기 시작했고 날이 갈수록 그 증상은 심해졌다. 집안 어른들이 보다 못해 하루는 어느 절의 큰스님을 찾아가 자초지종을 얘기했다. 그러자 그 스님이 말했다.

"뱀 속에 든 천차만별의 생명 의식이 그 사람의 의식 자체를 집어먹었으니 그 뱀은 사람이 되고 사람은 뱀이 됐네. 내일모레면 뱀의 소굴로 들어가게 될 걸세."

이어서 스님은 "한 번의 잘못이지만 살생의 업보가 그렇게 크니 생활하는 중에 모든 것을 주인공에 맡겨 놓고 걸어야 그 업보를 녹일 수 있다." 하고 방편을 일러 주었으나 그들은 그 어마어마한 도리를 알 수가 없었다.

스님께서 말씀하셨다.

"일단 뱀의 소굴로 떨어지면 인도환생 하기란 극히 어렵다. 몸속에 든 생명체의 수효대로 새끼들을 낳을 것이고 그 낳은 것 속에 또 인과가 들어 있으니 그 업보를 다 어찌할 것인가.

그러나 묘한 것은 몸속에 든 그 천차만별의 생명 의식이 마음 한생각에 따르고 있다는 사실이다. 그러므로 모든 것을 한마음 주인공에 맡겨 놓을 때 비로소 과거의 모든 업보를 녹일 수 있다."

29. 토막 난 뱀과 불구자

수-1-51
법-3-26
행-3-3-11

옛날에 어떤 농부가 논일을 보러 나가다가 보니 논두렁 가 숲 속에 큰 구렁이 한 마리가 막 새끼를 깐 모양인지 조그만 뱀들이 많이 있었다. 그 농부는 본래는 아주 착한 사람이었지만 그땐 무슨 기분이 들었던지 가지고 있던 삽으로 그 구렁이를 둥겅둥겅 끊어 버렸다.

뒤에 그 농부는 손자를 다섯 낳았는데 모두가 다 불구자였다. 큰아들이 손자를 낳아도 그랬고, 작은아들이 손자를 낳아도 그랬다.

스님께서 말씀하셨다.

"전설의 고향에서나 나올 법한 이런 이야기가 사실이라면 어찌하겠는가. 실제로 세상에는 참으로 기구한 인연이 많다. 어떤 경우는 수 대째 내려오는 깊고 깊은 업이 있기도 하고 어떤 경우는 무심중에 저지른 업 때문에 고생을 겪기도 한다.

중생은 그저 모르니까 모르고 받지만 이 세상 그 어떤 일도 전에 내가 지은 생각이나 행동과 연결됨이 없이 독단적인 경우는 없다. 그런 것을 세세하게 들여다보고 살필 수 있다면 그것을 알 것이다.

그러나 그런 내용, 그런 법칙, 그런 인과를 다 알고 나서 해결하려고 해서는 안 된다. 그럴 수도 없고 그럴 필요도 없다. 알든 모르든 그것이 나의 모든 업을 기록해 놓은 거기서 나오는 것이니만큼 거기에다 몰락 놓아 버리면 그만인 것이다.
 그러므로 나는 내 앞에 닥쳐오는 모든 일, 모든 경계, 모든 괴로움을 주인공 한마음에 다 되돌려 놓으라고 말한다. 그렇게만 한다면 모든 업은 다 공(空)이 될 것이다. 설사 지난 생 어느 때에 억장 같은 죄업을 지었다 할지라도 한번 돌려놓기만 하면 그대로 무마가 되는 것이니 그것이야말로 참회 중의 참회이다. 공덕 중의 공덕이다."

30. 마조의 좌선과 기왓장

 예전에 마조 스님이 남악 선사가 주지로 있는 반야사에 들어가 열심히 좌선을 하고 있었다. 그러나 스승인 남악 선사가 보기에는 도무지 깨칠 기미가 보이지 않았다.
 어느 날 남악 선사는 그 수좌 앞에 나가 기왓장을 갈기 시작했다. 스승의 이상한 행동이 몇 날 며칠 동안 계속해서 이어지자 궁금증을 참지 못한 마조는 결국 스승에게 여쭙지 않을 수 없었다.
 "도대체 기왓장은 갈아서 무엇하시렵니까?"
 "거울을 만들려고 그래."
 "기왓장을 간다고 거울이 되겠습니까?"
 "이놈아, 몸을 틀고 앉는다고 성불하느냐?"
 그러자 문득 느껴져 오는 바가 있었던 마조가 남악 선사에

수-2-7
수-2-43
수-3-24
수-3-40
수-3-41
행-3-4-8
행-3-4-9
행-3-4-17
행-3-4-25
행-4-1-11
행-4-6-8
행-4-8-1
행-4-8-3
행-4-8-5
행-7-2-4
행-7-2-5
행-8-4-7
행-10-2-2
행-10-2-3
행-10-3
행-10-3-3
행-11-2-6
행-11-5-1
생-1-1-14

게 다시 여쭈었다.
"그렇다면 어떻게 해야 하겠습니까?"
"내가 한 가지 묻겠다. 만약 달구지가 가지 않는다면 소를 쳐야 하느냐, 달구지를 쳐야 하느냐?"
"당연히 소를 쳐야지요."
"소는 마음이요, 달구지는 몸이다."
그 순간 수좌는 크게 깨침을 얻었다.

스님께서 말씀하셨다.
"어떤 수행자들은 마음이 주인이라니까 또 거기에 집착해서 몸이 하는 행동은 아무렇게 해도 상관없다고 생각하기도 한다. 그러나 마음이 바르면 몸도 바르게 되지 않을 수 없고, 몸이 바르면 마음이 바르게 될 힘을 얻게 되는 것이니 서로 상관관계를 이루고 있다 할 것이다.
그렇더라도 역시 주인은 마음인 것만은 분명한 일이다. 마음이 근본이며 뿌리이니 그 근본 뿌리가 제대로 서지 않고서 가지나 잎을 아무리 정돈해 보아야 효과는 미미할 수밖에 없다. 그러므로 좌선을 해도 마음이 주요, 생활 속에서도 마음이 주가 되지 않으면 안 되는 것이다.
그런데 사람에게는 누구나 다 마음이 깃들어 있으니 얼마나 다행한 일인가. 누구에게나 다 갖추어져 있는 마음, 바로 이 마음이야말로 우리가 탐구해야 하고 극복해야 하고, 동시에 드러내야 하고 살려 써야 할 시작이요 끝인 것이다.

마음을 가지고 있다는 것, 이것처럼 위대한 희망이 없다. 이것처럼 위대한 가능성도 없다. 일체 중생에 불성이 있다고 하는데 불성이야말로 마음이 아니고 무엇이겠는가."

31. 새옹지마

옛날 중국 어느 변방에 한 노인이 살고 있었다. 그 노인이 어느 날 집에서 키우던 말 한 필을 잃어버리자 그 소식을 듣고 이웃 사람들이 찾아와 노인을 위로했다. 그러자 노인은 아무렇지도 않은 듯 태연하게 말했다.

"한 번 소유한 것은 한 번 잃게 마련이 아니겠습니까."

며칠 뒤 도망쳤던 말이 수말 한 필과 함께 집으로 돌아왔다. 이웃 사람들이 기뻐하며 그 일을 치하하자 노인이 다시 말했다.

"이익이 있으면 손해가 있을 수가 있겠지요."

얼마 뒤 노인의 아들이 새로 들어온 말을 타다가 떨어져서 다리가 부러지게 되었다. 이웃 사람들이 또 위로하러 오자 노인은 "이 일이 반드시 불행만은 아닐지도 모른다." 하며 역시 태연했다.

몇 해 뒤 전쟁이 일어나 마을의 젊은이들이 징집당하여 전쟁 중에 다치거나 죽었지만 노인의 아들은 다리가 불편했기 때문에 징집을 면하게 되었다.

스님께서 말씀하셨다.

"이익과 손해는 동전의 앞뒷면과 같은 것이어서 짝으로 다니지 결코 혼자서 다니지 않는다. 그 이치를 알게 되면 자기 마음의 근본 자리를 지키면서 이익과 손해 때문에 울고 웃는 사람들 속에서 침착한 중도 행을 할 수 있게 되는 것이다.

중국 변방의 이 노인도 이익이 오든 손해가 오든 그 뒷면을 볼 줄 알았던 것이다. 그래서 늘 침착했고 이익과 손해 때문에 얼굴색을 바꾸면서 희희낙락해하지도 않았으며 침울, 비통해 하지도 않았던 것이다. 이야말로 참으로 지혜로운 사람의 모습이 아니겠는가. 이익 때문에 기뻐하고 슬퍼하는 것은 탐심이 원인이지만 그 탐심은 그 이익과 손해의 앞뒷면을 꿰뚫어 보지 못하는 어리석음에서 나오는 것이기 때문이다."

32. 행자의 인내심

수-3-5
수-5-14
수-5-21
수-5-29
행-3-4
행-3-4-4
행-3-4-8
행-3-4-18
행-3-4-23
행-3-4-24
행-4-2-6
행-5-4-7
행-7-1-4
행-10-1-7

옛날에 어떤 고명한 스님이 행자 한 명을 받아들였다. 그런데 그 스님은 행자에게 온갖 궂은 일을 다 시키면서도 불법에 대해서는 일언반구 가르쳐 주지를 않았다. 어쩌다 시간이 나서 불법에 대해 여쭐라치면 스님은 딴전만 피웠다.

그렇게 한두 달이 지나자 스님은 그것도 부족했던지 이상스러운 행동으로 제자를 괴롭히기 시작했다. 예를 들어 때 아닌 때에 세숫물을 떠 오라고 일러서 정성껏 떠다 올리면 그것은 쳐다보지도 않고 엉뚱한 다른 일을 시켰다.

그런 일이 매일같이 반복되자 행자는 아예 중노릇을 그만두어 버리리라 결심을 하고 스님을 찾아가 문을 두드렸다. 그런데 일단 스님의 모습을 보게 되면 이상하게도 조금 전의 결심은 까마득히 잊어버리고 아무 일도 아니라고 얼버무리며 돌아오곤 했다.

그렇게 하기를 몇 차례 반복하며 겨우겨우 참던 행자 생활이 해를 넘기면서 행자의 손과 발은 얼고 부르터 차마 눈 뜨고 볼 수 없는 지경이 되었다. 그러나 스승의 변덕은 더욱 심해졌고 그때까지 이렇다 할 아무런 가르침도 없었다.

어느 날 이제는 더 이상 참을 수 없다는 생각에 이르게 된 행자는 마침내 스승이 모르는 새에 짐을 챙겨 눈물을 머금고 절을 떠나 버리고 말았다. 그런데 절을 나서서 한 오 리 길쯤 가다가 행자는 문득 스승의 저녁 공양을 준비해 놓지 않고 떠나온 것을 생각했다. 이왕 떠나려고 마음먹었으니 이제는 스승이 아니라고도 하겠으나 어쩐지 죄송한 마음이 든 행자는 생각을 고쳐먹고 다시 절로 돌아왔다.

절 문 앞에 이르자 뜻밖에도 스승이 자기를 기다리고 있는 것을 행자는 발견했다. 뜻하지 않은 스승의 자비에 행자는 끊임없이 눈물을 흘렸고 스님은 아무 말 하지 않고 당신이 거처하는 방으로 행자를 데리고 갔다. 그러고는 책상 속에서 달력 하나를 꺼내어 행자에게 보여 주었다. 그 달력에는 무수한 동그라미표가 그려져 있었으며 그 사이사이에 삼각표와 곱표도 그려져 있었다. 그것은 다름아닌 마지막 하루를 남겨 놓은, 그 행자의 인내에 대한 기록표였다.
　아니나 다를까, 하루가 지나자 스승은 그날부터 행자에게 부처님 법의 진수를 가르치기 시작했고, 마침내 그 행자는 크게 도를 이루어서 대선지식이 되었다고 한다.

　스님께서 말씀하셨다.
　"구태여 힘들고 고된 길로 가지는 않더라도 우리는 부처님 법을 따르는 제자들로서 멀리 생각하며 느긋하게 행동할 수는 있어야 한다. 위에서 이야기한 행자만 하더라도 그에겐 진심이 있었기에 고생에 진저리를 치다 못해 작별을 하려고 하다가도 스승을 뵙는 순간 알 수 없는 뉘우침이 샘솟았던 것이다. 그것은 행자의 겉마음이 한 짓이 아니다. 행자의 속마음이 진실의 힘이 되어 바른 길로 행자를 이끌어 준 것이다.
　마지막에 절을 떠나가면서도 스승의 저녁 공양이 걱정이 돼서 돌아온 마음도 그렇다. 비록 겉마음은 스승에게 등을 돌리고 있었지만 속마음은 스승에게 돌아가는 그것이 곧 크나큰 보리과를 성취하는 길임을 알고 있었기에 행자는 다시 돌아오게 된 것이다.
　그렇듯이 우리가 이 광대하고 무한한 부처님 법을 진심에서 계속하여 추구하게 되면 자신도 모르는 그런 속마음에서 자신을 이끄는 묘리가 나오게 된다. 우리가 애써서 도를 추구하고 닦는다고는 하지만, 사실 도는 추구하거나 닦아서 될 일이 아니라 자기 자신 안에 있는 참 진리의 힘이 눈을 떠야만 되는 것이다. 그리고 그렇게 자기 자신 안에 있는 힘이 눈 뜨게 하기 위해서는 모든 경계를 다 조복받고 마침내 자기 자신까지 항복받지 않으면 안 된다.

그 길은 사실 끝없는 길이다. 그러므로 조급한 마음은 금물이다. 오직 묵묵한 코끼리의 걸음으로 오늘 오늘을, 순간순간을 깨어 있는 정신으로 주시하면서 가야 한다. 그리고 그런 정신으로 주시하는 '지금의 여기'가 바로 초월된 시공(時空)이다. 그런 이에게는 바로 이 자리가 삼천대천세계의 근본 자리이며 바로 이 순간이 부처님께서 오신 날이자 영겁을 머금고 있는 무한대의 시간인 것이다."

33. 서산 대사

서산 대사가 공부하기 위해 쌀을 한 짐 마차에 싣고 가는데 가는 도중 그만 소가 고꾸라지고 말았다. 그러자 서산 대사는 '내가 공양을 올리려고 했던 쌀인데 소에게 그 일을 미뤘구나.' 하는 생각을 하고 그 즉시 오던 길 20리를 되돌아가 다시 짊어지고 부처님 전에 당도했다.

그렇게 해서 천 일 동안 부처님께 공양을 올리고 있는 중인데 어느 날 갑자기 일곱 사람이 나타나더니 등 뒤에서 서산 대사를 겨냥해 총을 쏘아 대는 것이었다. 그 모습을 보고 서산

심-1-86
원-2-4-9
원-5-1-5
행-2-1-4
행-3-4-7
수-3-4
법-2-6
법-2-55
법-3-66
심-1-28
심-1-110
심-1-112
원-2-2-5
원-5-1-29
원-6-4-3
원-7-3-5

원-9-2-16
행-3-2-11
행-3-5-10
행-5-3-13
생-2-2-4
생-2-2-5
활-1-1-5
활-1-2
예-4
예-10
예-20
예-21
예-28
예-32
예-40
예-48
예-78

대사가 얼마나 크게 웃었던지 중국 대륙에까지 그 웃음소리가 들릴 정도였다.

서산 대사가 이와 같이 깨치고 다시 뒤를 돌아다보니 총을 쏘던 사람들은 흔적도 없이 사라져 있었다.

스님께서 말씀하셨다.

"서산 대사는 그 한생각을 어떻게 하였기에 깨쳤고 또 어떻게 하였기에 일곱 사람이 총을 겨누었으며, 총을 쏘고 나서는 없어졌는가? 그리고 그 일곱 사람은 누구인가?

저 칠성 별을 각각 본다면 그것도 각각 보일 것이다. 그러나 하늘의 태양도 우리 마음속에서 나왔다는 것을 알아야 한다.

이와 같이 공부를 한 서산 대사는 그 후부터 어떠한 일이 닥쳐와도 눈 하나 깜짝하지 않았다고 한다. 그것은 바로 나를 버렸기 때문이다. 진실로 나를 버렸다면 아무것도 두려울 것이 없다. 내가 살려고 하고 내가 있다고 생각하기 때문에 두려움이 생기고, 두려움이 생기니까 문제가 따르는 법이다.

설사 내가 죽는다 해도 그렇다. 내가 이 세상에 와서 꼭 무엇을 해야 한다 하는 그런 것이 없는 것이기 때문에 하나도 아까울 것이 없고 두려울 게 없다. 그래서 내 한생각 '나'라는 것을 다 버린다면 이 속에 든 악업·선업도 송두리째 녹아 버리게 되어 있다. 그 무엇에도 착을 두지 않으니 '고'가 멸하고 '도'가 이루어지는 것이다."

34. 서산 대사와 사명 대사

스님께서 어느 때 다음과 같은 이야기를 들려주셨다.

한때 스승인 서산 대사의 도력을 의심했던 사명 대사가 어느 날 새 한 마리를 잡아 가지고 들어와 스승에게 물었다.

"제가 이 새를 날려 보내겠습니까, 죽이겠습니까?"

그러자 서산 대사는 아무 말 없이 자리에서 일어나 문지방에 걸터 서서 이르기를 "내가 나가겠느냐, 들어오겠느냐?" 하고 되물었다. 스승의 그 말 한마디에 사명 대사는 자신의 부족함을 깨닫고 큰절을 올렸지만 그래도 마음 한구석에선 여전히 의심이 남아 있었다.

어느 날 사명 대사는 계란을 지붕까지 쌓아 올리고는 또 스승의 눈치를 살폈다. 그러자 제자의 장난기를 눈치챈 서산 대사가 계란을 지붕에서부터 아래로 내려 꽂아 가며 쌓아 내리기 시작했다. 그 일로 해서 사명 대사는 다시는 스승을 의심치 않겠다고 다짐했지만 그 또한 오래 가지는 못했다. 어느 날 스승의 뒤를 따르던 사명 대사가 볼품없는 스승의 뒷모습을 보며 '저런 분이 과연 대도를 이루었을까?' 하고 또 의심하기 시작했던 것이다. 그러자 순간 서산 대사가 홱 돌아서며 "그렇게 못 믿겠거든 당장 돌아가거라!" 하고 불호령을 내렸다. 마음속까지 들킨 사명 대사는 팥으로 메주를 쑨다 해도 스승을 의심치 않겠다고 또 다짐했다.

그러던 어느 날이었다. 천야만야한 절벽 위를 두 분이 걷게

수-1-69
수-5-19
수-5-20
법-2-1
법-2-22
법-2-32
법-2-38
법-2-48
법-3-48
법-3-49
심-1-3
심-1-6
심-1-47
원-8-2-16
행-2-3-12
행-8-1-3
행-8-3
행-9-1-6
행-11-1-1
행-11-5-2
생-1-1-10
생-2-1-22
생-3-3
예-2
예-12
예-85
행-5-1-3
행-5-3-4
행-5-4-1
행-5-4-2
행-5-4-3
생-4-4-10

되었는데 큰 구렁이가 앞에 나타나자 재빨리 서산 대사가 사명 대사를 절벽 아래로 밀어 던졌다. 절벽 아래 나뭇짐 위에 떨어져 어리둥절해 있는 제자에게 스승이 물었다.

"떨어진 것이 옳은 일이냐?"

"아닙니다."

"그러면 떠다밀지 않는 것이 옳은 일이냐?"

"아닙니다."

'그만하면 됐구나.' 하고 고개를 끄덕이던 서산 대사는 그 이튿날부터 솔잎을 찧은 물에다 날콩가루를 타서 한 그릇씩 사명 대사에게 주었다. 물론 그것을 먹은 서산 대사는 아무렇지도 않았지만 사명 대사는 설사가 나서 견딜 수가 없었다. 그런데 서산 대사가 작대기로 사명 대사를 얼마나 호되게 내려쳤던지 설사가 쏙 들어가고 그날부터 된똥을 누기 시작했다는 것이다.

35. 부설 거사

수-2-6
수-3-26
수-3-32
수-3-33
수-3-34
수-3-35
수-3-36
수-3-37
수-3-38
수-3-61
수-4-31
수-5-13

스님으로 출가하여 정진을 계속하던 부설 거사가 어느 날 두 도반 스님과 함께 오대산에 들어가 더 크게 공부를 성취하기로 하고 길을 떠났다.

하루는 날이 저물어 그 일행이 어느 민가에서 하룻밤을 묵게 되었는데 그 집에는 19세가 된 과년한 딸이 하나 있었다. 그런데 어려서부터 말을 하지 않아 주변에선 모두들 벙어리로

만 알고 있었던 그녀가 부설 거사를 보는 순간 신기하게도 입을 떼기 시작하는 것이었다. 그러고는 스님을 뵈는 순간부터 말을 하게 되었으니 지아비로 모시겠다고 청을 함과 동시에 만일 허락하지 않는다면 죽어 버리고 말겠다며 결사적으로 청혼을 해 왔다.

부설 거사는 난감해졌다. 대도를 성취하기 위해 얼른 길을 떠나자고 재촉하는 두 도반 스님과 죽기로써 같이 살겠다는 그 집 딸 사이에서 그야말로 진퇴양난이었다. 결국 부설 거사는 '내 앞에 닥친 일도 치우지 못하면서 먼 데 일을 치우려고 한다는 것은 온당치 못한 일이다.' 라고 생각하고 그녀의 청을 받아들였다. 그러나 결혼을 한 부설 거사는 아내와 함께 살면서도 조금도 공부를 게을리하지 않았다.

몇 해가 지난 어느 날 오대산으로 떠난 옛 도반 스님들이 마침내 대도를 성취하고 돌아오는 길에 그 집에 들러 측은한 듯 부설 거사를 바라보았다. 그러나 태연하게 미소만 짓던 부설 거사가 그날 저녁 물을 가득 담은 병을 천장에 매달아 놓고 두 도반 스님에게 그 병을 깨뜨려 보라고 문제를 냈다.

두 도반 스님이 차례로 병을 치자 병이 깨지면서 물이 쏟아졌다. 이번에는 부설 거사가 병을 쳤다. 그러나 병은 깨져 떨어졌지만 병 속의 물은 응고된 채 천장에 대롱대롱 매달려 있는 것이었다. 깜짝 놀라 이를 바라보는 두 도반 스님에게 부설 거사가 한마디 일렀다.

"우리의 이 몸뚱이는 저 깨진 병의 껍데기와 같고, 응고되어 매달린 채 움직이지 않는 물은 우리의 성품과 같습니다. 이 성품은 변함이 없어 흔들림이 없고 항시 여여한 것입니다."

두 도반 스님은 마침내 부설 거사 앞에 머리를 숙이고 제자가 되었다.

스님께서 말씀하셨다.

"이와 같이 우리는 어느 누구든 무엇이든 깔보아서는 안 된다. 사람은 물론 짐승, 미물, 나무나 돌에 이르기까지 웃으면서 대해 줄 수 있는 그런 아량과 지혜가 있어야 한다. 모두가 다 못 배웠을 때의 나의 모습이요, 내가 수억겁 광년을 거쳐 오면서 지녔던 모습임을 알아야 한다. 그래서 모두가 다 나 아닌 것이 없다고 하는 것이다.

사랑과 자비의 마음을 가졌을 때 바로 그 모든 것에서 벗어날 수 있는 것이며 동시에 모든 것을 놓고 간다고 할 수 있는 것이다."

36. 벽암 스님

수-2-49
수-5-25
법-2-20
법-2-49
법-3-30
법-3-39
심-1-7
심-1-136

옛날에 벽암 스님이 어느 선지식 밑에서 행자 생활을 시작했는데 무슨 까닭인지 스님께선 글공부는 가르치지 않고 이따금씩 무술만을 연마시키는 것이었다. 그렇게 하기를 10년이 지난 어느 날 스님은 사흘 동안 주야로 온갖 경을 익히게 하더니 그만 열반에 들고 말았다.

　갑작스런 스승의 죽음으로 벽암은 슬픔에 잠겨 있었다. 그러던 어느 날 한 노스님이 그를 찾아와 '장차 오랑캐의 침입으로 나라가 위태로울 것이니 그동안 연마한 무술을 나라를 구하는 데 쓰도록 하라.'는 당부를 했다.

　벽암은 노스님의 지시에 따라 한양으로 들어갔고 때마침 열린 전국 무술 대회에 참여하게 되었다. 그 무술 대회에서 장원으로 뽑히게 된 벽암은 임금 앞에 나아가 장차 다가올 오랑캐의 침범에 대비해 성을 쌓고 군사들에게 무술 훈련을 시킬 수 있도록 허락해 달라고 요청했다. 그러나 미래를 내다보지 못한 광해군의 거절로 뜻이 좌절되자 벽암은 다시 산속으로 들어가 은둔 생활을 시작했다.

　그러던 어느 날 벽암은 산중에서 다시 어느 노스님을 만나게 되었다. 그런데 그 스님은 마치 벽암의 마음을 꿰뚫어 보듯 진중하게 꾸짖는 것이었다.

　"불심을 무심종(無心宗)으로 삼지 못했으니 무심 법행(無心法行)에 이르지 못했다. 그것은 아직도 분별심을 놓지 못하고 너 자신을 버리지 못했기 때문이다. 이 말을 명심하고 다시 내려가 나라를 구하라."

　벽암이 다시 한양으로 들어가니, 시대는 바뀌어 인조 임금이 새로 등극해 있었다. 광해군과 달리 그의 뜻을 높이 산 인조 임금의 허락으로 벽암은 성(지금의 남한산성)을 쌓기 시작했다. 그런데 불행하게도 그 성이 마무리되기 전에 오랑캐가 쳐

들어 오고 말았다. 벽암은 단신으로 적진을 향해 나아가 적을 퇴각시켰지만 이미 임금의 가족과 많은 백성들이 붙들려 가고 난 뒤였다.

이때 비로소 벽암에게 한생각이 떠올랐다. 분별심을 놓지 못한 까닭에 보이는 성이나 쌓을 줄 알고 보이는 적이나 물리칠 줄 알았지, 무심 법행으로 보이지 않는 성을 미리 쌓아 사전에 오랑캐의 침범을 막지 못한 자신에 대해 후회가 들었던 것이다. 이후 벽암 스님은 어디론가 종적을 감추고 다시는 나타나지 않았다.

스님께서 말씀하셨다.

"한암 스님께서 어느 때 이 이야기를 마치고 말씀하시기를 '불심을 무심종으로 삼을 때 전 우주가 들리고 무심 법행을 할 때 일체 만물만생이 하나로 돌아간다. 더 나아가 무심 행을 함이 없이 하게 될 때 그대로 법이 되어 그 씀에 따라 그대로 이루어진다.' 하셨다. 또 말씀하시기를 '문이 많아 문 찾기 어렵고 문이 없어 문 찾기 어렵다.'라고 하셨다.

문이 많아 문 찾기 어렵고 문이 없어 문 찾기 어려운 까닭은 무엇인가? 내 안이 확고히 섰다면 당당하고 떳떳하게 깊은 주먹을 내밀 수 있을 것이다."

37. 아난 존자와 열쇠 구멍

부처님께서 열반하신 후 가섭 존자가 대표가 되어 부처님의 가르침을 결집할 때의 일이다. 이때 아난 존자는 부처님의 10대 제자 중 다문제일(多聞第一)임에도 불구하고 아직 깨치지 못했다는 이유로 결집하는 자리에 참석하는 것이 거절되었다.

아난 존자는 그 이후로 두문불출, 침식마저 전폐하고 오로지 정진에 정진을 거듭하였다. 바깥으로 끄달림이 없이 안으로만 자력을 돌리던 아난 존자는 마침내 어느 날 문득 밝아진 자신을 발견하고 결집 장소로 달려가 문을 두드렸다. 그러자 가섭 존자가 크게 기뻐하며 아난 존자에게 말했다.

"어서 들어오게. 그러나 이미 밤이 깊어 문을 열 수 없으니 열쇠 구멍으로 들어와야 하네."

아난 존자가 즉시 열쇠 구멍으로 들어가 가섭 존자에게 예를 올리니, 두 사람은 서로 껴안고 기쁨의 눈물을 흘렸다.

스님께서 말씀하셨다.

"자기의 습을 떼지 않은 채 여여한 법 도리를 따지는 것은 아무 의미가 없다. 진정으로 자기의 참 성품을 볼 줄 알아야 일체가 본래부터 한마음으로 통해 있음을 알게 되고, 가고 옴이 또한 따로 없음을 알게 된다. 아난 존자가 열쇠 구멍으로 들어간 것도 본래 가고 옴이 없기 때문이다.

그런데 왜 열쇠 구멍이라 했을까. 문이 많아 문 찾기 어렵고 문이 없어 문 찾기 어렵다고 했는데, 전체가 문이라면 열쇠 구멍은 무슨 필요가 있으며 또 어디에도 문이 없다면 열쇠 구멍은 어디에 해당되는 것일까. 이것도 관문이요 화두요 공안이다.

여기서 한번 자신을 돌아보라. 지금 문을 찾는다고 하면서 어디로 가고 있는가. 불법을 공부하면서 문을 찾아 들고 나려는 이는 보살 될 자격도, 불자 될 자격도 없다.

'문이 없으니 열쇠 구멍 있을 리 없고, 일체가 문이어서 열쇠 구멍 또한 아랑곳없으니, 가섭도 없고 아난도 없고 열쇠 구멍 또한 없더라.'

분별심을 모두 놓는다면 비로소 이 부처님 도리를 알게 될 것이다."

38. 메밀 장떡국 공양

수-1-34
수-2-36
수-3-30
법-1-27
법-1-43
심-1-64
심-1-84
원-1-4-3
원-3-2
원-6-5-1
행-3-3-7
행-8-1-5
행-8-1-12
생-3-2-3
생-3-2-6
예-9
예-37

옛날 어느 사찰의 대중 스님들이 벽을 보고 돌아앉아서 좌선을 하고 있었다. 그런데 어떤 스님이 찾아와 그 모습을 보더니 "잘생긴 얼굴들이 벽에 딱딱 박혀 있구먼. 사진은 자기에게 있는데 또 어디서 사진을 찾는단 말인가?" 하며 빙그레 웃는 것이었다. 대중 스님들이 가만히 듣고 보니 한마디 한마디가 정곡을 찌르는 말들이라 마침내 그 스님을 주지 스님으로 모시고 가르침을 받기로 했다.

그런데 하루는 그 주지 스님께서 대중 스님들에게 메밀씨를 갖다 주면서 심으라고 하였다. 어느 날 메밀이 자라 열매를 맺자 그 가루로 반죽해서 장떡국을 만들어 먹게 되었는데 일제히 첫 숟가락을 떠서 입에 넣자마자 주지 스님께서 크게 호령을 하는 것이었다.

"삼키지도 말고 뱉지도 말라!"

주지 스님의 엄명이라 대중 스님들은 삼키지도 뱉지도 못하고 있는데 주지 스님께서 다시 "떡이 그대로 있는가?" 하고 물었다. 그러자 그들 중 한 스님이 '자신도 모르게 넘어가 버렸다.'고 대답했다.

그러자 주지 스님께서 다시 일갈했다.

"이제 먹어도 먹지 않은 도리를 알겠는가?"

이때 대중 스님들이 크게 깨쳤다.

스님께서 말씀하셨다.

"넘길 수도 없고 뱉을 수도 없는 것이 바로 우리가 하는 이 공부이다."

39. 밥 아닌 밥

옛날 어느 사찰의 노스님께서 제자들을 앉혀 놓고 차례로 물었다.

"쌀 아닌 쌀을 아느냐?"

"……."

"밥을 하지 않고 밥을 할 줄 아느냐?"

"밥 아닌 밥은 아직 모릅니다만 그저 잡수시면 되지 않겠습니까?"

그러자 노스님은 "너는 뼈다귀라도 얻은 듯하구나." 하시면서 또 다른 제자에게 물었다.

"너는 먹은 사이 없이 먹을 줄 아느냐?"

그 제자는 아무 소리 없이 나가더니 수박 한 통을 쪼개 가지고 와서 노스님 앞에 놓고 삼 배를 올리고 가만히 앉아 있었다. 그러자 그 모습을 지켜본 노스님께서 껄껄 웃으며 이르기를 "너는 골수를 얻었구나." 하였다.

스님께서 말씀하셨다.

"이것이 서로 얼마만큼 차이가 나는지 생각해 보라."

40. 원효 대사

수-3-4
법-2-6
법-2-55
법-3-66
심-1-28
심-1-110
심-1-112
원-2-2-5
원-5-1-29
원-6-4-3

원효 대사가 의상 대사와 함께 중국으로 유학을 가던 중이었다. 날이 저물어 두 스님이 어느 움막에 들어가 잠을 자게 되었는데 원효 대사가 별안간 목이 타 깨어 보니 마침 옆에 웬 바가지에 물이 고여 있어 아무 생각 없이 그것을 달게 마셨다. 그러고는 또 잠에 곯아떨어졌다.

그런데 날이 밝아 원효 대사가 깨어 보니 그 움막은 전염병으로 죽은 시체를 버리던 곳이었고 간밤에 달게 마신 물은 장구벌레가 득실거리는 해골바가지에 고인 물이었다. 이를 본 순간 원효 대사는 구역질을 참을 수가 없었다. 그러나 이때 원효 대사에게 한생각이 떠올랐다.

'물은 같은 물이건만 생각이 탈이로구나.'

이렇게 깨달은 원효 대사는 마침내 의상 대사만을 중국으로 보내고 자신은 가지를 않았다. 굳이 멀리서 법을 구할 것이 없었기 때문이었다.

스님께서 말씀하셨다.

"배우기도 전에 일부러 화두를 받아 가지고 공부를 하려고 하지 말고 바로 이처럼 자기 몸뚱이를 화두로 알아야 한다."

41. 두 팔 잘린 정승

옛날 어느 부자가 있었는데 하루는 어떤 탁발승이 찾아오자 그 스님을 극진히 대접하고 음식을 바리때에 가득 담아 드렸다. 그런 인연으로 그 집 아들이 그 스님 밑에서 공부를 하게 되었는데 어느 날 수행 중에 낭떠러지로 굴러떨어져서 두 팔을 잃고 말았다. 그 후로 그 수좌는 팔로 해야 할 일을 발로 해야 하니 이만저만 불편한 것이 아니었다.

예-17
예-29

하루는 그 모습을 지켜보던 스승이 제자에게 전생의 내력을 일깨워 주었다. 스승의 말에 의하면 그 제자는 전생에 어느 나라의 정승이었다. 어느 날 이 정승이 사냥 도중 길을 잃어 산속을 헤매다가 팔이 없는 어느 수행자를 만나게 되었는데 다리를 들어 길을 가르쳐 주자 '쓸 수도 없는 팔을 가져 무엇하겠느냐.' 하면서 남아 있는 부분마저 칼로 베어 버렸다는 것이다.

스승의 말을 들은 제자는 비로소 두 팔이 그냥 잘려진 게 아니라 인과응보임을 깨닫게 되었다.

스님께서 말씀하셨다.

"이와 같이 우연이란 없다. 인연에 따라 모든 것이 벌어지는 것이니 인연을 맺더라도 좋은 인연을 맺어야 한다.

길을 가다 말 한마디 나누어도 인연이다. 잘 아는 사람의 집에 가서 무엇을 부탁하게 되지, 생면부지의 사람의 집에 가서 부탁하지 않는 것처럼 우리들은 알기 때문에 인연이 되는 것이다. 다만 상대방을 이롭게 하는 인연이냐, 해롭게 하는 인연이냐의 차이가 있다."

42. 즉심시불 비심비불

수-3-52
수-3-53
법-3-75

옛날에 어느 스승이 제자에게 이르기를 "즉심시불(卽心是佛)이니라."라고 했는데 그 말을 화두로 받아 든 제자가 공부를 하러 떠나 삼사 년이 지나도록 소식이 없었다. 그래서 제자의 소식이 궁금한 스승이 하루는 다른 제자를 시켜서 그 진의를 알아보고자 했다. 즉, 요새는 화두가 바뀌어 스님께서 '비심비불(非心非佛)'이라 한다는 말을 전해 주고 오게 했다.

그런데 그 말을 전해 들은 제자가 벌컥 화를 내며 "즉심시불이나 비심비불이나 둘이 아니니 돌아가서 스승에게 그렇게 말씀드려라." 하는 것이었다.

심부름을 갔던 그 제자가 돌아가 스승에게 그대로 전하니 스승이 무릎을 치며 "익었구나. 익었어!" 하며 기뻐했다.

스님께서 말씀하셨다.

"이처럼 무의 세계의 맛을 본 사람이라면 어떠한 말에도 걸리지 않는다. 마찬가지로 우리가 '주인공'이라고 한다고 해서 거기에 어떤 고정관념이 붙는 것이 아니다. 그 고정관념을 깨트려 버리기 위해서 주인공이라고 한 것이다.

그러므로 주인공 하나는 병도 될 수 있고 컵도 될 수 있고 사람도 될 수 있고 짐승도 될 수 있다. 원소 자체는 그대로 흐르고 있으면서 흘러감도 흘러옴도 없는 이런 허공과 같은 나툼이다. 즉, 고정관념 자체를 모조리 부숴 버려야 그 허공과 같이 내 마음이 여여하게 돌아갈 수 있다는 얘기다."

43. 거지의 누더기 시주

수-3-58
수-4-31
수-4-48
법-1-4
심-1-16
원-1-3-2
원-3-5-3
원-3-5-8
원-3-5-12
원-7-3-20
행-1-3-6
행-9-2-8
행-11-3-9
행-11-3-17
생-3-1-18
예-24
예-60

옛날 어느 두 도반 스님이 길을 가다가 아주 허름한 움집이 있어 그곳을 들여다보게 되었다. 그 움집 안에는 다 낡아 빠진 포대 자루로 몸을 두른 두 내외가 살고 있었다. 두 도반 스님은 몹시 안됐다는 생각을 하며 절로 돌아와 은사 스님에게 그 일을 말씀드렸다. 그런데 그 말을 들은 은사 스님께서 무슨 까닭인지 다 떨어진 그 노인의 바지 저고리 한 벌을 시주받아 오라고 하였다.

이튿날 두 도반 스님은 움막을 찾아가 스님이 시킨 대로 바지 저고리 한 벌을 시주받아 가지고 왔다. 그러자 은사 스님은 그 옷을 깨끗이 빨아 다 닳아 없어질 때까지 법당과 요사채를 깨끗이 닦으라고 명했다. 두 도반 스님은 아무런 영문도 모른 채 그 누더기 옷을 양잿물에 깨끗이 빨아 법당과 요사채를 닦기 시작했다. 그렇게 보름이 지나서야 은사 스님은 마침내 두 도반 스님을 부르고 그들 전생의 내력을 일깨워 주었다. 은사 스님의 이야기는 이러했다.

옛날 어느 부부가 외아들을 두어 아주 애지중지하며 기르다가 장가를 들였다. 그런데 아들 부부는 얼마 안 가 몰래 땅을 팔아 가지고 멀리 도망쳐 버렸다. 그 부부는 자식이 돌아오길 간절히 기도하며 기다렸지만 자식은 끝내 돌아오지 않았다. 그러던 어느 날 그 부부는 절로 들어가 아내는 채공 노릇을 하고 남편은 부목을 맡아 일하며 그럭저럭 살다가 죽고 말았다.

그리하여 그 부부는 다음 생에 그 이웃에 다시 태어나 그 절의 스님이 되게 되었는데 두 도반 스님이 바로 그들이었고 아들 부부는 그 거지 노부부가 된 것이었다.

이야기를 마친 은사 스님께서는 다시 이르기를 "그 노부부의 손이나 너희 손이 둘이 아니니 너희가 닦는 것이 곧 그들이 닦는 것이다. 그래야 그들이 고에서 빠져나올 수 있다." 하였다.

그 후 두 도반 스님은 '비록 손이 부어올랐지만 전생의 자식들인 그 노부부의 고생에 비하면 아무것도 아니다.'라고 생각하며 법당을 열심히 닦고 있었는데 그 순간 "그렇게 각각으로 본다면 어떻게 그 사람의 업이 소멸될 수 있겠느냐. 둘로 보지 마라." 하는 은사 스님의 불호령이 떨어졌다. 이때 두 도반 스님이 홀연히 깨치게 되었다.

한편 그 노부부는 옷을 시주한 이후로 동네 사람들의 보살핌을 받아 거지 신세를 면하게 되었고 그 아들이 대성해서 큰 부자가 되어 그 마을의 가난한 사람들을 다 구제해 주었다고 한다.

스님께서 말씀하셨다.

"우리가 다른 사람의 마음이 되어 볼 수 있는 그러한 마음을 가지고 산다면 싸울 일도 없고 배반할 일도 없고 증오할 일도 없다.

더 나아가 온 누리의 모든 생명체가 나 아닌 것이 없다고 생각한다면, 하다못해 개 한 마리가 부상을 입고 절룩거리며 피를 흘리는 모습을 보아도 그것이 곧 내 아픔처럼 느껴지게 될 것이다. 그 개의 다리에서 흐르는 피도 내 아픔의 피라고 생각하고 지극한 마음에서 참다운 눈물을 흘리는 것, 그것이 바로 자비이다."

44. 자장 율사

원-2-5-11
원-3-3-2
원-7-3-13
행-3-2-7
행-5-4-3
행-8-2-12
행-9-3-7
생-1-1-1
생-1-1-5
생-1-1-11
수-3-44
수-3-45
수-3-68
법-3-62
심-1-126
심-2-16
행-3-5-13
행-4-1-1
행-4-1-4
행-4-1-5
행-4-1-11
행-4-8-4
행-10-1-1

신라 시대의 고승 자장 율사가 당나라로 건너가 공부할 때였다. 어느 날 길을 가다가 피곤해진 자장 율사는 땅바닥에 주저앉아 쉬면서 경전을 꺼내 보고 있었다. 그런데 그곳을 지나가던 어느 스님이 이르기를 "백지를 볼 줄 알아야 붓대를 굴리지. 입으로만 외다가 몸 떨어지면 말도 떨어지고 말 것을……." 하는 것이었다.

이 말에 충격을 받은 자장 율사는 그 후 청량산 기슭 문수보살상 앞에 앉아 관하기를 천 일 동안 계속했다. 그러다 문득 자장 율사는 '문수보살이 나이고 내가 문수보살이지.' 하는 생각이 들었다. 그런데 그 순간 한 노승이 나타나 "네가 나이고 내가 너라면 내가 너에게 내 주장자를 전하노라." 하는 것이었다. 그러면서 짚고 왔던 지팡이로 머리를 탕 치는데 그 소리가 하도 요란해서 노승을 쳐다보니 그 노승의 머리에서 사리가 나오는 것이었다. 그러고는 사리를 받아 든 노승이 이르기를 "이 사리는 부처님의 사리이며 가사 한 벌은 부처님께서 입으시던 것이니라. 그대에게 전하노니 그대 나라에 돌아가 절을 짓고 탑을 세워 잘 봉안하라."했다.

자장 율사는 너무나 기쁜 나머지 지성으로 삼 배를 드리고 고개를 들어 보니 노승은 온데간데없고 머리에 구멍 난 문수보살상만 제자리에 서 있었다. 그로부터 자장 율사는 종남산에서 수행 정진 한 후 신라로 돌아와 월정사, 마곡사, 통도사 등 많은 절을 짓고 탑을 세웠으며 통도사에 사리와 가사를 봉안하고 사부 대중을 교화하였다.

그러나 조선조에 이르러 불교가 탄압을 받으면서 스님들은 끌려가고 절은 부서져 자연히 도둑의 소굴로 변해 갔다. 그즈음 마곡사도 형편은 마찬가지였는데 어느 날 어떤 고승이 왕명을 받고 그 절로 가게 되었다. 그 고승은 왕벌 속으로 들어가 수십만 마리의 벌 군사를 동원하여 도적들을 물리쳤다.

그 후 그 스님은 조정에서 내린 상으로 망가진 절을 보수하고 도제 양성을 위해 애쓰고 있었는데 어느 날 어느 수좌가 와서 묻기를 "부처님 사리가 문수보살상 머리에 들어가 있다가 나온 까닭은 무엇이며 스님께서 왕벌 속으로 들어가 싸우다가 다시 스님에게로 돌아간 까닭은 무엇이냐."했다. 그러자 그 고승은 질문한 수좌를 막대기로 호되게 내리쳤다.

이때 '모든 것이 다 무(無)이며 무인 까닭에 바로 있다.'는 것을 홀연히 깨달은 수좌가 스님께 큰절을 하고 일어나서 껄껄 웃으며 걸어 나갔다. 그러자 그 모습을 본 스님께서 빙그레 웃으며 한마디 던졌다.

"한 놈이 열 놈이 되고 열 놈이 한 놈이 되니 만사형통이로군."

스님께서 말씀하셨다.
"선 도리는 요모조모 생각해서 대답하려 하면 벌써 천리만리 벗어나 버리고 만다. 들이대는 즉시 맞아떨어져야 선 도리라 할 수 있다. 이리저리 맞추고 생각으로 지어 내서 답하는 것은 일상생활의 유위법에서나 통하는 것이지 무위법에선 통하지 않는다. 허공에 뼈다귀를 세워 놓으면 세워 놓은 대로 빼면 뺀 대로, 했다 하면 하는 것이고 그렸다 하면 그린 것이지 이 생각 저 생각 할 것이 없다. 그래서 참 자기를 발견해야 당당해지고 무엇이든 들이댈 수 있고 대답할 수 있다.
부처님의 유물은 누가 모시고 있는가. 바로 우리들이 두른 가사와 우리들의 몸이 그것이다. 그러니 '내가 너고 네가 나라면 내 주장자를 너에게 전하노라.' 하고선 자기 머리를 때려서 사리를 내줄 수 있었던 것이다. 그러면서도 '부처님의 사리인데 내가 간직하고 있다가 너에게 주노라.' 했으니 그 가르침이란 말로 표현할 수가 없는 것이다. 부처란 만 가지 법, 만 가지 행을 다 하므로 어느 것 할 때의 나를 나라고 할 수 없으니 부처라 하는 것이다."

45. 은혜 갚은 꿩

　신라 고승 무착 대사가 어느 날 산길을 가는데 큰 구렁이가 새끼를 품고 있는 꿩을 감고 삼키려고 노리고 있는 것을 보게 되었다. 순간 스님이 활을 쏘아 그 구렁이를 죽이자 꿩은 몇 번이나 스님을 향해 울더니 어디론가 날아가 버렸다.
　그러던 중 날이 저물기 시작해 한 치 앞도 분간할 수 없게 되었는데 때마침 멀리서 희미한 불빛이 보였다. 스님이 그곳을 찾아가서 주인을 부르니 하얗게 소복한 아리따운 아가씨가 그를 맞이했다. 스님이 하룻밤 묵기를 청하자 여인은 방 안으로 들게 하고 잠시 후에 밥상을 차려 가지고 들어왔다. 그런데 여인이 내려놓은 밥상에는 이상하게도 젓가락 한 짝만이 놓여 있는 것이었다. 그러나 스님이 아무 소리 없이 손으로 공양을 시작하자 보고 있던 여인은 '정히 그렇다면' 하면서 순식간에 구렁이로 화했다. 그러고는 스님의 몸을 칭칭 감고 사연을 털어놓았다.
　"내가 바로 오늘 당신이 죽인 구렁이의 아내입니다. 만일 자정 안에 저 산꼭대기에 있는 종을 세 번 울릴 수 있다면 죽은 남편이 승천할 것이므로 스님을 풀어 주고 나도 따라가겠으니 나마저 거두어 주십시오. 그러나 만약 종소리가 울리지 않으면 남편의 원수를 갚고 말 것입니다."
　그런데 그 순간 "땡 땡 땡" 하고 세 번의 종소리가 연하게 울려 퍼지자 구렁이는 기뻐하며 스님을 풀어 주고 어디론가 사라졌다.

다음 날 아침 먼동이 트자 스님은 종루에 올라가 살펴보았는데 그 밑에 꿩이 피투성이가 된 채 죽어 있었다.

스님이 구렁이와 꿩을 구덩이에 파묻으려 하자 지나가던 웬 스님이 "새끼를 살리기 위해 생명 셋을 다 죽이는 것이 자비일 수 있겠습니까?" 하고 물었다. 이때 스님이 대답하기를 "서천의 돌이 동쪽에 꽃을 피웠네!"라고 하자 길 가던 스님이 "아하! 탕 맛이 이렇게 좋은 줄은 난 미처 몰랐네!" 하고 껄껄 웃으며 돌아갔다.

스님께서 말씀하셨다.

"젓가락 한 짝 놓았는데도 아무 소리 없이 손으로 먹었고, '생명을 죽인 것도 자비가 될 수 있느냐?' 하는 말에 '서천의 돌이 동쪽에 꽃을 피웠네!' 하니까 '탕 맛이 이렇게 좋을 줄이야 누가 알았겠느냐!' 하면서 껄껄 웃으며 돌아가더라니 얼마나 멋진 광경인가. 한 토막의 이치지만 아주 성성하고 그렇게 광대무변할 수가 없다. 이와 같이 깊은 도리는 나를 발견하지 못하고는 알 수 없는 것이다.

그러나 아무리 팔만대장경을 바로 꿰고 외로 꿴다 할지라도 글자만 알면 소용이 없다. 몸 떨어지면 입 떨어지고, 입 떨어지면 말도 떨어지니 공덕이 안 되는 것이다."

46. 집터의 뱀 살생

어떤 사람이 어느 한곳에 집터를 정하여 터를 닦는데 파는 구덩이마다 뱀들이 우글거렸다. 어찌할 수 없는 다급한 마음에 그는 구덩이마다 기름을 끼얹고 불을 질러 버렸다. 그러자 뱀들은 밖으로 나와 뿔뿔이 흩어지면서 숱하게 죽어 갔다.

그 후 그 사람의 아들이 장성해서 장가를 들어 아이를 낳았는데 얼마 안 가 병이 들어 시름시름 앓기 시작했다. 그러다가 결국 목숨을 잃고 말았는데 죽은 그 아이의 몸에서 뱀 새끼들이 꾸역꾸역 나오는 것이었다. 그것을 또 불에 태워 죽였는데 이번에는 얼마 안 가 아들 내외가 세상을 뜨고 말았다.

그럭저럭 3년이 지난 어느 날이었다. 그 사람이 자식의 산소를 찾아가 보니 산소에 구멍이 송송 뚫려 있었다. 그뿐만 아니라 집 마당 울타리에 구렁이가 척 걸쳐 있기도 했다.

결국 이 사람은 도인 스님을 찾아 도움을 청해야겠다는 생각에 이르게 되었고 그런 스님을 만나게 해 달라고 그해 일 년 동안을 향을 사르고 정성을 들였다.

그러던 어느 날 마침내 삿갓을 쓰고 허름한 옷을 입은 스님이 그곳을 지나갔다. 그는 그 스님을 붙들고 지난 일을 사실대로 얘기했다. 그러자 그 스님은 산소와 집 군데군데 망을 쳐서 그 안에 겻불을 놓게 하고 죽을 쑤어 큰 함지박에 담아 산소와 집에 각각 세 그릇씩 갖다 놓게 했다. 그런데 스님이 시키는 대로 하자 산소 구멍과 집 기둥 밑에서 수도 없이 뱀들이 기어

수-4-49
수-4-51
법-2-102
법-2-103
생-4-5-6
활-3-2
활-3-2-3
활-3-2-4
예-26

수-3-56
법-2-77
심-1-91
심-1-92
생-4-5
예-28

나오더니 함지박의 죽을 잔뜩 먹고는 그 자리에서 죽는 것이었다. 그리고 나서 얼마 후 그 도인 스님은 "아버지의 영혼을 건졌다."라는 말을 남기고 열반에 들었다.

그 후로 다시는 뱀들이 나타나지 않았고 불력에 의지했던 그는 그 후 식구들과 함께 입산, 수도에 정진하게 되었다고 한다.

스님께서 말씀하셨다.

"모든 계율의 첫 대목에 살생을 하지 말라 하였는데 거기에는 묘한 도리가 숨겨져 있다. 즉, 일부러 생명을 죽이지 말라는 말이다.

만약에 부모의 병 치료를 위해 토끼 한 마리를 죽여야 한다면, 그런 경우엔 토끼의 몸도 내 몸이요 토끼의 마음도 내 마음이니 살생이 아니다. 토끼가 나에게로 와 인도환생이 되었으니 오히려 자비가 되는 것이다. 이와 같이 한마음은 들여놔도 들여놔도 두드러지지 않고 몽땅 꺼내어 천도를 시켜도 꺼낸 사이가 없으니 줄지 않는다."

47. 돈오와 점수

심-1-124
행-11-5-12

어느 날 어느 수좌가 한암 스님을 찾아와서 "돈오와 점수가 둘이지요?" 하고 물었다. 그러자 한암 스님은 "그렇지, 둘이지." 하고 대답했다.

며칠 후 또 어느 수좌가 찾아와서 스님께 물었다.
"돈오와 점수는 둘이 아니지요?"
"둘이 아니지. 그런데 둘이 아닌 줄 어떻게 알았나?"
"만 가지가 물에 젖는 까닭입니다."
"젖는 것도 없는 까닭은 무엇인가?"
"……."
스님의 마지막 질문에 아무런 대답도 못한 그 수좌는 삼 배만 올리고 그 자리를 떠나갔다.

스님께서 말씀하셨다.
"한암 스님이 '젖는 것마저도 없는 까닭은 무엇인가.' 하고 물은 것은 돈오와 점수를 놓고 왈가왈부할 게 전혀 없다는 뜻이다. 크고 작은 게 둘이라면 어떻게 이 시대가 진리로써 무한하게 영원히 돌아가고 있겠는가."

48. 나뭇짐 보시

예전에 스님네들이 바리때를 들고 다니면서 공양을 받던 때였다. 어떤 사람이 어찌나 가난했던지, 스님이 찾아오자 남의 집의 보리쌀을 씻어 주고 얻은 뜨물로 미음 한 그릇을 쑤어다 공양을 올렸다.
그것을 받은 스님이 너무나 고맙고 안됐기에 산에 가서 나

수-1-24
수-1-25
수-1-26
수-2-10
수-2-11
수-2-14
수-2-15
수-2-16
수-4-40
법-1-14

심-1-16
심-1-97
심-1-98
행-5-3-6
생-4-3-9
생-4-6
예-27
예-54

무를 한 짐 해 가지고 내려오다가 은사 스님을 만나게 되었다. 그런데 그 광경을 본 은사 스님께서는 제자가 사정 말씀을 드리기가 무섭게 지겟작대기를 빼앗아 그의 아랫도리를 가차 없이 내리쳤다. 느닷없이 종아리를 얻어맞은 그 스님은 나뭇짐을 진 채 그 자리에서 나뒹굴었고 그러는 가운데 다시 은사 스님의 불호령이 떨어졌다.

"이놈아, 한생각의 무주상 보시가 있거늘 그것도 보시라고 하는 것이냐!"

이때 문득 마음의 소중함을 깨달은 그 스님이 한생각을 내게 되었는데 그 후로 쌀뜨물로 공양을 올렸던 그 집은 날로 번창해지기 시작했다고 한다.

스님께서 말씀하셨다.

"이와 같이 마음으로 도움을 줄 수 있다면 물질의 도움보다 끝 간 데 없는 보시를 할 수 있다. 무심으로 한생각에 그렇게 할 수 있으니 보이지 않는 무주상 보시가 그것이다. 쌀 한 가마를 주고 집을 지어 준다 해도 그 도리를 모르고 한다면 공덕이 될 수 없다.

그러므로 중생이기에 모르고 병고에 시달리니까 못한다고 생각하면서 아무 말이나 하고 아무렇게나 생각해서는 안 된다. 깨쳤든 못 깨쳤든 생각을 잘하고 마음을 잘 다스리면서 나갈 수 있는 믿음과 자기를 돌이켜보는 마음이 진실하다면 숙명통 컴퓨터에 입력이 되어서 다시금 좋게 나올 것이다."

49. 곳간에 갇힌 두 남녀

옛날에 어느 스님이 고행을 하다가 쓰러져 어느 집에 가게 되었다. 그 집 노인의 죽 공양으로 그 스님이 밤중쯤 정신을 차려 일어나 보니 어디서 울부짖는 소리가 들려왔다.

이튿날 새벽 노인이 찾아와서 "업보가 이렇게 무서운 줄 몰랐다." 하며 스님을 곳간으로 안내했다. 곳간에 가 보니 두 남녀가 묶여 있었다. 노인은 스님에게 "끌러 주면 모두 죽인다고 온통 날뛰어서 묶어 놓았는데, 묶어서 무얼 먹이려 하면 먹는 대로 다 토해 내 어찌할 바를 모르겠다." 하며 전생에 무슨 죄를 지었는지 모르지만 어떻게 하면 그 업보를 다 녹일 수 있겠느냐고 묻는 것이었다. 그러자 스님이 말했다.

"저들은 과거 당신의 아들 내외였는데 부모를 못살게 하고 그것도 부족해 양식이 아깝다며 내쫓아 버렸습니다. 그래서 그 부모가 내쫓기면서 하는 말이 '너희들이 그 업보를 어떻게 받으려고 그러느냐. 그 업보를 받을 때까지 내 꼭 지켜보리라.' 했습니다. 그렇게 했으니 당신이 끝끝내 지켜봐야 하지 않겠소."

스님께서 말씀하셨다.

"지켜보는 그 업보나 당하는 그 업보나 다를 게 뭐가 있겠는가. 그러니 말 한마디를 하더라도 조심해서 해야 한다. 가르치는 방편으로 그냥 나오는 말과 속에서 응어리가 되어 나오는 말 한마디가 천지차이이니, 후자는 당장에 업보가 되고 만다. 가족 간에 누가 속을 썩인다고 해서 분노가 일어나는 대로 말을 내뱉는다면 십중팔구 그렇게 되고 말 것이다. 그래서 법이란 조금도 틀림이 없고 에누리가 없이 철저하다고 하는 것이다.

그러므로 가족 중의 누구가 어떠한 잘못을 저질렀다 해도 잘못했을 때의 내 모습이요, 과거로부터 내가 지은 인연대로 나오는 것이니 모두가 내 탓이라고 돌려야 한다. 잘잘못에 대한 판단 이전에 그렇게 안으로 놓고 굴려서 주인공에 다 맡겨 놓을 때 만사를 형통케 하는 자비가 일게 될 것이다."

50. 과거 모습 · 미래 모습

수-1-10
수-1-15
수-1-42
수-1-54
수-3-2
법-2-23
법-2-24
법-2-63
법-2-64
법-2-74
법-2-100
원-3-1-6
원-3-3-1
원-5-1-23
원-7-2-8
원-7-2-12
원-7-2-13
원-7-3-7
원-7-3-12
원-7-3-21
행-1-2-12

옛날에 어떤 사람이 부처님께 찾아와서 "저는 나쁜 일도 안 하고 착하게 사는데 왜 이렇게 고(苦)가 많습니까?" 하고 여쭈었다. 그러자 부처님께서 이렇게 말씀하셨다.

"과거를 못 보거든 현실을 보라. 현실에 다가오는 것을 보면 네가 과거에 어떻게 했다는 것을 알 수 있다. 그리고 네가 현실에 어떻게 하고 있는가를 지켜본다면 미래에 어떻게 온다는 것을 알 수 있느니라."

스님께서 말씀하셨다.

"이와 같이 고(苦)라는 것은 누가 갖다 주는 것이 아니라 자기가 짓고 자기가 받는 것이다. 그러므로 그 속에서 해결할 수 있다는 믿음을 가지고 거기에 맡겨 놓아야 한다. 내 주인공만이 나를 이끌어 주고 업보를 녹이며 병고액난을 소멸케 하고 가정을 화목하게 할 수 있다는 믿음을 진실하게 가지고, 용도에 따라 닥치는 대로 맡겨 놓고 돌아가야 한다는 것이다. 그러지 않고 남을 원망하고 조상을 원망하며 밖으로만 끄달린다면 그 업보는 세세생생 무너지지 않을 것이다."

행-2-4-6
생-2-1-4
생-2-2
생-2-2-1

51. 시자의 세숫물 심부름

옛날 어떤 선지식께서 다리에 부스럼이 잔뜩 나 있었는데 "아무개야!" 하고 시자를 불러서 시자가 무슨 심부름을 시키는 줄 알고 "예!" 하고 대답을 하고 가 보면 아무것도 시키지 않고 또 이렇다 저렇다 말도 없었다.

시자는 할 수 없이 그냥 돌아왔는데 또 불러서 "예!" 하고 가 보면 역시 또 아무런 시킴도, 말도 없었다. 그 일이 여러 번 반복되자 나중에는 시자가 은근히 화가 나서 스님이 "아무개야!" 하고 불러도 대답은 하지 않고 짐짓 자기가 생각해서 세숫물도 떠다 드리고 수건도 빨아다 드렸다. 그러나 막상 스님께 갖다 드리면 스님은 그것은 모른 체하고 아픈 다리를 절룩거리며 몸소 나가 물을 떠다 씻고 닦았다.

시자가 생각할 때는 참으로 기가 막힐 노릇이었다. 그러나

수-4-57
행-4-5-8
행-9-3
행-9-4-2
행-11-3-5
생-2-1-6
예-36
예-37

시자는 그 일은 그 일대로 지속하면서 '네 놈이 도대체 무엇인가?' 하고 관하기 시작했고 어느 날 문득 자기를 발견하기에 이르렀다. 스승이 불러서 대답을 해도 들은 체 만 체이고, 떠다 준 세숫물을 쓰지도 않은 이런 모든 것에 대한 물리가 다 터졌던 것이다.

스님께서 말씀하셨다.
"이 시자와 같이, 뭐가 잘못되어 돌아가도 잘못되어 돌아가는 대로 내버려 두어야 한다. 잘못됐다 잘됐다 하지 않고 그렇게 내버려 두는 까닭에 발전을 한다.
마찬가지로 가족 간에 누군가가 자신의 생각과 다른 길을 걷는다고 해서 '이건 틀렸어.' 하고 판단하는 것은 옳은 행이 아니다. 만사를 안으로 굴려서 주인공에 모든 것을 놓고 갈 때 그 에너지가 그와 함께 돌아가니 스스로 달라지는 것을 보게 될 것이다."

52. 찌그러진 반지

법-2-51
법-3-59
심-1-36
심-1-82
원-1-5-8
원-2-4-3
원-2-4-11
원-6-3-2

옛날에 한 부부가 살았는데 그들이 처음 만나던 날 남편은 너무나 가난했기에 길가에서 파는 싸구려 반지를 부인에게 선물해야만 했다. 그러나 부인은 그 반지를 매우 고맙게 생각하여 한시도 놓치지 않고 어디든 끼고 다녔다.

세월이 흘러 그 부부가 부자가 되었을 때도 부인은 그 반지를 애지중지했다.
　어느 날 부인을 측은하게 생각한 남편은 진짜 보석으로 된 반지 두 개를 사다 주었다. 그러나 부인은 여전히 처음의 반지를 끼고 다니기를 주저하지 않았다.
　그러자니 사람들은 자연 그 반지가 무슨 보석이나 된 것처럼 여기게 됐고, 그토록 오래 끼어 찌그러지기까지 하였으나 마침내 그 반지는 며느리 대까지 대물리는 소중한 유물로 자리 잡게 되었다.

　스님께서 말씀하셨다.
　"아주 원만하고 사랑할 수 있는 지혜가 그 반지 속에 듬뿍 담겨 있었으니 그건 반지가 아니라 마음이다.
　무엇이 부처님 법이겠는가. 우리 생활이 곧 부처님 법이요, 우리 마음을 쓰는 데에 부처님 법이 있다. 마음으로가 아니라면, 진수성찬을 차려 놓고 나 좀 잘되게 해 달라고 해마다 빌고 그래도 소용없는 짓이다. 우주 삼천대천세계를 두루 하고 있는 이 마음을 어찌 그 조그마한 물질에 비기겠는가. 아침 공양을 들면서 눈 깜짝할 사이에 한번 쓰윽 돌려놓고 감사하는 그 마음만으로도 부처님과 역대 조사들을 다 먹이고도 남음이 있는 것이다. 이 마음을 깨닫지 못하고는 어떠한 것도 자기 앞에 들이고 낼 수 없다."

53. 부처님 눈

어떤 사람이 부처님께 이렇게 간청했다.

"부처님이시여, 병중에 있는 어머니가 살려면 눈을 빼서 먹어야 한다고 하니 그 눈을 주시오."

그러자 부처님께서 손가락으로 한쪽 눈을 빼서 주었는데 그 사람은 부처님께서 주신 눈을 땅에다가 던지고 그냥 비벼 버리고 말았다.

아난 존자가 후에 이 이야기를 듣고 "부처님이 주신 눈을 어찌 그렇게 밟아 버릴 수 있는가." 하고 몹시 의아해했다.

스님께서 말씀하셨다.

"천 냥짜리 몸이라면 오백 냥짜리 한쪽 눈을 얻었으니 그 눈이 무슨 소용이 있었겠는가. 그러나 그 눈을 발로 비벼 버려 천 냥짜리를 얻었으니 어머니 몸을 살리고도 남았다. 다시 말해 빼 줌이 없이 빼 줬고 받음이 없이 받았으니 눈을 빼 준 부처님과 눈을 받은 사람이 둘이 아니게 되었다는 뜻이다.

아난 존자는 뜻으로 한 이야기를 색으로 받아들였으니 그 의미를 알 수가 없었던 것이다. 그러나 눈을 먹어야 낫는다고 한 어머니는 자기가 나오기 이전을 말한 것이고, 생사윤회에 말린 그 어머니 즉, 참 나를 살리려고 부처님의 눈을 먹어야겠다고 한 것이니 얼마나 명백한가."

54. 부처님과 호랑이

호랑이가 새끼들을 기르고 있었는데 그 새끼들이 어미의 젖을 다 빨아 먹고 나자 어미가 죽고 말았다.
그러자 지나가던 스님이 피를 넣어 주어 그 호랑이를 살렸는데 살아난 그 호랑이가 스님의 몸뚱이를 잡아먹고 발과 머리만 남겼다.

스님께서 말씀하셨다.
"육신의 피를 주어 육을 살린 것이 아니라 에너지를 주어 마음을 살린 것이니, 스님도 죽지 않았고 호랑이도 죽지 않았다.
죽어 가는 사람이 있을 때, 내 상을 내세움이 없이 무주상으로서 한생각을 내라고 이른 것도 같은 맥락이다. 잔잔한 마음으로 한생각을 내게 될 때 그것이 곧 법이 되고 약이 돼서 에너지를 함께하니, 그 사람을 살릴 수 있는 것이다. 유위법으로 보자면 불가능하게 생각될지 모르나 마음을 깨달았다면 그 일이 물 한 그릇 떠다 주듯이 쉬운 일이다."

수-1-24
수-1-25
수-1-26
수-2-10
수-2-11
수-2-14
수-2-15
수-2-16
수-4-40
법-1-14
심-1-16
심-1-97
심-1-98
행-5-3-6
생-4-3-9
생-4-6
예-27
예-48

55. 미리 안 화산 폭발

로마에 사는 어떤 사람이 꽃 한 송이를 가져다가 집 뜰에 심었다.

법-3-11
심-1-121
심-2-24

행-3-3-13
행-3-3-14
생-1-2-4

　그 후 주인의 보살핌으로 아름드리 나무로 자란 그 꽃이 어느 날 주인의 꿈에 나타났다. 그러고는 앞으로 얼마 안 있어 큰 재난이 닥칠 것이니 자기와 함께 다른 곳으로 피난을 가야 한다고 말하는 것이었다. 그러나 주인은 "별 이상한 꿈도 다 있다."라고 중얼거리며 꽃님의 말을 무시해 버렸다.

　그런데 그로부터 사흘째 되던 날 기르던 가축들이 울타리를 뛰어넘어 모두들 어디론가 사라지는 것이었다. 그래도 여전히 사태를 짐작하지 못한 주인은 '집안에 망조가 들어 파산하게 생겼다.'라고만 생각하며 울고불고 난리법석을 떨었다.

　그날 저녁 울고불고하던 주인이 제풀에 꺾여 곤히 잠에 들었는데 또다시 꽃님이 꿈에 나타났다. 그러고는 "지금 곧 화산 폭발이 있을 것이니 한시가 급하게 피난을 해야 한다." 하고 거듭 충고했다.

　꿈에서 깨어난 주인은 그때야 비로소 사태가 심상치 않음을 파악했다. 그는 서둘러 짐을 꾸리고 곧바로 이웃 산골짜기로 피신했는데 신기하게도 잃어버렸다고 생각한 가축들이 그곳에 다 모여 있었다. 그리고 곧이어 요란한 폭음이 천지를 진동했다.

　며칠 후 다시 사방이 잠잠해지자 주인은 가축을 이끌고 살던 동네를 찾아갔다. 그곳은 이미 형체를 알아볼 수 없을 만큼 처참한 모습이었다. 거대한 화산재가 그곳을 온통 뒤덮고 있었던 것이다.

　스님께서 말씀하셨다.

"아무것도 모를 것 같은 식물도 태풍이 몰아칠 듯싶으면 한 해 전부터 뿌리를 대지 깊숙이 박는다.

그런데 오관을 이미 갖추어 가지고 있으며, 수억겁 광년을 거쳐 오면서 어디 한군데 거치지 않은 곳이 없는 우리 인간이 어찌 그보다 못한가. 그것은 우리가 낳기 이전의 근본, 즉 속을 보지 못하고 거죽만 보기 때문이다. 그러니 나부터 알고 나부터 믿어야 한다. 그래서 나를 발견해야 한다."

56. 명당 자리

옛날에 두 모자가 병든 영감을 모시고 남의 행랑방에서 살고 있었다.

그런데 그들은 아주 가난했으므로, 어느 날 영감이 돌아갔지만 그 노인을 묻을 만한 땅뙈기조차 마련해 놓지 못한 실정이었다. 결국 두 모자는 남의 가족 묘지 한 귀퉁이에 몰래 영감을 묻어 놓았다.

한편, 그로부터 얼마 안 있어 그 묘지 주인 집에 우환이 생겨 그 주인이 어디 가서 점을 보게 되었는데 묘지를 찾아가 보라는 얘기를 듣게 되었다. 묘지 주인이 가족 묘지를 둘러보니 아닌 게 아니라 새로운 묘가 하나 더 생겨 있었다. 묘지 주인은 그 길로 그 모자를 수소문해서 찾아내고는 서둘러 이장하라고 야단을 쳤다.

수-3-20
수-4-49
수-4-52
심-1-10
원-7-2-13
원-7-3-6
원-8-1
활-1-1-2
예-20
예-58
예-60
예-61

난감해진 그 모자는 어찌할 바를 몰라 했으나 때마침 그 마을의 우환을 없애 준 적이 있던 큰스님이 그곳에 와 있음을 알게 되었다.

그들은 스님을 붙들고 울면서 사정 이야기를 전했다. 그러자 스님께선 묘지 주인 집 어른들을 모셔오게 했다. 그러고는 그들에게 말하기를 "자손들의 병이 나으려면 그 묘를 파내게 해선 안 된다."라고 이르고 그 자리에서 죽은 영감을 산지기로 명하는 임명장을 수여하도록 했다.

묘지 주인이 스님의 말씀대로 일을 처리하고 나자 얼마 후 감쪽같이 가환이 사라졌다. 그 후로 묘지 주인은 성묘 때마다 산지기에게도 음식을 차려 놓는 것을 잊지 않았다.

스님께서 말씀하셨다.

"죽어서 몸뚱이가 없어져도 그 착이 남아 있으면 자손을 잘못 이끌어 가난을 줄 때도 있고 가환을 줄 때도 있다. 그러므로 모두가 내 부모 아닌 이가 없고 내 자식 아닌 이가 없는 이 도리를 깊이 새겨, 모든 것에 착을 두지 않고 주인공에 맡겨 놓고 사는 그런 습관을 길러 나가야 한다. 그래서 항상 먹어도 줄지 않는 그런 생수 맛을 본다면 이 우주 천하가 한생각에 들릴 수가 있고 한생각에 한자리로 같이 돌아갈 수도 있다."

57. 무덤 속의 대화

　옛날에 어떤 소금 장수가 노모를 모시고 살았다. 그 소금 장수는 너무 가난하여 장가도 못 들었지만 소금을 팔아 남은 돈으로 정성껏 노모를 봉양했다.
　그러던 어느 날 이리저리 떠돌던 그 소금 장수는 해가 기울자 어느 산소 옆에서 쉬다가 그만 곤히 잠이 들고 말았다. 그런데 자다가 무슨 소리가 들려 귀를 기울이니 어디서 사람 말소리가 들려오는 것이었다. 가만히 들어 보니 그 소리는 그 산소의 고인이 다른 산소의 고인들과 나누는 대화였다.
　소금 장수는 죽은 척하고 그 이야기를 모두 엿듣게 되었는데 그 내용은 대충 이러했다.
　오늘이 자기의 제삿날인데 세 며느리가 오늘 저녁에 차린 음식들을 내일 아침에 들고 올 거라는 것, 마음 착한 큰며느리에게 자식이 없으니 술잔을 올릴 때 그 속에 구슬을 넣어 두었다가 뭔가 하고 살펴 보는 순간에 입 속에 들어가게 하여 어린애를 낳게 해 달라고 동료에게 부탁하는 내용, 그리고 둘째와 셋째는 몹시 불효막심하여 둘째 아들은 팔을 부러트려 놓고 막내 손녀는 국 끓이는 아궁이에 넣어서 혼내 주었다는 등의 이야기들이었다.
　그러고는 모두들 제사에 함께 다녀오는 모양인지 발소리가 요란하게 울리면서 사라졌다가 잠시 후 다시 발소리가 들리더니 "자네 말 그대로군." 하는 이야기와 함께 서로들 작별 인사를 주고받는 것이었다.

　소금 장수는 그날 밤 마을로 내려가 그 산소의 고인이 말한 이름의 큰아들을 찾아갔다. 그러고는 자기가 들은 내용을 그대로 전해 주었는데 실제로 둘째 아들은 팔을 다쳐 고생하고 있었고 막내 손녀는 아궁이에서 놀다가 불에 데어 온몸에 화상을 입고 있었다. 소금 장수는 또 둘째와 막내아들로 하여금 고인의 앞에서 백배사죄하도록 하면 나을 수 있지 않겠느냐고 충고하기도 했다.

　다음 날 소금 장수의 말대로 큰며느리는 술잔을 올리다가 무언가를 삼키고는 아이를 갖게 됐고 용서를 빈 둘째와 막내 손녀도 얼마 후 씻은 듯이 낫게 되자 큰아들은 소금 장수에게 자기 소유의 논의 반을 떼어 주어 감사의 뜻을 표했다. 그 일로 해서 세 아들은 의좋은 삼 형제가 되었고 소금 장수 또한 가난을 면하게 되었던 것이다.

　스님께서 말씀하셨다.

　"수만 냥을 내서 조상을 위한 인등을 켜도 그것이 기복이라면 하나도 공덕이 될 수 없다. 마찬가지로 형제들이 돈을 거둬 가지고 내가 더 많이 냈느니 네가 더 많이 냈으니 하고 싸움들을 해 가면서 아무리 진수성찬을 차려 놓아도 소용이 없다. 자기가 그렇게 한 것을 자기가 알기 때문에 조상도 알고 부처도 알고 이 우주 법계가 다 아는 것이니 그것을 잘했다고 보겠는가.

　'어머니! 저희들을 기르시느라 수없이 고생하시고 애를 쓰신 그 따뜻한 마음을 진작 몰랐습니다.' 하고 진실된 마음으로 돌려놓는다면 촛불 하나 켜 놓고 물 한 그릇을 떠다 놓는다 할지라도 그것이 공덕이 된다."

58. 쥐의 다비식

옛날 어느 절에 큰스님이 한 분 계셨는데 그 절에는 유난히 쥐가 많았다.

하루는 스님이 뒷짐을 지고 왔다 갔다 하다가 쥐 한 마리가 죽어 있는 것을 발견했다. 스님께서 죽은 쥐의 꼬리를 들고 가만히 보시더니 마루에 걸쳐 놓고는 수좌들을 불러 모았다. 그러고는 "지금 중이 하나 죽어서 장사를 지내 화장을 해야겠으니 준비를 하도록 하라." 하시는 것이었다.

비록 쥐 한 마리에 불과했으나 수좌들은 큰스님의 명이라 거역하지 못하고 장작을 쌓아 다비(茶毘) 준비를 하였다. 그러자 스님께서 불을 지르라 하시고 "만약에 뼈가 나오면 잘 주워서 사리가 있나 없나를 살펴보아라." 하였다. 쥐 한 마리 속에 뼈가 있으면 얼마나 있고 더구나 사리가 웬말인가 하고 의아해하면서도 대중 스님들은 불을 지르고 다비를 마쳤다. 그러니 다비식이 끝난 후 스님께서 대중을 향해 "너희들은 사리를 못 보았는가?" 하고 물었지만 대중 스님들은 잠자코 있을 수밖에 없었다.

수-3-20
수-4-49
수-4-52
심-1-10
원-7-2-13
원-7-3-6
원-8-1
활-1-1-2
예-20
예-56
예-60
예-61

몇 달 후 큰스님께서 열반에 드시며 다시 묻기를 "너희들은 그 사리를 보지 못했는가?" 하였으나 대중들은 끝내 대답하지 못했다.

스님께서 말씀하셨다.
"누가 그 사리를 볼 수 있을까? 그리고 그 스님은 무엇을 가르치시려고 그렇게 애쓰시며 그와 같은 행을 했는가?
이 도리를 깨치지 못했다면 그 식만 남아서 분별을 하지 못하니 토끼 굴로 들어가 토끼가 되기도 하고 개집으로 들어가 개가 되기도 하고 뱀 굴로 들어가 뱀이 되기도 하는 것이다. 어쩌다 인연이 돼서 사람을 만나야 사람이 되니 그 사람 되기가 또 얼마나 어려운가. 사람의 몸을 받아 가지고도 또 분간을 못하게 되면 또 좌천이 되고, 좌천이 안 된다 할지라도 그렇게 부딪치고 울고 하는 윤회를 수백 수천 년 동안 끊임없이 되풀이하는 것이다. 그러니 쥐 한 마리든 큰 몸집을 한 사람이든 그 생명이 다르지 않고 그 죽음 또한 다르지 않다.
사생자부이신 부처님께서도 수좌들을 가르치기 위해 누가 누군지 구분 못하는 그 뼈다귀들이 모인 곳에 절을 하기도 했다. 일체 만물만생이 남이 아니라는 그 뜻을 알게 하려고 보이신 자비였던 것이다."

59. 눈 가린 개

옛날 어느 절에 큰스님이 한 분 계셨는데 어느 날 제자에게 이렇게 말했다.

"마을에 내려가 보니 아이들이 잘 익힌 고깃덩어리를 줄에 매달고 눈 가린 개의 코 앞에 갖다 대는 장난질을 하고 있었는데, 눈가리개를 뗄 생각은 하지 않고 냄새만을 쫓아 이리 뒹굴고 저리 뒹굴고 하는 그 개의 모습이 어찌나 우습던지……. 지금 이 자리에서도 그걸 생각하면 웃음이 나오는데 너는 그렇지 않느냐?"

제자가 대답했다.

"큰스님께선 지금 절더러 들으라고 하시는 말씀 같습니다."

"그게 무슨 소리냐. 나는 지금 우스워 죽겠는데……."

"내 눈부터 뜨고 나서야 똑바로 보고 행할 수 있는데 그러지 못하면 눈 가린 개의 그 격이다 하는 것을 저한테 가르쳐 주는 것 같습니다."

"같은 게 아니라 그러하느니라. 누구든지 저부터 알아야 제 눈을 뜰 수 있고, 제 귀가 밝아지고, 모든 것을 실천궁행하는데 역점을 둘 수 있느니라. 실천궁행이 아니면 부처님 법이 아니다."

스님께서 말씀하셨다.

"석가세존이나 역대 조사들은 생각하면서 자기가 자기를 못

원-3-3-4
원-3-3-5
원-3-3-7
원-6-4-28
원-6-5-2
원-6-5-3
원-6-5-4
행-3-4-24
행-5-2-14
행-5-3-16
행-8-2-2
예-62

믿으면 눈 가린 그 개와 다를 바가 없다. 내 나무에 열린 것을 잘 가꾸어서 무르익게 만들고 만 가지 맛이 나게 한다면 나도 먹고 남도 줄 수 있는데, 남의 나무에 열매가 잘 열렸다고 해서 그걸 먹으려고 애를 써서야 되겠는가."

60. 한 스님의 천도

수-1-33
수-2-27
수-5-26
심-1-9
심-1-74
심-1-80
원-2-5-4
원-3-1-3
원-3-1-4
원-3-1-6
원-3-1-12
원-3-2-4
원-3-2-6
행-3-2-5
행-6-2-5
행-6-2-6
행-6-2-7
행-6-2-9
행-8-4
행-8-4-1
행-8-4-8
행-8-4-11
예-40
예-70
예-73

몹시 추운 겨울 어느 날 한 스님이 길을 떠나 어느 산 중턱을 넘어서는데 어떤 여인이 죽은 어린 자식을 부둥켜안고 울면서 한탄하고 있었다.

"네 아버지도 없고 너 하나 바라보고 살았건만 너마저 이렇게 죽었으니 내가 앞으로 어떻게 살겠느냐. 너하고 나하고 같이 그냥 아버지한테로 가자꾸나."

그 선사는 가던 길을 멈추고 그 여인에게 다가갔다. 그러고는 "혼백을 찾아와야 그 아이를 살릴 수 있으니 마음의 촛불을 켜고 따뜻하게 아이를 감싸 주라." 이르고는 그 자리에 앉아 계셨다. 선사의 몸은 그 자리에 있었으나 이미 영은 곧바로 저승으로 날아올랐던 것이다.

선사께서 환상천을 지나려는데 많은 중생들의 영혼이, 독사와 머리를 풀어 산발한 괴기한 모습들이 깔려 있는 그곳을 넘지 못해 옹기종기 모여 있었다. 그 모든 것은 마치 꿈속에서 불에 타 죽고 물에 빠져 죽는 그런 환상에 불과했으나, 육신을 가졌을 때의 그 의식이 그것을 실존처럼 여기게 하기 때문이었다.
　스님께서 환상을 일깨워 그 영혼들을 건지고 나서 우선 급하니까 무명천에 들어서기 이전에 불사천부터 들어섰다. 그러나 그 여인의 죽은 아이의 혼백은 찾아볼 수 없었다. 스님께서 다시 무명천에 들어서니 거기에는 정말로 억울하게 죽은 혼백들이 전부 모여 있었다.
　마침내 스님께서 그 아이의 혼백을 빼내 이승으로 내려오니 그 순간 죽었다던 아이가 의식을 회복했다.
　스님께서 아이를 살리신 후 이렇게 말씀하셨다.
　"몸뚱이는 모습 없는 모습으로 수천억이 돼도 손색이 없고 하나가 돼도 손색이 없다. 또한 고정됨이 없으니 그 하나도 없느니라."

　스님께서 말씀하셨다.
　"한암 스님의 말씀은 나로부터 이 세상이 벌어졌으니 내가 태초요 나로 인해 상대가 있으니 바로 그것이 화두임을 깨달아야 한다는 뜻이다.
　그래서 모든 것을 주인공에 놓고 돌리라고 하는 것이다. 돌려지기만 하면 몸속에 든 온갖 중생이 다 보살로 화해 털구멍을 통해 들이고 낼 수 있으니 모습이 있고 없고 천차만별로 되어 있는 그 마음들을 다 건져 줄 수 있다."

61. 네 명의 부인

옛날에 어떤 부자가 부인 넷을 얻어 살았는데 어느 날 죽음이 임박하자 그 부인들을 차례로 불러들였다.

그는 우선 첫째 부인을 불러들여 "사계절 해 달라는 옷 다 해 주고 먹고 싶은 것 다 먹여 주며 이렇게 살아왔으니 내가 죽는 대로 같이 따라올 수 없겠소?" 하고 물었다. 대답은 거절이었다.

둘째 부인을 불러 다시 물었다.

"내가 당신을 얻기 위해 울기도 많이 울었고 고생도 많이 했으니 그 정을 생각해서 나를 따라갈 수 없겠소?"

역시 대답은 '따라갈 수 없다'는 것이었다.

이번에는 셋째 부인을 불러 "당신은 내가 누구보다 극진히 위하고 사랑했는데 나를 쫓아가지 않으려오?" 하고 물었으나 그 또한 "묘지 앞에까지는 따라가지요." 할 뿐이었다.

마지막으로 그는 넷째 부인을 불러들였다. 그러고는 "평생토록 당신을 등한시하고 살아오긴 했지만 그래도 인연을 맺은 것은 사실이니 나를 따라가 주지 않겠소?" 하고 물었다. 그러자 넷째 부인이 대답했다.

"당신이 잘났든 못났든, 같이 오래 살았든 잠시 살았든 당신을 쫓아가지 않고 누구를 쫓아가겠습니까?"

스님께서 말씀하셨다.

"첫째 부인은 이 몸을 말한 것이다. 더우면 더운 대로 부채질을 해서 시원하게 해 주고, 추우면 추운 대로 옷을 입혀 따뜻하게 하고, 배고프면 먹여 주면서, 우리들이 이 몸을 위해 얼마나 애를 써 왔는가. 그렇다고 죽어서도 몸이 우리를 따라가 주는 것은 아니다.

둘째 부인은 재물이나 권력을 뜻한다. 그 재물과 권력을 얻기 위해 우리는 또 얼마나 고생하며 노력하고 있는가. 자기 몸이 병드는 줄도 모르고 그렇게 애써서 얻은 것들이지만 죽어서는 단 한 푼의 재물도 가져갈 수 없으며, 그 어떤 권력도 효력을 잃고 만다.

셋째 부인은 권속이다. 먹을 것 안 먹어 가면서 애지중지 위하고 기른 자식들이지만 그들 또한 기껏해야 묘지 앞까지 따라오는 게 고작이다.

넷째 부인은 바로 업식이다. 몸을 벗어도 업식은 남는다. 살아생전에 아귀 축생의 마음을 자주 냈으면 죽어서도 아귀 축생계를 면치 못할 것이고, 살아생전에 천상에 오래 있었던 이는 죽어서도 극락에 갈 것이다. 그러기에 육신 있을 때에 도리를 알지 못하면 몸 떨어지고 나서 그 도리를 알 수 없다고 하는 것이다."

활-1-1-2
예-20
예-56
예-58
예-60

62. 구렁이의 저주

예전 포천의 어느 마을 뒷산에 큰 구렁이가 도를 닦고 있었는데, 그즈음 어느 군부대가 그 마을에 진입해 천막을 치느라고 닥치는 대로 산을 파헤치고 있었다.

그런데 하루는 그 동네 어느 노인의 꿈에 그 도 닦던 짐승이 나타나서 "내가 지금 도를 닦고 있는데 사흘만 있으면 회향하게 되니, 그 후에 내 몸을 다른 곳으로 옮겨 갈 수 있도록 사흘만 말미를 달라고 군인들에게 사정 이야기를 전해 주십시오." 하고 애원했다. 그 구렁이는 옛날 그 고을 원님이었었는데 너무 욕심이 많아 부지기수로 남의 것을 갈취했기 때문에 죽어서 구렁이의 몸을 받아 가지고 있다가 뒤에 개심을 하고 이슬과 나뭇잎만 먹으면서 도를 닦고 있던 중 사흘을 남겨 놓고 그 지경이 되었던 것이었다.

꿈을 깬 노인은 예사 꿈이 아닌 듯하여 군부대로 찾아가 사실대로 말을 전했으나 그 누구도 그 말을 곧이듣지 않았다. 그런데 그 노인은 그 이튿날도 똑같은 꿈을 꾸게 되어 다시 군부대를 찾아가 애원해 보았지만 헛일이었다. 사흘째 되던 날 그 노인은 부대 상관을 만나 아주 간곡히 사정 이야기를 전해 주었으나 역시 미신 같은 이야기라며 조금도 동요하는 빛을 보이지 않았다.

마침내 군인들이 그 마을 뒷산을 파헤치고 돌을 쪼개어 냈는데 거기서 토막난 구렁이가 함께 쏟아져 나왔다. 그리고 그날부터 천둥 번개가 치기 시작했다.

　그날 저녁 군인들은 여전히 아무런 생각을 하지 못하고 천막 속에 들어가 곤히 잠들어 있었다. 그런데 그들이 곤히 잠든 사이에 오는 줄도 모르게 쏟아진 폭우가 산사태를 동반해 그 일대를 온통 휩쓸고 지나갔다. 그로 인해 군인들은 물론 수많은 인명 피해가 났으나 다만 그 노인네 집은 무사했다고 한다.

　스님께서 말씀하셨다.
　"이와 같이 마음 한번 잘못 먹으면 무수히 남을 해치게 되니 욕심·어리석음·성냄·아집 등의 삿된 견해를 가지고 있으면 놓아서 녹여야 한다.
　인간은 만물의 영장이라 하면서도 나뭇가지보다 못할 적이 많다. 가을이 되면 나뭇잎은 떨어지고 가지는 추위에 몸을 떨며 봄이 오기를 기다리면서도 조금도 다른 것을 원망하지 않는다.
　돌들도 삶의 보람을 느끼고 산다면 아마 황당무계한 소리로 들릴 것이다. 그러나 체는 자기 마음대로이니 거기에도 생명이 있다. 물도 생명이 있고 불도 생명이 있으며 그 생명과 생명들이 둘이 아닌 까닭에 한마음으로 돌아가는 능력을 감지할 수 있는 것이다. 그러기 때문에 우리는 몰라도 그 돌들은 어느 때 어떻게 된다는 것을 다 알고 있다. 흙도 알고 있고 산도 알고 있다. 그러니 어떻게 우리만 산다고 하겠는가."

63. 노름꾼 아들

옛날 어떤 사람이 아들 하나를 두었는데 그 아들이 무척 속을 썩이는 데다 노름에만 미쳐 있어 여간 속상해하는 것이 아니었다.

그는 아들이 어찌나 미웠던지 "나가서 급살이나 맞아라. 염병이나 걸려서 죽어라." 하고 욕을 퍼부어 댔다. 그런데 정말로 그 아들이 염병에 걸려 죽고 만 것이다.

아들이 죽고 나서 그가 하도 슬프게 울자 지나가던 스님이 그 모습을 보고 아들의 극락왕생을 빌어 주면서 이렇게 일깨워 주었다.

"당신이 바로 전생에 노름으로 가산을 탕진하고 계집까지 팔아 먹고, 하여튼 온갖 일로 부모 속을 썩였습니다. 그 아들이 바로 당신 부모인데 누구 탓을 하십니까? 당신의 업보가 다 해 조금만 지나면 아들이 마음을 잡을 때가 됐는데 당신이 죽으라고 욕을 퍼부어 댔으니 그렇게 되고 만 것입니다."

스님께서 말씀하셨다.

"식구 중의 누구가 아무리 잘못했다 하더라도 그저 한마음 주인공에 맡겨 놓아야 한다. 아들도 남편도 어머니도 다 한마음에 가설이 되어 있으니 '주인공 당신만이 할 수 있어.' 하고 맡겨 놓으라는 것이다.

자식이 잘못했다 하더라도 "너 나가서 뭐나 좀 먹었니?" 하고 그 보금자리를 부드럽게 펴 준다면 처음에는 냉랭하다가도 따뜻해지고 사랑이 깃드니 이탈되지 않는다. 그대로 모두가 한마음으로 뭉쳐지니 화목이 오고, 화목이 오니 복이 오고, 복이 오니 공덕이 온다."

64. 사람으로 환생한 두꺼비

옛날에 어떤 사람이 죽어서 두꺼비로 태어났는데 아무래도 사람으로 살던 의식이 있어서인지 여느 두꺼비와는 좀 다른 데가 있었다.

두꺼비는 구렁이를 자꾸 성가시게 해서 덥석 잡아먹혀야만 구렁이 마디마디에서 두꺼비 새끼들을 잉태시킬 수 있는데 그 두꺼비는 내 한 몸 두꺼비 몸으로 사는 것으로 족해야 한다고 생각했던 것이다.

그래서 그 두꺼비는 어느 날 돌 틈으로 기어 들어가 오직 풀잎과 이슬로만 연명하면서 죽을 때까지 도를 닦아 결국 다시 사람으로 환생할 수 있게 되었다고 한다.

스님께서 말씀하셨다.

"스스로 모자라 두꺼비의 모습을 가졌으면 두꺼비 노릇을 해야 하고 독사의 모습을 가졌으면 독사의 노릇을 해야 하니 어쩌겠는가. 마음을 닦아 공부하는 것만이 끝 간 데 없는 그

법-3-63
원-2-3-7
원-2-3-8
원-3-1-1
원-6-3-4
원-6-4-4
원-8-2-8
원-8-2-10
원-8-2-17
원-8-3
원-8-3-3
원-9-1-13
행-1-1-7
행-1-2-1
행-2-1-1
행-9-3-3
예-10
예-16

고에서 벗어날 수 있다."

65. 당나귀와 마부

옛날에 한 부부가 살았는데 그 남편은 술만 마셨다 하면 아무런 이유 없이 아내에게 매질을 가하는 버릇이 있었다. 사흘이 멀다 하고 가해 오는 남편의 매질에 아내는 도저히 견딜 수가 없었다.

어느 날 그 부인은 때마침 그곳을 지나가는 어느 스님을 붙들고 울면서 사정 이야기를 했다. 그러자 스님께서 그들 부부의 전생에 대한 이야기를 들려주었다.

스님의 이야기에 의하면 그들 부부는 전생에 당나귀와 마부 사이였는데 그 마부는 늘 당나귀에게 소름이 끼칠 정도로 심하게 채찍질을 가하곤 했다. 그런데 그것이 업보가 되어 사후에 그 마부가 당나귀의 아내가 되는 부부의 인연을 맺게 되었다는 것이었다.

전생 이야기를 통해 모든 것이 다 자신의 잘못에서 비롯되었음을 알게 된 그 부인은 그 업보를 면할 방법을 가르쳐 달라고 스님께 애원했다. 그러자 스님께서는 "당신이 때린 수효만큼 매를 맞아야 하니 깔고 자는 돗자리를 말아 두었다가 남편이 술을 먹고 들어올 때마다 손에 쥐게끔 놓아 두라." 하고 일러 주었다.

며칠 후 술을 먹고 들어온 남편은 가까이에 놓아 둔 돗자리로 또 아내를 때리기 시작했다. 돗자리로 때렸으니 한 번 때릴 때마다 무수한 몽둥이로 매질을 가하는 거와 마찬가지였으나 전생에 얼마나 많은 매를 맞았는지 몇 날 며칠 동안 매질이 이어졌다. 그러던 어느 날 마침내 남편은 술을 먹고 들어와도 그냥 잠자리에 드는 것이었다. 그 후로 남편의 매질 버릇이 사라졌다고 한다.

스님께서 말씀하셨다.
"이 부부의 이야기와 같이 우리에게 어떠한 문제가 닥쳐오더라도 자기가 지은 대로 받는 것이니 남의 탓을 해서는 안 된다. 오직 관하면서 주인공에 일체를 맡길 일이다.
아이들을 가르치는 것도 그렇다. 어떠한 문제도 안으로 돌리면서 부드럽게 안아 줄 수 있는 그 사랑으로 아이들을 기른다면 절대로 이탈되는 법이 없다. 정의 굶주림도 없고 고독하지도 않을 테니 죄를 지을 까닭이 없는 것이다. 또 그렇게 사랑할 수만 있다면 비록 천리만리 떨어져 있다 해도 그 마음의 빛이 한순간에 가는 줄 모르게 그곳으로 가서 한마음이 되니, 이 마음이라는 것이 얼마나 중요한가. 이 세상에서 제일가는 보배라 해도 과언이 아닐 것이다."

66. 아내의 승천

원-6-4-1
원-6-4-23
원-6-4-24
원-6-5-1
원-7-3-4
원-8-1-3
원-8-1-8
원-8-2-4
원-8-2-5
원-8-2-6
원-8-2-10
원-8-3-1
원-8-3-2
원-8-3-4
원-9-2-7
행-1-2-1
행-9-3-4
예-58
예-77

옛날에 한 도반 부부가 살았는데 어느 날 아내가 먼저 세상을 뜨고 말았다. 그러자 마을 사람들이 찾아와서 "홀아비가 되었으니 어떡하면 좋으냐." 하며 그 노인을 위로했다.

그런데 그 노인의 얼굴에는 조금도 슬픈 기색이 보이지 않았다. 오히려 잔치라도 벌이듯 기생들을 불러 모으고는 그 마을의 노인들을 모두 초청해 놓고 덩실덩실 춤까지 추는 것이었다. 마침내 그 일을 의아해하던 마을 사람 중의 한 사람이 노인에게 물었다.

"영감님, 이렇게 잔치를 벌일 게 아니라 스님을 모셔다가 염불이라도 해 주어야 될 게 아닙니까?"

그러자 노인은 허공을 가리키며 이렇게 대답했다.

"저기 저렇게 구름을 타고 올라 극락으로 승천하는데 그럴 까닭이 뭐 있겠소."

스님께서 말씀하셨다.

"우리가 사람이 죽는다고 해서 '불쌍해서 어떡하나.' 하고 눈물을 흘리게 되지만, 불쌍한 것은 그 죽은 사람이 아니라 죽어서 어디로 가는지도 모르는 자기 자신이다. 승천할 수만 있다면 하루라도 이 몸을 덜 쓰고 그만큼 덜 고생하는 것이니 오히려 기쁜 일 아닌가."

67. 시어머니와 며느리 화투

원주에 콩나물 장사로 자식을 대학까지 보낸 한 어머니가 있었는데 그 아들이 장가들고 나서 육 개월 만에 외국 파견 근무를 떠나게 되었다.

그 후로 어머니는 여전히 콩나물을 머리에 이고 다니며 장사를 했고 며느리는 며느리대로 집안 살림을 맡아 꾸려 나가고 있었다.

한편 늘 집에 혼자 남아 있던 며느리는 친구들과 함께 장난삼아 화투를 치기도 했는데 시간이 흐르면서 점점 더 그 판이 커지기 시작했고 급기야는 아들이 외국에서 보내오는 돈을 노름으로 날리는 지경에까지 이르게 되었다.

이 사실을 안 시어머니가 여러 번 야단치며 며느리를 말렸으나 화투에 눈이 뒤집힌 며느리로 보면 그 소리가 귀에 들어올 리 만무였다. 마침내 시어머니는 '차라리 그 꼴을 보지 않겠다'며 집을 나가고 말았다.

1년 후 아들이 돌아오자 며느리는 안절부절이었다. 돈은 노름으로 다 날리고 시어머니까지 집을 나가고 말았으니 그 일을 어찌해야 좋을지 몰랐던 것이다. 다급해진 며느리는 우선 "어머니는 말도 없이 나가셔서 돌아오지 않으셨다."하고 둘러댔다. 그러나 결국 아들이 수소문 끝에 어머니를 찾아내자 그 앞에 무릎 꿇어 용서를 빌지 않을 수 없었다.

그런데 뜻밖에도 시어머니는 모든 게 자신의 탓이며 며느리에겐 조금도 잘못이 없다며 잡아떼는 것이었다. 그뿐만이 아니라 아들 몰래 며느리에게 돈을 건네기까지 했다. 자식 돈을 축낸 며느리를 감싸 줄 요량으로 남의 집을 얻어 살면서 날품팔이로 한푼 두푼 모아 두었던 것이었다.

결국 며느리는 어머니를 껴안고 눈물을 흘리며 마음속 깊이 자신의 죄를 뉘우쳤고 그 이후로 부처님 섬기듯 시어머니를 지극히 모셨다고 한다.

스님께서 말씀하셨다.

"그래서 사람은 악으로 다스리지 말고 선으로 다스리라고 하는 것이다. 시어머니는 며느리 마음으로 돌아가서 한번 생각해 보고, 며느리는 시어머니의 마음이 돼서 생각해 볼 수 있는 그런 지혜로운 마음으로 세상을 살아간다면 어느 가정이든 화목해지지 않을 수 없다. 이처럼 조그마한 데서 큰 것이 이루어지니 아무리 조그마한 것도 불법 아닌 게 없다."

68. 강아지로 환생한 어머니

법-3-39
원-3-1-2
원-3-1-10
원-7-2-11
원-7-3-17
원-8-1-3
원-8-1-8
원-8-1-10

옛날에 어머니를 여읜 어느 남매가 어디를 갔다가 집에 돌아오는데 강아지 한 마리가 따라 들어왔다. 그런데 그 강아지는 어디서 왔는지는 몰라도 도대체 나갈 생각을 하지 않았다. 내쫓으면 또 들어오고 내쫓으면 또 들어왔다.

그날 저녁 남매는 이상한 꿈을 꾸게 되었다. 꿈에 나타난 그 강아지가 갑자기 어머니 모습으로 변신해서 말을 하기를 "내가 너의 어미다." 하는 것이었다. 그다음부터 그 남매는 그 강아지를 내쫓지 않고 어머니로 모시면서 자식의 도리를 다했다고 한다.

스님께서 말씀하셨다.

"이와 같이 우리들의 형제 부모가 유명을 달리해서 바로 우리들 옆으로 옮겨올 수도 있지만 그 모습을 달리했기 때문에 알아보지 못하는 것뿐이다.

그러므로 하나도 남이 없고, 하나도 죽일 게 없고, 하나도 살리지 않을 게 없으며, 모든 것이 그대로 자연이라고 하는 것이다. 일체가 전부 나 아닌 것이 없고 내 아픔 아닌 것 없이 간절하게 솟구치는 이 뜨거운 피가 바로 그대들의 피이자 나의 피인 것이다. 이것을 누가 알겠는가. 이 간절한 마음을 누가 알겠는가."

69. 제주도 뱀 소굴

옛날에 제주도에는 뱀이 무척 많아 뱀들이 떼를 지어 사는 소굴만도 세 개나 되었다고 한다. 그런데 그 뱀 소굴이 있는 동네에는 그 영향을 받아서인지 그 동네 처녀 총각이 제대로

기를 펴지 못하고 살았다고 한다.

그래서 한번은 그 마을의 어느 두 남녀가 이런 생각을 하게 되었다. '너희들과 나의 생명이 둘이 아니니 모두 내게로 와서 내가 되면 인간으로 태어나게 될 것이다.' 하고 언제나 불빛 아래서 간절히 염원을 했던 것이다.

그러던 어느 날, 그날도 불빛 아래 고요히 앉아 염원을 하고 있는데 마치 스크린에 비치듯 수만 마리의 뱀이 날아와 그들 남녀의 심장을 파고들었다. 그러나 그들 남녀는 "이 여래의 집에 들어왔으니 바로 인간으로 태어나서 이 도리를 같이 공부하자." 하며 조금도 겁내지 않고 흐뭇한 마음으로 받아들였다. 그 후로 그 동네에선 감쪽같이 뱀들이 사라졌다고 한다.

스님께서 말씀하셨다.

"이와 같이 뱀의 영이든 식물의 영이든 내 주인공에 모두 일임하여 놓게 되면 그 모든 업이 녹아 없어지게 된다. 타의의 그 지옥도 무너지고 인연 따라 업식으로 뭉쳐 온 나의 인과 업보도 다 무너질 것이다. 그러므로 병고가 없어지고 마음이 편안해지며 가난이 줄어들고 가환이 사라진다. 그러면서 위로는 은혜를 갚을 수 있으니 묵은 빚을 갚는 것이요 아래로는 자식을 낳아 길러 햇빛을 주게 되니 그 뿌리에 에너지가 충만해질 것이다."

70. 선지식과 개고기

　옛날에 어느 선사가 수좌들을 데리고 공부를 하기 위해 어느 산중에 들어갔는데 그 소식을 듣고 수백 명의 대중이 그 밑에서 공부를 배우겠다고 뒤쫓아 올라왔다.
　어느 날 대중이 전부 모인 자리에서 그 선사가 수좌를 불러 이르기를 "모두들 기운이 쇠약해졌으니 큰 개 한 마리를 잡아 한 그릇씩 나눠 먹도록 하자." 했다. 그러자 그 선사를 뒤쫓아 공부를 하러 올라왔던 대중들은 "중이 개를 잡아먹다니 그게 웬말이냐?" 하고 수군대면서 모두들 그 자리를 떠나고 말았다.
　마침내 원래대로 수좌 대여섯 명만 남자 그들을 쳐다보던 선사가 껄껄 웃으며 한마디 했다.
　"추풍에 낙엽 떨어지듯 했구나."

　스님께서 말씀하셨다.
　"나로 인해 이 세상이 벌어지고 나로 인해 부처도 있다는 그 화두를 바로 지켜볼 수만 있었다면 무엇을 먹든 편안하고 누구로 인해서 공부를 못했다 하는 원망도 나오지 않았을 것이다.
　큰 나무는 이파리 하나 떨어져도 떨어진 사이가 없고 가지가 하나 부러졌다고 해서 뿌리가 들썩거리지 않는다. 우리가 모두 멸망한다 하더라도 우주 전체를 둘러싼 그 뿌리는 멸망하지 않을 것이다. 불법이 쇠퇴해지고 망가지고 있다고 말들을 하지만 무생이라도 있다고 하면 유생이 있다고 할 것이고 유생이 있다면 부처님이 나툰다고 말할 것이다.

그러므로 본래부터 부처님이 생긴 게 아니라 우리가 이 세상에 생기고부터 부처님이 생겼다는 그 자체가 바로 진리인 것이다. 그래서 나는 부처님의 자리와 우리의 자리가 따로 있는 것이 아니며 저 언덕과 우리가 살아 있는 이 언덕이 따로 있다고 생각하지 않는다. 체가 없는 마음의 길이 너무나 차이가 있으므로 그 차이점을 비교해서 언덕을 만들어 놓은 것뿐이다.

그러니 어느 큰스님이 계시다, 부처님이 계시다 하는 것도 여러분에겐 하등 상관이 없다. 여러분이 이 세상에 태어난 그 자체가 바로 부처님인 것이다. 여러분만이 아니다. 새끼를 살리고자 하는 어미 새의 그 마음도 바로 부처이다."

71. 새알 공양

법-1-11
원-6-4-4
원-7-2
원-7-2-7
원-7-3-12
행-4-4-9
행-4-5-1
생-2-1-1
생-2-1-15
예-11
예-14
예-16
예-17
예-29

옛날 어느 절에 사형 사제 하는 두 도반 스님이 살고 있었는데 당시는 먹을 게 없어 늘 굶주림에 허덕일 때였다. 그래서 사형 스님은 닥치는 대로 새알을 주워다가 아우 스님과 함께 구워 먹으며 허기진 배를 채우곤 했다. 그런데 그 일은 결국 그 사형 스님의 죽음으로까지 이어지고 말았다. 장마가 진 어느 날 그 스님은 또 알을 주워 먹고 옷을 빨다가 그만 물에 휩쓸려 내려가 목숨을 잃고 말았던 것이다.

한편 아우 스님은 그 후로 오직 불도에 정진하여 깨달음을 얻게 되었는데, 어느 날 산길을 지나다가 포수 여러 명이 멧돼지들을 쓰러트리는 장면을 목격하게 되었다. 그런데 그들 중 어미 멧돼지가 포수의 활에 맞아 쓰러지면서 "언제고 너를 복수하리라." 하는 소리가 스님의 귀에 들려왔다. 그 소리에 깜짝 놀란 스님이 자세히 살펴보니 그 멧돼지는 바로 자기의 사형 스님이었다.

스님은 그 사형 스님의 혼백을 이끌고 어느 착한 집으로 인도를 했다. 그렇게 해서 몇 달 후 그 집 손자며느리의 배가 불러 오기 시작하자 스님은 그 집주인을 찾아가 사실 이야기를 전하고 "이번에 낳는 아이를 자기에게 줄 수 없겠느냐." 하고 간청했다. 마침내 그 아이는 일곱 살 되던 해에 스님을 따라나서서 그 스님 밑에서 불도를 익히게 되었다.

그 후 그 아이는 서른 살이 되면서 각을 이루게 되었고 비로소 자신이 그 스님의 사형이었다는 전자의 사실을 알게 되었다. 그 후로 스님은 전자의 사형이었던 그 어린 스님을 은사로 모시며 살았다고 한다.

스님께서 말씀하셨다.
"알을 갖다 준 형님의 자비를 먹었으니 같은 공모자가 됐고 같은 공모자가 된 까닭에 또 인연을 맺게 되었으니 이 얼마나 묘한 법인가.
이 도리를 알면 육의 형제 부모가 둘이 아니며 법의 형제 부모 또한 둘이 아닌 것을 알 것이다. 또 우리가 그것을 잘 알아서 자기의 아만과 독선을 빼 버리고 일체와 조화롭게 나간다면 풀 한 포기를 봐도, 꽃이 피는 걸 봐도, 새가 날아 가는 걸 봐도 모두가 이 공부의 재료가 됨을 알 것이다."

72. 덕산의 말구(末句)

수-3-44
수-3-45
수-3-68
법-3-62
심-1-126
심-2-16
행-3-5-13
행-4-1-1
행-4-1-4
행-4-1-5
행-4-1-11
행-4-8-4
행-10-1-1

예전에 덕산 스님이 어느 절의 조실로 계셨고 설봉 스님이 공양주를 했고 암두 스님이 대중을 이끌던 때의 일이다.

하루는 덕산 스님이 바리때를 들고 식당에 어슬렁어슬렁 나왔다. 그러자 이를 본 설봉이 "노스님, 아직 종도 울리지 않고 북소리도 나지 않았는데 어디로 가십니까?" 하고 물었다. 그러자 덕산 스님은 아무 말 없이 고개를 숙인 채 자기 자리로 돌아갔다. 설봉이 그 이야기를 암두 스님에게 전하자 암두가 이르기를 "우리 스님이 아직 말후(末後)의 구(句)를 몰랐네." 하였다.

잠시 후 덕산 스님이 이 말을 듣고 시자를 시켜 암두를 불러 들이고는 "그대가 나를 어떻게 아는 것인가." 하고 목소리를 높였다. 그런데 암두가 스님의 귀에 대고 가만히 그의 뜻을 말하니 스님은 고개를 끄덕이며 아무 말이 없었다.

그 이튿날 법상에 올라선 덕산 스님은 예전보다 더 쩡쩡하게 설법을 하였고 그 태도가 다른 때와 달리 매우 준엄해 보였다. 그러자 암두가 법당 앞에 나아가 손뼉 치고 크게 웃으면서 "우리 스님이 말후(末後)의 구(句)를 알아냈구나. 이제는 천하의 그 누가 온다 해도 스님을 건드리지는 못하리라." 하고 크게 소리를 쳤다.

스님께서 말씀하셨다.
"오고 가는 그 그림자만 보고 함부로 얘기한 설봉 스님은 눈이 뜨이지 못했고, 말후의 구를 얘기한 암두 스님은 귀가 뜨이지 못했다. 그런데도 덕산 스님은 그들에 의해 함정에 빠지고 건져지는 농락을 당하였다.
여러분이 덕산 스님이라면 설봉이 그렇게 물었을 때 뭐라고 대답하겠는가. 암두가 뭐라고 얘기를 했기에 화를 내던 덕산이 고개를 끄덕였으며 그 이튿날 예전보다 더 쩡쩡하게 설법을 하였는가. 말 없이 대답할 수도 있어야 하고 말을 하면서도 대답 아닌 대답을 할 수 있어야 한다. 그렇다고 이 천칠백 공안 중에 한두 가지 알아서 대답하는 것은 아무 소용이 없다.
한생각이 무르익어야 그 열매가 만 가지 맛을 내니, 뿌리 없는 기둥을 자루 없는 도끼로 다듬어서 하늘을 받칠 수도 있는 것이다."

73. 푹 삶은 자갈

예전에 어느 스님이 산등성이 바위에 앉아 있는데 어느 노승이 지나가다가 이렇게 물었다.

"여보게, 자네는 앉을 때가 옳은가, 앉았다 일어날 때가 옳은가?"

스님이 대답했다.

"앉고 서고 그게 따로 있겠습니까."

그러자 노승이 다시 한마디 했다.

"그러면 솥에 넣어서 푹 삶은 자갈은 익었겠지?"

"……."

그 스님은 도대체 무슨 뜻으로 노승이 그런 말을 했는지 알 수가 없었다. 그 이튿날부터 경이란 경은 다 찾아보았는데 그런 문구는 나와 있지도 않았다. 결국 그 스님은 노승을 찾아 길을 떠났다.

그럭저럭 계절이 바뀌고 동짓날이 되었는데 어느 마을을 들어서자 동네 마당에 큰 솥을 걸어 놓고 팥죽을 쑤고 있었다. 그런데 그때 팥죽이 벌렁벌렁 끓는 모습을 보고 비로소 스님이 무릎을 탁 치며 "아이구, 스님! 찾았습니다."라고 하였다.

스님께서 말씀하셨다.

"팥죽 끓는 것을 보고 노승이 이른 말의 뜻을 깨쳤듯이 삼천대천세계 어느 것이 화두 아닌 게 없고 법 아닌 게 없으며,

우리 생활 자체가 그대로 공안 아닌 게 없고 참선 아닌 게 없다. 단전이다, 명상이다 해서 다른 길을 찾아가는 사람도 있지만 우리가 "으앙" 하고 이 세상에 태어난 그 자체가 화두인 것이다.

내가 난 게 화두이고 움직이고 생활하는 것이 그대로 참선이다. 우리가 숨을 들이쉬고 내쉬는 그것 속에도 '한 구멍으로 들고 나며 두드러지지도 않고 줄지도 않는' 그 도리가 담겨 있으니 일분일초 끊이지 않는 참선을 하고 있는 것이다."

74. 시골 선비와 대원군

어느 시골 선비가 대원군을 찾아갔는데 며칠을 기다린 끝에 차례가 되어 그 앞에 나가 절을 올리게 되었다.

그런데 그 선비가 절을 해도 대원군이 본체만체하자 그는 또 한 번 절을 올렸다. 그러자 죽은 사람에게 하듯 절을 두 번 올렸다고 해서 당장에 잡아 족치라는 불호령이 떨어졌다.

순간 시골 선비는 난감해지지 않을 수 없었다. 그러나 그는 조금도 위축되지 않고 빙그레 웃으며 자신을 변명했다.

"하도 바쁘신 것 같아서 처음 한 절은 들어올 때 한 절이고 두 번째 한 절은 나가면서 한 절입니다. 그럼 안녕히 계십시오."

한방 얻어맞은 대원군은 비록 두 번 올린 게 분명하나 침착

수-2-37
수-2-38
수-2-39
수-2-40
수-2-41
수-3-12
수-3-67
수-4-1
수-4-2
수-4-9
수-5-3
수-5-9
법-1-24
법-2-49
법-3-4
법-3-10
법-3-20
법-3-45
심-2-18
행-9
행-10-1
행-10-1-3
행-10-1-4

행-10-1-9
행-10-1-10
활-1-1-3
예-36
예-79

하고 담대한 그 선비의 성품을 높이 사서 그에게 훈련대장의 벼슬을 내렸다고 한다.

스님께서 말씀하셨다.

"이 시골 선비와 같이 물리가 터지고 지혜가 있으면 일을 할 때마다 자기란 놈이 착착 나와서 둘이 아니게 되니 그 행도 느긋하고 원만해진다."

75. 덕산과 삼세심 불가득

심-1-78
심-2-2
예-11
예-12
예-44
예-45
예-53
예-59
예-74
수-2-23
수-2-25
원-3-2-8
행-11-2-12
행-11-4

육조 혜능 이후 중국의 남쪽에선 선풍이 크게 일었으나 북쪽은 여전히 교상학이 우위를 점유하고 있었을 때의 일이다.

금강경에 아주 능통한 북쪽의 주덕산 스님이 하루는 '남쪽에선 직지인심 견성성불이요 불립문자라 한다'는 얘기를 듣게 됐다. 경에 매달려 온 주덕산 스님은 "마음이 곧 불이며 문자를 세우지 않고 성불한다." 하는 이 이야기가 도무지 이해되지 않았다. 어느 날 덕산은 '남쪽의 교외별전을 멸하리라.' 다짐하고 손수 쓴 "금강경소초"를 바랑에 짊어지고 남쪽을 향하여 장도에 올랐다.

마침내 예주 땅에 당도한 덕산은 우선 어느 떡집에 들어가서 시장기를 면할 떡을 주문했다. 그런데 이 떡집 노파는 무슨 까닭인지 떡을 줄 생각은 하지 않고 "스님 바랑 속에 무엇이

들어 있습니까?" 하고 물었다. 덕산이 "금강경소초입니다." 하고 대답하자 노파가 다시 물었다.

"금강경에 과거심불가득 현재심불가득 미래심불가득이라는 말이 있는데 스님은 지금 어느 심에 떡을 자시려오?"

뜻밖의 이 물음에 덕산 스님의 입은 꽉 막혀 버리고 말았다. 노파에게 참패를 당한 덕산은 그러나 '일개 떡집 할머니가 이 정도라면 근처에 훌륭한 선지식이 있음이 틀림없다'고 생각했다. 덕산이 노파에게 물었다.

"이 근처에 어떤 선지식이 계십니까?"

"오 리 밖에 용담 스님이 계십니다."

덕산은 곧바로 용담 스님을 찾아 나섰다. 마침내 용담 스님을 만나게 된 덕산은 교학자이니만큼 온갖 이론을 늘어놓기에 여념이 없었다. 이윽고 밤이 깊자 시종일관 침묵을 지키던 용담 스님이 "밤이 깊었으니 이제 그만 객사에 가서 주무시지요."라고 한마디 했다.

그런데 인사를 하고 나가 객사를 찾던 덕산이 다시 돌아와 "사방이 캄캄하여 어디가 어딘지 분간할 수 없습니다."라고 했다. 그러자 용담 스님은 지촉에 불을 붙여 주고 덕산이 받으려고 할 찰나에 이를 불어 꺼 버렸다. 이때 덕산 스님이 대오했다.

이튿날 덕산은 "세상의 온갖 이론을 다 안다 해도 허공에 털끝 하나 놓은 것만 같지 못하고 바다에 물 한 방울 던진 것만 같지 못하다."라고 외치며 금강경소초를 불사르고 용담 스님을 하직했다.

스님께서 말씀하셨다.

"덕산이 금강경에 능통하여 세상의 이치를 꿰뚫어 본다고 장담하였으나 떡 하나 먹지 못하고 문지방 하나도 넘지 못했다. 남이 불을 켜 주어 환한 것만 알았지 자기 마음의 불은 켜지 못했기 때문이다."

76. 말 없는 설법

수-3-31
법-1-30
법-2-53
법-2-56
법-2-58
법-2-118
원-6-1-3
행-7-1-10
생-1-1-4
생-1-1-5
생-1-1-6
생-1-2
생-1-2-8
예-75

옛날 어느 절에 설법을 잘하기로 이름난 어느 선지식이 살고 있었다. 어느 날 예전과 다름없이 많은 사람들이 스님의 설법에 기대를 가지고 몰려들었다. 그런데 그날은 설법 시간이 다 됐는데도 스님은 나타나지 않고 앉아서 기다리는 시자의 모습만 보였다.

한참 시간이 지난 후에 비로소 스님이 모습을 나타냈다. 스님이 법좌에 좌정하자 청중들은 무슨 말씀을 하실까 하고 귀를 기울였다. 그런데 좌중을 둘러보던 스님께서는 아무 말 없이 자리에서 일어나 어디론가 자취를 감추고 말았다.

청중들은 '다시 오시겠지.' 하고 기다렸는데 한참을 기다려도 스님이 나타나지 않자 모두들 영문을 몰라 웅성거리기 시작했다.

이때 시자가 자리에서 일어나며 청중들에게 이렇게 이야기 했다.

"설법은 다 끝났습니다."

스님께서 말씀하셨다.

"나와서 앉았다가 서서 다시 돌아갔으니 벌써 삼라만상을 돌아서 간 것이다. 색이 아닌 그 마음자리에서 수없이 돌고 수없이 걸어다니는 그 이치를 알 수 있다면 사실 그 말이 무슨 필요가 있겠는가. 피안의 길로 인도하기 위해 할 말, 하지 못할 말 다 동원해서 비교할 것, 안 할 것 다 비교해 가면서 이끌어 가는 것이지만 이 이치를 알았다면 말을 했어도 함이 없다."

77. 암주들의 주먹

조주 스님이 한때 암자의 유명한 주지들을 만나러 다녔는데 어느 날 한 암자의 주지를 찾아가서 "계십니까?" 하고 물으니 그 암주가 아무 말 없이 주먹을 불끈 들었다. 그러자 조주 스님은 "물이 얕아서 배를 띄울 수 없다." 하며 되돌아섰다.

그 길로 조주 스님은 또 다른 암주를 찾아가서 "계십니까?" 하고 물었는데 그 암주 역시 아무 말 없이 주먹을 불끈 들었다. 똑같이 주먹을 들었으나 조주 스님은 능지 능란 하여 살활 자재롭다고 하며 큰절을 했다.

후에 그 일을 두고 무문 스님이 말씀하시기를 "두 암주의 우열이 있다고 보았다면 아직 공부를 제대로 못한 것이고 우열이 없다고 보았다 해도 공부를 제대로 못한 것이다."라고 했다.

스님께서 말씀하셨다.

"유생 무생이 다 차원에 따라 높고 낮으나, 낮은 건 낮은 대로 쓸모가 있고 높은 건 높은 대로 쓸모가 있으니 높고 낮음이 없다. 이 도리를 알면 높고 낮음이 없이 다양하게 용을 할 수 있는 지혜를 얻게 될 것이다."

78. 물 한 그릇과 불교

목사님 한 분이 어느 선지식을 찾아가 "도대체 불교가 무엇입니까?" 하고 가르침을 청했다.

그러자 그를 한참 동안 뚫어지게 쳐다보던 스님이 목사에게 이르기를 "그럼, 물 좀 한 그릇 떠다 주시오."라고 했다.

목사님이 스님에게 물을 떠다 주자 스님이 말했다.

"이것이 불교입니다."

스님께서 말씀하셨다.

"우리가 지금 살고 있는 이 생활이 곧 부처님 법이다. 한생각을 내지 않았을 때는 부처요, 한생각을 냈을 때는 법이니 그게 어찌 둘이겠는가."

79. "아야!"의 도리

옛날에 어느 선지식이 수좌에 이르기를 "유생 무생이 다 한데 합쳐서 공양할 수 있는 말 한마디를 던져 보라." 했다. 그러자 듣고 있던 수좌가 스님이 설법하시는 단상을 뒤집어 엎었다.
그러자 스님이 "아야! 저놈이 나를 죽이네." 하고 단상 뒤로 넘어지면서 또 이르기를 "이놈! 아야의 도리를 일러 봐라." 라고 했다.
그 질문에 수좌는 한마디 대답도 할 수 없었다.

심-2-21
심-2-35
원-5-1-3
원-5-2-4
원-6-2-9
원-6-3-1
행-4-1-6
행-4-1-9
행-4-3-5
행-4-6-11
생-2-1-28

스님께서 말씀하셨다.
"어리석은 사람이 어리석은 줄 알고, 못난 사람이 못난 줄 안다면 정말로 담백한 맛이 나온다.
이 수좌와 같이 물을 거슬러 올라가면 와락와락 소리만 날 뿐 올라가지지 않지만, 물 흐르는 대로 스르르 내려가면 아무 소리 나지 않고 잘 내려갈 수 있으니 담백한 맛이 나오는 것이다. 우리가 세상을 사는 것도 이와 같다."

80. 운문과 동산

수-4-5
수-4-6
법-2-110
법-3-51
법-3-69
심-1-64
심-1-115
원-5-3
원-5-3-1
원-5-3-3
원-5-3-4
원-5-3-8
원-5-3-9
원-6-2-6
행-8-1-8
행-10-2
행-10-2-1
예-7
예-32

어느 날 운문 스님이 산승인 동산 스님에게 물었다.

"어디서 왔는고?"

이에 동산 스님이 대답했다.

"사도에서 왔습니다."

운문 스님이 다시 물었다.

"그래 여름철은 어디서 지냈는고?"

"호남의 보자사에서 지냈습니다."

"어느 때 그곳을 떠났는고?"

"8월 25일 떠났습니다."

그러자 운문 스님이 말하기를 "그대에게 육십 방을 허하노라."라고 했다.

이튿날 동산 스님이 운문 스님에게 찾아가 "어저께 스님께서 육십 방을 허하신다고 하셨는데 그 허물이 어디 있습니까?" 하고 물었다. 그러자 운문 스님이 "이 밥통아, 강서 호남하고 어디로 돌아다닌단 말이냐!" 하고 크게 꾸짖었다. 이때 동산 스님이 대오했다.

스님께서 말씀하셨다.

"우리 모두는 지금 한 배 안에 타고 있다. 한 배 안에 타고 있으면서 어떤 사람이 '어디서 왔소?' 하고 묻는다면 무어라고 대답할 것인가. 동서가 둘이 아니고 사방이 둘이 아니니 여기서 왔다고도 할 수 없고 저기서 왔다고도 할 수 없다.
그러나 그것을 바로만 알고 있다면 아무 데서 왔다고 해도 옳은 대답이다."

81. 지네의 걸음걸이

지네가 열심히 길을 가는데 한 여우가 그 앞을 가로막고 물었다.

"지네여, 당신은 수많은 발을 가지고 있으면서도 걸림 없이 걸으니 내가 볼 때는 신기하게 여겨지오. 수십 개의 발을 앞으로 가져오고 뒤로 가져가면서도 엇갈리지 않고 자유자재로 걸으니 말이오."

이 말을 듣는 순간 지네는 한 발자국도 더 이상 걷지를 못했다.

법-2-108
법-3-45
행-4-1-10
행-4-1-11
행-4-9-3
행-7-2-5
행-9-1-5
행-9-1-11
행-9-1-14
행-9-1-15
행-9-1-16
행-9-1-17
행-9-2-13
행-11-6-1
행-11-6-3

스님께서 말씀하셨다.

"그냥 믿고 놓아 가면 잘 가게 되는 것을 공연히 생각을 일으켜 걱정을 하니 오히려 갈 수 없게 되는 것이다.

우리가 공부하는 것도 이와 같다. '망상과 번뇌가 이리 많나.' 하는 생각도 놓고 '공부가 왜 이렇게 안되나.' 하는 생각도 놓고 편안히 자연스럽게 해야 한다."

82. 스님을 구한 뱀

법-2-112
법-3-64
심-1-42
심-1-88
심-1-158
원-7-3-18
행-11-6-6
행-11-7-7
활-1-2
활-2-1
활-2-1-5
예-92

스님께서 어느 때 한 이야기를 들려주셨다.
 옛날 어느 선지식이 탁발을 하며 산길을 가는데 발길을 내딛는 데마다 온갖 짐승들이 살려 달라고 아우성이었다. 그래서 스님은 깊은 웅덩이에 빠진 호랑이와 사자도 건지고 뱀도 건져서 전부 자기 부하로 삼게 되었다.
 그러던 어느 날은 또 깊은 구덩이에 빠진 사람이 스님에게 살려 달라고 아우성을 쳤다. 그 모습을 보고 뱀이 "사람이란 짐승은 남의 은공을 모르고 오히려 해하려 들 테니 살려 주어선 안 된다."라고 충고했지만 스님은 해할까 무서워서 구하지 못한다는 것은 안 될 말이라고 이르고 구덩이에서 구해 내 또 자기 부하로 삼게 되었다.
 그렇게 해서 많은 부하를 거느리게 된 스님은 그 많은 식구들을 거두어 먹이기가 벅차 어느 날 불제자인 어느 대감 집을 찾아가 사정 이야기를 했다. 대감은 선뜻 가지고 있던 패물을 시주했고 스님은 그 패물을 팔기 위해 어느 금은세공 집을 찾아가게 되었다.
 스님이 찾아간 그 금은세공 집은 마침 스님이 구덩이에서 구해 준 그 사람의 아들이 경영하는 집이었다. 그런데 스님이 아버지에 대해서 자초지종을 이야기했으나 금은세공은 듣는 체도 하지 않았다. 그는 오히려 궁전에 쓰이는 패물을 지니고 있다 하여 스님을 관가에 고발하고 말았다.

결국 스님은 도둑 누명을 쓰고 꼼짝없이 감옥에 갇혀 참할 날만 기다리고 있는데 어디서 뱀 한 마리가 슬며시 스님에게 다가왔다. 그 뱀은 일전에 스님이 깊은 구덩이에서 구해 준 바로 그 뱀이었다. 스님이 기뻐하며 뱀에게 사실을 털어놓았다. 그러자 뱀이 스님에게 말했다.

"몰래 대비전에 숨어 들어가 대비를 물어 병이 들게 할 것이나 그 누구도 그 병을 낫게 할 수는 없을 것입니다. 그러나 스님께서 그 대비의 이마에 손만 대시면 낫게 하도록 할 터이니 아무 걱정 마십시오."

며칠 후 뱀의 이야기대로 대비는 원인을 알 수 없는 병이 들어 나라 안이 발칵 뒤집혔고, 방방곡곡에서 의사란 의사는 다 다녀갔지만 대비의 병은 조금도 차도를 보이지 않았다. 마침내 스님이 대비의 병을 고쳐 보겠노라고 나섰다. 그러자 궁중에선 지푸라기라도 잡아 본다는 심정으로 스님을 궁 안으로 불러들였는데, 스님이 대비의 이마에 손을 대자 시퍼렇게 부어올랐던 대비의 몸이 씻은 듯이 가라앉기 시작했다.

비로소 스님이 예사 분이 아니라는 걸 알아차린 임금은 스님의 이야기를 사실대로 믿게 되었고 그 이후로 나라의 대소사가 생길 때마다 스님과 의논해 가며 국정을 살폈다고 한다.

83. 부처님과 동자의 문답

원-3-4-9
원-3-6
원-3-6-3
원-7-1-4
행-5-1-1
행-11-5-3
예-27

옛날이라 해도 좋고 오늘이라 해도 좋고 내일이라 해도 좋다. 부처님께서 길을 가시다가 동자와 이렇게 문답하셨다.

"내 발과 네 발의 차이가 어떠냐?"

"차이가 나지 않습니다."

"까닭은 무엇인고?"

"제가 부처님한테 가면 부처님과 하나 되고 부처님이 제게로 오시면 저와 하나가 되니 어찌 차이가 난다고 하오리까."

"이리 가도 하나고 저리 가도 하나라니, 그 하나는 어디로 돌아가는고?"

"박 넝쿨이 담을 넘어 박이 열린 까닭입니다."

"그래, 박은 여여한가?"

"박은 제 나무에 익어서 맛이 좋습니다."

그러자 부처님께서는 "아! 만공에 꽃이 두루 피고 향기가 두루 나고 만 가지 맛이 나는구나. 그대로 그냥 익었도다." 하셨다고 한다.

스님께서 말씀하셨다.

"어떤 것도 마음 밖에서 찾을 수 없다."

84. 4월 추수 7월 추수

어느 스님이 대중에게 물었다.

"4월의 추수가 많으냐?, 7월의 추수가 많으냐?"

이에 한 대중이 대답하기를 "4월도 밝고 7월도 밝아서 둘이 아닌 까닭에, 스님께서 둘이 아닌 말씀을 하셨으니 둘이 아닌 말씀 둘이 아니게 들었습니다." 하였다.

그러자 스님께서 다시 한마디 일렀다.

"우리가 깨달아서 부처님과 같이 한자리라고 하지만 너희들은 아직까지 다 같이 밝았더라도 다 같이 공한 이치밖에는 모르느니라. 수많은 겁을 통하여 수많은 모습으로 바꿔 오면서 살아오던 습을 한꺼번에 뗄 수가 없으니 점차적으로 떼어 나가야 몰락 한자리라고 할 수 있느니라."

스님께서 말씀하셨다.

"모든 습이 전부 떨어졌다면, 모든 습을 다 안으로 녹였다면 바깥으로 나갈 때는, 즉 숨 한 번 내쉬는 것이 해와 달을 석장에 걸고 다니는 것이요, 숨을 한 번 내쉬어 뱉는 것은 일체 중생에게 빛을 비추어 주는 것이다."

법-2-62
법-2-99
원-6-2-9
원-6-3
원-6-3-13
원-6-4-17
원-7-1-7
원-9-1-8
원-9-1-11

85. 선지식의 담뱃대

원-2-5-11
원-3-3-2
원-7-3-13
행-3-2-7
행-5-4-3
행-8-2-12
행-9-3-7
생-1-1-1
생-1-1-5
생-1-1-11
예-44

옛날에 한 선지식이 담뱃대를 물고 법상에 올라 설법을 하셨다.

한 제자가 묻기를 "스님께선 왜 법상에 앉아서 담배를 피우십니까?" 하니 "가까이 오너라, 내 그 소식을 알려 주마." 하시곤 담뱃대로 머리를 내리쳤다. 그때 그 사람이 홀연히 깨달았다.

스님께서 말씀하셨다.

"옛 선지식들이 얼마나 가르치고자 애를 썼기에 담배를 다 물고 법상에 앉았겠는가? 얼마나 자비하기에……. 대안 대사가 원효 대사를 데리고 삼악도로 나간 것과 다르지 않으니 이 소식을 아는가?"

대중이 조용하자 스님께서 또 말씀하셨다.

"이산 저산 흰 눈 덮인 산, 언제나 봄이 와 푸른 잎 소생하나?"

86. 통 선사와 호랑이

원-6-5-1
행-5-1-10
행-7-2-3

어느 때에 통 선사라는 분이 비구·비구니 오만 명을 제자로 거느리고 계셨는데 항상 이르시길 "사람이 호랑이한테 물려가

도 정신만 똑바로 차리면 사는 길이 있느니라! 호랑이에게 잡
아먹히더라도 거슬리지 말고 순순히 잡아먹혀라! 거기서 살고
죽는 것은 다 네 마음에 달려 있느니라!" 하셨다.

어느 날 대중 중에 한 스님이 산길을 가다가 천길 만길의 막
다른 산턱에서 대호를 만났다. 기절초풍을 하여 모든 생각이
사라지고 아득할 뿐인데 문득 통 선사께서 늘 하시던 말씀이
생각났다. 그래서 순리적으로 그냥 잡아먹히기로 생각했다.
그런데 이 호랑이가 얼마나 큰지 스님을 씹지도 않은 채 통째
로 꿀떡 삼켜 버렸다.

스님이 대호의 배 속에서 고개를 들어 보니 천장에 뭐가 달
려 있기에 품속의 칼을 꺼내어 썩 도려 먹었다. 호랑이는 그만
펄펄 날뛰며 자기의 모든 가족을 물어 죽이고는 그만 자신도
쓰러져 죽어 버렸다. 잠시 후 조용해지자 스님은 칼로 꽁지 부
분을 둥그렇게 뚫고서 나왔다. 나와서 보니 대호의 머리가 홀
떡 벗겨져 있었다.

그러자 그 스님은 "참으로 싱그럽구나! 모두가 번뇌 망상을
먹고 산다 했더니, 모두가 싱그러운 법력을 먹고 살았구나. 그
러니 망상이라 떼어 버릴 것이 뭐 있으며 망상이 아니라 가질
것이 뭐 있던가?" 하고선 절로 내려갔다. 절에 내려가니 통 선
사와 함께 비구·비구니 오만 명이 죽 앉아 있었다.

그 스님이 통 선사께 삼 배 드리고 대중들에게 하는 말이
"독 안에 들어서는 독을 굴릴 수 없노라. 독 밖에 나오니 굴리
고 굴려도 굴리는 자취는 없더라!" 하시며 "한 손 한 발 딛고

한 손 들고 천지를 쥐고 한 손 들어 해와 달을 거머쥐며, 일체 푸른 산 푸른 초목들은 한데 거두어 모아 상투를 틀고 내 석장을 빼어 동곳을 삼으니 이 세상천지 어찌 싱그럽지 않으랴? 그 동곳 한 점이 여기 비구·비구니 오만 명이 될 수 있고, 오만 명이 오천이 될 수 있고, 오천이 다시 한 점이 될 수 있으니, 그 한 점은 바로 여기 부처님 한 분이노라! 모두 일어나서 같이 한 손 들고 한 발 딛고 절하라!" 하였다. 그리고는 합장을 곱게 하고 은사 스님인 통 선사에게 절을 하였다.

그러자 통 선사께서 기뻐하며 이르시기를 "저 산이 항상 푸르다고만 했더니 붉게 익었구나! 붉게 익었으니 흰 구름도 검은 구름도 모두 다 걷혔구나. 얼씨구 절씨구 좋을씨고!" 하셨다.

스님께서 말씀하셨다.

"이 말을 허투루 듣지 말라! 이 도리를 모른다면 세세생생 치욕스럽게 창살 없는 감옥에서 헤매일 테니 이 노릇을 어찌할 것인가?"

87. 백지 답장

수-1-31
수-3-61
원-6-5-8
원-6-5-9
행-2-3-11

한 사람이 선문답을 하는데 백지를 보냈더니 백지로 답장이 왔다.

그러자 그는 "쯧쯧" 하고 혀를 차며 백지에 점을 턱 찍어 놓고는 "아니, 거둘 것이 없다니! 봄이 와 사월이면 보리 이삭이 무르익는구먼. 거둘 것이 없다니! 허허." 하고 탄식하였다고 한다.

행-5-3-4
행-11-5-2
행-11-5-3
예-87

스님께서 말씀하셨다.
"이론으로만 알지 말라. 오늘부터라도 밑 빠진 독에 물 붓듯 모두 집어넣으라. 어떤 이는 '저녁 늦게 잠을 자고 아침 일찍 일어나서 임의 소식 기다려도 임의 소식 돈절하여 식기를 전혀 비울 수가 없구나.' 하였다지만 서로 상봉만 하면 식기는 저절로 비워지는 것이다."

88. 돌 계집의 해산

옛날에 어떤 선지식께서 말씀하시길 "얘야! 내가 지금 급하게 오던 길에 아주 무겁고 요지부동한 돌 계집이 애를 낳았다. 그런데 지금 해산 구완을 해 줄 수도 없고 안 해 줄 수도 없으니 어떻게 하면 좋겠느냐?" 하시면서 "한 구를 일러 보아라." 하였다.

수-2-42
수-2-47
행-6-2-12
행-8-4-9
예-72

스님께서 말씀하셨다.
"어찌하겠는가? 가볍게 이야기해서는 아니 된다. 흔히 '그냥 이대로가 법이니 방편에 걸려서는 안 된다.' 하는가 하면,

'돌 계집이 따로 있고 애 낳는 게 따로 있느냐.' 하는데 말씀하신 뜻과는 천지차이다. 한 구를 일러 보아라."

89. 부처와 중생

행-2-3-10
행-2-3-11
행-7-1-2

어느 학인이 선지식에게 이렇게 여쭈었다.
"부처님은 자비로우셔서 사람을 죽이지도 않고 해하지도 않으시며 모든 일을 착하게만 하시고, 우리 범부들은 항상 죽이고 먹고 살생을 하니 우리는 지옥밖에는 못 갈 처지인데 어째서 부처님께서는 중생과 부처가 둘이 아니라고 하십니까?"

그러자 그 선지식께서 말씀하시길 "해가 만물을 비추어 주는 것도 중생을 위해서이고 저 산에 지는 것도 중생을 위해서니라." 하셨다.

학인이 다시 물었다.
"해가 뜨는 것도 중생을 위해서이고 지는 것도 중생을 위해서라면 어떤 것이 그곳의 부처입니까?"

그러자 선지식께서 들고 있던 주장자로 "탕! 탕!" 발목을 쳤다.

스님께서 말씀하셨다.
"법상을 쳤는데 어째서 발목이 쳐지는 것일까? 이 한 대목이 관문이다."

90. 신수와 육조

어느 때 스님께서 제자들과 담선하시던 중에 제자들을 향해 이렇게 물으셨다.

"신수 대사는 색즉색이 되었고 육조 스님은 공즉공이 되었는데 어느 것이 맞겠는가?"

제자들은 아무 말도 아뢰지 못했다.

행-3-4-25
행-4-7
행-4-7-2
행-4-7-7
행-6-1-2

스님께서 말씀하셨다.

"그 두 가지를 모두 다 놓았을 때 비로소 우리는 예전의 신수와 육조, 또 수많은 선지식들께서 거론하셨던 그것을 알 수 있다. 우리가 지금 여기에 앉아서 이렇게 이야기할 수 있는 바로 이것이 모두가 둘이 아닌 까닭에 듣는 사람이나 말을 하는 사람이나 바로 생생한 것이 아니겠는가?"

91. 인사 예법

어느 스님이 제자들에게 이르기를 "오늘 큰 달 스님이 오시니 인사를 각별히 하되 하지 말고, 하지 말되 해라." 하였다고 한다.

심-1-70
원-5-3-7
행-4-1-7
행-11-3-1

스님께서 말씀하셨다.

"이것을 잘 생각해 보라. 이 일을 잘 생각해 보면 우리가 지금 여기 앉아서 이렇게 이야기하는 것이 과거도 되고 미래도 되며, 또 이것들이 한데 합쳐서 지금 현실 위에 꽃이 피고 향기가 나는 것이다. 그러면 그 향기를 맡는 것은 도리어 누구인가?"

제자들이 아무 말이 없자 스님께서 게송으로 말씀하셨다.

"삼월 보릿고개 넘으려니 넘을 길이 아득하다/ 칡뿌리 캐어다 절구통에 쿵쿵 찧어/ 떡 하나를 먹었더니 모두 다 죽었네/ 칠월에 오곡이 무르익어 다시 먹고 다시 살아/ 구월에 추수하여 곡식이 풍족하니/ 가만히 앉아서 밥 지어 먹는구나!"

92. 춘보 선사의 지혜

수-3-6
수-4-33
심-1-25
심-1-44
원-2-4
원-2-4-2
원-2-4-6
원-2-4-7
원-2-4-11
원-2-4-12
원-6-2-1
원-6-3-5
원-6-3-6
원-6-4-16
원-6-4-25
원-7-2-12
행-3-5-6
행-11-3-9
행-11-3-18
예-8
법-2-112

옛날 어느 고을에 위세 당당하던 한 정승이 살고 있었다. 그런데 그는 정승 자리에서 물러난 지 3년 만에 알거지가 돼서 사랑방에 호피를 깔고 앉아 새끼를 꼬며 하루하루 연명하고 있었다. 어느 날 그의 친구인 서춘보 스님이 그를 찾아왔다. 친구의 딱한 처지를 접하게 된 춘보 선사는 친구와의 담소 중에 문득 이런 말을 꺼냈다.

"여보게, 그 방석 좀 내놓게. 내 이거 한 5백 냥은 받아다 줌세."

말이 호피지 깔고 앉아 새끼를 꼬느라고 털이 다 빠지고 꼬질꼬질해진 그 방석을 5백 냥이라는 거금으로 바꿔 준다니, 자연 그 친구는 어리둥절할 수밖에 없었다. 그러나 춘보 선사는 친구에게서 뺏다시피 한 그 호피를 보자기에 싸서 들고는 당시 정일품 대신을 찾아갔다. 그러고는 이렇게 이야기했다.

"앞으로 9년만 있으면 이것이 큰 값어치를 해낼 테니 잘 간수하되, 백지로 열 겹을 싸고 다시 공단으로 열 겹을 싼 후에 다시 비단으로 열 겹을 싸서 여러 겹의 좋은 상자에 잘 보관하시게. 대신 나는 5백 냥이면 족하네."

당대 선승으로 이름 높은 춘보 선사의 말이라 그 정승은 선뜻 5백 냥을 내놓았고, 춘보 선사는 그 길로 친구를 찾아가 그 돈을 건네주었다.

그 후 그럭저럭 3년이 지날 즈음에 춘보 선사가 다시 친구 집을 찾아왔다. 그런데 그 친구는 춘보 선사가 건네준 돈으로 빚을 갚고 남은 돈으로 생활하다 다시 알거지가 되어 여전히 새끼 꼬는 일을 하고 있었다.

집 안을 이리저리 둘러보던 춘보 선사는 마당 뒤꼍에서, 새 똥이 앉고 다 삭아서 사글사글해진 삿갓을 발견하자 대충 털어서 싸서 들고 이번에는 정이품 대신을 찾아갔다. 그러고는 "6년만 있으면 이것이 귀한 보물로 쓰일 터이니 잘 간수하라." 하고 먼젓번처럼 이르고는 다시 5백 냥을 받아 내 친구에게 보냈다.

3년 후 춘보 선사가 산에서 내려와 다시 친구 집을 찾았을 때 유감스럽게도 그는 여전히 새끼 꼬는 일에서 벗어나 있질 못했다. '또 뭐가 없나.' 하고 집안을 배회하던 춘보 선사는 밭두렁에서 누렇게 때가 앉은 질요강을 발견했다. 춘보 선사는 그것을 깨끗이 씻어서 싸서 들고는 마지막으로 정삼품 대신을 찾아갔다. 그러고는 "3년만 있으면 보물로 쓰이게 될 테니 잘 간수하라." 하고 또 먼젓번처럼 이르고는 다시 5백 냥을 받아 내 친구에게 보냈다.

그로부터 3년 후, 중국에서 사신을 보내 조선의 훌륭한 유물을 내놓지 않으면 가만두지 않겠다고 위협을 가해 왔다. 조정은 발칵 뒤집혔고 삼정승이 모여 의논 끝에 춘보 선사를 찾느라 야단법석을 떨었다.

한편 춘보 선사는 이미 앞일을 예견하고 있었던 터라 산에서 내려와 조정으로 향하는 중이었다. 조정에 당도한 춘보 선사는 예전에 맡겨 둔 물건들을 꺼내게 하고 병사들로 하여금 철통같은 수비를 하게 하고는 중국으로 향했다. 선사 일행이 중국에 당도하자 그곳에서는 "얼마나 귀한 물건이기에 저렇듯 경비가 삼엄할까." 하고 모두들 궁금해했다.

마침내 중국의 천자가 보는 앞에서 물건들이 끌러지기 시작했다. 풀고 또 풀고 또 풀고 또 풀고……. 그 위에서 내려다보던 천자는 고개가 떨어질 지경이었고 긴장감이 사방을 엄습했다. 그런데 그렇듯 오래고 오랜 시간에 걸쳐 천자의 눈앞에 나타난 첫 번째 유물은 털 하나 남아 있지 않을 만큼 낡디낡은 하나의 호피였다. 그러나 이때 의아해하는 천자 앞에서 춘보 선사는 당당하게 말을 꺼냈다.

"이것은 이 나라 공자님께서 삼천 제자를 가르치실 때 깔고 앉았던 호피입니다."

그 순간 가만히 생각에 잠겨 있던 천자는 자기 나라 유물도 제대로 간직하지 못한 자신에 대해 부끄러움을 느낀 나머지 무릎을 치며 고마움을 표시하고는 슬그머니 고개를 내려뜨렸다.

앞서와 똑같은 과정을 거쳐 두 번째 유물, 다 삭아서 금방이라도 부서질 듯한 낡은 삿갓이 모습을 드러냈다. 그리고 그 순간 춘보 선사가 다시 당당하게 한마디를 던졌다.

"이것은 강태공이 낚시질할 때 쓰던 바로 그 삿갓입니다."

강태공 역시 중국인이 아니던가. 천자는 감탄과 함께 더욱 부끄러움을 느껴 어찌할 바를 몰라 했다.

이윽고 다시 오랜 기다림 끝에 세 번째 유물인 질요강이 초라한 모습을 나타내자, 다시 춘보 선사의 당당한 말 한마디가 천자의 귓전으로 날아들었다.

"비록 찌그러지기는 하였으나 이것은 조선에서 처음으로 만들어낸 그릇입니다. 그만큼 값진 것이지요."

마침내 천자는 크게 기뻐하며 "그 유물들을 이전보다 더 소중히 간직하라." 하고 명했다.

결국 춘보 선사는 그 일로 해서 오히려 나라의 기강을 세웠을 뿐만 아니라, 그때 상으로 받은 값진 물건들을 친구와 가난한 동네에 골고루 나누어 주는 좋은 미덕을 보여 주었다고 한다.

스님께서 말씀하셨다.

"이와 같이 마음공부를 해서 그 도리를 터득한다면 이쪽 것

을 저쪽에 붙여 놓을 수도 있고 저쪽 것을 이쪽에 붙여 놓을 수
도 있다. 어디에고 안 붙어 돌아가는 게 없으니, 그쪽에선 그
때에 가서 그렇게 하게끔 만들어 놓고 이쪽에선 그걸 대비해
또 일을 만들어 가면 되는 것이다.

    그렇다고 해서 그것은 그 누구의 조작도 아니다. 이 우주 전
체를 파악하고 깨달아서 공용할 수 있어야 그 도리를 그대로
가져다가 법을 만들 수 있기 때문이다.

93. 달마 대사의 신 한 짝

<small>수-1-30
법-1-2
법-1-41
원-5-1-13
원-5-1-22
원-8-2-6
행-3-3-13
행-3-3-14
행-4-10-8

수-4-43
법-3-53
심-1-14
원-2-4-4
원-3-6-6
원-5-1-11
원-6-2-2
원-7-3-8
행-11-6-4
예-25</small>

    달마 대사가 이 세상에 왔을 때 그 처음의 몸은 미끈하게 잘
생긴 미남이었다고 한다.

    그런데 어느 날 달마 대사가 길을 가다가, 들 수도 없을 만
큼 무척 큰 구렁이 한 마리가 길을 막고 앉아서 원을 세우느라
꼼짝도 하지 않는 광경을 목격하게 되었다. 하는 수 없이 달마
대사는 구렁이 속으로 들어가 그 구렁이를 끌고서 사람을 해치
지 못할 먼 곳에 데려다 놓았다.

    순간 그 구렁이는 몸을 벗게 되었지만 달마 대사가 벗어 놓
은 몸은 어느 누가 쓰고 갔는지 보이지 않고 대신 엉뚱하게도
배가 불룩하고 도둑놈같이 생긴 모습이 그 자리를 차지하고 있
었다.

    그러나 체가 없이는 중생 구제가 불가능하니 그 노릇을 어

찌할 것인가. 결국 달마 대사는 다른 모습일망정 그 몸이라도 하고 나올 수밖에 없었던 것이다. 말하자면 오늘날 달마 대사가 배가 불룩하게 나온 희화적인 모습으로 표현된 데는 그와 같은 사정이 있었기 때문이다.

이와 같이 득도한 달마 대사였기에 당시 임금인 양 무제에게도 '공덕이 없다'고 서슴없이 일침을 가할 수 있었는지 모른다. 결국 그 일로 해서 달마 대사는 양 무제에게 미움을 사 사약을 받고 죽음에 이르게 된다.

그 후 어느 날 임금의 신하 중의 한 사람이 인도에 사신으로 갔다가 돌아오는 길에 한 고갯마루에서 신발 한 짝을 펜 작대기를 어깨에 메고 걸어오는 달마 대사와 마주치게 되었다. 그 신하는 반갑게 달마 대사에게 인사를 여쭈었다.

"대사께선 지금 어디를 가십니까?"

"나는 서쪽으로 가오. 왔던 곳으로 도로 가오."

마침내 그 신하는 양 무제에게 그 사실을 전했고 그 뒷날로 달마 대사의 무덤이 파헤쳐지게 되었는데 실제로 그 무덤 속에는 신발 한 짝만이 남아 있었다고 한다.

스님께서 말씀하셨다.

"달마 대사가 내가 나라고 하는 아집이 있었다면 결코 구렁이 속에 들어가지 못했을 것이다. 도둑놈도 자기요 미남도 자기요 구렁이도 자기이니 이 모든 것은 둘이 아닌 도리에서 나온 것이다. 또한 가만히 있으면 부처요 생각을 냈다 하면 문수요 움직였다 하면 보현이니 그 집이 어떻든 무슨 상관이 있겠는가.

또 묘지 속에 신 한 짝만이 놓여 있었다는 것은 무슨 까닭인가. 그것은 이 우주 속에 전부를 하나에 뭉쳐 가지고 있는 자기의 자기가 또 있고, 현재 그 화신으로서 화해 가지고 있는 자기가 있다는 것을 방편으로 보여 준 것이다. 즉, 나는 사는 것이 없기 때문에 죽을 것도 없다는 그 사실을 보여 주기 위함이다.

그러니 우리가 살아가는 모습이 그대로 신 한 짝을 작대기에 꿰고 다니고 있는 형상이다. 정치라는 것도 그렇다. 신 한 짝을 하늘에 놓고 신 한 짝을 땅바닥에 내려놓아야만이 올바로 되는 것이지, 만약에 무의 세계에는 내가 없고 유의 세계에만 내가 있다고 한다면 정치인들 제대로 되겠는가."

부록

- 내용으로 본 차례
- 관련 항목 색인
- 비유 색인

내용으로 본 차례

수혜편

1. 고난의 세월 17
탄생 17
  1. 1927년 음력 1월 2일 생
  2. 무관의 가문
  3. 무골풍의 부친
  4. 유가풍의 모친
  5. 속세의 인연
  6. 출생 당시의 가세
가세의 몰락 18
  7. 부친의 항거
  8. 거리로 내쫓김
  9. 흑석동 움막
  10. 회고 – 공부의 인연
  11. 굶주림
  12. 굶주림
  13. 굶주림 – 스님의 일과
  14. 회고 – 인생에 대한 회의
가중되는 시련 20
  15. 부친의 학대
  16. 회고
  17. 회고 – 밤의 공포
  18. 회고 – 노숙
숲 속의 일과와 상상 보시 21
  19. 숲 속의 밤샘 일과
  20. 회고 – 숲 속의 친구들
  21. 회고 – 눈물
  22. 묵연한 응대
  23. 자신의 삶을 응시
  24. 도깨비감투 상상
  25. 투명 인간의 상상 보시
  26. 회고 – 상상 보시와 모친의 가르침
모친의 눈물과 격려 24
  27. 모친의 눈물
  28. 회고 – 통곡
  29. 회고 – 모친의 격려
  30. 회고 – 태몽
  31. 회고 – 한 스님의 예언
첫 의정 26
  32. 아홉 살 – 생명 인식
  33. 회고 – 누가 나를 이렇게 만들었는가
내면의 소리 28
  34. '아빠' – 내면의 소리
  35. 커다란 위안처
  36. 회고 – 내면의 아빠
  37. 회고 – 나의 모든 것
  38. 회고 – 내면의 아빠
  39. 회고 – 아빠와의 공존
남의집살이 30
  40. 집을 떠남
  41. 회고
  42. 아이 보기와 물지게
  43. 회고 – 가차 없는 채찍

44. 뼈를 깎는 고통
45. 회고 - 빈 물통의 의정
46. 밤새운 상상 보시

부평초 ———————————— 32
47. 귀가
48. 떠도는 생활
49. 거리에서 쓰러지다
50. 성당과 고해 성사
51. 회고 - 마음속에 고해야지
52. 화장사
53. 허드렛일
54. 회고 - 배고픔
55. 갯물 장사
56. 회고 - 어머님의 눈물
57. 산중의 새우잠
58. 회고 - 눈물 속의 세월
59. 회고 - 아빠의 자비
60. 회고 - 내면 대화

한암 스님과의 조우 ———————————— 37
61. 14세 때 친견
62. 인연
63. 불법이 무엇이옵니까
64. 공부가 뭔지 아느냐
65. 회고 - 봇장의 부처, 믿음
66. 스님들의 고무신
67. 회고 - 자애로운 한암 스님
68. 스님의 체취
69. 회고 - 아빠의 현실 모습

2. 출가 수행 ———————————— 42
자성을 보리라 ———————————— 42
1. 해방, 10년 세월의 갈증
2. 키를 든 동자
3. 아빠의 모습 보기를 갈구
4. 나는 서산 대사다

5. 회고 - 없어 본 예가 없으니
6. 거울을 보라는 대답
7. 회고 - 숯을 들고서
8. 결혼 강요
9. 가출, 부산으로

보시행 ———————————— 45
10. 군복 수선과 식당 경영
11. 문둥병 환자
12. 아빠의 질문
13. 병에 대한 의정
14. 실비 식당, 현실의 보시행
15. 보이지 않는 손
16. 무량광의 창고
17. 상경
18. 가출, 상원사로
19. 꿈속의 학
20. 회고 - 아빠라는 이름

삭발 행자 ———————————— 48
21. 한암 스님과의 재회
22. 머리를 깎아주십시오
23. 삭발
24. 스님의 질문
25. 죽어야 너를 보느니라
26. 참구의 나날
27. 선방을 박차고
28. 회고 - 달구지를 왜?
29. 회고 - 파계 비난
30. 산문 밖으로 내쫓김
31. 회고 - 산문 밖으로 내쫓김
32. 회고 - 산문 밖으로 내쫓김
33. 회고 - 산문 밖으로 내쫓김

계정혜의 체험 ———————————— 52
34. 내관
35. 산중 수행
36. 회고 - 강원도 일대

37. 회고 – 손가락질
　　38. 회고 – 문전 축객
　　39. 회고 – 잠자리
　　40. 회고 – 집세
　　41. 회고 – 노스님과의 대화
　　42. 회고 – 서리 맞은 고추
　　43. 회고 – 삼매
사미니계 　　　　　　　　　　　 55
　　44. 계를 받다
　　45. 한암 스님과의 문답
　　46. 법제자
　　47. 귀신 방귀씨
　　48. 보임
　　49. 백장야호
　　50. 한암 스님의 가르침

3. 깨달음의 증장　　　　　　 59
이젠 죽어서 보리라 　　　　　 59
　　1. 6·25 동란
　　2. 한 끼의 식사
　　3. 삶의 회의
　　4. 가족과의 재회
　　5. 거듭되는 정진
　　6. 회고 – 죽어서 만나리라
　　7. 회고 – 화물차 바퀴 밑
　　8. 회고 – 보름간의 단식
　　9. 가출
　　10. 벼랑 끝에서
목숨을 떼어 놓고 　　　　　　 63
　　11. 산중 생활
　　12. 참담한 몰골
　　13. 회고 – 찢어진 육신
　　14. 인적을 피해서
　　15. 아이들의 욕설
　　16. 회고 – 나를 뒹굴리며

　　17. 수년여의 고행
삼매의 발걸음 　　　　　　　　 66
　　18. 영가와의 대화
　　19. 회고 – 영의 세계
　　20. 회고 – 영의 세계
　　21. 화장사 법당
　　22. 회고 – 법당의 장엄물
　　23. 회고 – 불상과 부처
　　24. 삼매의 나날들
　　25. 회고 – 개구리와 옥수수
　　26. 회고 – 비오는 날의 다리 밑
　　27. 회고 – 무심관
　　28. 회고 – 토끼풀 밭
　　29. 회고 – 심봉을 쥐고
　　30. 회고 – 내관
　　31. 회고 – 산천의 조화
　　32. 회고 – 산중의 벗들
호법 신장 　　　　　　　　　　 71
　　33. 회고 – 개미 떼를 쫓아서
　　34. 일체가 하나라면
　　35. 회고 – 산비둘기
　　36. 회고 – 뱀이 가져다 준 나뭇잎
　　37. 뭇 초목이 약
　　38. 헌인릉의 호법 신장
　　39. 회고 – 나무와의 대화
의단을 태우며 　　　　　　　　 75
　　40. 의정, 혼신의 참구
　　41. 회고 – 선정 삼매
　　42. 회고 – 무아의 걸음
　　43. 회고 – 주인공의 시험
　　44. 회고 – 얼마나 보았느냐
　　45. 회고 – 거꾸로 선 장승
　　46. 회고 – 짝짝이 발
　　47. 회고 – 청정이 청정이 아니니
　　48. 회고 – 둘 아닌 나

49. 회고 - 네 손 좀 빌리자
50. 회고 - 염주알 꿰어 놓듯
51. 회고 - 그림자에 속다
52. 회고 - 옥수수를 들고
53. 회고 - 수만의 수수 알갱이
54. 회고 - 칡뿌리 씹는 소식
55. 회고 - 냇물 한 모금
56. 회고 - 버섯과의 대화
57. 회고 - 둘 아닌 생명
58. 회고 - 뱀과의 대화
59. 회고 - 구렁이와의 대화
60. 회고 - 뱀 때문에 울고

관문을 뚫다 ─────── 84
61. 아비 묘와 자식 묘
62. 물에 비친 자성 부처
63. 오신통의 금강검

길 아닌 길 ─────── 86
64. 가시덤불로 가라
65. 회고 - 돌부리의 교훈
66. 회고 - 낭떠러지
67. 회고 - 무애의 발걸음
68. 회고 - 길 아닌 길
69. 회고 - 마음의 축지법

인연을 끊고 ─────── 89
70. 생로병사를 점검
71. 회고 - 불바퀴
72. 회고 - 물바퀴
73. 공비로 오인당함
74. 모친과의 해후
75. 마지막 작별
76. 회고 - 사람이 되어 뵈리라
77. 회고 - 어머님의 손을 놓고

하늘문이 열리다 ─────── 92
78. 광나루 모래톱의 고행
79. 날콩 한 되
80. 하루의 양식
81. 회고 - 믿는 마음의 교신
82. 하늘의 길
83. 천지 운행의 이치를 요달
84. 거대한 빛의 체험

4. 자유인의 길 ─────── 96
발 없는 발로 ─────── 96
1. 걸어 다니는 미이라
2. 회고 - 항아리 안의 길
3. 생풀을 씹으며
4. 법반·법유
5. 거적 한 장으로 우주를 덮고
6. 회고 - 고행의 의미
7. 연행, 고초
8. 심한 고문을 당하고
9. 회고 - 돌고 도는 물레방아
10. 나무꾼의 손길
11. 백련사로 가다

첫 원력 ─────── 100
12. 체 장수를 살리다
13. 백련사의 문전 축객
14. 환대
15. 인산인해
16. 여신도의 현몽
17. 돌아서 가면 어떠리
18. 산중 고행의 끝

자재한 권능 ─────── 102
19. 토굴에 들리라
20. 견성암
21. 회향일
22. 토굴
23. 두문불출
24. 퍼져 가는 소문
25. 줄 잇는 발길

26. 영험
27. 쌓이는 공양물
28. 치병 원력
29. 회고 – 마음과 마음의 상응
30. 의왕
31. 회고 – 사생이 다 나인 것을
32. 회고 – 세속의 아픔
33. 회고 – 눈물 한 방울의 의미
34. 경찰의 개입
35. 화식으로 돌아오다

중창 불사 ································· *108*
36. 나날이 초파일
37. 회고 – 불사 권유
38. 폐허의 상원사
39. 난공사
40. 보시로 가르치니
41. 버선목 속의 통장
42. 봉불식
43. 선설당
44. 탄허 스님의 비문
45. 제자들이 세운 탑비

또 죽기가 어려워라 ················· *113*
46. 나무꾼의 폭언, 회고 – 업의 법칙
47. 너도 이생, 나도 이생
48. 회고 – 이익 중생
49. 천도
50. 부처님이 계신다면
51. 상자 속의 구렁이
52. 뱀으로 변한 주지승, 회고 – 업식
53. 사경에 놓인 고양이
54. 비로봉의 호랑이
55. 모친의 부음
56. 찢어 버린 표창장
57. 노스님과 생선
58. 머리를 안 깎으면

59. 술과 돼지고기 공양
60. 더불어 또 죽기가…

5. 내심 자증의 길 ················· *122*
1. 십 년여의 산중 고행
2. 빈사 지경의 고행
  회고 – 참 주인을 믿고
3. 회고 – 정처 없는 걸음
4. 회고 – 금수의 사랑
5. 회고 – 홑것 한 벌
6. 고행 중의 먹거리
7. 회고 – 몽땅 버리고 가니
8. 회고 – 대화의 대상들
9. 회고 – 무애의 발걸음
10. 회고 – 오직 내 영원한 주인과 함께
11. 회고 – 고행이 아니었다
12. 회고 – 세상은 뼈아픈 눈물
13. 나와 생퓰이 둘 아니라
14. 회고 – 오직 내 근본을 캐며
15. 회고 – 생명 인식
16. 회고 – 마음의 힘
17. 회고 – 오히려 좋을 때가 많았으니
18. 회고 – 행의 어려움
19. 회고 – 전체가 내 은사
20. 회고 – 스승이 따로 없었으나
21. 회고 – 선지식이 걸어간 길
22. 회고 – 주인공으로 몰아넣고
23. 고행이 무슨 문제인가
24. 그대로 호념이요 부촉이니
25. 성불할 생각조차 없이
26. 나는 누구인가 알고자 했을 뿐
27. 회고 – 참 주인의 인도
28. 회고 – 마음으로 지킨 계율
29. 회고 – 오로지 정진이 있을 뿐
30. 회고 – 내가 흘린 눈물

31. 회고 - 어느 때 눈물 마를까
32. 회고 - 일주문에 들어서니
33. 아무것도 얻은 바 없으니

법연편

1. 회향과 서원 ······················· *137*
하산 ···································· *137*
  1. 도심으로 들다
  2. 승적 회복
  3. 원주 교외 농장
  4. 축생 제도
  5. 원력과 보살행
  6. 원력과 보살행
  7. 원력과 보살행
  8. 원력과 보살행
  9. 원력과 보살행
  10. 원력과 보살행
  11. 원력과 보살행
  12. 원력과 보살행
  13. 원력과 보살행
  14. 원력과 보살행
  15. 서울로 옮기다
  16. 회고 - 속세의 체험
  17. 고아를 돌보고
감로의 문을 열다 ························ *144*
  18. 불사 권유를 받고
  19. 불사 권유를 받고
  20. 한마음선원
  21. 한마음선원
  22. 공동묘지 터
  23. 부처님의 집
  24. 빈자리인 것을
  25. 칭병 수술
  26. 호법 신장이 따로 있더냐

27. 일원상
28. 일원상
29. 본존불
30. 불서를 태우다
31. 장엄물 정리
32. 비난
33. 증축 불사
34. 첫 지원
35. 영탑 공원
36. 새로운 시도
37. 늘어나는 지원
38. 초청 법회
39. 불서 발간
40. 급증하는 신도
41. 영상 포교 착수
42. 합창단
43. 선법가를 짓다
44. 비구 스님의 동참 수행
45. 수계의 인연
46. 연구원 설립
47. 법어의 정리
48. 포교 재단의 설립
해외 포교 ································ *155*
  49. 인연
  50. 첫 지원
  51. 순회 법회
  52. 자생적인 불사
  53. 백악관의 관심
  54. 교도소 방문
  55. 포교가 시급하다
  56. 포교가 시급하다
  57. 미국 학계의 관심
  58. 미국 학계의 관심
  59. 외국어 번역
  60. 법을 묻는 이들

61. 영문 포교지
62. 미국 내 포교 중에
63. 미국 내 포교 중에
64. 미국 내 포교 중에
65. 미국 내 포교 중에

2. 자비와 회상 ·········· 161
영일 없는 교화 ·········· 161
  1. 담선 법회
  2. 운집하는 청중
  3. 원행 법회
  4. 아흔아홉 마디
  5. 스님의 회향
  6. 스님의 한생각
  7. 마음 있으니 인연 있는 것
  8. 아무 일도 없으리라
  9. 눈물 한 방울을 피로 만들어
  10. 심부름
  11. 스님의 뼈아픈 생각
  12. 천 리라도 만 리라도
  13. 쉴 날이 없다

쏟아지는 법우 ·········· 166
  14. 설법 중의 눈물
  15. 또한 나의 고통인 것이니
  16. 부처님 은혜
  17. 벌레로 태어난다 해도
  18. 이 세상을 준다 해도
  19. 같이 돌아가고 있으니
  20. 소중하고 뼈아픈 삶
  21. 마지막 피 한 방울까지
  22. 길잡이로서의 눈물
  23. 이다지도 아픈 일이 많던가
  24. 줄 없는 인연줄이
  25. 내게도 책임이 있으니
  26. 높고 낮음이 없다

  27. 신행담
  28. 한 제자의 비보
  29. 함께 걸어가자
  30. 허깨비 장난
  31. 헛것에 매인 삶
  32. 꺼풀 벗는 일
  33. 누가 남이던가
  34. 칼 대신 달램의 말
  35. 제자에게 정진을 당부
  36. 학부형의 심정
  37. 나도 울었다

담선 법회 ·········· 178
  38. 개인 지도
  39. 자비의 힘
  40. 질의 토론
  41. 소상한 답변
  42. 모성의 자리
  43. 종파를 넘는 가르침
  44. 방 중에 꽉 찬 청중
  45. 대기 설법
  46. 대기 설법
  47. 마음으로 들어라
  48. 길을 일러 주는 도반
  49. 일월이 돌듯이

생활 실천 법어 ·········· 182
  50. 실천의 길
  51. 체험만을 말하다
  52. 석존을 일컫는 뜻은
  53. 경전의 말씀
  54. 한 말 또 하고…
  55. 이것도 법 저것도 법
  56. 지식에 의존 말라
  57. 살피고 느꼈을 뿐
  58. 진리는 단순한 것
  59. 비는 종교는 잘못

증험 속의 가르침 ―――― 187
  60. 상상을 넘는 일들
  61. 주인공의 공덕
  62. 말 없이 말하는 뜻
  63. 주인공에 맡겨라
  64. 고통이라는 경계
  65. 나침반을 심어야
  66. 치병의 도리
  67. 내려서는 것, 올라서는 것
  68. 당신이 하라
  69. 마음 심 자 하나로
  70. 약사여래의 화현
  71. 믿음이 가장 중요하다
  72. 네가 먹고 기다려 보라
  73. 오직 참마음을 믿으면
  74. 아픈 것도 공부 재료
  75. 모두 주인공이 하는 것
  76. 본래 붙을 자리 없거늘
  77. 치유 방편
  78. 계곡이 깊기에 산이 높다
  79. 설사 암일지라도
  80. 네가 곧 부처이니
  81. 마음 안에 특효약이 있다
  82. 한 비구 스님
  83. 치유 방편
  84. 치유 방편
  85. 이제 스스로 하라
  86. 병을 낫게 했을 때
  87. 한 수행승
  88. 지병이라니 내놓아 보라
  89. 끊었더니 오히려…
  90. 한마음으로 시식했으니
  91. 샘이 솟게 해야
  92. 재물이 아니라 믿음
  93. 당신이 말려들지 않아야지
  94. 모두가 주인공의 일
  95. 닥친 일에 같이 올 뿐
  96. 마음법은 만법의 근원
  97. 왜 내게 묻느냐
  98. 제 손으로 딛고 일어서라
  99. 마음의 거울
  100. 재료 삼아 공부하라
  101. 영의 차원
  102. 천도
  103. 묵은 빚을 갚는 도리
  104. 마음의 빛
  105. 듣고 말한 사이 없이
  106. 영의 소행
  107. 한 무녀의 하심
  108. 무심이면 될 것을
  109. 서독의 가톨릭 사원
  110. 따로 벽을 만들지 말라
  111. 대통령은 무사하다
  112. 마음으로 불을 끄자
  113. 돌아서 가는 길
  114. 기계에도 마음이
  115. 참 자기가 제일이다
  116. 참 부처는 어디에
  117. 가져갈 게 없으니 어쩌겠나
  118. 이만큼 자세히 일렀거늘
  119. 한마음 가운데 나고 드는 소식

3. 진리가 그러하니라 ―――― 214
여법하신 삶 ―――― 214
  1. 상호
  2. 상호
  3. 넘고 처짐이 없이
  4. 빈약한 기록
  5. 대강 그러한 일이 있었지
  6. 간략한 행장 기록

7. 설법 자료
8. 하루 일과
9. 못난 사람 표현
10. 어린이가 되고 노인이 되고
11. 크고 작음이 없다
12. 계획이 없노라
13. 진리가 그렇기에
14. 복을 받느냐?
15. 포대 자루 같을 뿐
16. 소식 소찬
17. 맛으로 먹는 게 아니다
18. 우주 법계가 다 먹었다
19. 그대로 불법이니라
20. 맡겨 놓고 싱그럽게 살아라
21. 맡기면 여법하리라
22. 보시금을 보시
23. 떡값의 의미
24. 그래, 그것도 법이지
25. 조용한 타이름
26. 질책을 제가 했던 걸
27. 말 없는 말이 있음에
28. 한 가지 좋은 점이면
29. 대공의 이치가 그러하니라
30. 진리에 담장이 있더냐
31. 진화해서 예까지 이르렀으니
32. 사섭의 언행
33. 버림받은 이에게
34. 보살심

41. 나를 몰랐을 때의 나
42. 큰스님도 이름
43. 욕설이 무슨 상관이더냐
44. 빗장부터 열어 놓고
45. 했다 함이 없으니
46. 진리란 평범한 것
47. 예언은 소인의 짓
48. 높다 하면 높지 않으니
49. 나에게 속지 말라
50. 진짜를 보고 가라
51. 둘 아니게 앉았는데
52. 온 곳 없으니 갈 곳 없다
53. 바로 화하는 것이다
54. 세계가 다 공부하기를
55. 자기가 자기를 속인 것
56. 네가 아는 만큼 나도 안다
57. 조금 전이 전생인데
58. 둘 아닌 생각으로
59. 열쇠를 내가 갖고 있으니
60. 도인이라니?
61. 그대로 열매 열렸을 뿐
62. 쓴다고 할 것도 없이
63. 각자가 법거량 하는 셈
64. 향 한 개비의 천도
65. 알았다 하는 말조차도 누설
66. 한 점 딱 찍으면
67. 신묘한 활용의 도리
68. 빌어먹는 도리가 되어서야
69. 오늘 머리 깎았노라
70. 불사에 동참할 때에
71. 마음은 찰나에 오고 가니
72. 장승처럼 우뚝 서서
73. 글을 잘 알았더라면
74. 나는 내가 아니기에
75. 원하고 원치 않고

선미 ·································· 225
35. 세평에 관심 없노라
36. 오늘을 묵묵히 살아갈 뿐
37. 마구니를 보면 부처를 본다
38. 외도라고 한들
39. 색신에 걸린다면 부처를 어찌 보랴
40. 내 탈이야 아무런들

76. 우리말 천수경
77. 실천에 참고함이 적으니
78. 소녀의 불기둥
79. 당신께 주장자가 있다면
80. 탄허 스님
81. 경허 선사의 망심 경지
82. 하나가 참되니 일체가 참

4. 감읍하옵니다 245
1. 귀의 행렬
2. 명의의 문전처럼
3. 부처님 법으로 다스리면
4. 거동 속에 대하 같은 법문이
5. 가슴 설레이는 푸근함
6. 남·여 양성이 조화된 듯
7. 평상심의 맛 같은 것이…
8. 자애로운 어머님 같아
9. 흔들림 없는 의연함
10. 바다처럼 넓은 세계
11. 다시 더 큰 경탄이…
12. 너무 범상한 듯하여
13. 청정 그 자체를 마주한 듯
14. 욕구가 없는 듯하여
15. 평범 속에 빼어남이 있어
16. 자신을 쏙 빼고 하는 말씀
17. 선사의 눈물이라니…
18. 스스로 눈 틔운 법만을
19. 대승 보살의 경지일 것
20. 자성불에 대한 믿음으로 귀결
21. 철저한 귀일의 말씀
22. 유로 물으면 무로써 대하시고
23. 낯가림 없이 누구나
24. 시주를 말씀하실 때엔
25. 부처님 세계로의 길
26. 대기 설법

심인편

1. 제자와의 대화 257
1. 성불에 대한 믿음
2. 정원사의 꽃 피우기
3. 따르는 것과 믿는 것
4. 말 없는 말의 설법
5. 말로써 반을 얘기하기도 어려우니
6. 따스한 미풍처럼
7. 왜 '나'를 붙이는가
8. 가는 길도 알아야
9. 놓고 가면 넓어진다
10. 지었으니 나온다
11. 진정한 방생
12. 먹었으면 배설해야지
13. 아주 들어가랴?
14. 짐짓 보살이 몸을 나투셨는지도
15. 밥은 잘 먹었는고?
16. 무주상으로 마음냈을 때
17. 육신통의 컴퓨터라야
18. 지구와 내 몸이 같은 줄도
19. 그 맛을 보면
20. 족보를 낱낱이 알게 된다
21. 한 번 웃고 한 번 울고
22. 천자의 자리
23. 태양보다 당당
24. 법계를 주름잡고
25. 불기둥이 되기를
26. 만 강에 비친 달을 낚아
27. 한 주먹에 쥘 수 있어야
28. 한생각이 우주
29. 눈 깜짝할 사이
30. 우주 전체가 나
31. 머리에 신을 얹고
32. 한 사람의 생각

33. 한생각 냈다 하면
34. 내가 상대가 되어야지
35. 대장부 살림살이 그만하면
36. 자기 안의 참 보배
37. 문을 열면 또 문
38. 무생이 있음으로써
39. 불바퀴
40. 앞뒤 없이 뚫린 피리
41. 죽은 사람 제도
42. 화신이 오가는 것
43. 마음 밝으면 보현
44. 누르고 올리는 이치
45. 노선을 가르쳐 주어도
46. 교문이 곧 선문이며
47. 주인공을 스승 삼아라
48. 물 한 그릇의 설법
49. 마음에 봄이 오면
50. 묻는 놈은 누구?
51. 생활이 곧 불법
52. 함이 없이 하기에
53. 모든 것을 놓아야
54. 매 맞는 사람의 주인공
55. 참사랑의 맛
56. 경계와 맡김
57. 생활 불교란
58. 왜 불상을 지고 가지 않느냐?
59. 체계와 수행 방법
60. 수행법의 요체
61. 세 번 죽기
62. 둘로 보면 절을 하고
63. 기쁨과 긍정의 가르침
64. 깨달음에 이르는 길
65. 도력을 잡으려 말고
66. 삭발의 뜻
67. 고행

68. 생사에 얽매이지 말라 함은
69. 끊어진 자리
70. 깨끗한 게 청정이 아니다
71. 먹기 위해 삽니까?
72. 생활 속에 참선이
73. 자신에게 물어보라
74. '이 뭣고'를 찾느냐?
75. 놓으라고 하실 뿐
76. 또 보임해야
77. 인연 화합의 뜬구름
78. 대답 없는 이름일 뿐이니
79. 화두
80. 산 부처 하나만 못하다
81. 고정됨이 없이
82. 마음이라는 안식처
83. 회향하는 이치
84. 인연 없는 중생
85. 열쇠 꾸러미
86. 부동하다 하는 것
87. 헌 장갑
88. 생활이 곧 용
89. 한생각이 들면
90. 독경
91. 둘 아닌 도리와 업
92. 죽는 쪽과 죽이는 쪽
93. 업도 붙을 자리 없다
94. 신통력
95. 이 시대의 불법 공부
96. 보시
97. 제도와 방생
98. 시주하지 못함을 부끄러워 말라
99. 기복
100. 조상 경배
101. 사후
102. 어찌 진리가 둘이겠는가

103. 초 초마다 부활절
104. 교는 생활 자체
105. 주가 네 마음 안에 있으니
106. 큰 도둑
107. 말세 — 이법은 자재한 것
108. 산신 — 자기로부터 나온 것
109. 산신각
110. 팔자 운명 따지는가
111. 내가 선 땅이 법당
112. 생각 때문에 나쁠 뿐
113. 내 몸 하나 던지면
114. 가정부가 큰 부처인 것을
115. 지금 여기에서
116. 결혼
117. '나'를 고집하니
118. 귀신 행을 하니 귀신
119. 염화미소
120. 선지식들의 노고
121. 진묵 대사의 방편
122. 삼천 배 방편
123. 삼세심 불가득
124. 돈오와 점수
125. 할
126. 그 자리에서 알라
127. 무명만 쳤을 뿐이지
128. 곽시쌍부
129. 천지 미분 전 소식
130. 아이는 아이대로 옳고
131. 사람이 미신을 거부하면
132. 서서 죽은 도리
133. 운명 붙을 자리
134. 어찌 팔방으로 가르는가
135. 법문이 가득해도 통화 중이면
136. 누굴 위해 마음공부 했던가
137. 항상 등을 켜고 있다

138. 미물까지도 가족이거늘
139. 유마힐 거사의 병
140. 소동파의 깨달음
141. 배고프지 않는 도리와 죽 공양
142. 백지를 볼 줄 알아야지
143. 짚신 한 짝
144. 싹이 트는 것을 보면
145. 깨달음의 경지
146. 어부들은 어디 갔노
147. 참 대장부는 어디
148. 바람 없는데 물결 일으킴이라
149. 마치 충전이 되듯이
150. 신통 묘용
151. 평발
152. 이후 세대들의 정진
153. 미래를 좌우할 보물
154. 무위법의 병원
155. 무심의 축지법으로
156. 수만의 보살, 수만의 의사
157. 앉은 방석이 편해야
158. 국민의 자리가 부처 자리
159. 한마음 병원

2. 학승과의 대화 ································· *314*
1. 더불어 죽기가 어려우니
2. 걸어 들어오는 걸 보았고
3. 너울너울 춤을 추었소
4. 산다고 생각한 바 없으니
5. 부모 미생 전 소식
6. 주장자에 제 몸을 꿰고
7. 눈 한번 찡끗하지
8. 말대답이나 하려 해서는
9. 물이 있으니 돌지요
10. 묵언, 묵언, 묵언
11. 알려고 하지 마시오

12. 망동이라 하리까?
13. 얼음이 먼저냐 물이 먼저냐
14. 한 배를 타고 앉았는데
15. 어느 날 아비를 만나니
16. 흉내 낼 일은 아니다
17. 대신 배부를 수 있다면야
18. 오직 흐를 뿐이라
19. 어떤 때에 '나'인가?
20. 불기운을 줄 수 있으면
21. 세 가지만 잘해도
22. 입산한 것이 있더냐
23. 물귀신이 따로 없을 것
24. 보이지 않는 데서 해결해야
25. 불은 항상 충만한 법
26. 모양 있는 부처
27. 나는 중성이다
28. 좋은 절터가 따로 없으니
29. 백지 한 장
30. 빗장부터 열어 놓아라
31. 공에 무슨 막이 있으랴
32. 대나무 방귀씨를 찾거든
33. 색신이야 둘일지언정
34. 스스로 인가받지 못하면
35. 물으니 답을 했을 뿐이지

원리 편

1장 위대한 가르침 ········ 331
1절 영원한 감로의 법 ········ 331
1. 특정 가르침 아닌 진리 그 자체
2. 삶의 의미를 제시
3. 참 나에 귀의함
4. 자유인이 되는 길
5. 특정인의 전유물 아니다
6. 평등하고 참됨

7. 단순하고 쉬운 법
8. 사생이 사는 모든 곳에
9. 중생과 더불어
10. 삼계의 이법이 다 불법
11. 거대한 용광로
12. 일체를 나투어 실현

2절 마음속의 부처 ········ 334
1. 부처는 나의 마음에
2. 부처라는 말
3. 깨달으면 부처
4. 만법이 다 부처
5. 이름 없는 부처
6. 있다고 하면 없다
7. 주인공과 같이 있어
8. 전체다
9. 합쳐진 완성
10. 삼세불
11. 내세울 게 없으니
12. 중생이 있는 만큼
13. 부처 형상이 내 형상
14. 부처의 국토
15. 만 개가 하나로

3절 부처님 세계 ········ 338
1. 무한하고 장엄한 세계
2. 자재 무량함
3. 마음 따라 나투심
4. 자재로이 나투심
5. 중생과 한 몸
6. 무량한 맛
7. 모든 것의 본질
8. 진리를 가르치고자 나투심

4절 불성은 누구에게나 있다 ········ 340
1. 일체가 부처
2. 기쁜 소식
3. 불성은 똑같다

4. 차별 없는 불성
5. 본래 부처
6. 불성에서 나온 것
5절 불성, 영원한 생명 ······ 342
 1. 불생불멸
 2. 형상 초월
 3. 형상 초월
 4. 이름 붙일 자리 없어
 5. 생명은 불
 6. 유전자 이전
 7. 만법을 머금고
 8. 내 안의 참 보배
 9. 부증불감
 10. 부증불감
 11. 불구부정
 12. 항상 밝아 있어
 13. 영과 다르다

2장 한마음 주인공 ······ 346
1절 우주 근본은 한마음 ······ 346
 1. 불성은 한마음
 2. 일체 중생의 마음
 3. 광대무변
 4. 만법을 들이고 냄
 5. 수만 부처의 나툼
 6. 부처님 나시기 전에도
 7. 바늘 끝이 넓을 만큼
 8. 평발이요 평손
 9. 시공 초월
 10. 부처도 한마음 안에
 11. 일체 제불이 존재
 12. 한마음의 빛
 13. 우주 전체의 공덕
 14. 생명은 하나
 15. 만 사람의 본존불

 16. 일체 제불의 마음
 17. 일체 제불의 마음
 18. 그 자리에서 나타난 화현
 19. 부처 자리
2절 영원한 주인공 ······ 351
 1. 한마음에 가설된 나
 2. 영원한 실상
 3. 생명의 근본
 4. 영원한 불
 5. 생각나기 이전
 6. 심봉
 7. 진리이자 빛
 8. 일체의 생명
 9. 불생불멸
 10. 이름
 11. 불생불멸
 12. 모두의 주인
3절 나의 시작이자 끝 ······ 354
 1. 나의 근원
 2. 나무의 비유
 3. 뿌리 없는 나무
 4. 참 주인
 5. 무변 무제
 6. 내 속의 나
 7. 나를 끌고 온 주처
 8. 수억겁 진화 속의 나
4절 무한량의 자재권 ······ 357
 1. 무한량의 에너지
 2. 유무가 합쳐진 자리
 3. 무한의 보배
 4. 천백억 화신으로 공존
 5. 우주와 직결
 6. 업을 녹여 주고
 7. 거대한 용광로
 8. 마음먹기 나름

9. 금강 같고
　　10. 평발 평손
　　11. 만물의 영장
　　12. 말이 붙지 않는 자리
　　13. 비춰 줄 뿐이니
5절 전체이자 공 ······················ 361
　　1. 텅 비었기에
　　2. 삼계의 모든 것을 나투고
　　3. 만물만생이 합쳐진 자리
　　4. 모든 것을 싸잡아서
　　5. 개별적이 아니다
　　6. 무엇이든 될 수 있어
　　7. 쥘 수도 없고 볼 수도 없고
　　8. 자가 발전소 비유
　　9. 빛깔도 없고
　　10. 발견코자 하는 거기에
　　11. 찾으려는가
　　12. 또한 이름일 뿐이나
　　13. 뭐라고 불러도 좋다
　　14. 말로써 부합시킬 수 없으니
　　15. 나눔이 있겠는가

3장 나의 실상 ························ 366
1절 누가 주인인가 ··················· 366
　　1. 어디로부터 왔는가
　　2. 나는 누구인가
　　3. 만약 내가 없다면
　　4. 나로부터 벌어졌으니
　　5. 나로 인해 들고 나며
　　6. 나 속의 참 나
　　7. 내 안의 불씨 하나
　　8. 사람의 뿌리
　　9. 집 짓고 사는 이치
　　10. 헌 옷과 새 옷
　　11. 가화합

　　12. 열매는 씨앗에서 생겼고
2절 자기속의 성품 ··················· 370
　　1. 나무를 살리려면
　　2. 체 없는 뿌리
　　3. 소소영영한 이것
　　4. 움직이게 한 근본
　　5. 자동차 비유
　　6. 들이고 내는 근본
　　7. 교차로
　　8. 나가 부정된 그 지점
　　9. 씨는 제 배 속에
3절 나의 의식과 주인공 ············· 373
　　1. 뜻대로 할 수 있는가
　　2. 사량심을 붙들고
　　3. 자기 사랑
　　4. 꿈같이 뒤집힌 생각
　　5. 망념에 가리어져
　　6. 주인을 모르기에
　　7. 주인공 앞을 막아선 거짓 나
　　8. 해맑은 마음자리
4절 사대 화합의 육신 ··············· 376
　　1. 인연 소산일 뿐
　　2. 꿈 속의 나
　　3. 나의 주인이라면
　　4. 하나의 껍데기
　　5. 찰나에 구름 흩어지듯
　　6. 흩어졌다가 다시 모이고
　　7. 생멸의 반복
　　8. 주인공의 시자
　　9. 따로 있는가
　　10. 나를 시자 부리듯이
　　11. 육신이 없다면
5절 중생의 국토 ····················· 380
　　1. 선장이 된 나
　　2. 공동체

3. 수많은 중생이 뭉쳐서
4. 하나에 포함되니
5. 하나로 합쳐 작용
6. 사생 속에 또 사생이
7. 사대를 해 삼아
8. 지구 비유
9. 공생하는 줄 안다면
10. 나 아닌 게 없어
11. 중생이 병들면
12. 하화중생
13. 불가량의 생명

6절 삼합 - 생명의 실상 ······ *384*
1. 인간 형성
2. 영원한 생명 불씨가
3. 삼합
4. 삼합
5. 삼합
6. 삼위일체로 회전
7. 마음의 별
8. 소달구지의 비유
9. 참 나와 시자

4장 둘 아닌 도리 ······ *388*
1절 현상계 ······ *388*
1. 가지와 잎들
2. 바다의 비유
3. 사대의 집, 우주
4. 생명체의 고향
5. 하나의 체계
6. 나 아닌 게 없다
7. 공생체
8. 유위·무위법
9. 모습조차 둘 아니니

2절 근본은 불이(不二) ······ *390*
1. 모두가 부모 자식 간

2. 일체와 둘 아니다
3. 전부가 한 분
4. 다 같이 공전
5. 일체가 다 먹는다
6. 평등하게 보라
7. 풀 한 포기라도
8. 너·나의 도리
9. 한 배를 타고
10. 나를 해칠 수 없다
11. 나툴 수 있어야
12. 산은 산이요
13. 어느 것일 때를 나라고
14. 백지와 글씨의 비유

5장 공의 나툼 ······ *394*
1절 오직 나툼이요 공이다 ······ *394*
1. 흐름일 뿐이다
2. 쉴 사이 없이 나투며
3. 톱니의 비유
4. 물고기의 비유
5. 앞뒤 없는 피리
6. 실체가 없으니
7. 중생의 눈
8. 유무의 교차
9. 이와 사
10. 무량 광대함
11. 말없이 나툼
12. 나온 자리도 공
13. 유로 살리기 위한 공
14. 생사가 둘 아니다
15. 차별이 없으니
16. 처음과 끝이 둘 아님
17. 찰나로 변하는 이치
18. 돌아다닌 걸음들
19. 고정된 게 없으니

20. 발걸음의 비유
　21. 창조와 나툼
　22. 소공과 대공의 넓이
　23. 짊어진 게 없음에도
　24. 너무 빠르게 돌기에
　25. 평등 공의 가르침
　26. 색즉시공 공즉시색
　27. 현상계 집착
　28. 보이지 않는 짝
　29. 생명수 같은 마음

2절 나도 공이다 ······················ *402*
　1. 어느 때의 나를
　2. 콩씨의 비유
　3. 한 물건조차 없다
　4. 따로따로 불리는 이름
　5. 모두 한 주처에서
　6. 옛 물도 옛 산도 없고
　7. 어느 생각 했을 때의 나를
　8. 돌고 도는데
　9. 시계추의 비유
　10. 마음의 나툼
　11. 심봉은 완벽하니

3절 삼세도 공이다 ···················· *406*
　1. 시공이란 말조차도
　2. 한 찰나
　3. 삼세 조상이 나와 더불어
　4. 짊어지고 나온 과거
　5. 옛 부처 마음이 내 마음
　6. 옛날이 지금
　7. 전생이 현생
　8. 오직 오늘만이
　9. 순간이 곧 영원
　10. 시간을 따지며

6장 마음의 도리 ···················· *410*

1절 만법의 근본 ······················ *410*
　1. 천지의 근본
　2. 마음의 씨 아니라면
　3. 갖가지로 꾸민 정원
　4. 마음 바탕 위에
　5. 진수성찬이 마음에
　6. 내놓을 수도 들일 수도
　7. 공생 공체
　8. 앞뒤 없는 피리

2절 마음의 정체 ······················ *412*
　1. 체가 없으니
　2. 마음의 향기
　3. 마음의 향기
　4. 길 없고 문 없고
　5. 불 속에 들어가도
　6. 시공을 초월
　7. 걸림이 없다
　8. 오고 감이 없이 오가
　9. 그 능력 끝 간 데 없어
　10. 광대무변
　11. 빛보다 빨라
　12. 꺼지지 않는 불
　13. 허공 같아
　14. 구멍 아닌 구멍
　15. 새도 될 수 있고
　16. 손색없이 상응
　17. 시작도 끝도 없어

3절 마음의 묘용 ······················ *416*
　1. 무한의 발전소
　2. 바꿀 수 없는 보배
　3. 자재로이 조절
　4. 참된 에너지
　5. 자력·광력…
　6. 누구에게나 능력이
　7. 첨단 장비의 비유

    8. 에너지와 질량
    9. 충전의 능력
  10. 바다로 뛰어들라
  11. 이심전심
  12. 마음이 있기에
  13. 유생 무생
  14. 기적은 없다
  15. 꽃꽂이 비유

4절 마음 쓰는 도리 ──── 422
    1. 마음의 차원대로
    2. 한 번 잘못 쓰는 데서
    3. 수천만 가지의 층하
    4. 마음의 진화
    5. 고통과 기쁨은 마음에
    6. 마음이 청정하면
    7. 모든 게 화평하니
    8. 마음 가운데 부처가
    9. 화해서 나타난 모습
  10. 보화
  11. 형성하고 주재하는 주인
  12. 가지각색의 모습
  13. 마음이 금강 같다면
  14. 한 주먹 안에 오온이
  15. 항상 봄이라야
  16. 모든 게 충족하여
  17. 육신을 끌고 다닌다
  18. 육신을 씻어 본들
  19. 풍차가 돌듯이
  20. 온갖 금은보화로도
  21. 지구식의 생각
  22. 굼벵이의 세계
  23. 벌레들의 세계
  24. 마음의 무게에
  25. 찰나로 바뀌면서
  26. 좋은 피난처
  27. 화탕 지옥
  28. 무명
  29. 보이지 않는 세계에서
  30. 오랑캐 비유
  31. 팔자 운명
  32. 샘물 있는 줄 알면
  33. 낮아질수록 넓어져
  34. 평전에 서 있다면
  35. 해골 속의 물
  36. 깃발이 움직인다

5절 물들지 않는 마음 ──── 430
    1. 마음속에 마음이
    2. 본성이 거울 같아
    3. 더러움에 물들지 않아
    4. 먹구름의 비유
    5. 빈 통 같은 거기
    6. 잠재의식
    7. '나'로 인식하니
    8. 부자가 상봉해야
    9. 부 속에, 자 속에
  10. 생각을 냈다 하면
  11. 두 가지 병

7장 인연과 업보 ──── 433
1절 진리의 그물 ──── 433
    1. 그물 같고 체 같고
    2. 모르게 했다 해도
    3. 낮말 밤말
    4. 정연하게 가설되어
    5. 참 주인이 먼저 알아
    6. 한 치도 샐 틈 없다
    7. 컴퓨터 비유
    8. 숙명통이라는 컴퓨터
    9. 진리의 곳간 열쇠
  10. 자기를 속이는 짓

11. 공허한 것은 없다
12. 법의 망으로 인연 지어져
2절 인과의 철칙 ——— 436
1. 철두철명한 법칙
2. 한생각 따라 일어나
3. 불성이 있기에
4. 부처님의 가르침 아는 길
5. 영원한 가르침
6. 코뚜레 안 뚫린 소
7. 썩지 않는 씨앗
8. 한 올의 어긋남도
9. 삼독이 꽉 찼는데
10. 알고 받고 모르고 받고
11. 선업도 업
12. 습을 쟁여 놓는다면
13. 업식이 뭉친 육신
14. 업의 갖가지 과보
15. 우환과 액난
16. 배우의 비유
3절 업이 녹는 도리 ——— 441
1. 생각이 미쳐야만
2. 질기기가 삼줄 같아
3. 과거의 인, 현재의 과
4. 금은 금방에
5. 본래 공한 것이기에
6. 각기의 인과로 뭉친 것
7. 한 컵의 물이 된다
8. 마음으로 마음 비워서
9. 단번에 짐 부리면
10. 녹음테이프 비유
11. 놓고 놓는다면
12. 뿌리를 캐고 들 줄 알아야
13. 얼음덩어리 비유
14. 무위의 금칼이 아니면
15. 지느냐 놓느냐

16. 모르는 게 약이 아니라
17. 밝아서 끄달리지 않으니
18. 활궁법
19. 재입력 하면
20. 돌아가는 그 자리에
21. 자기가 짓고 자기가 풀고
22. 집착을 떼지 못하니

8장 윤회와 진화 ——— 449
1절 업식 ——— 449
1. 모르고 옷을 벗는다면
2. 깃들어 있는 습대로
3. 더하고 덜함도 없이
4. 마음공부 한 사람
5. 잠재의식이라는 일기장
6. 몸이 있는 줄 알고
7. 벌레의 몸을 받았으니
8. 삼천이 체로 거르듯 도는데
9. 몸을 벗어도 의식만은
10. 다시 재생하려면
11. 말 한마디 잘못에
12. 개체 윤회 다체 윤회
2절 윤회 ——— 453
1. 옷을 갈아입는 것
2. 사형 선고 받고 태어나
3. 내 부모 네 부모 따로 없다
4. 쳇바퀴 돌듯 하다가
5. 좌천하기도, 승진하기도
6. 마음이 물질에 얽매였으니
7. 미끄러지는 중생
8. 사람으로 진화했으면
9. 화탕 지옥을 거쳐서
10. 천 년의 공을 닦아서
11. 자성불의 뜻으로 왔으나
12. 새 집으로 옮길 준비

13. 만물만생이 다 그렇게
14. 별성들도
15. 불변의 법칙
16. 우리의 스승이자 길잡이
17. 성불케 하는 힘
18. 인연법 떠나서는
19. 씨는 되남아서
20. 깨치면 나툼

3절 진화 ──────────── 459
1. 어제보다 더 나은 오늘
2. 마음의 설계에 의해
3. 날개가 필요하다고 느껴
4. 한마음의 나툼
5. 다른 껍질 쓰고
6. 부자유를 느끼는 순간
7. 인간이 되었으매
8. 벌레였다
9. 진화 과정의 증명들
10. 차원 바꾸는 절차
11. 일분일초인들
12. 깨닫고자 하는 욕구
13. 활동력 그 자체
14. 진화의 완성

9장 과학과 우주 ──────────── 465
1절 심성과학 ──────────── 465
1. 심성과학만이 모든 것 규명
2. 마음 계발 않는다면
3. 반쪽을 채우려면
4. 마음에서 나오는 것
5. 부분 설명
6. 육신 무예
7. 한계를 넘기 위해서는
8. 한계를 넘기 위해서는
9. 오신통은 한 셈

10. 문을 넘는 길은?
11. 마음으로 가설해야
12. 지구의 나이
13. 인간의 탄생
14. 태초
15. 법계의 허가 없이는

2절 우주 ──────────── 470
1. 무전자의 받침대
2. 한쪽만 보고
3. 버러지 수효만큼의 은하계
4. 은하계와 통하려면
5. 생명이 있기에
6. 우주의 생명체들
7. 우주의 생명체들
8. 생명 충만
9. 별들의 재생
10. 마음의 힘 생명줄
11. 살림살이
12. 은하계
13. 우주 탄생
14. 상천, 중천, 하천
15. 중세계 사람들
16. 한생각만으로
17. 목성
18. 도솔천국
19. 은하계 모양
20. 범천
21. 수성
22. 화성

수행편

1장 불법 공부 ──────────── 483
1절 한 철 인생 ──────────── 483
1. 이승에 소풍 왔다가

2. 관리하는 것
3. 언제 다시 와서 도리 알지
4. 티끌 같은 일을 가지고
5. 꿈에서 깨어나야
6. 일시적 평안
7. 애벌레의 비유

2절 인생의 목표 ······ 485
1. 최대의 과제는
2. 공부해야 하는 까닭
3. 환상천 넘는 공부
4. 한 생애를 던져서
5. 백 년도 못 사는 인생
6. 바삐 살면서도
7. 무심으로 뛴다면
8. 생활 속의 공부
9. 더 많아진 시간
10. 노른자위 안에서
11. 만 가지 맛이 나는 과일
12. 고를 통해 체험하며
13. 알고 보면 공부
14. 칼을 뺀 격
15. 시간 없다
16. 공생하는 도리부터 알아야
17. 애지중지하던 것들이지만
18. 오늘 중에 부처 되어라
19. 서산에 해 저무니

3절 가장 큰 이익 ······ 490
1. 둘 아닌 줄 몰라
2. 부모 없는 고아 신세
3. 참 보배 찾는다면
4. 갈수록 넓어지는 길
5. 욕구를 다 태울 욕구
6. 보살로 화하게 하고
7. 모든 것에 통하는 길
8. 선줄이 이어져 있다

9. 보리를 구하라

4절 마음속의 보화 ······ 492
1. 흙 속의 진주처럼
2. 칠보 가득 쌓인 곳간
3. 마음으로 지은 줄 알면
4. 넓은 마음으로 돌리면
5. 진리의 기쁨을 택하겠는가
6. 세간의 칭찬과 경배
7. 잡는 법부터
8. 자재할 수 있으니
9. 생활하는 중에도
10. 정해진 문 없다

5절 성불할 수 있다 ······ 495
1. 꽃을 피우는 힘
2. 내가 있기에 부처가
3. 늙으나 젊으나
4. 부처가 될 승인 받고
5. 나올 자격 있어서
6. 물 흐름의 비유
7. 마음이면 족하다
8. 인간의 몸 받았을 때
9. 미륵이라는 뜻은

2장 믿음이 근본 ······ 499
1절 불성 있음을 믿고 ······ 499
1. 꽃을 피우는 힘
2. 본래 부처였음을 믿는 것
3. 부처님과 한자리에
4. 마침내 도달할 곳은
5. 갓난아기가 부모 믿듯이
6. 확고하면 그뿐
7. 의심하지 말라

2절 초발심 ······ 501
1. 첫 발걸음이 중요
2. 우는 아이부터

3. 내 집에 전화 놓아야
4. 안테나 세우지 않으면
5. 마음내지 않고서야
6. 마음 가다듬고
7. 촉촉한 땅
8. 배고픈 아기
9. 대신할 수 없다
10. 쉬운 마음먹기부터
11. 불쏘시개의 비유

3절 자성을 굳게 믿음 ······ 504
1. 자등명의 말씀
2. 부족함이 없는 존재
3. 간절한 믿음만을
4. 돌 위에 세워 놓아도
5. 무시해서는 안 된다
6. 충직한 하인이 돼라
7. 자기를 믿지 않으면
8. 사무치도록 애절하게
9. 믿음에서 불이 붙는다
10. 주처에 대한 믿음
11. 대공의 부
12. 제 아버지를 믿고
13. 자성 삼보에 귀의

4절 주인공 진짜 해결사 ······ 508
1. 팔짱 낀 주인공
2. 중생이 할 일
3. 해결사의 능력
4. 거짓 나를 앞세우지 말고
5. 조건 없는 믿음
6. 바람 잘 날 없는 까닭
7. 주인공의 밝은 눈으로

3장 물러서지 않는 믿음 ······ 511
1절 진심 ······ 511
1. 강한 마음으로 무겁게

2. 한시도 떠나지 않는 믿음
3. 마음의 주춧돌
4. 강한 패기가 있어야
5. 사소한 일 따위야
6. 믿는 사람 드물다
7. 대장부다운 믿음
8. 백척간두 진일보
9. 편안함 추구하고서는
10. 문을 찾으려 하면
11. 물러서지 말라

2절 주장자를 쥐고 ······ 514
1. 중심이 흔들리면
2. 이름은 아무래도
3. 대문 빗장을 잡고
4. 하나를 세워 놓고
5. 하나를 세워 놓고
6. 무엇인가 하지 말고
7. 알음알이가 아니다
8. 입으로 외지 말고
9. 독존이라 믿고 나가라
10. 빈집의 비유
11. 한 나라의 비유
12. 중심을 자신에 두고
13. 뿌리도 형체도 없는
14. 방망이를 쥐듯
15. 반야의 줄

3절 믿고 맡김 ······ 518
1. 유장한 마음으로
2. 어린아이 걸음마 배우듯이
3. 누구를 탓하랴
4. 맡기면 된다
5. 이치로 헤아리지 말고
6. 전제는 없다
7. 답답증이 생길 때
8. 참는 마음이 아니다

9. 사량으로 헤아리면
　10. 회개도 자기가 한다
　11. 회개도 자기가 한다
　12. 사량심도 맡겨라
　13. 불이 들어온다
　14. 유무를 겸해서
　15. 뿌리에다 일임하라
　16. 쉽고 빠른 길
　17. 모르겠거든 부숴라
　18. 마음의 바람구멍
4절 정진 ─────── *523*
　1. 생활이 곧 수행
　2. 한시도 게을리 말고
　3. 열심히 하면 알게 된다
　4. 나무를 비벼 불을 얻듯
　5. 고양이가 생선 가게 노리듯
　6. 겁나면 못해
　7. 전체를 도둑질하라
　8. 그냥저냥은 안 된다
　9. 앉으나 서나
　10. 바라는 바 없이 꾸준히
　11. 탑을 쌓아 올리듯
　12. 물이 흐르듯
　13. 생활 속의 공부
　14. 오로지 진실되게 나아가는 것
　15. 자신에게 정직해야
　16. 자신에게 정직해야
　17. 모른다 안다 하지 말고
　18. 진퇴양난에 빠졌을 때
　19. 행여라도 의심치 말라
　20. 게으름
　21. 이왕 칼을 뺐거든
　22. 의미 없는 세월 계산
　23. 묵묵히 참구하라
　24. 묵묵히 참구하라

　25. 안주하려 들면
5절 믿음의 공덕 ─────── *530*
　1. 불가사의한 힘
　2. 믿는 만큼 보답
　3. 믿는 만큼 보답
　4. 결코 무너지지 않는 탑
　5. 저버리는 일 없다
　6. 아, 내게도 이런 능력이
　7. 마음 편하고
　8. 보이지 않는 힘이
　9. 에너지는 속사포같이
　10. 불을 켬
　11. 솜처럼 가벼운 업
　12. 물고기가 물에서 놀듯
　13. 전체로 와 닿는다
　14. 운명 타령 없어져
　15. 어찌 잡다한 불안 따위가
　16. 즐거움이 자라고
　17. 여여해진다

4장 놓고 가는 삶 ─────── *535*
1절 삶 가운데 놓음 ─────── *535*
　1. 물처럼 흐르니
　2. 본래로 든 것이 없다
　3. 차 한잔 마시고
　4. 목마르면 물 마시듯
　5. 목마르면 물 마시듯
　6. 목마르면 물 마시듯
　7. 무심 속에 면목이
　8. 쟁론할 게 없다
　9. 빈 그릇의 꼭두각시 놀음
　10. 앞생각 뒷생각
　11. 그대로 즉일 뿐
　12. 독서의 비유
2절 믿음으로 놓음 ─────── *538*

1. 놓는다는 것은 믿음
2. 닥치는 대로
3. 일체를 넣는 작업
4. 일심을 놓는 것
5. 될 대로 되어라?
6. 믿고 넘어가야
7. 앞뒤 없이 놓는 것
8. 놓는다는 것마저
9. 중생심을 돌려

3절 공에다 놓아라 ─────── 540
1. 점 찍어 놓을 곳 있는 줄도
2. 나까지 거기 있다
3. 공이 하는 것
4. 자가 발전소에
5. 놓으면 여여함이니
6. 물러서지 않는다면
7. 마음을 방생하라

4절 무조건 놓아라 ─────── 542
1. 놓는 데 이유 없다
2. 싫은 경계 좋은 경계
3. 신통 능력까지도
4. 알면 아는 대로 놓고
5. 도라는 이름도
6. 따로 용납할 게 없다
7. 천상 인간일지라도
8. 뒤도 돌아보지 말라
9. 놓는 습이 붙게 하라
10. 처음에는
11. 툭 튀어나오거든

5절 나온 자리에 되놓음 ─── 545
1. 전체가 직결된 거기에
2. 녹음테이프 지우는 격
3. 엎어진 자리에서
4. 경계에 부딪치면
5. 안으로 놓아라

6. 마구니든 꼭두각시든
7. 주인공 자리에
8. 마음의 나툼인 줄 알면
9. 오늘에 놓는다면

6절 일체를 놓음 ─────── 548
1. 벗어나 푹 쉬어 보라
2. 수행의 근본
3. 날이 궂었다 해서
4. 생사를 알려거든
5. 생사를 다 놓아야
6. 생사를 다 놓아야
7. 도인의 마음 씀씀이
8. 실재하는 줄 아니
9. 가질 게 없으니
10. 던지면 건진다
11. 여여하고 여여하게

7절 무기공 ─────────── 552
1. 가만히 있으라는 게 아니다
2. 아무 생각이 없다면
3. 칼 들고 덤벼도?
4. 이럴 것도 저럴 것도 없다?
5. 중심을 세우고
6. 나부터 알기 위해
7. 공견에 빠지면

8절 놓음과 방편 ──────── 553
1. 틀고 앉는 방편이라도?
2. 우선은 쉬운 듯하나
3. 참된 방편
4. 무엇을 한다는 군더더기
5. 내가 한 줄 몰라야
6. 절로 피어나도록
7. 문을 찾으려 들면

9절 놓는 자와 받는 자 ──── 556
1. 내 공이 일체와 한마음이니
2. 안팎에서 나를

3. 따로 있지 않다
4. 따로 있지 않다
5. '해 달라'가 아니라 하는 것
6. 공한 자리이기에

10절 놓음의 공덕 ········· 558
1. 공덕은 무한량
2. 인과 업보 없어지고
3. 보이지 않는 데서 풀어야
4. 타 버리고 녹고
5. 수천억 겁의 업이라도
6. 찰나찰나 무너져
7. 중생이 보살로 화해
8. 갈수록 이익이

5장 관념의 타파 ········· 561
1절 짐을 내려놓고 ········· 561
1. 관념을 타파하라는 뜻
2. 사량으로 답을 지으면
3. 짐지고 등산 중에
4. 창살 없는 감옥에서 풀려나
5. 뿌리까지 뽑아야
6. 머리로 공한 줄 알면
7. 생각나기 이전을
8. 낳기 이전 무슨 이름이
9. 6식 7식 따지지 말고
10. 잘 가게 되는 것을 공연히
11. 지네의 비유
12. 본래 환인데
13. 돌부처에게 시집가려면

2절 관념의 벽 ········· 564
1. 허공에 걸려 넘어지니
2. 고정된 줄 인식하여
3. 통을 벗어나야
4. 붙들고 있으면 벽
5. 가장 무서운 감옥

6. 허무는 과정
7. 은산 철벽
8. 백지 한 장 뚫으면
9. 교차로에서 막혀
10. 벽을 뚫지 못하니
11. 사방이 탁 터졌는데
12. 이름에 걸려 넘어지고
13. 죽어서도 걸리고
14. 둥그런 그릇에 네모난 뚜껑

3절 아상을 버려라 ········· 568
1. 내세울 게 없어야
2. 이기심 버리는 게 중요
3. 주인공과 함께 회전
4. 아집·아만
5. 한 치라도 착을 두면
6. 매듭 짓기는 쉬워도
7. 참된 수행자
8. 이름을 나라 하고
9. 허공에 말뚝 박는 것
10. 나를 해치는 방벽
11. 해 저물어 저녁이 되니
12. 집착하는 마음을 낳고
13. 생각 한 번에 엄청난 문제가
14. 본래 한 배에 탄 것을
15. 무아가 되면
16. 지혜와 어리석음
17. 나 하나 죽는다면
18. 하고도 한 줄 몰라야
19. 발 없는 발

4절 마음공부의 장애 ········· 573
1. 아만심
2. 미묘하게 숨어 있는 아만
3. 알기 전의 알음알이
4. 아집 있고서야
5. 습도 떼지 않고

6. 자기의 좁다란 이익
　7. 콧김이 더워지니까
　8. 믿지 못하면
　9. 일체가 공심인 줄을
　10. 귀머거리의 천둥 소리
　11. 자기 사랑
　12. 텅 비워야 채운다
5절 상대성과 공생 ──── 577
　1. 만물만생이 도반
　2. 함께 먹고 함께 살고
　3. 나 속의 너
　4. 들이쉬고 내쉬는 거기에도
　5. 각자 구해 살라면
　6. 밥 한 그릇의 비유
　7. 독불장군 없다
　8. 내 아픔같이
　9. 여건을 만들어 주기에

6장 의정 ──── 581
1절 하나로 몰아감 ──── 581
　1. 모아서 버리는 것
　2. 주장심이 잡힐 때까지
　3. 주장심이 잡힐 때까지
　4. 심봉을 꿰어 들어야
　5. 빠질 틈 없이 몰아라
　6. 모는 그것만 남게
　7. 나오는 대로 주인공에 몰아
　8. 에너지 낭비 말고
　9. 여일하게 가기만 하면
　10. 오갈 데 없을 때는
2절 샘솟는 의정 ──── 584
　1. 내면으로부터
　2. 그러다가 홀연히
　3. 사량으로 지어 보았자
　4. 흉내 내는 사람들

　5. 싹을 틔우려면
　6. '이 뭣고?'로 가자면
　7. '이 뭣고?'로 가자면
　8. 모르면 그대로 놓고
　9. 강제로 의정 낸다면
　10. 참 의정
　11. 대의심
　12. 천칠백 공안

7장 관하는 도리 ──── 588
1절 지켜보라 ──── 588
　1. 만들어 놓고 구경하는 자
　2. 누가 하는가
　3. 누가 하는가
　4. 누가 하는가
　5. 마음의 움직임 살피면서
　6. 자기의 정체
　7. 누가 하는지를 알 때
　8. 할 것을 하면서
　9. 확연히 꿰뚫을 때까지
　10. 누가 하는지를 아는 게 우선
　11. 내공을 타파 못하면
　12. 활을 쏘려거든
2절 관 ──── 592
　1. 일체가 그렇게 돌아가는 것을
　2. 없는 중심을 지켜봄
　3. 재생되어 나옴을 보라
　4. 믿음으로 할 뿐
　5. 텅 빈 마음으로
　6. 알고 있는 것은
　7. 지켜보는 자와 대상
　8. 일심관이 성숙된 후
　9. 믿음에 약한 이
　10. 답장이 온다

8장 안에서 찾자 ········ 596
1절 내면으로의 귀로 ········ 596
   1. 나의 정체를 알려면
   2. 내면으로 돌아가 보면
   3. 성품을 스승 삼고
   4. 사무치는 마음으로
   5. 안에 든 씨
   6. 자기를 빼 놓으면
   7. 수박씨의 비유
   8. 수박씨의 비유
   9. 앞뜰의 복숭아꽃
   10. 오직 마음이니
   11. 심안으로 보면
   12. 내 탓으로 돌리는 공부
2절 밖으로 돌지 말라 ········ 599
   1. 엎드려 빌어서야
   2. 눈·귀 어두우니
   3. 갈대처럼 끌려다녀
   4. 허공에다 청을 넣으니
   5. 비참해지는 길
   6. 가뜩이나 복잡한 세상인데
   7. 집을 비우는 격
   8. 제 고귀한 생명을
   9. 밖으로 지팡이 삼는 게 있으면
   10. 부처님 뵈려고
   11. 익은 감 먹고 싶거든
   12. 현재 의식만으로는
   13. 남의 삶을 사는 것
   14. 남의 아비만 찾으니
3절 자기 속의 스승 ········ 604
   1. 스스로 항복받는 것
   2. 자기가 가르치고 배우고
   3 회개하는 것도 자기
   4 마음 안으로 관함
   5 일체 제불의 심인이

4절 내가 곧 화두 ········ 605
   1. 내가 나오지 않았다면
   2. 이 몸이 화두
   3. 나온 자리로 들어갔다가
   4. 들고 나는 대로 화두
   5. 분명한 증명
   6. 뛰어넘어라
   7. 찾는 게 아니다
   8. 과학이 발달한 시대
   9. 공안
   10. 세존 당시에?
   11. 놓고 돌리라고 한 것
   12. 나와 화두가 둘이 되니
   13. 마음속에 씨를 묻고
   14. 지켜보면서 또 놓고

9장 무애의 발걸음 ········ 610
1절 수행은 쉽이다 ········ 610
   1. 잡으려면 멀어져
   2. 뚜벅뚜벅 걷는 삶
   3. 긍정하는 대장부
   4. 놓아 버리면 산다
   5. 빈손으로 왔으니
   6. 산같이 살라 하고
   7. 모든 것들과 하나 되어
   8. 우주의 주인이 되어
   9. 상을 여의면
   10. 자연스레 샘이 솟게
   11. 인위적으로 하지 않으니
   12. 물 같은 사람
   13. 천하가 내 품에
   14. 일체가 내게로 상응
   15. 놓고 가다 보면
   16. 전체와의 통신
   17. 아상이 없으매

18. 주인공의 것이니
  19. 생활 속의 수행
  20. 무심 법행을 할 때
2절 방하착 ———————— 616
  1. 모든 것은 참 나의 것
  2. 신발 벗고 올라서듯
  3. 내가 그 무엇을 위해 있다면
  4. 집착하지 말라
  5. 콩깍지의 비유
  6. 내 것 아닌 게 없는데
  7. 비울 수 있는 데까지
  8. 다 버리면 다 있다
  9. 애착을 놓는 것
  10. 가질 게 없으니 버릴 게 없어
  11. 화창한 봄날 꽃이 핀 듯
  12. 등짐 지고 간 사람
  13. 이 방 저 방의 물건 같으니
3절 분별하지 말라 ———————— 620
  1. 버릴 것은 오직 간택하는 마음
  2. 분별하면 통할 수 없다
  3. 하천 세계로
  4. 차원을 따지지 말라
  5. 상대성일 뿐
  6. 업보를 짓지 않는 마음
  7. 먼저 백지를 알아야
  8. 앞뒤를 두지 말라
  9. 앞뒤를 두지 말라
  10. 환인 줄 안다면
  11. 무문
4절 번뇌를 녹임 ———————— 623
  1. 끊으려 하는 마음
  2. 마음 진화의 촉진제
  3. 성숙의 과정
  4. '끊는다'는 망상
  5. 보리와 망상
  6. 녹여라
  7. 수련의 채찍
  8. 놓아라
  9. 이익을 주는 소
  10. 주인공의 일
  11. 진흙 속의 연꽃

10장 참선 ———————— 626
1절 평상심 ———————— 626
  1. 주인공으로 살라
  2. 명쾌한 삶
  3. 유유자적하게
  4. 그러하고 그러하기에
  5. 중도적 발걸음으로
  6. 하루하루를 담담하게
  7. 진실하고 꾸준히
  8. 분수에 맞는 생활
  9. 죽음이 온다 해도
  10. 위대한 것을 보아도
  11. 위대한 것을 보아도
2절 지금 여기 ———————— 629
  1. 내일은 없다
  2. 하루살이로 산다
  3. 영원한 오늘로
  4. 앉은 자리가 도량
  5. 여래의 처소
3절 참선 ———————— 631
  1. 간절하고 지극한 마음
  2. 믿는 생활이 곧 참선
  3. 앉을 때와 설 때
  4. 지켜봄이 곧 참선
  5. 참선 아닌 게 없다
  6. 마음의 인등을 밝혀라
  7. 마음의 원동력을 믿으면
  8. 시간에 걸리지 말라

9. 자비의 마음이 끊이지 않으면
10. 숨을 쉬는 것
11. 마음법 아니라면
12. 달마 면벽
13. 결제와 해제
14. 계정혜

11장 깨달음 ······ 635
1절 시키는 자 ······ 635
1. 엉뚱한 현상들
2. 안으로 돌릴 줄 알아야
3. 내면의 소리가
4. 현재 의식과 맞춰 놓기
5. 성품 속에서 나오는 것
6. 신기한 현상들이
7. 닥치는 대로 먹고 놓아라

2절 계단 없는 공부 ······ 637
1. 단계는 없다
2. 없는 중에 있다
3. 물 깊이의 비유
4. 되돌아 나오는 것
5. 모든 것을 놓고
6. 한다는 생각조차 없는 중에
7. 탐구하다 보면
8. 쥘 수 없는 염주를 쥐고
9. '우리 함께'가 되었을 때
10. 각성 자체로 보게 될 때
11. 문 여니 또 문
12. 죽은 나가 되살아나면
13. 만법에 활보하니

3절 깨달음이란 ······ 640
1. 본래로 나임을 아는 것
2. 번뇌가 보리인 줄 아는 것
3. 동성동본인 줄 아는 것
4. 찾는 일심도 없는 것

5. 얻은 게 없는 것
6. 모든 것을 포용한 원심력
7. 계합의 자리
8. 백지 한 장 넘는다면
9. 성주 자리와 통하면
10. 가고 옴이 없음을 알면
11. 뛰어넘을 수 있는 능력이
12. 다 버리는 이치가
13. 아닌 게 없다
14. 진화의 도리를 알고
15. 산천초목까지도
16. 시자와 주인의 계합
17. 공하여 돌아가는 이치를
18. 만법을 굴리고 응용해도
19. 만 가지 수학이 풀려

4절 죽어야 보리라 ······ 645
1. 중생인 내가 죽어 사라져야
2. 나온 구멍으로 다시
3. 세 번 죽어야
4. 계단 없는 세 계단
5. 마음으로 죽는 것
6. 완성의 작업
7. 갇혀 있는 내 마음을
8. 살아서 부활함

5절 참 나와의 상봉 ······ 648
1. 맡기는 단계에서
2. 마음속으로 말하고 듣고
3. 어느 때 눈물이 비오듯
4. 얼음 녹아 물 흐르듯
5. 깨달았다는 망상
6. 온 누리에 닿기까지
7. 한 소식 얻었다 하나
8. 낳았으면 길러야
9. 낳았으면 길러야
10. 자기를 알고부터

11. '더불어'가 더 어려우니
12. 홀연히 깨쳤다 해도
13. 다시 나갈 줄 모른다면
14. 설익은 과일의 비유
15. 보기만 하고 듣지 못하면
16. 또 맡겨 놓으면
17. 보임하기가 어렵다
18. 비로소 크게 죽어야
19. 자기한테 인가받아야
20. 만 불을 알아야만
21. 지팡이마저 놓음
22. 둘 아닌 걸 터득해야
23. 더 높은 차원 있는 줄 모르면

6절 열반의 자리 ─────── 656
1. 신묘한 능력까지 놓음
2. 신통력이 있다 한들
3. 무심의 경지가 깊어지면
4. 다시 또 죽으니
5. 나툼의 경지가 열리는데
6. 마침내 온 우주가
7. 무여 열반의 자리
8. 살아서 열반
9. 만(卍)
10. 뿌리 없는 기둥으로

7절 중도 ─────── 659
1. 평등하고 원융함
2. 주인공 자리
3. 양면을 같이함
4. 유무 계합
5. 색과 공
6. 전체 대공
7. 깨침도 중도

8절 보살 ─────── 661
1. 수없는 선지식의 씨가
2. 법열에 젖어든 이만이

3. 평등하게 나투면서
4. 유생 무생을 제도
5. 중생이 앓고 있으면
6. 사생을 송두리째
7. 무명을 치는 경우
8. 이름해서 보살이다

생활편

1장 행 속의 지혜 ─────── 667
1절 실참 ─────── 667
1. 생명을 잃은 지식 - 올챙이 비유
2. 내가 집어 먹을 줄 모르면
3. 진수성찬이라도
4. 남의 보물
5. 물 한 모금 마시는 것
6. 얻어들은 지식
7. 집 지을 줄 모르고야
8. 조사들의 길
9. 대신해 줄 수 없다
10. 제 밥 제가 찾아 먹는 것
11. 빈 맷돌질
12. 내 집 보물부터
13. 모래로 지은 밥
14. 수박을 쪼개 맛을 보라
15. 세상 돌아가는 이치
16. 어느 때에 이르면
17. 묵은 빚 언제 갚으려나
18. 우주를 꿰어 들 수 없으면

2절 경전 공부 ─────── 672
1. 나의 뗏목을 타고
2. 벌의 비유
3. 마음으로 들어야 - 뿌리의 비유
4. 금강경을 외웠다 해도
5. 마음부터 닦아라

6. 경을 보되 보지 않고
  7. 옛날 방편
  8. 팔만대장경의 근본
  9. 경전 벌레
  10. 흉내만 낸다면
3절 계행 ─────────── 675
  1. 생활 속의 계행
  2. 오계의 참뜻
  3. 마음이 청정하면 족하다
  4. 우러나도록 하라
  5. 주인공에 맡겨 놓으면
  6. 근본을 믿어 긍정으로
  7. 자유인 되는 공부
  8. 계율을 놓은 사람
  9. 경계를 하나로 보아야
  10. 제가 걸리지 않는다 해도
  11. 나 하나 죽으면

2장 경계와 고 ─────────── 680
1절 경계 ─────────── 680
  1. 바로 자기 자신
  2. 나의 다른 모습일 뿐
  3. 거짓 나 때문에
  4. 괴로움을 자초하는가
  5. 결정권은 자신에게
  6. 간택하는 마음
  7. 알고 보면 주인공의 배려
  8. 이심전심의 작용
  9. 닥쳐오는 것은 같아도
  10. 참는 마음이 아니다
  11. 실체는 공이다
  12. 믿음으로 맡길 때
  13. 놓아 버려라
  14. 놓아 버려라
  15. 내가 지은 과보이니
  16. 내 탓으로 돌리면
  17. 내가 나왔으니 닥친다
  18. 꿈에서도 끄달리지 않아야
  19. 평등하게 보라
  20. 높은 산에서 내려다본 듯
  21. 집착은 마에 사로잡힘
  22. 마구니로 나투실 때
  23. 서로가 다 부처라
  24. 비밀 언덕
  25. 일체를 나로 보면
  26. 각을 이룬 분일지라도
  27. 대립할 상대가 어디 있나
  28. 상을 여의면
2절 고 ─────────── 689
  1. 인생은 고가 아니다
  2. 고라고 느끼며 살 뿐
  3. 고락의 생산 공장
  4. 한생각의 차이
  5. 인과의 산물이니
  6. 인과의 산물이니
  7. 인과의 산물이니
  8. 밝음으로 가는 과정
  9. 자기를 알아 가는 과정
  10. 감사하는 마음
  11. 감사하는 마음
  12. 나를 정화시켜 주는 불보살
  13. 긍정하는 마음
  14. 주인공 은혜를 모르면
  15. 주인공에 돌려놓고
  16. 솟아날 구멍 있다

3장 예경과 기복 ─────────── 695
1절 예불 ─────────── 695
  1. 주인공과 더불어 하나일 때
  2. 자의식의 항복

3. 자의식의 항복
4. 삼보 예경
5. 가피를 비는 중에도
6. 어떻게 일일이 절하랴
7. 항상 탑돌이 하며
8. 참 성품에 드리는 경배
9. 일체를 굴려 일 배를 할 때
10. 한생각이면
11. 백팔 배
12. 삼천 배와 일 배
13. 포괄적인 나에게
14. 오분향
15. 부처님 욕되게 하는 일
16. 콩 한 쪽을 놓았다 해도
17. 죄업을 짓는 일
18. 관세음보살 염송
19. 입으로만 외우니
20. 한생각이 염불
21. 마음이 인등이라
22. 백 일만 밝으려나?
23. 켰다가 꺼지는 불로
24. 촛불을 촛불로 켜면
25. '해 주시오'가 아니다
26. 따로 기도처 없으니
27. 말로만 해서는

2절 타력 신앙 ─────── 703
1. 해 달라 하면 둘
2. 근본 해결책과 임시 방편
3. 진지한 마음으로 내면을
4. 내 깊은 골의 샘물
5. 머슴 노릇만 할 것인가
6. 안으로 하라
7. 만물의 영장으로서
8. 저 높은 하늘이란
9. 더 좋은 기도처

10. 허공에 코드 꽂고
11. 모른다 하니까
12. 귀신 노릇
13. 이 신 저 신 찾다가
14. 종교란 이름이다

3절 스승 ─────── 707
1. 삼라만상이 내 스승
2. 눈을 뜨기까지
3. 승보 귀의
4. 독존을 발견할 일

4장 생활 불법 ─────── 709
1절 삶이 곧 불법 ─────── 709
1. 생활이 진리임을 알라
2. 인간 세계에는 없는 게 없다
3. 현실의 법
4. 내가 나를 알아보기 위한 것
5. 지옥도 있고 천당도 있고
6. 안방에도 부엌에도
7. 대긍정의 가르침
8. 존재하는 것은 모두 불법
9. 환경을 수용하면서

2절 감사하는 마음 ─────── 712
1. 더불어 먹고 더불어 감사하고
2. 부모 은혜
3. 오종대은
4. 조사 은혜
5. 뜻을 받드는 효자

3절 따뜻한 마음 ─────── 713
1. 진실이 담긴 말
2. 잘못된 언행
3. 어머니가 자식 감싸듯
4. 작은 공부
5. 올바른 수행자라면
6. 작은 불씨 하나가

7. 자석이 감응하듯
　　8. 자기를 깎아 먹는 일
　　9. 상대성 속에서 산다
4절 진정한 사랑 ──────── 716
　　1. 부모의 마음
　　2. 놓아 주는 사랑
　　3. 그대로 자비심
　　4. 모든 것을 줄 수 있는
　　5. 오가는 사이 없이 오감
　　6. 과거의 내 모습이지
　　7. 내가 사랑을 해야 상대도
　　8. 같이하는 마음
　　9. 내 물그릇에 넣어라
　　10. 하심하여 고개 숙임
　　11. 모두를 살리는 길
5절 생명 사랑 ──────── 719
　　1. 내 생명같이
　　2. 생명은 똑같다
　　3. 차원이 다를 뿐
　　4. 평등하다
　　5. 생명체를 취하지 않고서는
　　6. 자비의 천도
　　7. 둘 아닌 도리를 알아야
　　8. 인도환생
　　9. 물에도 불에도
　　10. 놀부 방생
6절 보시 ──────── 722
　　1. 생명 사랑이 보시
　　2. 무주상 보시
　　3. 둘 아니게 되면
　　4. 대공의 이치에 계합
　　5. 도리 알게 하는 것
　　6. 함이 없이 함
　　7. 내가 했다고 하는 한은
　　8. 준 사이 없으니

　　9. 은혜 갚는 기반
　　10. 남을 이익 되게 하라
7절 행복 ──────── 724
　　1. 상응이 안되기에
　　2. 중도의 기쁨
　　3. 착을 두지 말라
　　4. 믿으면 풍요롭다
　　5. 탓을 하면 넝마 살림
　　6. 지옥을 누가 만드는가
　　7. 부잣집 하인 노릇
　　8. 담담하게 하루하루를
8절 재화 ──────── 726
　　1. 재산을 쓰는 사람이 돼라
　　2. 다만 관리자일 뿐
　　3. 다만 관리자일 뿐
　　4. 움켜쥐려 하면
　　5. 흐르게 놓아 두어라
　　6. 마음 맑은 곳 좋아해
　　7. 이익과 손해
9절 가정 ──────── 728
　　1. 내 앞에 닥친 일
　　2. 책임을 다하라
　　3. 같이 돌아가라
　　4. 마음으로 거름 주며
　　5. 자녀의 전화통
　　6. 오직 마음에 맡기고
　　7. 아내 도리, 남편 도리
　　8. 색신 효도
10절 호국 불교 ──────── 731
　　1. 마음 닦으면 불국토
　　2. 파괴의 악업
　　3. 제자리 지킬 수 있으면
　　4. 몸은 움직이지 않더라도
　　5. 마음의 촛불을 켜고
　　6. 자기 방석을 지킴

활용편

1장 한생각 ——————— 735
1절 마음내는 도리 ——————— 735
  1. 마음 도리를 모르면 종종걸음
  2. 업식으로 뭉쳐 있으매
  3. 마음을 잘 쓰라는 것
  4. 마음내는 것
  5. 한생각 자체도 없음
  6. 중계자 역할
  7. 자동 과학
  8. 근본 자리에서 일어났기에
  9. 머무름 없이
  10. 아무 집착 없이
  11. 아무 집착 없이
  12. 한생각의 중요성
  13. 순간 긍정으로 돌려라
  14. 한생각 잘못되면
  15. 상천 하천을 오르내려
  16. 한생각 잘못되면
  17. 잠재한 생각 하나가
  18. 체 없는 마음이라

2절 한생각의 힘 ——————— 741
  1. 방방곡곡이 앉은 방석
  2. 수억겁을 좌우
  3. 송수신이 자동으로
  4. 법계가 들썩거려
  5. 무엇이든 한아름에
  6. 보살로 화할 것을
  7. 행복과 고통의 갈림길
  8. 무슨 그림이든
  9. 관세음을 청하면
  10. 수미산만 한 업
  11. 산울림처럼
  12. 지극한 마음이면
  13. 대통령의 비유
  14. 그대로 법

2장 용 ——————— 746
1절 체와 용 ——————— 746
  1. 할 것 하며 놓고 하는 것
  2. 태양의 비유
  3. 눈 가는 데 귀 가고
  4. 나툼이 그대로 용
  5. 들고 나는 것 그대로
  6. 무심의 용
  7. 도리를 모를 때는
  8. 능력이라는 것
  9. 능력이라는 것
  10. 술과 도

2절 주인공의 체험 ——————— 749
  1. 방편에 의지하지 말고
  2. 수행 과정 중에
  3. 운전 실습의 비유
  4. 쓴지 단지를 알아야
  5. 믿지 못해 못 쓴다면
  6. 모르니 확인해 보라는 것

3절 신통 묘용 ——————— 751
  1. 텅 빈 곳에서 묘용이
  2. 오신통은 부리는 것
  3. 누진이 주재자
  4. 도를 체험한 이만이
  5. 전기 코드 비유
  6. 큰 그릇 작은 그릇
  7. 지구적 문제의 조절
  8. 지구적 문제의 조절
  9. 원심력을 얻는다면

3장 치병과 천도 ——————— 755
1절 치병의 도리 ——————— 755

1. 주인공에 맡겨 놓음으로써
2. 병도 둘이 아니다
3. '주인공밖에는 할 수 없다'
4. 거짓 나의 개입
5. 분공장의 비유
6. 먼저 스스로 치료해야
7. 마음의 약이 제일
8. 기도와 맡김
9. '네 시자 네가 고쳐라'
10. 능력 있는 선장을 못 믿으면
11. 맡기는 도리를
12. 그 밖의 수단
13. 업보로서 되돌아오니
14. 오장 육부의 평화
15. 사량으로 헤아리니
16. 달라는 대로 먹으면
17. 제 빛으로 낮게 해야
18. 한마음 자리에서 한생각
19. 내 중생 구원한다면

2절 천도 ─────── 761
1. 제사
2. 자기와 더불어 감사
3. 믿음으로 하는 천도재
4. 천도의 세 가지
5. 비록 물 한 그릇이라도
6. 생전의 마음자리
7. 내가 알면 조상님도
8. 예수재
9. 나로 만들어 다시 내놓으면
10. 어느 쪽이 했다 할 것인가

게송·선시

1. 내가 이미 죽으니 ─────── 769
2. 삼월 보릿고개 넘으려니 ─── 770

3. 참 나는 일체가 같이하고
   있건만 ─────── 770
4. 한천 같은 달빛은 ─────── 771
5. 음지 양지 없는 땅에 ─────── 771
6. 한 상이 아니라 두 상도
   아니요 ─────── 772
7. 더럽고 깨끗한 것 ─────── 773
8. 백설이 휘날려 지붕이 되고 ─── 774
9. 우주 만물의 근원은 ─────── 774
10. 꽃은 피어 화창하고 ─────── 775
11. 천지는 스스로 푸르르고 ─── 775
12. 저울이 없으니 달 것도
    없어라 ─────── 776
13. 오경대죽은 온 누리 푸르르고 ─ 776
14. 손가락이 잘려진 것은 ─── 777
15. 꽃이로다 꽃이로다 ─────── 778
16. 본래로 체와 죽이 둘이
    아니어라 ─────── 778
17. 산이 물 위에 ─────── 779
18. 네 절 내 절이 어디 따로 있나 779
19. 이전 이후 없는 ─────── 780
20. 한 시루의 대중이여 ─────── 781
21. 이 산 저 산 ─────── 782
22. 세상은 유주 무주 조화를
    이루어 ─────── 783
23. 내가 죽은 이름 없는 이름이여 784
24. 올 때도 빈 손 ─────── 785
25. 사람이 삿갓을 쓰고 ─────── 786
26. 하늘 보고 땅을 치니 ─────── 787
27. 해수관음의 빛 ─────── 788
28. 이 삼천 리 강산 봉에 ─── 788
29. 물은 깊이 흐르고 ─────── 789
30. 노송 번개 치니 ─────── 790
31. 해양 줄기 끊임없이 이어 가고 790
32. 구이팔아 너는 알겠지 ─── 790

33. 백화꽃이 두루두루 만발하니 — 791
34. 어젯밤에 눈 오더니 — 792
35. 바람은 불고 꽃은 나부끼고 — 793
36. 쌀쌀한 냉기 오는구나 — 793
37. 깊은 물 돌고 돌아 — 795
38. 높은 산 누리에 하얀 눈
    덮이고 — 796
39. 만공에 핀 꽃은 청산을 울리고 — 796
40. 만 봄에 연꽃 피어 — 797
41. 바다 깊은 물 — 797
42. 삼천대천세계와 우주 천지도
    없으니 — 798
43. 이 푸르름인가 — 799
44. 푸르름은 가득 차고 — 799
45. 동천의 청새는 서천을 대하고 — 800
46. 상원에 오르니 — 801
47. 상원이란 높고 낮음이
    없는지라 — 802
48. 옷 벗기 전에 — 802
49. 중대란 땅이 하늘이요 — 803
50. 한 번 죽어 내가 나를 보라 — 803
51. 물에서 물 찾기 어렵고 — 804
52. 일체가 둘 아님을 알았으니 — 805
53. 지난 세상 만석 씨 — 806
54. 꿈도 생시도 그러하며 — 807
55. 온갖 것 참으로 있음 아니요 — 808
56. 천지인 우주의 천차만별이 — 808
57. 언덕이 어디 있나 — 810
58. 백 년의 인간사는 — 810
59. 하늘이 맑으니 달은 명랑하고 — 811
60. 색이란 잔 물방울과 같고 — 811
61. 한 번 죽기 어려워라
    하였더니 — 811
62. 물이 맑으면 달이 나타나
    보이지만 — 812

63. 부처님은 오신 것도 가신 것도
    공하였기에 — 813
64. 탕! 이 소리는 — 815
65. 달은 밝아 고요한데 — 816
66. 황금 쟁반 위에서 — 817
67. 천지인 미분전 숭산
    대선사께서는 — 817
68. 만물은 더불어 고정됨이 없이 — 819
69. 우주 전체 근본이 부동하여 — 820
70. 본래 밝은 달은 — 821
71. 두루 푸른 천 — 822
72. 천지인 미분전 — 823
73. 심우송 — 824
74. 온 누리 물줄기 — 829
75. 고요한 대지에 백설이 덮이고 — 831
76. 한마음의 발길은 — 831
77. 영원한 자유인 — 832

선 법 가

1. 일체 제불의 마음 — 849
2. 안에서 찾자 — 849
3. 부처님 계신 곳 — 850
4. 부처님 오신 날도 영원한
   오늘일세 — 851
5. 마음으로 삼독을 벗어나 보세 — 851
6. 삼세심을 전달하니 — 852
7. 한곳으로 나고 드니 — 852
8. 마음의 불씨 — 853
9. 스스로 갖추었네 — 854
10. 선종관문 알아보세 — 855
11. 영원한 오늘 — 855
12. 내 한생각에 일체 움직이리라 — 856
13. 생명의 실상 — 857
14. 누가 하는가요 — 857

15. 내 마음의 주인 ······ 858
16. 세 번 죽어야 나를 보리라 ····· 859
17. 불교 호국가 ······ 860
18. 통일의 노래 ······ 861
19. 삼세가 둘 아닌 노래 ······ 862
20. 공법의 살림살이 ······ 863
21. 공심 공체 둘 아닌 노래 ····· 864
22. 꽃이 핍니다 ······ 864
23. 내가 없는 이름의 노래 ······ 865
24. 내 한생각 법이 되어 ······ 866
25. 대 장 부 ······ 867
26. 백화는 만발하여 ······ 867
27. 서천의 푸른 나무 ······ 868
28. 선법가는 ······ 869
29. 우리가 지금 마음공부를 해서
    무엇에 쓸 것인가 ······ 870
30. 정신 발전의 길 ······ 870
31. 제불의 한마음 ······ 871
32. 지계의 노래 ······ 872
33. 천지 만물 모든 생명 ······ 873
34. 푸르게 살라 ······ 873

뜻으로 푼 경전

1. 뜻으로 푼 반야심경 ······ 875
2. 뜻으로 푼 천수경 ······ 880

예 화 편

1. 나무와 소년 ······ 903
2. 벽계 스님 3년 설법 ······ 905
3. 조주와 오대산 노파 ······ 906
4. 효부가 된 며느리 ······ 908
5. 함정에 빠진 여우 ······ 909
6. 목성 탐방 ······ 910

7. 텅 빈 복주머니 ······ 912
8. 환생한 순종 ······ 913
9. 학과 사미승 ······ 915
10. 아들이 된 곰 ······ 917
11. 불락인과 ······ 918
12. 구저의 손가락 법문 ······ 921
13. 쥐 꼬리 풍뎅 ······ 923
14. 좁쌀 훔친 스님 ······ 925
15. 강원도 소 ······ 926
16. 사냥꾼과 궁예 ······ 928
17. 구렁이가 된 주지 ······ 930
18. 도승과 도적 ······ 931
19. 새색시 술값 ······ 932
20. 이성계의 꿈 ······ 934
21. 시어머니 부처 ······ 935
22. 김대성 ······ 937
23. 다보탑과 석가탑 ······ 939
24. 지옥 간 훈련대장 ······ 940
25. 두꺼비가 된 모성 ······ 942
26. 대안 대사와 늑대 새끼 ····· 944
27. 임금의 암행 ······ 945
28. 농부의 뱀 살생 ······ 946
29. 토막 난 뱀과 불구자 ······ 948
30. 마조의 좌선과 기왓장 ······ 949
31. 새옹지마 ······ 951
32. 행자의 인내심 ······ 952
33. 서산 대사 ······ 955
34. 서산 대사와 사명 대사 ····· 957
35. 부설 거사 ······ 958
36. 벽암 스님 ······ 960
37. 아난 존자와 열쇠 구멍 ······ 963
38. 메밀 장떡국 공양 ······ 964
39. 밥 아닌 밥 ······ 965
40. 원효 대사 ······ 966
41. 두 팔 잘린 정승 ······ 967

42. 즉심시불 비심비불 ——— 968	68. 강아지로 환생한 어머니 ——— 1008
43. 거지의 누더기 시주 ——— 970	69. 제주도 뱀 소굴 ——— 1009
44. 자장 율사 ——— 972	70. 선지식과 개고기 ——— 1011
45. 은혜 갚은 꿩 ——— 975	71. 새알 공양 ——— 1012
46. 집터의 뱀 살생 ——— 977	72. 덕산의 말구(末句) ——— 1014
47. 돈오와 점수 ——— 978	73. 푹 삶은 자갈 ——— 1016
48. 나뭇짐 보시 ——— 979	74. 시골 선비와 대원군 ——— 1017
49. 곳간에 갇힌 두 남녀 ——— 981	75. 덕산과 삼세심 불가득 ——— 1018
50. 과거 모습·미래 모습 ——— 982	76. 말 없는 설법 ——— 1020
51. 시자의 세숫물 심부름 ——— 983	77. 암주들의 주먹 ——— 1021
52. 찌그러진 반지 ——— 984	78. 물 한 그릇과 불교 ——— 1022
53. 부처님 눈 ——— 986	79. "아야!"의 도리 ——— 1023
54. 부처님과 호랑이 ——— 987	80. 운문과 동산 ——— 1024
55. 미리 안 화산 폭발 ——— 987	81. 지네의 걸음걸이 ——— 1025
56. 명당 자리 ——— 989	82. 스님을 구한 뱀 ——— 1026
57. 무덤 속의 대화 ——— 991	83. 부처님과 동자의 문답 ——— 1028
58. 쥐의 다비식 ——— 993	84. 4월 추수 7월 추수 ——— 1029
59. 눈 가린 개 ——— 995	85. 선지식의 담뱃대 ——— 1030
60. 한 스님의 천도 ——— 996	86. 통 선사와 호랑이 ——— 1030
61. 네 명의 부인 ——— 998	87. 백지 답장 ——— 1032
62. 구렁이의 저주 ——— 1000	88. 돌 계집의 해산 ——— 1033
63. 노름꾼 아들 ——— 1002	89. 부처와 중생 ——— 1034
64. 사람으로 환생한 두꺼비 ——— 1003	90. 신수와 육조 ——— 1035
65. 당나귀와 마부 ——— 1004	91. 인사 예법 ——— 1035
66. 아내의 승천 ——— 1006	92. 춘보 선사의 지혜 ——— 1036
67. 시어머니와 며느리 화투 ——— 1007	93. 달마 대사의 신 한 짝 ——— 1040

관련 항목 색인 1083

관련 항목 색인

ㄱ

가정 법-2-104, 원-4-2-1, 생-4-2-2, 생-4-2-5, 생-4-9, 생-4-9-3, 생-4-9-4, 예-27, 예-63, 예-65

견성 수-2-20, 원-1-5-5, 원-7-3-6, 원-7-3-13, 행-3-5-6, 행-3-5-17, 행-5-3-18, 행-6-1-8, 행-7-1-12, 행-11-4-8, 행-11-5, 행-11-5-2, 행-11-5-6, 행-11-5-7, 예-5

경계 수-1-10, 수-1-18, 수-1-43, 수-2-30, 수-2-32, 수-3-2, 수-3-14, 수-3-15, 수-3-43, 수-3-51, 수-4-7, 수-4-8, 법-2-20, 법-2-63, 법-2-64, 법-2-74, 심-1-10, 심-1-54, 원-2-3-6, 원-3-1-2, 원-5-1-26, 원-6-5-7, 원-7-2-4, 원-7-2-13, 원-7-2-14, 원-7-3-15, 행-1-1-3, 행-3-4-18, 행-4-4-2, 행-4-5-2, 행-4-5-4, 행-4-5-8, 행-4-6-1, 행-9-1-7, 행-11-1-1, 생-1-3-9, 생-2-1, 생-2-1-1, 생-2-1-7, 생-2-1-10, 생-2-1-11, 생-2-1-16, 생-2-1-17, 생-2-2-7, 예-23, 예-29

경전 수-3-31, 법-1-30, 법-2-53, 법-2-56, 법-2-58, 법-2-118, 원-6-1-3, 행-7-1-10, 생-1-1-4, 생-1-1-5, 생-1-1-6, 생-1-2, 생-1-2-8, 예-75

계율 수-2-29, 수-5-28, 행-10-3-14, 생-1-3, 생-1-3-2, 생-1-3-3, 생-1-3-5

계합 원-3-4-9, 원-3-6, 원-3-6-3, 원-7-1-4, 행-5-1-1, 행-11-5-3 예-27

고 수-1-10, 수-1-15, 수-1-42, 수-1-54, 수-3-2, 법-2-23, 법-2-24, 법-2-63, 법-2-64, 법-2-74, 법-2-100, 원-3-1-6, 원-3-3-1, 원-5-1-23, 원-7-2-8, 원-7-2-12, 원-7-2-13, 원-7-3-7, 원-7-3-12, 원-7-3-21, 행-1-2-12, 행-2-4-6, 생-2, 생-2-1-4, 생-2-2, 생-2-2-1, 예-50

고정되지 않음 수-3-52, 수-3-53, 법-3-75, 심-1-52, 심-1-81, 원-2-2-12, 원-5-1-13, 원-5-1-18, 원-5-1-19, 원-5-1-20, 원-5-2-1

공 수-3-52, 수-3-53, 심-1-7, 원-1-2-10, 원-2-3-3, 원-2-3-4, 원-2-5-1, 원-2-5-2, 원-2-5-7, 원-2-5-9, 원-3-4-5, 원-4-2-13, 원-5, 원-5-1-2, 원-5-1-7, 원-5-1-

12, 원-5-1-13, 원-5-1-19, 원-5-1-23, 원-5-1-25, 원-5-1-26, 원-5-1-27, 원-5-1-29, 원-5-2-2, 원-5-2-3, 원-5-2-8, 원-5-2-9, 원-5-2-11, 원-5-3, 원-6-1-2, 원-6-2-13, 원-6-2-17, 원-6-4-36, 원-7-2-2, 원-7-3-11, 행-4-1-1, 행-4-3, 행-4-3-2

공견 행-3-4-25, 행-4-7, 행-4-7-2, 행-4-7-7, 행-6-1-2

공덕 행-1-3, 행-3-5, 행-4-10, 행-9-1-9, 생-3-1-5, 생-3-1-19, 예-7, 예-48, 예-93

공부 단계 수-3-78, 수-4-60, 수-5-29, 심-2-1, 원-6-3-12, 행-5-4-7, 행-7-1-9, 행-11-2, 행-11-4-4, 행-11-5-10, 행-11-5-23, 예-5

공생 법-2-100, 심-2-14, 심-2-22, 원-3-5, 원-3-5-2, 원-3-5-5, 원-3-5-6, 원-3-5-11, 원-3-6-5, 원-4-2-5, 원-4-2-7, 원-4-2-9, 원-6-1-7, 원-6-4-11, 원-8-3-8, 원-8-3-9, 행-5-5, 행-5-5-1, 행-5-5-2, 행-5-5-4, 행-5-5-7, 생-4-4-8, 예-80

공안 수-2-42, 수-2-47, 행-6-2-12, 행-8-4-9, 예-72

관 수-2-7, 수-3-27, 수-3-57, 법-3-72, 원-2-5-10, 원-3-2-4, 원-3-2-6, 행-2-4-7, 행-4-7-1, 행-4-7-5, 행-7, 행-7-1, 행-7-1-5, 행-7-1-8, 행-7-2, 행-7-2-8, 생-2-2-10, 생-2-2-15

관념 법-2-52, 법-2-83, 법-3-39, 심-1-111, 심-1-124, 심-2-23, 심-2-30, 심-2-31, 원-2-4-9, 원-2-5-6, 원-3-1-11, 원-3-3-2, 원-5-1-23, 원-5-1-24, 원-6-4-3, 원-6-4-21, 원-7-2-11, 원-7-2-12, 행-3-1-8, 행-3-2-7, 행-4-3-1, 행-5, 행-5-2, 행-5-2-1, 행-5-2-5, 행-5-2-7, 행-5-2-8, 행-5-3-3, 행-5-3-10, 행-5-4, 행-5-4-9, 행-5-4-12, 행-8-2-3, 행-8-2-10, 행-9-1-4, 행-9-2-3, 행-9-3-8, 행-9-3-9, 행-9-3-10, 생-1-1-16, 생-2-1-3, 생-4-4-10, 예-37, 예-42, 예-73, 예-86

교차로 원-3-2-7, 원-5-1-8, 원-9-1-10, 행-5-2-9

귀신 법-3-37, 심-1-108, 심-1-118, 원-6-4-9

귀의 법-1-54, 법-2-5, 심-1-83, 행-2-3-12, 행-2-3-13, 행-2-4-4, 행-2-4-5, 행-4-2-9, 행-10-2-4, 생-3-1-4, 생-3-3-3, 생-4-4-10

기도 행-7-2-2, 활-3-1-8

기복 수-5-11, 법-2-59, 행-8-2-1, 행-8-2-3, 행-8-2-4, 생-3, 생-3-1-1, 생-3-1-25, 생-3-2, 생-3-2-1

기적 법-3-29, 원-6-3-14

깨달음 수-3-84, 수-5-33, 법-2-11, 법-2-22, 법-3-46, 심-1-18, 심-1-19, 심-1-20, 심-1-21, 심-1-40, 심-1-64, 심-1-145, 원-1-2-3, 원-4-2-11, 원-8-2-20, 원-9-1-8, 원-9-2-5, 행-1-5-6, 행-2-2-9, 행-5-4-6, 행-11, 행-11-3, 행-11-3-5, 행-11-4-3, 행-11-5-16, 행-11-6-2, 예-36

관련 항목 색인 1085

ㄴ

나 수-1-33, 심-1-77, 원-4-2-8, 원-4-2-13, 원-5-2-1, 원-5-2-3, 원-5-2-4, 원-5-3-7, 행-4-9, 행-4-9-3, 행-4-9-4, 행-5-5-1, 행-7-2-7, 생-2-2-3

나의 실상 원-1-1-3, 원-1-4-6, 원-2-2, 원-2-2-2, 원-2-3-2, 원-2-3-4, 원-2-5-1, 원-3-1-1, 원-3-2-2, 원-3-3-4, 원-3-6

나툼 수-3-71, 법-4-11, 원-1-1-8, 원-1-1-10, 원-1-1-12, 원-1-2-5, 원-1-5-6, 원-2-1-4, 원-2-1-5, 원-2-5-2, 원-2-5-6, 원-2-5-9, 원-4-1-1, 원-4-1-2, 원-4-2-13, 원-5, 원-5-1-17, 원-5-2-7, 원-5-3-2, 원-6-1-6, 원-6-2-2, 원-6-2-15, 원-8-2-20, 원-8-3-2, 원-8-3-4, 원-9-1-6, 원-9-1-14, 행-11-6-4, 행-11-6-5, 활-2-1-4, 예-1, 예-8, 예-25, 예-42

내면의 소리 수-1-34, 수-1-60, 수-2-4, 수-2-5, 수-2-6, 수-2-12, 수-2-20, 수-3-28, 수-3-44, 수-3-45, 수-3-46, 수-3-54, 수-3-55, 수-3-61, 수-3-62, 수-3-64, 수-3-65, 수-3-67, 수-3-68, 법-2-65, 행-6-2-1, 행-11-1-1

놓음 수-1-37, 수-2-49, 수-3-81, 수-5-7, 수-5-16, 수-5-22, 법-2-8, 법-2-32, 법-2-75, 법-2-89, 법-3-78, 심-1-8, 심-1-9, 심-1-12, 심-1-53, 심-1-61, 심-1-101, 심-1-113, 심-2-28, 원-3-6-8, 원-6-4-17, 원-6-4-27, 원-7-3-6, 원-7-3-11, 원-7-3-12, 원-7-3-14, 원-7-3-15, 원-7-3-20, 원-7-3-21, 행-3-1-2, 행-3-3-5, 행-3-3-8, 행-3-5-12, 행-4, 행-4-1-1, 행-4-1-2, 행-4-1-4, 행-4-2, 행-4-2-5, 행-4-3, 행-4-4, 행-4-4-1, 행-4-4-3, 행-4-4-9, 행-4-5, 행-4-5-5, 행-4-6, 행-4-9-4, 행-4-10, 행-5-1, 행-5-1-8, 행-6-1-7, 행-7-1-8, 행-7-2-10, 행-9-1-4, 행-11-1-7, 행-11-6-1, 생-1-3-8, 생-2-1-13, 활-2-1-7, 예-9, 예-20, 예-24, 예-28, 예-29, 예-51, 예-81, 예-87

누진통 법-4-14, 심-1-17, 행-11-3-7, 행-11-6-3, 활-2-3-3

능력 심-1-94, 원-6-2-9, 원-6-3-14, 행-9-1-10, 행-11-3-11, 활-1-2, 활-1-2-3, 활-2-1-8, 활-2-3, 활-3-1-1

ㄷ

대공 행-2-3-10, 행-2-3-11, 행-7-1-2

대비심 수-5-12, 수-5-31, 법-1-17, 법-2-9, 법-2-14, 법-2-15, 법-2-16, 법-2-17, 법-2-18, 법-2-20, 법-2-21, 법-2-24, 법-2-29, 생-4-3, 생-4-3-6, 생-4-4

대용심 수-5-14, 법-2-100, 행-2-1-3, 행-3-1-4, 행-3-1-7, 행-3-1-8, 행-3-4-6, 행-3-4-7, 행-3-4-21, 행-11-1-7

도 법-2-105, 심-1-5, 심-1-18,

1086 부록

심-1-19, 심-1-20, 심-1-21, 심-1-40, 심-1-49, 행-3-3-15, 행-4-4-5, 행-4-10-7, 행-5-3-1, 행-9-2-10, 행-11-5-13, 생-1-1-10, 생-1-1-14, 생-2-1-6, 생-4-1-3, 생-4-8-4, 예-84

도량 수-3-65, 수-4-37, 법-1-20, 법-1-21, 심-1-111, 심-2-14, 심-2-22, 원-6-2-4, 행-10-2-4, 생-3-1-26, 생-3-2-9, 생-4-1-8, 예-32

독존 원-3-1-5, 원-3-4-10, 행-3-2-9, 예-70

돈오 점수 심-1-124, 행-11-5-12, 예-47

둘 아닌 도리 수-2-6, 수-3-26, 수-3-32, 수-3-33, 수-3-34, 수-3-35, 수-3-36, 수-3-37, 수-3-38, 수-3-61, 수-4-31, 수-5-13, 법-1-26, 법-2-12, 법-2-19, 법-2-62, 법-2-67, 법-2-77, 법-3-31, 심-1-30, 심-1-138, 원-2-5-3, 원-3-5-10, 원-4, 원-4-2, 원-4-2-4, 원-4-2-6, 원-4-2-10, 원-5-1-15, 원-6-3-8, 원-6-3-11, 원-6-5-6, 행-5-5-1, 행-5-5-2, 행-7-2-7, 행-11-3-3, 행-11-3-15, 생-2-1-19, 생-2-1-27, 예-6, 예-15, 예-21, 예-22, 예-26, 예-35, 예-43, 예-56, 예-58, 예-62, 예-69, 예-71, 예-82, 예-93

ㅁ

마음 수-3-56, 수-3-69, 수-4-29, 수-5-8, 법-2-58, 법-2-62, 법-2-69, 법-2-81, 법-2-96, 법-3-10, 법-3-39, 법-3-47, 법-3-71, 심-1-49, 심-1-154, 심-1-155, 심-1-158, 심-2-30, 원-2-1-2, 원-2-1-16, 원-2-1-18, 원-2-4-8, 원-3-1-7, 원-5-1-29, 원-5-2-5, 원-5-2-10, 원-5-3-5, 원-6, 원-6-1-1, 원-6-1-4, 원-6-1-5, 원-6-4-4, 원-6-4-6, 원-6-4-33, 원-6-5-1, 원-6-5-8, 원-7-2-3, 원-8-3-1, 원-8-3-3, 원-9-1, 행-5-2-3, 생-4-7-6, 활-1-1, 활-1-1-4, 활-1-1-18, 활-1-2, 활-1-2-3, 활-3-1-18, 예-4, 예-9, 예-15, 예-18, 예-21, 예-26, 예-30, 예-33, 예-35, 예-37, 예-48, 예-52, 예-54, 예-65, 예-75, 예-76, 예-83

마음내는 도리 심-1-16, 원-6-4, 원-6-4-31

마음속의 보화 법-2-51, 법-3-59, 심-1-36, 심-1-82, 원-1-5-8, 원-2-4-3, 원-2-4-11, 원-6-3-2, 행-1-3-3, 행-1-4, 행-1-4-2, 행-1-4-6, 활-3-1-1, 예-12

마음의 묘용 법-2-62, 법-2-99, 원-6-2-9, 원-6-3, 원-6-3-13, 원-6-4-17, 원-7-1-7, 원-9-1-8, 원-9-1-11

말세 심-1-107, 원-7-1-8

망상 원-6-5-1, 행-5-1-10, 행-7-2-3, 행-9-4, 행-9-4-1, 예-13, 예-86

맡김 수-1-39, 수-1-58, 수-5-7, 수-5-18, 법-1-23, 법-1-25, 법-2-63, 법-2-68, 법-2-76, 법-2-

관련 항목 색인 1087

94, 법-3-20, 법-3-21, 심-1-56, 심-2-15, 원-3-6-9, 원-7-3-10, 행-3-3, 행-3-3-5, 행-3-3-8, 행-3-5-7, 행-4-4-1, 행-4-6-10, 행-4-9-3, 행-4-9-4, 행-4-9-6, 행-7-2-4, 행-10-1-2, 생-2-1-12, 활-2-1-7, 활-3-1-4, 활-3-1-8, 활-3-1-9, 활-3-1-11, 예-18, 예-49, 예-50, 예-63, 예-69

명상 행-10-3-7, 행-10-3-11

명색 수-2-4, 수-2-20, 행-3-2-2, 행-5-2-12

묘용 법-2-62, 법-2-99, 법-3-47, 법-3-67, 법-4-3, 심-1-17, 원-6-3, 원-6-5-5, 행-3-5-2, 행-3-5-3, 행-3-5-8, 행-9-1-10, 행-9-1-15, 행-9-1-20, 활-2-3, 활-2-3-3

무 심-1-52, 원-2-5-7, 원-2-5-9, 행-4-1-1

무명 원-3-3-4, 원-3-3-5, 원-3-3-7, 원-6-4-28, 원-6-5-2, 원-6-5-3, 원-6-5-4, 행-3-4-24, 행-5-2-14, 행-5-3-16, 행-8-2-2, 예-62

무소유 행-4-6-9, 행-5-4-12, 행-9-2, 행-9-2-6, 행-11-3-12, 생-4-8-5

무심 법-2-108, 법-3-45, 행-4-1-10, 행-4-1-11, 행-4-9-3, 행-7-2-5, 행-9, 행-9-1-5, 행-9-1-11, 행-9-1-14, 행-9-1-15, 행-9-1-16, 행-9-1-17, 행-9-2-13, 행-11-6-1, 행-11-6-3

무아 수-2-49, 수-3-39, 수-5-25, 법-2-95, 법-2-108, 법-3-35, 법-3-40, 법-3-43, 법-3-60, 법-3-61, 법-3-74, 법-4-13, 법-4-14, 원-2-5-12, 행-5-3-15, 행-5-3-16

무애행 수-2-37, 수-2-38, 수-2-39, 수-2-40, 수-2-41, 수-3-12, 수-3-67, 수-4-1, 수-4-2, 수-4-9, 수-5-3, 수-5-9, 법-1-24, 법-2-49, 법-3-4, 법-3-10, 법-3-20, 법-3-45, 심-2-18, 행-9, 행-10-1, 행-10-1-3, 행-10-1-4, 행-10-1-9, 행-10-1-10, 활-1-1-3, 예-36, 예-74, 예-79

무위법 법-3-11, 심-1-121, 심-2-24, 행-3-3-13, 행-3-3-14, 생-1-2-4

문 수-5-32, 법-2-47, 법-3-30, 심-1-37, 심-1-46, 원-6-2-4, 행-3-1-10, 행-4-8-7, 행-8-2-9, 행-9-3-11, 행-11-2-11, 예-11, 예-37

믿음 수-3-81, 수-4-50, 수-5-2, 수-5-10, 법-1-9, 법-2-71, 법-2-73, 법-2-75, 법-2-92, 법-3-20, 법-3-21, 심-1-1, 심-1-3, 원-2-2-11, 원-2-3-6, 원-3-6-8, 원-3-6-9, 행-2, 행-2-1, 행-2-1-5, 행-2-1-7, 행-2-3, 행-2-3-1, 행-2-3-2, 행-2-3-4, 행-3, 행-3-1-5, 행-3-2-4, 행-3-2-6, 행-3-3, 행-3-3-5, 행-3-3-15, 행-3-3-5, 행-3-5-12, 행-4-2, 행-4-2-6, 행-4-2-7, 행-4-9-5, 행-5-4-8, 행-7-1-10, 활-1-1-5, 활-1-2-11, 활-3-1-3, 예-34, 예-59

ㅂ

방생 심-1-11, 심-1-97, 생-4-5, 생-4-5-10

방편 법-1-39, 법-2-83 심-1-9, 심-1-122, 행-2-1-6, 행-4-8, 행-4-8-1, 생-1-2-7

방하착 행-4-6, 행-9-1-5, 행-9-1-15, 행-9-2, 행-9-2-1, 예-33

번뇌 원-3-3-3, 원-6-4-6, 행-2-2-11, 행-5-1-10, 행-5-4-11, 행-9-4, 행-9-4-7, 행-11-3-2, 생-2-1-3

법계 법-2-44, 법-3-18, 원-5-1-2, 원-7-1-11

법망 법-2-55, 원-4-1-6, 원-7-1, 원-7-1-1, 원-7-1-3, 원-7-1-10, 원-7-1-12, 원-9-1-11, 원-9-1-15, 행-3-5-9, 행-5-5-4, 활-1-1-6, 활-1-1-7, 활-1-2-14

법신 원-1-2-9, 원-3-6-6, 원-6-5-10

보리 원-6-4-6, 행-1-3-9, 행-2-2-11

보살 수-5-30, 원-6-4-8, 원-6-4-9, 행-11-8, 생-4-4-9

보살행 법-1-5, 법-1-6, 법-1-7, 법-1-8, 법-1-10, 법-1-11, 법-1-12, 법-2-3, 법-2-4, 법-2-10, 법-2-17, 법-2-67, 법-2-95, 법-3-34, 행-9-2-9, 행-11-8-4, 행-11-8-6, 생-4-9-1

보시 수-1-24, 수-1-25, 수-1-26, 수-2-10, 수-2-11, 수-2-14, 수-2-15, 수-2-16, 수-4-40, 법-1-14, 심-1-16, 심-1-97, 심-1-98, 행-5-3-6, 생-4-3-9, 생-4-6, 예-27, 예-48, 예-54

보임 수-2-48, 심-1-76, 행-11-2-7, 행-11-2-11, 행-11-2-12, 행-11-5-12, 행-11-5-16, 행-11-5-17, 행-11-5-18, 행-11-5-19

부동심 심-1-86, 원-2-4-9, 원-5-1-5, 행-2-1-4, 행-3-4-7, 예-33

부자 상봉 수-1-31, 수-3-61, 원-6-5-8, 원-6-5-9, 행-2-3-11, 행-5-3-4, 행-11-5-2, 행-11-5-3, 예-87

부처 수-3-62, 수-5-24, 법-3-48, 원-1-2, 원-1-3, 원-1-5-5, 원-2-1-10, 원-2-1-19, 원-3-3-6, 원-4-2-2, 원-5-3-8, 원-5-3-9, 원-6-3-11, 원-6-4-8, 원-6-5-10, 생-2-1-22, 예-25, 예-44, 예-70

분별심 수-4-57, 행-4-5-8, 행-9-3, 행-9-4-2, 행-11-3-5, 생-2-1-6, 예-36, 예-37, 예-51

불교 심-1-63, 행-8-2-6, 생-4-1-4, 생-4-1-7

불국토 원-6-4-6, 생-4-10-1

불법 심-1-5, 심-1-59, 원-1-1, 원-5-1-7, 원-7-1-1, 행-9-1-19, 행-11-6-5, 예-52, 예-70

불법 공부 수-2-22, 수-5-23, 법-1-55, 법-2-30, 법-2-74, 심-1-117, 원-1-1-1, 원-1-1-2, 원-3-4-11, 원-6-4-23, 원-7-2-4, 원-7-2-5, 원-8-1-4, 원-8-1-6, 원-8-1-9, 행-1, 행-1-2-2, 행-1-2-5, 행-1-2-11, 행-1-2-18, 행-1-

관련 항목 색인 1089

3-4, 행-1-4-1, 행-1-4-9, 행-1-4-10, 행-2-2-6, 행-3-1-9, 행-3-2-3, 행-3-2-5, 행-3-4-13, 행-3-4-24, 행-5-2-6, 행-6-2-4, 행-8-1-1, 행-8-1-12, 행-8-4-8, 생-1-1-7, 생-1-2, 생-2-1-17, 예-19, 예-23, 예-38, 예-39, 예-64, 예-71

불성 법-3-39, 법-3-52, 심-2-9, 원-1-1-5, 원-1-2-12, 원-1-4, 원-1-4-1, 원-1-4-3, 원-1-5, 원-1-5-1, 원-1-5-7, 원-1-5-9, 원-1-5-10, 원-1-5-11, 원-2-1-1, 원-2-2-4, 원-2-2-7, 원-2-2-9, 원-4-2-2, 원-7-2-3, 원-9-2-10, 행-2-1, 예-11, 예-18, 예-30, 예-58

ㅅ

사대 원-3-4, 원-3-4-7, 원-4-1-3, 원-4-1-4, 원-6-3-7, 원-9-1-14, 원-9-2-13

사랑 수-4-53, 수-5-4, 법-2-33, 법-2-34, 법-2-35, 법-2-36, 법-3-3, 심-1-55, 원-4-2-7, 행-5-5-8, 생-4-3, 생-4-3-8

사량 원-2-5-11, 원-3-3-2, 원-7-3-13, 행-3-2-7, 행-5-4-3, 행-8-2-12, 행-9-3-7, 생-1-1-1, 생-1-1-5, 생-1-1-11, 예-44

사성제 생-2-2-7, 생-2-2-8, 생-2-2-11

사후 수-3-19, 심-1-101, 원-8-1-1, 원-8-1-2, 원-8-1-3, 원-8-1-5, 원-8-1-6, 원-8-1-7, 원-8-1-9, 예-66

산신각 법-1-27, 법-1-29, 법-1-31, 법-2-59, 법-2-116, 심-1-58, 심-1-109, 심-1-118

살생 수-3-56, 법-2-77, 심-1-91, 심-1-92, 생-4-5, 예-28, 예-46

삶 원-4-1-2, 원-6-4-15, 행-4-1-1, 생-2-2-2

삼독심 원-7-2-9, 행-1-5-6, 예-31

삼매 수-2-43, 수-3-10, 수-3-24, 생-1-3-7

생명의 실상 원-2-5-1, 원-2-5-6, 원-3-6, 원-3-6-8

생사 수-1-2, 원-5-1-14, 원-8-2-1, 원-8-2-2, 원-8-3-10, 행-1-2-14

생활 원-5-2-5, 원-6-1-3, 행-1-1-4, 행-1-2-8, 행-1-2-11, 행-3-4-1, 행-4-1-2

생활 불법 법-2-13, 법-2-40, 법-2-41, 법-2-56, 법-2-97, 법-3-19, 심-1-51, 심-1-57, 심-1-59, 심-1-72, 심-1-95, 심-1-126, 행-4-1-5, 행-4-1-6, 행-9-1-19, 행-10-3-5, 생-1-3-1, 생-1-3-9, 생-4, 생-4-1, 예-73, 예-78

설법 심-1-4, 예-2, 예-76

성불 심-1-1, 심-1-2, 원-1-1-1, 원-1-1-5, 원-1-1-6, 원-1-4-5, 원-2-1-19, 원-3-4-11, 원-5-3-9, 행-1-5, 행-1-5-1, 행-1-5-6, 행-1-5-9, 행-5-3-5, 행-11-4-8

속임수 법-3-55, 행-3-4-14, 행-3-4-15, 행-3-4-16

수행 수-2, 수-5-1, 수-5-5, 심-1-

1090 부록

2, 심-1-67, 원-8-2-17, 행-1-5-8, 행-2-1-6, 행-2-2-11, 행-3-4-1, 행-4-6-2, 행-5-4-6, 행-9-1, 행-10-1-3, 행-10-1-5, 예-32

수행자 행-1-2-11, 행-5-3-7, 행-10-1-10, 행-10-1-11, 행-10-2-1, 행-10-2-3, 생-1-1-8, 생-2-1-8, 생-2-1-9, 생-2-1-10, 생-4-3-4, 생-4-3-5

스승 수-1-69, 수-5-19, 수-5-20, 법-2-1, 법-2-22, 법-2-32, 법-2-38, 법-2-48, 법-3-48, 법-3-49, 심-1-3, 심-1-6, 심-1-47, 원-8-2-16, 행-2-3-12, 행-8-1-3, 행-8-3, 행-9-1-6, 행-11-1-1, 행-11-5-2, 생-1-1-10, 생-2-1-22, 생-3-3, 예-2, 예-12, 예-34, 예-85

시공 수-4-5, 수-4-6, 법-2-110, 법-3-51, 법-3-69, 심-1-64, 심-1-115, 원-5-3, 원-5-3-1, 원-5-3-3, 원-5-3-4, 원-5-3-8, 원-5-3-9, 원-6-2-6, 행-8-1-8, 행-10-2, 행-10-2-1, 예-7, 예-32

신통력 수-3-69, 심-1-17, 심-1-150, 원-3-4-8, 원-3-5-4, 원-6-3-3, 원-6-3-5, 원-6-3-6, 원-6-3-7, 행-11-6-1, 행-11-6-2, 활-2-3, 활-2-3-2

실참 수-5-5, 수-5-18, 법-2-50, 법-4-18, 심-1-45, 생-1, 생-1-1, 생-1-1-13, 생-1-2-1, 생-1-2-4, 생-1-2-10, 활-2-2, 예-75

심성과학 법-1-63, 법-2-96, 원-9-1, 원-9-1-8, 행-1-3-7

ㅇ

아만 행-5-1-3, 행-5-3-4, 행-5-4-1, 행-5-4-2, 행-5-4-3, 생-4-4-10

아상 수-2-49, 수-5-25, 법-2-20, 법-2-49, 법-3-30, 법-3-39, 심-1-7, 심-1-136, 원-3-1, 원-3-1-11, 원-3-3-1, 원-3-3-7, 원-3-4-5, 원-3-5-9, 원-5-2-1, 원-5-2-3, 원-6-1-3, 원-6-5-11, 원-7-2-2, 행-3-1-8, 행-4-1-5, 행-4-8-5, 행-5-1-3, 행-5-3, 행-5-3-12, 행-5-4, 행-5-4-4, 행-5-5-1, 행-9-2-9, 생-2-1-3, 생-3-1-2, 활-1-1-11, 활-2-1-4, 활-2-1-8, 활-2-1-9, 활-2-3-3, 예-33, 예-36

안에서 찾자 수-1-34, 수-2-36, 수-3-30, 법-1-27, 법-1-43, 심-1-64, 심-1-84, 원-1-4-3, 원-3-2, 원-6-5-1, 행-3-3-7, 행-8, 행-8-1-5, 행-8-1-12, 생-3-2-3, 생-3-2-6, 예-9, 예-37

업 법-2-55, 심-1-93, 원-2-4-6, 원-7-1-1, 원-7-2-2, 원-7-2-8, 원-7-2-11, 원-7-2-12, 원-7-2-15, 원-7-3, 원-7-3-14, 원-7-3-16, 원-8-1-6, 원-8-2-16, 행-3-5-11, 행-4-1-1, 행-4-5-9, 행-4-10-1, 행-4-10-2, 행-4-10-3, 행-4-10-4, 행-4-10-5, 생-2-1-1, 생-2-2-5, 생-2-2-13, 활-1-2-10

업보 수-4-46, 원-7, 원-7-2-3, 원-7-2-11, 원-7-2-14, 원-7-2-16, 원-7-3-9, 행-4-10-2, 예-17,

관련 항목 색인 1091

예-24, 예-28, 예-29, 예-43, 예-49, 예-50, 예-63, 예-65

업식 수-3-20, 수-4-49, 수-4-52, 심-1-10, 원-7-2-13, 원-7-3-6, 원-8-1, 활-1-1-2, 예-20, 예-56, 예-58, 예-60, 예-61

업의 용광로 원-1-1-11, 원-2-4-5, 원-7-3-1, 원-7-3-3, 행-4-2-3

여여 심-2-21, 심-2-35, 원-5-1-3, 원-5-2-4, 원-6-2-9, 원-6-3-1, 행-4-1-6, 행-4-1-9, 행-4-3-5, 행-4-6-11, 생-2-1-28

열반 원-6-5-7, 행-11-4-8, 행-11-5-5, 행-11-6, 행-11-6-1, 행-11-6-7, 행-11-6-8, 예-8, 예-86

영 수-3-19, 법-1-22, 법-2-101, 법-2-106, 원-1-5-13, 원-4-2-14, 원-6-3-11, 원-8-1-3, 원-8-1-9, 원-8-1-10, 예-60, 예-69

영원한 생명 법-3-78, 원-1-5-5, 원-1-5-9, 원-2-1-14, 원-2-2-3, 원-3-6-2

예경 수-2-24, 원-1-2-6, 원-1-2-13, 행-8-1-10, 생-3, 생-3-1-14

예불 수-5-24, 법-1-43, 법-2-52, 법-2-76, 법-2-90, 법-2-103, 심-1-72, 심-1-90, 심-1-114, 생-3-1, 생-3-1-8, 생-3-1-14, 생-3-1-18, 생-3-1-19, 생-3-1-20, 활 3-2-1

용 법-2-112, 법-3-64, 심-1-42, 심-1-88, 심-1-158, 원-7-3-18, 행-11-6-6, 행-11-7-7, 활-1-2, 활-2, 활-2-1, 활-2-1-5, 예-92

우주 수-3-83, 원-4-1-3, 원-4-1-7, 원-6-4-21, 원-7-1-4, 원-9-2,

예-6

운명 심-1-110, 심-1-133, 원-6-4-31, 원-7-3-7

원력 수-4-12, 수-4-26, 수-4-27, 수-4-28, 수-4-44, 법-1-5, 법-1-6, 법-1-7, 법-1-8, 법-1-10, 법-1-11, 법-1-12, 법-1-13, 법-2-60, 원-2-4-5, 원-2-4-7, 원-6-3-1, 원-6-3-8, 원-6-3-9

유위·무위 수-1-30, 법-1-2, 법-1-41, 원-5-1-13, 원-5-1-22, 원-8-2-6, 행-3-3-13, 행-3-3-14, 행-4-10-8, 예-93

육신 수-3-6, 수-3-7, 수-3-8, 수-5-27, 법-2-100, 법-3-15, 심-1-77, 심-1-87, 원-2-3-8, 원-3-1-1, 원-3-1-11, 원-3-3-1, 원-3-4, 원-3-4-1, 원-3-4-2, 원-3-4-7, 원-3-4-11, 원-3-5, 원-3-5-2, 원-4-1-4, 원-6-4-13, 원-6-4-17, 원-6-4-18, 원-6-4-19, 원-6-4-23, 원-7-2-13, 원-7-3-6, 원-8-2-1, 행-8-4-3, 예-30, 예-35, 예-61

윤회 법-3-39, 원-3-1-2, 원-3-1-10, 원-7-2-11, 원-7-3-17, 원-8, 원-8-1-3, 원-8-1-8, 원-8-1-10, 원-8-1-12, 원-8-2, 원-8-2-6, 원-8-2-10, 원-8-2-13, 원-8-2-17, 행-1-3-1, 행-4-3-3, 행-4-10-8, 행-5-3-1, 행-5-3-9, 생-4-5-6, 생-4-5-8, 예-7, 예-13, 예-16, 예-22, 예-43, 예-68

은혜 수-1-56, 법-2-16, 법-2-104, 원-1-3-6, 생-2-2-10, 생-4-2, 예-1, 예-19, 예-82

의식 원-3-3-8, 원-3-5-3, 원-6-5-6, 원-6-5-7, 활-1-1-18

의정 수-1-33, 수-1-45, 수-1-63, 수-2-4, 수-2-13, 수-2-27, 수-3-40, 수-3-41, 수-3-43, 수-3-46, 수-3-64, 법-2-65, 행-3-2-5, 행-6, 행-6-1, 행-6-2, 행-6-2-1, 행-6-2-7, 행-6-2-9, 행-6-2-11, 행-11-1

의타 수-1-60, 수-5-11, 법-2-52, 법-2-59, 법-2-85, 법-2-91, 법-2-98, 법-3-68, 원-1-2-1, 행-8-2, 행-8-2-1, 행-8-2-3, 행-8-2-4, 행-8-2-8, 생-3-1-5, 생-3-1-10, 생-3-2

이기심 법-2-20, 행-1-3-5, 행-10-1-6, 행-10-1-8, 행-10-1-11

인가 수-2-2, 수-2-45, 심-1-85, 원-7-1-9, 행-1-3-2, 행-11-5-19, 활-2-1-9

인과 법-1-11, 원-6-4-4, 원-7-2, 원-7-2-7, 원-7-3-12, 행-4-4-9, 행-4-5-1, 생-2-1-1, 생-2-1-15, 예-11, 예-14, 예-16, 예-17, 예-29, 예-41

인등 행-10-3-6, 생-3-1-21, 생-3-1-22, 생-3-1-23, 활-3-2-3, 예-57

인생 원-3-4-4, 원-8-2-3, 원-8-2-15, 행-1-1, 행-1-1-1, 행-1-2-5, 생-2-2-1

인생 목표 법-2-91, 원-1-1-2, 원-8-2-11, 원-8-3-7, 원-8-3-11, 원-8-3-12, 행-1-2, 생-2-2-2, 예-16

인연 법-1-45, 법-2-7, 법-2-23, 법-2-24, 법-2-25, 법-3-51, 심-1-84, 원-1-1-7, 원-7, 원-7-1-8, 원-7-1-12, 원-7-2, 원-7-3-2, 원-7-3-14, 원-8-2-3, 행-9-2-9, 예-22, 예-35, 예-41, 예-49, 예-71

인욕 생-1-3-9, 생-2-1-10

입력 심-1-101, 원-6-4-25, 원-7-1-2, 원-7-1-7, 원-7-1-8, 원-7-2-6, 원-7-2-11, 원-7-3-1, 원-7-3-19, 원-8-1-7, 행-4-5-2, 행-4-5-3, 활-1-1-17, 예-37, 예-48, 예-84

ㅈ

자비 수-1-67, 수-3-60, 수-4-33, 법-2-14, 법-2-35, 법-2-36, 원-1-3-5, 생-4-3-6, 생-4-4, 생-4-4-6, 생-4-5, 예-1, 예-15, 예-43, 예-67

자성불 수-2-5, 수-3-62, 법-2-31, 법-2-80, 법-2-90, 법-3-82, 심-1-2, 심-1-70, 심-2-2, 심-2-9, 원-1-1-3, 원-1-5-7, 원-2-2-1, 원-2-2-11, 원-3-1-2, 원-3-2-1, 원-3-2-9, 원-3-3-5, 원-4-2-3, 원-5-3-7, 원-6-5-3, 행-2-3, 행-4-1-7, 행-8-1-7, 행-8-1-8, 행-11-3-1, 예-35, 예-36, 예-70

자유인 수-5-17, 심-1-35, 원-1-1-4, 원-2-2-10, 원-2-4-4, 원-6-2-3, 원-7-3-1, 원-7-3-9, 원-8-2-16, 원-8-3-14, 행-3-3-12, 행-3-5-12, 행-7-1-7, 행-8-2-13, 행-9-1-2, 행-9-1-3, 행-9-1-4,

관련 항목 색인 1093

행-9-1-7, 행-9-2-6, 행-9-2-13, 행-11-5-5, 행-11-5-19
자재권 수-3-63, 수-4-33, 심-1-25, 심-1-44, 원-2-4, 원-2-4-2, 원-2-4-6, 원-2-4-7, 원-2-4-11, 원-2-4-12, 원-6-2-1, 원-6-3-5, 원-6-3-6, 원-6-4-16, 원-6-4-25, 원-7-2-12, 행-3-5-6, 행-11-3-9, 행-11-3-18, 예-8, 예-92
재화 행-1-2-5, 행-1-2-16, 행-1-2-17, 생-4-8, 예-1, 예-31, 예-61
정진 수-3-5, 수-5-14, 수-5-21, 수-5-29, 행-3-4, 행-3-4-4, 행-3-4-8, 행-3-4-18, 행-3-4-23, 행-3-4-24, 행-4-2-6, 행-5-4-7, 행-7-1-4, 행-10-1-7, 행-11-2-5, 예-32
제도 수-3-58, 수-4-31, 수-4-48, 법-1-4, 심-1-16, 원-1-3-2, 원-3-5-3, 원-3-5-8, 원-3-5-12, 원-7-3-20, 행-1-3-6, 행-9-2-8, 행-11-3-9, 행-11-3-17, 생-3-1-18, 예-24, 예-60
조상 심-1-100, 원-4-2-3, 원-5-3-3, 생-4-2-5, 활-3-2-1, 활-3-2-2, 예-57
종교 법-2-59, 법-2-109, 심-1-102, 심-1-104, 생-3-2-14, 생-4-1-3
좌선 수-2-28, 행-10-3-2, 행-10-3-3
주인공 수-1-35, 수-1-36, 수-1-37, 수-1-38, 수-1-39, 수-1-59, 수-2-5, 수-2-20, 수-3-48, 수-3-49, 수-5-2, 수-5-10, 법-2-97,

법-2-115, 심-1-3, 심-1-54, 심-1-55, 원-1-5-8, 원-2-2, 원-2-3, 원-2-4, 원-2-5, 원-2-2-12, 원-2-5-15, 원-3-1-8, 원-3-1-9, 원-3-1-12, 원-3-2-2, 원-3-2-3, 원-3-2-8, 원-3-5-1, 원-5-1-11, 원-6-4-7, 원-6-5-3, 원-7-1-5, 원-7-1-10, 원-7-3-7, 행-1-5-3, 행-2-3-3, 행-2-3-4, 행-2-4, 행-3-2-3, 행-3-5-8, 행-4-5-7, 행-6-1-5, 행-7-1-4, 예-1, 예-42
주장자 수-3-16, 수-3-29, 수-3-42, 법-2-65, 법-2-93, 심-1-117, 심-2-6, 심-2-25, 원-2-2-6, 원-6-4-25, 원-9-2-11, 행-2-2-4, 행-3-2, 행-3-2-10, 행-3-2-11, 행-3-2-13, 행-3-3-3, 행-4-7-5, 행-6-1-2, 행-6-1-3, 행-6-1-4, 행-6-1-7, 활-1-1-14, 예-3
죽어야 보리라 수-2-23, 수-2-25, 원-3-2-8, 행-11-2-12, 행-11-4
중도 수-3-10, 심-1-68, 심-2-6, 원-2-1-13, 행-5-3-3, 행-11-1-3, 행-11-7, 생-4-8-7, 예-31
중생계 원-6-3-14, 원-8-2-7, 원-8-2-9, 원-8-2-13, 원-8-3-14, 행-4-6-4
중용 법-3-64, 행-3-3-9, 행-11-8-6, 활-2-3-7, 활-2-3-9
즉응 수-3-44, 수-3-45, 수-3-68, 법-3-62, 심-1-126, 심-2-16, 행-3-5-13, 행-4-1-1, 행-4-1-4, 행-4-1-5, 행-4-1-11, 행-4-8-4, 행-10-1-1
지옥고 원-6-1-4, 원-6-4-2, 원-

1094 부록

6-4-27, 원-7-3-6, 원-8-1-7, 원-8-1-8, 원-8-2-9, 원-8-2-10, 생-2-2-5, 생-4-1-5, 예-24, 예-64

진리 법-2-58, 법-2-119, 법-3-46, 심-1-102, 원-1-1-6, 원-1-2-2, 원-2-2-7, 원-3-1-4, 원-5-1-1, 원-5-1-4, 원-5-1-10, 원-6-1-3, 원-7-1, 원-7-1-9, 원-8-2-13, 행-1-4-5, 행-9-2-2

진심 수-1-20, 법-2-58, 법-2-81, 심-1-54, 행-2-3-6, 행-2-3-8, 행-2-3-9, 행-2-4-2, 행-2-4-5, 행-3-1, 행-3-2-2, 행-3-2-7, 행-3-3-4, 행-3-4-4, 행-3-4-14, 행-4-5-4, 행-8-1-4, 행-10-3-1, 행-11-3-4, 행-11-5-1, 생-3-1-6, 생-3-1-16, 예-32, 예-67, 예-68

진여심 원-2-5-13, 원-6-5-1, 원-6-5-2, 행-11-4-7, 예-11

진화 법-3-63, 원-2-3-7, 원-2-3-8, 원-3-1-1, 원-6-3-4, 원-6-4-4, 원-8, 원-8-2-8, 원-8-2-10, 원-8-2-17, 원-8-3, 원-8-3-3, 원-9-1-13, 행-1-1-7, 행-1-2-1, 행-2-1-1, 행-9-3-3, 예-10, 예-16

집착 원-5-1-27, 원-7-3-22, 행-8-4-12, 행-9-2-2, 행-9-2-4, 행-9-3-8, 생-2-1-6, 생-2-1-21

ㅊ

차원 원-6-4-1, 원-6-4-23, 원-6-4-24, 원-6-5-1, 원-7-3-4, 원-8-1-3, 원-8-1-8, 원-8-2-4, 원-8-2-5, 원-8-2-6, 원-8-2-10, 원-8-3-1, 원-8-3-2, 원-8-3-4, 원-9-2-7, 행-1-2-1, 행-9-3-4, 예-58, 예-66, 예-77

참 나 심-1-78, 심-2-2, 예-11, 예-12, 예-44, 예-45, 예-53, 예-59, 예-74

참선 수-2-7, 수-2-43, 수-3-24, 수-3-40, 수-3-41, 행-3-4-8, 행-3-4-9, 행-3-4-17, 행-3-4-25, 행-4-1-11, 행-4-6-8, 행-4-8-1, 행-4-8-3, 행-4-8-5, 행-7-2-4, 행-7-2-5, 행-8-4-7, 행-10, 행-10-2-2, 행-10-2-3, 행-10-3, 행-10-3-3, 행-11-2-6, 행-11-5-1, 생-1-1-14, 예-30

참회 수-1-51, 법-3-26, 행-3-3-11, 예-29

창조 원-5-1-21, 원-6-1-1, 원-6-1-5, 원-8-3-2, 원-8-3-4

천도 수-4-49, 수-4-51, 법-2-102, 법-2-103, 생-4-5-6, 활-3, 활-3-2, 활-3-2-3, 활-3-2-4, 예-26, 예-46

청정심 수-1-66, 원-4-2-5, 원-6-5-3, 원-6-5-11

체험 수-5-16, 법-2-51, 법-2-53, 법-2-56, 심-1-78, 생-2-2-9, 활-2-2, 활-2-2-1

초발심 수-2-22, 행-2-2, 행-2-2-10, 행-3-3-10, 행-10-2-3, 행-10-2-4

치병 법-2-66, 법-2-67, 법-2-71, 법-2-73, 법-2-88, 원-2-4-1, 원-3-5-11, 원-6-3-10, 행-3-2-12, 행-3-3-4, 행-4-5-1, 활-1-1-14, 활-3, 활-3-1-9

관련 항목 색인 1095

ㅌ

퇴굴심 행-2-3-5, 행-3-4-19

ㅍ

평등 수-5-15, 법-2-26, 법-3-11, 법-3-26, 법-3-48, 법-3-56, 원-1-4-1, 원-4-2-6, 원-5-1-15, 원-6-2-16, 생-2-1-19, 생-2-1-20, 예-12, 예-77

평상심 법-4-7, 행-10-1, 행-10-1-3

평발 심-1-35, 원-1-3-3, 원-2-1-8, 원-2-4-10

포교 법-1-37, 법-1-46, 법-1-47, 법-1-48, 법-1-50, 법-1-51, 법-1-52, 법-1-55, 법-1-56, 법-1-59, 법-1-61

ㅎ

한마음 법-1-28, 법-1-65, 법-2-12, 법-2-79, 법-2-99, 법-2-119, 법-3-51, 법-3-82, 원-1-1-11, 원-1-2-8, 원-2-1, 원-2-1-9, 원-2-3-3, 원-2-3-5, 원-2-4-1, 원-3-3-4, 원-4-2-7, 원-5-3-3, 원-6-2-14, 원-6-3-3, 원-6-3-10, 원-8-3-4, 예-63, 예-80, 예-86

한생각 수-3-4, 법-2-6, 법-2-55, 법-3-66, 심-1-28, 심-1-110, 심-1-112, 원-2-2-5, 원-5-1-29, 원-6-4-3, 원-7-3-5, 원-9-2-16, 행-3-2-11, 행-3-5-10, 행-5-3-13, 생-2-2-4, 생-2-2-5, 활-1, 활-1-1-5, 활-1-2, 예-4, 예-10, 예-20,

예-21, 예-28, 예-32, 예-40, 예-48, 예-78

항복 심-1-108, 생-2-1-25, 생-3-1-2, 생-3-1-3, 생-4-4-10, 예-32

행복 원-6-1-4, 원-6-4-5, 원-7-3-22, 행-1-5-7, 행-3-5-11, 생-4-7, 활-1-2-7

현상계 수-3-31, 원-4-1, 원-4-2-8, 원-4-2-12, 원-5-1-6, 원-5-1-28, 행-5-5, 생-4-3-9

형상 수-2-31, 수-3-22, 수-3-23, 법-1-31, 법-2-116, 법-2-119, 법-3-39, 심-1-58, 심-1-62, 심-1-114, 원-1-2-11 원-1-5-2, 원-2-3-3, 행-9-3-2, 행-9-3-5, 예-93

호국 불교 생-4-10

호법 신장 수-3-33, 수-3-34, 수-3-35, 수-3-36, 수-3-37, 수-3-38, 법-1-26, 원-3-5-3, 행-4-10-7, 활-2-2-5

화두 수-1-33, 수-2-27, 수-5-26, 심-1-9, 심-1-74, 심-1-80, 원-2-5-4, 원-3-1-3, 원-3-1-4, 원-3-1-6, 원-3-1-12, 원-3-2-4, 원-3-2-6, 행-3-2-5, 행-6-2-5, 행-6-2-6, 행-6-2-7, 행-6-2-9, 행-8-4, 행-8-4-1, 행-8-4-8, 행-8-4-11, 예-40, 예-60, 예-70, 예-73

화신 수-4-43, 법-3-53, 심-1-14, 원-2-4-4, 원-3-6-6, 원-5-1-11, 원-6-2-2, 원-7-3-8, 행-11-6-4, 예-25

회향 법-1-1, 법-2-5, 법-2-6, 법-2-25, 심-1-83, 행-9-1-18, 생-4-2-1

비유 색인

스님들의 고무신 수-1-66
아비 묘와 자식 묘 수-3-61
쓰레기 청소 수-4-40
스님네의 삭발 수-4-58
고아들의 생활 법-1-17
다섯 손가락 법-1-26
샘물 법-2-91
포대 자루 법-3-15
정원사 꽃 피우기 심-1-2
신문팔이 소년 심-1-14
도살장 소 심-1-16
뜰 앞의 봄소식 심-1-64
지난날의 열매 심-1-80
곳간 열쇠 심-1-85
헌 장갑 심-1-87
발전소와 전등 원-2-2-1
나무와 열매 원-2-3-2
억만장자의 끼니 걱정 원-2-4-3
용광로 원-2-4-7
자동차가 가는 이치 원-2-4-13
헌 옷 새 옷 원-3-1-10
구름과 태양 원-3-3-4
상전 모시기 원-3-5-11
소·달구지·마부 원-3-6-8
임금과 신하 원-3-6-9
파도 원-4-1-2
백지와 글씨 원-4-2-14
물고기와 물 원-5-1-4

발걸음 원-5-1-18
시계추 원-5-2-9
꽃꽂이 원-6-3-15
장수와 부하 원-6-4-13
벌레의 생각 원-6-4-23
오랑캐 원-6-4-30
컴퓨터 입력 원-7-1-7
코뚜레 원-7-2-6
나쁜 주인 좋은 주인 원-7-2-11
노비 문서 원-7-2-12
배우 역 원-7-2-16
금은방 원-7-3-3
동굴의 어둠 원-7-3-5
녹음테이프 원-7-3-10
수돗물 받기 원-7-3-11
얼음덩이 원-7-3-13
나비 원-8-3-2
우주의 세 아들 원-9-2-14
바다에 이르는 물 행-1-5-6
전화 가설 행-2-2-3
불쏘시개 행-2-2-11
충직한 하인 행-2-3-6
주춧돌 행-3-1-3
대문 빗장 행-3-2-3
빈집 행-3-2-10
우매한 임금 행-3-2-11
어린아이의 걸음마 행-3-3-1
마찰열 행-3-4-4

비유 색인 1097

탑 쌓기 행-3-4-11	낳아 기르기 행-11-5-8
흐르는 물 행-3-4-12	무르익은 과일 행-11-5-14
전등 스위치 행-3-5-10	TV 화면 행-11-5-15
발자국 행-4-1-2	지팡이 행-11-5-21
차 한잔 행-4-1-3	올챙이의 질문 생-1-1-1
목마를 때 행-4-1-5	남의 목장 생-1-1-4
밥 짓기 행-4-1-8	집 짓기 생-1-1-7
독서 행-4-1-12	수박 맛 보기 생-1-1-14
날씨 행-4-6-3	뗏목 생-1-2-1
꽃 피우기 행-4-8-6	뿌리에 물 주기 생-1-2-3
등산 행-5-1-3	무명과 비단 생-1-2-7
뿌리 뽑기 행-5-1-5	오계 생-1-3-2
지네 행-5-1-11	나쁜 환경 생-2-1-7
사춘기 행-5-4-7	오분향 생-3-1-14
빈 그릇 행-5-4-12	옷과 몸 생-3-2-2
한방 식구 행-5-5-1	장님 생-3-3-2
젖 짜기 행-6-1-5	볶은 씨앗 생-4-3-1
빈 맷돌 행-6-2-1	호수 생-4-8-5
원숭이 낙상 행-6-2-4	인간 소우주 활-1-1-2
싹 틔우기 행-6-2-5	대통령 자리 활-1-2-13
제 나무 열매 행-6-2-9	태양열 활-2-1-2
수박씨 행-8-1-7	운전 실습 활-2-2-3
전화 통화 행-9-1-16	전기 사용 활-2-3-5
콩깍지 행-9-2-5	큰 그릇 작은 그릇 활-2-3-6
이 방 물건 저 방 물건 행-9-2-13	분공장 파업 활-3-1-5
길들인 소 행-9-4-9	하인의 병 활-3-1-9
남의 장단 행-10-1-6	지구 살림 몸 살림 활-3-1-14
얕은 물 행-11-2-3	

대행스님 행장기 · 법어집

한마음 요전

펴낸이/ (재)한마음선원
펴낸곳/ (재)한마음선원

초판　　　1쇄 발행 1993년　2월 10일
개정　2판 22쇄 발행 2005년　5월 15일
개정　3판　1쇄 발행 2007년　1월 20일
개정　4판　2쇄 발행 2009년　3월 25일
개정　5판　1쇄 발행 2010년 11월 30일
개정　6판　3쇄 발행 2015년　1월 20일
개정　7판　3쇄 발행 2019년　2월 28일
개정　8판　1쇄 발행 2020년　9월 30일
개정　9판　1쇄 발행 2022년　7월 20일
개정 10판　1쇄 발행 2025년 10월 10일

출판 등록 2000.12.15. 제 2000-16호
430-040 경기도 안양시 만안구 석수동 101-62
전화(031)470-3100 팩스(031)470-3116
http://www.hanmaum.org

ⓒ재단법인 한마음선원 · 1993

값 25,000원
ISBN 978-89-91532-37-3　03220